L'ENCYCLOPÉDIE DE

# LA CUISINE VÉGÉTARIENNE

L'ENCYCLOPÉDIE DE

# LA CUISINE VÉGÉTARIENNE

NICOLA GRAIMES

Traduit de l'anglais par
ISABELLE LEYMARIE et GHISLAINE TAMISIER-ROUX

Sélection Champagne inc.

Édition originale 1999 en Grande-Bretagne par Lorenz Books
sous le titre *The Greatest Ever Vegetarian Cookbook*



Responsable éditoriale : Joanna Lorenz
Éditrice : Simona Hill
Responsable de fabrication : Ben Worley
Maquettiste : Jonathan Harley

Traduit de l'anglais par Isabelle Leymarie et Ghislaine Tamisier-Roux

ISBN 2-84198-221-1

Dépôt légal : mars 2001
Imprimé en Chine

REMERCIEMENTS

Les éditeurs souhaitent remercier les personnes suivantes pour leurs contributions à ce livre.

TEXTES DES RECETTES

Alex Barker, Michelle Berridale-Johnson, Angela Boggiano, Carla Capalbo, Jacqueline Clark, Carole Clements, Roz Denny, Matthew Drennan, Sarah Edmonds, Joanna Farrow, Christine France, Silvana Franco, Sarah Gates, Shirley Gill, Shehzaid Husain, Christine Ingram, Peter Jordan, Manisha Kanani, Elizabeth Lambert Ortiz, Ruby Le Bois, Lesley Mackley, Norma MacMillan, Sue Maggs, Maggie Mayhew, Sallie Morris, Annie Nichols, Maggie Pannell, Anne Sheasby, Hilarie Walden, Laura Washburn, Steven Wheeler, Kate Whiteman, Elizabeth Wolf-Cohen, Jenni Wright.

PHOTOGRAPHES

William Adams-Lingwood, Karl Adamson, Steve Baxter, Edward Allwright, James Duncan, Christine France, Michelle Garrett, Amanda Heywood, Janine Hosegood, David Jordan, Don Last, Patrick McLeavey, Thomas Odulate, Peter Reilly, Bridget Sargeson.

STYLISTES

Madeleine Brehaut, Michelle Garrett, Katherine Hawkins, Amanda Heywood, Clare Hunt, Marion McLornan, Blake Minton, Marian Price, Kirsty Rawlings, Judy Williams.

CONSEILLERS CULINAIRES

Hilary Guy, Jane Hartshorn, Wendy Lee, Lucy McKelvie, Jane Stevenson, Steven Wheeler.

Distribué par
Sélection Champagne Inc.
Montréal, Québec
(514) 595-3279

## Notes

Pour toutes les recettes les quantités sont indiquées en mesures métriques et impériales et, dans les cas convenables, en tasses et cuillères standard. Suivez une version, mais pas une combinaison, car elles ne sont pas interchangeable.

1 cuil. à thé = 5 ml, 1 cuil. à soupe = 15 ml, 1 tasse = 250 ml/8 oz
Sauf indication contraire, employez des œufs de taille moyenne.

Utilisez aussi souvent que possible des ingrédients bio et choisissez toujours des farines et du sucre non raffinés, des œufs provenant de poules élevées en plein air et des yaourts bio.

# SOMMAIRE

# Introduction

À travers l'histoire, toutes les civilisations ont recouru à certains aliments pour prévenir et guérir divers troubles et maladies et conserver la santé. Les Égyptiens attribuaient aux lentilles le pouvoir d'ouvrir l'esprit; les Grecs anciens et les Romains utilisaient du miel pour guérir les blessures et les Chinois des graines germées et des céréales pour soigner un grand nombre de maladies, de la constipation à l'hydropisie.

Cependant, vers l'époque de la révolution industrielle, les Occidentaux en vinrent à négliger les vertus curatives des aliments, et ce n'est qu'à une époque relativement récente qu'ils ont recommencé à s'intéresser à leurs pouvoirs thérapeutiques. Ce regain d'intérêt, dû à notre préoccupation croissante pour ce que nous consommons ainsi qu'à notre souci d'être en bonne santé, est accru par les recherches activement menées sur nos habitudes alimentaires et sur les propriétés de divers aliments.

De nombreuses études ont prouvé les bienfaits d'une alimentation composée essentiellement de fruits, légumes, céréales entières, noix, graines et légumineuses, avec, pour compléter, des laitages en quantité modérée. Les végétariens, en effet, semblent être moins sujets à l'obésité, au cancer, aux maladies cardiovasculaires, aux calculs biliaires, au diabète et à la constipation, maux caractéristiques de l'Occident aujourd'hui. En fait, toutes les expériences comparant les végétariens aux personnes ayant une alimentation occidentale type ont montré que les premiers étaient en meilleure santé et plus résistants aux maladies. Toutefois, le choix d'une alimentation végétarienne ne doit pas uniquement répondre à la volonté de rester en forme : il doit aussi promouvoir le plaisir de se nourrir d'une façon agréable avec des produits savoureux.

## QUE SONT LES ALIMENTS BIO ?

Les aliments bio sont des aliments auxquels rien n'a été ajouté ou enlevé. Ce sont des aliments qui n'ont pas été inutilement manipulés, soumis à des traitements chimiques ou bourrés d'additifs, de colorants et de parfums artificiels. Au sens le plus étroit du terme, il s'agit tout particulièrement de produits secs tels que les céréales, les germes, les légumineuses et les graines. Dans ce livre, cependant, nous avons pris la liberté d'en élargir le sens et d'y inclure tous les aliments que devrait comporter une alimentation saine. Il est important de choisir autant que possible des aliments non raffinés, car ils contiennent plus de vitamines, de minéraux et de fibres. Dans les aliments traités, de précieux nutriments ont été détruits, bien qu'à des degrés divers. Certains, toutefois, soutiendront qu'un régime exclusivement bio doit être ennuyeux et contraignant. En fait, pour être à la fois saine, variée, nutritive, savoureuse et appétissante, une alimentation bio devrait inclure bien

*À DROITE De nombreux produits naturels sont disponibles dans les magasins diététiques.*

d'autres ingrédients, notamment de nombreux fruits, légumes, laitages, graisses, huiles et édulcorants naturels. Et même si vous consommez principalement des aliments bio, vous pouvez très bien incorporer quelques aliments raffinés. Un peu de farine blanche ajoutée à un gâteau confectionné avec de la farine complète, par exemple, le rendra beaucoup plus léger et n'en affectera que très peu la valeur nutritive. Manger du riz blanc au lieu de riz complet ou des pâtes ordinaires au lieu de pâtes à base de céréales complètes n'est pas dramatique du moment que le reste

CI-DESSUS *Efforcez-vous de manger au moins trois portions de fruits et de légumes par jour.*

du plat ou du repas comporte des aliments riches en nutriments et en fibres.

L'adage selon lequel « on est ce que l'on mange » contient une grande part de vérité. Nous avons besoin, pour bien nous porter, d'une alimentation nutritive et variée. Manger sainement ne permet pas seulement de garder la forme : notre bien-être mental et émotionnel est lui aussi affecté par ce que nous mettons dans nos assiettes, et plus nos repas sont un régal pour l'œil et pour le palais, plus ils sont appréciables.

## LES ALIMENTS BIO

Conscients des dangers qui continuent de menacer notre assiette, nombreux sont ceux qui font de plus en plus attention à ce qu'ils mangent. L'utilisation croissante d'antibiotiques, d'additifs artificiels et de produits chimiques ainsi que l'apparition d'aliments irradiés et transgéniques ont rendu ces dangers plus réels encore. En 1995, 46% des fruits et légumes analysés lors de recherches menées en Angleterre contenaient des résidus de pesticides. Des organophosphates, notamment, étaient très présents dans les carottes, et le céleri en contenait aussi des quantités préoccupantes.

Les consommateurs exigent désormais des aliments plus sains et plus naturels, et la demande d'aliments bio augmente d'environ 30% chaque année. Jusqu'à une date relativement récente, on ne trouvait d'aliments bio que dans des magasins diététiques, mais les supermarchés en proposent désormais une gamme de plus en plus étendue, en vrac ou emballés. Il est rassurant de savoir que tous les aliments portant le label bio sont soumis à des critères stricts : les engrais artificiels, pesticides ou autres produits chimiques sont rigoureusement bannis, ainsi que les modifications génétiques et l'irradiation.

Ces aliments bio sont produits selon des méthodes traditionnelles telles que la rotation des cultures et l'utilisation d'engrais naturels, méthodes qui préservent la nature au lieu de la polluer. Les fruits et les légumes bio se conservant moins longtemps que ceux qui sont traités, ils sont moins susceptibles d'avoir parcouru des milliers de kilomètres avant d'être vendus. Cela laisse espérer à l'avenir un retour aux aliments saisonniers, produits localement. On peut s'interroger sur la supériorité des produits bio en matière de goût et de valeur nutritive, mais ce qui est certain, c'est que l'environnement et notre santé en bénéficieront à long terme.

### Les enfants végétariens

L'alimentation végétarienne convient tout à fait aux enfants, à condition d'être variée et équilibrée.

À l'inverse de ce qui est recommandé aux adultes, une alimentation riche en fibres et pauvre en graisses n'est pas tout à fait idéale pour de jeunes enfants : ils ont en effet besoin d'une quantité importante de calories et de nutriments, et parce que leur estomac est de taille réduite, de petits repas nourrissants, pris à des heures régulières.

Une alimentation pauvre en graisses et riche en fibres peut être cause de malnutrition chez les jeunes enfants parce qu'elle ne contient pas assez de nutriments et de calories pour favoriser leur croissance et leur développement. Les aliments pauvres en corps gras, tels que le lait écrémé et les fromages maigres, ne leur fournissent pas les calories nécessaires et il convient de donner aux enfants de moins de deux ans des équivalents non allégés. Les aliments riches en fibres tels que le riz, les pâtes et le pain complet sont trop bourratifs pour de jeunes enfants, qui seront rassasiés avant d'avoir absorbé assez de nutriments. Le pain et le riz blanc ainsi que les pâtes ordinaires sont tout à fait acceptables du moment que le régime alimentaire intègre de nombreux fruits, légumes, pommes de terre, céréales et légumineuses.

Les enfants doivent éviter les boissons gazeuses et celles contenant de la caféine et du sucre et ne pas boire trop de jus de fruits contenant des édulcorants artificiels et susceptibles, en trop grande quantité, de causer des diarrhées. Mieux vaut les encourager à préférer de l'eau, du lait ou des jus de fruits dilués.

# Le régime végétarien et les aliments complets

On nous recommande souvent de manger de façon équilibrée, mais qu'est-ce que cela signifie si l'on est végétarien? L'important, pour être en bonne santé, est de consommer des aliments variés qui fournissent les quantités correctes de protéines, d'hydrates de carbone, de fibres, de graisses, de vitamines, de minéraux et d'eau. L'alimentation idéale devrait apporter assez de calories pour procurer à l'organisme l'énergie dont il a besoin pour fonctionner, mais sans plus, l'excédent de calories faisant grossir. Respecter cet équilibre est essentiel afin de garder la forme.

Être végétarien ne consiste pas seulement à remplacer la viande et le poisson par du fromage et des œufs. Les végétariens ont besoin de manger de nombreux fruits et légumes ainsi que des légumineuses, des noix, des céréales, du riz, du pain, des pâtes, des pommes de terre et quelques produits laitiers. Ils devraient en outre s'efforcer de consommer des aliments nutritifs plutôt que des aliments hypercaloriques mais peu équilibrés comme les gâteaux et les chips. Le guide suivant peut être utile :

*Le pain complet (CI-DESSOUS), les céréales complètes (À GAUCHE) et les pommes de terre avec leur peau (CI-DESSUS) sont plus nutritifs que leurs équivalents raffinés (ou pelés).*

### CÉRÉALES ET POMMES DE TERRE

**6 à 12 portions par jour**

Ce groupe comprend les céréales – avoine, seigle, blé, millet, orge, pain, riz – et les

CI-DESSUS *Le beurre et la margarine sont peu nutritifs et très riches en calories.*

CI-DESSOUS *Petits pois, haricots et maïs sont fibreux.*

féculents – pâtes et pommes de terre. Ces aliments devraient constituer la base de chaque repas. Le pain, les pâtes et le riz complets et les pommes de terre avec leur peau sont plus nutritifs que leurs équivalents raffinés ou pelés; ils contiennent des hydrates de carbone sous forme d'amidon, des fibres, des protéines, des vitamines du groupe B et des minéraux. **Une portion** = 1 tranche de pain, ½ tasse de céréales, de riz ou de pâtes cuites ou 1 pomme de terre de taille moyenne.

### FRUITS ET LÉGUMES

**Au moins 5 portions par jour**

Les fruits et légumes contiennent des quantités importantes de vitamines, de minéraux et de fibres et peu de graisses et de calories. Les crucifères – brocolis, chou, germes de soja, chou-fleur et cardes – contiennent de nombreux antioxydants aux propriétés médicinales reconnues. Les fruits et légumes orange, jaunes et rouge vif contiennent notamment deux antioxydants : du bêtacarotène et de la vitamine C. **Une portion** = 1 pomme, 1 banane ou 1 orange de taille moyenne, 1 poignée de tomates cerises, 1 verre de jus de fruit frais, 2 cuillerées pleines (ou plus) de légumes cuits ou 1 bol de salade.

### LÉGUMINEUSES, NOIX ET GRAINES

**2 à 3 portions par jour**

Les légumineuses – incluant haricots, petits pois et lentilles –, ainsi que le tofu, le tempeh, les noix et les céréales fournissent une quantité appréciable de protéines, de fibres, de fer, de calcium, de zinc et de vitamines B et E. Ces aliments sont pauvres en graisses et riches en fibres. Les noix et graines sont très nutritives mais très grasses : il convient donc d'en manger modérément. **Une portion** = 1 petite poignée de noix et de graines, ½ tasse de haricots cuits ou 125 g/4 oz de tofu ou de tempeh.

### LAITAGES ET SUBSTITUTS

**2 à 3 portions par jour**

Ce groupe, qui comprend le lait, le fromage et le yaourt, fournit des protéines, du calcium et des vitamines B12, A et D en quantités appréciables. Mais ces aliments pouvant contenir un pourcentage élevé de graisses, il convient de les consommer avec modération. Les œufs sont aussi inclus dans cette catégorie. Il est recommandé de ne pas en manger plus de 3 à 4 par semaine. **Une portion** = 1 œuf, 1 petit morceau de fromage, 1 petit verre de lait ou 1 petit pot de yaourt.

### GRAISSES, SUCRES ET ENCAS

**Ne pas en abuser**

Ce groupe hétérogène comprend le chocolat, les chips, les gâteaux et biscuits ainsi que le beurre, la margarine et les huiles de cuisson. Ces aliments sont peu nutritifs et hypercaloriques. Consommés en grande quantité, ils font grossir. En outre, un excès de sucreries est néfaste pour les dents.

CI-DESSOUS *Tofu et pâte de soja.*

# Les aliments essentiels pour garder la forme

Outre l'eau, six éléments essentiels permettent de rester en bonne santé. Consommés en quantités convenables, ils fournissent toute l'énergie nécessaire à l'organisme ainsi que les nutriments indispensables.

CI-DESSOUS *Les fibres solubles présentes dans l'avoine aident à faire baisser le taux de cholestérol.*

## Les hydrates de carbone

À une certaine époque, on pensait que les hydrates de carbone, qui consistent en amidon, fibres et sucres, faisaient grossir et qu'ils avaient moins de valeur que les aliments riches en protéines. Aujourd'hui, cependant, on sait qu'ils constituent la principale source d'énergie de l'organisme et qu'ils contiennent une quantité considérable de protéines, de vitamines, de minéraux et de fibres et très peu de graisses. Environ la moitié des aliments que nous consommons devrait consister en hydrates de carbone complexes non raffinés tels que des céréales, du pain, du riz et des pâtes complets. Ces sucres lents, riches en fibres, sont assimilés progressivement par l'organisme et ils fournissent un apport continu d'énergie. Ils sont préférables aux sucreries ou aux hydrates de carbone simples, qui passent rapidement dans le sang et n'entraînent qu'une brusque montée d'énergie. Dans la mesure du possible, choisissez des hydrates de carbone non raffinés, la farine, le riz et le sucre blancs étant dépourvus de vitamines, minéraux, fibres et autres nutriments. Plus vous consommez d'hydrates de carbone, plus vous devez prendre en compte leur capacité à fournir les nutriments essentiels.

CI-DESSOUS *Le riz constitue une bonne source de fibres insolubles.*

## Les fibres

Les fruits, les légumes, les céréales, les légumineuses, les noix et les germes sont notre principale source de fibres. Il en existe deux sortes : les insolubles et les solubles. Les fibres insolubles, présentes dans le blé et le riz complets, le son et les noix, ajoutent du volume au bol alimentaire et aident à lutter contre la constipation. Les fibres solubles, présentes dans les légumes,

À DROITE *Les légumes riches en hydrates de carbone – banane plantain, igname, patate douce et pomme de terre – fournissent un apport continu d'énergie.*

les légumineuses et l'avoine, se lient aux toxines dans l'intestin, favorisant leur élimination, et aident à faire baisser le taux de cholestérol. Les deux types de fibres préviennent les troubles intestinaux – diverticulite, cancers du côlon et du rectum et colopathies (bien qu'il ait été prouvé que le son aggrave les symptômes de cette dernière affection). Peu de gens consomment assez de fibres. En moyenne, nous en mangeons environ 12 g par jour, mais nous devrions en absorber 18 g. Pour ceux désirant maigrir, un régime riche en fibres est bienfaisant car il crée du volume tout en permettant de restreindre naturellement la quantité de nourriture consommée.

CI-DESSUS *Les noix contiennent lipides et protéines.*

**Les protéines**

Ces macronutriments sont essentiels pour l'entretien et la réparation de toutes les cellules de l'organisme; ils assurent aussi le fonctionnement correct des enzymes, des hormones et des anticorps. Les protéines consistent en acides aminés. Il en existe vingt dont huit doivent provenir de l'alimentation. Un aliment contenant les huit acides aminés est considéré comme une protéine « complète » ou de grande qualité.

Dans un régime végétarien, les protéines sont fournies par les œufs, les laitages et le soja. Les protéines venant de sources végétales – noix, pâtes, pommes de terre, légumineuses, céréales et riz – ne contiennent généralement pas les huit acides aminés. Elles sont considérées comme « incomplètes » ou de qualité inférieure. 10 à 15% de nos calories devraient provenir de protéines.

On demande souvent aux végétariens où ils trouvent ces éléments. Ne mangeant ni viande ni poisson, ils peuvent parfois avoir des carences en protéines. En réalité, toutefois, la majorité d'entre nous en absorbe trop. Les carences en protéines sont presque inexistantes et un excès de protéines peut même être nuisible à la santé. Les aliments très protéinés tels que laitages et noix sont riches en lipides et détruisent le calcium de l'organisme, aug-mentant ainsi le risque d'ostéoporose. Il est également erroné de croire que les végétariens doivent consommer des aliments riches en protéines à chaque repas afin d'absorber assez d'acides aminés.

Aujourd'hui, les nutritionnistes sont convaincus qu'une alimentation variée, à base de céréales, légumineuses, produits laitiers, œufs, germes et légumes, est suffisante en protéines.

**Augmenter sa ration de fibres**

- La base de votre alimentation doit consister en pain, pâtes et riz complets ainsi qu'en fruits et en légumes. Les aliments raffinés et traités contiennent moins de fibres et d'éléments nutritifs.
- Commencez la journée par des céréales complètes telles que des flocons d'avoine ou des paillettes de son.
- Mangez beaucoup de fruits secs : ajoutez-en à vos céréales et yaourts nature ou faites-en des compotes.
- Ajoutez des haricots et des lentilles à vos salades et soupes afin d'accroître leur quantité de fibres.
- Évitez autant que possible d'éplucher les fruits et les légumes, leur peau contenant de précieuses fibres.

CI-DESSOUS *Les pâtes de sarrasin contiennent des protéines « complètes ».*

## Les lipides

Dans l'alimentation, une petite quantité de lipides est essentielle pour la santé. Ils ne fournissent pas seulement des vitamines A, D et E : ils apportent aussi des acides gras qui ne peuvent pas être fabriqués par l'organisme mais qui contribuent de façon importante au goût et à la texture des aliments. Les lipides sont hypercaloriques et ne doivent pas constituer plus de 3% de l'apport alimentaire. Le type de lipides est aussi déterminant que leur quantité.

À GAUCHE *Huile de colza. Comme les huiles d'olive et de sésame, elle contient des graisses mono-insaturées, qui peuvent aider à faire baisser le taux de cholestérol dans l'organisme, et de l'acide oméga 3 (ou alpha-linolénique), censé réduire le risque de maladies cardio-vasculaires.*

Les graisses saturées (surtout présentes, dans une alimentation végétarienne, dans les produits laitiers) peuvent augmenter le risque de cancers et de maladies cardio-vasculaires. En excès, elles peuvent accroître le taux de cholestérol dans le sang et causer un rétrécissement des artères, et ce bien plus que des aliments tels que les œufs, pourtant riches en cholestérol.

Les graisses insaturées, à la fois polyinsaturées et mono-insaturées, peuvent aider à réduire le LDL ou mauvais cholestérol (qui bouche les artères) et, surtout, augmenter le HDL ou bon cholestérol, qui fait baisser le taux de mauvais cholestérol. Les graisses insaturées telles les huiles d'olive, de colza ou de sésame s'oxydent moins facilement que les graisses polyinsaturées. Ces dernières fournissent les acides gras essentiels : l'oméga 3 et l'oméga 6. L'oméga 3 (acide alpha-linolénique), présent dans les noix, les germes de soja, le germe de blé et l'huile de colza, réduit le risque de maladies cardio-vasculaires tandis que l'oméga 6 (acide linoléique), présent dans les noix, les graines et les huiles, fait baisser le taux de cholestérol.

CI-DESSOUS *Le parmesan a un goût très prononcé. On peut donc l'utiliser en quantité modérée.*

### Alléger son alimentation

Si un régime végétarien est souvent plus maigre qu'un régime carné, on peut en revanche être facilement amené à consommer trop de produits laitiers, d'assaisonnements et de sauces gorgés d'huile et de repas tout prêts riches en graisses.
Voici quelques façons très simples d'alléger son alimentation:

- Utilisez du fromage corsé tel que le parmesan – il n'en faut en effet qu'une petite quantité pour parfumer un plat.
- Préparez des sauces à salade maigres en remplaçant l'huile par du miso, du jus d'orange, du yaourt, des herbes, des épices ou du jus de tomate.
- Faites revenir les aliments dans une faible quantité d'huile. Pour obtenir les meilleurs résultats, assurez-vous que le wok ou la poêle soient très chauds avant d'ajouter l'huile.
- Évitez les huiles mélangées, qui peuvent contenir de l'huile de noix de coco ou de l'huile de palme, riches en graisses saturées.
- Remplacez les fromages gras tels que le gruyère par du fromage blanc, du lait caillé ou de la mozzarella, beaucoup plus maigres.
- Lorsque vous cuisinez, remplacez la crème par du yaourt maigre. Ajoutez 1 cuillerée de farine de maïs (délayée avec un peu d'eau) afin d'empêcher le yaourt de cailler lorsque vous le chauffez.
- Choisissez des sucres lents tels que les pommes de terre, les pâtes et le riz complets et les haricots plutôt que des protéines riches en graisses.

À DROITE *Utilisez des fromages maigres tels que le fromage blanc, le lait caillé, la ricotta et la brousse.*

## L'eau

On a souvent tendance à oublier l'importance de l'eau. Pourtant, s'il nous serait possible de survivre plusieurs semaines sans manger, nous ne pourrions tenir que quelques jours sans eau. Celle-ci joue un rôle fondamental dans l'organisme : elle transporte les nutriments, règle la température du corps, élimine les déchets des reins et sert de lubrifiant. La plupart des gens ne boivent pas assez d'eau. On estime qu'un adulte a besoin d'environ 2,5 litres/4 pintes par jour. Un manque d'eau peut entraîner migraines et difficultés de concentration. Les boissons gazeuses, le thé et le café ont un effet diu-rétique. Ils accélèrent la perte d'eau, risquant de provoquer des déshydratations.

CI-DESSUS *Les œufs contiennent les huit acides aminés essentiels et de la vitamine B12.*

### Préserver les nutriments

Les nutriments des aliments, surtout ceux des fruits et des légumes, sont instables et ils diminuent avec le temps, les méthodes de préparation et la cuisson. Laissez un morceau de fruit ou de pomme de terre épluchés exposés à l'air ou plongés dans l'eau et ils perdent très vite leurs vitamines et leurs minéraux. Les conseils suivants vous aideront à tirer le meilleur parti de vos fruits et de vos légumes :

- Achetez des fruits et des légumes aussi frais que possible et évitez ceux qui ont été conservés sous des lumières fluorescentes, car une telle exposition peut engendrer une réaction chimique réduisant la valeur nutritive de ces aliments.
- Achetez les produits frais en vrac : il est plus facile d'en vérifier la qualité qu'avec des aliments préemballés.
- Achetez des fruits et des légumes en petites quantités. Ne les gardez pas trop longtemps et sortez-les dès que possible du sac en plastique.
- Selon le type de fruit ou de légume, rangez-les dans un garde-manger frais ou dans le bas du réfrigérateur.
- Évitez si possible d'éplucher les fruits et les légumes et ne les préparez pas trop longtemps à l'avance afin qu'ils conservent leurs nutriments, leur vitamine C notamment.
- Évitez de faire bouillir les légumes, ce mode de cuisson détruisant les vitamines hydrosolubles telles que la thiamine et les vitamines B et C.

Si vous devez faire bouillir les légumes, utilisez aussi peu d'eau que possible et ne les faites pas trop cuire. L'eau de cuisson peut aussi être conservée et servir de bouillon pour une soupe.

Les fruits et les légumes ne sont pas les seuls produits à conserver et manipuler soigneusement : les noix, les germes, les légumineuses et les céréales seront aussi plus frais et plus nutritifs s'ils sont stockés et cuits correctement.

## Les vitamines et les minéraux

Ils sont essentiels pour la santé et le fonctionnement de notre organisme. Hormis quelques exceptions, ils doivent provenir de l'alimentation, mais les besoins varient selon l'état de santé, le mode de vie et l'âge. Contrairement à ce que l'on croit souvent, les vitamines et les minéraux ne sont pas énergétiques. En revanche, ils aident à libérer l'énergie fournie par les hydrates de carbone, les lipides et les protéines.

À DROITE *Le miso contient une bonne quantité de vitamine B12, qui est hydrosoluble.*

Les vitamines sont solubles dans l'eau et dans la graisse. Les vitamines A, D, E et K, liposolubles, séjournent un temps dans le foie. Les vitamines hydrosolubles, celles du groupe B et la vitamine C, ne sont pas conservées : il faut les remplacer tous les jours. Si vous buvez de l'alcool ou fumez, consommez plus d'aliments riches en vitamines B et C. Parmi les vitamines B, les végétariens doivent absorber suffisamment de B12, ce qui n'est pas difficile car il n'en faut que des quantités infimes. Produits laitiers, céréales enrichies du petit déjeuner, extrait de levure, *miso* et œufs en contiennent.

Il existe seize minéraux essentiels. Certains, comme le calcium, sont nécessaires en quantités assez importantes, tandis que des oligoéléments tels le sélénium et le magnésium sont requis en quantités infimes. Les minéraux ont des fonctions différentes, mais en règle générale, ils régulent et équilibrent l'organisme et renforcent le système immunitaire. Un cinquième de la population mondiale a un manque de fer et les végétariens doivent absorber des aliments qui en soient riches.

CI-DESSOUS *Les oranges sont riches en vitamine C.*

# Les vitamines et les minéraux essentiels

| VITAMINES | PRINCIPALES SOURCES | RÔLE POUR LA SANTÉ | CARENCE |
|---|---|---|---|
| A (rétinol dans les aliments carnés, bêta-carotène dans les aliments d'origine végétale) | *sources animales* : lait, beurre, fromage, jaune d'œuf et margarine. *sources végétales* : carotte, abricot, courge, poivron rouge, brocoli, légumes à feuilles vertes, mangue et patate douce. | Essentielle pour la vision, la croissance des os et la réparation de la peau et des tissus. Le bêta-carotène est un antioxydant et il renforce le système immunitaire. | Sa carence provoque une mauvaise vision nocturne, une sécheresse cutanée et une moindre résistance aux infections, aux troubles respiratoires en particulier. |
| B1 (thiamine) | Céréales complètes, levure de boulanger, pommes de terre, noix, légumineuses et lait. | Essentielle pour la production d'énergie, le système nerveux, les muscles et le cœur. Favorise la croissance et stimule l'activité cérébrale. | Sa carence, fréquente chez les alcooliques, provoque de la dépression, de l'irritabilité, des troubles nerveux, des pertes de mémoire. |
| B2 (riboflavine) | Fromage, œufs, lait, yaourt, céréales de petit déjeuner enrichies, extrait de levure, amandes et graines de courge. | Essentielle pour la production d'énergie, le fonctionnement de la vitamine B6 et de la niacine et la réparation des tissus. | Sa carence provoque un manque d'énergie, des gerçures des lèvres, de l'engourdissement et des picotements aux yeux. |
| **Niacine** (fait partie du groupe B) | Légumineuses, pommes de terre, céréales de petit déjeuner enrichies, germe de blé, cacahuètes, lait, fromage, œufs, petits pois, champignons, légumes à feuilles vertes, figues et pruneaux. | Essentielle pour la santé du système digestif, la peau et la circulation. Elle est aussi nécessaire pour libérer l'énergie. | Sa carence est rare mais elle provoque un manque d'énergie, de la dépression et de la desquamation. |
| B6 (piridoxine) | Œufs, pain complet, céréales de petit déjeuner, noix, bananes et crucifères tels que brocoli, chou et chou-fleur. | Essentielle pour l'assimilation des protéines et des graisses, la fabrication des globules rouges et le bon fonctionnement du système immunitaire. | Sa carence provoque de l'anémie, de la dermatite et de la dépression. |
| B12 (cyanocobalamine) | Lait, œufs, céréales de petit déjeuner enrichies, fromage et extrait de levure. | Essentielle pour la formation des globules rouges, la santé du système nerveux et le tonus. | Sa carence provoque de la fatigue, une vulnérabilité accrue aux infections et de l'anémie. |
| **Folate** (acide folique) | Légumes à feuilles vertes, céréales de petit déjeuner enrichies, pain, noix, légumineuses, bananes et extrait de levure. | Essentielle à la division des cellules : fabrique l'ADN de chaque cellule. Il en faut davantage dans la période précédant la conception et durant la grossesse pour éviter des malformations du tube neural chez le fœtus. | Sa carence provoque de l'anémie et une perte d'appétit. Chez les nourrissons, elle est liée à des défauts du tube neural. |
| C (acide ascorbique) | Agrumes, melon, fraises, tomate, brocoli, pommes de terre, poivron et légumes verts. | Essentielle pour l'absorption du fer, la santé de la peau, des dents et des os. Antioxydante, elle renforce le système immunitaire et aide à lutter contre les infections. | Sa carence provoque une vulnérabilité accrue aux infections, de la fatigue, des insomnies et de la dépression. |
| D (calciférol) | Lumière du soleil, margarine, huiles végétales, œufs, céréales et beurre. | Essentielle pour la formation des os et des dents. Facilite l'assimilation du calcium et du phosphore. | Sa carence provoque un ramollissement des os, de la faiblesse musculaire et de l'anémie et à long terme, chez les enfants, du rachitisme. |
| E (tocophérol) | Graines, noix, huiles végétales, œufs, pain complet, légumes à feuilles vertes, avoine et autres céréales. | Essentielle pour la santé de la peau, la circulation et la protection des cellules. Rôle d'antioxydant. | Sa carence provoque un risque accru de congestion cérébrale et de certains cancers. |

| MINÉRAUX | PRINCIPALES SOURCES | RÔLE POUR LA SANTÉ | CARENCE |
|---|---|---|---|
| Calcium | Lait, fromage, yaourt, légumes à feuilles vertes, graines de sésame, brocolis, figues sèches, légumineuses, amandes, épinard et cresson. | Essentiel pour la fabrication et le maintien des os et des dents, le bon fonctionnement des muscles et du système nerveux. | Sa carence provoque un ramollissement des os avec risques de fractures, d'ostéoporose et de faiblesse musculaire. |
| Fer | Jaune d'œuf, céréales de petit déjeuner enrichies, légumes à feuilles vertes, abricots secs, pruneaux, légumineuses, céréales complètes et tofu. | Essentiel pour le sang et les muscles. | Sa carence provoque de l'anémie, de la fatigue et une moindre résistance aux infections. |
| Zinc | Cacahuètes, fromage, céréales complètes, graines de tournesol et de courge, légumineuses, lait, fromages à pâte dure et yaourt. | Essentiel pour le système immunitaire, la formation des tissus, la croissance, la cicatrisation et la reproduction. | Sa carence empêche la croissance et le développement, ralentit la cicatrisation et entraîne une perte du goût et de l'odorat. |
| Sodium | La majeure partie du sel que nous consommons provient d'aliments traités tels que les chips, le fromage et les conserves. La plupart des aliments en contiennent aussi naturellement. | Essentiel pour le bon fonctionnement des nerfs et des muscles et la régulation des fluides corporels. | Sa carence est peu probable, mais elle peut provoquer une déshydratation, des crampes et un affaiblissement des muscles. |
| Potassium | Bananes, lait, légumineuses, germes, céréales complètes, pommes de terre, fruits et légumes. | Essentiel pour l'équilibre en eau, le maintien de la pression sanguine et la transmission de l'influx nerveux. | Sa carence provoque une faiblesse, la soif, la fatigue, des troubles mentaux et une pression sanguine élevée. |
| Magnésium | Noix, germes, céréales complètes, légumineuses, tofu, figues et abricots secs et légumes verts. | Essentiel pour les muscles, les os, les dents, la croissance et les nerfs. | Sa carence provoque de la léthargie, une faiblesse des os et des muscles, de la dépression et de l'irritabilité. |
| Phosphore | Lait, fromage, yaourt, œufs, noix, germes, légumineuses et céréales complètes. | Essentiel pour les os, les dents, le tonus et l'assimilation des nutriments, du calcium en particulier. | Sa carence est rare. |
| Sélénium | Avocats, lentilles, lait, fromage, beurre, noix du Brésil et algues. | Essentiel pour lutter contre les effets néfastes des radicaux libres. Pourrait protéger contre le cancer. Rôle d'antioxydant. | Sa carence provoque une vulnérabilité accrue à l'oxydation. |
| Iode | Algues et sel iodé. | Favorise la production des hormones fabriquées par la thyroïde. | Sa carence peut provoquer la formation d'un goitre, un ralentissement du métabolisme, de l'apathie ainsi qu'une sécheresse de la peau et des cheveux. |
| Chlorure | Sel de table et aliments contenant du sel de table. | Règle et maintient l'équilibre des fluides dans le corps. | Sa carence est rare. |
| Manganèse | Noix, céréales complètes, germes, tofu et thé. | Composant essentiel de divers enzymes fournissant de l'énergie. | Sa carence ne provoque aucun trouble spécifique. |

# Les produits bio

Ce guide comprend toutes les catégories d'aliments bio, des fruits et légumes aux céréales, en passant par les produits laitiers, les herbes aromatiques et les épices. Il informe sur leurs principales indications thérapeutiques traditionnelles et donne des conseils relatifs à leur achat, leur stockage, leur préparation et leur cuisson. Cet outil est indispensable à tous ceux qui désirent connaître les aliments permettant de vivre mieux et de garder la forme.

# Les fruits

Les fruits sont sans doute les plus pratiques de tous les aliments : la plupart, en effet, ne requièrent qu'un simple lavage avant d'être dégustés. Leurs nutriments étant concentrés juste sous la peau, mieux vaut éviter de les éplucher ; par ailleurs, la cuisson éliminant une partie de leurs précieuses vitamines et minéraux, il est préférable de les manger crus si possible. Les fruits constituent une excellente source d'énergie et ils fournissent des fibres et des antioxydants, censés réduire les risques de maladies cardio-vasculaires et de certaines pathologies cancéreuses. Grâce aux méthodes agricoles modernes et à des moyens de transport efficaces, la plupart des fruits sont disponibles tout au long de l'année, mais il est souhaitable de choisir des fruits locaux et issus de l'agriculture biologique et de les manger en saison.

*Abricots*

## Les fruits du verger

Cultivés depuis des millénaires, il en existe de toutes les couleurs et de toutes les saveurs. Ils comprennent de nombreux fruits très populaires, depuis les pommes, croquantes et juteuses, disponibles toute l'année, jusqu'aux pêches, somptueuses et parfumées, très appréciées en été.

### LA POMME

Il en existe des centaines de variétés, bien que l'on n'en trouve que quelques-unes dans le commerce. La golden, la starking et la granny-smith sont parmi les plus connues.

**Une pomme chaque jour**

De nombreuses études ont montré que manger régulièrement des pommes peut faire baisser le taux de mauvais cholestérol. En France, on a demandé à trente hommes et femmes d'âge moyen d'ajouter deux à trois pommes par jour à leur alimentation pendant un mois. À la fin du mois, 80% d'entre eux avaient un taux de cholestérol plus bas et pour la moitié du groupe, ce taux avait baissé de plus de 10%. En outre, le taux de bon cholestérol avait augmenté. La pectine, fibre soluble présente dans les pommes, est censée en constituer l'élément «magique».

La cox orange, avec sa chair épaisse et acide, d'un jaune rosé, est la pomme la plus indiquée pour être consommée cuite. Elle est parfaite au four ou en compote. Dans certaines fermes, on trouve des variétés plus rares, dont la saison est souvent courte, toutefois ces pommes achetées hors saison risquent d'avoir passé plusieurs mois dans un lieu froid où on les a artificiellement empêchées de mûrir. Sorties de l'endroit où elles ont été entreposées, elles s'abîment rapidement.

Les pommes sont délicieuses crues, avec leur peau. Cependant, elles peuvent être consommées de diverses façons : au petit déjeuner et aux principaux repas, en salade, dans des desserts, des tartes ou même des soupes. Les grosses pommes destinées à être cuites sont idéales en compotes, bouillies et au four, mais étant souvent acides, il faut leur ajouter du sucre. Certaines variétés de pommes à couteau sont également excellentes cuites et il est inutile de les sucrer.

Pour préserver le maximum de vitamines et de minéraux, faites cuire les pommes à feu doux avec un peu d'eau ou même sans eau du tout. La plupart des insecticides vaporisés sur les pommes se trouvant dans le cœur et les pépins, mieux vaut enlever ces parties si les fruits ne sont pas issus d'une culture biologique.

*Grosses pommes pour la cuisson (À GAUCHE) et pommes pour la dégustation*

### Pommes cuites au four

La cuisson au four est simple et elle conserve les éléments nutritifs des pommes. Utilisez des variétés telles que la boskoop ou la canada.

**1** Préchauffez le four à 180 °C/350 °F. Évidez les pommes puis, pour empêcher la peau d'éclater, incisez celle-ci autour de la circonférence. Posez les pommes dans un plat à four avec un peu d'eau.

**2** Remplissez la cavité des pommes avec un mélange de sucre de canne roux, de fruits et de noix. Déposez 1 noix de beurre sur chaque fruit et mettez au four environ 40 min.

**Achat et conservation** – Choisissez des fruits trés colorés, fermes et sans taches. Les pommes bio peuvent parfois présenter des imperfections et paraître un peu plus ternes que les autres, mais elles ont souvent meilleur goût. Les petites pommes sont généralement plus savoureuses que les grosses. Conservez les pommes dans un lieu frais, à l'abri de la lumière.

**Bienfaits pour la santé** – Les pommes ont des vertus dépuratives très appréciées en médecine naturelle. Elles facilitent la digestion et sont cholagogues. Elles constituent une bonne source de vitamine C et, consommées avec la peau, de fibres. Bien qu'hypocaloriques, elles contiennent de la fructose, sucre simple absorbé lentement dans le sang, qui fournit de l'énergie à l'organisme et équilibre le taux de glycémie. Manger régulièrement des pommes peut améliorer les problèmes de peau et soulager l'arthrite.

*Cerises rouges, brillantes et sucrées*

## L'ABRICOT

Les meilleurs abricots sont ceux qui sont dorés et très juteux. Les abricots sont délicieux cuits au four ou crus, dans des salades.

**Achat et conservation** – Les abricots doivent être consommés vraiment mûrs, sinon ils risquent d'être durs, fades et acides.

**Bienfaits pour la santé** – Extrêmement riches en bêta-carotène, minéraux et vitamine A, les abricots constituent une précieuse source de fibres.

## LA CERISE

Il en existe deux sortes : les sucrées et les acides. Certaines, comme les bigarreaux, sont meilleures crues, d'autres, comme les cerises anglaises, cuites.

**Achat et conservation** – Choisissez des fruits de couleur vive, fermes et brillants, avec une tige verte et fraîche. Jetez ceux qui sont mous ou fendus, ou présentant une queue abîmée.

**Bienfaits pour la santé** – Les cerises tonifient et purifient l'organisme, éliminant notamment les toxines des reins. Elles constituent un excellent remède contre la goutte et l'arthrite et contiennent du fer, du potassium, des vitamines B et C ainsi que du bêta-carotène.

*Nectarines et pêches*

## LA NECTARINE

Semblable à la pêche mais sans en avoir la peau duveteuse, ce fruit sucré et juteux tire son nom du nectar, le breuvage des dieux. Les nectarines sont délicieuses cuites ou crues, dans des salades.

**Achat et conservation** – Voir « La pêche ».

**Bienfaits pour la santé** – Crues, les nectarines sont particulièrement riches en vitamine C. Elles facilitent la digestion, font sensiblement baisser la tension et purifient l'organisme.

## LA PÊCHE

Ce fruit estival est particulièrement parfumé et juteux. Sa peau va du jaune doré au rouge, et sa chair peut être jaune ou blanche.

**Achat et conservation** – Évitez les fruits trop mous. Les pêches et les nectarines sont extrêmement fragiles. Elles s'abîment facilement, aussi est-il préférable de les acheter encore un peu vertes. Pour les faire mûrir rapidement, mettez-les dans un sac en papier avec un fruit déjà mûr. Les nectarines et les pêches mûres doivent être conservées au réfrigérateur mais consommées à température ambiante.

**Bienfaits pour la santé** – La majeure partie de la vitamine C de la pêche se trouvant dans sa peau délicate et juste en dessous, mieux vaut manger ce fruit sans le peler. Les pêches constituent une excellente source de bêta-carotène, élément antioxydant prévenant principalement les maladies cardio-vasculaires.

## LA POIRE

Populaire depuis l'Antiquité, la poire fut intensivement cultivée par les Grecs et les Romains. Les poires sont particulièrement succulentes à la fin de l'été et en automne, avec les nouvelles récoltes de la saison. Certaines des variétés les plus appréciées sont la conférence, verte et marron, la williams, avec sa peau jaune et fine et sa chair tendre et sucrée, la comice, assez grosse, à la peau jaune pâle avec un soupçon de vert, et enfin la packham, excellente cuite.

DE GAUCHE À DROITE *Poires conférence, comice et williams.*

Comme certaines pommes, certaines variétés de poires sont meilleures cuites, d'autres crues, et quelques-unes peuvent être consommées des deux façons. Les poires conviennent à la fois pour des plats sucrés et salés. Elles sont excellentes en salade et peuvent être cuites au four, pochées au sirop, et agrémenter tartes et tourtes. Les poires ne causant pratiquement jamais de réactions allergiques, elles sont parfaites, cuites ou en compotes, comme aliment de sevrage.

**Achat et conservation** – Choisissez des fruits fermes et frais, encore un peu verts. Les poires peuvent mûrir en un à deux jours, puis elles se gâtent très vite, devenant farineuses ou aqueuses. Pour savoir si une poire est mûre, tâtez le bas de la tige, qui doit s'enfoncer sous une légère pression, mais la poire elle-même doit être ferme.

**Bienfaits pour la santé** – Malgré toute l'eau qu'elles renferment, les poires contiennent des quantités importantes de vitamine C, de fibres et de potassium. En médecine naturelle, elles sont utilisées comme diurétiques et laxatifs. Riches en pectine et en fibres solubles, les poires peuvent aussi faire baisser le taux de mauvais cholestérol dans l'organisme. Manger régulièrement des poires est censé rendre le teint frais et lumineux et les cheveux brillants.

## LA PRUNE

Il existe de multiples variétés de prunes, allant du jaune pâle au violet foncé, bien que l'on n'en trouve que quelques-unes dans le commerce. Elles peuvent être juteuses et sucrées ou légèrement acides : ces dernières conviennent tout particulièrement pour les tartes et les tourtes et on en fait de succulentes confitures. Les prunes sucrées peuvent être consommées telles quelles. Elles sont également délicieuses dans des salades de fruits, ou peuvent être dégustées en compotes et mélangées avec de la crème anglaise ou du yaourt.

*Prunes*

Les prunes doivent être un peu fermes et présenter une peau lisse et brillante et une légère pruine. Conservez les prunes mûres au réfrigérateur. Les fruits encore un peu verts peuvent être laissés quelques jours à la température ambiante afin de les faire mûrir. Les prunes soulagent la constipation et stimulent le système nerveux.

## LE COING

Parfumé, avec une peau fine, jaune ou verte, ce fruit plein de protubérances, qui peut avoir la forme d'une pomme ou d'une poire, se mange toujours cuit. Grâce à son taux élevé de pectine, il est excellent pour les gelées. En Espagne et en France, il sert à confectionner des pâtes de fruits.

**Achat et conservation** – Achetez des fruits lisses et mûrs qui ne soient pas trop mous. Les coings se conservent bien. Vous pouvez les garder dans une coupe, dans votre cuisine ou votre salon, qu'ils empliront de leur délicieux parfum.

**Bienfaits pour la santé** – Les coings sont riches en fibres solubles et en pectine. Ils soulagent aussi les maux d'estomac et les digestions difficiles.

*Coings jaunes, en forme de poire*

### Les fruits secs

Source appréciable d'énergie, les fruits secs sont plus caloriques que les fruits frais et gorgés de vitamines et de minéraux. Le processus de séchage accroît leur teneur en vitamine C, en bêta-carotène, en potassium et en fer. Les abricots et les pruneaux sont les fruits secs les plus répandus, mais on trouve aussi des rondelles de pommes, des cerises et des pêches. Le soufre, souvent utilisé comme agent de conservation pour les fruits secs, n'étant pas recommandé, surtout pour les asthmatiques, achetez de préférence des fruits non sulfurisés.

### Dénoyauter les fruits

**1** Pour dénoyauter les pêches, les abricots ou les prunes, coupez le fruit en son centre jusqu'au noyau à l'aide d'un couteau. Faites pivoter chaque moitié de fruit dans le sens contraire.

**2** Retirez délicatement le noyau avec la pointe du couteau et jetez-le. Arrosez la chair coupée de jus de citron.

# Les agrumes

Juteux et vivement colorés, les agrumes tels que les oranges, les pamplemousses, les citrons et les citrons verts sont appréciés pour leur jus sucré et légèrement acide, riche en vitamine C. Ils sont très précieux en cuisine, conférant parfum et acidité à de nombreux plats tels que les soupes, les sauces, les puddings et les tourtes. Dans la mesure du possible, achetez des fruits issus de la culture biologique et consommez-les dans la semaine ou la quinzaine qui suit.

*Oranges*

## L'ORANGE

Mieux vaut manger les oranges dès qu'elles sont pelées car elles commencent à perdre leur vitamine C aussitôt. Les oranges à peau fine tendent à être plus juteuses.

Les variétés les plus populaires comprennent la navel (qui signifie « nombril » en anglais, ainsi nommée en raison de l'endroit en forme de nombril situé à l'extrémité où se trouve la fleur), dépourvue de pépins et donc facile à couper ; la jaffa et la Valencia, sucrées et juteuses ; et la Séville, amère et donc réservée aux confitures.

La peau extérieure peut être pelée avec un économe. Ce zeste fin contient des huiles aromatiques qui parfument délicieusement les plats sucrés et salés.

## LE PAMPLEMOUSSE

La chair des pamplemousses va du rose vif ou rouge foncé au blanc; les variétés roses et rouges sont les plus sucrées. Les fruits lourds sont généralement les plus juteux. Pressé ou coupé en deux ou en quartiers, le pamplemousse est une façon rafraîchissante de commencer la journée. Il ajoute aussi une note tonique aux salades ou contraste agréablement avec des aliments plus riches. Cuit ou grillé, il perd de son acidité, mais veillez à ce qu'il ne cuise pas longtemps afin de préserver ses nutriments. Boire un verre de jus de pamplemousse avant de se coucher aide à dormir.

## LE CITRON

Le jus et le zeste constituent des ingrédients culinaires essentiels et peuvent ajouter une note tonique à des assaisonnements de salades, à des légumes, des marinades, des sauces et des biscuits. Le jus de citron est aussi utilisé pour empêcher certains fruits et légumes de s'oxyder une fois coupés. Le citron doit être d'un jaune profond, ferme et lourd par rapport à sa taille et sans traces vertes, qui indiqueraient qu'il n'est pas mûr. Une peau fine et lisse est signe d'une chair juteuse. Une tranche de citron plongée dans de

*Pamplemousses*

### Les éléments nutritifs du citron

Manger une orange par jour fournit généralement la ration de vitamine C nécessaire à un adulte, mais les agrumes contiennent aussi du phosphore, du potassium, du calcium, du bêta-carotène et des fibres. Il a été démontré que la pectine, fibre soluble présente dans la chair et surtout dans les membranes des agrumes, fait baisser le taux de cholestérol. Les membranes contiennent aussi des bioflavonoïdes, qui sont des antioxydants très puissants. Dans la mesure du possible, buvez des jus de fruits frais, les jus d'agrumes en bouteille, en conserve ou concentrés étant plus pauvres en vitamine C.

*Citrons*

l'eau chaude tonifie l'organisme. Un thé chaud au citron avec une cuillerée de miel est un remède ancien et éprouvé contre le rhume et la grippe.

### LE CITRON VERT

Jadis considéré comme relativement exotique, le citron vert est désormais courant. Évitez les fruits ayant une peau jaunâtre, signe de détérioration. Le jus est plus acide que celui du citron jaune et si vous remplacez des citrons jaunes par des verts dans une recette, il vous en faudra moins. Le citron vert est très prisé dans la cuisine asiatique ; son zeste parfume des currys, des marinades et des sauces cocktail. Il se marie très bien avec la coriandre, le piment, l'ail et le gingembre.

### Les vertus de la vitamine C

Les agrumes sont principalement connus pour leur teneur en vitamine C, surtout concentrée dans la chair. La vitamine C est antioxydante et il a été démontré qu'elle intervient dans la prévention de certaines formes de cancers (ceux de l'estomac et de l'œsophage en particulier) en défendant les cellules du corps contre les effets nocifs des radicaux libres. Ceux-ci attaquent l'ADN – matériau génétique des cellules –, les faisant muter et éventuellement devenir cancéreuses. De nombreuses études ont aussi montré qu'une consommation élevée de vitamine C provenant de l'alimentation réduit de façon significative les risques de congestion cérébrale et d'infarctus, principales causes de mortalité. Il est prouvé qu'elle abaisse le taux de mauvais cholestérol et augmente celui du bon, ceci en convertissant le mauvais cholestérol en acides biliaires, qui sont normalement éliminés. En cas de carence en vitamine C, ce mauvais cholestérol s'accumule dans l'organisme.

Il existe de nombreuses études sur la capacité de la vitamine C à renforcer le système immunitaire, qui aide à combattre les virus. Cette vitamine peut être particulièrement bénéfique pour les infections du système urinaire et le virus de l'herpès simplex. Les chercheurs sont divisés quant à son utilité pour la prévention du rhume, mais ils sont d'accord sur le fait qu'elle diminue l'intensité et la durée du rhume et de la grippe. Elle augmente aussi la capacité du corps à absorber le fer contenu dans les aliments.

La vitamine C, détruite par la chaleur et hydrosoluble, disparaît facilement lors de la cuisson. Si les fruits sont coupés relativement longtemps avant leur consommation, ils auront perdu une bonne partie de leur vitamine C.

*Les citrons verts constituent une excellente source de vitamine C.*

#### Râper un zeste de citron

**1** Pour obtenir de longues et fines lanières, utilisez un zesteur. Faites-le glisser le long de la surface du fruit en appuyant fermement.

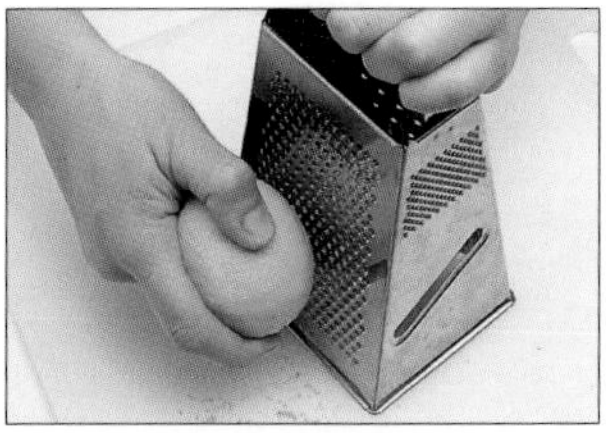

**2** Pour des lanières plus fines, utilisez une râpe. Frottez le fruit sur la grille fine afin d'obtenir le zeste sans la membrane blanche.

#### Découper des filaments

**1** Avec un économe, découpez des lanières de zeste d'orange en vous assurant que la membrane blanche reste sur le fruit.

**2** Empilez plusieurs lanières de zeste d'orange et, à l'aide d'un couteau bien aiguisé, coupez-les en filaments.

**Achat et conservation** – Choisissez des agrumes gros et fermes qui paraissent lourds pour leur taille et possèdent une peau lisse et fine, signe que la chair est juteuse. Évitez les fruits abîmés avec des taches brunes ou vertes (ou jaunes sur les citrons verts) et une peau molle, ainsi que les fruits secs et ridés. Les agrumes peuvent être conservés quelques jours à température ambiante, mais si vous souhaitez les garder plus longtemps, mieux vaut les mettre au réfrigérateur et les consommer dans la quinzaine qui suit. La plupart des agrumes étant passés à la cire ou traités avec des fongicides, frottez-les vigoureusement afin d'ôter d'éventuels résidus. Achetez de préférence des fruits bio ou non traités.

#### CONSEILS

- Faire rouler fermement les agrumes sur une surface de travail ou entre vos paumes vous aidera à en extraire le maximum de jus.
- Les citrons verts et jaunes donnent plus de jus s'ils sont coupés dans la longueur.

# Les baies et les fruits rouges

Ces petites boules rouge vif, violettes ou noires sont le symbole même de l'été et de l'automne, bien qu'aujourd'hui, on les trouve souvent toute l'année. Malgré leurs différences d'aspect et de goût, les baies et les fruits rouges peuvent être substitués les uns aux autres dans les confitures, gelées, tartes et tourtes. Excellents eux aussi pour la santé – ils soulagent les maux d'estomac et sont dépuratifs –, ils ont donc leur place en médecine naturelle.

## LES FRAISES

Particulièrement appréciées en été, les fraises n'ont nul besoin de préparation. Servez-les mûres (évitez celles qui ont des bouts blancs ou verts) et crues, telles quelles ou avec un peu de crème ou de yaourt nature. Ne les lavez que si c'est nécessaire, juste avant de les servir.

**Bienfaits pour la santé** – Les fraises sont riches en vitamines du groupe B et en vitamine C. Elles contiennent aussi des quantités importantes de potassium et purifient la peau.

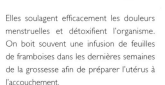

*Fraises*

## LES FRAMBOISES

Tendres et parfumées, les framboises sont délicieuses nature, éventuellement avec une simple cuillerée de yaourt. Les variétés écossaises sont considérées comme les meilleures du monde. Très fragiles, les framboises ne doivent pas être trop manipulées. Ne les lavez que si nécessaire. Elles sont délicieuses crues, la cuisson en détruisant le goût et la vitamine C.

**Bienfaits pour la santé** – Les framboises sont une excellente source de vitamine C. Elles soulagent efficacement les douleurs menstruelles et détoxifient l'organisme. On boit souvent une infusion de feuilles de framboises dans les dernières semaines de la grossesse afin de préparer l'utérus à l'accouchement.

*Framboises*

### La cure d'airelles

Une étude récente, publiée dans le *Journal of the American Medical Research Association,* confirme – ce qui était connu depuis longtemps – que l'airelle aide à lutter contre la cystite et autres infections du système urinaire. Les jus d'airelles aide à détruire les bactéries, à la fois dans les voies urinaires, la vessie et les reins.

## LES MYRTILLES

De couleur violet sombre, les myrtilles sont très appréciées dans de nombreux pays. Lorsqu'elles sont mûres, les baies sont grosses et légèrement fermes, avec une pruine naturelle. Lavez-les et séchez-les avec précaution afin de ne pas les abîmer ; évitez celles qui sont molles et ternes. Les myrtilles cultivées sont plus grosses que les sauvages. Les deux variétés sont assez sucrées pour être mangées crues, mais sont aussi délicieuses dans des tourtes, des muffins, des gelées, des confitures ou des sauces accompagnant des noix et des légumes cuits au four. Les myrtilles non lavées se gardent jusqu'à une semaine dans le bas du réfrigérateur.

**Bienfaits pour la santé** – De nombreuses études montrent que manger régulièrement des myrtilles peut améliorer la vision nocturne et prévenir la cataracte et le glaucome. Les myrtilles sont également efficaces dans le traitement des infections des voies urinaires et bénéfiques pour la circulation sanguine.

*Myrtilles*

## LES MÛRES

Chaque automne, les mûres poussent en abondance à l'état sauvage dans les haies. Les mûres cultivées ont une saison relativement plus longue et sont généralement beaucoup plus grosses que les sauvages. Juteuses, les mûres peuvent être parfois légèrement acides, c'est pourquoi on les fait souvent cuire. Lavez-les avec précaution afin d'éviter de les abîmer, puis essuyez-les avec du papier absorbant. Utilisez-les pour des tourtes, des tartes, des confitures et des gelées. Légèrement cuites puis réduites en purée et passées au tamis, elles peuvent être servies en coulis pour accompagner d'autres fruits ou de la glace. Les mûres se marient bien avec les pommes et les poires.

*Mûres*

**Bienfaits pour la santé** – Les mûres contiennent beaucoup de fibres et de nombreux minéraux, dont du magnésium, du fer et du calcium ainsi que de la vitamine C. Dépourvues de graisses, elles sont aussi l'une des meilleures sources de vitamine E. En médecine naturelle, elles sont utilisées pour leurs vertus dépuratives et tonifiantes. On les emploie également pour soulager les maux d'estomac et traiter les troubles menstruels. Elles sont riches en bioflavonoïdes, antioxydants aidant à lutter contre les facteurs carcinogènes et inhibant le développement des cellules cancéreuses.

Cassis

## LES GROSEILLES À MAQUEREAU

Très appréciées dans le nord de l'Europe, les groseilles à maquereau sont rares dans les autres parties du monde. Leur gamme va des fruits durs, acides et verts, à des fruits plus sucrés, plus mous et de couleur violette. La peau peut être lisse, soyeuse, duveteuse ou piquante. Les groseilles à maquereau vertes et acides font de remarquables tourtes, crumbles, confitures et gelées. On peut préparer un savoureux dessert en réduisant les fruits mûrs et tendres en purée et en les mélangeant avec de la crème fraîche, du yaourt ou de la crème anglaise.

**Bienfaits pour la santé** – Riches en vitamine C, les groseilles à maquereau contiennent aussi du bêta-carotène, du potassium et des fibres.

Groseilles rouges

## LES CASSIS, LES GROSEILLES ROUGES ET BLANCHES

Ces fruits, jolis et délicats, sont généralement vendus en grappes avec leur tige. Pour ôter les baies de la tige, faites passer les dents d'une fourchette dans la masse en veillant à ne pas abîmer les fruits. Lavez soigneusement les baies puis séchez-les avec un linge ou du papier absorbant. Crus, les cassis sont un peu acides, mais ils sont délicieux cuits, dans des tourtes sucrées. Ils font aussi de succulentes confitures et gelées et sont exquis l'été dans des puddings, mélangés à d'autres baies. Les groseilles blanches, plus sucrées, se marient parfaitement avec d'autres fruits dans les salades.

Groseilles blanches

**Bienfaits pour la santé** – On connaît depuis longtemps la valeur nutritive du cassis et de la groseille. Ils contiennent de grandes quantités d'antioxydants, de vitamines C et E et de carotène, ainsi que des fibres, du calcium, du fer et du magnésium. En médecine naturelle, le cassis est souvent utilisé pour soulager les maux d'estomac.

**Achat et conservation** – Choisissez des cassis et des groseilles fermes et brillants. Les fruits mûrs se conservent assez mal et il vaut mieux les consommer le jour de leur achat. Placez-les au réfrigérateur. Les fruits encore verts se gardent plus longtemps. Les framboises, myrtilles, mûres et autres baies se conservent bien surgelées.

Groseilles à maquereau

### Purées et coulis

Les baies tendres sont parfaites pour préparer des coulis ou des purées de fruits crus. Ajoutez du sucre si les fruits sont acides et un peu de jus de citron pour en exhaler la saveur.

**1** Pour la purée de framboises, mettez dans un mixer quelques framboises, du jus de citron et du sucre glace selon votre goût et mixez en un mélange homogène.

**2** Passez dans un tamis de Nylon. Gardez 1 à 2 jours au réfrigérateur.

# Les raisins, les melons, les dattes et les figues

Ces fruits, les premiers à avoir été cultivés, sont chargés d'histoire. Il en existe une immense variété de formes, de couleurs et de dimensions et, à l'exception du melon, on peut aussi les acheter secs. Ils possèdent de nombreux nutriments et fibres solubles.

## LE RAISIN

On trouve de nombreuses variétés de raisins, chacune avec son propre goût et sa propre personnalité. La plupart sont destinées à la fabrication du vin. Les raisins de table sont moins acides et ont une peau plus mince que ceux qui sont utilisés pour la fabrication du vin. Les raisins sans pépins sont plus faciles à manger et contiennent moins de tanin que ceux avec des pépins. Les raisins vont du violet foncé au rouge pâle et du vert vif à un ton presque blanc. Les meilleurs raisins de table sont les muscats, qui ont un merveilleux parfum. Ils peuvent être vert pâle, dorés, noirs ou rouges. Les raisins Italia – autre variété connue – ont une saveur riche et musquée et peuvent être verts ou noirs. Sauf s'ils sont bio, les raisins doivent être soigneusement nettoyés avant d'être mangés car ils sont régulièrement aspergés de pesticides et de fongicides.

*Raisins rouges et blancs*

Servez des raisins avec le fromage, en salade ou comme garniture de tartes. Avant de les faire cuire, plongez-les quelques secondes dans de l'eau bouillante, puis pelez-les avec un petit couteau.

**Achat et conservation** – Choisissez des raisins pulpeux et assez fermes. Ils doivent être d'une couleur égale et solidement attachés à leur tige. Non lavé, le raisin peut se conserver jusqu'à cinq jours au réfrigérateur.

**Bienfaits pour la santé** – Le raisin contient du fer, du potassium et des fibres. Dépuratif puissant, il peut améliorer l'aspect de la peau et traiter la goutte ainsi que les affections hépatiques et rénales. Des recherches ont montré que le resvératrol,

### Un verre de vin rouge

Selon une récente étude américaine, le vin rouge contient plusieurs éléments susceptibles de prévenir les risques de cancers, parmi lesquels le phénol. Cette nouvelle a été annoncée à la suite de recherches montrant que le vin – le rouge en particulier – peut réduire le risque de maladies cardio-vasculaires. Sur le plan nutritionnel, le vin n'a pratiquement aucune valeur et il faut en boire avec modération, mais pris au moment des repas, il peut favoriser l'absorption du fer.

*Melons galia* (DEVANT, À GAUCHE ET AU FOND), *cantaloup* (AU CENTRE) *et pastèque* (À DROITE)

substance naturelle produite par les raisins, peut aider à inhiber la formation de tumeurs et que le jus de raisin noir peut être encore plus efficace que l'aspirine pour réduire le risque d'infarctus.

## LE MELON

La pastèque est hypocalorique en raison de son pourcentage élevé d'eau : environ 90%. Elle contient moins de vitamine C que des melons tels que le cantaloup et le charentais. Évitez d'acheter des melons déjà coupés car ils auront perdu la plupart de leurs vitamines.

**Achat et conservation** – Préférez des melons lourds par rapport à leur taille et qui cèdent à une légère pression à l'extrémité où se trouve la tige.

**Bienfaits pour la santé** – Mangé seul, le melon est facile à digérer et il traverse rapidement le système digestif. Mais consommé avec d'autres aliments exigeant un processus digestif plus complexe, il peut bloquer l'absorption des nutriments.

*Figues*

## LA FIGUE

Ce fruit délicat, à la peau fine, peut être violet, brun ou vert doré. Les figues sont délicieuses crues, mais peuvent également être pochées ou encore cuites au four. Choisissez des fruits mûrs sans taches, qui cèdent à une légère pression, et mangez-les le jour même. Si elles ne sont pas trop mûres, les figues peuvent se garder un à deux jours au réfrigérateur.

Ces fruits sont un laxatif connu et une excellente source de calcium.

## LA DATTE

Comme les figues, les dattes sont cultivées depuis très longtemps, peut-être depuis 50 000 ans avant J.-C. Les dattes fraîches, tendres et sucrées, sont un excellent édulcorant naturel. Pour un dessert vite prêt, écrasez les fruits cuits puis ajoutez-les à une pâte à gâteau ou à pain, ou mélangez simplement à du yaourt nature.

Les dattes doivent être grosses et luisantes. Les medjool d'Égypte et de Californie ont une peau ridée, mais la plupart des autres variétés sont lisses. Les dattes se conservent jusqu'à une semaine au réfrigérateur. Riches en vitamine C, elles sont une bonne source de potassium et de fibres solubles.

*Dattes fraîches*

### Les fruits secs

Les raisins de Corinthe, les raisins muscats et les raisins de Smyrne sont les fruits secs les plus courants. Traditionnellement, ils sont utilisés pour des cakes et des pains aux fruits, mais les raisins de Corinthe et les raisins muscats sont également délicieux dans des plats salés. Dans les cuisines indienne et nord-africaine, ils sont très prisés pour leur goût sucré. Les figues et les dattes séchées servent aussi à confectionner des gâteaux, des pâtisseries accompagnant le thé et d'autres douceurs.

Il faut en moyenne de 1,8 à 2,3 kg/4 à 5 lb de raisins frais pour produire 450 g/1 lb de raisins secs et 1,5 kg/3 lb de figues et de dattes fraîches pour produire 450 g/1 lb de fruits secs. Malgré leur taux élevé de sucre, qui peut nuire aux dents si l'on en mange trop entre les repas, les fruits secs contiennent une quantité importante de nutriments, dont du fer, du potassium, du calcium, du phosphore, de la vitamine C, du bêta-carotène et quelques vitamines du groupe B.

# Les fruits tropicaux

Ces fruits exotiques vont des bananes et de l'ananas, très répandus, aux papayes et aux fruits de la passion, qui sont plus rares. Avec leur diversité de couleurs, de formes et de saveurs, ils constituent un régal pour les gourmets.

*Mangues*

## L'ANANAS

Ce fruit, à l'aspect particulier, a une chair sucrée, extrêmement juteuse et dorée. À l'inverse de la plupart des autres fruits, l'ananas ne mûrit pas après avoir été cueilli ; cependant, laisser un fruit légèrement vert pendant quelques jours à la température de la pièce peut le rendre moins acide.

**Achat et conservation** – Choisissez un ananas avec des feuilles pointues d'un vert vif, qui soit lourd pour sa taille et légèrement souple au toucher. Lorsqu'il est mûr, conservez-le au réfrigérateur.

### D'autres fruits tropicaux

**Le kiwi,** également connu dans les pays anglophones sous le nom de « groseille à maquereau chinoise », a une peau marron et duveteuse et une chair vert vif constellée de petites graines noires. Il est extrêmement riche en vitamine C.
**Le fruit de la passion**, de forme ovoïde, a une peau ridée violet foncé, une chair pulpeuse dorée et des graines noires comestibles. Coupez-le en deux et prenez la chair avec une cuillère. Le fruit de la passion est riche en vitamines A et C.

**Bienfaits pour la santé** – L'ananas contient une enzyme antibactérienne appelée bromélaïne, qui possède des vertus anti-inflammatoires et soulage les personnes souffrant d'arthrite. Il facilite aussi la digestion.

## LA PAPAYE

Ce fruit piriforme vient d'Amérique latine. Lorsqu'il est mûr, la peau verte devient jaune avec des petits points et la chair est d'un bel orange rosé. Séchées, ses nombreuses petites graines noires, qui sont comestibles, ont un goût poivré. Ôtez la peau avec un couteau bien aiguisé. La chair, onctueuse, est merveilleusement sucrée et parfumée. Mieux vaut manger les papayes crues lorsqu'elles sont mûres et faire cuire celles qui sont vertes.

**Bienfaits pour la santé** – La papaye contient une enzyme appelée papaïne qui facilite la digestion, bien que celle-ci diminue au fur et à mesure que le fruit mûrit. Grâce à sa teneur élevée en vitamine C et en bêta-carotène, elle est excellente pour la peau, les cheveux et les ongles. Elle contient aussi du fer, du potassium et du calcium.

## LA MANGUE

La peau de ce fruit savoureux et parfumé va du vert au rouge en passant par le jaune et l'orangé. La forme varie aussi énormément. Une peau complètement verte est signe que le fruit n'est pas mûr, bien qu'en Asie, les mangues vertes soient souvent utilisées dans des salades. Lorsqu'il est mûr, le fruit devrait céder à une légère pression et, coupé, révéler une chair orangée et juteuse. Préparer une mangue peut se révéler délicat (*voir ci-contre*). Servez-la coupée en tranches ou écrasée et utilisez-la comme base pour des glaces et des sorbets.

**Bienfaits pour la santé** – Riche en vitamine C et en bêta-carotène, la mangue a également la réputation d'être dépurative.

*Ananas et ananas nains*

## Préparer une mangue

La mangue peut être difficile à préparer en raison de son gros noyau plat légèrement excentré. La méthode proposée ici permet de réaliser des dés. La mangue peut aussi être pelée à l'aide d'un économe, puis découpée tout autour du noyau.

**1** Tenez le fruit d'une main et coupez verticalement d'un côté du noyau. Faites de même de l'autre côté. Découpez éventuellement la chair restée autour du noyau.

**2** Prenez les 2 gros morceaux et, à l'aide d'un couteau aiguisé, découpez la chair en damier jusqu'à la peau. En tenant la mangue avec la peau vers le bas, retournez-la comme un gant puis, avec un couteau, détachez les dés de fruit de la peau.

CONSEIL

Pour faire mûrir le fruit, mettez-le dans un sac en papier avec un fruit déjà mûr et laissez-le à température ambiante ou dans un endroit chaud.

*Papaye*

### LA BANANE

Très énergétique, la banane est aussi gorgée de précieux nutriments. Sa chair, tendre et crémeuse, peut être mixée pour préparer des boissons onctueuses et sucrées, ou écrasée et mélangée à du yaourt ; les fruits peuvent aussi être cuits entiers, au four ou sur le gril. Les bananes constituent un aliment idéal de sevrage pour les bébés car elles provoquent rarement de réactions allergiques.

**Bienfaits pour la santé** – La banane est riche en fibres alimentaires, en vitamines et en minéraux, en potassium notamment, qui est important pour le fonctionnement des cellules, des nerfs et des muscles, et peut faire baisser la tension artérielle. La banane mûre calme les maux d'estomac et protège la paroi stomacale contre l'acidité et les ulcères. Riche en sucres lents, elle fournit un apport continu d'énergie et est efficace en cas de diarrhées. Elle est en outre riche en tryptophane, acide aminé censé posséder un pouvoir antidépresseur et favoriser le sommeil.

**Achat et conservation** – Choisissez des fruits lourds par rapport à leur taille. Les mangues et les papayes doivent céder à une légère pression. Évitez les fruits trop mous, meurtris ou durs par endroits. Les mangues et les papayes bien mûres doivent être conservées au réfrigérateur. Si vous souhaitez acheter des bananes mûres, choisissez des fruits jaunes (ou rouges) avec de petites taches brunes. Les bananes avec des taches vertes peuvent mûrir à la température de la pièce. N'achetez pas de bananes complètement vertes car elles mûrissent rarement correctement. Conservez les bananes dans un endroit frais.

*Bananes sucrées à la peau rouge et variétés jaunes, plus courantes, de grande et de petite tailles*

# Les légumes

Les légumes peuvent être accommodés de mille façons. Le choix en est immense et, grâce à la demande croissante de produits bio, on trouve de plus en plus de variétés sans pesticides. Les légumes sont essentiels pour une alimentation saine et ils possèdent d'innombrables vertus nutritives. Mieux vaut les manger le plus frais possible.

## Les racines et les tubercules

Les légumes nourrissants tels que les carottes, les topinambours, les navets et les pommes de terre sont très appréciés en hiver. Ils contiennent des sucres lents, qui diffusent progressivement leur énergie, ainsi que des fibres, des vitamines et des minéraux.

*Carottes fraîches avec leur vert plumeau de fanes*

### LA CAROTTE

Les carottes ne sont pas limitées à la saison froide. En été, on trouve des carottes nouvelles, plus sucrées et souvent vendues avec leurs fanes. (Mieux vaut enlever ces fanes après l'achat car elles privent la racine de son humidité et de ses nutriments).

**Les légumes très colorés**

Veillez à ce que votre alimentation soit colorée. Le bêta-carotène est l'un des caroténoïdes présents dans les légumes verts, jaunes, orange et rouges (ainsi que dans les fruits). La plupart des caroténoïdes sont des antioxydants qui ralentissent ou inhibent l'action des radicaux libres, lesquels attaquent les cellules en les oxydant. Les vitamines C et E ainsi que les caroténoïdes sont des bioflavonoïdes. Ces substances renforcent le système immunitaire, qui protège contre les infections virales et bactériennes, et elles préviennent les risques de cancers et de maladies cardio-vasculaires.

Achetez si possible des carottes bio, celles qui ne le sont pas contenant de nombreux résidus de pesticides. En outre, les carottes bio présentent l'avantage de ne pas avoir besoin d'être épluchées.

Choisissez des carottes fermes et lisses. Plus elles sont petites, plus elles sont sucrées. Les carottes devraient être préparées juste avant d'être consommées afin de préserver leurs précieux nutriments. Elles sont délicieuses crues mais peuvent aussi être cuites à la vapeur, sautées, cuites au four ou préparées en purée.

**Bienfaits pour la santé** – Une carotte fournit assez de vitamine A pour une journée et elle est censée réduire de moitié les risques de cancer du poumon, même chez les anciens fumeurs. Selon un spécialiste américain, manger une carotte supplémentaire par jour pourrait éviter vingt mille cas de décès dus au cancer du poumon chaque année aux États-Unis, sans doute grâce à la teneur élevée des carottes en bêta-carotène, qui est un antioxydant. Chez les hommes, le bêta-carotène pourrait aussi réduire le risque de cancer de la prostate.

*Betteraves*

### LA BETTERAVE

La betterave, rouge sombre, confère une note vivante et donne du goût à toutes sortes de plats. Elle est souvent conservée dans du vinaigre, mais la cuisson au four en exalte la saveur. La betterave crue peut être servie râpée en entrée ou utilisée pour la préparation de condiments. Elle peut aussi être ajoutée à des risottos et on peut en faire de délicieuses soupes. Si vous faites cuire une betterave entière, lavez-la soigneusement, en veillant à ne pas abîmer la peau sinon elle perdrait ses éléments nutritifs et sa belle couleur. Coupez les tiges environ 2,5 cm/1 in au-dessus de la racine. Plus les betteraves sont petites, plus elles sont tendres et sucrées.

**Bienfaits pour la santé** – Depuis longtemps, la betterave est considérée comme excellente pour la santé et elle est recommandée comme tonique général. Elle aide à lutter contre les problèmes circulatoires et l'anémie ; elle constitue un dépuratif efficace et peut, en raison de ses nombreuses fibres, soulager la constipation. Elle contient du calcium, du fer et des vitamines A et C, surtout lorsqu'elle est crue.

## LE CÉLERI-RAVE

Cette racine noueuse est très proche du céleri en branches, d'où son goût, qui rappelle aussi celui du persil et des graines d'anis. Comparable, en taille, à un petit rutabaga, le céleri-rave a une chair ivoire et il est l'un des rares tubercules à devoir être pelé. Râpé et mangé cru en salade, le céleri-rave a une texture croquante. Il peut également être cuit à la vapeur ou au four, préparé en gratin ou mélangé à des pommes de terre et réduit en purée, avec du beurre et de la moutarde en grains. Il convient aussi pour les soupes et les bouillons.

**Bienfaits pour la santé** – Comme le céleri en branches, le céleri-rave est diurétique. Il contient aussi de la vitamine C, du calcium, du fer, du potassium et des fibres.

*Les rutabagas contiennent des antioxydants et d'autres éléments qui aident à prévenir les risques de cancers.*

*Panais*

## LE RUTABAGA

De forme sphérique, le rutabaga possède une chair orange pâle et une saveur délicate, légèrement sucrée. Enlevez la peau, qui est épaisse, puis procédez comme pour les autres racines : râpez-le dans des salades ; coupez-le en morceaux et préparez-le en gratin ou en soupe ; ou faites-le cuire à la vapeur, réduisez-le en purée et servez-le en accompagnement.

**Bienfaits pour la santé** – Le rutabaga fait partie de la famille des crucifères. Il est censé contenir des éléments antioxydants et anticancéreux, et il fournit aussi des vitamines A et C.

## LE PANAIS

Ce légume onctueux et légèrement sucré est délicieux au four, en purée ou à la vapeur. Le meilleur moment pour l'acheter se situe après les premières gelées, le froid convertissant son amidon en sucre et le rendant plus savoureux. Grattez-le avant de l'utiliser et ne le pelez que si la peau est coriace. Évitez les gros panais, qui peuvent être noueux.

**Bienfaits pour la santé** – Le panais est un puissant dépuratif et il préviendrait certains cancers. Il contient des vitamines C et E, du fer, de l'acide folique et du potassium.

*Céleri-rave*

## LE NAVET

Cette humble racine est excellente pour la santé et avec leurs fanes vertes, les petits navets sont particulièrement diététiques. Leur chair ivoire et légèrement croquante, recouverte d'une peau blanche, verte et rose, a un goût agréable, légèrement poivré, dont l'intensité dépend de leur taille et de l'époque de la récolte. Les petits navets peuvent être mangés crus ou cuits, à la vapeur ou au four, en gratin et en soupe.

**Bienfaits pour la santé** – Ce crucifère est censé prévenir certains cancers, celui du rectum en particulier. Il a aussi des propriétés digestives et régularise le transit intestinal. Les fanes vertes sont riches en bêta-carotène et en vitamine C.

*Navets nains*

## LA POMME DE TERRE

Il en existe des milliers de variétés, dont certaines se prêtent à des méthodes de cuisson particulières. Mieux vaut faire cuire les petites pommes de terre telles que la belle de Fontenay, la ratte du Touquet et la roseval à la vapeur. Comme elles ont une texture cireuse et qu'elles ne se désagrègent pas une fois cuites, elles sont idéales dans des salades. Les pommes de terre les plus courantes, telles la charlotte et la bintje, sont bonnes cuites au four, bouillies, en purée ou encore en frites. Jetez les pommes de terre présentant des taches vertes, lesquelles indiquent la présence d'alcaloïdes toxiques, les solanines.

Les vitamines et les minéraux se trouvant juste sous la peau, mieux vaut ne pas peler ce tubercule. Les pommes de terre nouvelles et certaines variétés utilisées en salades ont uniquement besoin d'être grattées.

En soi, les pommes de terre ne font pas grossir ; ce sont les ingrédients qui leur sont ajoutés, le fromage par exemple, et les méthodes de cuisson, qui peuvent accroître le nombre de calories. Faites-les cuire à la vapeur plutôt que bouillir, et au four plutôt que frire, afin de conserver leurs précieux éléments nutritifs et éviter les corps gras.

**Bienfaits pour la santé** – Les pommes de terre fournissent des sucres lents et elles contiennent à la fois des protéines et des fibres. Elles diffusent leur énergie de façon continue et recèlent aussi des vitamines B et C, du fer et du potassium.

## LE TOPINAMBOUR

Ce petit tubercule noueux a une saveur de noix légèrement sucrée. Le peler peut être délicat ; le gratter et l'équeuter est généralement suffisant. Il se conserve jusqu'à une semaine au réfrigérateur. Il s'emploie de la même façon que les pommes de terre. Le topinambour permet de préparer des soupes onctueuses.

**Bienfaits pour la santé** – Le topinambour contient de la vitamine C et des fibres.

### CONSEIL

Afin d'empêcher les racines et tubercules de perdre leur couleur après avoir été préparés, plongez-les dans un bol d'eau acidulée, c'est-à-dire contenant 15 ml/1 cuillerée à soupe de jus de citron. Ne les laissez pas tremper trop longtemps : ils perdraient leurs vitamines, qui sont hydrosolubles.

*Pommes de terre*

## LE RADIS

Il existe plusieurs variétés de ce légume au goût poivré, membre de la famille des crucifères. Le radis rond, rouge rubis, est moins courant que le radis rose, plus long et plus doux. Le *daikon* (ou *mooli*) est blanc et très long et il peut peser plusieurs livres, voire plusieurs kilos. Les radis peuvent parfumer des salades et des légumes sautés et ajouter une note croquante. Diurétique notoire, le radis contient aussi de la vitamine C.

*Topinambours*

*Radis*

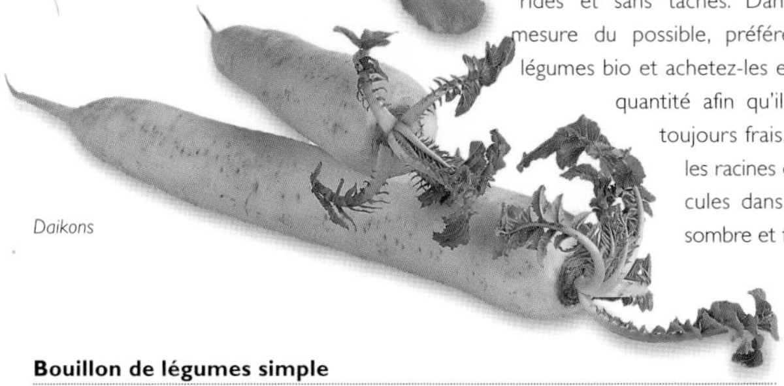

*Daikons*

## LE RAIFORT

Cette racine au goût très prononcé n'est jamais mangée en tant que légume. Elle est généralement râpée et mélangée à de la crème ou de l'huile et du vinaigre, et servie en accompagnement. Elle dégage efficacement les sinus congestionnés.

**Achat et conservation** – Choisissez des racines et des tubercules aux couleurs vives, fermes, sans rides et sans taches. Dans la mesure du possible, préférez des légumes bio et achetez-les en petite quantité afin qu'ils soient toujours frais. Gardez les racines et tubercules dans un lieu sombre et frais.

*Raifort*

### La patate douce

Il existe deux variétés de ce tubercule très riche en éléments nutritifs : l'un a une chair couleur crème, l'autre orange. La variété orange est meilleure pour la santé parce qu'elle contient plus de bêta-carotène, mais toutes les patates douces contiennent du potassium, des fibres et de la vitamine C et elles sont très énergétiques. La patate douce est censée détoxifier l'organisme et elle peut améliorer la circulation sanguine. Cuite, la patate douce à chair crème est plus sèche, mais les deux variétés peuvent être servies en purée, bouillies ou cuites au four.

## Bouillon de légumes simple

Ce bouillon est très facile à faire chez soi et plus sain que ceux qui sont vendus dans le commerce. Il peut se conserver jusqu'à quatre jours au réfrigérateur ou être préparé en grande quantité et surgelé.

**INGRÉDIENTS**

- 1 c. à soupe d'huile d'olive
- 1 pomme de terre hachée
- 1 carotte hachée
- 1 oignon haché
- 1 branche de céleri hachée
- 2 gousses d'ail épluchées
- 1 branche de thym
- 1 feuille de laurier
- quelques brins de persil
- 600 ml/1 pinte/2 1/2 tasses d'eau
- sel et poivre du moulin

**1** Chauffez l'huile dans un grand faitout. Mettez les légumes à cuire 10 min à couvert, en remuant de temps en temps. Ajoutez l'ail et les herbes.

**2** Versez l'eau dans le faitout, portez à ébullition et laissez mijoter 40 min en couvrant partiellement. Passez, salez et poivrez et utilisez selon vos besoins.

# Les crucifères et les légumes à feuilles vertes

Ces légumes, très variés, possèdent de nombreuses et extraordinaires vertus thérapeutiques. Ils vont du chou frisé au chou de Bruxelles, qui est de la taille d'une noix. Les légumes à feuilles vertes comprennent les épinards, les choux précoces et les bettes.

*Brocolis*

## LE BROCOLI

Ce légume, excellent pour la santé, devrait être consommé régulièrement par tous. Il en existe deux variétés communes : celui à fleurs mauves, qui a une tige fine et feuillue et une tête délicate, et le brocoli de Calabre, plus imposant, avec une tête à petites inflorescences et une tige épaisse. Choisissez des brocolis avec des pousses florales vivement colorées et compactes. Des bouquets jaunâtres et une tige fibreuse, molle et âcre indiquent que le légume est trop mûr. Ôtez les tiges avant de le faire cuire, bien que les tiges jeunes puissent aussi être mangées. Servez cru, en salade ou avec une sauce cocktail. Sinon, faites-les cuire à la vapeur ou sauter afin de préserver leurs nutriments et réduisez le temps de cuisson au minimum afin qu'ils restent fermes et gardent leur belle couleur verte.

**Bienfaits pour la santé** – Le brocoli appartient à la famille des crucifères, lesquels auraient prouvé leur efficacité dans la prévention des cancers du poumon, du côlon et du sein. Des composés de soufre, présents dans le brocoli, stimulent la production d'enzymes qui inhiberaient l'apparition de tumeurs et le développement des lésions existantes. Le brocoli cru contient presque autant de calcium que le lait et d'importantes quantités de vitamines B et C, du fer, de l'acide folique, du zinc et du potassium.

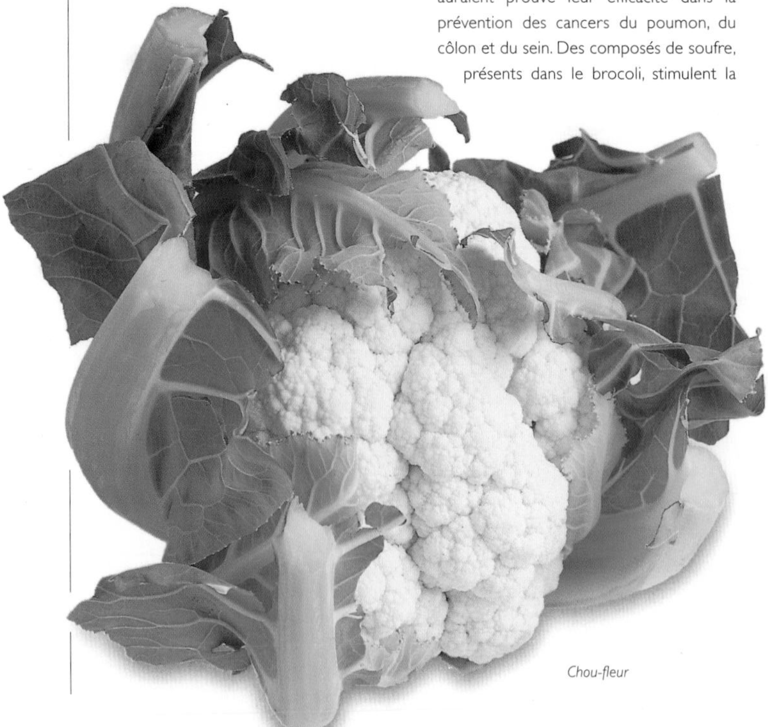

*Chou-fleur*

## LE CHOU-FLEUR

Les bouquets, compacts et de couleur crème, doivent être entourés de grosses feuilles vert vif. Pour que le chou-fleur soit le plus nutritif possible, mangez-le cru ou faites-le légèrement bouillir ou cuire à la vapeur. Le chou-fleur a un goût délicat et il est délicieux avec une vinaigrette ou mélangé avec des tomates et des épices. Trop cuit, il devient mou, avec un goût sulfureux.

**Bienfaits pour la santé** – Ce crucifère blanc, à l'aspect crémeux, est excellent pour réduire les risques de cancers, en particulier ceux du poumon et du côlon. Le chou-fleur contient aussi de la vitamine C, de l'acide folique et du potassium, et il est utilisé en médecine naturelle comme dépuratif et laxatif.

### Préparer les brocolis

Coupez les tiges et détachez les bouquets. Détaillées en morceaux, les tiges des jeunes brocolis sont également comestibles.

### Les principes actifs des légumes

Les crucifères tels que le brocoli, le chou, le chou-rave, le radis, le chou-fleur, le chou de Bruxelles, les germes de soja, le cresson, le navet, le chou frisé, le chou chinois, les pousses de moutarde blanche, les jeunes feuilles de chou, la bette et le rutabaga sont tous dotés de principes actifs qui ont été reconnus capables de lutter contre différentes formes de cancers. Ils sont présents à des degrés divers dans tous les fruits et légumes, mais surtout dans les crucifères.

Ces principes actifs, véritable cocktail anticancéreux, jouent un rôle essentiel dans la lutte contre diverses affections en stimulant les défenses enzymatiques de l'organisme contre les substances carcinogènes. Manger régulièrement des crucifères – au moins trois ou quatre fois par semaine – peut réduire de moitié les risques de cancers du poumon, du côlon, du sein, de l'ovaire, de l'utérus ou de la prostate.

Selon un éminent spécialiste anglais, ces principes actifs pourraient se révéler aussi importants que les antioxydants pour lutter contre les maladies. Ils comprennent des éléments tels que les caroténoïdes, le sélénium, les fibres, les isothiocyanates, les indoles, les phénols, les tocophérols, les bioflavonoïdes et les inhibiteurs de protéases.

*Le chou-rave (EN BAS À GAUCHE) ; le chou chinois et le cavalo nero (CI-DESSOUS) ; le chou-fleur, le chou frisé, le chou de Bruxelles, les feuilles d'épinards, le brocoli et le chou frisée (À DROITE) contiennent un très grand nombre de principes actifs.*

### LE CHOU

On fait souvent trop cuire le chou : mieux vaut le manger cru ou *al dente*. Il en existe plusieurs variétés : le chou frisé a de grosses feuilles fripées et un goût prononcé et il est excellent farci ; les choux rouges et blancs, qui sont fermes, peuvent être émincés et mangés crus en salade (comme le *pé-tsai*) ; tandis que le chou chinois devrait être cuit dans un wok, avec d'autres légumes ou des nouilles.

**Bienfaits pour la santé** – Des recherches ont montré que manger du chou plus d'une fois par semaine peut réduire l'incidence du cancer du côlon chez les hommes d'environ 65%. Le chou cru ou le jus de chou sont particulièrement efficaces et ils ont aussi des vertus antivirales et antibactériennes. Le chou active le métabolisme de l'œstrogène chez la femme, ce qui protégerait contre les cancers du sein et de l'utérus. Il constitue une source précieuse de vitamines C et E, de bêta-carotène, d'acide folique, de potassium, de thiamine et de fibres.

*Choux*

## Mélange de choux sautés

Faire revenir les aliments est une méthode de cuisson rapide qui conserve une grande partie des vitamines et des minéraux perdus lors de l'ébullition. Le chou cuit de cette façon reste ferme et garde ses couleurs.

**INGRÉDIENTS**

- 1 c. à soupe d'huile d'arachide ou de tournesol
- 1 grosse gousse d'ail hachée
- 1 morceau de gingembre de 2,5 cm/1 in haché
- 450 g/1 lb/5 tasses de mélange de feuilles de choux – chou frisé, chou blanc, *cavalo nero* ou chou chinois – émincées
- 2 c. à café de sauce de soja
- 1 c. à café de miel liquide
- 1 c. à café d'huile de sésame (facultatif)
- 1 c. à soupe de graines de sésame grillées

**1** Chauffez l'huile dans un wok ou une grande sauteuse, puis faites revenir l'ail et le gingembre environ 30 s. Ajoutez le chou et faites revenir 3 à 5 min, en remuant fréquemment, jusqu'à ce qu'il soit tendre.

**2** Versez la sauce de soja, le miel et l'huile de sésame et laissez cuire 1 min. Saupoudrez de graines de sésame et servez.

**Bienfaits pour la santé** – Le chou de Bruxelles contient beaucoup de vitamine C, d'acide folique, de fer, de potassium et quelques vitamines B. Comme les autres crucifères, il peut prévenir certains cancers.
**Achat et conservation** – Choisissez des choux vivement colorés et fermes, non décolorés ni flétris. Évitez les choux-fleurs qui ont des taches noires ou des feuilles jaunies. Assurez-vous que les choux ont un cœur dense. Les choux chinois doivent être compacts et lourds par rapport à leur taille et présenter des feuilles intactes, de couleur vive. Choisissez des choux de Bruxelles de petite taille avec des feuilles très serrées. Les choux et choux de Bruxelles se conservent jusqu'à une semaine dans un endroit sombre et frais, et les brocolis et choux-fleurs deux à trois jours au réfrigérateur. Le *pé-tsai* et le *pak choi* ne se conservent pas plus d'un à deux jours. Mettez-les dans le bac à légumes du réfrigérateur.

## Préparer les choux de Bruxelles

**1** Éliminez éventuellement les feuilles extérieures abîmées.

**2** Avant de faire cuire, effectuez une incision en forme de croix à la base de chaque chou, pour une cuisson rapide et régulière.

## LE CHOU DE BRUXELLES

Il s'agit en fait d'un chou miniature poussant sur une longue tige et avec un goût de noix très prononcé. Les meilleurs sont ceux qui sont petits avec des feuilles très serrées. Évitez ceux qui sont très gros ou de couleur jaune ou marron. Le chou de Bruxelles a une saveur particulièrement délicate lorsqu'il est cueilli après la première gelée et il a meilleur goût légèrement cuit : à la vapeur, ou, mieux encore, sauté, ce qui permet de conserver à la fois sa couleur verte, sa texture croquante, ses vitamines et ses minéraux.

*Choux de Bruxelles*

## LES LÉGUMES À FEUILLES VERTES

On nous a longtemps conseillé de manger des légumes verts, et maintenant nous commençons à comprendre pourquoi : des recherches ont en effet montré que la consommation régulière de légumes à feuilles vert foncé tels que les épinards, les jeunes feuilles de chou, les bettes et les choux frisés peut prévenir certaines formes de cancers.

*Chou frisé*

**Les épinards**

Ce légume à feuilles vert foncé est une excellente source d'antioxydants et il contient environ quatre fois plus de bêtacarotène que le brocoli. Il est aussi riche en fibres, qui peuvent aider à faire baisser le taux de mauvais cholestérol dans l'organisme, réduisant le risque de maladies cardiovasculaires. Les épinards contiennent du fer, mais pas autant qu'on le croyait jadis, et également de l'acide oxalique, qui inhibe l'absorption de fer et de calcium dans l'organisme. Cependant, manger des épinards avec des aliments riches en vitamine C facilite cette absorption. Les épinards contiennent aussi des vitamines C et B6, du calcium, du potassium, de l'acide folique, de la thiamine et du zinc. Sur le plan nutritionnel, mieux vaut les consommer crus en salade, mais ils sont également excellents légèrement cuits à la vapeur, puis hachés et ajoutés à des omelettes.

*Épinards*

*Feuilles de bettes*

**Les bettes**

Les bettes, qui appartiennent à la famille des betteraves, ont de grandes feuilles sombres et des tiges blanches, orange ou rouges, comestibles. Elles peuvent être préparées de la même façon que les épinards, ou les tiges peuvent être cuites séparément. Les bettes sont riches en vitamines et en minéraux mais contiennent, comme les épinards, de l'acide oxalique.

**Les bettes à couper**

Proche de la bette à carde, cette plante n'est cultivée que pour ses feuilles, à la saveur délicate et légèrement sucrée. Utilisez-les de la même façon que les épinards.

**Les feuilles de choux précoces**

Ces jeunes feuilles d'un beau vert sombre, sont très savoureuses. Riches en vitamine C et en bêta-carotène, elles contiennent des indoles, principes actifs censés protéger l'organisme contre les cancers du sein et de l'ovaire.

**Achat et conservation** – Les légumes à feuilles vertes se conservent mal – deux à trois jours au plus. Consommez-les peu de temps après leur achat afin qu'ils soient très frais. Choisissez des feuilles intactes aux couleurs vives, qui ne soient ni jaunes ni blanches. Lavez soigneusement les feuilles à l'eau froide et mangez-les crues ou légèrement cuites, à la vapeur ou sautées, afin de préserver leurs précieux nutriments.

*Mélange de bettes*

*Feuilles de choux précoces*

# Les potirons, les courges et autres cucurbitacées

Les potirons et les courges sont extrêmement répandus aux États-Unis, en Afrique, en Australie et dans les Caraïbes. Il en existe de toutes les formes, de toutes les couleurs et de toutes les tailles. Les cucurbitacées sont, en gros, divisées en variétés d'été et variétés d'hiver : les concombres, les petites courgettes et les courges musquées font partie des variétés d'été, tandis que les potirons et les courges font partie des variétés d'hiver.

*Potirons*

### LES CUCURBITACÉES D'HIVER

Elles ont une peau coriace, non comestible, une chair dense et fibreuse et de gros pépins. La plupart des cucurbitacées d'hiver conviennent à la fois pour les plats sucrés et les plats salés.

**La courge acorn**

Cette courge, qui peut être de petite ou moyenne taille, ressemble un peu à un gros gland, d'où son nom anglais d'*acorn squash* (courge-gland). La chair, orange, est sucrée et a une texture légèrement sèche. La couleur de la peau va du doré au vert foncé. Ses grandes cavités contenant les graines permettent de la farcir.

**La courge butternut**

Grosse courge piriforme avec une peau brun doré et une chair orange vif. La peau n'est pas comestible et doit être éliminée ainsi que les graines. Faites cuire au four, avec ou sans matières grasses, préparez en purée, en soupe ou en gratin. Cuite, la chair, sucrée et onctueuse, est très goûteuse et elle remplace avantageusement le potiron.

**Le potiron**

Légume originaire des États-Unis, il est associé là-bas à la fête de *Thanksgiving*. Les petits potirons (ou citrouilles) ont une chair plus délicate et moins fibreuse que les gros. De couleur orange foncé, le potiron sert à des plats sucrés et salés tels que des tourtes, soupes, gratins, soufflés et même des glaces. Évitez de le faire bouillir car il peut devenir mou et aqueux. Les graines sont comestibles et très nutritives.

### LES CUCURBITACÉES D'ÉTÉ

Récoltées encore jeunes, les cucurbitacées d'été ont une peau comestible et tendre et des graines également comestibles. Leur chair délicate cuit rapidement.

**Le pâtisson**

Ce petit légume ressemble à une soucoupe volante miniature. Son goût s'apparente à celui de la courgette et il est excellent cuit à la vapeur ou au four. Les pâtissons peuvent être jaunes ou vert vif. Relativement chers, ils ne se gardent que quelques jours au réfrigérateur.

**La courgette**

Cucurbitacée d'été la plus répandue, la courgette est particulièrement savoureuse quand elle est petite et jeune. En vieillissant, elle s'affadit et ses pépins durcissent. La courgette nouvelle a une peau brillante et vert vif et une chair couleur crème. Elle peut être accommodée de plusieurs façons, soit râpée crue dans des salades, soit cuite à la vapeur, sautée, grillée, réduite en purée ou utilisée dans des soupes et des gratins. Ses fleurs jaune foncé constituent un mets raffiné et elle est délicieuse farcie.

*Courges butternut et acorn et pâtissons*

*Courgettes*

**La courge musquée**

Équivalent de la courgette mais plus grosse, la courge musquée a une saveur agréable et délicate. La meilleure façon de la manger est cuite au four nature ou farcie. Les tomates et les épices se marient bien avec ce légume.

*Courges musquées*

**Le concombre**

Probablement cultivé dès 10 000 ans avant J.-C., le concombre était très apprécié des Grecs et des Romains. La variété longue et étroite avec une peau lisse est la plus courante. Avec son goût délicat et rafraîchissant, le concombre est parfait cru, en salade ou, coupé en tranches, dans des sandwichs. Il peut aussi être conservé dans du vinaigre et supporte certaines cuissons : à la vapeur, au four ou sauté.

**Achat et conservation** – Choisissez des légumes fermes et non abîmés qui soient lourds pour leur taille. Les cucurbitacées d'hiver se gardent plusieurs semaines dans un lieu frais et sec. Une fois coupées, elles doivent être mises au réfrigérateur et mangées dès que possible. Les cucurbitacées d'été ne se conservent que quelques jours au réfrigérateur.

**Peler un potiron**

**1** Coupez le potiron en deux avec un grand couteau aiguisé et retirez les graines et les fibres avec une cuillère.

**2** Débitez en gros morceaux puis coupez la peau avec un couteau aiguisé.

**Faire cuire les courges au four**

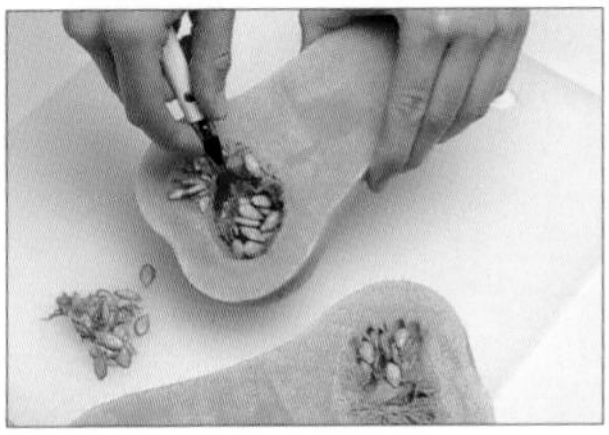

**1** Préchauffez le four à 200 °C/400 °F. Coupez la courge en deux, retirez les graines et posez-la sur une plaque huilée, la face coupée en dessous.

**2** Faites cuire environ 30 min, afin que la chair ramollisse. Servez tel quel ou retirez la chair et écrasez avec du beurre.

**Bienfaits pour la santé** – Les cucurbitacées d'été sont d'excellents diurétiques et, en raison de leur teneur élevée en potassium, elles sont recommandées aux personnes souffrant d'hypertension. La courge est diurétique et laxative, et contient, comme d'autres cucurbitacées d'été, des quantités importantes de vitamine E, de bêta-carotène et de potassium. Le bêta-carotène et la vitamine E sont des antioxydants qui réduisent les risques de certains cancers. Les courges d'été contiennent moins de bêta-carotène. Leur forte teneur en eau rend les cucurbitacées peu caloriques.

*Concombre*

# Les légumes aériens

Ces légumes très recherchés, chacun avec sa saveur et son aspect particuliers, vont de l'aristocratique asperge à l'artichaut nouveau, semblable à un bouton de fleur.

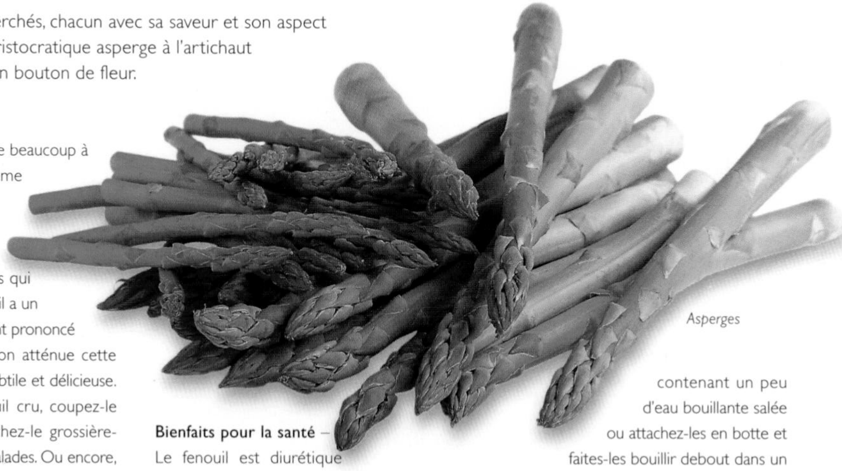

*Asperges*

## LE FENOUIL

Le fenouil italien ressemble beaucoup à l'herbe et à l'épice du même nom. Le bulbe trapu a une texture semblable à celle du céleri et possède des fanes légères qui sont comestibles. Le fenouil a un goût d'anis, particulièrement prononcé lorsqu'il est cru. La cuisson atténue cette saveur, qu'elle rend plus subtile et délicieuse. Si vous utilisez du fenouil cru, coupez-le en fines tranches ou hachez-le grossièrement et ajoutez-le à des salades. Ou encore, détaillez-le en morceaux et faites-le cuire à la vapeur, ou badigeonnez-le légèrement d'huile d'olive et faites-le cuire au four ou griller. Le fenouil est meilleur frais et doit être consommé rapidement. Il se garde néanmoins quelques jours au réfrigérateur.

*Fenouil*

**Bienfaits pour la santé** – Le fenouil est diurétique et exerce aussi une action sédative sur l'estomac. Il est hypocalorique et contient du bêta-carotène et de l'acide folique, qui réduit le risque de spina-bifida chez le fœtus. Les graines de fenouil facilitent la digestion.

## L'ASPERGE

Très estimée depuis l'époque romaine, l'asperge est cultivée commercialement depuis le XVII^e^ siècle. Il en existe deux variétés principales : l'asperge blanche, ramassée juste avant de percer à la surface du sol, et l'asperge à bout vert, coupée au-dessus du sol, qui acquiert sa couleur au contact de la lumière du soleil. Il faut trois ans pour obtenir une récolte à partir des semences, ce qui peut expliquer le prix élevé de ce légume. Avant d'utiliser, grattez la partie inférieure de la tige avec un couteau à légumes, puis coupez la partie noueuse.

Pochez brièvement les asperges entières dans une grande casserole contenant un peu d'eau bouillante salée ou attachez-les en botte et faites-les bouillir debout dans un récipient spécial ou une casserole à bords hauts. Les asperges sont délicieuses servies avec du beurre fondu ou trempées dans de la mayonnaise ou de la vinaigrette. Elles peuvent aussi être cuites au four dans un peu d'huile d'olive et servies avec une pincée de sel marin, mode de préparation qui rehausse leur saveur.

**Bienfaits pour la santé** – Les asperges étaient utilisées comme remède bien avant d'être consommées en tant qu'aliment. Elles constituent une excellente source de vitamine C et ont aussi des propriétés diurétiques et laxatives. Elles contiennent du glutathione, antioxydant qui prévient la cataracte.

### Préparer les fenouil

Coupez le bulbe en deux dans la longueur, puis détaillez en quartiers ou en rondelles.

*Endives et chicorée rouge*

## L'ENDIVE ET LA CHICORÉE ROUGE

L'endive et la chicorée rouge ont de longues feuilles serrées. La chicorée rouge a un goût plus prononcé et l'endive des feuilles plus croquantes. Ces deux légumes, fermes et légèrement amers, sont parfaits dans des salades. Les endives peuvent aussi être cuites à la vapeur ou braisées. La chicorée rouge vire malheureusement au brun à la cuisson. Avant d'utiliser

**Bienfaits pour la santé** – L'artichaut est une excellente source de vitamines A et C, de fibres, de fer, de calcium et de potassium. En médecine naturelle, il est utilisé pour traiter l'hypertension.

**Achat et conservation** – Choisissez toujours les produits les plus frais. Les asperges devraient avoir des tiges fermes. Les endives ne doivent être ni flétries ni présenter d'extrémités brunes. Les meilleures sont vendues enveloppées dans du papier bleu pour les protéger de la lumière du soleil et les empêcher de devenir vertes et amères. Les bulbes de fenouil doivent être blancs et croquants et avoir des fanes abondantes et fraîches. Les artichauts seront choisis avec des feuilles rigides et très fermées et la tige encore attachée.

Conservez tous ces produits dans le bac à légumes du réfrigérateur. Les asperges, les endives et le fenouil doivent être consommés deux à trois jours après leur achat ; les artichauts se conservent jusqu'à une semaine ; et le céleri environ deux semaines s'il est acheté très frais.

À GAUCHE *Artichauts, céleri et endives.*

ces légumes, enlevez les feuilles extérieures et lavez soigneusement, puis coupez la base. Dans la médecine naturelle, l'endive et la chicorée rouge sont parfois employées pour traiter la goutte et les rhumatismes. Ce sont aussi des cholagogues, et ils possèdent en outre des propriétés digestives et tonifiantes.

## LE CÉLERI

Comme les asperges, le céleri fut jadis cultivé pour des raisons médicales. Servez-le cru, cuit à la vapeur ou braisé. Les feuilles ont un goût prononcé et elles peuvent parfumer des bouillons. Hypocalorique et riche en vitamine C et en potassium, le céleri est un diurétique et un sédatif éprouvé.

## L'ARTICHAUT

Une fois cuites, les feuilles d'artichaut ont un goût exquis. On les mange avec les doigts en trempant chaque feuille dans du beurre persillé ou de la vinaigrette, puis en la mordant pour en prélever la partie charnue. Le cœur est ensuite trempé dans du beurre ou de la vinaigrette et mangé avec un couteau et une fourchette.

### Préparer les artichauts

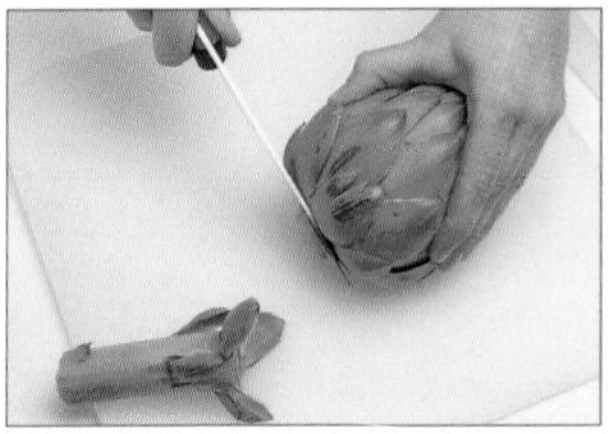

**1** Tenez fermement le haut de l'artichaut et, à l'aide d'un couteau bien aiguisé, coupez la queue et la base afin que celle-ci soit plate.

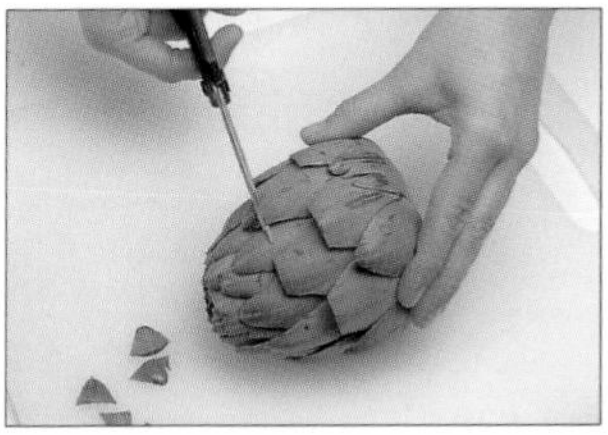

**2** Avec un couteau aiguisé ou des ciseaux, découpez et éliminez le haut des feuilles ainsi que les pointes.

**3** Faites cuire les artichauts 35 à 45 min dans de l'eau bouillante légèrement salée jusqu'à ce qu'une feuille puisse être facilement arrachée. Égouttez-les la tête en bas.

**4** Enlevez les feuilles centrales, retirez le foin avec une cuillère à thé et jetez-le.

# Les légumes-fruits

Par leur mode de culture et l'utilisation que l'on en fait, les tomates, les aubergines et les poivrons sont des légumes mais en botanique, ils sont considérés comme des fruits. Ils appartiennent à la famille des solanacées et ce n'est qu'à une période relativement récente que l'on a appris à apprécier leurs qualités diététiques.

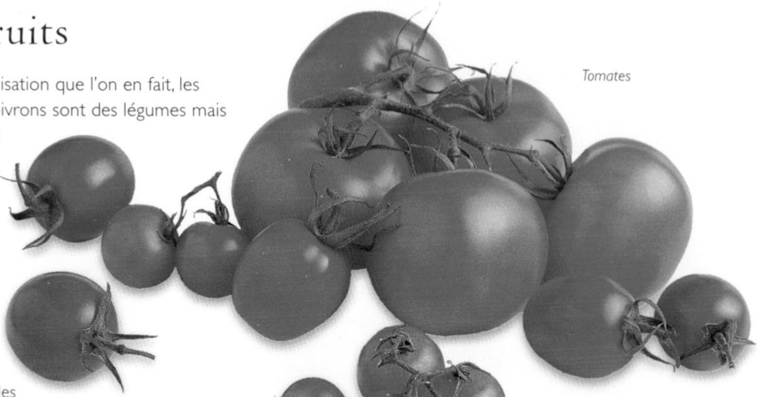

*Tomates*

## LA TOMATE

Il en existe des dizaines de variétés, de couleurs, formes et tailles différentes. La tomate roma est parfaite pour la cuisine. Elle est très savoureuse et possède beaucoup de chair par rapport à ses graines, mais il ne faut l'utiliser que bien mûre. Trop souvent, les tomates vendues dans le commerce sont fades parce qu'elles ont été cueillies encore vertes. Les tomates ayant mûri sur des espaliers et les tomates cerises sont sucrées et juteuses, et excellentes en salade ou pour des sauces non cuites. Les grosses tomates sont elles aussi savoureuses en crudités. Les tomates séchées au soleil parfument délicieusement les sauces, les soupes et les ragoûts. Des tomates ayant subi des modifications génétiques sont désormais vendues dans certains pays, mais uniquement sous forme de concentré en conserve. Vérifiez l'étiquette avant d'acheter.

**Achat et conservation** – Choisissez des fruits rouge foncé avec une peau ferme et élastique. Les tomates cultivées et vendues localement sont les plus savoureuses. Pour améliorer le goût d'une tomate légèrement dure, laissez-la mûrir à température ambiante. Évitez de mettre les tomates au réfrigérateur, car cela les empêche de mûrir et détruit leur saveur et leur texture.

**Bienfaits pour la santé** – Les tomates ayant mûri sur des espaliers sont plus riches en vitamine C que celles cueillies encore vertes. Elles constituent aussi une bonne source de vitamine E, de bêta-carotène, de magnésium, de calcium et de phosphore. Les tomates contiennent du lycopène, bioflavonoïde censé prévenir certaines formes de cancers en luttant contre les effets nocifs des radicaux libres.

## L'AUBERGINE

L'aubergine violet foncé à la peau luisante est la variété la plus commune, mais c'est la petite variété ivoire et ovale qui a inspiré le nom américain de l'aubergine (*eggplant*, littéralement « plante-œuf »). Il existe aussi une petite aubergine vert vif utilisée dans la cuisine asiatique et une aubergine chinoise de couleur violet pâle. Surnommée au Moyen-Orient le « caviar du pauvre », l'aubergine confère corps et parfum à des gratins épicés et des plats

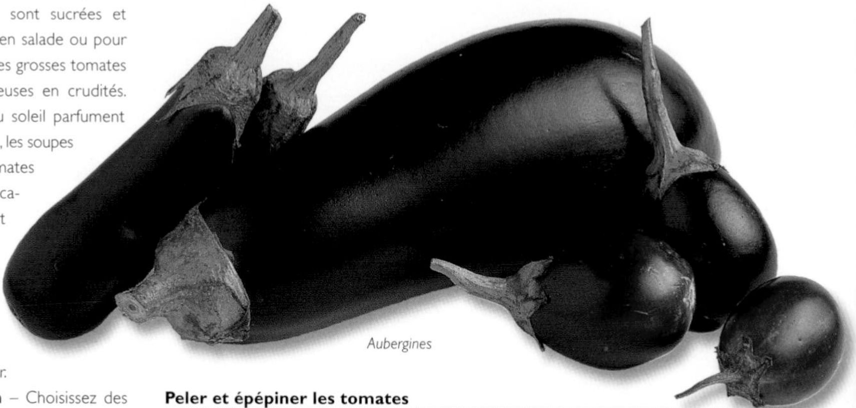

*Aubergines*

### Peler et épépiner les tomates

Les pépins de tomates peuvent rendre les sauces amères. Mieux vaut peler et épépiner les tomates pour un meilleur résultat.

**1** Plongez les tomates dans l'eau bouillante et laissez-les environ 30 s ; la base de chaque tomate peut être incisée afin de faciliter l'épluchage.

**2** Retirez les tomates avec une écumoire, passez-les à l'eau froide pour les rafraîchir légèrement et pelez-les.

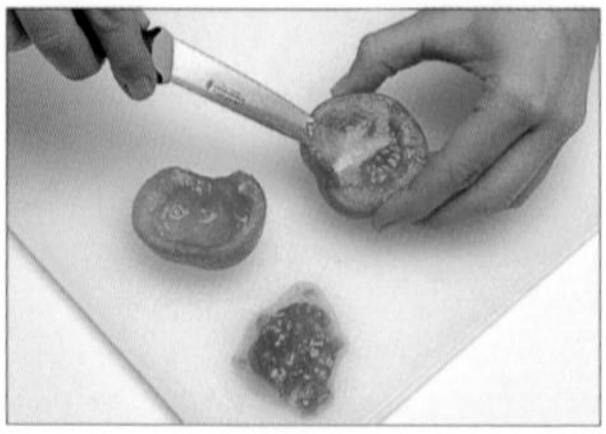

**3** Coupez les tomates en deux, ôtez les pépins avec une cuillère et retirez le cœur dur. Débitez la chair en dés ou hachez-la grossièrement selon la recette.

au four à base de tomate. Elle est délicieuse cuite au four ou grillée et accompagnée de sauces cocktail à l'ail. Il n'est pas nécessaire de saler les aubergines pour en éliminer l'amertume, cependant cette méthode les empêche d'absorber trop d'huile quand on les fait frire.

**Achat et conservation** – Choisissez des aubergines de taille moyenne avec une chair sucrée et tendre. Les grosses aubergines avec une peau ridée sont trop mûres et susceptibles d'être amères et coriaces. L'aubergine se conserve jusqu'à deux semaines au réfrigérateur.

**Bienfaits pour la santé** – L'aubergine est une excellente source de vitamine C et elle contient aussi une certaine quantité de fer, de potassium, de calcium et de vitamines du groupe B ainsi que des bioflavonoïdes, qui aident à prévenir les infarctus et réduisent le risque d'apparition de certaines pathologies cancéreuses.

*Piments oiseaux*

*Piments serrano*

*Piments habanero*

*Piments rouges et verts*

*Piments jalapeño*

## LE PIMENT

Originaire d'Amérique, cette plante du genre *capsicum* est aujourd'hui employée dans de nombreux pays, dont l'Inde, la Thaïlande, le Mexique, l'Amérique du Sud et l'Afrique. Il existe plus de deux cents variétés de piments, allant de l'*anaheim*, long et étroit, au *habanero*, en forme de lanterne et extrêmement piquant. Les piments rouges ne sont pas nécessairement plus forts que les verts, mais ils ont probablement mûri plus longtemps au soleil. Le feu du piment est dû à la capsaïcine, élément présent dans les graines, les membranes blanches et, à un degré moindre, dans la chair. Il existe des piments doux et d'autres terriblement brûlants. Les piments secs tendent à être plus puissants. Proportionnellement, les petits piments, tels que les piments oiseaux, contiennent plus de graines et de membranes, ce qui les rend plus forts que les gros piments. Il est très important d'utiliser les piments avec précaution et de se laver les mains après, car ils peuvent irriter la peau et les yeux.

**Achat et conservation** – Choisissez des piments lisses et fermes, de couleurs vives, et conservez-les au réfrigérateur.

**Bienfaits pour la santé** – Le piment contient plus de vitamine C que l'orange et constitue une bonne source de bêta-carotène, d'acide folique, de potassium et de vitamine E. Il stimule la production d'endorphines, substances psychotropes, et c'est un décongestionnant puissant, qui facilite l'ouverture des sinus et le passage de l'air. Consommé en excès, toutefois, il peut irriter l'estomac.

### Un coup de fouet instantané

Pour ressentir une sensation immédiate de bien-être, saupoudrez vos aliments d'un peu de poudre de piment : celle-ci stimulera la production d'endorphines, lesquelles ont une action psychotonique.

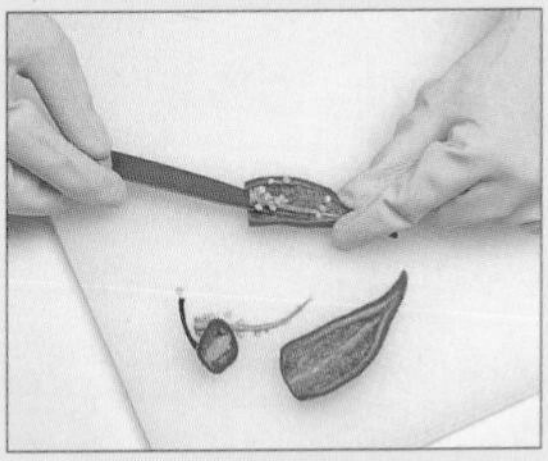

Manipulez les piments avec précaution car ils peuvent irriter la peau et les yeux. Portez des gants pour les préparer.

### L'avocat

Bien que l'avocat soit très riche en lipides, il s'agit de graisses mono-insaturées, et l'avocat fait baisser le taux de cholestérol dans l'organisme. Il contient aussi de précieuses quantités de vitamines C et E ainsi que du fer, du potassium et du manganèse, et il a une action bénéfique sur la peau et les cheveux.

Une fois coupé, l'avocat doit être enduit de jus de citron ou de citron vert afin de l'empêcher de noircir. Il se consomme généralement cru. Les moitiés d'avocat peuvent être assaisonnées avec de la vinaigrette ou remplies de crème aigre avec une pincée de poivre ou d'hoummos. Les tranches ou les morceaux d'avocat sont délicieux dans des salades. Au Mexique, où la production en est abondante, de nombreux plats sont préparés à base de ce fruit. On connaît surtout le guacamole, mais on utilise aussi l'avocat dans des soupes et des ragoûts.

## LE POIVRON

Comme le piment, le poivron appartient aussi au genre *capsicum*. Il en existe des jaunes, des orange, des rouges, des verts et même des violets. Les poivrons verts ont atteint leur taille normale mais ils ne sont pas tout à fait mûrs, ce qui peut les rendre difficiles à digérer. Ils ont une chair juteuse et rafraîchissante et une texture croquante. Les poivrons d'autres couleurs sont plus mûrs, leur chair est plus douce et ils sont plus digestes. Cuit au four ou grillé au charbon de bois, le poivron s'adoucit. On peut aussi le farcir, le couper en tranches pour des salades, le faire cuire à la vapeur ou revenir dans de l'huile d'olive.

**Achat et conservation** – Choisissez des piments fermes et brillants avec une peau intacte. Le piment peut se conserver une semaine au réfrigérateur.

**Bienfaits pour la santé** – Les poivrons doux contiennent des quantités importantes de vitamine C ainsi que du bêta-carotène, certaines vitamines du groupe B, du calcium, du phosphore et du fer.

### Peler les poivrons

**1** Faites cuire 12–15 min au four sous un gril chaud en retournant régulièrement jusqu'à ce que la peau noircisse et se fendille.

**2** Ou mettez sur une plaque et faites cuire 20 à 30 min dans un four préchauffé à 200 °C/400 °F jusqu'à ce que la peau noircisse et se fendille.

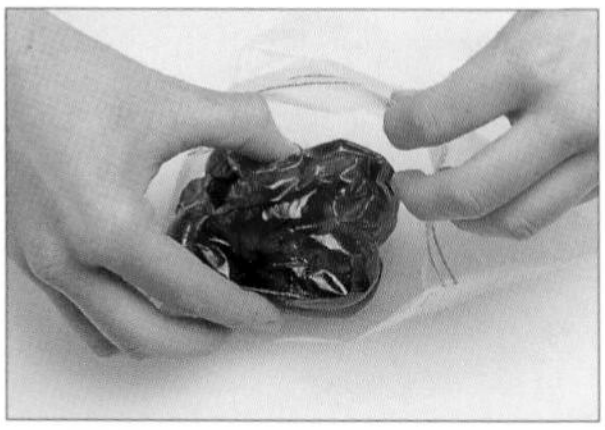

**3** Mettez les poivrons dans un sac en plastique et laissez-les refroidir – la vapeur aidera la peau à se détacher facilement.

**4** Enlevez la peau, puis coupez les poivrons en deux. Retirez le cœur et éliminez éventuellement les graines résiduelles en les grattant. Détaillez en lamelles ou hachez selon la recette.

*Poivrons*

# Les petits pois, les haricots et le maïs

Si la plupart des légumes sont délicieux mangés frais, nombre d'entre eux – les petits pois, le maïs, les haricots et les haricots verts, par exemple –, peuvent aussi être achetés surgelés. Nutritifs et très appréciés, ces légumes sont disponibles toute l'année. On trouve également des mange-tout et des cocos qui peuvent être consommés entiers, avec leur gousse.

*CI-DESSUS (dans le sens des aiguilles d'une montre, à partir de la gauche) Haricots d'Espagne, haricots verts, mange-tout, fèves, petits pois et (au centre) épis de maïs nains.*

## LES PETITS POIS

Les petits pois sont l'un des rares légumes à garder toute leur saveur lorsqu'ils sont surgelés. La congélation étant effectuée aussitôt après la cueillette, les petits pois surgelés sont souvent plus nutritifs que les petits pois frais. Ils présentent en outre l'avantage d'être disponibles toute l'année. Les petits pois dans leur gousse ne le sont pas toujours et s'ils ne sont pas absolument frais, ils s'affadissent, leurs sucres se convertissant rapidement en amidon. Cependant, quand ils sont dans toute leur fraîcheur, ils sont exquis, avec un goût délicat et légèrement sucré. Extrayez-les de leur gousse et servez-les crus dans des salades, ou faites-les légèrement cuire à la vapeur. Délicieux cuits avec de la menthe fraîche, ils font aussi de succulentes purées et soupes, et ils peuvent être ajoutés à des risottos et d'autres plats.

## LES FÈVES

Jeunes et fraîches, les fèves sont délicieuses. Les petites gousses peuvent être mangées tout entières, simplement équeutées et coupées en rondelles. Généralement, cependant, mieux vaut enlever la peau, qui peut être dure. Les vieilles fèves sont souvent épluchées après la cuisson.

Les fèves peuvent être mangées crues ou légèrement cuites.

## LES HARICOTS VERTS

Les haricots verts, les haricots d'Espagne et les haricots nains sont mangés avec leur gousse. Ils doivent être croquants et vert vif. Équeutez-les et faites-les légèrement bouillir ou cuire à la vapeur. Servez-les chauds ou laissez-les légèrement refroidir pour les consommer en salade avec un peu de jus de citron ou de la vinaigrette.

**Achat et conservation** – Choisissez des gousses vert vif, lisses et renflées. Gardez les haricots, les fèves et les petits pois au réfrigérateur, pas plus d'un à deux jours.

**Bienfaits pour la santé** – Les petits pois et les haricots constituent une bonne source de protéines et de fibres. Il sont riches en vitamine C, en fer, en thiamine, en acide folique, en phosphore et en potassium.

## LE MAÏS DOUX

Mieux vaut manger le maïs rapidement après qu'il a été cueilli, avant que ses sucres naturels ne commencent à se transformer en amidon, qu'il ne s'affadisse et que les grains ne durcissent. Enlevez les feuilles extérieures vertes et faites cuire entier ou retirez les grains avec un couteau aiguisé. Les épis de maïs nains peuvent être mangés crus ou sautés dans un wok.

**Achat et conservation** – Choisissez des épis très frais, avec de gros grains qui ne soient ni décolorés, ni ridés, ni secs et consommez-les immédiatement après achat. À défaut, conservez-les dans la partie la plus froide du réfrigérateur.

**Bienfaits pour la santé** – Le maïs est riche en hydrates de carbone, en vitamines A, B et C et en fibres. Il contient des quantités appréciables de fer, de magnésium, de phosphore et de potassium. Le maïs nain est riche en acide folique, qui est essentiel pour le bon fonctionnement du système immunitaire.

*Épis de maïs frais*

# La famille des oignons

L'oignon et l'ail sont parmi les remèdes les plus anciens et les plus appréciés. Ils contiennent tous deux de l'allicine, qui stimule les mécanismes antioxydants de l'organisme, élève le taux de bon cholestérol (HDL) et aide à lutter contre l'obstruction des artères (athérosclérose). Ces légumes sont en outre indispensables dans la cuisine. Les oignons, dont il existe une grande variété, peuvent être mangés crus ou cuits et, avec l'ail, ils parfument de nombreux plats salés.

## L'OIGNON

L'oignon est utilisé dans le monde entier sous une forme ou sous une autre. Il est essentiel pour donner du goût et il en existe de toutes sortes, depuis l'oignon rouge, sucré et juteux, et l'oignon blanc, au goût très prononcé, jusqu'à l'oignon de printemps, léger et frais. Les oignons grelots et les échalotes appartiennent à la même famille. Les oignons grelots sont généralement confits dans du vinaigre tandis que les échalotes, blanches elles aussi, sont excellentes cuites au four avec leur peau, où elles caramélisent. Les oignons jaunes sont les plus courants et ils peuvent être accommodés de mille façons.

**Achat et conservation** – Choisissez des oignons avec une peau sèche, semblable à du papier, et qui soient lourds par rapport à leur taille. Ils se gardent un à deux mois dans un endroit frais et sombre.

**Bienfaits pour la santé** – De nombreuses expériences ont montré les vertus thérapeutiques de l'oignon. Il est riche en quercétine, puissant antioxydant prévenant le cancer de l'estomac. Manger un demi-oignon cru chaque jour pourrait fluidifier le sang, faire baisser le taux de mauvais cholestérol et augmenter celui de bon cholestérol d'environ 30%. Le cholestérol est éliminé des artères, ce qui réduit le risque de maladies cardio-vasculaires et de congestion cérébrale. Crus ou cuits, les oignons sont antibactériens et antiviraux. Ils aident à lutter contre le rhume, soulagent la congestion des bronches, l'asthme et le rhume des foins. Ils sont également excellents contre l'arthrite, les rhumatismes et la goutte.

## L'AIL

Depuis des siècles, cette merveilleuse plante a beaucoup attiré l'attention et on connaît bien ses pouvoirs, celui, notamment, de guérir le mal de dents et de protéger contre les puissances démoniaques. L'ail entier ou coupé en rondelles a moins de goût qu'écrasé ou haché, opération qui permet de mieux en exprimer les huiles. La cuisson à feu doux atténue également le goût de l'ail, bien que son odeur continue d'affecter l'haleine.

### Les cures d'oignon et d'ail

Ces produits constituent des remèdes traditionnels.

- Jadis, contre la colique, on donnait aux nourrissons 1 cuillerée à thé de tisane à l'oignon : on faisait infuser 1 rondelle d'oignon quelques minutes dans de l'eau chaude et on laissait l'eau refroidir.
- L'ail cru peut se révéler utile en cas d'intoxication alimentaire. Il tue les bactéries, même celles qui résistent aux antibiotiques. Certains affirment que l'ail permet de lutter contre le vieillissement.

**Achat et conservation** – La plupart du temps, l'ail est à moitié séché afin d'en prolonger la durée de conservation. Les gousses devraient cependant être humides et juteuses. L'ail nouveau, disponible au début de l'été, a une longue tige et un bulbe blanc et mou. Son goût est moins prononcé que celui de l'ail à moitié séché, mais on peut l'utiliser de la même façon.

La saveur varie mais, en général, plus le bulbe est petit, plus l'ail est fort.

Conservé dans un endroit frais et sec, hors du réfrigérateur, l'ail se

DE GAUCHE À DROITE *Oignons de printemps, oignons rouges, échalotes et oignons blancs*

*Poireaux*

garde environ huit semaines. Si l'atmosphère est humide, l'ail germera, et s'il fait trop chaud, ses gousses se transformeront en poudre grise.

**Bienfaits pour la santé** – L'*American National Cancer Institute* place l'ail en tête des aliments anticancérigènes. Bien que les vertus antivirales, antibactériennes et antifongiques de l'ail se manifestent surtout quand il est mangé cru, la cuisson ne détruit pas ses propriétés anticancéreuses, fluidifiantes et décongestionnantes. Des expériences montrent que manger deux à trois gousses d'ail par jour réduit de moitié les risques de congestion cérébrale chez les personnes ayant déjà souffert de maladies cardio-vasculaires. Il a aussi été prouvé que l'ail fait baisser le taux de cholestérol ainsi que la tension artérielle, renforce le système immunitaire, est anti-inflammatoire, psychotrope et sédatif. L'idéal serait d'en consommer chaque jour.

CI-DESSOUS *Bulbes et gousses d'ail.*

## LE POIREAU

Comme l'oignon et l'ail, le poireau est une plante très ancienne. Il pousse sous divers climats et l'on sait qu'il était apprécié dans l'Antiquité par les Égyptiens, les Grecs et les Romains. Avec son goût subtil, très particulier, il peut être accommodé de diverses façons. Moins fort que l'oignon, il est, lui aussi, très bienfaisant. Il est excellent dans des soupes, des gratins, des quiches et des tartes, ou tout simplement cuit à la vapeur et servi chaud avec une sauce hollandaise légère. Il est également délicieux légèrement bouilli et accompagné d'une vinaigrette, ou encore émincé puis sauté avec un peu d'ail et de gingembre.

Les poireaux cultivés pour le commerce mesurent généralement 25 cm/10 in de long, mais on trouve parfois des poireaux nains, qui sont très tendres et excellents cuits à la vapeur.

**Achat et conservation** – Choisissez des poireaux fermes avec des feuilles vert vif. Évitez ceux qui n'ont pas leur racine : ils tendent à s'abîmer plus rapidement. Les poireaux se conservent une semaine dans le bac à légumes du réfrigérateur.

**Bienfaits pour la santé** – Le poireau possède les mêmes principes actifs que l'oignon, mais en quantité moindre. Il contient aussi des vitamines C et E, du fer, de l'acide folique et du potassium.

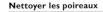

### Nettoyer les poireaux

Les poireaux ont besoin d'un nettoyage méticuleux afin d'enlever le sable et la terre pouvant se dissimuler entre leurs feuilles. Avec cette méthode, la moindre petite particule de saleté sera éliminée.

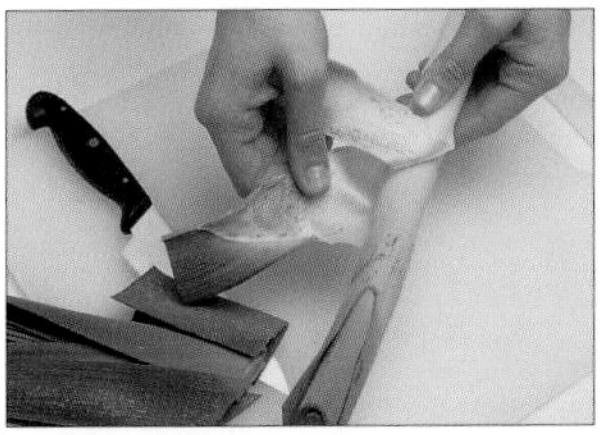

**1** Coupez la racine puis le haut de la partie verte et jetez-les. Arrachez les feuilles extérieures dures ou abîmées.

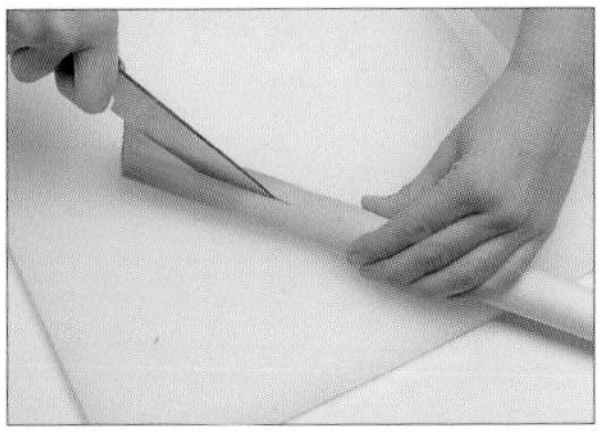

**2** Incisez la partie blanche du poireau en quartiers et rincez bien le poireau sous l'eau froide en séparant les couches afin d'enlever toute saleté. Coupez en rondelles ou laissez entier, selon la recette.

# Les champignons

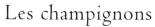

Avec leur saveur de sous-bois, les champignons ajoutent du corps et du parfum à toutes sortes de plats. Il en existe plus de deux mille variétés comestibles, mais seules quelques espèces sont disponibles dans le commerce. Celles-ci rentrent dans trois catégories : les champignons de couche, comme le champignon de Paris ; les variétés sauvages désormais cultivées, comme le *shiitaké* ; et les espèces véritablement sauvages, jusqu'ici impossibles à cultiver, comme les morilles.

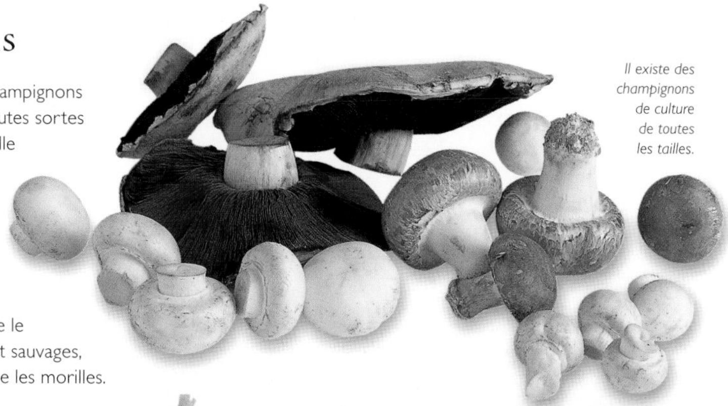

*Il existe des champignons de culture de toutes les tailles.*

## LES CHAMPIGNONS EN BOUTON, À CHAPEAU ET PLATS

Ces champignons cultivés, qui sont les plus courants, sont en fait de la même espèce, mais à différents stades de maturité. Le champignon en bouton (ou de Paris) est le plus jeune et il possède, comme son nom le suggère, une petite calotte blanche, semblable à un bouton. Les champignons à chapeau sont légèrement plus mûrs et plus grands, et les champignons plats sont les plus grands, avec des lamelles sombres et ouvertes. Les champignons plats ont le goût le plus prononcé et ils sont bons grillés, cuits au four ou farcis.

*Chanterelles*

À GAUCHE *Pieds bleus des prés.*

CI-DESSOUS *Psalliote (à gauche) et portobello.*

## LA PSALLIOTE

La psalliote, avec son chapeau marron, ressemble au champignon en bouton mais a un parfum de sous-bois plus prononcé.

## LE PORTOBELLO

Semblable d'aspect au champignon plat de culture, le *portobello* est en fait une grande psalliote. Il a un goût très prononcé et une texture très charnue et il est bon grillé.

## LE ROSÉ DES PRÉS

Ce champignon sauvage a un goût extrêmement prononcé. Il est idéal grillé ou pour des farces.

## LA CHANTERELLE

Ce champignon de couleur jaune d'œuf a une jolie forme d'entonnoir. Il est odorant et délicat. Également connu sous le nom de girolle, il est disponible frais, en saison, et séché, toute l'année. Si vous l'achetez frais, mangez-le le plus tôt possible et essuyez-le plutôt que de le laver, la peau étant très poreuse. Faites-le sauter, cuire au four ou incorporez-le à des sauces.

## LE PIED BLEU DES PRÉS

Ce champignon sauvage est désormais souvent cultivé dans des caves en France,

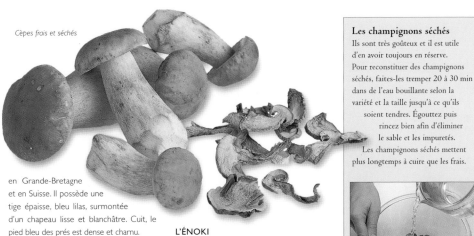

*Cèpes frais et séchés*

en Grande-Bretagne et en Suisse. Il possède une tige épaisse, bleu lilas, surmontée d'un chapeau lisse et blanchâtre. Cuit, le pied bleu des prés est dense et charnu.

### LE CÈPE

Ce champignon sauvage, appelé *porcino* en Italie, est tendre et charnu avec une saveur de sous-bois. Les cèpes séchés ont un goût particulièrement prononcé.

### LA MORILLE

Champignon au goût légèrement sucré avec un chapeau pointu particulier, ressemblant à un rayon de miel, et une tige creuse. Il peut être difficile à nettoyer. Fraîches, les morilles sont chères parce que leur saison est courte, mais on peut les acheter séchées.

## Le shiitaké

En Asie, ce champignon est recommandé pour vivre longtemps et rester en bonne santé, et des recherches ont montré qu'il a des propriétés antivirales et qu'il renforce le système immunitaire. Le *shiitaké* aide à faire baisser le taux de cholestérol, annulant même certains effets secondaires des graisses saturées, et il aurait un rôle bénéfique dans la prévention de certains cancers.

### L'ÉNOKI

Ce champignon japonais a un joli petit chapeau et une tige longue et élégante. Vendu en bouquets, l'*énoki* a un léger goût de citron. Faites-le sauter ou mangez-le cru, en salade.

*Morilles*

### LE PLEUROTE

Désormais cultivé et très répandu, le pleurote a un joli chapeau en forme de coquillage et une tige épaisse. Généralement gris-brun pâle, il existe aussi en jaune et en rose.

**Achat et conservation** – Choisissez des champignons dont l'odeur et l'aspect indiquent la fraîcheur. Évitez ceux qui ont des taches humides et visqueuses ou ceux qui sont décolorés. Les champignons se gardent jusqu'à quatre jours au réfrigérateur, dans un sachet en papier.

*Pleurotes*

## Les champignons séchés

Ils sont très goûteux et il est utile d'en avoir toujours en réserve. Pour reconstituer des champignons séchés, faites-les tremper 20 à 30 min dans de l'eau bouillante selon la variété et la taille jusqu'à ce qu'ils soient tendres. Égouttez puis rincez bien afin d'éliminer le sable et les impuretés. Les champignons séchés mettent plus longtemps à cuire que les frais.

**Bienfaits pour la santé** – Les champignons ne contiennent pas énormément de nutriments mais ils renferment cependant des quantités appréciables de vitamines B1 et B2, de potassium, de fer et de niacine.

**Nettoyer les champignons** – Avant de les utiliser, nettoyez les champignons avec du papier absorbant humide et coupez la tige. Les champignons sauvages contiennent souvent du sable et des impuretés et ont parfois besoin d'être rincés sous l'eau froide, mais il faut ensuite les essuyer soigneusement. Ne faites jamais tremper les champignons : ils deviendraient spongieux. Il est rarement nécessaire de les peler.

# Les salades

Il y a quelques années, la salade la plus exotique disponible sur le marché était l'iceberg, avec sa texture croquante. Aujourd'hui, il en existe une grande variété de formes, de tailles, de couleurs et de goûts différents, allant de la chicorée frisée, au goût amer, à la roquette, à la saveur poivrée, et à la petite frisée, à feuilles rouges. Préparer une délicieuse salade mixte n'a jamais été aussi facile.

À GAUCHE *(dans le sens des aiguilles d'une montre, à partir de la gauche) Chicorée frisée, feuille de chêne, romaine, laitue beurre et iceberg.*

LES LAITUES

Cultivée depuis des milliers d'années, la laitue fut probablement mangée en salade à l'époque romaine. Sur le plan nutritif, mieux vaut la consommer crue, mais elle peut être braisée, cuite à la vapeur ou préparée sous forme de soupes. Les variétés à grandes feuilles peuvent servir à envelopper des farces.

**La laitue beurre**

Cette laitue à feuilles molles a un goût délicat et elle est excellente dans des sandwichs.

**La romaine**

Connue depuis l'époque romaine, cette salade a de longues feuilles robustes et un goût corsé. La *little gem* est une petite variété avec des feuilles fermes, très serrées.

**L'iceberg**

Elle possède une tête ronde et ferme et des feuilles vert pâle et croquantes. Comme la laitue beurre, elle est légèrement amère et mieux vaut l'utiliser en garniture. Cette salade ayant la réputation d'être l'une des plus traitées avec des produits chimiques, il est préférable, dans la mesure du possible, de choisir des laitues iceberg bio.

**La feuille de chêne**

Cette jolie laitue a des feuilles rouges et molles et un goût légèrement amer. Combinez-la avec des laitues à feuilles vertes pour varier les goûts et les textures.

**La lollo rosso**

Les belles feuilles de la *lollo rosso* sont vertes à la base et d'un rouge profond à leurs extrémités. En raison de leur taille imposante, il est préférable de les combiner avec plusieurs variétés de laitues ou de les utiliser pour y déposer des légumes cuits au four. La *lollo biondo* est une variante vert pâle de la *lollo rosso*.

**La chicorée frisée**

Cette sorte de chicorée a des feuilles aux bords irréguliers et pointus, vert sombre à l'extérieur et devenant d'un joli jaune-vert pâle vers le centre. Son goût amer particulier est mis en valeur par un assaisonnement corsé.

*Trévise*

*Mâche*

**La mâche**
Cette petite salade, au goût délicat, se caractérise par des groupes de petites feuilles rondes et veloutées. Servez-la seule ou mélangée avec d'autres feuilles de salade.

LES FEUILLES SÉPARÉES
Aujourd'hui, on trouve dans le commerce une variété considérable de feuilles vertes pour les salades.

**La trévise**
Membre de la famille des chicorées, la trévise a des feuilles rouge sombre très serrées avec un goût amer et poivré. On peut la préparer en salade, sautée ou au four.

**La roquette**
Classée parmi les herbes, la roquette est fréquemment utilisée en salade, ou en entrée avec des copeaux de parmesan. Elle a un goût poivré très prononcé encore plus fort lorsqu'elle est sauvage. Légèrement cuite à la vapeur, elle possède une saveur plus douce que crue et elle est tout aussi délicieuse.

*Oseille*

*Roquette*

**L'oseille**
L'oseille, avec ses longues feuilles pointues, est rafraîchissante et tonique et elle gagne à être mélangée avec de la verdure plus douce. Elle contient de l'acide oxalique qui, lorsqu'elle est cuite, empêche l'absorption de fer. L'oseille est un bon diurétique.

**Le cresson**
Avec son goût poivré prononcé, le cresson se marie parfaitement avec de la verdure plus fade et on peut notamment l'associer à de l'orange fraîche. Il se garde mal et mieux vaut l'utiliser dans les deux jours qui suivent son achat. Membre de la famille des crucifères, le cresson en possède aussi les vertus anticancéreuses.

*Cresson*

**Achat et conservation** – La salade se garde mal et doit être mangée le plus fraîche possible. Évitez les feuilles fanées, décolorées ou fripées. Elle se conserve au réfrigérateur, non lavée, de deux jours à une semaine, selon la variété. Les salades étant régulièrement traitées avec des pesticides, lavez-les soigneusement, mais en veillant à ne pas abîmer les feuilles, puis séchez-les avec un linge. Choisissez de préférence des salades bio.

**Bienfaits pour la santé** – Bien que toutes les variétés de salades contiennent environ 90% d'eau, elles renferment des quantités appréciables de vitamines et de minéraux, en particulier de l'acide folique, du fer, de la vitamine C et du bêta-carotène, qui sont des antioxydants. Les feuilles extérieures, plus sombres, tendent à être plus riches en nutriments que les feuilles pâles du centre.

Comme pour les autres légumes à feuilles vertes, les antioxydants des salades protègent des risques de nombreux cancers. Les salades sont généralement consommées crues, forme sous laquelle leurs nutriments sont les plus actifs. La laitue a un effet calmant et sédatif bien connu.

# Les herbes aromatiques

Depuis des siècles, les herbes sont très estimées par les naturopathes. Malgré leur faible valeur nutritive, elles possèdent en effet de nombreuses vertus curatives. Elles peuvent en outre grandement modifier l'arôme ou le goût d'un plat et donner du caractère au plus simple des repas. Il est facile de faire pousser des herbes fraîches chez soi, dans son jardin ou sur son balcon, dans un bac.

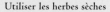

*Ciboulette et feuilles de laurier*

## LE BASILIC

Cette herbe aromatique délicate est très répandue dans les cuisines italienne et thaïlandaise. Ses feuilles étant très fragiles, mieux vaut les utiliser entières ou déchiquetées plutôt que de les couper avec un couteau. Le basilic calme les maux d'estomac, soulage la constipation, les nausées et les crampes, et facilite la digestion.

## LE LAURIER

Vert sombre et brillantes, au goût épicé prononcé, les feuilles de laurier constituent l'ingrédient principal des bouquets garnis. Il est recommandé de les laisser sécher quelques jours avant de les utiliser. Le laurier régénère le système digestif.

## LA CIBOULETTE

La ciboulette est de la même famille que l'oignon, mais elle a un goût plus doux. Ciselée, elle est excellente comme garniture sur des œufs ou des pommes de terre ou ajoutée à des salades et d'autres plats. Comme l'oignon, elle est antiseptique et elle facilite la digestion.

## LA CORIANDRE

Épicée, elle est très employée dans les currys indiens et thaïlandais, les plats sautés et les salades. Elle ressemble au persil plat mais avec une saveur complètement différente. Elle est souvent vendue avec la racine intacte. Celle-ci a un goût plus corsé que les feuilles et elle peut être

*Basilic*

### Utiliser les herbes sèches

Bien que les herbes fraîches aient meilleur goût et soient d'aspect plus agréable, les herbes sèches sont d'un emploi très pratique, surtout en hiver, quand certaines herbes fraîches ne sont pas disponibles.

- Quelques herbes telles que le basilic, l'aneth, la menthe et le persil perdent presque tout leur goût en séchant.
- L'origan, le thym, la marjolaine et le laurier gardent leur goût une fois séchés et remplacent avantageusement les herbes fraîches.
- Les herbes sèches ayant un goût plus prononcé que les herbes fraîches, il faut les utiliser dans une moindre quantité – en général un tiers ou moitié moins.
- Si vous utilisez des herbes sèches pour faire la cuisine, laissez-leur suffisamment de temps pour se réhydrater et ramollir.
- Les herbes sèches ajoutent peu d'arôme aux plats crus mais elles parfument agréablement les marinades, les plats mijotés et les soupes.
- Lorsque vous achetez des herbes sèches, elles doivent être très colorées. La lumière les affadissant et raccourcissant leur durée de vie, conservez-les dans des récipients parfaitement hermétiques, dans un lieu sombre et frais.

*Coriandre*

utilisée dans des pâtes de curry. La coriandre est un eupeptique puissant qui soulage les troubles digestifs et la nausée. Il est aussi tonicardiaque.

## L'ANETH

Avec son goût délicat et particulier d'anis, l'aneth se marie bien avec les pommes de terre, les courgettes et le concombre. Il relève les sauces crémeuses et peut être ajouté à de nombreux plats. Il parfume aussi les assaisonnements et les marinades et s'associe agréablement à la moutarde. Cette jolie herbe avec des fanes délicates et vaporeuses s'ajoute aux plats juste avant de servir car son parfum délicat s'atténue à la cuisson. L'aneth est couramment utilisé pour calmer les maux d'estomac et il soulage les flatulences. Il a également la réputation d'être légèrement soporifique et, sous forme de tisane, il est parfois administré aux nourrissons dans les cas de dyspepsies et de coliques.

*Aneth*

### Le pesto

Le *pesto* frais (ou pistou), étalé sur des pâtes chaudes ou sur du pain et garni de petits chèvres ronds, constitue un dîner parfait et rapide à préparer. Il est généralement confectionné avec du basilic mais on peut aussi utiliser d'autres herbes comme la roquette, la coriandre ou le persil. On peut également remplacer les pignons par des noix, des noix de cajou ou des pistaches.

**INGRÉDIENTS**

50 g/2 oz/1 tasse de feuilles de basilic frais
2 gousses d'ail écrasées
40 g/1 ½ oz/½ tasse de pignons
120 ml/4 oz/½ tasse d'huile d'olive et un peu plus pour arroser le *pesto*
4 c. à soupe de parmesan frais râpé
sel et poivre du moulin

**1** Passez au mixer le basilic, l'ail et les pignons jusqu'à ce que le tout soit finement haché.

**2** Incorporez peu à peu l'huile d'olive puis le parmesan et mélangez jusqu'à obtention d'une purée épaisse. Salez et poivrez selon votre goût. Transvasez dans un bocal à couvercle, puis recouvrez de l'huile d'olive supplémentaire. Utilisez aussitôt ou gardez au réfrigérateur.

### Congeler les herbes

Voici une excellente méthode pour conserver des herbes fraîches et délicates telles que le basilic, la ciboulette, l'aneth, l'estragon, la coriandre et le persil. Congelées, les herbes perdent leur aspect frais et leur texture, mais on peut néanmoins les utiliser en cuisine. Elles se gardent jusqu'à trois mois au congélateur.

- Remplissez à moitié des bacs à glaçons avec des herbes hachées et versez de l'eau par-dessus. Congelez puis mettez les cubes dans des sacs isothermes. Les cubes congelés peuvent être ajoutés à des soupes, des ragoûts et des bouillons, et chauffés jusqu'à ce qu'ils fondent.
- Mettez des brins, des feuilles entières ou des herbes hachées dans des sacs isothermes, videz l'air, fermez hermétiquement et remettez au congélateur.
- Mettez des herbes fraîches hachées dans des récipients en plastique et gardez au congélateur. Saupoudrez, en sortant directement du réfrigérateur, sur des soupes et des ragoûts.

*Feuilles de citronnier kaffir*

## LES FEUILLES DE CITRONNIER KAFFIR

Ces jolies feuilles, vertes et brillantes, sont courantes dans la cuisine asiatique où elles confèrent un goût et un délicieux parfum de citron à de nombreux plats. Elles sont disponibles fraîches dans les magasins asiatiques ou séchées dans les grands supermarchés. Le fruit de ce citronnier ressemble à un citron bosselé et sa peau, riche en vitamine C, est utilisée râpée dans les currys thaïlandais et indonésiens. Les feuilles peuvent servir de stimulant digestif.

## LA MÉLISSE

Cette herbe permet de préparer des tisanes rafraîchissantes et elle est excellente dans les plats sucrés et salés requérant du jus de citron. Elle possède des propriétés antibactériennes, antivirales et antidépressives. Calmante et sédative, elle est aussi bienfaisante dans les cas de stress et d'épuisement nerveux.

## LA MARJOLAINE

Très proche de l'estragon, la marjolaine a un goût légèrement plus doux. Elle est parfaite pour des plats de légumes de style méditerranéen telle la ratatouille, ou dans des gratins et des sauces à la tomate, mais il faut l'ajouter au dernier moment en chauffant. Elle relève aussi agréablement les marinades. La marjolaine améliore la circulation et soulage les maux d'estomac.

## LA MENTHE

Les variétés les plus courantes sont la menthe verte et la menthe poivrée, mais il en existe d'autres espèces, chacune avec son goût particulier, telles que la menthe pomme, la menthe citron et la menthe ananas, qui gagnent à être connues et avec lesquelles on peut préparer des tisanes rafraîchissantes. La menthe parfume de nombreux plats, allant des farces à des salades de fruits. C'est un ingrédient essentiel du taboulé et on la mélange à du yaourt nature dans la *raita*, accompagnement rafraîchissant de currys très épicés. Remède traditionnel contre la nausée et les digestions difficiles, elle est à la fois tonique et dépurative.

*Mélisse, marjolaine, menthe et origan*

## L'ORIGAN

L'origan est une variété sauvage de marjolaine, mais avec un parfum plus prononcé. Il se marie bien avec les plats à base de tomate et il soulage les troubles digestifs.

## LE PERSIL

Il existe deux variétés de persil : le plat et le frisé. Tous deux ont à peu près le même goût, mais mieux vaut utiliser le persil plat pour les mets cuits. Le persil est une excellente source de vitamine C, de fer et de calcium. Mâcher du persil après avoir mangé de l'ail ou des oignons en neutralise l'odeur et rafraîchit l'haleine.

*Persil*

## LE ROMARIN

Merveilleusement aromatique, le romarin est traditionnellement utilisé avec la viande, mais il peut aussi ajouter un goût fumé à des plats nourrissants à base de haricots et de légumes. Il améliore la circulation et se révèle efficace contre les maux de tête et les difficultés respiratoires.

*Romarin et sauge*

## LA SAUGE

La sauge, aux feuilles argentées ou violettes, est très aromatique et s'utilise avec parcimonie. Elle parfume souvent des plats à base de viande mais, en petite quantité, elle est également délicieuse avec des haricots, du fromage et des lentilles, ainsi que dans des farces. La sauge était utilisée à des fins thérapeutiques avant d'apparaître dans la cuisine. Elle est considérée comme un tonique pour l'estomac, les reins et le foie.

*Thym*

## LE THYM

Cette herbe très parfumée est excellente dans les plats à base de tomate ou comprenant des légumes, lentilles et haricots. C'est aussi un ingrédient essentiel des bouquets garnis. Le thym aide à digérer les aliments gras et c'est un antiseptique puissant.

## L'ESTRAGON

Couramment utilisé dans la cuisine française, l'estragon se marie particulièrement bien avec tous les plats à base d'œufs et de fromage. La variété française, petite avec des feuilles minces, sent l'anis et est jugée supérieure à la variété russe. L'estragon a des propriétés diurétiques et il soulage les troubles digestifs. En tisane, il calme le mal de gorge et favorise le sommeil.

*Estragon*

**Achat et conservation** – Les herbes fraîches sont vendues en vrac, en sachets ou en pots. Les sachets se gardent peu de temps, au réfrigérateur. Mettez les tiges d'herbes fraîches dans un pot à moitié rempli d'eau, couvrez de film plastique et fermez avec un élastique. Ainsi protégées, les herbes se conservent une semaine au réfrigérateur. Pour faire pousser des herbes chez vous, choisissez un endroit exposé au soleil. Régulièrement arrosées, coupées pas trop souvent, elles dureront des mois.

### Faire sécher les herbes

Le laurier, le romarin, la sauge, le thym et la marjolaine sèchent bien. Cependant, mieux vaut utiliser d'autres herbes plus délicates comme le basilic, la coriandre et le persil lorsqu'elles sont fraîches. Cueillez les herbes avant qu'elles fleurissent, de préférence par une matinée ensoleillée une fois la rosée évaporée. Évitez de les laver : brossez-les avec un pinceau à pâtisserie ou séchez-les avec un torchon. Attachez-les en bouquets et suspendez-les la tête en bas dans un lieu sombre et chaud. Les feuilles devraient être sèches et craquantes en une semaine. Laissez les herbes en bouquets ou séparez les feuilles des tiges et gardez-les dans des bocaux hermétiques.

### Préparer des tisanes aux herbes

Les infusions, ou tisanes, sont préparées en plongeant des herbes fraîches dans de l'eau bouillante. Elles peuvent être utilisées pour des gargarismes ou comme boissons saines et rafraîchissantes. La tisane à la menthe est un excellent remède contre la dyspepsie et les colopathies, et il est recommandé d'en boire après les repas.

Pour préparer de la tisane à la menthe, versez de l'eau bouillante sur des feuilles de menthe fraîche. Couvrez la jatte et laissez reposer environ 10 min, puis passez le liquide dans un bol et buvez.

# Les graines, haricots, germes et pousses

Les graines, les haricots, les germes et les pousses sont remarquables au plan nutritionnel. Une fois que la graine a germé, sa valeur nutritive augmente de façon spectaculaire. On trouve presque 30% de plus de vitamines B et 60% de plus de vitamine C dans le germe que dans la semence, le haricot ou la graine originelle. Les supermarchés et les magasins diététiques vendent certains types de germes mais il est facile de les faire pousser chez soi : il suffit d'un bocal, d'un peu de mousseline et d'un élastique.

*Germes de luzerne*

### LES GERMES DE HARICOTS MUNG

Ce sont les germes les plus courants ; ils sont très employés dans les cuisines asiatiques – dans des soupes et des salades ou sautés avec d'autres légumes. Ils sont relativement gros, avec une texture croquante et un goût délicat.

### LES GERMES DE LUZERNE

Ces minuscules germes, blancs et filandreux, ont un léger goût de noix. Mieux vaut les manger crus pour qu'ils restent croquants.

### LES GERMES DE POIS CHICHES

Les germes de pois chiches ont un goût de noix et ils donnent du corps à de nombreux plats.

*Germes de haricots mung*

### LES GERMES DE LENTILLES

Ces germes au goût légèrement poivré ont des pousses minces et blanches. N'utilisez que des lentilles intactes : celles qui sont fendues ne germeront pas.

### LES GERMES DE HARICOTS ADUKI

Ces germes fins et filandreux ont un subtil goût de noix. Utilisez-les dans des salades ou mélangés à des légumes sautés.

## Faire germer les semences, les haricots et les graines

Les gros haricots mettent plus de temps à germer que les petits, mais il est facile de les faire pousser et ils peuvent généralement être consommés au bout de trois à quatre jours. Conservez les germes deux à trois jours au réfrigérateur, à couvert.

**1** Lavez soigneusement 45 ml/3 cuillerées de pousses, de haricots ou de graines, puis mettez-les dans un grand bocal. Remplissez d'eau tiède, couvrez d'un morceau de mousseline et fermez avec un élastique. Laissez toute la nuit dans un endroit chaud.

**2** Le jour suivant, videz l'eau à travers la mousseline et remplissez de nouveau le bocal d'eau. Secouez doucement, puis retournez le bocal et videz bien l'eau. Laissez le bocal couché sur le côté dans un endroit chaud, à l'abri de la lumière.

**3** Rincez les pousses, les haricots ou les graines trois fois par jour jusqu'à ce qu'ils aient atteint la taille désirée. Cette opération doit être accomplie pour ne pas qu'ils rancissent. Retirez du bocal, rincez bien et éliminez les graines qui n'ont pas germé.

### Utiliser les germes de haricots

- Les haricots germés ont une texture plus dense et plus fibreuse que les germes de graines. Pour obtenir des goûts et des textures variés, utilisez un mélange des deux.
- Les germes de haricots *mung* sont souvent employés dans la cuisine orientale, surtout avec des légumes sautés, et ils n'ont pas besoin de cuire beaucoup.
- Les germes de luzerne sont excellents dans des sandwichs et des salades. Ils ne se prêtent pas à la cuisson.
- Les graines germées sont délicieuses dans le pain, auquel elles ajoutent une texture croquante. Pétrissez-les dans la mie après qu'elle a levé pour la première fois, avant de donner sa forme au pain.
- Utilisez les germes de pois chiches et de lentilles dans des gratins et des plats cuits au four.

*Germes de grains de blé*

*Germes de pois chiches*

*Germes de lentilles*

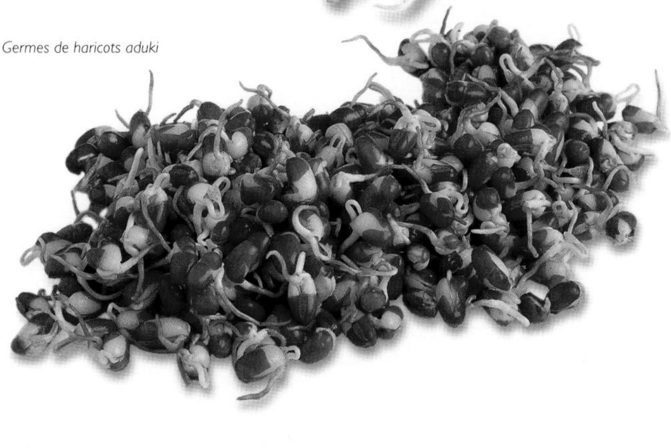

*Germes de haricots aduki*

**Achat et conservation** – Choisissez des germes frais et croquants avec la graine ou le haricot encore attachés. Évitez ceux qui ont un aspect visqueux ou moisi. Mieux vaut manger les germes le jour de leur achat, mais s'ils sont frais, ils se garderont deux à trois jours au réfrigérateur enveloppés dans un sac en plastique. Rincez et tamponnez avec un linge avant d'utiliser.

**Bienfaits pour la santé** – Les semences, haricots et grains germés contiennent beaucoup de protéines, de vitamines B, C et E, de potassium et de phosphore, lesquels, en raison du processus de germination, se présentent sous une forme facile à digérer. Dans la médecine chinoise, les germes sont très appréciés pour leur faculté de nettoyer et de régénérer l'organisme.

### Conseils pour faire germer les graines

- Utilisez des semences et des haricots intacts : ceux qui sont fendus ne germeront pas.
- Il est essentiel de rincer régulièrement avec de l'eau fraîche et de vider celle-ci lors de la germination afin d'éviter que les haricots ne rancissent ou ne moisissent.
- Couvrez avec de la mousseline le bocal où les graines germent afin de permettre à l'air de circuler et de pouvoir changer l'eau.
- Après deux à trois jours, le bocal peut être mis au soleil pour permettre à la chlorophylle d'accroître le taux de magnésium et de fibres du germe.
- Les germes de soja et de pois chiches doivent être rincés quatre fois par jour.
- Les passionnés de germination auront peut-être envie d'acquérir un récipient spécial, équipé de plateaux permettant de changer l'eau.

*Récipient de germination*

# Les algues

L'Occident n'a découvert que récemment l'extraordinaire variété et les remarquables bienfaits thérapeutiques des algues, qui constituent depuis des siècles une part essentielle de l'alimentation asiatique. Les algues peuvent être employées de diverses façons : constituer, notamment, le principal ingrédient d'un plat, ajouter texture et corps, ou servir d'assaisonnement. Certaines algues telles que le *wakame*, le *hijiki* et le *konbu* peuvent être utilisées pour des soupes, des ragoûts et des plats sautés ; d'autres, comme l'*agar-agar* et le *carrageen*, comme épaississants pour des gelées, des mousses et des gâteaux au fromage.

*Varech*

## LE NORI

Cette algue, très utile, a une texture délicate et un goût subtil. Elle est vendue en fines feuilles d'un violet foncé tendant vers le noir qui vire à un joli vert translucide quand on la fait griller ou bouillir. C'est l'une des rares algues qu'il n'est pas nécessaire de faire tremper. Le *nori* est haché, aplati et séché sur des cadres, comme du papier. Dans la cuisine japonaise, les feuilles servent à envelopper les sushis, délicats petits rouleaux de riz et de légumes au vinaigre. Une fois grillé et croquant, le *nori* est émietté et utilisé comme garniture.

## LE VARECH

Apparenté au *nori*, qui pousse au large du Japon, le varech est abondant près des côtes françaises et anglaises, mais à l'inverse du *nori*, il n'est pas cultivé. Il est utilisé dans certaines cuisines traditionnelles, au Pays de Galles, en Écosse et en Irlande, en particulier. On le fait cuire et on prépare une purée noire et épaisse qui peut être étalée sur des toasts ou mélangée à de la semoule d'avoine pour préparer la spécialité galloise, le pain au varech. Il peut aussi être ajouté à des sauces et à des farces. Vendu précuit en conserve dans les magasins diététiques, il a un goût plus prononcé que le *nori* et une teneur plus élevée en vitamines et en minéraux.

*Feuilles et flocons de nori*

### Faire griller le nori

Le *nori* peut être grillé sur une plaque électrique ou un réchaud à gaz jusqu'à ce qu'il soit très croquant. Les feuilles sont froissées et utilisées comme garniture pour des soupes, des salades ou des plats sautés. Quand vous faites griller des feuilles de *nori*, veillez à ne pas les brûler et à ne pas non plus vous brûler les doigts.

**1** Avec des pinces, tenez 1 feuille de *nori*, environ 1 min, à 5 cm/2 in au-dessus d'un réchaud électrique ou d'une cuisinière à gaz, en l'agitant pour qu'elle grille uniformément et devienne verte et croquante.

**2** Laissez refroidir la feuille de *nori* quelques instants, puis émiettez-la sur une salade ou utilisez-la comme garniture pour des soupes et des plats sautés.

Arame

## L'ARAME

Vendu en fines lamelles noires, l'*arame* a un goût délicat, légèrement sucré, et si vous n'avez jamais goûté d'algues auparavant, voilà un excellent moyen de commencer. L'*arame* doit être mis à tremper avant d'être ajouté à des légumes sautés ou des salades, mais pour des plats très humectés ou cuisant longuement, tels que des pâtes et des soupes, on peut l'utiliser tel quel. L'*arame* peut se révéler utile pour les problèmes féminins et il est recommandé pour l'hypertension. Il est riche en iode, en calcium et en fer.

### Préparer l'arame

Le temps de trempage et de cuisson dépend de la façon dont l'*arame* est accommodé.

**1** Rincez l'*arame* dans une passoire sous l'eau froide, puis mettez-le dans une jatte et recouvrez d'eau froide. Laissez tremper 5 min – il devrait doubler de volume. Égouttez-le et mettez-le dans une casserole.

**2** Ajoutez de l'eau et portez à ébullition. Laissez mijoter 20 min.

## LE WAKAME

Le *wakame* est souvent pris pour du *konbu*, qui appartient à la même famille et auquel il ressemble. Quand il est trempé, cependant, il passe d'une couleur marron à un vert délicat. Il a un goût subtil et on peut l'accommoder de diverses façons. Faites-le brièvement tremper et ajoutez-le à des salades ou des soupes ; ou faites-le griller, émiettez-le et utilisez-le comme condiment. Il est riche en calcium, en vitamines du groupe B et en vitamine C.

## LE KONBU

Connu aussi sous le nom de *kelp*, le *konbu* est désormais cultivé en Angleterre. De couleur marron, il est généralement vendu séché en lamelles bien qu'au Japon, on le trouve sous une multitude de formes. Il a un goût très prononcé et il convient surtout pour les plats qui cuisent lentement, tels les soupes et les bouillons. C'est un ingrédient essentiel du *dashi*, un bouillon japonais. Une petite lamelle de *konbu* ajoutée à des haricots pendant la cuisson les ramollit, les rend plus digestes et accroît leur valeur nutritive. Le *konbu* est plus riche en iode que les autres algues et il contient aussi du calcium, du potassium et du fer.

Konbu

Wakame

*Hijiki*

## LE HIJIKI

Il ressemble à l'*arame* mais il est plus épais, avec un goût légèrement plus prononcé. Une fois trempé, le *hijiki* peut être sauté ou ajouté à des soupes et des salades, mais il cuit plus lentement que la plupart des algues. Il gonfle considérablement pendant le trempage, si bien qu'il n'en faut qu'une petite quantité. Il est particulièrement riche en calcium et en fer.

### Utiliser de l'agar-agar pour préparer des gelées

L'*agar-agar* peut remplacer la gélatine. 10 g/¼ oz de flocons d'*agar-agar* suffiront pour environ 600 ml/1 pinte/2½ tasses de liquide.

**1** Mettez 10 g/¼ oz de flocons d'*agar-agar* dans une casserole avec 300ml/½ pinte/1¼ tasses d'eau froide. Laissez tremper environ 15 min.

**2** Portez à ébullition et laissez mijoter quelques minutes, afin que les flocons se dissolvent. Incorporez 300ml/½ pinte/1¼ tasses de jus d'orange frais. Versez dans un moule à gelée, laissez refroidir, puis faites prendre au réfrigérateur.

## LA DULSE

La *dulse*, de couleur pourpre, est plate et caoutchouteuse. Cuite, elle a un goût épicé. Durant des siècles, elle fut couramment consommée en Amérique du Nord et dans le nord de l'Europe, et vendue des deux côtés de l'Atlantique. Il est nécessaire de la faire tremper pour qu'elle ramollisse. On peut ensuite l'ajouter à des salades, des pâtes, des soupes ou des légumes. Grillée et émiettée, elle peut aussi constituer une garniture nutritive : elle est, en effet, riche en potassium, iode, phosphore, fer et manganèse.

*Dulse*

## L'AGAR-AGAR

Équivalent végétarien de la gélatine, l'*agar-agar* peut être employé comme gélifiant pour des plats sucrés et salés. Connu sous le nom de *kanten* au Japon, il est disponible en flocons ou en lamelles qui doivent être mis à tremper avant d'être utilisés. L'*agar-agar* a un goût neutre et son pouvoir gélifiant varie selon les autres ingrédients du plat : si vous le substituez à de la gélatine, par exemple, il vous faudra peut-être faire plusieurs essais afin d'obtenir les meilleurs résultats. Il est plus efficace que la gélatine, aussi n'en faut-il qu'une petite quantité. On lui accorde aussi d'excellentes vertus laxatives.

*Carrageen (À GAUCHE) et flocons d'agar-agar*

## LE CARRAGEEN

Semblable à une fougère et également connu sous le nom de mousse irlandaise, le *carrageen* pousse dans l'Atlantique, près des côtes américaines et européennes. Comme l'*agar-agar*, il a des propriétés gélifiantes – moins puissantes toutefois – et peut donc lui aussi être utilisé pour des gelées et des mousses, ou pour épaissir des soupes et des ragoûts. Il soulage le rhume et les affections bronchiques ainsi que les problèmes digestifs.

**Achat et conservation** – Les algues sont généralement vendues séchées et peuvent se garder des mois. Une fois le paquet ouvert, mettez-les dans un récipient hermétique. Les algues fraîches peuvent être conservées au réfrigérateur, mais elles ne resteront fraîches qu'un à deux jours. Rincez-les bien avant de les utiliser.

**Bienfaits pour la santé** – Les vertus des algues sont connues depuis des siècles : elles donnent notamment du brillant aux cheveux et de l'éclat au teint, et elles abaissent le taux de cholestérol dans l'organisme. Elles sont particulièrement riches en bêta-carotène, qui est un anti-oxydant ; elles contiennent certaines vitamines due groupe B et des quantités importantes des principaux minéraux tels que le calcium, le magnésium, le potassium, le phosphore et le fer, ainsi que des quantités appréciables d'oligoéléments tels que le sélénium, le zinc et l'iode.

Grâce à leur teneur élevée en minéraux, elles sont bénéfiques pour le système nerveux et aident à combattre le stress. Elles renforcent aussi le système immunitaire et activent le métabolisme. Leur iode prévient le goitre et stimule la thyroïde. Des recherches ont montré que l'acide alginique présent dans certaines algues – le *konbu*, l'*arame*, le *hijiki* et le *wakame* notamment – se lie avec les métaux lourds tels que le cadmium, le plomb, le mercure et le radium dans notre intestin et aide à leur élimination.

CONSEIL

Certaines algues ont simplement besoin d'être lavées et de tremper quelques minutes avant d'être servies ou ajoutées à des plats ; d'autres doivent tremper et cuire longuement avant de pouvoir être consommées. La plupart gonflent considérablement après la cuisson, aussi n'en faut-il qu'une petite quantité.

### Préparer des sushis comportant différents ingrédients

**INGRÉDIENTS**

**Pour 32 rouleaux**

- 325 g/11½ oz/1½ tasses de riz pour sushis
- 4 feuilles de *nori* pour les rouleaux
- sauce de soja et *gari* (gingembre au vinaigre), pour servir

*Pour la sauce au vinaigre*

- 40 ml/8 c. de thé de vinaigre de riz
- 22.5ml/4½ c. à thé de sucre
- 3 ml/⅔ c. à thé de sel marin

*Pour la garniture*

- 4 gros *shiitaké* secs
- 37.5 ml/7½ c. à thé de sauce de soja
- 15 ml/1 c. à soupe de mirin, de saké ou de vin blanc sec et 15 ml/1 c. à thé de sucre
- 1 petite carotte, coupée dans le sens de la longueur
- ½ concombre, coupé en quatre dans le sens de la longueur et épépiné

**1** Faites cuire le riz dans de l'eau bouillante salée, puis égouttez-le. Pendant ce temps, faites chauffer les ingrédients dans la sauce au vinaigre. Laissez le vinaigre refroidir puis ajoutez au riz cuit et chaud. Mélangez bien avec une spatule en aérant constamment le riz, pour lui donner une jolie patine. Couvrez avec un linge humide et laissez refroidir. Ne mettez pas au réfrigérateur, ce qui ferait durcir le riz.

**2** Pour la garniture, faites tremper les *shiitaké* 30 min dans 200 ml/7 fl oz/⅞ tasse d'eau, égouttez-les en réservant l'eau de trempage et équeutez-les. Versez cette eau de trempage dans une casserole et ajoutez les ingrédients de la garniture (sauf le concombre) puis laissez mijoter 4 à 5 min. Enlevez la carotte et réservez-la. Continuez de faire cuire jusqu'à ce que tout le liquide se soit évaporé, puis coupez les *shiitaké* en fines tranches et réservez pour la garniture.

**3** Mettez un petit set de bambou *(makisu)* sur une planche à découper. Placez sur ce set une feuille de *nori* avec la face brillante en dessous.

**4** Étalez ¼ du riz préparé et assaisonné sur le *nori* en utilisant vos doigts pour appuyer dessus de façon égale. Laissez une marge d'1,5 cm/½ in en haut et en bas. Déposez ¼ de chacun des ingrédients de la garniture – champignons coupés en tranches, carotte et concombre – au centre de la couche de riz.

**5** Tenez soigneusement le bord le plus proche du *nori* et le set, puis roulez le *nori* en utilisant le set comme guide afin d'obtenir un rouleau de riz bien net. Roulez de façon serrée, pour que les grains de riz s'agglomèrent et que la garniture tienne en place. En le roulant, sortez le sushi du set. Préparez 3 autres rouleaux de la même manière.

**6** Avec un couteau mouillé, coupez chaque rouleau en 8 morceaux, puis dressez-les verticalement sur un plat. Essuyez la lame et rincez-la sous l'eau froide avant de couper à nouveau pour empêcher le riz de coller. Servez les sushis avec de la sauce au soja et du *gari*.

# Les céréales

Les céréales sont cultivées dans le monde entier depuis des siècles et leurs graines sont gorgées d'éléments nutritifs. Elles constituent une source importante de sucres lents, de protéines, de vitamines et de minéraux. Les variétés les plus importantes de céréales telles que le blé, le riz, l'avoine, l'orge et le maïs se présentent sous les formes les plus variées, depuis les grains entiers jusqu'à des farines. Bon marché et disponibles partout, les céréales peuvent être accommodées d'innombrables façons et elles devraient constituer la principale partie de notre alimentation.

## Le blé

Cultivé depuis 7 000 ans avant J.-C., le blé est la céréale la plus importante et la plus répandue au monde.

Le grain comprend trois parties : le son, le germe et l'endosperme. Le son est l'enveloppe, tandis que le germe est la semence nutritive d'où sortira la pousse. Le blé germé est un excellent aliment, hautement recommandé pour prévenir les risques de cancers. L'endosperme, ou partie interne du grain, est bourré d'amidon et de protéines et il constitue la base de la farine de blé. Outre la farine, le blé se présente aussi sous d'autres formes.

*Blé complet mondé*

*Pousses de blé*

### LE BLÉ MONDÉ

Il s'agit de graines de blé complet décortiquées. On en trouve dans les magasins diététiques. Le blé mondé peut conférer un goût sucré de noix et une texture caoutchouteuse aux pains, aux soupes et aux plats bouillis. Il peut aussi être mélangé à du riz et à d'autres céréales. Le blé doit être mis à tremper toute la nuit, puis cuit dans de l'eau bouillante salée jusqu'à ce qu'il soit tendre. Si on le fait germer, ses pousses sont très détoxifiantes et dépuratives.

### LE SON DE BLÉ

Le son de blé constitue la partie externe du grain et il est séparé de celui-ci lors de la production de farine blanche. Il regorge de fibres solubles qui en font le laxatif naturel le plus efficace. Excellent pour la santé, on peut l'ajouter à la pâte à pain, aux céréales pour le petit déjeuner, aux gâteaux, muffins et biscuits, et il peut aussi donner du corps aux plats bouillis et rôtis.

**Les pousses de blé – un remède naturel**

Cultivées à partir de la graine de blé complet, les pousses de blé sont connues depuis des siècles pour leurs propriétés thérapeutiques générales. Leur jus est un puissant détoxifiant et constitue une excellente source de vitamines B, A, C et E ainsi que de tous les minéraux connus. Son éclatante couleur verte provient de la chlorophylle (considérée comme la « guérisseuse de la nature »), qui agit directement sur le foie afin d'en éliminer les toxines. On lui attribue aussi le pouvoir de freiner le vieillissement.

Le jus de pousses de blé doit être bu dans le quart d'heure qui suit, de préférence à jeun. Certaines personnes peuvent éprouver une sensation de nausée ou de vertige lorsqu'elles en boivent pour la première fois, mais cette sensation disparaîtra vite.

Germe de blé

Flocons de blé

Boulgour

## LES FLOCONS DE BLÉ

Les flocons de blé proviennent des grains de blé mondé qui ont été cuits à la vapeur, puis ramollis et concassés. L'idéal est de les consommer nature ou mélangés avec d'autres flocons de céréales dans du porridge ou du muesli. On peut aussi s'en servir pour donner du corps à des pains et des gâteaux qu'ils rendront plus nutritifs.

## LE GERME DE BLÉ

Constituant le cœur très nutritif du grain complet, le germe de blé est une excellente source de protéines, de vitamines B et E et de fer. On l'utilise plus ou moins de la même façon que le son, et il confère un agréable goût de noix aux céréales du petit déjeuner et aux porridges. On le trouve dans le commerce grillé ou nature. Conservez-le dans un récipient hermétique au réfrigérateur. Gardé à température ambiante, il risque de rancir.

## LE BLÉ CONCASSÉ

Il provient du blé mondé et possède la même valeur nutritive que le blé complet. Souvent pris pour du boulgour, le blé concassé peut être utilisé de la même façon que le blé mondé (il cuit cependant plus vite), ou pour remplacer le riz ou d'autres céréales. Cuit, il est légèrement collant et agréablement croquant. Servez-le en accompagnement ou dans des salades et des préparations en pilaf.

## LE BOULGOUR

Contrairement à la semoule de blé, le boulgour est obtenu à partir de grains de blé mondé qui ont été cuits, débarrassés de leur son puis séchés et concassés. Pour préparer cette céréale, légère et au goût de noix, il suffit de la faire tremper 20 minutes dans de l'eau puis de l'égoutter – certains fabricants spécifient dans de l'eau froide, mais l'eau bouillante la ramollit. On peut aussi la faire cuire dans de l'eau bouillante jusqu'à ce qu'elle soit tendre. Le boulgour est le principal ingrédient du taboulé, où on lui associe du persil haché, de la menthe, des tomates, du concombre, de l'oignon, du jus de citron et de l'huile d'olive.

### Faire cuire le blé mondé

Le blé mondé est délicieux dans les salades. Il apporte également de la texture aux plats bouillis.

**1** Mettez le blé dans une jatte et couvrez d'eau froide. Laissez tremper toute la nuit, puis rincez soigneusement et égouttez.

**2** Transférez le blé dans une casserole avec de l'eau. Portez à ébullition, couvrez et laissez mijoter 1 à 2 h, afin qu'il soit tendre, en ajoutant éventuellement de l'eau.

Semoule

## LA SEMOULE

Faite avec l'endosperme du blé dur, la semoule peut être utilisée pour confectionner du pudding. On peut aussi l'ajouter aux gâteaux, aux biscuits et aux pains pour leur donner une agréable texture grenue.

## LE COUSCOUS

Bien qu'il ait l'aspect d'une céréale, le couscous est un genre de pâte obtenue en faisant cuire à la vapeur puis sécher du blé dur concassé. Le couscous est populaire en Afrique du Nord, où il constitue la base du plat national du même nom. Les grains sont humidifiés à la main, tamisés puis cuits à la vapeur dans un couscoussier et suspendus au-dessus des légumes en train de bouillir, jusqu'à ce qu'ils deviennent légers et gonflés. Aujourd'hui, le couscous que l'on trouve dans le commerce cuit rapidement. Il suffit de le recouvrir d'eau bouillante, bien qu'il puisse aussi être cuit à la vapeur ou au four. Le couscous a un goût assez fade, ce qui en fait une excellente base pour des plats épicés.

## LA FARINE DE BLÉ

Elle est moulue à partir du grain entier et peut être complète ou blanche, lorsqu'elle a été traitée. La farine de blé dur est riche en gluten, ce qui la rend idéale pour la fabrication du pain; la farine de blé tendre contient moins de gluten mais plus d'amidon, et elle convient mieux aux gâteaux. Le *durum* est l'une des variétés les plus dures de blé et sa farine est utilisée pour fabriquer des pâtes. La majeure partie de la farine blanche commercialisée consiste en un mélange de blé dur et de blé tendre, ce qui produit une farine multi-usages.

De nombreuses farines raffinées vendues dans le commerce ayant perdu la plupart de leurs nutriments, on leur ajoute des vitamines et minéraux synthétiques. Lorsque vous achetez de la farine, choisissez des marques non raffinées et bio, qui contiennent moins d'additifs chimiques. La farine de blé complet écrasée à la meule de pierre est la meilleure au plan nutritif, car elle n'est presque pas traitée et conserve tous ses éléments essentiels.

### **Faire cuire le couscous**

La préparation traditionnelle du couscous demande beaucoup de temps, la cuisson à la vapeur étant très longue. Toutefois, le couscous disponible aujourd'hui dans le commerce est précuit, ce qui représente un gain de temps considérable.

**1** Mettez le couscous dans une grande jatte, couvrez d'eau bouillante et laissez 10 min, jusqu'à ce que toute l'eau ait été absorbée. Séparez les grains, salez et poivrez et ajoutez une noisette de beurre.

**2** Ou humidifiez les grains et mettez-les dans un cuit-vapeur garni de mousseline. Faites cuire 15 min à la vapeur jusqu'à ce que les grains soient tendres et gonflés.

Couscous

*Farine de blé* (À GAUCHE) *et farine complète maltée, provenant de grains de blés maltés. Il en existe des variétés écrasées à la meule de pierre.*

### La maladie cœliaque

Elle est causée par une allergie au gluten, substance présente dans le pain, les gâteaux et les céréales. On estime que des millions de personnes en souffrent, certaines sans le savoir. Les symptômes sont l'anémie, la perte de poids, la fatigue, la dépression et la diarrhée. Le blé, le seigle, l'orge et l'avoine en sont les principaux responsables, et il est souvent recommandé aux personnes allergiques à ces céréales de les supprimer de leur alimentation. Le riz, le soja, l'épeautre, le quinoa, le millet et le maïs sont, eux, dépourvus de gluten.

Le pain et les gâteaux confectionnés avec cette farine sont légèrement plus lourds que ceux préparés avec de la farine blanche. Toutefois, la farine complète peut être mélangée à de la farine blanche pour alléger la pâte bien que, naturellement, la valeur nutritive ne soit pas aussi élevée.

## LE SEITAN

Ce substitut de la viande est à base de gluten de blé et il a une texture ferme et caoutchouteuse. On le trouve dans les bacs réfrigérés des magasins diététiques. En raison de son goût neutre, il est recommandé de faire mariner le *seitan*. Coupez-le en tranches ou en morceaux et faites-le sauter ou ajoutez-le en fin de cuisson à des sauces destinées à des plats bouillis et des pâtes. Le *seitan* n'a pas besoin de cuire longtemps : il suffit de bien le faire chauffer.

**Achat et conservation** – Achetez les aliments à base de blé dans des magasins ayant beaucoup de débit. Les grains de blé peuvent se garder six mois environ, mais la farine de blé complet doit être utilisée avant trois mois car ses huiles rancissent. Stockez toujours les grains dans des récipients hermétiques, placés dans un endroit sombre et frais. Le germe de blé s'abîme très vite à température ambiante. Dans un récipient hermétique et au réfrigérateur, il se conserve jusqu'à un mois.

**Bienfaits pour la santé** – Le blé est plus nutritif non traité et complet. (Transformé en farine blanche, il perd 80% de ses nutriments). Cette céréale est une excellente source de fibres, de vitamines du groupe B, de vitamine E, de fer, de sélénium et de zinc. Les fibres de blé complet, dont les vertus curatives sont très connues, sont surtout concentrées dans le son. En cas de constipation, il est recommandé de manger une ou plusieurs cuillerées de son par jour. De nombreuses recherches ont montré que ces fibres sont efficaces pour lutter contre les risques de cancers du côlon et du rectum, les varices, les hémorroïdes et l'obésité. Les phyto-œstrogènes présents dans les céréales complètes aident aussi à prévenir le cancer du sein. Toutefois, le blé est aussi un allergène notoire qui peut, chez les personnes intolérantes au gluten, causer la maladie cœliaque.

*Seitan*

# Le riz

Dans toute l'Asie, un repas sans riz est considéré comme incomplet. C'est un aliment de base dans plus de la moitié du monde et pratiquement chaque peuple possède ses propres plats à base de riz, depuis le risotto jusqu'au pilaf. Il constitue en outre une bonne source de vitamines, de minéraux et de sucres lents, qui fournissent de l'énergie.

*Riz blanc et brun à longs grains*

*Riz au jasmin*

## LE RIZ LONG

La variété de riz la plus répandue est le riz long, dont les grains sont cinq fois plus longs que larges.

Le riz brun long n'a plus son enveloppe mais le son et le germe sont intacts, ce qui lui confère une saveur de noix caoutchouteuse. Il met plus de temps à cuire que le riz blanc mais contient plus de fibres, de vitamines et de minéraux.

Le riz blanc long n'a plus ni enveloppe ni son ni germe : il ne possède donc aucune valeur nutritive. À la fois fade et léger, il est vaporeux lorsqu'il est cuit. Comme il est souvent blanchi avec de la craie, du talc ou d'autres conservateurs, il est essentiel de le rincer. Le riz blanc long à cuisson rapide a été précuit à la vapeur sous pression. Lors de ce processus, qui durcit le grain et l'empêche de trop cuire, certains nutriments sont transférés du son et du germe au grain. Le riz brun précuit cuit plus rapidement que le riz brun normal.

## LE RIZ AU JASMIN

Ce riz long a une texture molle et collante et un goût délicat, légèrement parfumé. Très répandu dans la cuisine thaïlandaise, il adoucit, avec sa saveur subtile, les aliments extrêmement épicés.

### Faire cuire du riz brun long

Il existe de nombreuses méthodes et conceptions quant à la façon de faire cuire le riz. La méthode par absorption est l'une des plus simples et elle permet de conserver les nutriments, qui se perdraient sinon dans l'eau jetée après la cuisson.

Les diverses variétés de riz absorbent plus ou moins facilement les liquides, mais généralement la règle empirique pour le riz long est de mettre deux fois plus d'eau que de riz. D'employer 2 tasses d'eau pour 1 tasse de riz. 200 g/7 oz/1 tasse de riz long suffisent pour environ 4 personnes comme accompagnement.

**1** Rincez le riz dans une passoire à l'eau froide. Mettez-le dans une casserole à fond épais et ajoutez la quantité d'eau froide voulue. Portez à ébullition sans couvrir puis baissez le feu et tournez le riz. Salez éventuellement selon votre goût.

**2** Couvrez la casserole hermétiquement. Laissez mijoter 25 à 35 min sans enlever le couvercle, jusqu'à ce que l'eau soit absorbée et le riz tendre. Retirez du feu et laissez reposer 5 min avec le couvercle jusqu'au moment de servir.

Riz rouge

## LE RIZ ROUGE

Il provient de Camargue et possède une texture caoutchouteuse et un goût de noix caractéristiques. Le grain est particulièrement dur, et bien qu'il mette 1 heure à cuire, il conserve sa forme. La cuisson intensifie sa couleur rouge et ce riz est parfait pour des salades et des farces.

Riz sauvage

## LE RIZ SAUVAGE

Il ne s'agit pas vraiment de riz mais d'une herbe aquatique qui pousse en Amérique du Nord. Il possède des grains longs, minces et brun-noir avec un goût de noix et une texture caoutchouteuse. Sa cuisson prend plus de temps que celle de la plupart des variétés de riz – 35 à 60 minutes selon qu'on le préfère caoutchouteux ou tendre – mais on peut en réduire la durée en le faisant tremper une nuit dans l'eau. Le riz sauvage est très nutritif. Il contient les huit acides aminés essentiels et est particulièrement riche en lysine. Il constitue une bonne source de fibres et est hypocalorique et sans gluten. Utilisez-le pour des farces, servez-le nature ou mélangez-le a d'autres riz dans des pilafs et des salades.

Riz basmati blanc et brun

## LE RIZ BASMATI

Il s'agit d'un riz mince à longs grains qui pousse sur les contreforts de l'Himalaya. On le fait vieillir un an après la récolte, ce qui lui donne sa texture caractéristique, légère et vaporeuse, et son arôme. Son nom signifie « parfumé ».

Les deux variétés de riz basmati, la blanche et la brune, sont disponibles dans le commerce. Le basmati brun est plus nutritif et a un goût de noix légèrement plus prononcé que le blanc. Couramment utilisé dans la cuisine indienne, le riz basmati est rafraîchissant avec des currys chauds et épicés. Il est aussi excellent pour les *biryanis* et les salades de riz, où il convient d'employer des grains séparés, légers et vaporeux.

### Parfumer le riz

• Faites cuire du riz brun dans du bouillon de légumes avec des abricots secs émincés. Faites dorer un oignon dans un peu d'huile, ajoutez de la poudre de cumin et de coriandre et du piment frais haché, puis incorporez au riz cuit.

• Ajoutez des raisins secs et des amandes grillées au riz parfumé au safran.

*Riz Valencia*

## LE RIZ VALENCIA

Traditionnellement utilisé pour préparer la paella, ce riz à grains courts n'est pas aussi robuste que le riz à risotto et il doit être manipulé avec précaution car il se rompt facilement. La meilleure façon de faire cuire la paella est de laisser le riz sans le toucher une fois tous les ingrédients mis dans la poêle.

## LE RIZ À RISOTTO

Pour le risotto, il est essentiel d'employer un riz spécial, gros avec des grains courts. Ce riz, l'*arborio*, le plus couramment utilisé pour les risottos, provient de la vallée du Po, mais on trouve dans des magasins spécialisés d'autres variétés telles que le *carnaroli* ou le *vialone nano*. Au cours de la cuisson, la plupart des riz absorbent trois fois leur poids en eau, mais le riz à risotto peut absorber près de cinq fois son poids, ce qui donne un grain à la fois crémeux et assez ferme.

### Parfumer le risotto

• Lors de la préparation du risotto, remplacez 1/4 du bouillon de légumes par du vin rouge ou blanc.

• Ajoutez 1 feuille de laurier, le jus et le zeste d'1 citron, 1 tige de citronnelle et des capsules de cardamome à l'eau de cuisson.
• Le safran donne une couleur jaune au risotto. Mettez-en quelques filaments dans 1 bouillon de légumes.

*CI-DESSUS (dans le sens des aiguilles d'une montre, à partir de la gauche) Riz à risotto arborio, carnaroli et vialone nano.*

## Préparer un risotto simple

Il est facile de préparer un bon risotto, onctueux et velouté, avec des grains tendres mais néanmoins légèrement fermes. Le secret consiste à utiliser la bonne variété de riz (*arborio, carnaroli* ou *vialone nano*), à verser graduellement le liquide de cuisson – il doit être complètement absorbé par le riz avant d'en ajouter une autre louche – et à remuer souvent pour empêcher les grains d'attacher à la poêle.

**Pour 4 personnes**

**INGRÉDIENTS**

350 g/12 oz/1 3/4 tasses de riz à risotto
1 c. à soupe d'huile d'olive
1 petite noisette de beurre
1,2 l/2 pintes/5 tasses de bouillon de légumes chaud
50 g/2 oz/2/3 tasses de copeaux de parmesan
sel et poivre du moulin

VARIANTES

- Ajoutez de la betterave cuite (non conservée dans du vinaigre) finement hachée vers la fin de la cuisson, pour donner au riz une belle couleur rosée et un goût légèrement sucré.
- Pour du risotto aux champignons et aux brocolis, faites revenir 175 g/6 oz/2 tasses de champignons de Paris coupés en rondelles ou hachés avec l'oignon. Faites blanchir 225 g/8 oz/2 tasses de bouquets de brocolis pendant 3 min jusqu'à ce qu'ils soient tendres, et incorporez vers la fin de la cuisson.

**1** Faites chauffer l'huile et le beurre dans une grande sauteuse à fond épais, puis faites cuire l'oignon 7 min jusqu'à ce qu'il fonde, en tournant de temps en temps. Ajoutez le riz et remuez pour enrober les grains d'huile et de beurre chauds.

**2** Versez 1/4 du bouillon et faites cuire à feu moyen en tournant fréquemment, jusqu'à ce que le liquide soit absorbé. Ajoutez progressivement du bouillon en tournant jusqu'à ce que tout le liquide soit incorporé et absorbé.

**3** Au bout d'une vingtaine de minutes, les grains seront veloutés mais encore fermes. Éteignez le feu, saupoudrez de parmesan frais et vérifiez l'assaisonnement. Salez et poivrez selon votre goût et servez immédiatement.

## Les produits japonais à base de riz

Les Japonais se montrent très inventifs par rapport aux nombreuses ressources qu'offre le riz.

**Le saké** Cet alcool, boisson nationale du Japon, peut aussi être utilisé pour la cuisine.

**Le mirin** Ce vin de riz doux, délicieux dans les marinades et les plats sucrés, est un ingrédient essentiel du *teriyaki*.

**Le vinaigre de riz** Populaire dans toute l'Asie, il va du blanc au marron. Le vinaigre de riz japonais a un goût agréable et doux. Le vinaigre chinois est beaucoup plus fort.

**L'amasaké** Cette boisson, très saine, est préparée en ajoutant des enzymes de riz fermenté à du riz complet à pudding. L'*amasaké* a la même consistance que le lait de soja et il est parfois parfumé. On peut l'utiliser pour préparer des gâteaux ou des desserts crémeux. C'est également un aliment de sevrage excellent et facile à digérer.

*À DROITE (dans le sens des aiguilles d'une montre, à partir d'en haut à gauche) Amasaké, mirin, vinaigre de riz et saké.*

### LE RIZ À PUDDING

Ce riz rond, avec de petits grains, convient parfaitement pour les puddings au lait et les desserts au riz. Les grains gonflent et absorbent une grande quantité de lait pendant la cuisson, ce qui donne au pudding une consistance onctueuse. On trouve aussi du riz à pudding brun.

*Riz à pudding*

### LE RIZ GLUANT

Ce riz peut être blanc, noir ou violet. Presque rond, avec un goût légèrement sucré, il ne contient pas de gluten. Les grains collent les uns aux autres lors de la cuisson en raison de leur taux élevé d'amidon, ce qui les rend faciles à manger avec des baguettes. Dans de nombreux pays d'Asie du Sud-Est, il sert à confectionner des puddings au velouté gélatineux.

En Chine, le riz gluant blanc est souvent enveloppé dans des feuilles de lotus et cuit à la vapeur pour préparer des *dim sum*, mets très apprécié.

*Riz gluant blanc et noir*

LE RIZ JAPONAIS À SUSHIS
Ce riz est mélangé à du vinaigre de riz pour préparer les sushis. Le riz à sushis consommé en Occident vient surtout de Californie.

Riz à sushis

**Achat et conservation** – Pour être sûr qu'il soit frais, achetez toujours le riz dans des magasins ayant beaucoup de débit. Conservez-le dans un récipient hermétique en un lieu frais, sec et sombre afin de le protéger de l'humidité et des insectes. Lavez-le avant de l'utiliser pour éliminer les éventuelles impuretés. Le riz cuit doit être rapidement refroidi, puis mis au réfrigérateur et bien réchauffé avant d'être servi.

**Bienfaits pour la santé** – Le riz est une source précieuse de sucres lents et de fibres. Complet, il a une teneur élevée en vitamines du groupe B. Le riz blanc a perdu beaucoup de ses nutriments parce que le son et le germe ont été retirés. L'amidon du riz est absorbé lentement, maintenant le taux de sucre dans le sang à un niveau égal, ce qui fait du riz un aliment important pour les diabétiques. Le riz peut avoir des effets bénéfiques chez les personnes souffrant de psoriasis, et il aide à combattre les troubles digestifs, la nervosité, les calculs biliaires et les risques de cancer du côlon. Cependant, les phytates présents dans le riz brun peuvent bloquer l'absorption de fer et de calcium.

### Recettes rapides à base de riz

Le riz peut être servi nature, mais il est aussi excellent pour des repas à plat unique, car il s'accommode de nombreux assaisonnements exotiques ainsi que d'ingrédients ordinaires.

- Pour un plat inspiré du Moyen-Orient, faites cuire du riz brun à longs grains dans du bouillon de légumes, puis incorporez des amandes grillées effilées, des morceaux de dattes et de figues sèches, des pois chiches cuits et de la menthe hachée.
- Pour un simple *pullao*, faites blondir 1 oignon haché dans de l'huile de tournesol avec des capsules de cardamome, 1 bâton de cannelle et des clous de girofle, puis ajoutez du riz basmati en remuant. Versez de l'eau avec 1 pincée de safran et faites cuire jusqu'à ce que le riz soit tendre. Vers la fin de la cuisson, ajoutez des raisins secs et des noix de cajou, et garnissez de coriandre fraîche hachée.

### Les produits à base de riz

**Les flocons de riz** Ils sont obtenus en faisant cuire à la vapeur et en roulant des grains entiers de riz blanc. Légers et cuisant rapidement, ils peuvent être ajoutés crus aux mueslis ou utilisés pour des porridges, d'onctueux puddings, du pain, des biscuits et des gâteaux.
**Le son de riz** Comme le son de blé et d'avoine, le son de riz provient de l'enveloppe du grain. Il contient de nombreuses fibres solubles et est utile pour donner du corps aux pains, aux gâteaux, aux biscuits et à certains plats.
**La farine de riz** Souvent utilisée en Asie pour confectionner des gâteaux et des desserts gluants, la farine de riz peut aussi servir à épaissir des sauces. Comme elle ne contient pas de gluten, les gâteaux faits avec cette farine sont relativement plats. Elle peut être mélangée avec de la farine de blé pour la préparation de gâteaux et de pain, mais elle produit des miches qui s'émiettent facilement. Dans les magasins asiatiques, on trouve aussi une très fine farine de riz.

*À DROITE (dans le sens des aiguilles d'une montre, à partir de la gauche) Son de riz, farine de riz, poudre de riz et flocons de riz.*

# D'autres céréales

Le blé et le riz sont incontestablement les céréales les plus répandues au monde, pourtant il en existe d'autres dont l'avoine, le seigle, le maïs, l'orge, le quinoa et l'épeautre, qui ne devraient pas être oubliées, car elles apportent de la variété à notre alimentation et sont extrêmement nutritives. Les céréales se présentent sous de nombreuses formes, depuis les grains entiers jusqu'à la farine, et elles sont utilisées pour la pâtisserie, pour le petit déjeuner et pour certains plats.

*CI-DESSOUS (dans le sens des aiguilles d'une montre, à partir de la gauche) Avoine concassée, semoule d'avoine, grains d'avoine et son d'avoine.*

## L'AVOINE

Vendue concassée, sous forme de flocons, de semoule ou de son, l'avoine est énergétique et, cuite, très nourrissante. Tout comme le seigle, elle est populaire dans le nord de l'Europe, en Écosse surtout, où on l'utilise couramment pour des porridges, des gâteaux et de grosses crêpes.

L'avoine complète présente des grains non traités ayant encore leur germe et leur son et donc trés nutritifs. Le gruau d'avoine consiste en grains entiers sans leur enveloppe et l'avoine concassée en gruau chauffé puis aplati. L'avoine concassée à cuisson rapide a été préalablement cuite dans de l'eau puis séchée, ce qui réduit sa valeur nutritive. La semoule d'avoine moyenne est excellente pour les gâteaux et le pain, tandis que la semoule fine s'utilise plutôt pour les crêpes et les boissons aux fruits et au lait. La farine d'avoine est dépourvue de gluten et pour que le pain lève, il faut l'associer à d'autres farines. Le son d'avoine peut être ajouté à des céréales de petit déjeuner et mélangé avec du yaourt nature ou aux fruits.

**Bienfaits pour la santé** – L'avoine est sans doute la plus nutritive de toutes les céréales. Les recherches récentes ont montré qu'elle pouvait abaisser la cholestérolémie (avec, parfois, des résultats spectaculaires). En même temps, elle accroît le taux de bon cholestérol. Le son d'avoine devrait être consommé chaque jour, à intervalles réguliers.

Riche en fibres, l'avoine est un laxatif efficace et, en raison des inhibiteurs de protéases qu'elle contient, elle prévient les risques de différents types de cancers. Elle renferme aussi de la vitamine E, quelques vitamines B, du fer, du calcium, du magnésium, du phosphore et du potassium.

*Grains et farine de seigle*

## LE SEIGLE

Le seigle est la céréale la plus populaire pour le pain en Europe de l'Est, en Scandinavie et en Russie. Sa farine produit un pain sombre, dense et sec, qui se conserve bien.

Le seigle est robuste et pousse facilement, d'où sa popularité sous les climats froids. Contenant peu de gluten, sa farine est souvent mélangée avec des farines de blé riches en gluten afin d'obtenir du pain plus léger, dont on avive parfois la couleur en ajoutant de la mélasse. On peut laisser tremper les grains toute la nuit, puis les faire cuire dans de l'eau bouillante jusqu'à ce qu'ils soient tendres, mais la farine, qui est grisâtre et possède un goût prononcé, est la forme sous laquelle le seigle est le plus employé. La farine peut être plus ou moins sombre selon que le son et le germe ont été ou non ôtés.

**Bienfaits pour la santé** – Le seigle est une bonne source de vitamine E et de quelques vitamines du groupe B, ainsi que de protéines, de calcium, de fer, de phosphore et de potassium. Il est également riche en fibres et utilisé en médecine naturelle pour aider à tonifier le système digestif.

## LE MAÏS

Nous connaissons surtout le maïs jaune, mais il en existe aussi du bleu, du rouge, du noir et même du multicolore. Le maïs, qui se présente sous des formes diverses, est un aliment de base aux États-Unis, dans les Caraïbes et en Italie.

### La farine de maïs (masa harina)

Cette farine de maïs est faite avec le grain complet, cuit puis moulu. Au Mexique, elle sert à confectionner des tortillas.

### La semoule de maïs

Les principaux usages culinaires de la semoule de maïs sont le *cornbread*, pain très courant dans le sud des États-Unis, et la polenta, terme italien désignant à la fois la semoule de maïs et le plat préparé avec cet ingrédient. La polenta (le plat) est un porridge épais et de couleur dorée, souvent agrémenté de beurre et de fromage ou d'herbes hachées. Une fois cuite, on peut laisser la polenta refroidir,

### Préparer la polenta

La polenta remplace avantageusement la purée de pommes de terre. Elle a besoin d'être très assaisonnée et est encore meilleure avec une noisette de beurre et du fromage tel que du parmesan, du gorgonzola ou du *taleggio*. Servez-la avec des ragoûts et des gratins.

**1** Versez 1 litre/1¾ pintes/4 tasses d'eau dans une casserole à fond épais et portez à ébullition. Retirez du feu.

**2** Ajoutez peu à peu et régulièrement 175 g/6½ oz/1½ tasses de polenta instantanée, en fouettant pour éviter la formation de grumeaux.

**3** Remettez la casserole sur le feu et faites cuire en tournant de temps en temps avec une cuillère en bois, jusqu'à ce que la polenta soit épaisse et crémeuse et commence à se détacher des parois de la casserole – cela ne prend que quelques minutes si vous utilisez de la polenta instantanée.

**4** Salez selon votre goût, ajoutez une dose généreuse de poivre noir, puis une grosse noisette de beurre et mélangez bien. Retirez du feu et incorporez éventuellement le fromage.

*À DROITE (dans le sens des aiguilles d'une montre, à partir de la gauche) Semoule de maïs bleue et jaune, fécule de maïs, pop-corn, masa harina et polenta.*

puis la couper en morceaux et la faire frire ou griller – au gril ou au barbecue – jusqu'à ce qu'elle devienne brun doré. Elle est délicieuse avec des légumes au four. On trouve dans les supermarchés de la polenta prête à découper.

Le grain de la polenta peut être plus ou moins fin. On peut acheter de la polenta qui met 40 à 50 minutes à cuire ou de la polenta « instantanée », qui est précuite et cuit en moins de 5 minutes.

Aux Caraïbes, la semoule de maïs sert à préparer des puddings et des beignets.

**La fécule de maïs (Maïzena)**

Cette fine poudre blanche peut servir à épaissir les sauces, les soupes et les gratins. On peut aussi l'ajouter aux gâteaux.

**Le maïs émondé**

Il s'agit de grains de maïs entiers mais débarrassés de leur péricarpe. On les fait cuire dans de l'eau bouillante jusqu'à ce qu'ils ramollissent, puis on peut les utiliser dans des ragoûts et des soupes ou les ajouter à des gâteaux et des muffins.

**Le pop-corn**

Il existe une variété particulière de maïs spécialement cultivée pour confectionner cette gourmandise très populaire. L'enveloppe dure du grain explose lorsqu'il est chauffé.

On peut facilement préparer du pop-corn chez soi et le sucrer ou le saler selon son goût. Le pop-corn vendu dans le commerce contient généralement beaucoup de sel ou de sucre.

*Quinoa*

**Bienfaits pour la santé** – Aux États-Unis, le maïs est considéré comme un diurétique et un stimulant léger. Il préviendrait les risques de cancers du côlon, du sein et de la prostate ainsi que les maladies cardiovasculaires. Il serait aussi la seule céréale à contenir de la vitamine A ainsi que certaines vitamines du groupe B et du fer.

## L'ORGE

Cultivée depuis la nuit des temps, l'orge est un aliment primordial en Europe de l'Est, au Moyen-Orient et en Asie.

L'orge perlé, forme sous laquelle on la trouve le plus souvent, est de l'orge mondé, cuit à la vapeur puis poli afin de lui donner sa couleur ivoire caractéristique. Il a un goût légèrement sucré et une texture caoutchouteuse et on peut l'ajouter à des soupes, des ragoûts et des pains ou des gâteaux ou, comme jadis, pour préparer de la décoction d'orge.

On trouve aussi des grains d'orge entiers, débarrassés cependant de leur péricarpe, qui n'est pas comestible. Ils mettent beaucoup plus de temps à cuire que l'orge perlé. Il est également possible de se procurer des flocons d'orge, qui font un excellent porridge, et de la farine d'orge.

**Bienfaits pour la santé** – L'orge entière est plus nutritive que l'orge perlé : elle contient plus de fibres, de calcium, de phosphore, de fer, de magnésium et de vitamines du groupe B. L'orge était jadis utilisée comme stimulant et fortifiant. Plus récemment, des recherches ont montré que ses fibres aident à lutter contre la constipation, les maladies cardiovasculaires et certains cancers. Il a en outre été prouvé que ses inhibiteurs de protéases sont bénéfiques pour combattre les risques de cancer de l'intestin et que l'orge peut aussi faire baisser le taux de mauvais cholestérol produit par le foie.

*À DROITE (dans le sens des aiguilles d'une montre, à partir de la gauche) Grains d'orge entiers, flocons d'orge et orge perlé.*

## LE QUINOA

Présenté comme la céréale de l'avenir, le quinoa est en réalité une céréale très

**Boisson à l'orge et au citron**

**INGRÉDIENTS**

225 g/8 oz/1 tasse d'orge perlé
jus de 2 citrons
zeste râpé d' 1 citron
1,75 l/3 pintes/7 $\frac{1}{2}$ tasses d'eau
50 g/2 oz/$\frac{1}{4}$ tasses de sucre de canne en poudre

**1** Rincez l'orge puis mettez-la dans une grande casserole et recouvrez d'eau. Portez à ébullition puis baissez le feu et laissez mijoter 20 min en ôtant de temps en temps l'écume, si nécessaire. Retirez la casserole du feu.

**2** Ajoutez le zeste de citron et le sucre dans la casserole, remuez bien et laissez refroidir. Passez et versez le jus de citron.

**3** Goûtez l'eau d'orge et ajoutez du sucre si nécessaire. Servez froid avec de la glace et des tranches de citron.

ancienne. Il était baptisé « céréale mère » par les Incas, qui le cultivèrent pendant des siècles sur les hauts plateaux andins pour leur usage exclusif.

Aujourd'hui, le quinoa est très répandu. Ses grains, minuscules et ronds, ont un goût légèrement amer et une texture ferme. On le fait cuire de la même façon que le riz, mais les grains deviennent quatre fois plus gros et translucides avec, à l'extérieur, un curieux cercle blanc. Le quinoa est excellent pour les farces, les préparations en pilaf et la pâtisserie, et également comme céréale de petit déjeuner.

**Bienfaits pour la santé** – Le quinoa est considéré comme une supercéréale parce qu'il est très nutritif. C'est une protéine complète qui contient les huit acides aminés essentiels. C'est aussi une excellente source de calcium, de potassium, de zinc, de fer, de magnésium et de vitamines du groupe B. Il est particulièrement utile pour soulager les troubles cœliaques et il est exempt de gluten.

**LE MILLET**

Bien que l'on considère généralement le millet comme une nourriture pour les oiseaux, c'est en réalité une céréale très nutritive. Comme l'orge, c'était jadis l'un des principaux aliments en Europe et il le reste toujours dans de nombreuses régions du monde, dont l'Afrique, la Chine et l'Inde. En raison de son goût délicat, il accompagne parfaitement les ragoûts et les currys épicés, et il peut constituer l'ingrédient de base de préparations en pilaf ou de puddings au lait. Les grains, petits et fermes, peuvent aussi être vendus sous forme de flocons ou de farine. Étant exempt de gluten, le millet est particulièrement indiqué pour les personnes souffrant de problèmes digestifs. La farine peut être utilisée pour le pain et la pâtisserie mais elle doit être mélangée avec des farines riches en gluten pour que le pain puisse lever.

**Bienfaits pour la santé** – Le millet est facile à digérer. Il contient plus de fer que les autres céréales ainsi que du zinc, du calcium, du manganèse et des vitamines du groupe B. Il serait bénéfique pour les personnes souffrant de muguet intestinal ou vaginal, causés par le champignon *candida albicans*.

*Millet*

*Amarante*

## LE SARRASIN

Malgré son surnom de « blé noir », le sarrasin n'est en réalité pas du blé mais une variété de rhubarbe. Disponible nature ou grillé, il a un goût de noix. C'est un aliment de base en Europe de l'Est et en Russie en particulier, où son grain, de forme triangulaire, donne une farine mouchetée de gris utilisée pour confectionner les blinis. La farine sert aussi, au Japon, à préparer les nouilles *soba*, et en Italie les pâtes. Les crêpes de sarrasin sont populaires dans certaines régions de France et des États-Unis. Le grain entier, également connu sous le nom de *kasha*, permet de faire d'excellents porridges et des puddings crémeux.

**Bienfaits pour la santé** – À l'instar du quinoa, le sarrasin est une protéine complète. Il contient les huit acides aminés ainsi que de la rutine, qui améliore la circulation sanguine et réduit l'hypertension. Excellent et nourrissant, il est riche en fer et contient certaines vitamines du groupe B. Il a également la réputation d'être bénéfique pour les poumons, les reins et la vessie. Exempt de gluten, il est en outre indiqué pour les personnes souffrant de problèmes digestifs.

CI-DESSUS *Sarrasin nature, farine de sarrasin et sarrasin grillé.*

## LES CÉRÉALES MOINS CONNUES

Il existe d'autres céréales qui méritent d'être mentionnées, car elles ne sont pas seulement en train de devenir populaires, elles sont souvent bien plus nutritives que les variétés plus connues.

### L'amarante

Cette plante, originaire du Mexique, a la particularité de pouvoir être mangée en tant que légume et céréale. À l'instar du quinoa, elle est considérée comme une supercéréale en raison de sa valeur nutritive élevée. Le grain, minuscule et pâle, a un goût particulier, poivré et corsé. L'amarante est excellente dans des plats bouillis ou des soupes. Moulue, elle permet de confectionner du pain, des gâteaux et des biscuits. La farine étant exempte de gluten, il faut la mélanger avec du blé ou une autre farine qui en contient pour que le pain puisse lever. Les feuilles d'amarante, qui ressemblent aux feuilles d'épinards, peuvent être cuites ou mangées crues, en salade.

**Bienfaits pour la santé** – Bien qu'il faille peut-être s'habituer à son goût, cela vaut la peine d'essayer, l'amarante étant particulièrement nutritive. Elle contient plus de protéines que les légumineuses et elle est riche en acides aminés, en lysine notamment, ainsi qu'en fer et en calcium.

### Le kamut

Ancien parent du blé, cette céréale a des grains bruns, longs et minces et un goût de noisette. Comme le blé, il peut être accommodé de diverses façons et sa farine peut servir à confectionner des pâtes, du pain et des gâteaux. On trouve dans les magasins diététiques du *kamut* soufflé à consommer au petit déjeuner et des biscuits au *kamut*.

**Bienfaits pour la santé** – Le *kamut* est plus nutritif que le blé et plus facile à digérer. Bien qu'il contienne du gluten, il est toléré en quantité modérée par les personnes souffrant de problèmes digestifs.

### Le sorgho

Extrêmement nourrissant, il est surtout connu pour le sirop, épais et sucré, qu'on en tire et qu'on utilise pour les gâteaux et desserts. Son grain ressemble à celui du millet et c'est un aliment de base important en Afrique et en Inde. Il peut être employé plus ou moins comme le riz et sa farine permet de préparer du pain sans levain.
**Bienfaits pour la santé** – Le sorgho est riche en calcium, en fer et en vitamines du groupe B.

### L'épeautre

L'épeautre est l'une des variétés de blé cultivées les plus anciennes et, en raison de sa grande valeur nutritive, sa popularité s'accroît. Le grain ressemble beaucoup à celui du blé et on peut remplacer la farine de froment par de la farine d'épeautre pour faire du pain.
**Bienfaits pour la santé** – L'épeautre renferme plus de vitamines et de minéraux que le blé, et sous une forme plus digeste. Bien qu'il contienne du gluten, il est généralement toléré en quantité modérée par les personnes souffrant de troubles digestifs.

### Le triticale

Hybride du blé et du seigle, le triticale fut créé par des chercheurs suédois en 1875. Il a un goût sucré de noix et une texture caoutchouteuse. On peut l'utiliser plus ou moins de la même façon que le riz et en faire de la farine. Il contient plus de protéines que le blé mais moins de gluten et, pour le pain, doit parfois être mélangé avec d'autres farines.
Les flocons de triticale peuvent être mangés comme céréale de petit déjeuner et ils conviennent parfaitement pour les crumbles.
**Bienfaits pour la santé** – Le triticale contient des quantités importantes de calcium, de fer et de vitamines du groupe B. Il est particulièrement riche en lysine.

*Grains et farine d'épeautre*

*Kamut*

**Achat et conservation** – Pour être sûr qu'elles soient fraîches, achetez des céréales en petite quantité dans des magasins ayant beaucoup de débit. Les grains peuvent souffrir de la chaleur et de l'humidité et rancir facilement. Conservez-les dans un endroit sec, frais et sombre.

### FAIRE CUIRE LES CÉRÉALES

On peut simplement faire bouillir les grains dans de l'eau, mais pour exhaler leur saveur, faites-les d'abord revenir dans un peu d'huile. Quand ils sont bien enrobés d'huile, versez deux à trois fois leur volume d'eau ou de bouillon. Portez à ébullition, puis laissez mijoter à couvert jusqu'à ce que l'eau soit absorbée et les grains tendres. Ne touchez pas aux grains pendant qu'ils cuisent. Le liquide de cuisson peut être parfumé avec des herbes hachées et des épices entières ou moulues.

**Ces formidables fibres**

Les céréales complètes sont l'un des rares aliments à contenir des fibres à la fois solubles et insolubles. Les premières prédominent dans l'avoine et le seigle, les secondes dans le blé, le riz et le maïs. Toutes deux sont essentielles pour la santé et peuvent prévenir la constipation, les ulcères, les colites, les cancers du côlon et du rectum, les maladies cardio-vasculaires, la diverticulite et les colopathies. Les fibres solubles ralentissent l'absorption d'énergie par les viscères, évitant ainsi les chutes brutales d'insuline. Elles présentent donc un intérêt particulier pour les diabétiques.

# Les légumineuses

Il existe des lentilles, des pois et des haricots avec d'innombrables saveurs et textures. Depuis longtemps, les légumineuses sont un aliment essentiel au Moyen-Orient, en Amérique latine, en Inde et dans les régions méditerranéennes, mais on ne trouve presque pas de pays qui ne possède sa recette préférée de légumineuses, depuis les haricots cuits de Boston jusqu'au *dahl* indien à base de lentilles. Au Mexique, les haricots sont mangés frits et épicés et en Chine, on affectionne les sauces à base de haricots noirs et jaunes fermentés. Pauvres en graisses et riches en sucres lents, en vitamines et en minéraux, les légumineuses constituent, pour les végétariens, une source importante de protéines. Consommées avec des céréales, elles sont aussi nutritives que les protéines d'origine animale.

## Les lentilles et les pois

L'humble lentille est l'un de nos aliments les plus anciens. Originaire d'Asie et du Maghreb, elle continue d'être cultivée dans ces régions, ainsi qu'en France et en Italie. Les lentilles sont dures même quand elles sont fraîches, si bien qu'elles sont toujours vendues séchées. Contrairement à d'autres légumineuses, elles n'ont pas besoin d'être mises à tremper.

*Lentilles orange*

*Lentilles du Puy*

### LES LENTILLES VERTES ET MARRON

Ces légumineuses en forme de disque gardent leur forme une fois cuites. Elles cuisent plus lentement que les lentilles cassées – 40 à 45 minutes environ –, et sont idéales dans des salades chaudes, des gratins et des farces. On peut préparer des pâtés nutritifs avec des lentilles vertes ou marron, cuites et relevées avec des herbes et des épices.

### LES LENTILLES DU PUY

Ces petites lentilles marbrées, d'un vert ou d'un bleu sombre, proviennent d'Auvergne. Elles sont considérées comme largement supérieures, en termes de goût et de texture, aux autres variétés, et elles gardent leur forme circulaire pendant la cuisson, qui dure de 25 à 30 minutes environ. Elles sont délicieuses dans des plats simples, des salades chaudes, par exemple, ou cuites dans du vin et agrémentées d'herbes fraîches.

### LES LENTILLES ORANGE

Les lentilles cassées de couleur orange, parfois connues sous le nom de lentilles égyptiennes, sont l'une des variétés les plus courantes. Elles cuisent en 20 minutes, jusqu'à former une purée consistante. Elles sont idéales pour épaissir soupes et gratins et, cuites avec des épices, elles constituent un délicieux *dahl*. Au Moyen-Orient, on prépare des boulettes appelées *koftes* avec des lentilles orange ou blondes, cuites et mélangées avec des épices et des légumes.

### LES LENTILLES BLONDES

Moins répandues que les orange, les lentilles blondes ont presque le même goût et s'emploient de la même façon.

### LES POIS

Les pois secs, cultivés dans des champs, sont différents des petits pois de jardin, qui sont mangés frais. Contrairement aux lentilles, les pois sont mous quand ils sont jeunes et il est nécessaire de les faire sécher. Ils sont vendus entiers ou cassés. Les pois cassés ont un goût plus délicat et ils cuisent plus facilement. Comme les lentilles cassées, les pois cassés perdent leur forme lors de la cuisson et ils sont donc parfaits pour des *dahls*, des purées, des gratins et des soupes. Ils mettent environ 45 minutes à cuire. Les pois carrés sont plus gros et,

*Lentilles vertes et marron*

en Angleterre, ils servent à préparer un plat traditionnel appelé *mushy peas* (purée de pois). Comme d'autres pois entiers, il faut les laisser tremper toute une nuit avant de les utiliser.

**Achat et conservation** – Bien que les lentilles et les pois se conservent environ un an, ils durcissent avec le temps. Achetez-les dans des magasins ayant beaucoup de débit et stockez-les dans des récipients hermétiques, en un lieu sombre et frais. Choisissez des légumineuses de couleur vive, qui ne soient ni ridées ni poussiéreuses. Rincez-les bien avant de les utiliser.

**Bienfaits pour la santé** – Les lentilles et les pois possèdent des quantités impressionnantes de nutriments, dont du fer, du sélénium, de l'acide folique, du manganèse, du zinc, du phosphore et quelques vitamines du groupe B. Extrêmement pauvres en graisses et plus riches en protéines que la plupart des légumineuses, les lentilles et les pois aident à prévenir les maladies cardio-vasculaires en abaissant le taux de mauvais cholestérol. Ils contiennent aussi beaucoup de fibres, lesquelles facilitent le transit intestinal. Ces fibres ralentissent en outre l'absorption du sucre dans le sang et fournissent un apport continu d'énergie, ce qui présente un intérêt notable pour les diabétiques.

## Faire cuire les lentilles

Les lentilles cuisent facilement et n'ont pas besoin d'être mises à tremper.
Les lentilles cassées orange et vertes ramollissent en cuisant, tandis que les lentilles entières gardent leur forme.

### Lentilles vertes, marron et du Puy

**1** Mettez 250 g/9 oz/1 ⅛ tasses de lentilles entières dans une passoire et rincez-les sous l'eau froide. Versez-les dans une casserole.

**2** Recouvrez d'eau et portez à ébullition. Faites-les cuire 25 à 30 min jusqu'à ce qu'elles soient tendres, en ajoutant de l'eau si nécessaire. Égouttez-les, puis salez et poivrez selon votre goût.

### Lentilles cassées orange et blondes

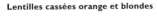

**1** Mettez 250 g/9 oz/1 ⅛ tasses de lentilles cassées dans une passoire et rincez-les sous l'eau froide. Transférez-les dans une casserole.

**2** Recouvrez d'eau et portez à ébullition. Faites-les cuire 20 à 25 min en tournant de temps en temps jusqu'à ce que l'eau soit absorbée et les lentilles tendres. Salez et poivrez selon votre goût.

*Pois carrés (CI-DESSUS) et pois cassés jaunes et verts*

**CONSEIL**

Quand vous faites cuire des lentilles et des pois, évitez de saler l'eau : cela les empêche de ramollir. Assaisonnez-les une fois cuits.

# Les haricots

Les graines comestibles de plantes appartenant à la famille des légumineuses, qui incluent les pois chiches et de nombreux haricots, sont riches en protéines, en vitamines, en minéraux et en fibres, et sont extrêmement pauvres en graisses. Grâce à leur faculté d'absorber le goût des autres aliments, les légumineuses peuvent constituer la base d'un nombre infini de plats. La plupart des légumineuses devant tremper toute une nuit dans de l'eau froide, il convient de s'y prendre à l'avance si l'on envisage de les utiliser sèches.

*Adukis*

## LES HARICOTS NOIRS

Ces petits haricots réniformes, noirs et brillants, sont très répandus dans les Caraïbes. Ils ont un goût légèrement sucré et ils ajoutent une étonnante note de couleur aux soupes, aux salades de haricots mixtes ou aux gratins.

## LES ADUKIS

Également connus sous le nom d'*adzukis*, ces petits haricots d'un rouge profond sont légèrement sucrés avec un goût de noix et ils sont très appréciés en Asie. En Chine, ils servent à préparer une pâte. Considéré comme le roi des haricots au Japon, l'*aduki* a la réputation d'être bénéfique pour le foie et les reins. Il cuit rapidement et peut être utilisé pour des gratins et d'autres plats. Sa farine sert à confectionner des gâteaux et du pain.

## LES HARICOTS À HILE NOIR

Connus sous le nom de *black-eyed peas* ou de *cow peas* aux États-Unis, ils constituent un ingrédient essentiel de la cuisine créole et de quelques currys indiens très épicés. Le haricot, petit et de couleur crème, a une tache noire située sur le côté, à l'endroit où il était jadis attaché à la gousse. Excellents dans des soupes et salades, les haricots à hile noir peuvent être ajoutés à des plats salés, des gratins en particulier, et remplacer les haricots blancs ou les *cannellini* dans divers plats.

*Haricots noirs (à gauche), haricots à hile noir (au centre) et borlotti*

### Purée de cannellini

On peut faire de délicieuses purées aux herbes et à l'ail avec des *cannellini* cuits. Servez sur de la pita grillée ou comme sauce cocktail, avec des crudités.

**Pour 4 personnes**

**INGRÉDIENTS**

**400 g/14 oz/2½ tasses de cannellini secs en conserve**
**2 c. à soupe d'huile d'olive**
**1 grosse gousse d'ail finement hachée**
**2 échalotes finement hachées**
**5 c. à soupe de bouillon de légumes**
**2 c. à soupe de persil plat frais, haché**
**1 c. à soupe de ciboulette fraîche ciselée, pour décorer**
**sel et poivre du moulin**

**1** Si vous utilisez des haricots secs, faites-les tremper toute la nuit dans de l'eau froide, puis égouttez-les et rincez-les. Mettez-les dans une casserole et recouvrez-les d'eau froide puis portez à ébullition et faites bouillir rapidement pendant 10 min. Baissez le feu et laissez mijoter environ 1 h, jusqu'à ce que les haricots soient tendres. Si vous utilisez des haricots en conserve, rincez-les et égouttez-les.

**2** Chauffez l'huile dans une casserole et faites revenir l'ail et les échalotes environ 5 min en tournant de temps en temps jusqu'à ce qu'ils soient moelleux. Ajoutez les haricots, le bouillon, le persil et l'assaisonnement, puis faites cuire quelques minutes jusqu'à ce que le tout soit chaud.

**3** Pour une purée épaisse, écrasez les haricots avec un pilon ou passez-les au mixer jusqu'à ce que la préparation soit épaisse et homogène. Servez la purée parsemée de ciboulette ciselée.

Haricots beurre

### Éviter les effets indésirables des haricots

Beaucoup de gens renoncent à manger des haricots à cause de leurs effets indésirables. Les flatulences engendrées par ces légumineuses sont dues aux gaz qu'ils produisent dans l'intestin. Pour réduire cet inconvénient, suivez ces conseils :

- Ne faites jamais cuire les légumineuses dans leur eau de trempage, car elle contient des sucres indigestes.
- Enlevez toute écume se formant sur la surface de l'eau durant la cuisson.
- Ajoutez des épices – aneth, *assa-fœtida*, gingembre ou carvi – à l'eau de cuisson.

Cannellini

## LES HARICOTS BORLOTTI

Ces haricots ovales ont une peau d'un brun rosé avec des rayures rouges et un goût doux-amer. Cuits, ils sont tendres et onctueux et conviennent parfaitement pour les soupes italiennes aux haricots et aux pâtes, ainsi que pour des plats de légumes nourrissants. Dans la plupart des recettes, ils peuvent être substitués aux haricots rouges.

## LES FÈVES

Ces gros haricots furent d'abord cultivés par les Égyptiens dans l'Antiquité. Généralement mangées fraîches, les fèves passent du vert au brun en séchant, ce qui les rend alors difficiles à reconnaître. La peau extérieure peut être très dure et caoutchouteuse, et certains préfèrent l'enlever après la cuisson. Les fèves peuvent aussi être achetées déjà pelées.

Fèves

## LES HARICOTS BEURRE ET HARICOTS DE LIMA

Similaires sur le plan du goût et de l'aspect, les haricots beurre et les haricots de Lima sont plats et réniformes, avec une texture molle et farineuse. Les haricots beurre de couleur crème sont courants en Grande-Bretagne et en Grèce, et les haricots de Lima aux États-Unis. En Grèce, les haricots beurre sont cuits au four avec des tomates, de l'ail et de l'huile d'olive et servis tendres et onctueux. Le haricot de Lima, vert pâle, est le principal ingrédient du *succotash*, plat américain qui comporte aussi des grains de maïs doux. Veillez à ne pas trop faire cuire ces deux variétés de haricots, car ils ont tendance à devenir mous et aqueux.

## LES CANNELLINI

Ces petits haricots blancs, en forme de rein, ont, une fois cuits, une texture molle et crémeuse ; ils sont populaires dans la cuisine italienne. On peut les substituer à des haricots blancs et, assaisonnés avec de l'huile d'olive, du jus de citron, de l'ail écrasé et du persil frais haché, ils constituent une excellente salade chaude.

## LES POIS CHICHES

Connus en espagnol sous le nom de *garbanzos*, les pois chiches, robustes et nourrissants, ressemblent à des noisettes décortiquées. Ils ont un délicieux goût de noix et une texture crémeuse. Ils ont besoin de cuire longtemps et sont très populaires dans les cuisines méditerranéenne et moyen-orientale. En Inde, ils sont connus sous le nom de *gram* et on confectionne des beignets et des galettes avec leur farine. Celle-ci, également appelée *besan*, est disponible dans les magasins diététiques et les épiceries asiatiques.

*Pois chiches*

## LES FLAGEOLETS

Ces haricots nouveaux sont extraits de leur gousse avant d'être totalement mûrs, d'où leur goût frais et délicat. Avec leur jolie couleur vert tendre, ce sont les haricots les plus chers et mieux vaut les préparer simplement. Faites-les cuire jusqu'à ce qu'ils soient moelleux, ajoutez sel et poivre et arrosez d'un peu d'huile d'olive et de jus de citron.

## LES HARICOTS BLANCS

Surtout disponibles en conserve, ces haricots couleur ivoire, qui peuvent être accommodés de diverses façons, sont petits et ovales. Appelés *navy beans* ou *Boston beans* aux États-Unis, ils sont tout indiqués pour les mets cuisant lentement tels que les gratins et les plats au four.

## LES HARICOTS PINTO

Version plus petite et plus pâle du *borlotti*, le *pinto*, au goût salé, a une jolie peau mouchetée qui lui vaut en anglais le nom de *painted bean* (haricot peint). Membres de la grande famille des haricots rouges, les *pinto* sont très appréciés dans la cuisine mexicaine, surtout cuits jusqu'à ce qu'ils soient tendres, puis frits avec de l'ail, du piment et des tomates. Il en résulte une merveilleuse purée, épaisse et épicée, généralement présentée avec des tortillas chaudes. Les *pinto* sont excellents servis avec de la crème aigre et du guacamole à l'ail.

## LES HARICOTS ROUGES

Brillants et rouge sombre, les haricots rouges gardent leur couleur et leur forme une fois cuits. Ils ont une texture molle et farineuse et sont très prisés en Amérique latine. Ingrédient essentiel des chilis épicés, ils peuvent aussi être servis frits (bien que traditionnellement, on préfère les *pinto* pour ce plat). On peut aussi préparer diverses salades avec des haricots rouges cuits, mais ils sont particulièrement savoureux avec de l'oignon rouge, du persil plat haché, de la menthe et de l'huile d'olive.

Il est impératif de suivre les indications de cuisson car les haricots rouges contiennent une substance susceptible de causer de graves empoisonnements si on ne les fait pas bouillir à feu vif 10 à 15 minutes.

*CI-DESSUS (dans le sens des aiguilles d'une montre, à partir de la gauche) Haricots blancs, haricots rouges, flageolets et haricots pinto.*

## Faire cuire les haricots rouges

La plupart des variétés de haricots, à l'exception des *adukis* et des *mung*, ont besoin de tremper 5 à 6 heures ou toute la nuit, puis de bouillir à feu vif 10 à 15 minutes afin d'en éliminer les toxines. Ceci est particulièrement important pour les haricots rouges, qui peuvent causer de graves empoisonnements s'ils ne sont pas préparés de la sorte.

**1** Lavez soigneusement les haricots, puis mettez-les dans une jatte suffisamment grande pour qu'ils puissent gonfler. Recouvrez d'eau froide et laissez tremper toute la nuit, puis égouttez et rincez.

**2** Mettez les haricots dans une grande casserole et recouvrez-les d'eau fraîche. Portez à ébullition et faites bouillir à feu vif 10 à 15 min, puis baissez le feu et laissez mijoter 1 h à 1 h 30 jusqu'à ce qu'ils soient tendres. Égouttez-les et servez.

### Le haricot qui ne provoque pas de flatulences

La NASA effectue des recherches sur les aliments ne causant pas de flatulences. Parmi ceux-ci, le haricot *manteca*, découvert par le docteur Colin Leakey au Chili. Ce petit haricot jaune ne produit pas de flatulences et il est facile à digérer. Désormais cultivé en Angleterre et dans les îles anglo-normandes, il devrait bientôt être commercialisé sous le nom de *manteca* ou de haricot jaune de Jersey.

## LES FUL MEDAMES

Membre de la famille des fèves, ces petits haricots égyptiens constituent la base du plat national du même nom, dans lequel ils sont parfumés avec de la poudre de cumin, puis cuits avec de l'huile d'olive, de l'ail et du citron et servis garnis avec un œuf dur. Ils ont un goût prononcé de noix et une peau extérieure dure et marron clair. Les *ful medames* ont besoin de tremper toute une nuit dans de l'eau froide, puis de cuire à petit feu 1 heure environ jusqu'à ce qu'ils ramollissent.

*Ful medames*

## LES GRAINES DE SOJA

Petites et ovales, elles vont du jaune crème au marron et au noir. En Chine, elles sont connues sous le nom de « viande de la terre » et elles étaient jadis considérées comme sacrées. Sur le plan nutritif, le soja est aussi riche que les produits d'origine animale, mais sans leurs inconvénients. Les graines, extrêmement denses, ont besoin de tremper 12 heures avant d'être cuites. Elles se marient bien avec des ingrédients corsés tels que l'ail, les herbes et les épices. Très nutritives, elles peuvent être ajoutées à des soupes, des gratins, des plats au four et des salades.

Les graines de soja servent aussi à fabriquer du tofu, du *tempeh*, des galettes, de la farine et de la sauce de soja.

*Graines de soja blanches et noires*

### Préparer et faire cuire les légumineuses

Les opinions sont partagées quant à la nécessité de faire tremper les légumineuses avant de les faire cuire, mais cela réduit certainement leur temps de cuisson et peut en améliorer le goût en provoquant leur germination. Lavez-les d'abord sous l'eau froide puis mettez-les dans une jatte d'eau fraîche et laissez-les tremper toute la nuit. Jetez celles qui flottent éventuellement à la surface, égouttez-les et rincez-les de nouveau. Mettez-les dans une grande casserole et recouvrez d'eau froide. Faites bouillir rapidement 10 à 15 minutes, puis baissez le feu, couvrez et laissez mijoter jusqu'à ce qu'elles soient tendres.

### Temps de cuisson pour les légumineuses

Ceux-ci pouvant varier selon la maturité des légumineuses, ce tableau donne des temps approximatifs.

| | |
|---|---|
| *Adukis* | 30 à 45 min |
| Haricots noirs | 1 h |
| Haricots à hile noir | 1 h à 1 h 15 |
| *Borlotti* | 1 h à 1 h 30 |
| Féves | 1 h 30 |
| Haricots beurre/Lima | 1 h à 1 h 15 |
| *Cannellini* | 1 h |
| Pois chiches | 1 h 30 à 2 h 30 |
| Flageolets | 1 h 30 |
| *Ful medames* | 1 h |
| Haricots blancs | 1 h à 1 h 30 |
| Haricots rouges | 1 h à 1 h 30 |
| *Mung* | 25 à 40 min |
| *Pinto* | 1 h à 1 h 15 |
| Graines de soja | 2 h |

### LES HARICOTS MUNG

Immédiatement reconnaissables lorsqu'ils sont germés, les *mung* (ou *moong*), plus connus sous le nom de germes de soja, sont de petits haricots couleur olive originaires d'Inde. Tendres et doux lorsqu'ils sont cuits, ils servent à préparer le *moong dahl*, un curry épicé. Le trempage n'est pas essentiel, mais réduit généralement de moitié le temps habituel de cuisson – 40 minutes.

*Haricots mung*

### Utiliser des haricots en conserve

Il est pratique d'avoir des haricots en conserve dans son placard parce qu'ils n'ont pas besoin d'être mis à tremper et cuisent rapidement. Choisissez des haricots en conserve sans sucre ni sel ajouté ; rincez-les et égouttez-les bien avant de les utiliser. Les haricots en conserve ont moins de vitamines et de minéraux que les haricots frais mais ils en contiennent néanmoins des quantités appréciables.

Les haricots en conserve tendent à être plus mous que les haricots secs qui sont cuits. Faciles à écraser, ils sont parfaits pour des pâtés, des farces et des rissoles, mais ils permettent aussi de préparer rapidement des salades. Ils peuvent, en fait, être utilisés pour n'importe quelle recette nécessitant des haricots secs cuits. Une boîte de 425 g/15 oz égouttée équivaut, à peu près, à 150 g/5 oz/¾ tasse de haricots secs. Les haricots en conserve plus fermes, comme les haricots rouges, peuvent être ajoutés aux ragoûts puis recuits, mais les haricots plus mous et plus tendres, tels les flageolets, doivent être simplement réchauffés.

**Achat et conservation** – Choisissez des haricots charnus et brillants avec une peau intacte. Les haricots durcissent avec l'âge et bien qu'ils se conservent jusqu'à un an dans un endroit frais et sec, mieux vaut les acheter en petites quantités dans des magasins ayant beaucoup de débit, et éviter les haricots qui semblent avoir séjourné à la poussière. Stockez-les dans un récipient hermétique, à l'abri de la chaleur, de la lumière et de l'humidité.

**Bienfaits pour la santé** – Les haricots ont de nombreuses vertus thérapeutiques et ils regorgent de protéines, de fibres solubles et insolubles, de fer, de potassium, de phosphore, de manganèse, de magnésium, d'acide folique et de la plupart des vitamines du groupe B.

Le soja est le plus nutritif de tous les haricots. Riche en protéines de grande qualité, cette merveilleuse légumineuse contient les huit principaux acides aminés, qui ne sont pas fabriqués par l'organisme mais sont essentiels pour le renouvellement des cellules et des tissus.

Les fibres insolubles assurent la régularité du transit intestinal et les fibres solubles font baisser le taux de cholestérol dans le sang, réduisant ainsi le risque de maladies cardio-vasculaires et de congestion cérébrale. Des recherches ont montré que manger des haricots secs de façon régulière peut abaisser le taux de cholestérol de près de 20%. Les haricots contiennent aussi des taux élevés de lignine, phyto-œstrogène prévenant les risques de cancers du sein, de la prostate et du côlon. La lignine peut aussi aider à équilibrer le taux d'hormones dans l'organisme.

### Conseils

- Si vous avez peu de temps, le trempage peut être accéléré : faites d'abord cuire les haricots 2 min dans de l'eau bouillante, puis retirez la casserole du feu. Couvrez et laissez reposer environ 2 h. Égouttez, rincez et recouvrez avec beaucoup d'eau fraîche avant de faire cuire.
- La Cocotte-Minute réduit le temps de cuisson d'environ ¾.
- Ne salez pas les haricots pendant qu'ils cuisent, cela les ferait durcir. Faites d'abord cuire les haricots, puis salez et poivrez. Les aliments acides tels que la tomate, le citron ou le vinaigre font aussi durcir les haricots. N'ajoutez donc ces ingrédients qu'une fois les haricots ramollis.

## Quelques idées pour faire cuire et servir rapidement les légumineuses

• Pour parfumer les haricots, ajoutez 1 oignon, de l'ail, des herbes et des épices. Enlevez les herbes ou épices entières avant de présenter sur la table.

• Disposez du *dahl* épicé aux lentilles orange et quelques oignons frits et croquants sur une tortilla chaude, puis enroulez et dégustez.

• Assaisonnez les haricots cuits avec de l'huile d'olive extra vierge, du jus de citron, de l'ail écrasé, des dés de tomate et du basilic frais.

• Mélangez des pois chiches cuits avec des oignons de printemps, des olives et du persil haché, puis arrosez d'huile d'olive et de jus de citron.

• Écrasez des haricots cuits avec de l'huile d'olive, de l'ail et de la coriandre et étalez sur des toasts. Disposez un œuf poché sur le dessus juste avant de servir.

• Faites sauter des haricots rouges dans de l'huile d'olive avec des oignons, du piment et de l'ail hachés et des feuilles de coriandre fraîche.

• Faites revenir un peu d'ail haché dans de l'huile d'olive, ajoutez des flageolets cuits ou en conserve, des tomates et du piment frais haché, puis faites cuire quelques minutes jusqu'à ce que la sauce épaississe légèrement et que les haricots soient à point.

• Mettez des pois chiches cuits arrosés d'huile d'olive et saupoudrés d'ail 20 min dans un four chauffé à 200 °C/400 °F, puis ajoutez un peu de poudre de cumin et de piment. Servez avec des morceaux de feta et du *naan*.

# Les produits à base de soja

Le soja peut être accommodé de mille façons et il constitue la base d'innombrables produits culinaires : tofu, *tempeh*, galettes protéinées, farine, *miso* et sauces. Le soja est le plus nutritif de tous les haricots. Riche en protéines de grande qualité, c'est l'un des rares aliments végétariens contenant les huit principaux acides aminés qui ne sont pas fabriqués par l'organisme mais sont indispensables au renouvellement des cellules et des tissus.

## LE TOFU

Le tofu est préparé de la même façon que le fromage blanc. Les haricots sont bouillis, écrasés et passés afin d'obtenir du « lait » de soja, qui est ensuite caillé avec un coagulant. Le caillé qui en résulte est égoutté et compressé afin d'obtenir du tofu, dont il existe différentes variétés.

### Le tofu solide

Vendu sous forme de blocs, il peut être coupé en dés ou en tranches et utilisé avec des légumes sautés, pour des brochettes, des salades, des soupes et des gratins. Il peut également être écrasé et employé pour des plats cuits au four et des hamburgers. Le tofu solide est assez fade, mais on peut le relever en le faisant mariner : étant poreux, il absorbe facilement les autres saveurs.

### Le tofu à texture légère

Tendre et lisse, ce genre de tofu est idéal pour des sauces, des assaisonnements, des sauces cocktail et des soupes. Il remplace avantageusement des produits laitiers tels que la crème, le fromage blanc ou le yaourt et peut servir à confectionner des desserts onctueux.

### D'autres formes de tofu

On trouve du tofu fumé, mariné et frit dans la plupart des magasins diététiques et des épiceries orientales ainsi que dans quelques supermarchés.

Le tofu frit est assez insipide mais il possède une texture intéressante. Il gonfle durant la cuisson et, sous la croûte dorée et croquante, reste blanc et tendre, absorbant facilement le goût des autres ingrédients. Il peut être employé plus ou moins de la même façon que le tofu solide et, comme on l'a fait frire dans de l'huile végétale, il convient aux végétariens.

**Achat et conservation** – Toutes les variétés de tofu frais se gardent une semaine au réfrigérateur. Le tofu solide doit être conservé dans de l'eau, renouvelée régulièrement. Il est déconseillé de congeler le tofu : cela en altère la consistance. Le tofu à texture légère est souvent vendu sous vide dans des emballages longue conservation qui n'ont pas besoin d'être mis au réfrigérateur et qui se gardent beaucoup plus longtemps.

## LE TEMPEH

Spécialité indonésienne, le *tempeh* est préparé avec du soja fermenté. Il ressemble au tofu mais il a un goût de noix et est plus salé. On peut l'utiliser plus ou moins de la même façon que le tofu solide ; le faire mariner en améliore aussi la saveur. Si certains types de tofu sont considérés comme des substituts des produits laitiers, le *tempeh*, qui est très ferme, peut remplacer la viande dans des tourtes et des gratins.

**Achat et conservation** – On trouve du *tempeh* réfrigéré ou surgelé dans les magasins diététiques et les épiceries orientales. Le *tempeh* réfrigéré se garde jusqu'à une semaine au réfrigérateur; le *tempeh* surgelé jusqu'à un mois au congélateur : faites-le décongeler avant de vous en servir.

## LES PEAUX ET LES BÂTONNETS DE TOFU

Fabriqués avec du lait de soja, les peaux et les bâtonnets de tofu séché, n'ont, comme le tofu frais, ni odeur ni saveur jusqu'à ce qu'ils soient cuits. Ils absorbent alors rapidement le goût des assaisonnements et autres ingrédients. Les peaux et les bâtonnets de tofu sont employés dans la cuisine chinoise. Avant de pouvoir

*CI-DESSUS (dans le sens des aiguilles d'une montre à partir de la gauche) Tofu à texture légère, peaux de tofu, tofu solide et tofu frit.*

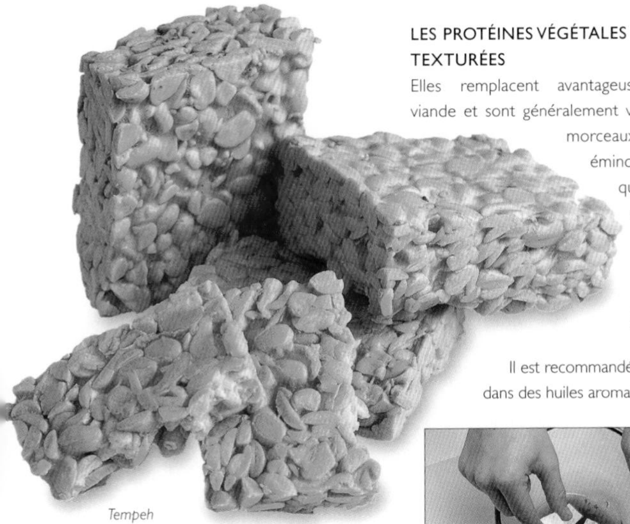

Tempeh

## LES PROTÉINES VÉGÉTALES TEXTURÉES

Elles remplacent avantageusement la viande et sont généralement vendues en morceaux secs ou émincées. Fabriquées avec des graines de soja, elles peuvent être accommodées de nombreuses façons et elles absorbent facilement le goût des herbes, des épices ou du bouillon de légumes. C'est un produit pratique et bon marché. Les protéines végétales texturées doivent être réhydratées dans de l'eau bouillante ou du bouillon de légumes avant d'être utilisées dans des ragoûts, des currys et des tourtes.

les utiliser, ils ont besoin d'être mis à tremper pour les assouplir. Les peaux de tofu doivent être mises à tremper une heure ou deux et elles peuvent être fourrées avec divers aliments. Les bâtonnets de tofu doivent être mis à tremper plusieurs heures ou toute la nuit. On peut les hacher et les ajouter à des soupes, des légumes sautés et des gratins.

### Brochettes de tofu mariné

Il est recommandé de faire mariner le tofu, relativement insipide, dans des huiles aromatiques, de la sauce de soja, des épices et d'autres herbes.

**1** Coupez un bloc de tofu en dés d'1 cm/½ po et faites-les mariner au moins 1 h dans un mélange d'huile d'arachide, d'huile de sésame, de sauce de soja, d'ail écrasé, de racine de gingembre râpée et de miel.

**2** Enfilez les dés de tofu sur des brochettes avec des morceaux de courgettes, d'oignons et de champignons. Enduisez de marinade et dorez au gril ou au barbecue, en les retournant de temps en temps.

### Dessert aux fruits et au tofu

**1** Mettez dans un mixer un paquet de tofu à texture légère. Ajoutez des fruits tendres ou des baies : fraises, framboises ou mûres par exemple.

**2** Mixez jusqu'à obtention d'une purée homogène, puis sucrez selon votre goût avec un peu de miel, de sirop d'érable ou de sirop de malt de maïs.

Farine de soja

## LE FARINE DE SOJA

Cette farine, riche en protéines, ne contient pas de gluten. Elle est souvent mélangée à d'autres farines dans des pains et gâteaux, auxquels elle ajoute un agréable goût de noix; elle sert aussi à épaissir des sauces.

**Achat et conservation** – Conservez les protéines végétales texturées et la farine de soja dans un récipient hermétique placé dans un lieu frais, sec et sombre.

## LA SAUCE DE SOJA

Ce dérivé du soja est né il y a plus de deux mille ans et la recette n'a pratiquement pas changé depuis. Elle réunit des graines de soja concassées avec du blé, du sel, de l'eau et une culture à base de levure appelée *koji*. On laisse le mélange fermenter de six mois à trois ans.

Il existe deux principaux types de sauce de soja : la claire et la sombre. La claire, légèrement plus fluide et plus salée, est utilisée pour des assaisonnements et des soupes. La sombre est plus épaisse et plus sucrée, avec un goût plus prononcé, et on l'emploie pour des marinades, des légumes sautés et des sauces. Achetez de préférence de la sauce de soja ayant fermenté naturellement : désormais, on utilise souvent des produits chimiques pour activer la fermentation et les sauces de soja peuvent contenir des parfums et des colorants.

## LE SHOYU

Fabriqué au Japon, le *shoyu* doit vieillir un à deux ans. Cette sauce, au goût corsé, peut être utilisée de la même façon que la sauce de soja sombre. Le *shoyu* est vendu dans les magasins diététiques et les épiceries orientales.

## LE TAMARI

Cette variété de sauce de soja est un sous-produit naturel de la fabrication du *miso*, bien qu'il soit souvent produit de la même façon que la sauce de soja. La plupart du temps, le *tamari* est préparé sans blé, ce qui signifie qu'il est exempt de gluten. Il a un goût très corsé et est utilisé dans la cuisine ou comme condiment.

**Achat et conservation** – Conservez la sauce de soja, le *shoyu* et le *tamari* dans un endroit sombre et frais.

## LE MISO

Cette pâte épaisse est un mélange de graines de soja cuites, de riz, de blé ou d'orge, de sel et d'eau. On la laisse fermenter jusqu'à trois ans. Le *miso* peut ajouter un goût salé aux soupes, aux bouillons, aux légumes sautés et aux nouilles, et c'est un aliment de base en Asie. Il en existe trois principales variétés : le *kome*, ou *miso* blanc, est le plus léger et le plus délicat; le *mugi miso*, moyennement fort, est le plus utilisé ; et le *hacho miso*, épais et de couleur chocolat, a un goût très prononcé.

### Les sauces de soja

**La sauce de soja noir** Faite avec des graines de soja noir fermentées, elle est épaisse et onctueuse avec un goût très salé. Il faut toujours la faire chauffer afin d'en exhaler la saveur. Le soja noir fermenté, que les Chinois utilisent pour la sauce aux haricots noirs, est vendu dans les épiceries orientales en paquets emballés sous vide ou en conserve.

**La sauce de soja jaune** Préparée avec des graines de soja fermentées, elle a un goût intense.

**La sauce hoisin** Épaisse et rouge sombre, elle est préparée avec des graines de soja, de la farine, de l'ail, du piment, de l'huile de sésame et du vinaigre. Surtout réservée aux marinades, elle peut néanmoins servir de sauce pour y tremper des ingrédients.

**Le kecap manis** Cette sauce de soja indonésienne, sombre et sucrée, est vendue dans les épiceries orientales.

Protéines végétales texturées, émiettées et en dés

**Achat et conservation** – Le *miso* se conserve plusieurs mois mais une fois ouvert, il faut le garder au réfrigérateur.

**Bienfaits pour la santé** – De nos jours, le soja est l'un des aliments les plus sains qui soit. Riche en minéraux, en fer et en calcium surtout, il est aussi pauvre en graisses saturées et exempt de cholestérol. Il aide à lutter contre l'ostéoporose et l'hypertension, et abaisse le taux de cholestérol. Des recherches ont prouvé ses propriétés anticancérigènes.

Les femmes japonaises, qui consomment beaucoup de soja, sont moins sujettes au cancer du sein que les femmes ayant une alimentation occidentale type. De même, les hommes japonais sont moins sujets au cancer de la prostate que les Occidentaux. On pense que c'est parce que le soja contient des substances proches des hormones, les phyto-œstrogènes.

Des recherches ont aussi montré que manger du *miso* de façon régulière peut augmenter la résistance naturelle de l'organisme aux radiations. En outre, le *miso* a la réputation de prévenir les risques de cancer du foie et il serait également dépuratif.

*Sauces de soja claire (CI-DESSOUS) et sombre*

### Attention

Bien que le soja et ses dérivés soient excellents pour la santé, ils contiennent aussi des allergènes naturels et peuvent provoquer des réactions telles que des migraines et des problèmes digestifs. Évitez de consommer des quantités excessives de soja et faites toujours cuire les germes de soja avant de les utiliser.

*Mugi miso (À GAUCHE) et hacho miso*

*Tamari (À GAUCHE) et shoyu*

# Les laitages et leurs substituts

Il serait absurde, dans un tel ouvrage, de prôner la consommation d'énormes quantités de lait, de crème et de fromages gras. Toutefois, il est incontestable qu'une alimentation incluant des quantités modérées de produits laitiers fournit des vitamines et des minéraux précieux. Il n'y a guère de raisons de rejeter les laitages, qui peuvent enrichir la cuisine végétarienne. Cependant, pour les personnes préférant les éviter, il existe de nombreux substituts.

## Le lait, la crème et le yaourt

Ce vaste groupe d'aliments comprend le lait, la crème et les yaourts au lait de vache, de chèvre et de brebis, ainsi que des produits non laitiers tels le « lait » et la « crème » de soja et d'autres «laits» d'origine végétale, à base de noix et de céréales. On les utilise dans de nombreux plats sucrés et salés, des sauces et des soupes aux boissons et aux desserts.

### LE LAIT

Souvent considéré comme un aliment complet, le lait est un des ingrédients les plus utilisés. Un nombre croissant de consommateurs soucieux de ne pas élever leur taux de cholestérol préfèrent au lait entier les laits demi-écrémés et écrémés. Le lait écrémé contient moitié moins de calories que le lait entier et seulement une fraction de sa graisse tout en ayant la même valeur nutritive, car il conserve ses vitamines, son calcium et d'autres minéraux.

Dans la mesure du possible, achetez du lait bio : il provient de vaches nourries avec des aliments exempts de pesticides et non traitées aux hormones, aux antibiotiques ou à la STB (somatrophine bovine), produit utilisé dans certains pays pour accroître la production de lait des vaches.

*Crème aigre et crème fraîche*

**Le lait de chèvre**

C'est un substitut utile pour les personnes ne tolérant pas le lait de vache. Le lactose du lait de vache peut provoquer des troubles digestifs, ainsi que de l'eczéma ou une congestion des sinus. Les laits de chèvre et de brebis ont la même valeur nutritive que celui de vache, mais ils sont plus faciles à digérer.

Le lait de chèvre a un goût musqué particulier. Le lait de brebis est un peu plus crémeux, avec une saveur moins prononcée.

### LA CRÈME

La crème ayant une forte teneur en lipides, mieux vaut s'abstenir d'en consommer chaque jour de grandes quantités. Utilisée avec modération, cependant, elle donne du moelleux aux soupes, aux sauces, aux plats cuits au four et aux desserts.

Le taux de matières grasses de la crème varie considérablement : la crème allégée en contient environ 12 %, la crème fleurette 18 %, la crème double 48 % et la crème caillée, qui est la plus riche, environ 55 %.

DE GAUCHE À DROITE *Laits de chèvre, de vache, de brebis et de soja.*

*Smetana*

## La crème aigre

Cette crème, qui est épaisse, est traitée avec de l'acide lactique, qui lui confère son acidité caractéristique. La crème aigre entière contient environ 20% de matières grasses, mais il en existe également des versions allégées. On peut l'utiliser de la même façon que la crème. Veillez, lors de la cuisson, à ne pas la faire trop chauffer, car elle risque de cailler.

## La crème fraîche

Cette crème riche ressemble à la crème aigre, mais en raison de son taux élevé de matières grasses, qui est d'environ 35%, elle ne caille pas lors de la cuisson. Elle est délicieuse avec des fruits frais tels que des baies mûres, de la purée de mangues ou des morceaux de bananes.

### LE BABEURRE

Traditionnellement préparé avec le liquide laiteux restant après la fabrication du beurre, le babeurre est aujourd'hui plus souvent un mélange de lait écrémé et d'éléments solides du lait, acidifié avec de l'acide lactique. Il a un goût crémeux et légèrement acide, et il est parfait pour certains desserts. Il confère une texture moelleuse aux gâteaux et au pain et ne contient que 0,1% de matières grasses.

### LA SMETANA

Originaire de Russie, cette variante, plus riche, du babeurre est faite avec du lait écrémé, de la crème fleurette et des ferments lactiques. Elle contient le même taux de matières grasses que le yaourt brassé (environ 10 %) et devrait être traitée de la même façon. La *smetana* peut cailler si elle est trop chauffée.

**Achat et conservation** – Lorsque vous achetez du lait, de la crème et des produits à base de crème, n'oubliez pas de vérifier l'étiquette. Les fabricants et les vendeurs sont obligés de mettre une date de péremption sur l'emballage. Le taux de matières grasses, la composition et l'analyse des ingrédients sont aussi mentionnés. Évitez si possible les produits contenant des additifs et des parfums inutiles. Par exemple, la crème fraîche allégée et les yaourts maigres peuvent être épaissis avec de la gélatine d'origine animale. Conservez les produits laitiers au réfrigérateur et consommez-les rapidement après ouverture. Les briques longue conservation se gardent très longtemps mais une fois ouvertes, elles doivent être traitées comme des produits frais et gardées au réfrigérateur.

*Babeurre*

**Bienfaits pour la santé** – Le lait constitue une importante source de calcium et de phosphore, oligoéléments essentiels pour la santé des dents et des os, et efficaces dans la prévention de l'ostéoporose. Le lait contient également des quantités importantes de zinc et de vitamines B, de la B12 notamment, et un peu de vitamine D. En raison de sa teneur élevée en calcium, le lait enrichi à la vitamine D peut aider à prévenir les risques de cancer du côlon. Les anticorps présents dans le lait peuvent renforcer le système immunitaire et soulager les troubles gastro-intestinaux. Le lait écrémé fait baisser le taux de cholestérol produit par le foie.

*CI-DESSUS (dans le sens des aiguilles d'une montre, à partir du bas à gauche) Crème allégée, crème fleurette et crème Chantilly.*

## Les autres « laits » d'origine végétale

Hormis le «lait» de soja, les autres «laits» ou boissons qui ne sont pas d'origine animale proviennent généralement de noix ou de céréales. On peut les substituer au lait normal dans de nombreux plats sucrés et salés tels que les puddings au lait, la crème anglaise, les sauces et les boissons chaudes et froides à base de lait, mais il ne faut pas les faire trop chauffer ou cuire car ils risquent de cailler.

**Le «lait» d'avoine** Fait avec des grains d'avoine et de l'huile végétale, de tournesol en particulier, cette boisson nourrissante est riche en fibres.

**Le «lait» de riz** De consistance analogue à celle du « lait » de soja, le «lait» de riz ne provoque pas non plus de formation de mucus. Il est facile à digérer et bien toléré par les personnes allergiques.

**Le «lait» de noix** Ce «lait» d'origine végétale, au goût délicat, est préparé avec des amandes ou des noix de cajou concassées et moulues, puis mélangées à de l'eau.

*À GAUCHE (dans le sens des aiguilles d'une montre, à partir de la gauche) «Laits» à base de riz, d'amandes et d'avoine.*

### Préparer du yaourt

Préparer ses propres yaourts est facile ; utilisez du yaourt aussi frais que possible. Une fois les premiers yaourts faits, réservez-en une partie pour ensemencer les prochains. N'utilisez pas trop de yaourt du commerce sinon vos yaourts deviendront rances et grumeleux. Vous pouvez les parfumer aux fruits frais ou secs ou au miel. Pour les rendre plus consistants, ajoutez des flocons d'avoine trempés, des noix hachées ou des graines grillées.

**1** Versez 600 ml/1 pinte/2½ tasses de lait entier, demi-écrémé ou écrémé dans une casserole et portez à ébullition. Retirez la casserole du feu et laissez le lait refroidir à 45 °C/113 °F.

**2** Si vous n'avez pas de thermomètre, utilisez votre doigt – le lait doit être légèrement plus chaud que la température facilement supportable. Versez le lait chaud dans une jatte stérilisée de taille moyenne.

**3** En fouettant, ajoutez 30 ml/2 cuillerées à soupe de yaourt du commerce – qui servent à ensemencer. Laissez dans la jatte ou transférez dans un grand pichet.

**4** Couvrez la jatte ou le pichet de film alimentaire, puis isolez avec plusieurs torchons et mettez dans un placard chaud et aéré, ou transférez dans une bouteille sous vide et tenez au chaud. Laissez prendre 10 à 12 h puis mettez au réfrigérateur.

## LES SUBSTITUTS À BASE DE SOJA

### Le «lait» de soja

C'est le substitut du lait le plus courant. À base de graines de soja pulvérisées, il convient à la fois pour la cuisine et comme boisson, et il sert à préparer du yaourt, de la crème et du fromage. Le « lait » de soja peut remplacer celui de vache, mais il est légèrement plus épais et a un goût de noix. Dans les magasins diététiques et les grands supermarchés, on trouve couramment du «lait» de soja parfumé aux fruits ou au chocolat ou enrichi avec des vitamines.

### La «crème» de soja

Elle est fabriquée avec une proportion plus élevée de graines que le « lait » de soja, ce qui lui confère un goût plus riche et une texture plus épaisse. Sa consistance est semblable à celle de la crème fleurette et elle peut être utilisée de la même façon.

**Achat et conservation** – La plupart des « laits » et des « crèmes » de soja sont vendus dans des briques longue conservation. Ils n'ont donc besoin d'être réfrigérés qu'une fois ouverts. Achetez du « lait » de soja enrichi avec des vitamines et du calcium et, selon l'usage que vous voulez en faire, choisissez-le sucré ou non. Certains magasins vendent du « lait » de soja frais, qui doit être traité comme du lait de vache.

**Bienfaits pour la santé** – Le «lait» et la «crème» de soja contiennent des quantités appréciables de protéines, de calcium, de fer, de magnésium, de phosphore et de vitamine E. Le « lait » est hypocalorique et sans cholestérol. Le soja pourrait réduire le risque d'apparition de certains cancers, de maladies cardio-vasculaires et rénales et d'ostéoporose.

## LE YAOURT

Célébré pour ses vertus curatives, le yaourt a la réputation d'être l'un des meilleurs aliments pour la santé. Le yaourt est un lait fermenté obtenu par l'action associée de deux ferments (le *Streptococcus thermophilus* et le *Thermabacterium bulgaricum*). Sa teneur en matières grasses va de 0,5% pour les yaourts très maigres ou entièrement dégraissés à 4% pour le yaourt entier. Les yaourts peuvent être fluides ou épais.

Le yaourt grec ou de type grec, au lait de vache ou de brebis, contient environ 10% de matières grasses, juste assez pour l'empêcher de cailler à la cuisson. Bien qu'il soit plus riche en graisses que les autres variétés de yaourts, il en contient moins que la crème. Le yaourt écrémé peut être substitué à la crème, mais il est préférable de ne pas le faire chauffer.

Dans le yaourt brassé, le petit lait a été éliminé afin de rendre ce produit plus épais et plus riche, et son taux de matières grasses est comparable à celui du yaourt de type grec.

Le yaourt bio, qui contient des bactéries supplémentaires (souvent du *lactobacillus*, de l'*acidophilus* ou du *bifidus*) a un goût plus délicat et crémeux que les autres et ses vertus thérapeutiques peuvent être bien supérieures.

**Achat et conservation** – Le yaourt se conservant peu de temps, il est important de vérifier sa date de péremption. Bien que la fabrication du yaourt soit un processus essentiellement naturel, de nombreux producteurs ajoutent du sucre, des colorants, des parfums chimiques et d'autres additifs tels que des épaississants et des stabilisants. Certains yaourts, surtout les yaourts maigres, peuvent contenir de la gélatine, sous-produit d'origine animale. Les yaourts maigres contiennent généralement aussi des édulcorants artificiels. Les yaourts aux fruits peuvent renfermer des quantités élevées de sucre ainsi que des colorants et des parfums chimiques : vérifiez l'étiquette avant d'acheter et choisissez les variétés les plus riches en fruits. Lorsque c'est le cas, les fruits figureront en tête de la liste des ingrédients. Les yaourts les plus chers, généralement fabriqués en petite quantité, sont souvent les plus naturels.

**Bienfaits pour la santé** – Le yaourt est riche en calcium, en phosphore et en vitamines B. Les bactéries présentes dans le yaourt le rendent facile à digérer : il peut stimuler les bactéries bénéfiques de l'intestin et supprimer celles qui sont nocives, prévenant ainsi les troubles gastro-intestinaux. Le yaourt pourrait aider à lutter contre les pertes blanches et il peut être appliqué par voie externe.

Les yaourts bio sont encore meilleurs pour la santé, bien que leur taux de bactéries bénéfiques pour l'organisme soit variable. Ces bactéries peuvent aider à lutter contre les intoxications alimentaires et les vers intestinaux et, consommés après une cure d'antibiotiques, ils restaurent la flore intestinale. Les yaourts bio contenant de l'*acidophilus* seraient susceptibles de prévenir les risques de cancer du côlon.

### Cuisiner avec du yaourt

Le yaourt est un ingrédient utile, mais il supporte mal d'être chauffé. Mieux vaut l'ajouter en fin de cuisson, juste avant de servir, pour l'empêcher de cailler et de perdre ses précieuses bactéries. Les yaourts ayant une teneur élevée en matières grasses sont plus stables, mais il est possible de stabiliser et d'épaissir les yaourts maigres en incorporant un peu de farine de maïs avant la cuisson. Le yaourt naturel peut être utilisé dans de nombreux plats sucrés et salés et il adoucit des ragoûts et des currys très épicés.

*CI-DESSUS (dans le sens des aiguilles d'une montre, à partir d'en haut à gauche) Yaourt épais au lait de vache, yaourt fluide au lait de vache, yaourt de type grec, yaourt de soja, yaourt au lait de chèvre et yaourt au lait de brebis.*

# Les fromages à pâte molle et à pâte dure

Les fromages présentés ici ne constituent qu'une infime fraction de ceux que l'on trouve chez les bons fromagers et dans les supermarchés. Certains, comme la mozzarella et la feta, sont souvent employés cuits, pour des tourtes ou des pizzas, ou encore en salade ; d'autres, tels les fromages de chèvre, sont plutôt réservés aux plateaux de fromages.

*La feta, présentée dans de la saumure, peut être achetée en petites boules ou en blocs plus grands.*

## LA MOZZARELLA

Ce fromage délicat, blanc et satiné, est généralement fabriqué avec du lait de vache, bien qu'il devrait l'être avec du lait de bufflonne. Ces petites boules de fromage, délicates et laiteuses, fondant facilement, elles conviennent parfaitement pour les pizzas et les plats cuits au four. Mais la mozzarella est aussi délicieuse en salade. Dans la salade tricolore, classique de la cuisine italienne, elle est associée à de l'avocat et de la tomate.

## LA FETA

La feta est caillée naturellement, sans adjonction de présure. Jadis fabriquée avec du lait de chèvre ou de brebis, elle est souvent, aujourd'hui, au lait de vache. Elle est conservée dans de la saumure, d'où son goût salé. Bien qu'elle soit ferme, on peut l'émietter. Dans la salade grecque, elle accompagne concombre, tomates et olives. Pour atténuer le goût salé de la feta, rincez-la à l'eau, puis laissez-la tremper 10 minutes dans de l'eau froide.

## LE FROMAGE DE CHÈVRE

Apprécié notamment des personnes intolérantes ou allergiques au lait de vache, le fromage de chèvre peut être doux, subtil et crémeux, avec un centre moelleux et une croûte duveteuse, ou une pâte ferme et une croûte sèche. Son goût varie lui aussi : il existe des fromages de chèvre frais et crémeux et d'autres forts et légèrement âcres.

## LE HALLOUMI

Ce fromage, d'origine ancienne, fut d'abord fabriqué par des Bédouins nomades. Il est couramment vendu en petits blocs et saupoudré de menthe. Le *halloumi*, ferme et caoutchouteux, conserve sa forme quand il est grillé ou frit. Certains le considèrent comme un substitut végétarien du bacon.

## LE CHEDDAR

Malheureusement, la plupart des cheddars vendus aujourd'hui sont fabriqués industriellement. Évitez ces blocs relativement insipides et caoutchouteux, et essayez de trouver du cheddar fermier traditionnel, ayant mûri de neuf à vingt-quatre mois : il est dix fois plus savoureux.

*Mozzarella*

*Le fromage de chèvre se présente sous de multiples formes.*

*Halloumi*

**Bienfaits pour la santé** – Les fromages légèrement mous comme la mozzarella et les fromages durs comme le parmesan et le cheddar contiennent de précieuses quantités de calcium, de protéines, de vitamines et de minéraux. Les fromages à pâte dure contiennent aussi beaucoup de graisses saturées. Choisissez-les affinés et de bonne qualité : ceux qui ont un goût prononcé s'utilisent en petites quantités qui suffisent à parfumer un plat. La graisse saturée élevant le taux de cholestérol, et donc le risque de maladies cardio-vasculaires et de congestion cérébrale, il convient de consommer du fromage en quantité modérée. En revanche, mangé après un repas, le fromage – surtout les variétés cireuses et dures – pourrait réduire d'au moins 50% la formation de caries dentaires.

### Les fromages végétaux

Le fromage de soja est le fromage végétal le plus répandu. Même s'il n'a pas forcément le goût du fromage de lait de vache, de chèvre ou de brebis, il est cependant un précieux substitut pour les personnes souhaitant éviter les produits laitiers ou ne tolérant pas le lactose. Le fromage de soja est fabriqué avec un mélange de graines de soja traitées et de graisses végétales, et il peut être parfumé avec des herbes et des épices. Parmi les autres fromages d'origine végétale, il existe un fromage de riz et un fromage à base de noix parfumé avec des épices.

### LE PARMESAN

Ce fromage, très goûteux, ayant vieilli de dix-huit mois à quatre ans, peut avoir une teneur élevée en matières grasses, sans atteindre toutefois celle du cheddar, mais il en faut très peu. Achetez de préférence ce fromage à la coupe et râpez-le vous-même. Le parmesan se garde longtemps au réfrigérateur et il est excellent râpé et ajouté aux pâtes, risottos, quiches et tourtes et, en copeaux, dans des salades.

**Achat et conservation** – Mieux vaut conserver les fromages à pâte dure dans un garde-manger frais, mais si vous les mettez au réfrigérateur, sortez-les au moins 1 heure avant de les déguster. Le fromage se met à sécher dès qu'il est coupé : enveloppez-le de papier sulfurisé ou d'aluminium sans le serrer.

*Parmesan*

# Les fromages frais

Il s'agit de fromages jeunes, pas encore arrivés à maturité. Ils ont un goût léger et subtil qui se marie facilement avec des ingrédients plus forts telles les herbes et les épices. Ils contiennent moins de matières grasses que les fromages à pâte dure et affinés. Le fromage frais convient aussi bien pour des plats salés que pour des desserts.

## LE FROMAGE BLANC

Ce fromage, homogène et frais, a la consistance d'un yaourt épais, mais il est moins acide. On peut l'utiliser de la même façon : mélangé à un coulis de fruits, associé à des fruits secs, des noix et des céréales ou dans des flans sucrés et salés. Sa teneur en matières grasses varie de pratiquement 0 à environ 8%. Le fromage blanc entier est le meilleur choix pour la cuisine, car c'est celui qui a le moins tendance à se déliter.

## LA RICOTTA

Molle, salée et maigre, la ricotta, qui peut être fabriquée avec du lait de brebis, de chèvre ou de vache, a une texture légèrement granuleuse et est très utilisée en Italie. Avec son goût léger et subtil, elle peut être accommodée de mille façons. Elle constitue un ingrédient neutre qui convient parfaitement en garniture de crêpes ou pour farcir des pâtes, souvent en combinaison avec des épinards. La ricotta est aussi excellente pour des tartes, des gâteaux et des tourtes au fromage. Elle peut être servie nature avec des fruits. Mélangée à des herbes et de l'ail, elle fait de délicieux sandwichs.

## LE QUARK

Ce fromage maigre et grumeleux est généralement fabriqué avec du lait demi-écrémé ou écrémé. Avec son goût subtil, un peu acidulé, et sa consistance légère et crémeuse, il est parfait pour les tourtes au fromage et les desserts. Dilué avec du lait, il peut remplacer la crème. Dans le nord de l'Europe, on l'utilise en guise de beurre sur les tartines.

## LE COTTAGE CHEESE

Plus maigre que la plupart des autres fromages (il contient de 2 à 5% de matières grasses), le *cottage cheese* n'est normalement pas utilisé pour la cuisine. Excellent pour les salades et les sauces cocktail, il se marie bien avec les fruits rouges et doit être consommé aussi frais que possible.

## LE CREAM CHEESE

Généralement utilisé pour les cheesecakes, les sauces cocktail et les tartines, il est riche et onctueux, avec un goût subtil et une consistance veloutée. Il contient environ 35% de matières grasses, mais on peut en trouver de plus maigres, à base de lait écrémé.

## LES FROMAGES D'ORIGINE VÉGÉTALE

Il existe dans les magasins diététiques une gamme étendue de fromages à base de soja. Pour les personnes ne consommant pas de produits laitiers, ces fromages d'origine végétale sont de précieux substituts.

**Achat et conservation** – Les fromages frais non affinés se conservent peu de temps. Mieux vaut les acheter en petites quantités et les manger rapidement après l'achat. Ils se gardent au réfrigérateur, dans un récipient hermétique.

**Bienfaits pour la santé** – Les fromages frais non affinés sont souvent plus maigres que les fromages à pâte dure. Ils contiennent aussi des quantités importantes de protéines, de calcium et de vitamine B12.

**Lisez toujours l'étiquette**

Vérifiez l'étiquette des yaourts maigres et des fromages blancs, ces produits contenant parfois de la gélatine d'origine animale, utilisée comme agent gélifiant. Jusqu'à une époque récente, la présure utilisée pour la fabrication du fromage provenait de sources animales. Désormais, cependant, on emploie plutôt de la présure végétale, mais cette indication ne figure pas nécessairement sur le paquet. Si vous avez des doutes, vérifiez auprès du fabricant.

*CI-DESSOUS (dans le sens des aiguilles d'une montre, à partir de la gauche) Ricotta, fromage blanc, quark, cream cheese et cottage cheese.*

**Préparer du fromage blanc**

On peut préparer du fromage blanc avec du lait acidifié (lait mélangé à du yaourt) ou de la crème aigre. Utilisez nature ou sucrez avec du miel, de l'eau de fleurs d'oranger ou des fruits. Ou mélangez avec des herbes fraîches hachées et de l'ail.

**1** Mettez 1 litre/1¾ pintes/4 tasses de lait demi-écrémé et 120 ml/4 fl oz/½ tasse de yaourt ou de crème aigre dans une casserole et mélangez bien. Portez à ébullition puis laissez mijoter 5 min, en tournant constamment, jusqu'à ce que le lait caille.

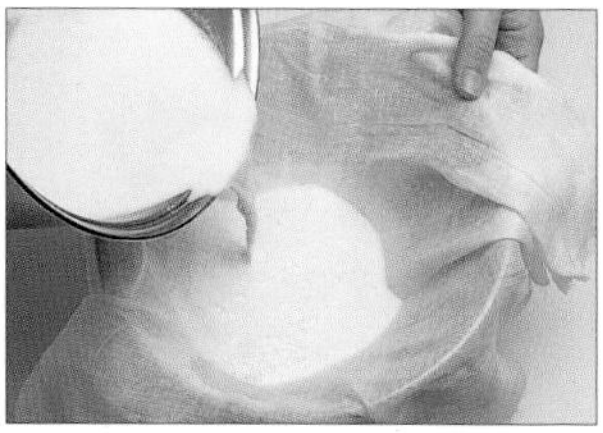

**2** Garnissez de mousseline une passoire en métal et placez-la sur une grande jatte. Versez le mélange de lait dans la passoire et laissez égoutter 1 h environ, jusqu'à ce que tout le liquide ait coulé. Ou prenez les coins de la mousseline, nouez-les à la ficelle et suspendez au-dessus de la jatte, 1 h environ, jusqu'à ce que le liquide cesse de couler.

**3** Le résidu recueilli dans la mousseline est le fromage blanc. Il se conserve 3 à 4 jours au réfrigérateur dans une jatte couverte.

## Beurre ou margarine?

Savoir si le beurre est meilleur que la margarine a donné lieu à de nombreux débats. Le beurre, surtout celui de bonne qualité fabriqué à la ferme, a incontestablement meilleur goût que la margarine. Cependant, comme il contient 80% de graisses saturées, il peut accroître le taux de cholestérol.

La margarine, d'origine végétale, contient la même proportion de graisse que le beurre, mais celle-ci est polyinsaturée, ce qui jadis était censé donner à la margarine des vertus diététiques supérieures. Malheureusement, le processus de fabrication de la margarine transforme les graisses en graisses hydrogénées. Des recherches ont montré que celles-ci sont plus susceptibles que les graisses saturées du beurre de produire des effets nocifs sur le cœur et les vaisseaux sanguins. En outre, la cuisson peut détruire les effets bénéfiques des graisses polyinsaturées.

### LES MARGARINES

Les margarines contiennent moins de 80% de matières grasses et celles qui en présentent moins de 65% peuvent être considérées comme pauvres en lipides. Quand ce taux est inférieur à 41%, une margarine peut être qualifiée de maigre ou de demi-grasse. On distingue les margarines pour la cuisson, qui peuvent être végétales ou mixtes, et les margarines à tartiner, qui sont toujours végétales et se rapprochent le plus possible du beurre.

**Achat et conservation** – Quand vous achetez de la margarine, choisissez toujours des marques de bonne qualité qui ne contiennent pas de graisses hydrogénées. Le beurre, la margarine et le saindoux absorbant d'autres saveurs, il convient de bien les envelopper. Conservez toujours ces produits au réfrigérateur ; le beurre non salé se garde deux semaines, les autres un mois, et les margarines et saindoux deux mois.

*CI-DESSOUS On trouve dans le commerce une grande variété de beurres et de margarines. Quels que soient ceux que vous choisissiez, ne mangez pas trop de ces produits riches en matières grasses.*

# Les œufs

Bon marché et très nourrissants, les œufs de poule peuvent être accommodés de mille façons, qu'ils soient servis seuls ou fassent partie intégrante d'un plat. Il en existe différentes sortes, mais les meilleurs sont les œufs bio, provenant de poules élevées en plein air par de petits producteurs.

*Œufs bio de poules élevées en plein air*

## LES ŒUFS BIO DE POULES ÉLEVÉES EN PLEIN AIR

Ces œufs proviennent de poules bénéficiant d'une alimentation exempte de pesticides, d'hormones ou de colorants artificiels. Les poules peuvent librement courir sur un terrain qui n'a pas été traité avec des engrais chimiques et qui est certifié bio. À l'intérieur, ces poules vivent comme celles qui sont élevées dans des poulaillers, mais durant la journée, elles peuvent vivre en liberté, bien que ce terme ait parfois été employé abusivement.

Les poules bio élevées en plein air sont censées vivre dans de meilleures conditions que les poules ordinaires elles aussi élevées à l'extérieur, et on ne leur enlève généralement pas le bec.

## LES ŒUFS DE BATTERIE

Ils sont pondus par des poules qui sont enfermées dans des cages de dimensions réduites et auxquelles on ôte le bec afin de les empêcher de se piquer les unes les autres. Ces œufs sont les moins chers.

## LES ŒUFS FERMIERS

Ils sont produits par des poules maintenues à l'intérieur. Les poules peuvent se promener librement dans la grange mais ne peuvent pas en sortir. Leurs œufs sont plus chers que ceux de poules ayant été élevées en batterie mais meilleur marché que ceux des poules pouvant sortir.

## LES ŒUFS DE POULES ÉLEVÉES AU GRAIN

Ils proviennent de poules recevant une nourriture à base d'orge, d'avoine, de blé et de seigle. Les poules vivent de la même manière que celles qui sont élevées dans des granges ou des poulaillers : elles sont elles aussi confinées à l'intérieur.

**Utiliser les œufs dans la cuisine** – Les œufs peuvent être cuits de nombreuses façons : à la coque, durs, frits ou pochés, ils constituent un merveilleux petit déjeuner. Les œufs légèrement pochés sont délicieux pour le déjeuner, accompagnés de lentilles ou de haricots, qui sont riches en fibres. Ils sont succulents à la coque, nature, avec un peu de crème, ou sur un lit de poivrons ou de poireaux *al dente*. On en fait de merveilleuses omelettes, soit en les laissant prendre sans les toucher, soit, comme dans la *frittata* italienne, associés à des tomates et des poivrons, soit encore, comme dans la *tortilla* espagnole, mélangés à des dés de pommes de terre et d'oignons. On les utilise également pour des tourtes, des tartes salées et des quiches.

Les œufs, cependant, ne sont pas seulement réservés aux plats salés. Ils constituent aussi un ingrédient essentiel de nombreux desserts : ils peuvent être ajoutés aux pâtes à gâteaux, à crêpes et à beignets et sont essentiels aux meringues, gâteaux de Savoie, mousses et soufflés chauds et froids. Ils figurent aussi dans toutes sortes d'entremets, des glaces et crèmes anglaises aux puddings au riz.

Le jaune d'œuf sert à épaissir des sauces et des soupes, leur conférant richesse et onctuosité, tandis que le blanc peut être battu en neige pour des meringues et des soufflés. Il est important d'utiliser les œufs à la température ambiante, et il faut les sortir du réfrigérateur environ une demi-heure avant de s'en servir.

### Les étiquettes trompeuses

Les appellations « œuf du jour », « œuf coque » ou « œuf de ferme » n'ont aucune valeur légale pour les œufs vendus en vrac. Cependant, la vente des œufs conditionnés obéit à une législation précise. La mention « extra » garantit des œufs de moins de onze jours. Au bout de sept jours passés en magasin, ces œufs sont vendus sous les catégories A, puis B et C.

*Œufs de batterie*

**Achat et conservation** – Pour les œufs, la fraîcheur est essentielle. Achetez-les dans des magasins ayant beaucoup de débit. Jetez les œufs ayant une coquille cassée, sale ou abîmée. La plupart des œufs portent une date de péremption mais on peut facilement vérifier si un œuf est frais en le mettant dans un bol d'eau : si l'œuf se renverse sur le côté, il est frais. Plus l'œuf est âgé, plus il se tient à la verticale. Un œuf vraiment vieux flotte et ne doit pas être mangé. Conservez les œufs dans leur boîte, dans la partie médiane du réfrigérateur et non dans les compartiments de la porte : les coquilles sont extrêmement poreuses et les œufs pourraient être contaminés par de fortes odeurs. Les œufs doivent être posés la pointe en bas ; ils peuvent se conserver trois semaines.

**Bienfaits pour la santé** – Les œufs ont eu mauvaise presse en raison de leur taux élevé de cholestérol. Cependant, l'attention au cholestérol alimentaire s'est portée sur celui produit par l'organisme à partir des graisses saturées. Ces dernières sont désormais considérées comme un facteur bien plus important d'hypercholestérolémie ; c'est pourquoi les œufs, qui contiennent peu de graisses saturées, ont été dans une certaine mesure réhabilités. Il convient cependant d'en manger avec modération, et les personnes ayant beaucoup de cholestérol doivent faire attention. Les nutritionnistes recommandent de ne pas consommer plus de quatre œufs par semaine. Les œufs renferment des vitamines B – surtout B12 –, A et D, du fer, de la choline et du phosphore.

### Recettes rapides à base d'œufs

- Badigeonnez des gâteaux et du pain avec des œufs battus avant de les mettre au four pour leur donner un glacis doré.
- Pour un apport supplémentaire de protéines, ajoutez des lanières d'omelette sur des plats de riz ou de nouilles thaïlandais ou chinois.
- Transformez une salade mixte en plat léger pour le dîner en ajoutant un œuf à la coque et de la mayonnaise maigre.
- L'omelette soufflée, facile à préparer, constitue un savoureux dessert. Séparez deux œufs et fouettez les blancs et les jaunes séparément. Mélangez-les et ajoutez un peu de sucre. Faites cuire de la même façon que pour une omelette salée et servez nature, ou fourrez avec de la confiture ou de la gelée de citron.

## Omelette aux herbes

Une simple omelette aux herbes est facile à préparer, et servie avec une salade et un peu de pain croustillant, elle constitue un repas léger et nutritif. Même si vous êtes plusieurs à table, mieux vaut faire cuire des omelettes individuelles et les manger dès qu'elles sont prêtes.

**INGRÉDIENTS**

**Pour 1 personne**

**2 œufs**
**1 c. à soupe d'herbes fraîches hachées telles qu'estragon, persil ou ciboulette**
**1 noix de beurre**
**sel et poivre du moulin**

**1** Fouettez légèrement les œufs dans une jatte, ajoutez les herbes fraîches et assaisonnez selon votre goût.

**2** Faites fondre le beurre dans une poêle antiadhésive à fond épais et faites tourner la poêle pour bien enduire le fond.

**3** Versez le mélange d'œufs et, au fur et à mesure que les œufs prennent, repoussez les bords vers le centre à l'aide d'une cuillère, en laissant la partie encore crue s'écouler sur la poêle chaude.

**4** Faites cuire environ 2 min sans tourner, jusqu'à ce que les œufs aient pris légèrement. Repliez rapidement l'omelette et servez immédiatement.

# Les aliments d'appoint

Ce chapitre mentionne plusieurs produits susceptibles d'enrichir une alimentation végétarienne et de lui apporter de la variété. Certains ingrédients vous seront peut-être familiers, d'autres moins, mais il est utile de les avoir tous à portée de main dans vos placards. Chacun de ces aliments s'accompagne de notes sur la façon de les choisir, de les conserver et éventuellement de les préparer, ainsi que sur leur valeur nutritive et leurs propriétés thérapeutiques.

## Les fruits oléagineux et à coque

*Châtaignes*

À l'exception des cacahuètes, il s'agit de fruits provenant d'arbres. Leur qualité et leur disponibilité varient selon les saisons, bien que la plupart soient vendus secs, entiers ou émondés. Les fruits décortiqués se présentent sous diverses formes : entiers, émondés, coupés en deux, coupés en morceaux, effilés, hachés, moulus ou grillés.

### LES AMANDES

Il en existe deux types : les douces et les amères. Les meilleures variétés douces sont les amandes jordan d'Espagne, plates et minces. Les Valencia, en forme de cœur, originaires d'Espagne et du Portugal, et les amandes de Californie, plus plates, sont elles aussi courantes. Pour que les amandes aient le maximum de saveur, achetez-les décortiquées mais avec leur peau et mondez-les vous-même : plongez-les quelques minutes dans de l'eau bouillante, puis égouttez-lez : les peaux s'enlèveront facilement. Les amandes sont vendues émondées, effilées et moulues. Moulues, elles peuvent enrichir les gâteaux, les tartes et les sauces. Les amandes amères sont beaucoup plus petites et on en extrait de l'huile et de l'essence. Elles ne doivent pas être mangées crues car elles contiennent des traces d'acide prussique, substance létale.

### LES NOIX DU BRÉSIL

Il s'agit en réalité de graines qui poussent surtout en Amazonie, au Brésil, et dans les pays limitrophes. Douze à vingt noix poussent serrées les unes contre les autres dans une grosse coquille marron, d'où leur forme à trois facettes. Les noix du Brésil, au goût doux et laiteux, sont surtout utilisées pour les desserts. Elles sont riches en lipides et rancissent très vite.

### LES NOIX DE CAJOU

Il s'agit des graines du cajou, arbre pérenne aux fruits d'un bel orange vif. Les noix de cajou ont un goût sucré et s'émiettent facilement. On peut en faire du beurre de noix ou en parsemer des légumes sautés et des salades. Elles ne sont jamais vendues dans leur coquille et on les fait longuement chauffer pour ôter l'enveloppe extérieure de la graine.

### LES CHÂTAIGNES

Il est déconseillé de consommer les châtaignes crues : non seulement elles ont un goût désagréable mais elles contiennent de l'acide tannique, qui inhibe l'absorption du fer. La plupart des châtaignes sont produites en France et en Espagne. Avec leur texture farineuse, elles sont excellentes grillées, mode de cuisson qui en améliore le goût. Elles ont une teneur très faible en matières grasses. En dehors de la saison, on peut les acheter séchées, en conserve ou en purée. En hiver, ajoutez

*CI-DESSUS (de gauche à droite) Amandes mondées, entières et décortiquées ; noix de cajou mondées (dans la jatte) ; et noix du Brésil mondées et entières.*

des châtaignes entières à des ragoûts, des soupes, des farces ou des tourtes. La crème de marrons est délicieuse en dessert.

## LA NOIX DE COCO

Cette noix, à la chair blanche et dense, qui peut être accommodée de diverses façons, pousse dans tous les pays tropicaux. Elle se présente séchée, en blocs de crème ou en lait épais et onctueux. Populaire en Asie, en Afrique et en Amérique latine, la noix de coco confère un goût sucré et crémeux aux desserts, currys, soupes et gratins. Utilisez la noix de coco avec modération, car elle est très riche en lipides.

*Noisettes*

## LES NOISETTES

Cultivées en Italie, en Turquie, en France, en Espagne, en Grande-Bretagne et aux États-Unis, les noisettes sont généralement vendues sèches. On peut les acheter entières, émondées et moulues. Elles se mangent crues et sont excellentes grillées. Les noisettes peuvent être râpées ou hachées et utilisées dans des gâteaux et d'autres desserts, mais elles conviennent aussi pour les plats salés et peuvent être ajoutées à des salades, légumes sautés et pâtes.

*Noix de macadamia*

## LES NOIX DE MACADAMIA

Ces noix rondes, environ de la même taille que les noisettes, sont originaires d'Australie, mais on les cultive désormais en Californie et en Amérique latine. Elles sont couramment vendues mondées (leur coquille est très difficile à briser). Très grasses, elles ont une texture croquante et un goût de beurre.

### Le lait de coco

Le lait et la crème de noix de coco sont vendus en conserve ou dans des briques longue conservation, mais il est facile de les préparer chez soi : versez 225 g/8 oz/$2\frac{2}{3}$ tasses de noix de coco sèche dans un mixer, ajoutez 450 ml/$\frac{3}{4}$ pinte/$1\frac{7}{8}$ tasses d'eau bouillante et mixez pendant 30 s. Laissez légèrement refroidir puis versez dans une passoire tapissée de mousseline et placée sur une jatte. Saisissez les coins du tissu. Tordez le tissu afin d'en extraire le liquide puis jetez la noix de coco utilisée. Le lait de coco se conserve 1 à 2 jours au réfrigérateur, mais on peut aussi le congeler.

*Crème épaisse de noix de coco, lait de coco et noix de coco sèche et râpée*

### Peler les châtaignes

Peler les châtaignes peut être long et laborieux, mais voici l'une des méthodes les plus simples et les plus rapides.

**1** Mettez les châtaignes dans une casserole d'eau bouillante, éteignez le feu et laissez reposer 5 min.

**2** Retirez les châtaignes avec une écumoire et laissez suffisamment refroidir pour pouvoir les tenir. Pelez avec un couteau aiguisé.

## LES CACAHUÈTES

Ce ne sont pas des noix au sens strict du terme : elles appartiennent en effet à la famille des légumineuses. Elles s'enterrent sous la surface du sol après la floraison, d'où leur nom anglais de *ground nuts* (noix de terre). Elles constituent un aliment de base dans de nombreux pays et sont très utilisées en Asie du Sud-Est, notamment pour la sauce *satay*, et en Afrique, dans des ragoûts. En Occident, les cacahuètes sont un amuse-gueule populaire ; les noix émondées sont fréquemment vendues grillées et salées, et elles permettent de préparer du beurre de cacahuètes. Particulièrement riches en graisses, les cacahuètes doivent être consommées avec modération.

*Noix de pécan*

## LES NOIX DE PÉCAN

La coquille brun-rouge, luisante et ovale, renferme le pécan, qui ressemble à une noix allongée mais avec un goût plus sucré et plus doux. Cette noix originaire d'Amérique est utilisée dans des tartes sucrées, surtout la *pecan pie*, mais elle est aussi excellente nature ou dans des salades. Cependant, il ne faut pas en abuser, car c'est la plus grasse et la plus riche en calories de toutes les noix.

## LES PIGNONS

Ces minuscules graines de couleur crème sont le fruit du pin parasol. Très aromatiques, elles sont excellentes grillées. Achetez-en en petites quantités, car elles sont très grasses et rancissent rapidement. Les pignons sont un ingrédient essentiel du *pesto*, où ils sont pilés avec de l'ail, de l'huile d'olive et du basilic ; et dans le *taratour*, sauce moyen-orientale, ils sont combinés avec du pain, de l'ail, du lait et de l'huile d'olive pour obtenir une pâte crémeuse ayant la même consistance que l'hoummos.

## LES PISTACHES

Généralement servies à l'apéritif, les pistaches ont une chair vert pâle et une peau rouge foncé. Vendues grillées ou dans une coquille fendue, ces graines délicates sont souvent utilisées pour agrémenter les mets d'une touche de couleur, ou sont saupoudrées sur des aliments sucrés et salés. Avec leur délicieuse saveur, elles conviennent pour toutes sortes de desserts, les glaces notamment. Elles sont courantes dans les sucreries turques et arabes, notamment le nougat et les loukoums.

*Cacahuètes*

*Pignons*

### Préparer du beurre de noix

Les beurres de noix du commerce contiennent souvent de l'huile hydrogénée et beaucoup de sucre. Fabriquez votre propre beurre avec des noisettes, des cacahuètes et des noix de cajou.

**1** Mettez 75 g/3 oz/½ tasse de noix émondées dans un mixer et hachez jusqu'à ce qu'elles soient finement moulues.

**2** Versez 1 à 2 cuillerées à soupe d'huile de tournesol dans le mixer et mélangez jusqu'à obtention d'une pâte épaisse. Conservez dans un bocal hermétique.

**L'allergie aux fruits oléagineux**

Tous les aliments sont susceptibles de causer des réactions allergiques, mais tout particulièrement les cacahuètes, les noix, les noix du Brésil, les noisettes et les amandes. En cas d'allergie grave, ces fruits peuvent déclencher une réaction mortelle connue sous le nom d'anaphylaxis. Les symptômes présentés peuvent être des œdèmes du visage, des difficultés respiratoires, des vertiges et des évanouissements. Il est donc essentiel que les personnes allergiques soient très vigilantes à cet égard.

Avant d'acheter des pistaches pour la cuisine, vérifiez qu'elles ne sont pas salées.

## LES NOIX

La plupart des noix proviennent de France, d'Italie et de Californie, mais on les cultive aussi au Moyen-Orient, en Grande-Bretagne et en Chine. Ce fruit, qui peut être utilisé de diverses façons, existe depuis des siècles. Les noix fraîches ont une chair légèrement humide et d'un blanc laiteux. On les mange généralement crues, mais elles sont parfois conservées dans du vinaigre.

Les noix sèches ont une délicieuse saveur aigre-douce et on peut les acheter décortiquées, hachées ou moulues. Elles servent à confectionner d'excellents gâteaux et biscuits ainsi que de riches farces pour des tourtes, mais on peut aussi les ajouter à des plats salés tels que des légumes sautés et des salades : la classique salade Waldorf consiste en cerneaux entiers et en rondelles de céleri et de pomme, assaisonnés avec de la mayonnaise.

**Achat et conservation** – Achetez toujours les noix en petites quantités dans des magasins ayant un débit important car, en vieillissant, elles peuvent rancir. Les noix dans leur coquille doivent être lourdes par rapport à leur taille. Conservez-les dans des récipients hermétiques, en un lieu sombre et frais ou au réfrigérateur. Elles devraient rester fraîches au moins trois mois. Lorsque vous achetez une noix de coco, veillez à ce qu'il n'y ait pas de moisissures ou d'odeur rance. Secouez-la : elle doit être pleine de liquide. Une fois ouverte, mettez le lait de coco au réfrigérateur ou au congélateur. La noix de coco sèche peut être conservée dans un récipient hermétique, mais ne la gardez pas trop longtemps, car étant grasse elle rancit rapidement.

**Bienfaits pour la santé** – Riches en vitamines B et en vitamine E ainsi qu'en potassium, en magnésium, en calcium, en phosphore et en fer, les noix contiennent de nombreux nutriments. Cependant, elles sont aussi très caloriques. La plupart des noix sont riches en graisses mono-insaturées et polyinsaturées, à l'exception des noix du Brésil et de la noix de coco, qui sont riches en graisses saturées mais exemptes de cholestérol. Selon de nombreuses études, les noix ont d'importantes vertus curatives.

*Pistaches*

Les acides gras essentiels présents dans les fruits oléagineux pourraient ainsi faire baisser le taux de cholestérol et réduire le risque de maladies cardio-vasculaires de 50%. Les amandes et les noisettes ont des propriétés similaires.

De tous les aliments, les noix du Brésil sont les plus riches en sélénium, connu pour son action psychotrope. Apparemment, une seule noix du Brésil par jour suffit à assurer les besoins en sélénium.

Les fruits oléagineux sont souvent les sources végétales les plus riches en vitamine E, antioxydant prévenant le risque de maladies cardio-vasculaires, de congestion cérébrale et de certains cancers.

### Faire griller et peler les noix

Faire griller la plupart des noix, les noisettes et les cacahuètes en particulier, exalte leur saveur. Cela permet aussi de les peler plus facilement.

**1** Mettez les noix en une seule couche sur une plaque. Faites cuire 10 à 20 min dans un four à 180 °C/350 °F jusqu'à ce que les peaux commencent à se fendre et que les noix soient dorées.

**2** Répandez les noix sur un linge et frottez-les pour détacher les peaux.

# Les graines

Bien que petites et modestes d'aspect, les graines, pleines de vitamines, de minéraux, de protéines et d'huiles utiles pour la santé, sont des trésors sur le plan nutritif. Elles peuvent être utilisées dans de nombreux plats sucrés et salés et, ajoutées aux riz, pâtes, salades, légumes sautés, soupes et yaourts. Elles fournissent immédiatement de l'énergie et confèrent une agréable texture croquante et une saveur de noix.

*Tahina (À GAUCHE) et graines de sésame noires et blanches*

## LES GRAINES DE SÉSAME

Ces petites graines, blanches ou noires, sont fréquentes dans la cuisine du Moyen-Orient et de l'Orient. Au Moyen-Orient, elles sont moulues pour faire du *tahina*, pâte épaisse qui est le principal ingrédient de l'hoummos. Les graines de sésame moulues servent aussi à confectionner de l'*halva*, douceur appréciée en Grèce, en Israël, en Turquie et au Liban. Le *gomasio* ou *gomashio* est un condiment à base de graines de sésame concassées utilisé au Japon. On peut le préparer chez soi : faites griller les graines, puis pilez-les dans un mortier avec un peu de sel marin. Essayez les proportions suivantes : une part de sel pour cinq de graines de sésame.

Faire griller des graines de sésame à sec dans une poêle à frire leur confère un goût particulier de noix et en rehausse la saveur. Les graines grillées sont excellentes dans les salades et les pâtes. Les graines crues peuvent être saupoudrées sur du pain, des gâteaux et des biscuits, et ajoutées à de la pâte à tarte.

Lorsque vous achetez des graines de sésame, essayez d'en trouver qui aient été roulées de façon mécanique : elles sont reconnaissables à leur aspect mat. Les graines ayant reçu des traitements différents – bains de saumure ou chimiques, notamment –, sont généralement brillantes. Les bains de sel et les bains chimiques peuvent en affecter le goût, et ces derniers détruisent leurs nutriments.

## LES GRAINES DE TOURNESOL

Le tournesol, symbole de l'été, est cultivé dans de nombreuses régions du monde, où il est considéré comme une plante importante. Ses impressionnantes fleurs jaunes sont cultivées pour leurs graines et leur huile ; les feuilles sont utiles pour soigner la malaria et les tiges sont transformées en engrais. Riches en vitamine E, les graines, vert pâle et en forme de larmes, sont légèrement croquantes avec un goût huileux. Les faire griller à sec en améliore grandement la saveur.

Ajoutez des graines de tournesol aux salades, pilafs et couscous ou à la pâte à pain, aux muffins, gratins et autres plats.

*Graines de tournesol*

## LES GRAINES DE PAVOT

Il s'agit des graines du pavot à opium, mais sans les alcaloïdes qui provoquent des réactions d'accoutumance. Elles peuvent être noires ou blanches. Saupoudrées sur des gâteaux ou du pain, les graines noires sont du plus bel effet et elles ajoutent une texture croquante très agréable.

*Graines de pavot noires et blanches*

Avec les graines de pavot noires, on peut confectionner de délicieux gâteaux et pâtisseries pour le thé ; elles sont populaires en Allemagne et en Europe de l'Est, notamment dans les strudels et les tartes. En Inde, les graines blanches, moulues, servent à épaissir des sauces tout en leur conférant un goût de noix.

*Graines de courge*

## LES GRAINES DE COURGE

Riches en fer – plus que les autres graines – et en zinc, les graines de courge, mangées nature, sont un amuse-gueule nutritif. Elles sont également délicieuses légèrement sautées dans un peu d'huile de sésame ou de sauce de soja et ajoutées à une salade mixte ou de riz. Les graines de courge sont très prisées en Amérique latine, où elles sont généralement grillées et moulues pour en faire des sauces.

### Recettes rapides avec des graines

- Saupoudrez-en des pains, gâteaux et biscuits juste avant de les mettre au four.
- Associez-les à des fruits secs ou frais, des noix hachées et du yaourt nature pour un petit déjeuner nutritif.
- Ajoutez aux galettes, aux scones, aux céréales complètes et aux gâteaux pour leur donner un goût de noix.
- Ajoutez 1 cuillerée de graines à des rissoles, galettes végétales ou gratins.
- Mélangez avec des flocons d'avoine, de la farine, du beurre ou de la margarine et du sucre, et garnissez-en le dessus de crumbles. Vous pouvez faire la même préparation mais salée, en remplaçant le sucre par des herbes hachées fraîches ou séchées.
- Dans du *pesto*, remplacez les pignons par des graines de tournesol ou de courge.
- Ajoutez-en à une salade verte mixte.
- Augmentez la valeur nutritive de légumes sautés ou de pâtes en y ajoutant 1 poignée de graines avant de servir.

## LES GRAINES DE CHANVRE

La culture du chanvre est très ancienne mais pour diverses raisons, elle est tombée en désuétude. Aujourd'hui, le chanvre refait son apparition en tant qu'aliment. Ses graines sont excellentes grillées, ce qui exalte leur goût de noix, et on peut les utiliser dans divers plats sucrés et salés.

## LES GRAINES DE LIN

L'huile de lin est utilisée depuis longtemps pour embellir les meubles en bois. Cependant, les graines dorées, également connues sous le nom de linettes, constituent une riche source de graisses polyinsaturées, y compris d'acide linoléique, qui est un acide gras essentiel. Les graines de lin peuvent agrémenter des mueslis et autres céréales pour le petit déjeuner, être ajoutées à de la pâte à pain ou à des salades.

**Achat et conservation** – Mieux vaut acheter des graines en petite quantité dans des magasins ayant un débit important. Achetez des graines entières plutôt que moulues et conservez-les dans un lieu sombre et frais afin de les empêcher de rancir. Après avoir ouvert le paquet, enfermez les graines dans un récipient hermétique.

*Graines de lin* (À GAUCHE) *et graines de chanvre*

**Bienfaits pour la santé** – Les graines contiennent de précieuses quantités de vitamine E, antioxydant qui renforce le système immunitaire et protège les cellules contre les méfaits de l'oxydation. Cette vitamine améliore aussi la circulation sanguine, assure une coagulation normale et réduit les infections associées au vieillissement. De nombreuses expériences ont montré qu'elle opère en synergie avec le bêta-carotène et la vitamine C pour lutter contre les risques de certains cancers et maladies cardiovasculaires et pour freiner la progression de la maladie d'Alzheimer. Les graines, celles de tournesol en particulier, peuvent aider à faire baisser le mauvais cholestérol dans l'organisme grâce à leur taux élevé d'acide linoléique, également connu sous le nom d'acide gras oméga-6.

Par rapport à leur taille, les graines contiennent une énorme quantité de fer. Les graines de sésame en sont particulièrement riches : 25 g/1 oz à peine fournis-sent pratiquement la moitié des besoins journaliers en fer et 50 g/2 oz de graines de tournesol presque les trois quarts. Les graines de courge sont souvent prescrites par les naturopathes pour leurs vertus régénératives.

### Faire griller les graines

Faire griller les graines dans une poêle sèche en améliore grandement le goût. Les graines de pavot noires ne dorent pas. Veillez donc bien à ce qu'elles ne carbonisent pas.

**1** Étalez 1 à 2 cuillerées de graines en une fine couche dans une grande poêle non adhésive et faites chauffer doucement.

**2** Faites revenir 2 à 3 min à petit feu en tournant fréquemment jusqu'à ce que les graines soient dorées.

# Les épices

Honorées depuis des milliers d'années, les épices, qui proviennent de graines, de fruits, de gousses ou de boutons de fleur de plantes, ont causé des guerres et parfois servi de monnaie d'échange. Outre leur aptitude à relever et parfumer les ingrédients les plus quelconques, les épices, avec leurs arômes évocateurs, stimulent l'appétit.

*Graines de carvi*

*Poudre de piment Jamaïque*

*Capsules de cardamome*

## LE PIMENT JAMAÏQUE

Ces petits grains secs d'un arbre tropical sud-américain ont un goût sucré et chaud rappelant un mélange de clous de girofle, de cannelle et de noix de muscade. Bien qu'on trouve dans le commerce du piment jamaïque en poudre, mieux vaut l'acheter en grains, afin qu'il garde son goût, et le moudre juste avant de l'utiliser dans des gâteaux et des biscuits. Les grains entiers peuvent être ajoutés à des marinades ou du vin cuit. Le piment Jamaïque soulage les troubles digestifs et les flatulences.

## LE CARVI

Le carvi joue un rôle important en Europe de l'Est, en Autriche et en Allemagne, où l'on éparpille ses graines sur du pain de seigle, des gâteaux et des biscuits. Celles-ci ont un goût anisé particulier, assez doux, et se marient très bien avec les plats à base de fromage et de pommes de terre et avec les carottes ou le chou bouilli. Le carvi soulage les coliques des nourrissons. Il a un effet similaire chez les adultes, éliminant les gaz et favorisant la digestion. Il peut aussi être utilisé pour apaiser les douleurs menstruelles.

## LA CARDAMOME

La cardamome est répandue au Moyen-Orient et en Inde. Mieux vaut l'acheter dans sa capsule, car elle s'affadit dès qu'elle est moulue. La capsule sera utilisée entière, légèrement écrasée ou, pour un goût plus intense, les graines peuvent être moulues. La cardamome est délicieuse à la fois dans les plats sucrés et salés. On peut en faire infuser dans du lait pour aromatiser des puddings au riz ou des glaces, et elle est souvent ajoutée à des currys et autres plats indiens. Les graines peuvent être mâchées pour rafraîchir l'haleine et aider les digestions difficiles. Manger de la cardamome est aussi excellent contre le rhume et la toux.

## LE POIVRE DE CAYENNE

Cette poudre rouge-marron, très épicée, ajoute de la couleur et du piquant, plutôt que du goût, aux currys, aux soupes et aux ragoûts. Le poivre de Cayenne provient de la gousse et des graines moulues d'une variété très forte de piment, le *capsicum frutescens*, et il est parfois désigné sous le nom de poivre rouge. Outre ses propriétés stimulantes, antiseptiques et digestives, il améliore la circulation mais, mangé en grandes quantités, il peut aggraver les maux d'estomac. Un emploi plus inattendu du poivre de Cayenne consiste à en saupoudrer l'intérieur de ses chaussures pour réchauffer les pieds froids!

*Poivre de Cayenne, graines de céleri, poudre de piment et flocons de piment*

CI-DESSUS *(dans le sens des aiguilles d'une montre, à partir de la gauche) Bâtons de cannelle, graines de coriandre, clous de girofle et cannelle en poudre.*

## LES GRAINES DE CÉLERI

Ces petites graines marron ont un goût semblable à celui du céleri, mais elles sont plus aromatiques. Il est important de les moudre ou de les broyer avant de s'en servir afin d'en éliminer l'amertume. Les graines de céleri peuvent parfumer tout mets à base de céleri et ajoutent une note tonique aux plats de légumes cuits au four, aux ragoûts, aux soupes, aux sauces et aux œufs. Le sel de céleri est un mélange de graines de céleri en poudre, de sel et d'autres herbes. Les graines de céleri sont carminatives : elles réduisent les flatulences et soulagent les troubles digestifs.

## LE PIMENT

Le piment frais est mentionné dans le chapitre sur les légumes, mais cette épice, aux usages multiples, est aussi vendue sèche, en poudre ou en flocons. Le piment sec tend à être plus piquant que le piment frais et cela est également le cas des flocons de piment, qui contiennent à la fois les graines et la chair. Les meilleurs piments en poudre sont purs, sans ajout d'ingrédients tels que l'oignon ou l'ail. Puissant stimulant et expectorant, le piment a également la réputation d'être aphrodisiaque.

## LA CANNELLE

Cette épice chaude et réconfortante est vendue en bâtons et en poudre. L'écorce étant difficile à moudre, il est utile d'en avoir chez soi sous ces deux formes. La cannelle parfume des plats sucrés et salés. Utilisez-la en bâtons pour parfumer des pilafs, currys, couscous et compotes de fruits secs, mais enlevez le bâton avant de servir. En poudre, cette épice confère une saveur agréable aux gâteaux, biscuits et fruits. La cannelle est un détoxifiant et un dépuratif efficace et elle contient des substances qui tuent les bactéries et d'autres micro-organismes.

## LES CLOUS DE GIROFLE

Bouton de fleur non ouvert d'un arbre pérenne originaire d'Asie du Sud-Est, cette épice est souvent utilisée en conjonction avec la cannelle pour parfumer des puddings, des gâteaux et des biscuits. Les clous de girofle servent souvent à parfumer le sirop lorsqu'on poche des oranges, mais ils sont également délicieux avec des pommes cuites.

## LA CORIANDRE

Avec le cumin, la poudre de coriandre est un ingrédient essentiel des currys indiens et du *garam masala*. Dans le nord de l'Europe, les graines de couleur ivoire servent à épicer des conserves au vinaigre. Les graines de coriandre, un peu sucrées, ont un goût d'orange brûlée plus prononcé que celui des feuilles fraîches. La poudre de coriandre s'éventant et s'affadissant rapidement, mieux vaut acheter des graines entières et les piler dans un mortier ou les moudre dans un moulin à café en les faisant auparavant légèrement griller dans une poêle afin d'en exhaler le goût. Depuis des milliers d'années, la coriandre est prescrite comme stimulant digestif et comme bactéricide. Elle soulage aussi les diarrhées et les nausées.

*Graines de cumin, poudre de cumin et (au premier plan) fenugrec*

## LE CUMIN

Très utilisé dans les currys indiens, le cumin est aussi un ingrédient familier au Mexique, au Maghreb et au Moyen-Orient. Les graines ont un arôme prononcé et un goût légèrement amer, qui s'atténue lorsqu'on les fait griller. Les graines de cumin noir, variété également connue sous le nom de *nigella*, sont plus douces et moins amères. La poudre de cumin peut être légèrement âcre : mieux vaut acheter le cumin en graines et les moudre juste avant utilisation pour être sûr de leur goût frais. Le cumin est excellent dans les plats à base de tomates et de céréales et, en raison de ses propriétés digestives, il convient bien aux haricots.

*Racine de gingembre frais*

## LE FENUGREC

Il est couramment employé dans les poudres de curry commerciales avec du cumin et de la coriandre. Seul, cependant, le fenugrec doit être consommé avec modération en raison de son goût aigre-doux très prononcé, mais qui peut être atténué en faisant griller les graines. Celles-ci ont une enveloppe dure et sont difficiles à moudre mais on peut les faire germer et elles sont excellentes dans des salades mixtes ou de haricots et des sandwichs. Depuis longtemps, le fenugrec est prescrit pour traiter les problèmes gastro-intestinaux et son action dépurative permet de détoxifier l'organisme.

### Préparer le gingembre frais

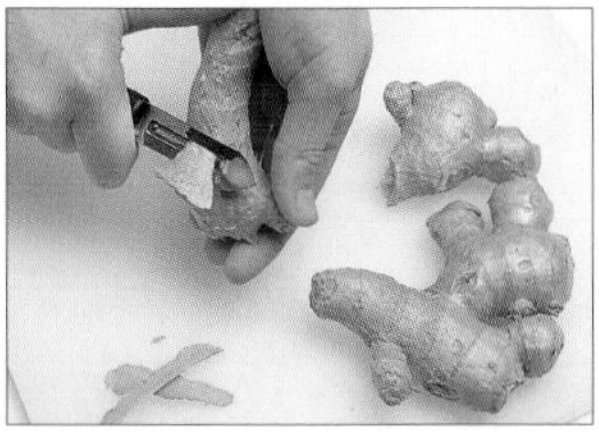

**1** Les racines de gingembre frais sont très facilement pelées avec un couteau économe ou un petit couteau aiguisé.

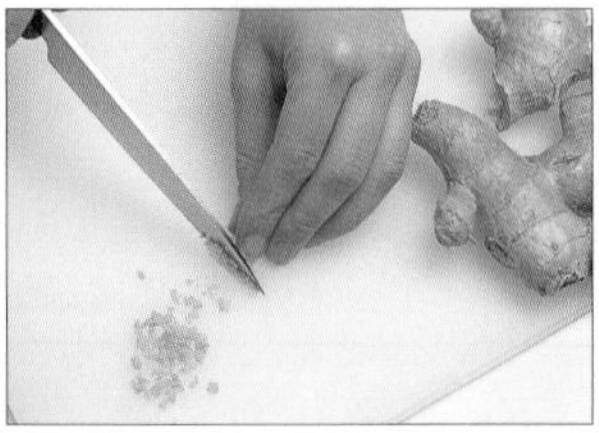

**2** Hachez le gingembre avec un couteau aiguisé à la taille prescrite dans la recette.

**3** Râpez finement le gingembre – les magasins asiatiques vendent des râpes spéciales mais une râpe ordinaire fait aussi l'affaire.

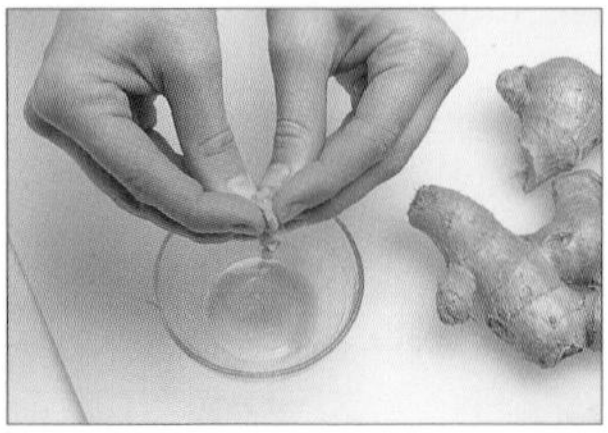

**4** Le gingembre fraîchement râpé peut être pressé afin d'en extraire le jus.

## LE GINGEMBRE

Voici probablement l'une des herbes médicinales les plus anciennes et les plus répandues. La racine fraîche, épicée, poivrée et odorante, est excellente dans des plats sucrés et salés. Elle ajoute une note tonique et rafraîchissante aux marinades, légumes sautés, soupes, currys, céréales et légumes frais. Elle réchauffe aussi les fruits pochés et les gâteaux.

La poudre de gingembre sert généralement à parfumer les gâteaux et biscuits. On peut aussi utiliser du gingembre frais finement moulu, qui est tout aussi bon.

*Poudre de gingembre*

Le thé au gingembre, préparé en plongeant des rondelles de racine de gingembre quelques minutes dans de l'eau chaude, calme les douleurs gastriques consécutives à une intoxication alimentaire et prévient le rhume et la grippe.

**Le gingembre rose au vinaigre**

Très esthétique, le gingembre au vinaigre, coupé en fines lamelles, est servi comme accompagnement dans la cuisine japonaise et est utilisé pour parfumer le riz des sushis.

**Le gingembre confit**

Confit dans un épais sirop de sucre et vendu en conserve ou en bocal, ce gingembre sucré peut être haché et utilisé dans des desserts, pâtes à tartes, puddings cuits à la vapeur, scones, biscuits et muffins.

**Achat et conservation** – Les racines de gingembre frais doivent être fermes, avec une peau fine et intacte. Évitez les racines fanées et noueuses, susceptibles d'être sèches et fibreuses. Gardez au réfrigérateur. La poudre de gingembre doit être odorante. Conservez dans un endroit sombre et frais.

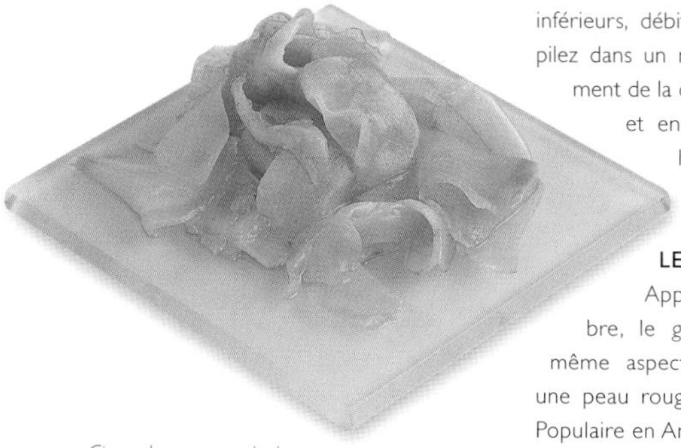

*Gingembre rose au vinaigre*

**Bienfaits pour la santé** – On connaît depuis des siècles les vertus curatives du gingembre. De récentes expériences confirment qu'il peut prévenir la nausée et être plus efficace que certains médicaments. Les recherches montrent aussi que le gingembre se révèle utile comme analgésique et pour le traitement des affections gastro-intestinales. Il peut également prévenir les risques de certains cancers.

## LA CITRONNELLE

Cette longue tige fibreuse a un arôme et un goût puissants de citron lorsqu'elle est coupée et elle est couramment utilisée en Asie du Sud-Est, en Thaïlande en particulier, dans les currys à la noix de coco. Si vous avez du mal à en trouver, vous pouvez la remplacer par du zeste de citron, mais celui-ci n'a pas le goût, très particulier, des tiges fraîches. Pour l'utiliser, enlevez les pellicules extérieures, qui sont dures et filandreuses, ôtez la racine, puis coupez les 5 cm/2 in inférieurs, débitez en fines rondelles et pilez dans un mortier. On trouve également de la citronnelle hachée en bocal et en purée. On lui reconnaît le pouvoir de soulager les rhumatismes.

## LE GALANGA

Apparenté au gingembre, le *galanga* frais a le même aspect, mais présente une peau rouge-brun ou crème. Populaire en Angleterre au Moyen Âge, il est tombé en désuétude mais, avec l'intérêt croissant pour la cuisine de l'Asie du Sud-Est, cette racine noueuse est de nouveau appréciée et on peut la trouver dans des épiceries asiatiques. Avec son goût poivré très corsé, le *galanga* peut noyer les autres arômes si on en utilise trop. Évitez la version en poudre, qui n'est pas comparable au *galanga* frais. Préparez la racine de la même façon que pour le gingembre : pelez puis coupez en rondelles, râpez ou pilez dans un mortier. Le *galanga* a les mêmes propriétés médicinales que le gingembre : il soulage la nausée et les maux d'estomac.

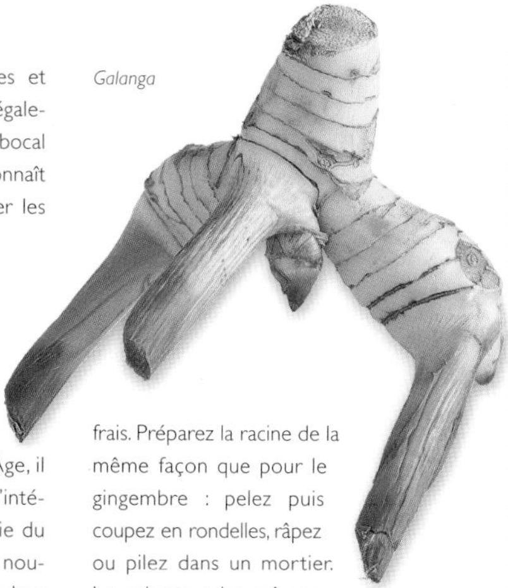

*Galanga*

## LA MOUTARDE

Il existe trois variétés de graines de moutarde : les blanches, les marron et les noires, qui sont les plus fortes. L'odeur et le goût ne deviennent apparents que lorsque les graines sont broyées ou mélangées à du liquide. Faire revenir les graines dans un peu d'huile avant de les utiliser en améliore le goût. La moutarde s'affadissant avec le temps et avec la cuisson, mieux vaut l'ajouter aux plats vers la fin de la préparation ou juste avant de servir.

Comme beaucoup d'épices fortes, la moutarde est traditionnellement utilisée comme stimulant. Elle détoxifie l'organisme et aide à prévenir le rhume et la grippe.

CI-DESSUS *Moutarde américaine, moutarde de Dijon, moutarde en grains, moutarde en poudre et graines de moutarde noires et blanches.*

*Citronnelle*

## LA NOIX DE MUSCADE ET LE MACIS

Lorsqu'on les cueille, les graines de muscade sont entourées d'une membrane semblable à de la dentelle appelée macis. Toutes deux sont séchées et utilisées comme épices. La noix de muscade et le macis ont presque le même goût et, avec leur arôme chaleureux et légèrement sucré, ils relèvent les sauces blanches, les plats à base de fromage et les légumes ainsi que la crème anglaise, les gâteaux et biscuits. La noix de muscade fraîchement râpée est bien supérieure à la poudre de muscade, qui s'affadit avec le temps. Consommée en excès, la noix de muscade est hallucinogène mais, en quantité minime, elle aiguise l'appétit et améliore la digestion.

*Grains de poivre blanc, noir et rose*

*Poudre et filaments de safran*

## LE POIVRE

Le poivre, sans conteste l'épice la plus ancienne et la plus répandue au monde, était, au Moyen Âge, aussi précieux que l'or et l'argent. C'est un assaisonnement très utile, non seulement parce qu'il ajoute son propre goût à un plat, mais aussi parce qu'il exalte la saveur des autres ingrédients. Le poivre a des propriétés digestives, décongestionnantes et antioxydantes.

### Le poivre noir en grains

Les baies séchées, de couleur verte, du poivrier, sont relativement douces. Le poivre noir en grains est particulièrement bon fraîchement moulu au moulin, car il s'affadit rapidement.

*À DROITE (dans le sens des aiguilles d'une montre, à partir du haut à gauche) Mélange d'épices, noix de muscade moulue et entière et paprika.*

### Le poivre blanc

Moins aromatique que le poivre noir, il est généralement utilisé dans les sauces blanches et d'autres plats où il est plus discret que le poivre noir en grains.

### Les grains de poivre vert

Ces baies encore vertes sont moins fortes que les grains de poivre noir et de poivre blanc. Elles peuvent être séchées et conservées dans de la saumure. On les utilise parfois pour faire une sauce épicée.

### Les grains de poivre rose

Ces baies roses ne sont pas vraiment du poivre. Ce sont les baies traitées d'un type de sumac vénéneux. Comme elles sont légèrement toxiques, il convient de les utiliser en petite quantité.

## LE PAPRIKA

Le paprika est apparenté au poivre de Cayenne mais il est plus doux et on peut l'utiliser plus largement. Il relève et réchauffe les plats. Comme le poivre de Cayenne, il stimule la digestion et a des propriétés antiseptiques. Il améliore aussi la circulation mais, consommé en trop grande quantité, il peut aggraver les maux d'estomac.

## LE SAFRAN

Cette épice, la plus chère du monde, est faite avec les stigmates séchés du *crocus salivus*. Une infime quantité de safran, de couleur orange vif, ajoute une couleur merveilleuse et un délicat parfum doux-amer aux riz, ragoûts, soupes et puddings. Calmant et équilibrant pour l'organisme, le safran a une réputation d'aphrodisiaque.

*Curcuma en poudre et frais*

**Moudre les épices**

Les épices entières moulues à la main ont plus de goût et sont plus aromatiques. Broyez-les au fur et à mesure que vous en avez besoin et ne soyez pas tenté d'en préparer trop d'avance, les épices s'éventant et s'affadissant. Certaines, telles que le macis, le fenugrec, les clous de girofle, le curcuma et la cannelle sont difficiles à moudre chez soi : mieux vaut les acheter en poudre.

Pilez les épices dans un mortier ou, si vous préférez, utilisez, un moulin à café.

**Faire griller les épices**

Faire griller les épices en exalte le goût et l'odeur, et est censé les rendre plus digestes.

Mettez les épices dans une poêle sèche et faites cuire 1 min à feu doux en secouant fréquemment la poêle, de sorte que les épices dégagent leur arôme.

LE CURCUMA

Parfois utilisé à la place du safran, le curcuma donne une couleur jaune similaire, mais avec un goût très différent. Il ajoute un parfum poivré aux currys et plats bouillis. Apprécié pour ses propriétés bactéricides et fongicides, il facilite aussi la digestion et, en Asie, il est considéré comme un cholagogue.

LA VANILLE

Ces gousses, couleur chocolat, ont un arôme exotique et une saveur sensuelle, presque crémeuse. On peut les réutiliser plusieurs fois en les rinçant et en les séchant, puis en les stockant dans un bocal hermétique. Achetez de l'essence ou de l'extrait naturel de vanille, obtenus en faisant infuser les gousses dans de l'alcool. La vanille artificielle est beaucoup moins bonne. Cette épice est considérée comme un aphrodisiaque et un tonique cérébral.

**Achat et conservation** – Achetez des épices en petites quantités dans des magasins ayant beaucoup de débit. L'arôme est le meilleur signe de fraîcheur, car les épices s'éventent en vieillissant. Conservez-les dans des bocaux hermétiques à l'abri de toute lumière directe et de la chaleur.

*Extrait de vanille naturelle et gousses de vanille*

**Le sel**

L'organisme a besoin de quantités modérées de sel, mais il est facile d'en ingérer trop, le sel étant ajouté à de nombreux produits alimentaires traités. Un excès de sel peut entraîner de l'hypertension et de la rétention d'eau, et accroître les risques de maladies cardio-vasculaires.

En petites quantités, il rehausse la saveur des aliments. Utilisez du sel gemme ou du sel marin plutôt que du sel de table raffiné.

*Sel de table* (EN HAUT), *sel gemme* (À DROITE) *et sel marin*

# Les pâtes

Ayant autrefois la réputation de faire grossir, les pâtes sont aujourd'hui considérées comme un élément important dans une alimentation saine. On en trouve de toutes les formes, des minuscules pâtes pour la soupe aux énormes coquilles destinées à être farcies. Les pâtes peuvent être ordinaires, aux œufs ou parfumées avec des ingrédients tels que des tomates et des épinards. Pauvres en graisses et riches en sucres lents, elles diffusent de l'énergie de façon continue. On en trouve au maïs et au sarrasin, et il existe aussi des pâtes au blé complet, qui sont riches en fibres.

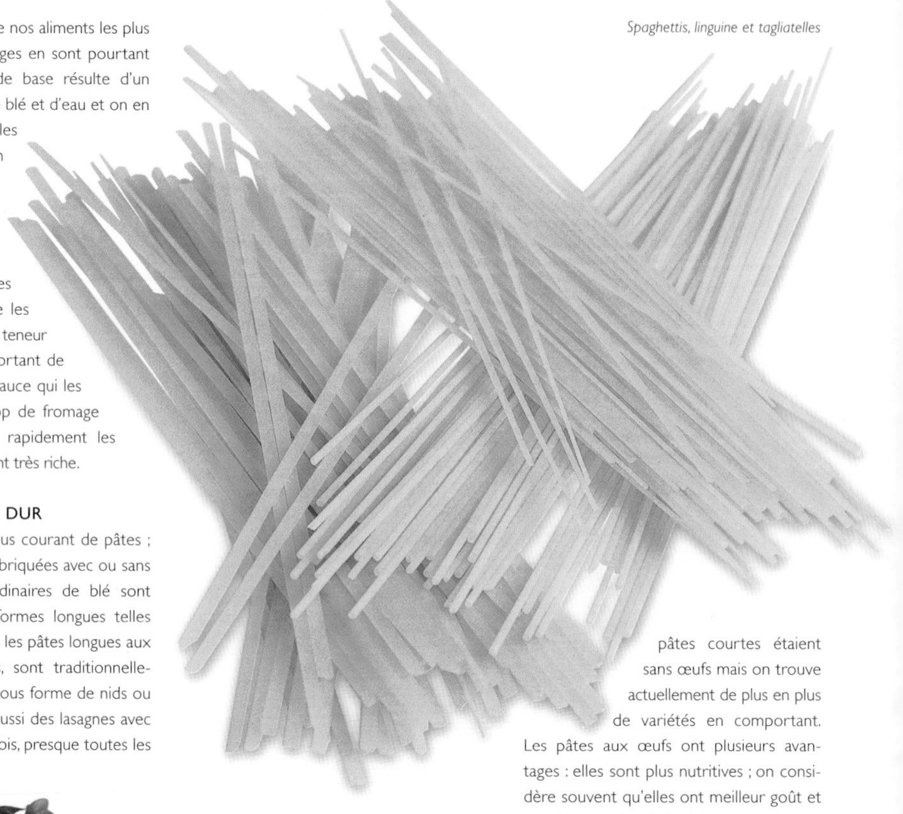

*Spaghettis, linguine et tagliatelles*

Les pâtes sont l'un de nos aliments les plus simples, mais les usages en sont pourtant multiples. La pâte de base résulte d'un mélange de farine de blé et d'eau et on en produit d'innombrables formes et variétés. En modifiant le type de farine, en ajoutant des œufs frais ou une purée de légumes, on multiplie les possibilités. Bien que les pâtes aient une faible teneur en lipides, il est important de choisir avec soin la sauce qui les accompagne, car trop de fromage ou de crème peut rapidement les transformer en aliment très riche.

## LES PÂTES DE BLÉ DUR

Il s'agit du type le plus courant de pâtes ; elles peuvent être fabriquées avec ou sans œufs. Les pâtes ordinaires de blé sont utilisées pour des formes longues telles que les spaghettis, et les pâtes longues aux œufs, plus délicates, sont traditionnellement compressées sous forme de nids ou de vagues. Il existe aussi des lasagnes avec ou sans œufs. Autrefois, presque toutes les pâtes courtes étaient sans œufs mais on trouve actuellement de plus en plus de variétés en comportant. Les pâtes aux œufs ont plusieurs avantages : elles sont plus nutritives ; on considère souvent qu'elles ont meilleur goût et on risque moins de les faire trop cuire.

*Spirales au sarrasin et pizzoccheri*

## LES PÂTES COLORÉES ET PARFUMÉES

On peut ajouter plusieurs ingrédients à la pâte de base pour lui donner goût et couleur. Parmi ces ajouts, les plus courants sont la tomate et les épinards, mais on utilise aussi de la betterave, du safran, des herbes fraîches telles que le basilic et même du chocolat. On trouve aussi des sachets de pâtes mélangées. La combinaison traditionnelle de pâtes nature et de pâtes aux épinards s'appelle *paglia e fieno*,

*À DROITE Les pâtes de blé et de maïs sont vendues sous une multitude de formes, des simples macaronis coudés aux fusilli et aux radiatori tricolores.*

ce qui signifie « paille et foin » en italien, mais il existe de nombreux autres mélanges, certains comportant jusqu'à sept couleurs et goûts différents.

## LES PÂTES DE BLÉ COMPLET

Ces pâtes nourrissantes sont à base de farine complète et contiennent plus de fibres que les pâtes de blé dur ordinaires. Elles sont légèrement caoutchouteuses, ont un goût de noix et mettent plus de temps à cuire. Les spaghettis de blé complet (*bigoli*, spécialité de la Vénétie) sont disponibles dans les bonnes épiceries italiennes, les magasins diététiques et les supermarchés. On trouve de plus en plus de sortes de pâtes de blé complet, des minuscules pâtes pour la soupe aux *rotelle* (roues) et aux lasagnes.

## LES PÂTES DE SARRASIN

Les pâtes faites avec de la farine de sarrasin ont un goût de noix et sont plus sombres que les pâtes de blé complet. La forme classique est celle des *pizzoccheri*, spécialité de la Lombardie. Ces nouilles fines et plates sont traditionnellement vendues sous forme de nids comme les tagliatelles (bien que les *pizzoccheri* soient moitié moins longs) mais elles existent aussi coupées en petits tronçons.

On trouve des pâtes de sarrasin sous d'autres formes dans les magasins diététiques et les supermarchés. Ces pâtes sont exemptes de gluten et conviennent aux personnes allergiques à cet élément ou au blé. Très nutritives, elles contiennent les huit acides aminés ainsi que du calcium, du zinc et des vitamines du groupe B.

*CI-DESSUS Les pâtes peuvent être colorées et parfumées de diverses façons, mais les variétés à la tomate et aux épinards sont les plus courantes.*

## LES PÂTES DE MAÏS

Faites avec du maïs ou de la farine de maïs, elles sont exemptes de gluten et recommandées aux personnes allergiques au gluten ou au blé. Il en existe de diverses formes, parmi lesquelles les spaghettis, les *fusilli* (spirales) et les coquillettes sont les plus courantes. Les pâtes simples au maïs sont de couleur dorée et peuvent être parfumées à la tomate ou aux épinards. Elles sont cuites et utilisées de la même façon que les pâtes de blé et disponibles dans de nombreux magasins diététiques et supermarchés.

## LES FORMES DE PÂTES

### Les pâtes longues

Les spaghettis sont les plus connues des pâtes longues et sèches, mais il existe de nombreuses autres variétés allant des vermicelles aux *pappardelle*, qui se présentent sous la forme de larges rubans.

Les tagliatelles, pâtes en forme de rubans les plus courantes, sont généralement vendues enroulées en nids.

Les pâtes longues doivent être servies avec une sauce fluide, à base d'huile d'olive, de beurre, de crème, d'œufs, de fromage râpé ou d'herbes fraîches hachées. Si on souhaite ajouter des légumes, mieux vaut les émincer.

Les spaghettis, tagliatelles et *fettucine* frais sont vendus dans de nombreux magasins.

### Les pâtes courtes

Il existe des centaines de formes de pâtes courtes et sèches, simples ou aux œufs, ces dernières étant de couleur jaune et plus nutritives. Les pâtes courtes sont rarement vendues fraîches parce que la plupart des formes sont difficiles à produire, mais on en trouve une ou deux variétés dans les épiceries italiennes et quelques-unes dans les grands supermarchés.

Les coquillettes sont l'une des formes les plus utiles parce qu'étant concaves, elles retiennent bien les sauces.

Les spirales sont délicieuses avec de la sauce tomate épaisse, et les papillons avec des sauces à la crème. On peut les accommoder de diverses façons mais ils sont également excellents avec des sauces à base de tomate ou d'huile d'olive. Les macaronis étaient jadis la forme la plus courante. Comme ils sont creux, ils s'accommodent de la plupart des sauces et sont parfaits pour les plats cuits au four. Cependant, les *penne* l'emportent désormais en popularité, peut-être parce que leur tube creux aux extrémités en biseau permet d'utiliser n'importe quelle sauce.

*Lasagnes aux épinards et au blé complet et cannellonis nature*

Ils sont particulièrement délicieux avec des sauces comportant des légumes émincés, ou cuits au four avec une sauce au fromage.

### Les pâtes plates

Les lasagnes sont destinées à être cuites au four entre des couches de sauce ; ou cuites à l'eau puis disposées en couches ou enroulées autour d'une farce pour confectionner des cannellonis. Les lasagnes sont préparées avec de la pâte simple ou aux œufs et elles sont vendues fraîches ou sèches. Elles peuvent être parfumées à la tomate ou aux épinards, ou faites avec de la farine de blé complet.

### Les pâtes farcies

Les formes les plus courantes de pâtes farcies sont les raviolis, les *tortellini* (petites tourtes) et les *cappelletti* (petits chapeaux), mais on en trouve d'autres, plus rares, dans les épiceries italiennes. Les pâtes nature, aux épinards et à la tomate sont les plus courantes et il existe une grande variété de farces aux légumes.

### Les pâtes à potage

Ces pâtes, de petite taille, sont généralement fabriquées avec du blé dur, mais on en trouve aussi aux œufs. Il en existe des centaines de variétés, des minuscules *risi*, semblables à des grains de riz, aux alphabets, qu'adorent les enfants. Les formes légèrement plus grandes telles que les *farfalline* (petits papillons) et les *tubetti* (petits tubes) conviennent pour des soupes plus épaisses telles que le minestrone.

**Achat et conservation** – La qualité des pâtes varie énormément : choisissez des pâtes italiennes de bonne qualité, faites avec 100 % de blé dur, et achetez les pâtes fraîches chez un épicier italien plutôt que préemballées au supermarché. Les pâtes sèches se gardent presque indéfiniment, mais si vous décidez de stocker des pâtes dans un bocal, mieux vaut consommer celles qui restent avant d'en ajouter de nouvelles. Les pâtes fraîches provenant d'épiceries spécialisées sont généralement vendues en vrac, et mieux vaut les faire cuire le jour même. Vous pouvez toutefois les garder un à deux jours

*Grandes et petites conchiglie (coquillettes)*

### Recettes rapides de pâtes

- Pour préparer une sauce tomate simple mais très goûteuse, disposez des tomates roma ou des tomates cerises dans un plat allant au four et arrosez d'un peu d'huile d'olive. Mettez 15 min dans un four chaud puis ajoutez 1 à 2 gousses d'ail épluchées et faites cuire 15 min de plus. Transvasez dans un mixer et hachez avec des feuilles de basilic. Salez et poivrez et versez sur les pâtes cuites.
- Versez des pâtes cuites dans un peu d'huile au piment. Disposez sur le dessus des feuilles de roquette et des pignons, et servez avec du parmesan finement râpé.
- Mélangez 1 cuillerée de tapenade aux olives noires dans les pâtes cuites puis ajoutez quelques noix légèrement grillées sur le dessus avant de servir.
- Faites griller une tête d'ail puis extrayez les gousses écrasées et mélangez avec de l'huile d'olive. Incorporez à des pâtes cuites et saupoudrez abondamment de persil plat, frais et haché.
- Les olives, les champignons, les aubergines et les artichauts conservés en bocaux dans de l'huile d'olive constituent de délicieuses garnitures pouvant rapidement être ajoutées aux pâtes.
- Associez aux pâtes cuites de petits morceaux de mozzarella, des tomates séchées au soleil et coupées en rondelles, de la menthe fraîche hachée et un peu d'huile d'olive.

## Choisir la forme convenable

S'il est inutile de s'en tenir à des règles strictes, il est néanmoins certain qu'il existe des formes de pâtes mieux adaptées à certaines sauces.

- Les formes longues telles que les spaghettis, les *linguine*, les tagliatelles et les *fettucine* requièrent des sauces onctueuses à base de crème ou d'huile d'olive, ou des sauces avec des légumes émincés.
- Les formes creuses, telles que les *penne*, les spirales et les macaronis, sont parfaites avec des sauces plus robustes : au fromage, à la tomate et aux légumes notamment.
- Les pâtes farcies telles que les raviolis et les *cappelletti* sont délicieuses avec des sauces simples au beurre, à l'huile d'olive extra vierge ou à la tomate.
- Dans les soupes, les petites formes délicates telles que les *risi* (riz), les *orzi* (orge) et les *quadrucci* (carrés) conviennent pour des bouillons, et les coquillettes et les petits papillons pour des soupes de légumes plus épaisses.

au réfrigérateur. Les pâtes fraîches provenant de supermarchés sont généralement vendues dans des paquets ou des sachets en plastique et se conservent trois à quatre jours au réfrigérateur. Elles peuvent être congelées et il faut les faire cuire sans les dégeler. Les paquets et les sachets de pâtes fraîches des supermarchés ont l'avantage d'être faciles à stocker au congélateur.

*Tortellini frais*

**Bienfaits pour la santé** – Quelle que soit votre activité physique, qu'elle soit douce ou intensive, les pâtes sont très énergétiques. Elles sont riches en sucres lents, qui sont assimilés progressivement par l'organisme et diffusent donc leur énergie de façon continue. Les pâtes de blé complet, qui contiennent plus de vitamines, de minéraux et de fibres, sont les plus nutritives, cependant toutes les pâtes constituent une excellente source de protéines, tout en étant pauvres en graisses. Le sarrasin est très nutritif : il contient les huit acides aminés essentiels, ce qui en fait une protéine complète, et il est aussi particulièrement riche en fibres.

### Faire cuire les pâtes

Les pâtes doivent cuire dans une grande casserole d'eau bouillante salée pour contenir les différentes formes. Remuez de temps en temps pour les empêcher de se coller les unes aux autres. N'ajoutez pas d'huile à l'eau de cuisson : cela rend les pâtes glissantes et les empêche d'absorber la sauce. Le mode de cuisson est indiqué sur les paquets, mais goûtez toujours avant la fin du temps mentionné pour ne pas risquer de trop cuire. Les pâtes sèches doivent être *al dente*, et les pâtes fraîches légèrement tendres.

Portez un faitout d'eau salée à ébullition. Versez les pâtes, puis couvrez. Ramenez rapidement à ébullition et enlevez le couvercle. Baissez légèrement le feu puis remuez et faites cuire selon les indications du paquet. Pour des pâtes longues et droites tels les spaghettis, enroulez les pâtes dans l'eau au fur et à mesure qu'elles ramollissent.

*CI-DESSUS Il existe des centaines de formes de petites pâtes pour les soupes.*

# Les nouilles

Aliment de base en Extrême-Orient, les nouilles peuvent être fabriquées avec de la farine de blé, de riz, de sarrasin ou de haricots *mung*. On trouve couramment des nouilles fraîches et sèches dans les magasins diététiques, les épiceries asiatiques et les supermarchés. Comme les pâtes, les nouilles sont pauvres en graisses et riches en sucres lents qui diffusent leur énergie de façon continue.

*Nouilles de riz*

## LES NOUILLES DE BLÉ

Il en existe deux types principaux : nature et aux œufs. Les nouilles nature sont faites avec de la farine de blé dur et de l'eau. Elles peuvent être plates ou rondes et plus ou moins épaisses.

### Les nouilles udon

Ces nouilles japonaises, épaisses, peuvent être rondes et plates et sont vendues fraîches, précuites ou sèches. Les nouilles *udon* de blé complet ont un goût plus prononcé.

### Les nouilles somen

Généralement vendues en petites bottes maintenues par une bande de papier, ces nouilles, minces et blanches, sont disponibles dans les épiceries asiatiques.

### Les nouilles aux œufs

Bien plus courantes que les nouilles nature de blé, les nouilles aux œufs sont vendues fraîches et sèches. Il existe des nouilles chinoises de différentes épaisseurs. Les nouilles aux œufs très fines, qui ressemblent à des vermicelles, sont généralement enroulées. Les nouilles de blé complet aux œufs sont disponibles dans les grands supermarchés.

### Les nouilles ramen

Ces nouilles aux œufs japonaises sont aussi vendues enroulées et sont souvent cuites dans le bouillon qui les accompagne.

## LES NOUILLES DE RIZ

Ces nouilles, fines et délicates, faites avec du riz, sont d'un blanc opaque. Comme les nouilles de blé, elles sont plus ou moins épaisses : elles vont des cheveux d'ange, connus sous le nom de vermicelles de riz, populaires en Thaïlande et dans le sud de la Chine, jusqu'à des tubes plus épais, plutôt utilisés au Vietnam et en Malaisie. On trouve dans les épiceries asiatiques une grande variété de nouilles de riz sèches, et parfois des nouilles fraîches dans les bacs réfrigérés. Toutes les nouilles de riz étant précuites, il suffit de les faire tremper quelques minutes dans de l'eau chaude pour les ramollir. Elles sont délicieuses avec des légumes sautés et en salade.

*Nouilles udon (CI-DESSUS) et nouilles cellophane*

## VERMICELLES ET NOUILLES CELLOPHANE

Faites avec de l'amidon de haricots *mung*, ces nouilles translucides, également connues sous le nom de vermicelles de soja ou de nouilles de verre, sont plus ou moins épaisses, mais on ne les trouve que sèches. Bien que très fines, elles sont fermes et relativement résistantes. Les nouilles cellophane n'ont pas besoin de bouillir : il suffit de les faire tremper 10 à 15 minutes dans de l'eau bouillante. Elles ont une texture fantastique, qu'elles conservent une fois cuites, et elles ne deviennent jamais trop molles. Comme elles n'ont presque pas de goût, il est recommandé de les combiner avec des aliments et des condiments plus parfumés. Elles sont excellentes dans des plats végétariens et comme ingrédient des rouleaux de printemps.

### LES NOUILLES DE SARRASIN

Les *soba* sont les nouilles de sarrasin les plus connues. Elles sont d'une couleur beaucoup plus sombre que les nouilles de blé – d'un gris presque brun. Au Japon, les nouilles *soba* sont traditionnellement servies dans des soupes ou avec des aliments sautés, et avec diverses sauces.

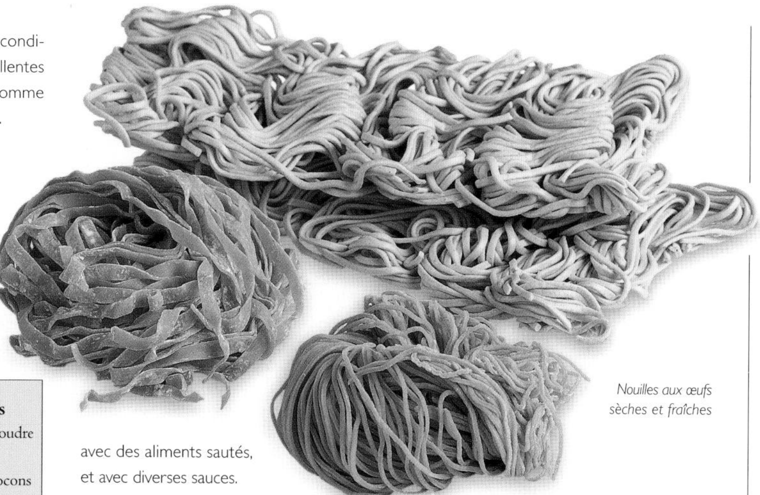

*Nouilles aux œufs sèches et fraîches*

**Achat et conservation** – On trouve des paquets de nouilles fraîches dans les bacs réfrigérés des épiceries asiatiques. Ils comportent généralement une date de péremption et doivent être conservés au réfrigérateur. Les nouilles sèches se gardent de nombreux mois dans un récipient hermétique en un lieu frais et sec.

**Bienfaits pour la santé** – Les nouilles sont riches en sucres lents, qui sont absorbés progressivement par l'organisme et diffusent leur énergie de façon continue. Les nouilles de blé complet, qui contiennent plus de vitamines, de minéraux et de fibres, sont les plus nutritives. Cependant, toutes les nouilles sont riches en protéines et pauvres en graisses. Les nouilles de sarrasin, particulièrement bonnes pour la santé, sont faites avec de la farine de sarrasin, qui contient les huit acides aminés. Elles sont aussi très riches en fibres. Les nouilles cellophane sont faites avec de l'amidon de haricots *mung*, censé être un des dépuratifs les plus puissants.

### Faire cuire les nouilles de blé

Les nouilles de blé cuisent très facilement. On les fait cuire, sèches et fraîches, dans une grande casserole d'eau bouillante. Le temps de cuisson dépend du type de nouilles et de leur épaisseur. Les nouilles sèches doivent cuire trois minutes environ et les nouilles fraîches sont généralement prêtes en moins d'une minute. Les nouilles fraîches doivent parfois être rapidement passées sous le robinet d'eau froide pour les empêcher de trop cuire.

*Nouilles de blé complet aux œufs*

### Recettes rapides de nouilles

- Pour un bouillon simple, faites dissoudre du *mugi miso* dans de l'eau chaude, ajoutez des nouilles *soba* cuites, des flocons de piment et des rondelles de ciboules.

- Faites cuire des nouilles *ramen* dans du bouillon de légumes puis ajoutez un peu de sauce de soja sombre, des épinards émincés et du gingembre râpé (ci-dessus). Servez parsemé de graines de sésame et de coriandre fraîche.

- Faites revenir des rondelles de *shiitaké* et de girolles dans de l'ail et du gingembre puis mélangez avec du riz ou des nouilles à l'œuf (ci-dessus). Parsemez de ciboulette fraîche et arrosez d'un peu d'huile de sésame grillé.
- Passez au mixer de la citronnelle, du piment, de l'ail, du gingembre, des filaments de zeste de citron vert et de la coriandre fraîche. Faites revenir la pâte dans un peu d'huile de tournesol et mélangez avec des nouilles en forme de ruban cuites. Avant de servir, parsemez de basilic frais et de ciboules hachées.

# Les huiles

Il existe une grande variété d'huiles pour la cuisine et elles proviennent de sources différentes : de céréales telles que le maïs, de fruits oléagineux tels que les olives, les noix, les amandes et les noisettes, et de graines telles que celles de colza, de carthame et de tournesol. Elles peuvent être extraites par de simples moyens mécaniques : pressées ou écrasées, ou par d'autres procédés, généralement en faisant chauffer les graines ou les noix. Les huiles vierges, obtenues par première pression à froid des olives, des différentes noix ou des graines, sont vendues non raffinées et elles ont un goût très prononcé. Elles sont aussi relativement chères.

## L'HUILE D'OLIVE

L'huile d'olive, considérée comme la reine des huiles, varie en goût et en couleur selon son mode de fabrication et sa provenance. Le climat et le type de sol, de récolte et de pressage affectent le résultat final. Généralement, plus le climat est chaud, plus l'huile est corsée. Ainsi, les huiles du sud de l'Italie, de la Grèce et de l'Espagne ont un goût plus prononcé que celles provenant de France et du reste de l'Italie. L'huile d'olive est riche en graisses mono-insaturées, qui font baisser le cholestérol, réduisant ainsi le risque de maladies cardio-vasculaires. Il en existe différentes qualités.

### L'huile d'olive extra vierge

Cette huile, de qualité supérieure, est la plus savoureuse. Elle provient de la première pression à froid des olives et son taux d'acidité est inférieur à 1 %. L'huile d'olive extra vierge n'est pas recommandée pour les fritures, mais elle est excellente pour assaisonner les salades, surtout mélangée avec des huiles plus légères. Elle est également délicieuse sur des pâtes, avec de l'ail haché et du poivre noir, ou sur des légumes cuits à la vapeur.

### L'huile d'olive vierge

Également pure et de première pression, elle est légèrement plus acide que l'huile d'olive extra vierge et elle peut être utilisée plus ou moins de la même façon.

**Les corps gras essentiels**

Nous avons tous besoin de corps gras dans notre alimentation. Ils maintiennent la chaleur du corps, ajoutent du goût à nos aliments, transportent les vitamines A, D, E et K dans l'organisme, et ils fournissent les acides gras, non produits par le corps mais indispensables à la croissance et au développement. Ils peuvent en outre réduire les risques de maladies cardio-vasculaires.

Le plus important est le type et la quantité de matières grasses que nous mangeons. Certaines sont meilleures pour nous que d'autres et nous devons tenir compte de ce facteur dans notre consommation. Les lipides ne doivent pas excéder 35% de notre alimentation.

*Huile d'olive extra vierge* (À GAUCHE), *huile de tournesol,* (AU CENTRE) *et huile de carthame* (À DROITE)

*Huile d'arachide* (À GAUCHE) *et huile d'amande*

### L'huile d'olive pure

Raffinée et homogénéisée pour en éliminer les impuretés, elle a un goût beaucoup moins prononcé que l'huile d'olive vierge ou extra vierge et elle convient à tous les types de cuisine. On peut l'utiliser pour des fritures légères.

## D'AUTRES HUILES

Il existe sur le marché une gamme étendue d'huiles légères et traitées. Elles sont toutes relativement dépourvues de goût et peuvent être utilisées de différentes façons dans la cuisine.

### L'huile de maïs

Une des huiles végétales les plus économiques et les plus courantes, l'huile de maïs est d'un jaune doré profond avec un goût assez prononcé. Elle est parfaite pour la cuisine, les fritures en particulier, mais ne convient pas pour les salades. Le maïs est riche en acides gras oméga-6 (linoléique), qui font baisser le taux de cholestérol.

### L'huile de carthame

Cette huile légère, extraite des graines de carthame, se prête à divers usages. On peut la substituer à l'huile de tournesol ou d'arachide mais elle est un peu plus épaisse, avec un goût légèrement plus marqué. Elle convient aux fritures. L'idéal est de l'utiliser avec des ingrédients à la saveur plus prononcée. Elle contient plus de graisses polyinsaturées que les autres huiles et est pauvre en graisses saturées.

### L'huile de tournesol

Cette huile très légère et presque sans goût peut être utilisée de mille façons. Elle est parfaite pour la cuisine, les fritures en particulier, ou pour les salades, dans lesquelles on peut la combiner avec des huiles plus parfumées telles que l'huile d'olive ou l'huile de noix. Extraite des graines de tournesol, elle est très riche en graisses polyinsaturées et pauvre en graisses saturées.

### L'huile de soja

Cette huile au goût neutre, extraite des graines de soja et adaptée à tous les usages, est probablement l'huile la plus utilisée au monde. Elle est parfaite pour les fritures parce qu'elle ne fume qu'à une température élevée et parce que même très chaude, elle reste stable. La margarine en contient souvent. Elle est riche en graisses polyinsaturées et mono-insaturées et pauvre en graisses saturées. Choisissez des marques qui ne soient pas fabriquées avec des graines de soja génétiquement modifiées.

### L'huile d'arachide

Cette huile relativement dépourvue de goût, extraite des cacahuètes, est excellente pour la cuisine, les fritures notamment, et

*Huile de soja*

### Recettes rapides de marinades

- Mélangez de l'huile d'olive avec des herbes fraîches hachées telles que du persil, de la ciboulette, de l'origan, du cerfeuil et du basilic. Ajoutez un peu de jus de citron, salez et poivrez.
- Mélangez de l'huile d'arachide, de l'huile de sésame grillé, de la sauce de soja sombre, du xérès doux, du vinaigre de riz et de l'ail écrasé. Utilisez comme marinade pour du tofu ou du *tempeh*.

- Mélangez de l'huile d'olive, du jus de citron, du xérès, du miel et de l'ail écrasé, et utilisez cette marinade pour des brochettes de légumes et de fromage de brebis.

les salades. L'huile d'arachide chinoise est plus sombre et possède un goût de noix plus caractéristique. Elle est excellente pour les salades et les plats sautés orientaux. L'huile d'arachide contient un taux de graisses mono-insaturées plus élevé que l'huile de soja et comporte aussi des graisses polyinsaturées.

### L'huile de colza

Cette huile sans goût, qui peut être utilisée de plusieurs façons, convient pour la cuisine, les fritures notamment, et pour les salades. Elle contient un taux plus élevé d'huiles mono-insaturées que toutes les autres huiles, à l'exception de l'huile d'olive.

### L'huile de pépins de raisin

Cette huile délicate au goût subtil, qui ne domine pas les autres ingrédients, provient du pressage des pépins de raisin restant après la fabrication du vin. Elle est excellente pour la cuisine, les fritures en particulier, et pour les salades, surtout combinée avec de l'huile de noix ou d'olive, au goût plus fort. L'huile de pépins de raisin est riche en graisses polyinsaturées.

*Huile de colza*

## LES HUILES SPÉCIALES

Outre les huiles légères, employées de diverses façons dans la cuisine ordinaire, il existe plusieurs huiles au goût très prononcé qui sont utilisées en petites quantités, souvent pour des salades et des marinades plutôt que pour des plats cuisinés.

### L'huile de sésame

Il existe deux types d'huile de sésame : la version pâle et légère provenant de la pression de graines non grillées, et l'huile épaisse et sombre provenant de graines grillées, qui est utilisée en Asie. L'huile légère, populaire en Inde et au Moyen-Orient, a un goût délicat. Elle ne fume qu'à des températures élevées et convient donc parfaitement pour la cuisine. L'huile de sésame sombre, qui a un merveilleux arôme et un goût de noix, parfume les marinades et les plats sautés. Elle a une saveur beaucoup plus prononcée que l'huile de noix ou d'olive, si prononcée qu'il convient de l'utiliser en petite quantité. Elle peut cependant être mélangée à des huiles plus douces telles que celle d'arachide ou de soja. Faire chauffer de l'huile de sésame grillé en exhale l'arôme, mais il ne faut jamais le faire longtemps. Les deux variétés d'huile de sésame sont riches en graisses polyinsaturées.

### L'huile de noix

Cette huile, très parfumée, est délicieuse pour les salades et marinades, mais ne convient pas aux fritures, car la chaleur l'affadit (elle est aussi trop chère pour un emploi en grande quantité). Versez-en un peu sur des légumes cuits au four ou à la vapeur, sur des pâtes ou des nouilles, juste avant de servir. En petites quantités, elle peut remplacer la graisse dans certains plats et parfumer des gâteaux et biscuits, surtout ceux qui contiennent des noix. L'huile de noix ne se conserve pas longtemps et une fois la bouteille ouverte, elle doit être stockée dans un lieu sombre et frais pour

### Quelques recettes rapides d'assaisonnements de salades

Un bon assaisonnement doit exhaler le goût d'une salade et non le supprimer.

- Pour une simple vinaigrette, fouettez 60 ml/4 c. à soupe d'huile d'olive extra vierge et 15 ml/1 c. à soupe de vinaigre de vin rouge ou blanc dans un petit récipient. Ajoutez 1 pincée de sucre et 5 ml/1 c. à thé de moutarde de Dijon. Salez et poivrez selon votre goût.
- Pour un assaisonnement à l'huile de noix, fouettez 60 ml/4 c. à soupe d'huile de noix et autant de vinaigre de xérès, et salez et poivrez selon votre goût. Cet assaisonnement est excellent avec des salades au goût prononcé telles que la roquette, le cresson ou la trévise.

- Mélangez de l'huile de noix et du fromage frais ou du yaourt maigre avec du persil plate frais et haché. Salez et poivrez, puis versez l'assaisonnement sur des pommes de terre nouvelles et garnissez avec de la ciboulette ciselée et des noix grillées et hachées.
- Mélangez du gingembre frais râpé, de la coriandre fraîche, du jus de citron vert et de l'huile de sésame grillé, et versez sur des carottes râpées. Parsemez ce mélange de carottes de graines de sésame grillées.

- Mélangez de l'huile d'olive extra vierge et du jus de citron, et versez sur des flageolets et des *cannellini* chauds. Ajoutez des tomates hachées et du persil plat frais et haché.
- Mettez des bouquets de brocolis ou des cocos dans une sauce composée d'huile de noix, d'huile d'olive, de vinaigre de vin blanc et de moutarde de Dijon.

ne pas rancir. On peut aussi la garder au réfrigérateur, bien que cela la solidifie. L'huile de noix est riche en graisses polyinsaturées et contient de la vitamine E.

### L'huile de noisette

Cette huile, fine et parfumée, est d'une belle couleur marron, avec une délicieuse saveur de noisettes grillées. Elle est très chère mais, en raison de son goût prononcé, il n'en faut qu'une petite quantité. Elle est excellente combinée avec des huiles moins fortes pour des salades et des sauces, et elle peut ajouter un goût de noix aux pâtisseries pour le thé ainsi qu'à d'autres gâteaux et aux biscuits. Elle est riche en graisses mono-insaturées.

### L'huile d'amande

Cette huile, pâle et délicate, est surtout utilisée pour les pâtisseries et autres desserts. Elle possède une saveur subtile et douce d'amande, mais cependant pas assez prononcée pour donner un goût d'amande aux gâteaux et aux biscuits. L'huile d'amande est riche en graisses mono-insaturées ainsi qu'en vitamines A et E. Elle a la réputation d'être excellente pour la peau et on l'utilise souvent comme huile de massage.

**Achat et conservation** – Les huiles pour la cuisine telles que celles de tournesol, de soja et de carthame sont plus stables que les huiles de noix ou de graines et elles se gardent plus longtemps. Pour bien les conserver, stockez-les dans un endroit sombre et frais, à l'abri de la lumière. Les huiles de noix et de graines sont plus volatiles. Elles rancissent rapidement et doivent être conservées au réfrigérateur après avoir été ouvertes.

**Bienfaits pour la santé** – Les huiles sont incontestablement riches en calories et doivent toujours être employées avec modération mais elles possèdent aussi un certain nombre de vertus thérapeutiques. Les graisses mono-insaturées, présentes notamment dans les huiles d'olive et de colza, stabilisent ou augmentent le taux de lipoprotéines de haute densité (HDL), qui sont bénéfiques, et font baisser celui des lipoprotéines de faible densité (LDL), qui sont néfastes, régulant ainsi le taux de cholestérol dans l'organisme. Un taux élevé de LDL dans le sang indique généralement une augmentation du cholestérol, les LDL transportant les substances grasses (cholestérol) dans le corps. Les HDL véhiculent beaucoup moins de graisses.

L'huile d'olive contient aussi de la vitamine E, antioxydant naturel qui peut aider à lutter contre les radicaux libres qui attaquent les cellules de l'organisme et peuvent causer des cancers. Les graisses polyinsaturées fournissent les acides gras essentiels oméga-3 (alpha-linolénique) et oméga-6 (acide linoléique) que doit comporter l'alimentation. L'oméga-3, présent dans les huiles de noix, de colza et de soja, réduit l'incidence de maladies cardio-vasculaires et de caillots sanguins ; l'oméga-6, présent dans les huiles de carthame, de tournesol et de noix, abaisse le taux de mauvais cholestérol. Les graisses polyinsaturées sont plus instables que les graisses polysaturées et elles ont tendance à s'oxyder, ce qui peut entraîner la formation de radicaux libres. Les graisses polyinsaturées contiennent de la vitamine E mais en quantités variables. Il est donc recommandé de manger d'autres aliments en fournissant afin de protéger les acides gras et l'organisme des effets nocifs de l'oxydation.

*Huiles de noix, de sésame et de noisette*

# Les vinaigres

Le vinaigre, qui est l'un de nos condiments les plus anciens, est fabriqué selon un processus de fermentation acétique, c'est-à-dire en exposant à l'air un liquide contenant moins de 18 % d'alcool. La plupart des pays produisent leur propre type de vinaigre, généralement préparé à partir de leur boisson alcoolisée la plus populaire – le vin en France et en Italie, le xérès en Espagne, le vin de riz en Asie et la bière et le cidre en Grande-Bretagne. Il est couramment utilisé pour conserver certains ingrédients tels que les cornichons ou les petits oignons, et pour les chutneys, les marinades et les salades. Une cuillerée ou deux de vinaigre de bonne qualité peuvent relever certains mets et certaines sauces.

## LE VINAIGRE DE VIN

Il peut être préparé avec du vin rouge, blanc ou rosé, et sa qualité dépend de celle de l'ingrédient de base. Les meilleurs vinaigres de vin sont fabriqués avec la méthode Orléans, qui est lente et coûteuse. Il existe des procédés de fermentation meilleur marché et plus rapides, où l'on fait chauffer le liquide, ce qui donne un vinaigre plus dur et ne possédant pas la complexité du vin dont il est tiré. Utilisez le vinaigre de vin pour des assaisonnements, des mayonnaises, des sauces et pour relever des ragoûts et des soupes.

## LE VINAIGRE BALSAMIQUE

Ce vinaigre riche, sombre et doux est devenu extrêmement populaire. Fabriqué à Modène, dans le nord de l'Italie, il est fait avec du jus de raisin (surtout avec du raisin Trebbiano), qui fermente dans des foudres en bois pendant au moins quatre ou cinq ans et jusqu'à quarante ans ou plus, ce qui donne un résultat extrêmement riche et aromatique. Le vinaigre balsamique est délicieux dans des assaisonnements, sur des légumes cuits au four ou même avec des fraises.

Vinaigre de xérès

Vinaigre balsamique

## LE VINAIGRE DE XÉRÈS

Ce vinaigre peut être aussi cher que le vinaigre balsamique et, s'il a vieilli dans des tonneaux de bois, tout aussi bon. Doux et sucré, il possède une couleur caramel et on peut l'utiliser de la même façon que le vinaigre balsamique : dans des assaisonnements, avec des légumes cuits au four ou ajouté à des sauces et des ragoûts.

## LE VINAIGRE DE FRAMBOISE

N'importe quels fruits rouges peuvent être utilisés pour rehausser le goût du vinaigre de vin blanc, mais les framboises sont les plus populaires. On peut préparer du vinaigre de framboise chez soi en faisant macérer des framboises fraîches dans un vinaigre de vin de bonne qualité, deux à trois semaines. Une fois le mélange filtré, ce vinaigre est délicieux avec des salades ou dans des sauces. Mélangé à de l'eau gazeuse, il constitue une boisson rafraîchissante.

## LE VINAIGRE DE MALT

Fabriqué avec de la bière fermentée, le vinaigre de malt sert en Grande-Bretagne et en Europe du Nord à conserver des oignons et d'autres légumes. On peut aussi en parfumer des chips. Il peut être clair mais il est souvent vendu coloré au caramel. En raison de son goût fort et âpre, il ne convient pas aux salades.

Vinaigres de vin rouge et blanc

Vinaigre de framboise

CI-DESSUS Vinaigre de cidre

LE VINAIGRE DE RIZ
Il existe deux types de vinaigre de riz : le japonais et le chinois. Le vinaigre japonais, doux et sucré, est le plus souvent utilisé pour parfumer le riz à sushis, mais il peut aussi être ajouté à des assaisonnements, des mets sautés et des sauces. La variété chinoise est beaucoup plus acide. Le vinaigre de riz est généralement marron clair, mais il peut aussi être noir, rouge ou blanc.

LE VINAIGRE DE CIDRE
Fabriqué avec du cidre et réputé pour ses vertus curatives, le vinaigre de cidre est préparé de la même façon que celui de vin. Brun pâle avec un léger goût de pomme, il est trop fort et acide pour pouvoir être utilisé de la même façon que le vinaigre de vin. Il convient aux salades, mais mieux vaut l'employer pour conserver des fruits tels que les poires. Mélangé à du miel, du jus de citron et de l'eau chaude, il constitue une boisson apaisante et efficace contre le rhume et la grippe.

**Bienfaits pour la santé** – Hippocrate prescrivait du vinaigre comme remède contre les troubles respiratoires, et le vinaigre peut aussi se révéler utile dans les cas d'intoxication alimentaire. Le vinaigre de cidre est censé posséder de nombreuses vertus thérapeutiques, mentionnées dans un livre des années soixante du docteur DeForest Clinton Jarvis, intitulé *Médecine populaire*. Le docteur DeForest Clinton Jarvis considérait le cidre comme une panacée, capable de soigner aussi bein l'arthrite que les maux de tête, l'obésité et le hoquet.

**Le vinaigre aux épices**

Ce vinaigre aromatique est excellent dans les assaisonnements et les marinades. N'importe quel type de vinaigre peut être utilisé comme base, mais pour obtenir les meilleurs résultats, assurez-vous qu'il est de bonne qualité. Si le vinaigre a un aspect douteux ou une odeur déplaisante, jetez-le aussitôt.

On peut le parfumer avec divers ingrédients, comme des herbes – estragon ou romarin – ou des épices entières – cannelle, anis étoilé ou grains de poivre noir, blanc ou vert.

**1** Mettez quelques piments rouges, 1 à 2 gousses d'ail et quelques lamelles épaisses de zeste de citron dans une bouteille de vinaigre de riz. Laissez infuser 3 à 4 semaines sur un rebord de fenêtre ensoleillé ou dans un endroit chaud.

**2** Filtrez le vinaigre, versez-le dans une bouteille stérilisée et fermez hermétiquement avec un bouchon. Conservez dans un lieu sombre et frais.

Vinaigre de riz (À GAUCHE) et vinaigre de malt brun

# Les thés et les tisanes

Revigorants, le thé et les tisanes sont populaires depuis des siècles et il en existe de nombreuses variétés, depuis les thés traditionnels tels que le thé vert, le thé *oolong* et le thé noir jusqu'aux thés aux fruits, très aromatiques, et aux tisanes médicinales.

Thé noir (À GAUCHE) et thé vert

## LE THÉ VERT

Très apprécié des Chinois et des Japonais, il est légèrement amer, mais cependant rafraîchissant. Il est produit à partir de feuilles passées à la vapeur et séchées mais non fermentées, ce qui leur permet de conserver leur couleur verte.

## LE THÉ OOLONG

Partiellement fermenté et particulièrement parfumé, il se situe, en termes de force et de couleur, entre le thé vert et le thé noir.

Thé oolong

## LE THÉ NOIR

Variété de thé la plus répandue, il est préparé en faisant fermenter des feuilles de thé fanées, puis en les faisant sécher. Brun foncé, il possède un goût plus prononcé que le thé vert. Le thé Darjeeling et le *breafkast tea* anglais en constituent deux exemples.

**Bienfaits pour la santé** – Des recherches récentes ont montré que boire environ cinq tasses de thé par jour peut aider à prévenir les maladies cardio-vasculaires, les congestions cérébrales et les risques de certains cancers. Ces bienfaits sont attribués à un groupe d'antioxydants présents dans le thé : les polyphénols ou flavonoïdes. Les flavonoïdes ont des propriétés antivirales, antibactériennes et anti-inflammatoires. C'est le thé vert qui en contient le plus et le thé noir le moins. Les antioxydants aident à lutter centre les radicaux libres, qui attaquent les cellules de l'organisme et peuvent provoquer l'apparition de cancers. Le thé contient aussi du fluor, qui protège l'émail dentaire contre les caries. Bu après les repas, cependant, le thé peut réduire l'absorption de fer, et il contient de la caféine (mais bien moins, toutefois, que le café).

## LES THÉS AUX FRUITS

Ils sont aromatisés avec un mélange de parfums de fruits tels que le cynorhodon, la fraise, l'orange, la framboise et le citron, avec les morceaux de fruits eux-mêmes et parfois des herbes ou du vrai thé. Il est recommandé de vérifier l'étiquette pour vous assurer que le « thé » est parfumé naturellement et non artificiellement. Les thés aux fruits constituent des boissons rafraîchissantes, sans caféine et hypocaloriques. Ils sont idéals pour les femmes enceintes et, en raison de leur faible teneur en sucre, pour les diabétiques.

### Le café

Bien que le café ne doit pas être consommé en quantité trop importante à cause de son taux élevé de caféine, des recherches ont montré qu'il est susceptible d'améliorer la concentration et d'avoir une action psychotrope. Mais en boire plus de 6 tasses par jour peut accroître les risques de maladies cardio-vasculaires et d'hypertension.

## LES TISANES AUX HERBES

Bien que les tisanes aient une faible valeur nutritive, les herboristes les prescrivent depuis des siècles pour une foule de maux et de maladies. Boire des tisanes (qui peuvent être préparées, selon les cas, avec les feuilles, les graines ou les fleurs des plantes) constitue une façon pratique et simple d'absorber des plantes médicinales. Les tisanes varient cependant en force et en efficacité. Sur le plan thérapeutique, celles du commerce sont généralement peu efficaces. Elles sont néanmoins excellentes pour la santé et elles ne contiennent pas de caféine. Toutefois, certaines variétés ne conviennent pas aux jeunes enfants ni aux femmes enceintes : il est donc recommandé de vérifier l'étiquette. Les tisanes prescrites par les herboristes peuvent être très puissantes et doivent être consommées avec précaution.

Voici les variétés de tisanes les plus courantes.

La tisane de **menthe** est recommandée comme stimulant digestif après les repas. Elle est également efficace contre les maux d'estomac et les rhumes. La tisane de **camomille** est sédative. La tisane de **feuilles de framboises** prépare l'utérus à l'accouchement et est censée réduire les douleurs des contractions, mais elle n'est pas recommandée en début de grossesse. Elle soulage aussi les douleurs menstruelles. La tisane de **cynorhodon** est riche en vitamine C et aide à prévenir le rhume et la grippe. Les tisanes de **pissenlit** et de **verveine citron** sont des diurétiques efficaces. La tisane de **romarin** stimule les facultés intellectuelles et la concentration. La tisane de **thym** renforce le système immunitaire et aide à lutter contre les infections virales et bactériennes et les mycoses. La tisane de **sureau** décongestionne les sinus et les bronches.

*CI-DESSOUS Les thés aux fruits parfumés naturellement ne contiennent pas de caféine et pratiquement aucune calorie.*

*Tisane de fleurs de sureau et tisane de pissenlits*

**Les thés parfumés**

Ils sont très simples à préparer : il suffit de plonger vos herbes, épices ou fruits préférés dans de l'eau bouillante, de laisser infuser, puis de passer. Le thé au gingembre est efficace contre la nausée, le rhume, la grippe et les maux d'estomac.

**1** Pour faire du thé au gingembre, hachez 1 morceau de racine fraîche de gingembre (2,5 cm/1 in par litre). Mettez-le dans une tasse et versez de l'eau bouillante.

**2** Couvrez et laissez infuser 7 à 10 min. Passez ou buvez tel quel.

# Les édulcorants

Les nutritionnistes ont des opinions différentes et parfois complètement opposées sur le sucre et ses substituts. Certains affirment que ces produits entraînent de l'hyperactivité chez les enfants ; d'autres maintiennent au contraire qu'ils favorisent la relaxation et le sommeil. De nombreux aliments, dont le pain, les gâteaux, les desserts et les puddings contiennent différents types de sucres ou des substituts tels que de la mélasse, du miel, du sirop de malt ou de céréales et des fruits secs. Sans eux, ils n'auraient aucun goût. Pourvu qu'une alimentation soit équilibrée et variée, des quantités modérées de sucre sont acceptables sur le plan nutritionnel.

*Mélasse noire*

## LA MÉLASSE

Liquide riche et sirupeux, ce sous-produit du raffinage du sucre varie en termes de qualité et de couleur. La variété la plus précieuse sur le plan nutritionnel est la mélasse épaisse et très sombre, qui contient moins de sucre que ses substituts plus fluides et plus de fer, de calcium, de cuivre, de magnésium, de phosphore, de potasse et de zinc. Toutefois, mieux vaut choisir de la mélasse bio, qui ne contient ni les produits chimiques ni les additifs utilisés pour raffiner le sucre.

## LE MIEL

Le miel, qui est l'un des édulcorants les plus anciens utilisés par l'homme, était très apprécié par les Égyptiens pour ses vertus diététiques et curatives. La couleur, le parfum, la consistance et la qualité dépendent des fleurs dont il provient et de la méthode de production. En général, plus un miel est sombre, plus il a de goût. De nombreuses marques vendues dans le commerce sont pasteurisées et homogénéisées afin d'obtenir une saveur et une texture uniformes, mais du point de vue du goût et de la santé, mieux vaut acheter du miel cru et non filtré provenant d'une variété unique de fleurs. Sur le plan nutritionnel, les bienfaits du miel sont minimes, mais comme il est beaucoup plus doux que le sucre, il en faut moins, et il est moins calorique. Le miel est un excellent antiseptique et des recherches récentes ont montré qu'appliqué par voie externe, il aide à cicatriser et à désinfecter les plaies. Mélangé avec du citron et de l'eau chaude, il soulage les maux de gorge et est aussi efficace contre la diarrhée et l'asthme.

*Caroube et caroube en poudre*

## LA CAROUBE

Ce substitut – exempt de caféine – du chocolat est fabriqué avec la gousse, charnue et aromatique, d'un arbuste méditerranéen, le

*Miel*

Extrait de malt

Fruits secs

caroubier. La poudre (ou farine) de caroube ressemble au chocolat et a le même goût : elle peut donc le remplacer dans des boissons chaudes, des douceurs et des pâtisseries. Elle est naturellement plus sucrée et plus pauvre en graisses que la poudre de cacao et plus nutritive : elle contient en effet du fer, du calcium, de la vitamine B6, de la riboflavine et du potassium.

## LE SIROP D'ÉRABLE

Il est fabriqué avec la sève de l'érable. Choisissez des variétés pures plutôt que le sirop parfumé à l'érable, qui contient des additifs. Le sirop d'érable a un goût particulier, très riche, et il est plus doux que le sucre, si bien qu'il en faut moins pour la cuisine.

## LES SIROPS DE CÉRÉALES

Le maïs, l'orge, le blé et le riz peuvent être transformés en sirops utilisés à la place du sucre pour la pâtisserie et les sauces. Les sirops de céréales tendent à être plus faciles à digérer et ils pénètrent plus lentement dans le sang que d'autres formes de sucres raffinés, qui entraînent de brusques chutes du taux de glycémie. Les sirops de céréales ne sont pas aussi doux que le sucre et ils ont un goût subtil. L'extrait de malt, sous-produit de l'orge, a un goût plus intense et il est excellent dans le pain et la pâtisserie.

## LES JUS DE FRUITS

Le jus de fruits frais remplace avantageusement le sucre dans la pâtisserie, les sauces, tourtes et glaces. Les concentrés de jus de fruits tels ceux de pomme, de poire et de raisin, sans sucre ajouté ni conservateurs, sont disponibles dans les magasins diététiques. Ils peuvent être dilués ou utilisés sous forme de concentrés pour des gâteaux, tourtes et puddings.

*À DROITE (dans le sens des aiguilles d'une montre, à partir de la gauche) Sirop de dattes, sirop de malt d'orge et sirop de riz complet.*

## LES FRUITS SECS

Il existe du sirop de dattes, très goûteux, qui peut être utilisé pour sucrer les gâteaux. Des fruits secs en purée : prunes, figues, dattes ou abricots notamment, peuvent aussi remplacer le sucre dans les tourtes et les gâteaux. Les fruits secs peuvent être ajoutés à des plats sucrés et salés.

### Coulis d'abricots aux épices

Ce riche coulis est délicieux avec du yaourt nature, et il peut servir à sucrer les gâteaux, crumbles et tourtes.

**1** Mettez 350 g/12 oz/1 ½ tasses d'abricots secs dans une casserole et recouvrez d'eau. Ajoutez 1 bâton de cannelle, 2 clous de girofle et 2.5 ml/½ c. à thé de noix de muscade râpée. Portez à ébullition et laissez mijoter 20 min afin que les abricots gonflent.

**2** Laissez refroidir, puis mixez en un coulis homogène. Délayez avec un peu d'eau si le mélange semble trop épais.

# Les recettes bio

La première partie de ce livre est une mine de renseignements sur de nombreux aliments bio. Cependant, avoir des connaissances étendues en matière de nutrition est une chose, les mettre en pratique en est une autre. Les pages qui suivent proposent des recettes originales et créatives, conçues pour vous aider à intégrer dans votre alimentation un plus grand nombre d'ingrédients nutritifs, pour un minimum de travail et un maximum de saveur. Commençant par les petits déjeuners et les brunchs, cette seconde partie propose ensuite de préparer des soupes et des collations, des plats principaux, des tartes, tourtes et pizzas, des salades et des accompagnements, ainsi que de succulents entremets, glaces, tartes, gâteaux et pains. La plupart de ces recettes sont accompagnées d'encadrés soulignant les bienfaits des principaux ingrédients lorsqu'ils sont consommés de façon équilibrée, ainsi que de variantes et de conseils culinaires.

# Les petits déjeuners et les brunchs

Commencez la journée avec un petit déjeuner équilibré et nourrissant. Les recettes qui vous sont proposées associent essentiellement des laitages, fruits, céréales et œufs, lesquels stimulent l'énergie pendant toute la matinée ; de plus, elles sont faciles et rapides à préparer.

# VELOUTÉ AUX BANANES ET AUX FRAISES

**Cette savoureuse boisson à base d'avoine et de fruits, aliments très énergétiques, constitue un petit déjeuner idéal.**

**Pour 2 personnes**

**INGRÉDIENTS**

2 bananes coupées en morceaux
250 g/9 oz/2 tasses de fraises
30 ml/2 c. à soupe de flocons d'avoine
500 g/1 1/4 lb/2 1/2 tasses de yaourt nature

CONSEIL

Préparez les boissons aux fruits juste avant de les servir afin qu'elles gardent leurs nutriments.

Passez au mixer les bananes, les fraises, les flocons d'avoine et le yaourt jusqu'à obtention d'une consistance onctueuse et homogène. Versez dans de grands verres et servez.

# COCKTAIL D'AGRUMES

**Boire ce jus rafraîchissant et riche en vitamine C est une formidable façon de commencer la journée.**

**Pour 4 personnes**

**INGRÉDIENTS**

1 ananas
6 oranges pelées et hachées
jus d'1 citron
1 pamplemousse rose, pelé et coupé en quartiers

1 Pour préparer l'ananas, coupez le bas et le haut piquant. Mettez l'ananas debout et retirez la peau en enlevant les « yeux » et aussi peu de chair que possible. Couchez le fruit sur le côté et détaillez-le en petits morceaux.

2 Passez au mixer l'ananas, les oranges, le jus de citron et les quartiers de pamplemousse durant quelques minutes jusqu'à ce que la préparation soit homogène.

3 Filtrez le jus dans une passoire pour éliminer éventuellement les peaux blanches et les membranes. Servez bien frais.

# JUS D'AIRELLES ET DE POMMES

**Ce jus détoxifiant, parfumé au gingembre, n'est ni trop acide ni trop sucré.**

**Pour 4 personnes**

**INGRÉDIENTS**

4 pommes à couteau
600 ml/1 pinte/2 1/2 tasses de jus d'airelles
1 morceau de racine de gingembre (de 2,5 cm/1 in pour 1 l) pelé et coupé en rondelles

BIENFAITS POUR LA SANTÉ

Les fruits très colorés telles les airelles contiennent des quantités appréciables de vitamines antioxydantes, aux nombreuses propriétés thérapeutiques.

1 Pelez éventuellement les pommes, puis évidez-les et coupez-les.

2 Versez le jus d'airelles dans un mixer. Ajoutez les tranches de pommes et les rondelles de gingembre, et mixez quelques minutes jusqu'à ce que le tout soit bien mélangé et relativement homogène. Servez bien frais.

# TONIQUE DE LÉGUMES

**Le gingembre est très énergétique et si vous manquez un peu de ressort, il vous remettra immédiatement sur pied.**

**Pour 2 personnes**

**INGRÉDIENTS**

1 betterave cuite dans son jus et coupée en rondelles
1 longue carotte coupée en rondelles
1 morceau de racine de gingembre de 4 cm/1 1/2 in, pelé et finement râpé
2 pommes éventuellement pelées, évidées et coupées
150 g/5 oz/1 1/4 tasses de raisins blancs sans pépins
300 ml/1/2 pinte/1 1/4 tasses de jus d'orange frais

Passez au mixer la betterave, la carotte, le gingembre, les pommes, les raisins et le jus d'orange jusqu'à obtention d'un mélange relativement homogène. Servez aussitôt ou mettez au réfrigérateur jusqu'au moment de servir.

*À DROITE (dans le sens des aiguilles d'une montre, à partir d'en haut à droite) Jus d'airelles et de pommes, cocktail d'agrumes, velouté aux bananes et aux fraises et tonique de légumes.*

# YAOURT AUX DATTES, À LA BANANE ET AUX NOIX

Les dattes et les bananes sont riches en fibres et en sucres naturels.

**Pour 4 personnes**

**INGRÉDIENTS**

125 g/4 oz/⅔ tasse de dattes sèches, dénoyautées et hachées
300 ml/½ pinte/1 ¼ tasses de yaourt nature
2 bananes
50 g/2 oz/½ tasse de noix hachées

**1** Incorporez les dattes au yaourt. Couvrez et laissez reposer toute la nuit pour ramollir les fruits.

**2** Pelez et émincez les bananes dans le mélange précédent. Répartissez dans des coupes et parsemez de noix.

CONSEIL

Choisissez des dattes sèches ordinaires et non enrobées de sucre. La banane est l'un des encas le meilleur et le plus pratique. Si vous n'avez pas le temps de prendre votre petit déjeuner, mangez une banane.

VARIANTES

Remplacez les noix par des noisettes ou des noix de pécan grillées. Vous pouvez substituer aux dattes, des figues, des mangues ou des papayes séchées.

# YAOURT VELOUTÉ AUX BAIES ROUGES

En quelques secondes vous obtiendrez pour le petit déjeuner, un délicieux mélange, pauvre en matières grasses mais riche en énergie. Ici, l'eau de rose ajoute une note exotique. Vous pouvez varier les saveurs en utilisant d'autres fruits : banane et vanille, ou abricot avec quelques gouttes d'extrait d'amandes.

**Pour 2 personnes**

**INGRÉDIENTS**

250 ml/8 fl oz/1 tasse de lait demi-écrémé, bien froid
250 ml/8 fl oz/1 tasse de yaourt nature
120 g/4 oz de baies rouges en mélange
5 ml/1 c. à thé d'eau de rose
un peu de miel, à votre goût

**1** Mélangez dans un mixer le lait, le yaourt, les fruits et l'eau de rose.

**2** Ajoutez le miel, à votre goût, selon l'acidité des fruits. Versez dans 2 verres.

CONSEIL

Tous les fruits rouges tendres peuvent être employés – fraises, framboises, mûres, myrtilles, cerises aigres et groseilles (passez ces dernières au moulin à légumes pour ôter les pépins).

# COCKTAIL DE MELON, ANANAS ET RAISIN

Vous pouvez préparer la veille cette salade de fruits rafraîchissante et légère, sans sucre ajouté et parfaite pour commencer la journée.

**Pour 4 personnes**

**INGRÉDIENTS**

½ melon
250 g/8 oz d'ananas frais ou une boîte de 250 g/8 oz d'ananas en morceaux au sirop
250 g/8 oz de raisin blanc sans pépins, chaque grain partagé en deux
120 ml/4 fl oz/½ tasse de jus de raisin blanc
feuilles de menthe fraîche, pour garnir (facultatif)

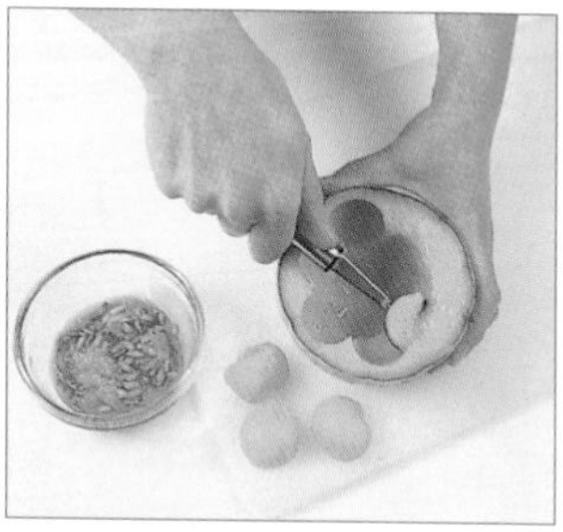

**1** Retirez les pépins du melon puis détaillez la chair à l'aide d'une cuillère parisienne.

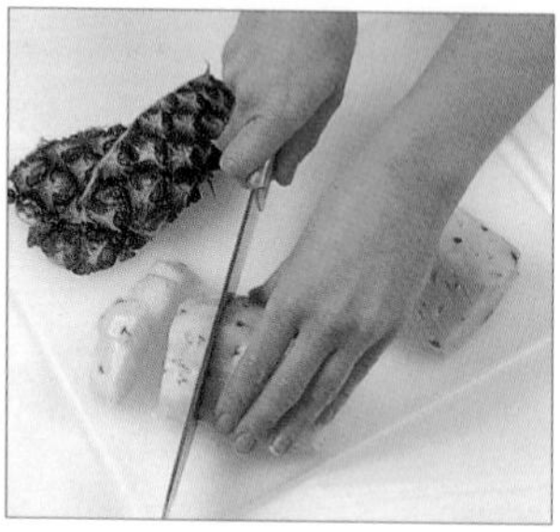

**2** Épluchez l'ananas à l'aide d'un couteau bien aiguisé, puis coupez la chair en petits morceaux.

**3** Mélangez tous les fruits dans une coupe en verre et arrosez de jus de raisin. Si vous utilisez de l'ananas en conserve, complétez le jus de la boîte avec du jus de raisin pour obtenir la quantité indiquée.

**4** Si vous ne consommez pas aussitôt, couvrez et mettez au frais. Servez décoré de feuilles de menthe (facultatif).

# SALADE AUX TROIS FRUITS

**Chaque salade est pour 1 personne**

**INGRÉDIENTS**

*Salade d'orange aux pruneaux*
1 orange juteuse pelée
50 g/2 oz/⅓ tasse de pruneaux moelleux dénoyautés
75 ml/5 c. à soupe de jus d'oranges

*Salade de poire au kiwi*
1 poire mûre, cœur retiré
1 kiwi
60 ml/4 c. à soupe de jus de pommes ou d'ananas

*Salade de pamplemousse aux fraises*
1 pamplemousse rose épluché
125 g/4 oz/1 tasse de fraises
60 ml/4 c. à soupe de jus d'oranges

*Pour servir*
yaourt et noisettes grillées

**1 Salade d'orange aux pruneaux** : détaillez l'orange en quartiers, mettez dans une coupe avec les pruneaux.

**2 Salade de poire au kiwi** : émincez la poire. Pelez et coupez le kiwi en quartiers.

**3 Salade de pamplemousse aux fraises** : détaillez le pamplemousse en quartiers et coupez les fraises en deux.

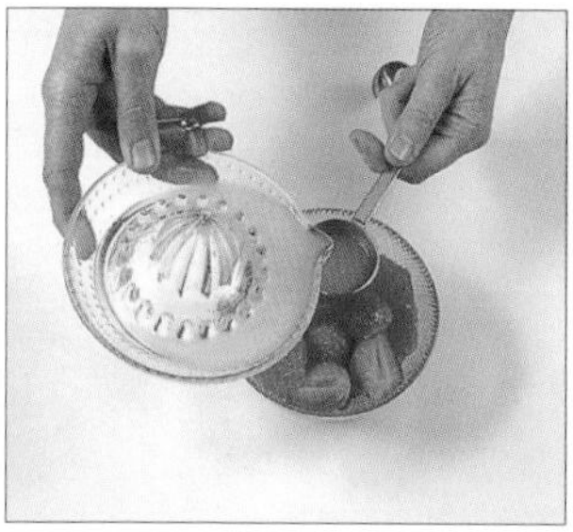

**4** Placez les fruits dans trois coupes séparées et arrosez avec le jus indiqué. Choisissez du jus « frais pressé » plutôt que du jus obtenu à partir de concentré. Vous pouvez aussi le faire vous-même à l'aide d'une centrifugeuse.

**5** Déposez sur chaque salade 1 cuillerée de yaourt nature, saupoudré de noisettes grillées hachées.

VARIANTE

Ce dessert est délicieux également avec du yaourt grec, au lait de brebis ou au lait de vache. Le yaourt grec, qui contient plus de matières grasses que le yaourt maigre, paraît plus sucré.

# PORRIDGE FRUITÉ AU SÉSAME

Le porridge préparé avec du lait écrémé constitue un délicieux et nourrissant petit déjeuner. Des fruits secs et des graines de sésame grillées le rendent encore plus savoureux et lui apportent du fer et du magnésium. Si vous utilisez des flocons d'avoine « normaux » et non instantanés, le porridge sera plus épais. Si vous préférez un porridge plus onctueux, choisissez des flocons d'avoine instantanés.

**Pour 2 personnes**

**INGRÉDIENTS**

50 g/2 oz/½ tasse de flocons d'avoine
475 ml/16 fl oz/2 tasses de lait écrémé
75 g/3 oz/½ tasse de fruits séchés hachés, en mélange
30 ml/2 c. à soupe de graines de sésame grillées

**1** Mettez les flocons d'avoine, le lait et les fruits séchés hachés dans une casserole antiadhésive.

**2** Portez à ébullition puis baissez le feu et laissez frémir 3 min en remuant de temps à autre, jusqu'à épaississement. Servez dans des coupes individuelles, parsemées de graines de sésame.

CONSEIL

Pour griller les graines de sésame, tournez-les dans une poêle posée sur feu vif. Quand elles sont brun clair, retirez-les et laissez-les refroidir.

# ENCAS ÉNERGÉTIQUE

Emportez cet encas quand vous faites du sport, ou ajoutez-le à du yaourt ou une compote de fruits. C'est un excellent coupe-faim mais il est très riche en calories ; n'en abusez donc pas!

**Pour 250 g**

**INGRÉDIENTS**

50 g/2 oz/⅓ tasse d'abricots ou de figues séchés
50 g/2 oz/⅓ tasse de raisins blonds
50 g/2 oz/½ tasse de noisettes
50 g/2 oz/⅜ tasse de graines de tournesol
50 g/2 oz/⅜ tasse de graines de citrouille

**1** Coupez les abricots en morceaux et mettez-les dans une jatte.

**2** Ajoutez le reste des ingrédients et mélangez bien. Conservez dans un récipient hermétique et consommez dans les deux ou trois semaines.

CONSEIL

Vous pouvez ajouter d'autres fruits secs ou en remplacer certains par des fruits différents. Les graines, noix et noisettes sont riches en huile et rancissent rapidement. N'achetez que des produits très frais.

# YAOURT CROUSTILLANT AUX FRUITS

Changez les fruits selon les saisons et vous vous régalerez toute l'année.

**Pour 2 personnes**

**INGRÉDIENTS**

1 pêche ou 1 nectarine
80 g/3 oz/1 tasse de céréales croustillantes à l'avoine
150 ml/$\frac{1}{4}$ pinte/$\frac{2}{3}$ tasse de yaourt maigre nature
15 ml/1 c. à soupe de confiture pur fruit
15 ml/1 c. à soupe de jus de fruits nature

**1** Dénoyautez la pêche ou la nectarine et coupez la chair en petits morceaux. Si vous souhaitez la peler, plongez-la 30 s dans l'eau bouillante (avant de la dénoyauter) puis retirez la peau.

**2** Répartissez les morceaux de fruit dans deux verres à pied, en réservant quelques morceaux pour décorer.

**3** Parsemez de céréales puis couronnez de yaourt.

**4** Incorporez la confiture au jus de fruits puis versez en filet sur le yaourt. Décorez avec les morceaux de fruit réservés et servez aussitôt.

CONSEIL

Si vous préférez des céréales mélangées à des raisins secs, des amandes et des fruits tropicaux comme la mangue, lisez bien les renseignements portés sur le paquet, en vous assurant que le mélange ne contient pas ou peu de sucre ajouté. Vous pouvez utiliser le jus de fruits et la confiture de votre choix.

# MUESLI AUX ABRICOTS ET AUX AMANDES

Les céréales constituent une base idéale pour des mélanges avec des fruits frais. Ce muesli complet aux fruits et aux amandes, sans sucre ajouté, est riche en fibres, vitamines et sels minéraux.

**Pour 8 personnes**

**INGRÉDIENTS**

50 g/2oz/½ cup d'amandes émondées entières
120 g/4 oz/⅔ tasse d'abricots secs moelleux
200 g/7 oz/2 tasses de flocons d'avoine
80 g/3 oz/1 tasse de flocons de blé
50 g/2 oz/⅓ tasse de raisins de Corinthe ou de raisins blonds
40 g/1 ½ oz/⅓ tasse de graines de potiron
40 g/1 ½ oz/⅓ tasse de graines de tournesol
lait écrémé, yaourt nature maigre ou jus de fruits et fruits frais, en accompagnement

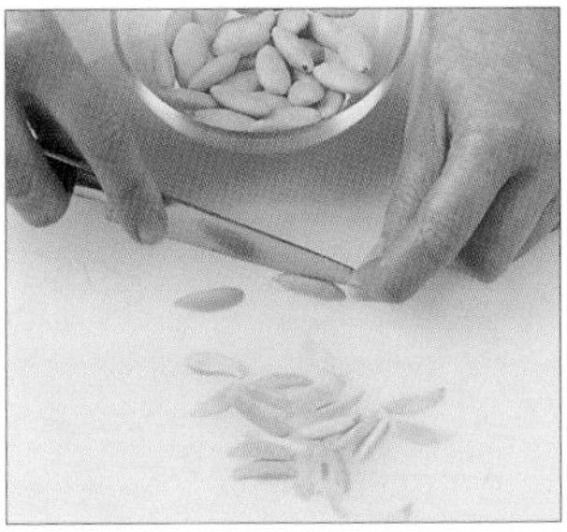

**1** Émincez les amandes avec un couteau bien aiguisé.

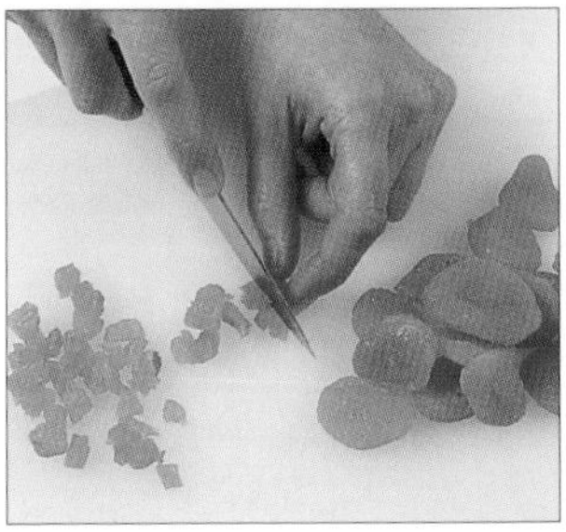

**2** Coupez les abricots secs en petits morceaux.

**3** Mélangez tous les ingrédients dans un saladier. Conservez dans un récipient hermétique et consommez dans les 6 semaines.

**4** Servez avec du lait écrémé, du yaourt nature maigre ou du jus de fruits, et couronnez de fruits frais, pêches, bananes ou fraises coupées en tranches.

CONSEIL

Pour émonder les amandes, arrosez-les d'eau bouillante, laissez tremper quelques minutes, égouttez et retirez la peau brune. Elles sont également plus faciles à émincer encore chaudes.

VARIANTES

Ajoutez d'autres fruits, dattes hachées ou figues, pêches, poires, ananas ou pommes. Noix, noix de pécan ou noisettes peuvent également remplacer les amandes.

# MUESLI ROYAL

Les mueslis tout prêts qu'on trouve dans le commerce ne sont pas comparables à celui-ci, fait maison. Cette combinaison de graines, de céréales, de noix et de fruits secs est particulièrement succulente, mais vous pouvez éventuellement en modifier les proportions ou utiliser d'autres ingrédients.

**Pour 4 personnes**

**INGRÉDIENTS**

50 g/2 oz/½ tasse de graines de tournesol
25 g/1 oz/¼ tasse de graines de courge
125 g/4 oz/1 tasse d'avoine pour porridge
125 g/4 oz/1 ⅛ tasse de flocons de blé
125 g/4 oz/1 ⅛ tasse de flocons d'orge
125 g/4 oz/1 tasse de raisins secs
125 g/4 oz/1 tasse de noisettes grillées et hachées
125 g/4 oz/½ tasse d'abricots secs bio hachés
50 g/2 oz/2 tasses de rondelles de pomme séchées et coupées en deux
25 g/1 oz/⅓ tasse de noix de coco séchée

**1** Mettez les graines de tournesol et de courge dans une poêle sans matière grasse et faites-les cuire 3 min à feu moyen jusqu'à ce qu'elles soient dorées, en les faisant sauter régulièrement pour les empêcher de brûler.

VARIANTE

Servez le muesli dans un grand verre avec des couches de framboises fraîches et de fromage frais. Faites d'abord tremper le muesli dans un peu d'eau ou de jus de fruit pour le ramollir légèrement.

**2** Mélangez les graines grillées avec le reste des ingrédients et laissez refroidir. Conservez dans un récipient hermétique.

BIENFAITS POUR LA SANTÉ

- Les graines de tournesol sont riches en vitamine E, qui prévient les maladies cardio-vasculaires.
- Les abricots sont parmi les fruits les plus efficaces pour lutter contre les risques de certains cancers, dont celui du poumon.

# GRANOLA

Ce petit déjeuner nutritif, constitué de noix recouvertes de miel, de graines, d'avoine et de fruits secs, vous donnera du tonus pour la journée, et il ne contient pas les additifs souvent présents dans les céréales préemballées. Servez avec du lait demi-écrémé ou du yaourt bio nature et des fruits frais.

**Pour 4 personnes**

**INGRÉDIENTS**

125 g/4 oz/1 tasse d'avoine pour porridge
125 g/4 oz/1 tasse de gros flocons d'avoine
50 g/2 oz/½ tasse de graines de tournesol
25 g/1 oz/2 c. à soupe de graines de sésame
50 g/2 oz/½ tasse de noisettes grillées
25 g/1 oz/¼ tasse d'amandes grossièrement hachées
50 ml/2 fl oz/¼ tasse d'huile de tournesol
50 ml/2 fl oz/¼ tasse de miel liquide
50 g/2 oz/½ tasse de raisins secs
50 g/2 oz/½ tasse d'airelles sèches et sucrées

**1** Préchauffez le four à 140 °C/275 °F. Mélangez l'avoine, les graines et les noix dans une jatte.

BIENFAITS POUR LA SANTÉ

Depuis quelques années, l'avoine a fait l'objet de beaucoup de publicité; de nombreuses recherches ont montré que ses fibres solubles font baisser le taux de cholestérol de façon appréciable. Cette céréale fournit également des vitamines B et E ainsi que du fer.

**2** Faites fondre l'huile et le miel dans une grande casserole. Hors du feu, ajoutez l'avoine, les graines et les noix, et mélangez bien. Étalez sur 1 ou 2 plaques.

**3** Faites cuire environ 50 min jusqu'à ce que le tout soit croquant, en remuant de temps en temps pour empêcher le mélange d'attacher. Sortez du four et incorporez les raisins et les airelles. Laissez refroidir et conservez dans un récipient hermétique.

# PORRIDGE À LA PURÉE DE DATTES ET AUX PISTACHES

Les dattes, qui sont très riches en fibres et en nutriments, confèrent une saveur naturellement sucrée à ce porridge roboratif, parfait pour affronter les rigueurs de l'hiver.

**Pour 4 personnes**

**INGRÉDIENTS**

250 g/9 oz/1 7/8 tasses de dattes fraîches
225 g/8 oz/2 tasses d'avoine concassée
475 ml/16 fl oz/2 tasses de lait demi-écrémé
1 pincée de sel
50 g/2 oz/1/2 tasse de pistaches décortiquées, non salées et grossièrement hachées

BIENFAITS POUR LA SANTÉ

L'avoine a la réputation d'être un aliment énergétique en raison de son taux de graisse et de protéines supérieur à celui de la plupart des autres céréales. Elle fournit de l'énergie à long terme permettant des efforts soutenus, et c'est l'une des céréales les plus nutritives.

**1** Préparez d'abord la purée de dattes. Coupez les dattes en deux et enlevez les noyaux et les queues. Couvrez les fruits d'eau bouillante et laissez-les tremper environ 30 min jusqu'à ce qu'ils ramollissent. Filtrez, en réservant 9 cl de l'eau de trempage.

**2** Pelez les dattes et mettez-les dans un mixer avec l'eau de trempage réservée. Mixez jusqu'à obtention d'une purée homogène.

**3** Mettez l'avoine dans une casserole avec le lait, 300 ml/1 1/2 pintes/1 1/4 tasses d'eau et le sel. Portez à ébullition, baissez le feu puis laissez mijoter 4 à 5 min en tournant fréquemment jusqu'à ce que l'avoine soit bien cuite et crémeuse.

**4** Servez le porridge dans des bols chauds en déposant sur le dessus 1 cuillerée de purée de dattes et les pistaches hachées.

# COMPOTE D'ABRICOTS AU GINGEMBRE

Le gingembre frais apporte une note tonique et se marie parfaitement avec les abricots moelleux et juteux.

**Pour 4 personnes**

**INGRÉDIENTS**

350 g/12 oz/1 1/2 tasses d'abricots secs bio
1 morceau de racine de gingembre frais de 4 cm/1 1/2 in, finement haché
200 g/7 oz/7/8 tasse de yaourt nature ou de fromage blanc maigre

CONSEIL

Le gingembre frais se congèle bien. Pelez la racine et conservez-la dans un sac en plastique au congélateur. Vous pouvez la râper congelée, puis la remettre au congélateur jusqu'à la prochaine occasion.

**1** Recouvrez les abricots d'eau bouillante et laissez-les tremper toute la nuit.

**2** Mettez les abricots avec leur eau de trempage dans une casserole, ajoutez le gingembre et portez à ébullition. Baissez le feu et laissez mijoter 10 min jusqu'à ce que les fruits soient moelleux et gonflés et que l'eau devienne sirupeuse. Égouttez les abricots en réservant le sirop et jetez le gingembre.

**3** Servez les abricots chauds avec le sirop réservé et 1 cuillerée de yaourt ou de fromage blanc.

BIENFAITS POUR LA SANTÉ

- En médecine chinoise, le gingembre est très apprécié pour ses propriétés médicinales. C'est un antispasmodique et un stimulant digestif. De plus, il est souverain contre le rhume et la grippe.
- De tous les fruits secs, les abricots sont ceux qui contiennent le plus de fer. Ils fournissent aussi du calcium, du phosphore et des vitamines A et C.
- Le yaourt soulage les problèmes gastro-intestinaux en facilitant la reconstitution de la flore intestinale. Les acides lactiques présents dans le yaourt régularisent le transit intestinal et ont des propriétés bactéricides. Le yaourt renforce aussi le système immunitaire.

# ANANAS ET MANGUE SUR TOASTS DE PANETTONE ET YAOURT À LA VANILLE

Faire griller l'ananas et la mangue en exalte la saveur sucrée, leur donnant un goût de caramel qui se marie parfaitement avec le yaourt à la vanille.

**Pour 4 personnes**

**INGRÉDIENTS**

1 gros ananas
1 grosse mangue
25 g/1 oz/2 c. à soupe de beurre fondu
4 tranches épaisses de panettone

*Pour le yaourt à la vanille*

250 g/9 oz/1 1/8 tasse de yaourt grec
30 ml/2 c. à soupe de miel liquide
2.5 ml/1/2 c. à thé de poudre de cannelle
quelques gouttes d'extrait de vanille naturelle, pour parfumer

**1** Pour préparer l'ananas, coupez le bas et le haut piquant. Mettez l'ananas debout et retirez la peau en enlevant tous les « yeux » et aussi peu de chair que possible. Couchez l'ananas sur le côté et coupez-le en quartiers ; ôtez le centre s'il est dur. Débitez le fruit en tranches épaisses.

BIENFAITS POUR LA SANTÉ

L'ananas contient de la bromélaïne, enzyme puissante qui facilite la digestion. En raison de ses propriétés anti-inflammatoires, il est indiqué pour soulager l'arthrite. Il fluidifie aussi le sang et soigne la bronchite.

**2** Pour préparer la mangue, coupez les deux côtés épais du fruit aussi près du noyau que possible. Pelez puis découpez la chair qui reste autour du noyau. Débitez le fruit en tranches et jetez le noyau.

**3** Chauffez un gril à feu moyen. Mettez l'ananas et la mangue dessus (il peut être nécessaire de procéder en plusieurs fois). Badigeonnez-les de beurre fondu et faites cuire 8 min en retournant une fois de façon que les fruits soient tendres et légèrement dorés. Ou préchauffez le gril à une température élevée et garnissez-le de papier d'aluminium. Disposez l'ananas et la mangue sur le papier, enduisez de beurre et faites griller 4 min de chaque côté.

**4** Pendant ce temps, mettez le yaourt dans un bol avec le miel, la cannelle et la vanille et mélangez bien.

**5** Faites légèrement griller le *panettone* puis répartissez les tranches d'ananas et de mangue dessus. Servez avec le yaourt à la vanille.

# PANCAKES À L'AVOINE AVEC BANANES ET NOIX DE PÉCAN AU CARAMEL

**Ces pancakes épais ressemblent davantage à des blinis qu'à des crêpes. Ils sont servis avec un mélange exquis de bananes et de noix de pécan cuites dans du sirop d'érable.**

**Pour 5 personnes**

**INGRÉDIENTS**

75 g/3 oz/$2/3$ tasse de farine ordinaire
50 g/2 oz/$1/2$ tasse de farine complète
50 g/2 oz/$1/2$ tasse d'avoine pour porridge
5 ml/1 c. à thé de levure de boulanger
1 pincée de sel
25 g/1 oz/2 c. à soupe de sucre roux en poudre
1 œuf
15 ml/1 c. à soupe d'huile de tournesol, plus un peu pour frire
250 ml/8 fl oz/1 tasse de lait demi-écrémé

*Pour les bananes et les noix* de pécan au caramel
50 g/2 oz/4 c. à soupe de beurre
15 ml/1 c. à soupe de sirop d'érable
3 bananes coupées en deux puis débitées en morceaux dans le sens de la longueur
25 g/1 oz/$1/4$ tasse de noix de pécan

**1** Pour les pancakes, mélangez dans une jatte les farines ordinaire et complète, l'avoine, la levure, le sel et le sucre.

**2** Creusez un puits au centre du mélange de farine et ajoutez l'œuf, l'huile et 1/4 du lait. Remuez bien puis incorporez peu à peu le reste du lait afin d'obtenir une pâte épaisse. Laissez reposer 20 min au réfrigérateur.

**3** Chauffez une grande poêle à fond épais légèrement huilée. Utilisez environ 30 ml/ 2 cuillerées à soupe de pâte pour chaque pancake. Faites cuire 2 à 3 pancakes à la fois, 3 min de chaque côté, jusqu'à ce qu'ils soient dorés. Tenez-les au chaud pendant que vous préparez les suivants.

**4** Pour les bananes et les noix de pécan au caramel, essuyez la poêle et mettez le beurre à fondre doucement. Versez le sirop d'érable et mélangez bien. Ajoutez enfin les bananes et les noix de pécan dans la poêle.

**5** Faites cuire les bananes environ 4 min en les retournant une fois, afin qu'elles ramollissent un peu et que la sauce caramélise. Chauffez 5 assiettes, mettez 2 pancakes sur chacune et garnissez avec les bananes et les noix de pécan au caramel. Servez immédiatement.

BIENFAITS POUR LA SANTÉ

- Les noix de pécan sont particulièrement riches en vitamine B6, qui soulage les symptômes prémenstruels et renforce le système immunitaire. Cependant, comme elles sont aussi très grasses, il convient d'en manger avec modération.
- Les bananes, très énergétiques, sont excellentes pour commencer la journée. Elles contiennent également du potassium, élément essentiel au bon fonctionnement des cellules.
- L'avoine pour porridge contient des quantités appréciables de fibres solubles, qui font baisser le taux de cholestérol.

# CRÊPES AUX POMMES ET AU CASSIS

Ces crêpes, à base de farine complète, sont faciles à préparer et vite cuites. Elles sont fourrées d'un délicieux mélange de fruits.

**Pour 8 à 10 crêpes**

**INGRÉDIENTS**

120 g/4 oz/1 tasse de farine complète
300 ml/½ pinte/1 ¼ tasses de lait écrémé
1 œuf battu
15 ml/1 c. à soupe d'huile de tournesol, plus un peu pour graisser la poêle
crème fraîche allégée, pour servir (facultatif)
noix, noisettes ou graines de sésame grillées, pour saupoudrer le dessus (facultatif)

*Pour la garniture*

500 g/1 lb de pommes à cuire
225 g/8 oz/2 tasses de cassis
30 à 45 ml/2 à 3 c. à soupe d'eau
30 ml/2 c. à soupe de sucre roux

**1** Faites la pâte à crêpe. Mettez la farine dans une jatte et faites un puits au centre.

**2** Ajoutez un peu de lait, l'œuf et l'huile. Incorporez la farine au fouet puis ajoutez peu à peu le reste du lait, jusqu'à ce que la pâte soit lisse et sans grumeaux. Couvrez la pâte et mettez au réfrigérateur pendant que vous préparez la garniture.

**3** Coupez les pommes en quartiers, pelez-les et retirez le cœur. Émincez-les dans une casserole et ajoutez les cassis et l'eau. Laissez cuire 10 à 15 min à feu doux, les fruits doivent être tendres. Ajoutez le sucre roux.

**4** Graissez légèrement une poêle avec de l'huile. Chauffez la poêle, versez 30 ml/2 c. à soupe de pâte, étalez en inclinant la poêleet laissez cuire environ 1 min. Retournez la crêpe avec une spatule et faites dorer l'autre côté. Gardez au chaud pendant que vous faites cuire le reste de la pâte.

**5** Garnissez les crêpes avec le mélange de fruits et roulez-les. Servez avec un peu de crème fraîche (facultatif) et parsemez de noix et de graines de sésame (facultatif).

# PETITS PAINS AUX ABRICOTS POCHÉS

**Pour 4 personnes**

**INGRÉDIENTS**

quelques lamelles d'écorce d'orange
250 g/8 oz/1 ⅓ tasses d'abricots secs moelleux
250 ml/8 fl oz/1 tasse de jus d'oranges frais
2.5 ml/1/2 c. à thé d'eau de fleurs d'oranger
2 petits pains aux raisins et à la cannelle
20 ml/4 c. à thé de marmelade d'oranges à teneur en sucre réduite
60 ml/4 c. à soupe de crème fraîche allégée
15g/½ oz/2 c. à soupe de pistaches hachées, pour garnir

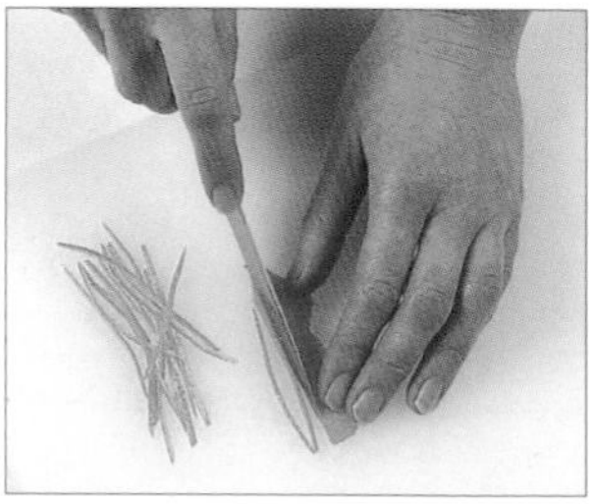

**1** Émincez finement les lamelles d'écorce d'orange. Déposez-les dans de l'eau bouillante pour les attendrir, égouttez-les et mettez-les dans de l'eau froide.

**2** Préchauffez le four à 160 °C/325 °F. Mélangez abricots et jus d'oranges dans une petite casserole. Chauffez à feu doux 10 min environ jusqu'à ce que le jus devienne sirupeux. Laissez refroidir puis incorporez l'eau de fleurs d'oranger. Pendant ce temps, posez les petits pains sur une tôle et réchauffez 5 à 10 min au four.

**3** Coupez les petits pains en deux horizontalement. Posez une moitié, mie vers le haut, sur chaque assiette. Étalez 5 ml/1 cuillerée à café de marmelade d'oranges sur chaque moitié.

**4** Versez 15 ml/1 c. à soupe de crème fraîche au centre de chaque moitié de petit pain et posez ¼ de la compote d'abricot sur le côté. Décorez avec des zestes d'orange et des pistaches. Servez aussitôt.

CONSEIL

Les pistaches apportent une note colorée à de nombreux plats. Si vous les achetez en coque, préservez leur couleur en les jetant quelques minutes dans de l'eau bouillante après les avoir écalées, puis retirez la peau.

# KEDGEREE VÉGÉTARIEN

Ce plat épicé, à base de lentilles et de riz, est une délicieuse variante du *kitchiri* indien, dont il s'inspire. Vous pouvez le présenter tel quel ou, si vous désirez plus de protéines, disposer dessus des tranches d'œufs durs. Il est aussi excellent servi sur de gros champignons sauvages grillés.

**Pour 4 personnes**

**INGRÉDIENTS**

50 g/2 oz/¼ tasse de lentilles orange sèches, rincées
1 feuille de laurier
225 g/8 oz/1 tasse de riz basmati rincé
4 clous de girofle
50 g/2 oz/4 c. à soupe de beurre
5 ml/1 c. à thé de poudre de curry
2.5 ml/½ c. à thé de poudre de piment doux
30 ml/2 c. à soupe de persil plat haché
sel et poivre du moulin
4 œufs durs coupés en quartiers (facultatif), pour servir

**1** Mettez les lentilles dans une casserole, ajoutez la feuille de laurier et couvrez d'eau froide. Portez à ébullition, retirez éventuellement l'écume, puis baissez le feu. Couvrez et laissez mijoter 25 à 30 min jusqu'à ce que les lentilles soient tendres. Égouttez puis jetez la feuille de laurier.

**2** Pendant ce temps, mettez le riz dans une casserole et couvrez avec 475 ml/16 fl oz/2 cups d'eau bouillante. Ajoutez les clous de girofle et une généreuse pincée de sel. Couvrez et laissez cuire 10 à 15 min jusqu'à ce que toute l'eau soit absorbée et que le riz soit tendre. Jetez les clous de girofle.

**3** Chauffez le beurre à feu doux dans une grande poêle. Ajoutez les poudres de curry et de piment, et faites cuire 1 min.

**4** Incorporez les lentilles et le riz, et mélangez jusqu'à ce qu'ils soient bien enrobés de beurre épicé. Salez et poivrez et laissez cuire 1 à 2 min jusqu'à ce que le mélange soit bien chaud. Ajoutez le persil et servez éventuellement avec les œufs durs.

BIENFAITS POUR LA SANTÉ

• Les lentilles sont particulièrement bénéfiques pour le cœur car elles font baisser le taux de cholestérol. Elles contiennent aussi des composants qui inhibent les pathologies cancéreuses et régulent le taux de sucre dans le sang.
• Le riz contient des sucres lents qui diffusent leur énergie de façon continue. C'est donc un aliment parfait pour commencer la journée. Il peut aussi soulager les diarrhées et les maux d'estomac.

# TOASTS AUX TOMATES GRILLÉES

Rien n'est plus simple que ce plat, parfait pour le petit déjeuner ou le déjeuner. Un peu d'huile d'olive et de vinaigre et quelques copeaux de parmesan en font un véritable régal.

**Pour 4 personnes**

**INGRÉDIENTS**

4 tranches épaisses de pain à la levure
6 tomates coupées en tranches épaisses
huile d'olive, pour enduire et verser sur le plat
vinaigre balsamique, pour arroser
sel et poivre du moulin
copeaux de parmesan, pour servir

CONSEIL

Les grils permettent de faire cuire les tomates avec moins d'huile et leur donnent un goût de barbecue.

**1** Enduisez un gril d'huile d'olive et faites chauffer. Ajoutez les tranches de tomates et faites cuire environ 4 min, en les retournant une fois, jusqu'à ce qu'elles soient tendres et légèrement noircies. Faites griller les tranches de tomates 4 à 6 min, en les retournant une fois, jusqu'à ce qu'elles ramollissent.

**2** Pendant ce temps, faites légèrement griller le pain. Disposez les tomates sur les toasts et arrosez ceux-ci d'un peu d'huile d'olive et de vinaigre. Salez et poivrez selon votre goût, et servez immédiatement avec de fins copeaux de parmesan.

BIENFAITS POUR LA SANTÉ

De nombreuses recherches ont montré que les tomates sont efficaces pour lutter contre les risques de multiples formes de cancers, y compris ceux des poumons, de l'estomac et de la prostate, probablement grâce à leurs antioxydants, le bêta-carotène et les vitamines C et E notamment. Les antioxydants ont aussi la réputation de prévenir l'appendicite.

# TOASTS AU FROMAGE ET À LA BANANE

Ces toasts de pain complet, riches en fibres, tartinés de fromage frais et couronnés de bananes émincées, sont particulièrement savoureux arrosés de miel puis grillés. Faciles à préparer, ils sont délicieux pour le petit déjeuner.

**Pour 4 personnes**

**INGRÉDIENTS**

4 tranches épaisses de pain complet
125 g/4 oz/½ tasse de fromage frais maigre (type petit-suisse)
1.5 ml/¼ c. à thé de graines de cardamome écrasées (facultatif)
4 petites bananes pelées
20 ml/4 c. à thé de miel liquide

**1** Posez le pain sur une grille et faites dorer d'un seul côté.

**2** Retournez le pain et tartinez de fromage frais le côté non grillé. Saupoudrez de graines de cardamome (facultatif).

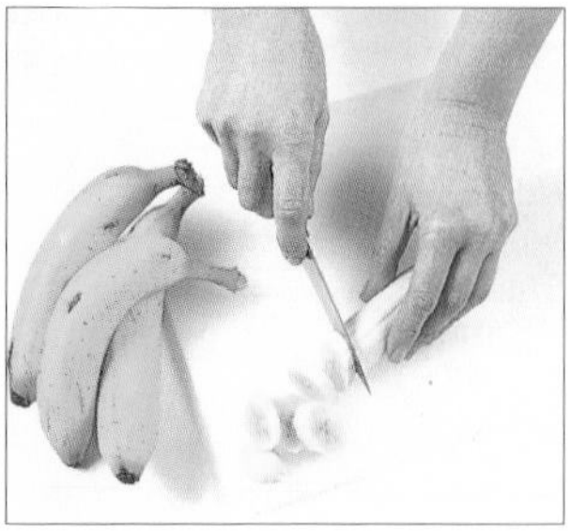

**3** Émincez les bananes et disposez les rondelles sur le fromage, puis arrosez avec 5 ml/1 c. à thé de miel liquide. Glissez la grille sous le gril modérément chaud et laissez quelques minutes, jusqu'à ce que le miel bouillonne. Servez aussitôt.

VARIANTES

Pour obtenir une variante délicieuse, choisissez un pain aux graines de sésame ou de carvi (n'utilisez pas dans ce cas de graines de cardamome), et saupoudrez les bananes de cannelle avant d'ajouter le miel.

# PIPERADE AUX DEUX POIVRONS

**Pour 4 personnes**

**INGRÉDIENTS**

30 ml/2 c. à soupe d'huile d'olive
1 oignon haché
1 poivron rouge
1 poivron vert
4 tomates pelées et hachées
1 gousse d'ail écrasée
4 gros œufs battus avec 15 ml/1 c. à soupe d'eau
poivre noir du moulin
4 grosses tranches épaisses de pain complet grillé, pour servir

**1** Chauffez l'huile dans une grande poêle et faites revenir doucement l'oignon.

**2** Retirez les graines des poivrons et émincez-les en fines lanières. Ajoutez-les à l'oignon et laissez cuire 5 min à feu doux. Ajoutez les tomates et l'ail, assaisonnez avec le poivre, puis faites revenir encore 5 min.

**3** Versez les œufs sur les légumes, dans la poêle, et remuez pendant quelques minutes, jusqu'à ce que la piperade ait la consistance des œufs brouillés. Servez aussitôt avec des toasts de pain complet chauds.

CONSEILS

Choisissez des œufs très frais. Évitez de mélanger trop vigoureusement la piperade afin de conserver toute l'onctuosité de ce plat.

INFORMATION

Cette spécialité vient du Pays basque où on la sert souvent sous forme d'omelette ou avec des œufs sur le plat.

# BRIOCHES AUX ŒUFS BROUILLÉS

Cette riche et succulente recette peut être réservée aux petits déjeuners des dimanches et fêtes.

**Pour 4 personnes**

**INGRÉDIENTS**

120 g/4 oz/½ tasse de beurre
75 g/3 oz/1⅛ tasse de girolles coupées en fines rondelles
4 brioches individuelles
8 œufs
15 ml/1 c. à soupe de ciboulette fraîche ciselée, plus un peu pour garnir sel et poivre du moulin

**1** Préchauffez le four à 180 °C/350 °F. Chauffez ¼ du beurre dans une poêle. Faites revenir les champignons dans le beurre fondu environ 3 min, jusqu'à ce qu'ils ramollissent, puis réservez-les au chaud.

**2** Coupez le chapeau des brioches puis, avec une cuillère, ôtez tout l'intérieur. Disposez les brioches et les couvercles sur une plaque et enfournez pour 5 min, jusqu'à ce qu'elles soient chaudes et légèrement croustillantes.

**3** Pendant ce temps, battez légèrement les œufs, salez et poivrez selon votre goût. Chauffez le reste du beurre à feu doux dans une casserole à fond épais. Lorsqu'il mousse légèrement, ajoutez les œufs. Tournez constamment avec une cuillère en bois pour que les œufs n'attachent pas.

**4** Continuez à remuer doucement jusqu'à ce qu'environ les ¾ des œufs soient à moitié solides et crémeux : cela ne devrait pas prendre plus de 2 à 3 min. Retirez du feu : les œufs continueront à cuire à la chaleur de la casserole ; puis ajoutez la ciboulette ciselée.

**5** Pour servir, déposez un peu de champignons au fond de chaque brioche et ajoutez les œufs brouillés. Saupoudrez d'un peu de ciboulette, recouvrez chaque brioche de son chapeau et servez sans attendre.

### CONSEIL

Le temps de cuisson et la température sont essentiels pour réussir les œufs brouillés. Trop cuits et à une température trop élevée, les œufs sèchent et s'effritent ; pas assez cuits, ils sont filandreux et guère appétissants.

### BIENFAITS POUR LA SANTÉ

Les œufs sont une excellente source de protéines, de sélénium (antioxydant efficace), de fer, de zinc et de toutes les vitamines du groupe B. Cependant, bien que pauvres en graisses saturées, ils contiennent beaucoup de cholestérol. Il faut donc en manger avec modération.

# BRUSCHETTA AUX CANNELLINI ET AU ROMARIN

Plutôt pour un brunch que pour un petit déjeuner, voici une version riche des toasts aux haricots anglais.

**Pour 4 personnes**

**INGRÉDIENTS**

150 g/5 oz/2/3 tasse de cannellini secs
5 tomates
45 ml/3 c. à soupe d'huile d'olive, plus un peu pour arroser
2 tomates séchées au soleil, conservées dans de l'huile, égouttées et hachées
1 gousse d'ail écrasée
30 ml/2 c. à soupe de romarin frais haché
sel et poivre du moulin
1 poignée de feuilles de basilic frais, pour garnir
12 tranches de pain italien, du type ciabatta et 1 grosse gousse d'ail coupée en deux, pour servir

**1** Mettez les *cannellini* dans une grande jatte et couvrez d'eau. Laissez tremper toute la nuit. Égouttez, rincez, placez dans une casserole et couvrez d'eau fraîche. Portez à ébullition et faites bouillir 10 min. Baissez le feu, puis laissez mijoter 50 à 60 min, jusqu'à ce que les haricots soient tendres. Égouttez et réservez.

**2** Pendant ce temps, mettez les tomates dans une jatte, couvrez d'eau bouillante et laissez-les 30 s. Pelez-les, retirez les pépins et hachez la chair. Chauffez l'huile dans une poêle, ajoutez les tomates fraîches, les tomates séchées au soleil, l'ail et le romarin. Faites cuire 2 min, afin que les tomates commencent à se ramollir.

**3** Ajoutez le mélange de tomates aux *cannellini*, salez et poivrez selon votre goût et mélangez bien.

### Bienfaits pour la santé

• Les *cannellini* sont des haricots contenant beaucoup de protéines et peu de lipides. Ce sont aussi de précieuses sources de minéraux et de vitamines du groupe B.

• Le romarin possède de nombreuses vertus thérapeutiques. Il soulage les maux de tête et les rhumatismes et améliore la circulation sanguine. Dans la mesure du possible, utilisez du romarin frais, le romarin sec ayant perdu la majeure partie de ses huiles bénéfiques.

**4** Frottez la partie coupée des tranches de pain avec la gousse d'ail, puis faites légèrement griller. Déposez le mélange de *cannellini* sur les toasts. Saupoudrez de feuilles de basilic et arrosez d'un filet d'huile d'olive avant de servir.

### Conseil

On peut utiliser des haricots en conserve à la place des haricots secs. Lors de l'étape 3, ajoutez au mélange de tomates 275 g/10 oz/2 cups de haricots en conserve égouttés. Si les haricots sont conservés dans de la saumure, rincez-les et égouttez-les bien avant de les incorporer.

# PANINO AUX COURGETTES ET AUX CHAMPIGNONS

Ce succulent *panino*, parfait pour un pique-nique, est fourré de courgettes grillées, de champignons à l'ail, de *taleggio* et de *pesto*. Utilisez du pain de campagne italien ou français, rond et croustillant, et laissez toute une nuit au réfrigérateur après l'avoir fourré, afin de permettre aux différentes saveurs de se mélanger.

**Pour 6 personnes**

**INGRÉDIENTS**

1 miche moyenne de pain de campagne
3 courgettes coupées dans le sens de la longueur
250 g/9 oz/3⅔ tasses de girolles coupées en fines rondelles
45 ml/4 c. à soupe d'huile d'olive
1 gousse d'ail hachée
5 ml/1 c. à thé d'origan sec
45 ml/3 c. à soupe de *pesto*
250 g/9 oz de *taleggio* sans la croûte et coupé en tranches
50 g/2 oz/2 tasses de feuilles de salade verte
sel et poivre du moulin

**1** Enlevez le tiers supérieur de la miche de pain ainsi que l'intérieur du couvercle et de la base, en laissant une épaisseur d'environ 1 cm/½ in autour du bord. (Gardez l'intérieur du pain pour un autre plat.)

**2** Chauffez le gril à une température élevée et recouvrez la grille de papier d'aluminium. Badigeonnez les courgettes avec 15 ml/1 c. à soupe d'huile d'olive et faites griller 8 à 10 min en les retournant de temps en temps, jusqu'à ce qu'elles soient tendres et dorées.

**3** Pendant ce temps, chauffez le reste de l'huile dans une poêle. Mettez les champignons, l'ail et l'origan à frire 3 min.

**4** Disposez la moitié des courgettes dans le fond de la miche puis enduisez-les de 25 ml/1 c. à thé et ½ de *pesto*. Recouvrez-les avec la moitié du fromage et des feuilles de salade et tout le mélange de champignons.

**5** Ajoutez 1 couche supplémentaire de fromage, 1 couche de feuilles de salade et 1 couche de courgettes. Badigeonnez l'intérieur du couvercle du pain avec le reste du *pesto* et mettez-le sur le pain.

**6** Pressez doucement le couvercle sur le pain, enveloppez la miche de film alimentaire et laissez refroidir. Gardez toute la nuit ou au moins quelques heures au réfrigérateur. Servez coupé en tranches.

**BIENFAITS POUR LA SANTÉ**

• Les courgettes contiennent des quantités appréciables de vitamine C, de bêta-carotène et d'acide folique.
• L'ail détoxifie l'organisme et renforce le système immunitaire.

# OMELETTE AUX CHAMPIGNONS

Parfaite pour un brunch dominical, cette omelette est la simplicité même.

**Pour 1 personne**

**INGRÉDIENT**

25 g/1 oz/2 c. à soupe de beurre et un peu pour la cuisson

125 g/4 oz/2 tasses de champignons de couche et de champignons des bois variés, comme par exemple de jeunes cèpes, des bolets, des chanterelles, des lactaires délicieux, des pleurotes et des pieds- de-mouton, triés et émincés

3 œufs à température ambiante

sel et poivre du moulin

pain grillé et salade, pour servir

1 Faites fondre le beurre dans une petite poêle. Ajoutez les champignons et faites-les sauter jusqu'à ce qu'ils rendent leur jus. Salez, poivrez, puis transférez-les sur une assiette et réservez. Essuyez la poêle.

2 Cassez les œufs dans un saladier et battez-les à la fourchette. Chauffez la poêle à feu vif, mettez 1 noisette de beurre à roussir. Versez les œufs battus et remuez vivement avec le dos de la fourchette.

3 Une fois que les œufs sont cuits à moitié, ajoutez les champignons et laissez l'omelette cuire 10 à 15 s de plus.

4 Détachez l'omelette de la poêle, puis repliez-la en chausson et faites-la glisser sur une assiette. Servez avec du pain chaud et croustillant et une salade verte.

# Les soupes et les entrées

Pour une entrée ou un repas léger, tirez le meilleur parti de tous les légumes de saison : préparez des potages légers, des veloutés onctueux ou des soupes revigorantes, associez diverses saveurs pour des sauces parfumées, ou dégustez des entrées traditionnelles du monde entier.

# GASPACHO ET PETITE SALADE D'AVOCAT

Ce gaspacho, servi froid, constitue un déjeuner léger, parfait pour une belle journée d'été. Des tomates, du concombre et du poivron en constituent la base. Agrémentez-le d'une petite salade à l'avocat et de quelques croûtons.

**Pour 4 personnes**

**INGRÉDIENTS**

2 tranches de pain de la veille, sans la croûte
600 ml/1 pinte/2½ tasses d'eau très froide
1 kg/2¼ lb de tomates
1 concombre
1 poivron rouge épépiné et haché
1 piment vert épépiné et haché
2 gousses d'ail hachées
30 ml/2 c. à soupe d'huile d'olive extra vierge
jus d'1 citron vert et d'1 citron
quelques gouttes de Tabasco
sel et poivre du moulin
1 poignée de feuilles de basilic, pour garnir
8 glaçons, pour servir

*Pour les croûtons*

2 tranches de pain de la veille, sans la croûte
1 gousse d'ail coupée en deux
15 ml/1 c. à soupe d'huile d'olive

*Pour la salade d'avocat*

1 avocat mûr
5 ml/1 c. à thé de jus de citron
1 concombre détaillé en morceaux de 2,5 cm/1 in
½ piment rouge finement haché

**1** Faites tremper le pain pendant 5 min dans 150 ml/¼ pinte/⅔ tasse d'eau.

**2** Pendant ce temps, mettez les tomates dans une jatte et recouvrez-les d'eau bouillante. Laissez 30 s puis pelez-les, épépinez-les et hachez la chair.

BIENFAITS POUR LA SANTÉ

Ce puissant mélange de légumes frais et crus, d'ail, de jus de citrons, d'huile d'olive et de piment renforce le système immunitaire, améliore la circulation et aide à nettoyer l'organisme.

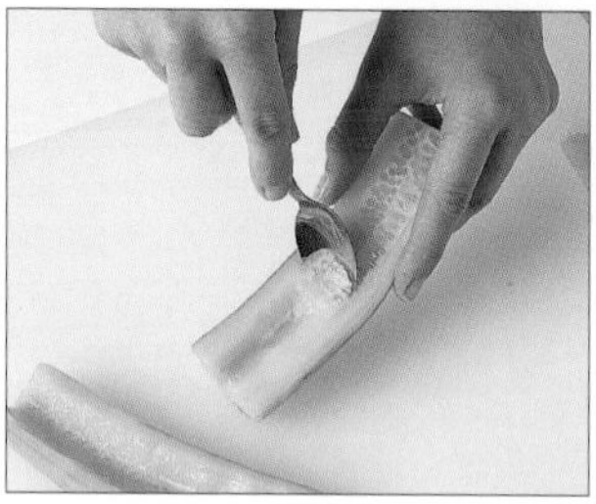

**3** Pelez finement le concombre, coupez-le en deux dans le sens de la longueur et retirez les pépins avec une cuillère. Jetez les pépins et hachez la chair.

**4** Mettez le concombre, le pain, les tomates, le poivron rouge, le piment, l'ail, l'huile d'olive, les jus de citron et le Tabasco dans un mixer avec 450 ml/¾ pinte/1⅞ tasses d'eau très froide. Mixez bien jusqu'à obtention d'un mélange épais. Salez et poivrez selon votre goût et laissez 2 à 3 h au réfrigérateur.

**5** Pour préparer les croûtons, frottez les tranches de pain avec la gousse d'ail. Débitez le pain en dés et mettez ceux-ci dans un sac en plastique avec l'huile d'olive. Fermez le sac et secouez jusqu'à ce que les dés soient bien enrobés d'huile. Chauffez une grande poêle antiadhésive et faites frire les croûtons à feu moyen jusqu'à ce qu'ils soient dorés et croustillants.

**6** Juste avant de servir, préparez la salade d'avocat. Coupez l'avocat en deux, ôtez le noyau puis pelez-le et débitez la chair en dés. Plongez les morceaux d'avocat dans le jus de citron pour les empêcher de s'oxyder, puis mélangez-les avec le concombre et le piment.

**7** Versez le gaspacho dans des bols, mettez les glaçons et ajoutez 1 cuillerée de salade d'avocat sur le dessus. Garnissez avec le basilic et servez les croûtons séparément.

# SOUPE AUX HARICOTS ET AUX PÂTES

Cette version d'une soupe italienne classique constitue à elle seule un véritable repas. Selon la tradition, la personne qui trouve la feuille de laurier a droit à un baiser du chef.

**Pour 4 personnes**

**INGRÉDIENTS**

400 g/14 oz/3 tasses de haricots *borlotti* en conserve, égouttés
175 g/6 oz/1 1/2 tasses de pâtes, telles que des *farfalle* ou des coquillettes
1 oignon haché
1 branche de céleri hachée
2 carottes hachées
75 ml/5 cuil. à soupe d'huile d'olive
1 feuille de laurier
1 verre de vin blanc (facultatif)
1,2 l/2 pintes/5 tasses de bouillon de légumes
400 g/14 oz/3 tasses de tomates en conserve, hachées
250 g/9 oz d'épinards lavés et équeutés
sel et poivre du moulin
50 g/2 oz/2/3 tasse de parmesan frais râpé, pour servir

**1** Mettez l'oignon, le céleri et les carottes hachés dans une grande casserole avec l'huile d'olive. Faites chauffer 5 min à feu moyen en tournant de temps en temps, jusqu'à ce que les légumes ramollissent.

**2** Ajoutez la feuille de laurier, éventuellement le vin, le bouillon et les tomates, et portez à ébullition. Baissez le feu et laissez mijoter 10 min jusqu'à ce que les légumes soient légèrement tendres.

**3** Incorporez les pâtes et les haricots, portez de nouveau la soupe à ébullition puis laissez mijoter 8 min jusqu'à ce que les pâtes soient *al dente*. Tournez fréquemment pour les empêcher de coller.

**4** Salez et poivrez selon votre goût, ajoutez les épinards et faites cuire 2 min de plus. Servez avec du parmesan râpé.

CONSEIL

D'autres haricots tels que les *cannellini*, les haricots blancs ou les pois chiches conviennent aussi parfaitement pour cette soupe.

BIENFAITS POUR LA SANTÉ

- Les épinards fournissent de nombreux nutriments, notamment de l'acide folique, de la vitamine C, du bêta-carotène, du zinc, du potassium et du fer. Comme la rhubarbe, ils contiennent de l'acide oxalique, qui limite l'absorption de fer et de calcium dans l'organisme. Toutefois, la vitamine C présente dans les épinards et d'autres légumes compense en partie les effets de cet acide. En médecine naturelle, les épinards sont souvent prescrits pour traiter la constipation, l'arthrite et l'hypertension.
- Les oignons ont des vertus antibiotiques et diurétiques.

# SOUPE AUX CHAMPIGNONS DES BOIS

Les champignons des bois sont chers, mais les cèpes séchés ont un parfum si puissant qu'une toute petite quantité suffit.

**Pour 4 personnes**

**INGRÉDIENTS**

25 g/1 oz/½ tasse de cèpes séchés
30 ml/2 c. à soupe d'huile d'olive
15 g/½ oz/1 c. à soupe de beurre
2 poireaux émincés
2 échalotes grossièrement hachées
1 gousse d'ail grossièrement hachée
225 g/8 oz/3⅛ tasses de champignons des bois frais
1,2 l/2 pintes/5 tasses environ de bouillon de légumes
2,5 ml/½ c. à thé de thym séché
150 ml/¼ pinte/⅔ tasse de crème fraîche épaisse
sel et poivre du moulin
quelques brins de thym frais, pour garnir

**1** Mettez les cèpes séchés dans un saladier, ajoutez 250 ml/8 fl oz/1 tasse d'eau tiède et faites-les tremper pendant 20 à 30 min. Retirez-lesdu saladier et pressez-les dans la main pour en exprimer le plus d'eau possible. Filtrez l'eau de trempage et réservez-la. Hachez finement les cèpes.

**2** Chauffez l'huile et le beurre dans une grande casserole jusqu'à ce qu'ils se mettent à mousser. Ajoutez ensuite les poireaux émincés, les échalotes et l'ail hachés et faites-les revenir pendant 5 min environ en remuant souvent, jusqu'à ce qu'ils aient ramolli mais pas encore changé de couleur.

**3** Hachez ou émincez les champignons frais et ajoutez-les. Faites cuire à feu moyen en remuant constamment pendant quelques minutes jusqu'à ce qu'ils commencent à ramollir. Versez le bouillon et portez à ébullition. Ajoutez ensuite les cèpes, l'eau de trempage et le thym séché, puis salez et poivrez. Baissez le feu, couvrez à demi et laissez cuire à feu doux pendant 30 min en remuant de temps en temps.

**4** Versez à peu près les ¾ de la soupe dans un mixer et mixez jusqu'à obtention d'un mélange homogène. Ajoutez la crème fraîche à la soupe restée dans la casserole et chauffez le tout. Vérifiez la consistance et rajoutez du bouillon si besoin est. Rectifiez éventuellement l'assaisonnement. Servez bien chaud, garni de quelques brins de thym frais.

CONSEIL

Un cuisinier italien préparerait cette soupe en mélangeant cèpes frais et cèpes séchés, mais si vous avez du mal à trouver des cèpes frais, vous pouvez les remplacer par d'autres champignons des bois, des chanterelles par exemple.

# SOUPE DE TOMATES AU BASILIC FRAIS

Une soupe idéale à la fin de l'été, lorsque les tomates fraîches sont le plus parfumées.

**Pour 4 à 6 personnes**

**INGRÉDIENTS**

15 ml/1 c. à soupe d'huile d'olive
25 g/1 oz/2 c. à soupe de beurre
1 oignon de taille moyenne finement haché
1 kg/2 lb de tomates olivettes ou Roma bien mûres, grossièrement hachées
1 gousse d'ail grossièrement hachée
environ 750 ml/1 1/4 pintes/3 tasses de bouillon de légumes
120 ml/4 fl oz/1/2 tasse de vin blanc sec
30 ml/2 c. à soupe de concentré de tomates préparé à partir de tomates séchées
30 ml/2 c. à soupe de basilic frais ciselé
150 ml/1/4 pinte/2/3 tasse de crème fraîche épaisse
sel et poivre du moulin
feuilles de basilic entières, pour garnir

**1** Chauffez l'huile et le beurre dans une grande cocotte jusqu'à ce qu'ils se mettent à mousser. Ajoutez l'oignon et faites-le revenir doucement pendant 5 min en remuant, jusqu'à ce qu'il ramollisse mais sans dorer pour autant.

**2** Incorporez les tomates et l'ail hachés, puis le bouillon, le vin blanc et le concentré de tomates séchées. Salez et poivrez à votre goût. Portez à ébullition, puis baissez le feu, couvrez à demi et laissez frémir doucement pendant 20 min, en remuant de temps en temps pour éviter que les tomates attachent au fond de la cocotte.

**3** Passez la soupe avec le basilic haché au mixer, puis versez-la au travers d'un chinois dans une casserole.

**4** Mettez la crème fraîche et chauffez en remuant. Ne laissez pas la soupe approcher de son point d'ébullition. Vérifiez la consistance et ajoutez un peu de bouillon si besoin est, puis rectifiez l'assaisonnement. Versez la soupe dans des bols ou des assiettes préchauffés et garnissez de basilic. Servez immédiatement.

# VELOUTÉ D'ASPERGES

L'idéal est de le préparer avec de jeunes asperges, plus tendres et plus fondantes. Servez cette soupe avec des tranches de pain très fines.

**Pour 4 personnes**

**INGRÉDIENTS**

450 g/1 lb de jeunes asperges
40 g/1 ½ oz/3 c. à soupe de beurre
6 échalotes émincées
15 g/½ oz/2 c. à soupe de farine
600 ml/1 pinte/2½ tasses de bouillon de légumes ou d'eau
15 ml/1 c. à soupe de jus de citron
250 ml/8 fl oz/1 tasse de lait
120 ml/4 fl oz/½ tasse de crème fraîche liquide
10 ml/2 c. à thé de cerfeuil frais haché
sel et poivre du moulin

**1** Coupez les pointes des asperges à 4 cm/1 ½ in de l'extrémité et réservez-les pour garnir le velouté. Émincez le reste des asperges.

**2** Faites fondre 25 g/1 oz/2 c. à soupe de beurre dans une grande cocotte et faites revenir les échalotes émincées pendant 2 à 3 min, jusqu'à ce qu'elles aient ramolli.

**3** Ajoutez les asperges et faites-les revenir à feu doux 1 min.

**4** Incorporez la farine et poursuivez la cuisson en remuant 1 min. Versez le bouillon ou l'eau et le jus de citron, puis salez et poivrez. Portez à ébullition, couvrez le faitout à demi, puis laissez frémir pendant 15 à 20 min, jusqu'à ce que les asperges soient bien tendres.

**5** Laissez refroidir légèrement, puis passez la soupe au mixer jusqu'à ce qu'elle soit bien homogène. Passez-la ensuite au chinois et versez-la dans une casserole. Ajoutez le lait en le versant sur le chinois utilisé pour les asperges de façon à récupérer le maximum de purée d'asperges.

**6** Faites fondre le reste de beurre et mettez à revenir doucement les pointes d'asperges pendant 3 à 4 min, afin qu'elles ramollissent.

**7** Réchauffez le velouté doucement pendant 3 à 4 min. Ajoutez la crème fraîche et les pointes d'asperges. Continuez à réchauffer le tout à feu doux et servez parsemé de cerfeuil frais haché.

# SOUPE DE CAROTTES À LA CORIANDRE

La plupart des légumes-racines font d'excellentes soupes. Ils se réduisent facilement en purée et leur saveur rustique se marie bien avec les épices et les aromates. Les carottes notamment se prêtent à toutes sortes de préparations. Cette recette est simple mais d'une grande finesse, tant par son goût que par sa texture.

**Pour 4 à 6 personnes**

**INGRÉDIENTS**

450 g/1 lb de carottes, de préférence nouvelles et bien tendres
15 ml/1 c. à soupe d'huile de tournesol
40 g/1 1/2 oz/3 c. à soupe de beurre
1 oignon haché
1 branche de céleri, plus 2 à 3 pointes feuillues vert pâle
2 petites pommes de terre pelées
1 l/1 3/4 pintes/4 tasses de bouillon de légumes
10 à 15 ml/2 à 3 c. à café de coriandre en poudre
15 ml/1 c. à soupe de coriandre fraîche hachée
200 ml/7 fl oz/7/8 tasse de lait
sel et poivre du moulin

**1** Lavez et épluchez les carottes, puis coupez-les en morceaux. Chauffez l'huile et 25 g/1 oz/2 c. à soupe de beurre dans une grande cocotte en terre ou une casserole à fond épais et faites revenir l'oignon à feu doux pendant 3 à 4 min, jusqu'à ce qu'il ait légèrement ramolli.

**2** Émincez le céleri et coupez les pommes de terre en rondelles. Ajoutez-les à l'oignon, faites sauter le tout quelques minutes, puis incorporez les carottes. Faites revenir l'ensemble pendant 3 à 4 min en remuant, puis couvrez.

**3** Baissez encore le feu et laissez cuire à l'étouffée pendant une dizaine de minutes. Secouez la cocotte ou bien remuez de temps en temps pour que les légumes n'attachent pas.

**4** Ajoutez le bouillon et portez le tout à ébullition. Couvrez à demi et laissez ensuite frémir 8 à 10 min de plus, jusqu'à ce que les carottes et les pommes de terre soient tendres.

**5** Retirez 6 à 8 petites feuilles de céleri de leur tige et réservez-les pour la garniture. Hachez finement le reste des pointes de céleri (de façon à obtenir 15 ml/1 c. à soupe environ de céleri haché). Faites fondre le reste de beurre dans une grande casserole et faites-y revenir la coriandre en poudre 1 min environ, en remuant constamment.

**6** Baissez le feu, puis ajoutez les pointes de céleri hachées et la coriandre fraîche. Faites-les revenir 1 min environ, réservez.

**7** Passez la soupe au mixer et versez-la dans une casserole. Ajoutez le lait et le mélange coriandre-céleri. Salez, poivrez, puis réchauffez le tout doucement. Goûtez et vérifiez l'assaisonnement, puis servez garni avec les feuilles de céleri réservées à cet effet.

**CONSEIL**

Pour un goût plus relevé, ajoutez quelques gouttes de jus de citron juste avant de servir.

# POTAGE SAINT-GERMAIN

Cette soupe aux petits pois frais tire son nom de la ville de Saint-Germain-en-Laye, où l'on cultivait autrefois ce légume. Si vous prenez des petits pois surgelés, décongelez-les et rincez-les bien avant de les cuisiner.

**Pour 2 à 3 personnes**

**INGRÉDIENTS**

25 g/1 oz/2 c. à soupe de beurre
2 ou 3 échalotes finement hachées
50 cl d'eau
400 g/14 oz/3 tasses de petits pois frais écossés (soit environ 1,3 kg de petits pois frais avec les cosses) ou surgelés
45 à 60 ml/3 à 4 c. à soupe de crème fraîche liquide (facultatif)
sel et poivre du moulin
croûtons, pour garnir

**1** Faites fondre le beurre dans une cocotte à fond épais. Ajoutez les échalotes et faites-les revenir pendant 3 min environ, en remuant de temps en temps.

**2** Ajoutez 500 ml/16 oz/2 tasses d'eau et les petits pois, salez et poivrez.

**3** Couvrez et laissez mijoter 12 min si les pois sont jeunes et tendres ou bien surgelés, jusqu'à 18 mins s'ils sont plus gros, en mélangeant de temps en temps.

**4** Lorsque les petits pois sont bien tendres, transférez-les dans le bol d'un mixer, ajoutez un peu d'eau de cuisson et mixez en une soupe fine et homogène.

**5** Versez ensuite cette soupe dans la cocotte, ajoutez la crème fraîche si vous le souhaitez, et chauffez le tout sans faire bouillir. Vérifiez l'assaisonnement et servez chaud, garni de croûtons.

# SOUPE DE LÉGUMES VERTS

Une soupe délicieuse et nourrissante, parfaite pour se réchauffer par une froide soirée d'hiver.

**Pour 4 à 6 personnes**

**INGRÉDIENTS**

1 oignon haché
225 g/8 oz/2 tasses de poireaux (quantité nécessaire une fois triés) émincés
225 g/8oz de pommes de terre non pelées et coupées en dés
900 ml/1 1/2 pintes/3 3/4 tasses de bouillon de légumes
1 feuille de laurier
225 g/8oz de fleurettes de brocolis
175 g/6 oz/1 1/2 tasses de petits pois surgelés
30 à 45 ml/2 à 3 c. à soupe de persil frais haché
sel et poivre du moulin
feuilles de persil, pour garnir

**1** Mettez l'oignon, les poireaux, les pommes de terre, le bouillon et la feuille de laurier dans une grande casserole et mélangez. Couvrez, portez à ébullition, puis laissez frémir 10 min en remuant constamment.

**2** Incorporez les brocolis et les petits pois, couvrez, portez à nouveau à ébullition, puis laissez frémir 10 min en remuant de temps en temps.

**3** Laissez refroidir légèrement, puis retirez la feuille de laurier et jetez-la. Passez le tout au mixer jusqu'à obtention d'une purée fine et homogène.

**4** Ajoutez le persil haché, salez et poivrez, puis mixez à nouveau brièvement. Reversez la soupe dans la casserole et réchauffez-la doucement jusqu'à ce qu'elle soit bien chaude. Servez-la dans des bols ou des assiettes et garnissez avec quelques feuilles de persil.

# SOUPE DE CÉLERI AU CURRY

Cette soupe qui mêle des parfums rarement associés est excellente servie avec des petits pains complets individuels chauds ou des pitas à la farine complète.

**Pour 4 à 6 personnes**

**INGRÉDIENTS**

10 ml/2 c. à thé d'huile d'olive
1 oignon haché
1 poireau émincé
700 g/1 ½ lb/6 tasses de céleri haché
15 ml/1 c. à soupe de curry en poudre moyen ou fort
225 g/8 oz de pommes de terre non pelées, lavées et coupées en dés
900 ml/1 ½ pintes/3¾ tasses de bouillon de légumes
1 bouquet garni
2 cuil. à soupe d'herbes aromatiques fraîches hachées
sel
graines et feuilles de céleri, pour garnir

**1** Chauffez l'huile dans un grand faitout. Ajoutez l'oignon, le poireau et le céleri, couvrez et faites cuire le tout à feu doux 10 min, en remuant souvent.

**2** Incorporez le curry en poudre et poursuivez la cuisson 2 min, en remuant de temps en temps.

**3** Ajoutez les pommes de terre, le bouillon et le bouquet garni. Couvrez, puis laissez frémir 20 min, afin que les légumes soient tendres.

**4** Retirez le bouquet garni et jetez-le, puis laissez refroidir la soupe.

**5** Passez-la au mixer jusqu'à obtention d'une purée homogène.

**6** Ajoutez les herbes aromatiques, salez à votre goût et mixez à nouveau brièvement. Reversez la soupe dans le faitout et réchauffez-la doucement jusqu'à ce qu'elle soit brûlante. Servez-la dans des bols ou des assiettes, saupoudrez-la de graines de céleri et garnissez-la enfin avec quelques feuilles de céleri.

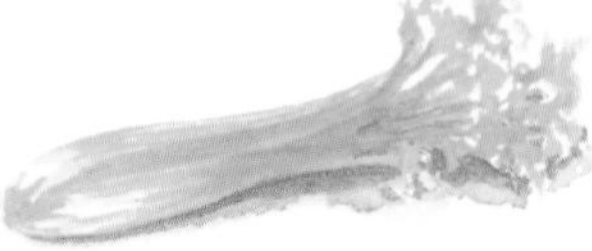

VARIANTE

Vous obtiendrez une soupe exotique et très parfumée en remplaçant le céleri et les pommes de terre par du céleri-rave et des patates douces.

# MINESTRONE AU BASILIC

Le minestrone est une soupe épaisse préparée à partir d'un assortiment de légumes de saison, auquel on ajoute parfois aussi des pâtes ou du riz. Celle que nous vous proposons ici est parfumée au basilic.

**Pour 6 personnes**

**INGRÉDIENTS**

45 ml/3 c. à soupe d'huile d'olive
1 gros oignon finement haché
1 poireau émincé
2 carottes finement hachées
1 branche de céleri finement hachée
2 gousses d'ail finement hachées
2 pommes de terre pelées et coupées en dés
1,5 l/2½ pintes/6¼ tasses de bouillon de légumes chaud ou d'eau bouillante, ou bien encore un mélange des deux
1 feuille de laurier
1 brin de thym frais ou 1 1,5 ml/¼ c. à thé de thym séché
125 g/4 oz/¾ tasse de petits pois frais ou surgelés
2 à 3 courgettes finement hachées
3 tomates de taille moyenne, pelées et finement hachées
425 g/15 oz/2 tasses de haricots blancs cuits ou en conserve, des lingots par exemple
45 ml/3 c. à soupe *pesto* (sauce italienne au basilic)
sel et poivre du moulin
parmesan frais râpé, pour servir

**1** Chauffez l'huile dans une casserole. Ajoutez l'oignon et le poireau et faites-les revenir en remuant pendant 5 à 6 min. Mettez les carottes, le céleri et l'ail, et poursuivez la cuisson à feu doux 5 min. Incorporez les pommes de terre et laissez cuire 2 à 3 min de plus.

**2** Versez le bouillon chaud ou l'eau bouillante et remuez bien. Ajoutez les aromates, salez et poivrez. Portez à ébullition, baissez le feu et poursuivez la cuisson pendant 10 à 12 min.

**3** Ajoutez les petits pois (s'ils sont frais) et les courgettes. Laissez frémir le tout 5 min supplémentaires, puis mettez les tomates et les petits pois (s'ils sont surgelés). Couvrez, puis faites bouillir 5 à 8 min.

**4** Environ 10 min avant de servir, ajoutez les haricots. Laissez frémir encore 10 min, puis versez la sauce au basilic et poursuivez la cuisson 5 min. Retirez le minestrone du feu et laissez-le reposer quelques minutes avant de le servir accompagné de parmesan râpé.

# SOUPE AU POTIRON

Cette délicieuse soupe orangée est parfaite pour un dîner d'automne.

**Pour 4 personnes**

**INGRÉDIENTS**

450 g/1 lb de potiron pelé
50 g/2 oz/¼ tasse de beurre
1 oignon de taille moyenne finement haché
750 ml/1¼ pintes/3 tasses de bouillon de légumes ou d'eau
475 ml/16 fl oz/2 tasses de lait
1 pincée de noix de muscade râpée
40 g/1½ oz/7 c. à soupe de spaghettis coupés en petits morceaux
90 ml/6 c. à soupe de parmesan frais râpé
sel et poivre du moulin

**1** Coupez le potiron en dés de 2,5 cm/1 in de côté environ.

**2** Chauffez le beurre dans une casserole. Mettez l'oignon et faites-le revenir à feu modéré jusqu'à ce qu'il ramollisse, soit 6 à 8 min. Ajoutez les morceaux de potiron et poursuivez la cuisson pendant 2 à 3 min.

**3** Versez le bouillon ou l'eau et faites cuire le tout jusqu'à ce que le potiron soit tendre, soit pendant 15 min environ. Retirez du feu.

**4** Passez la soupe au mixer, puis reversez-la dans la casserole. Ajoutez le lait et la muscade, et remuez. Vérifiez l'assaisonnement, puis portez de nouveau la soupe à ébullition.

**5** Incorporez les morceaux de spaghettis à la soupe. Lorsque les pâtes sont cuites, saupoudrez de parmesan et de muscade râpée. Servez immédiatement.

# SOUPE AUX TOPINAMBOURS ET TOASTS AU GRUYÈRE

Les topinambours, petits légumes noueux, ont un goût délicieux et subtil de noix. Ils permettent de préparer une soupe crémeuse, excellente avec des toasts au gruyère.

**Pour 4 à 6 personnes**

**INGRÉDIENTS**

700 g/1 1/2 lb de topinambours pelés ou grattés et hachés
30 ml/2 c. à soupe d'huile d'olive
1 gros oignon haché
1 gousse d'ail hachée
1 branche de céleri hachée
1,2 1/2 pintes/5 tasses de bouillon de légumes
300 ml/1/2 pinte/1 1/4 tasses de lait demi-écrémé
sel et poivre du moulin
8 tranches de baguette et 125 g/4 oz/1 tasse de gruyère râpé, pour servir

**1** Chauffez l'huile dans une grande casserole. Mettez l'oignon, l'ail et le céleri et faites cuire environ 5 min à feu moyen jusqu'à ce que les légumes aient ramolli, en tournant de temps à autre. Incorporez les topinambours préparés et laissez cuire 5 min de plus.

**2** Ajoutez le bouillon, le sel et le poivre, et portez la soupe à ébullition. Baissez le feu et laissez mijoter 20 à 25 min en tournant de temps en temps, jusqu'à ce que les topinambours soient tendres.

**3** Transférez la soupe dans un mixer et actionnez quelques minutes jusqu'à obtention d'un mélange homogène. Remettez la soupe dans la casserole, versez le lait et faites chauffer doucement 2 min.

**4** Pour préparer les toasts au gruyère, chauffez le gril à une température élevée. Faites légèrement griller le pain d'un côté, puis saupoudrez le côté non grillé de gruyère. Mettez à griller jusqu'à ce que le fromage fonde et dore. Versez la soupe dans des bols et disposez les toasts au gruyère sur le dessus.

**CONSEIL**

Pour préserver les nutriments, qui sont solubles, grattez les topinambours au lieu de les peler.

**BIENFAITS POUR LA SANTÉ**

Riche en fibres et pauvre en graisses, le topinambour contient aussi des quantités appréciables de vitamine C.

# SOUPE DE LÉGUMES CUITS AU FOUR

La cuisson au four des légumes confère à cette soupe hivernale un arôme merveilleux. Vous pouvez éventuellement utiliser d'autres légumes ou adapter les quantités en fonction des produits de saison.

**Pour 6 personnes**

**INGRÉDIENTS**

1 morceau de potiron pelé, épépiné et coupé en dés
2 carottes coupées en rondelles épaisses
1 gros panais détaillé en dés
1 petit rutabaga détaillé en dés
2 poireaux coupés en fines rondelles
1 oignon coupé en quartiers
50 ml/2 fl oz/¼ tasse d'huile d'olive
3 feuilles de laurier
4 branches de thym, plus un peu pour garnir
3 brins de romarin
1,2 l/2 pintes/5 tasses de bouillon de légumes
sel et poivre du moulin
crème aigre, pour servir

**1** Préchauffez le four à 200 °C/400 °F. Mettez l'huile d'olive dans une grande jatte. Ajoutez les légumes préparés et remuez bien jusqu'à ce qu'ils soient enrobés d'huile.

**2** Disposez les légumes en couche unique sur 1 grande plaque à four ou sur 2 petites. Enfouissez les feuilles de laurier et les branches de thym et de romarin parmi les légumes.

VARIANTE

On peut remplacer les herbes fraîches par des herbes sèches : déposez ½ c. à thé de chaque sorte sur les légumes à l'étape 2.

**3** Faites griller les légumes environ 50 min jusqu'à ce qu'ils soient tendres en les tournant de temps en temps pour qu'ils dorent uniformément. Sortez-les du four, jetez les herbes et transférez les légumes dans une grande casserole.

BIENFAITS POUR LA SANTÉ

Cette soupe, très nutritive, contient des légumes excellents pour la santé. Le potiron est particulièrement riche en bêta-carotène et en potassium, qui est essentiel au bon fonctionnement des cellules, des nerfs et des muscles. Les carottes contiennent elles aussi beaucoup de bêta-carotène et aident à éliminer les toxines.

**4** Versez le bouillon dans la casserole et portez à ébullition. Baissez le feu, salez et poivrez selon votre goût puis laissez mijoter 10 min. Transférez la soupe dans un mixer et actionnez jusqu'à obtention d'un mélange épais et homogène.

**5** Remettez la soupe dans la casserole et chauffez bien. Salez, poivrez et servez avec un peu de crème aigre. Garnissez chaque assiette d' 1 branche de thym.

# CRÈME DE COURGETTES

Si vous préférez que le goût du fromage soit plus prononcé, remplacez le dolcelatte par du gorgonzola.

**Pour 4 à 6 personnes**

**INGRÉDIENTS**

30 ml/2 c. à soupe d'huile d'olive
15 g/½ oz/1 c. à soupe de beurre
1 oignon de taille moyenne, grossièrement haché
1 kg/2 lb de courgettes lavées et émincées
5 ml/1 c. à thé d'origan séché
environ 600 ml/1 pinte/2½ tasses de bouillon de légumes
125 g/4 oz/1 tasse de dolcelatte débarrassé de sa croûte et coupé en dés
300 ml/½ pinte/1¼ tasses de crème fraîche liquide
sel et poivre du moulin
origan frais, un peu de *dolcelatte* et de crème, pour garnir

**1** Chauffez l'huile et le beurre dans une grande cocotte jusqu'à ce qu'ils se mettent à mousser. Ajoutez l'oignon et faites-le revenir doucement pendant 5 min en remuant fréquemment, jusqu'à ce qu'il ramollisse sans dorer.

**2** Incorporez les courgettes émincées et l'origan, puis salez et poivrez à votre goût. Faites sauter à feu moyen 10 min en remuant souvent, puis versez le bouillon et portez à ébullition sans cesser de mélanger.

**3** Baissez le feu, couvrez la cocotte à demi et laissez frémir doucement 30 min en remuant de temps en temps.

**4** Ajoutez le dolcelatte coupé en dés et mélangez jusqu'à ce qu'il ait fondu. Passez la soupe au mixer jusqu'à obtention d'un mélange homogène, puis filtrez-la au chinois et versez-la dans une cocotte.

**5** Ajoutez les ⅔ de la crème fraîche et chauffez à feu doux en remuant jusqu'à ce que la soupe soit bien chaude, mais pas bouillante. Rajoutez un peu de bouillon ou d'eau si elle est trop épaisse. Vérifiez l'assaisonnement, puis versez dans des bols ou des assiettes préchauffés. Ajoutez le reste de crème, puis servez la soupe, garnie d'origan, de fromage émietté, d'un filet de crème et d'un peu de poivre grossièrement moulu.

LE CONSEIL DU CHEF

Pour gagner du temps, coupez et jetez l'extrémité des courgettes, puis coupez les légumes en trois et émincez-les à l'aide d'un mixer muni d'une lame métallique.

# SOUPE AUX ÉPINARDS ET AUX POIS CHICHES

Cette soupe épaisse et crémeuse, délicieusement parfumée, fait un excellent plat unique.

**Pour 4 personnes**

**INGRÉDIENTS**

30 ml/2 c. à soupe d'huile d'olive
4 gousses d'ail pressées
1 oignon grossièrement haché
10 ml/2 c. à thé de cumin en poudre
10 ml/2 c. à thé de coriandre en poudre
1,2 1/2 pintes/5 tasses de bouillon de légumes
350 g/12oz de pommes de terre pelées et finement hachées
425 g/15 oz de pois chiches en conserve égouttés
15 ml/1 c. à soupe de Maïzena
150 ml/1/4 pinte/2/3 tasse de crème fraîche épaisse
30 ml/2 c. à soupe de *tahini* (pâte de sésame)
200 g/7oz g d'épinards ciselés
piment de Cayenne
sel et poivre du moulin

**1** Chauffez l'huile dans une grande casserole, puis faites revenir l'ail et l'oignon pendant 5 min, jusqu'à ce qu'ils aient ramolli et doré.

**2** Ajoutez le cumin et la coriandre et poursuivez la cuisson en remuant encore 1 min.

**3** Incorporez le bouillon et les pommes de terre coupées en morceaux, puis portez à ébullition et laissez frémir 10 min. Ajoutez ensuite les pois chiches et laissez frémir 5 min de plus, jusqu'à ce que les pommes de terre et les pois chiches soient juste tendres.

**4** Mélangez la Maïzena, la crème fraîche, la pâte de sésame et assaisonnez. Ajoutez ce mélange à la soupe en même temps que les épinards. Portez à ébullition tout en remuant, puis laissez frémir 2 min supplémentaires. Assaisonnez avec du piment de Cayenne, du sel et du poivre noir. Servez immédiatement, saupoudré d'un peu de piment.

# GRATINÉE À L'OIGNON

Lorsque l'on prépare une gratinée en suivant attentivement la recette, les oignons caramélisent presque, prenant alors une belle couleur acajou. Cette délicieuse recette est parfaite pour un dîner d'hiver.

**Pour 4 personnes**

**INGRÉDIENTS**

4 gros oignons
30 ml/2 c. à soupe d'huile de tournesol ou d'olive, ou 15 ml/1 c. à soupe de chaque
25 g/1 oz/2 c. à soupe de beurre
900 ml/1 1/2 pintes/3 3/4 tasses de bouillon de légumes
4 tranches de baguette
40 à 50 g/1 1/2 à 2 oz/1/4 à 1/2 tasse de gruyère râpé
sel et poivre du moulin

**1** Épluchez les oignons et coupez-les en quatre, puis en morceaux de 5 mm/1/4 in de long. Chauffez l'huile et le beurre dans une casserole profonde, de préférence avec un fond de diamètre moyen afin que les oignons forment une couche épaisse.

**2** Faites revenir les oignons à feu vif quelques minutes, en remuant.

**3** Baissez le feu et poursuivez la cuisson pendant 45 à 60 min. Au début, remuez les oignons de temps en temps seulement, mais lorsqu'ils commencent à changer de couleur, faites-le plus fréquemment. Les oignons dorent très progressivement, puis ils brunissent plus rapidement. Veillez à les mélanger souvent à ce moment-là pour éviter qu'ils attachent à la casserole.

**4** Lorsque les oignons sont d'une belle couleur acajou, ajoutez le bouillon de légumes et un peu d'assaisonnement. Laissez frémir partiellement couvert pendant 30 min, puis salez et poivrez.

**5** Préchauffez le gril et faites griller les tranches de baguette. Répartissez la soupe dans 4 bols ou assiettes supportant la chaleur du four, puis posez 1 tranche de pain dans chaque récipient. Parsemez de fromage râpé et faites gratiner le tout pendant quelques minutes, afin que le fromage soit doré. Saupoudrez abondamment de poivre du moulin.

# SOUPE AUX HARICOTS BLANCS

Cette soupe consistante est originaire de la campagne toscane. Préparée à partir d'une épaisse purée de haricots secs, elle peut être servie au déjeuner comme au dîner.

**Pour 6 personnes**

**INGRÉDIENTS**

350 g/12 oz/1 1/2 tasses de haricots blancs secs
1 feuille de laurier
75 ml/5 c. à soupe d'huile d'olive
1 oignon de taille moyenne finement haché
1 carotte finement hachée
1 branche de céleri finement hachée
3 tomates de taille moyenne pelées et finement hachées
2 gousses d'ail finement hachées
5 ml/1 c. à thé de feuilles de thym fraîches ou 2,5 ml/1/2 c. à thé de thym séché
750 ml/1 1/4 pintes/3 tasses d'eau bouillante
sel et poivre du moulin
huile d'olive, pour servir

**1** Triez soigneusement les haricots, en éliminant les cailloux et autres impuretés. Rincez-les longuement à l'eau froide. Mettez-les à tremper dans un grand saladier d'eau froide toute la nuit. Le lendemain, égouttez-les, puis mettez-les dans une grande casserole d'eau. Portez à ébullition et faites-les cuire 20 min. Égouttez.

**2** Remettez les haricots dans la casserole, recouvrez-les d'eau froide et portez à nouveau à ébullition. Ajoutez la feuille de laurier et faites cuire le tout jusqu'à ce que les haricots soient tendres, soit 1 à 2 h environ. Égouttez-les une dernière fois et retirez la feuille de laurier.

**3** Réduisez environ les 3/4 des haricots en purée à l'aide d'un mixer, ou bien passez-les au presse-purée, en ajoutant un peu d'eau si besoin est, afin d'obtenir une pâte bien homogène.

**4** Chauffez l'huile dans une grande casserole. Ajoutez l'oignon, et faites-le revenir en remuant jusqu'à ce qu'il ramollisse. Mettez la carotte et le céleri, et poursuivez la cuisson pendant 5 min.

**5** Incorporez les tomates, l'ail et le thym. Faites cuire le tout 6 à 8 min de plus en remuant souvent.

**6** Versez dessus l'eau bouillante, puis ajoutez la purée de haricots et le reste des haricots entiers. Salez, poivrez et laissez frémir 10 à 15 min. Servez dans des bols ou des assiettes, garni d'un filet d'huile d'olive.

**CONSEIL**

On peut réaliser cette recette avec des haricots blancs en conserve. Il suffit alors de les rincer et de les égoutter avant de passer directement à l'étape 2.

# SOUPE AIGRE-DOUCE

Cette soupe l'idéal est de la servir comme entrée lors d'un repas thaïlandais, pour ouvrir l'appétit.

**Pour 4 personnes**

**INGRÉDIENTS**

2 carottes
900 ml/1 1/2 pintes/3 3/4 tasses de bouillon de légumes
2 piments épépinés et coupés en fines rondelles
2 tiges de citronnelle avec les pellicules extérieures enlevées et chaque tige coupée en 3 morceaux
4 feuilles de citronnier (kaffir)
2 gousses d'ail finement hachées
4 oignons de printemps coupés en fines rondelles
5 ml/1 c. à thé de sucre
jus d' 1 citron vert
45 ml/3 c. à soupe de coriandre fraîche hachée
sel
125 g/4 1/2 oz/1 tasse de tofu japonais coupé en tranches

**1** Pour préparer des fleurs de carotte, coupez chaque carotte en deux dans le sens de la longueur puis, avec un couteau aiguisé, pratiquez 4 rigoles en forme de V dans le sens de la longueur. Détaillez les carottes en petites rondelles et réservez.

CONSEIL

Les feuilles de citronnier ont un arôme particulier d'agrume. Les épiceries asiatiques vendent des feuilles fraîches et on trouve des feuilles sèches dans quelques supermarchés.

**2** Versez le bouillon dans une grande casserole. Réservez 2.5 ml/½ c. à thé de piments et mettez le reste dans la casserole avec la citronnelle, les feuilles de citronnier, l'ail et la moitié des oignons de printemps. Portez à ébullition puis baissez le feu et laissez mijoter 20 min. Passez le bouillon et jetez les aromates.

**3** Remettez le bouillon dans la casserole, incorporez les piments et les oignons de printemps réservés, le sucre, le jus de citron vert et la coriandre, et salez selon votre goût.

**4** Laissez mijoter 5 min puis ajoutez les fleurs de carotte et le tofu, et faites cuire 2 min de plus jusqu'à ce que la carotte soit légèrement tendre. Servez chaud.

BIENFAITS POUR LA SANTÉ

Les épices piquantes comme le piment exercent des effets bienfaisants sur le système respiratoire. Elles ont une action décongestionnante et soulagent le rhume, la grippe et le rhume des foins. Le piment stimulant la production d'endorphines, qui augmentent la sensation de plaisir, il est considéré comme un aphrodisiaque.

# SOUPE DE NOUILLES À LA JAPONAISE

Cette soupe, délicate et aromatique, est relevée avec un soupçon de piment. Elle peut constituer un déjeuner léger ou une entrée. Selon l'étiquette japonaise, faire du bruit en mangeant sa soupe est un signe de régal.

**Pour 4 personnes**

**INGRÉDIENTS**

200 g/7 oz/1 7/8 tasses de nouilles *udon, soba* ou chinoises
45 ml/3 c. à soupe de *mugi miso*
30 ml/2 c. à soupe de saké ou de xérès sec
15 ml/1 c. à soupe de vinaigre de riz ou de vin
45 ml/3 c. à soupe de sauce de soja japonaise
125 g/4oz de pointes d'asperges ou de mange-tout finement coupés en diagonale
50 g/2 oz/7/8 tasse de *shiitaké* équeutés et coupés en fines rondelles
1 carotte débitée en petits dés
3 oignons de printemps finement coupés en biais
sel et poivre du moulin
5 ml/1 c. à thé de flocons de piment, pour servir

**1** Portez 1 1/1 3/4 pintes/4 tasses d'eau à ébullition dans une casserole. Versez 150 ml/ 1/4 pinte/2/3 cup de cette eau bouillante sur le *miso* et tournez jusqu'à ce qu'il se dissolve, puis réservez.

**2** Pendant ce temps, portez à ébullition une autre grande casserole d'eau légèrement salée, plongez les nouilles dedans et faites cuire selon les instructions du paquet jusqu'à ce qu'elles soient tendres.

**3** Égouttez les nouilles dans une passoire. Rincez-les sous l'eau froide, puis égouttez-les de nouveau.

**4** Dans la casserole d'eau bouillante, versez le saké ou le xérès, le vinaigre de riz ou de vin et la sauce de soja. Faites bouillir doucement 3 min jusqu'à ce que l'alcool soit évaporé, puis baissez le feu et incorporez le mélange de *miso*.

BIENFAITS POUR LA SANTÉ

Comme le soja, le *miso* a de nombreuses vertus thérapeutiques. En raison de ses propriétés antioxydantes, il peut aider à prévenir les risques de cancer de l'estomac.

**5** Ajoutez les asperges ou les mange-tout, les champignons, la carotte et les oignons de printemps et faites mijoter environ 2 min jusqu'à ce que les légumes soient tendres. Salez et poivrez selon votre goût.

**6** Répartissez les nouilles dans 4 bols chauds et versez la soupe dessus. Servez immédiatement, en parsemant de flocons de piment.

# SOUPE DE COURGETTES AUX POIS CASSÉS

Cette soupe nourrissante et très parfumée réchauffera vos convives par une froide journée d'hiver.

**Pour 4 personnes**

**INGRÉDIENTS**

175 g/6 oz/1 7/8 tasses de pois cassés jaunes
1 oignon de taille moyenne finement haché
5 ml/1 c. à thé d'huile de tournesol
2 courgettes coupées en dés
900 ml/1 1/2 pintes/3 3/4 tasses de bouillon de légumes
2,5 ml/1/2 c. à thé de curcuma en poudre
sel et poivre du moulin
pain bien croustillant, pour servir

**1** Mettez les pois cassés dans un saladier, couvrez-les d'eau froide et laissez-les tremper plusieurs heures, voire toute la nuit. Égouttez-les, rincez-les bien, puis égouttez-les à nouveau.

**2** Faites revenir l'oignon à l'huile dans une casserole couverte, en remuant de temps en temps, jusqu'à ce qu'il ait bien ramolli. Réservez 1 poignée de dés de courgettes.

**3** Ajoutez le reste des courgettes dans la casserole et faites-les sauter 2 à 3 min. Versez le bouillon et le curcuma et portez à ébullition. Baissez le feu, couvrez et laissez frémir 30 à 40 min. Assaisonnez.

**4** Lorsque la soupe est presque prête, portez une grande casserole d'eau à ébullition et faites blanchir les dés de courgettes restants 1 min. Égouttez-les et ajoutez-les à la soupe. Servez très chaud, accompagné de pain croustillant tiède.

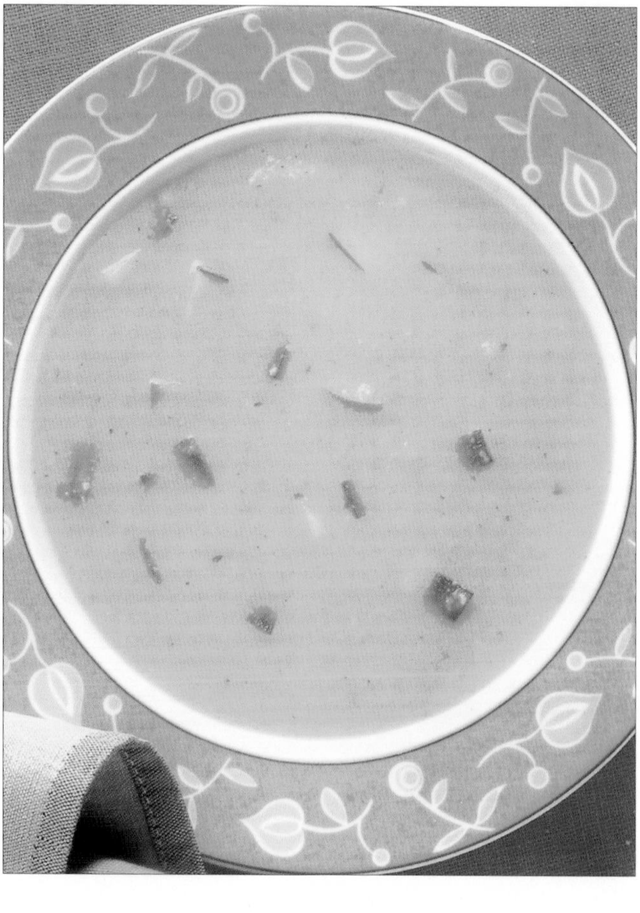

CONSEIL

Si vous manquez de temps, remplacez les pois cassés par des lentilles rouges : en effet, il n'est pas nécessaire de les faire tremper et elles cuisent très vite. Revoyez alors la quantité de bouillon nécessaire.

# SOUPE DE LENTILLES AUX TOMATES

Cette soupe délicieuse est trés nourrissante. Vous pouvez l'agrémenter de tranches de pain complet ou de pain aux céréales.

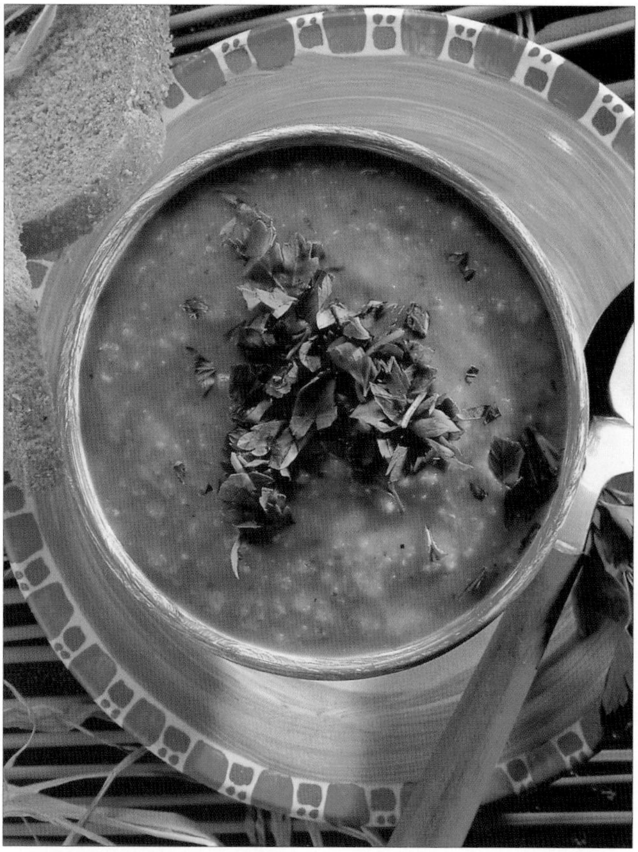

**Pour 4 à 6 personnes**

**INGRÉDIENTS**

10 ml/2 c. à thé d'huile de tournesol
1 gros oignon haché
2 branches de céleri hachées
175 g/6 oz/3/4 tasse de lentilles blondes
2 grosses tomates pelées et grossièrement hachées
900 ml/1 1/2 pintes/3 3/4 tasses de bouillon de légumes
10 ml/2 c. à thé d'herbes de Provence séchées
sel et poivre du moulin
persil frais haché, pour garnir

**1** Chauffez l'huile dans une grande casserole. Mettez l'oignon et le céleri et faites-les revenir 5 min en remuant de temps en temps. Ajoutez les lentilles et poursuivez la cuisson 1 min de plus.

**2** Incorporez les tomates, le bouillon, les herbes de Provence, le sel et le poivre. Couvrez, portez à ébullition puis laissez frémir pendant 20 min environ, en remuant de temps en temps.

**3** Lorsque les lentilles sont cuites et tendres, laissez refroidir la soupe légèrement.

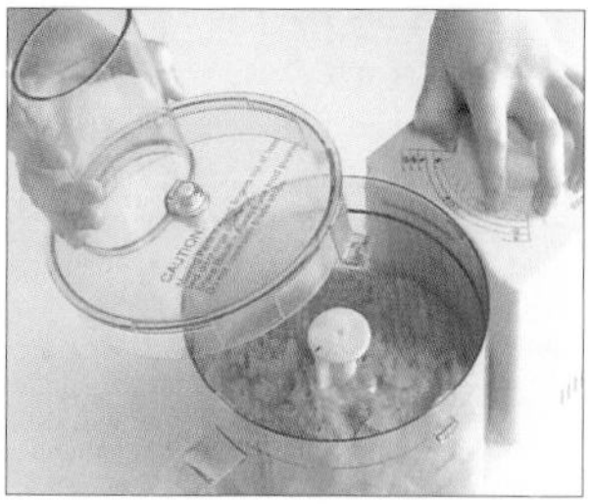

**4** Passez-la au mixer jusqu'à obtention d'une purée assez homogène. Vérifiez l'assaisonnement, puis reversez la soupe dans la casserole et réchauffez-la doucement jusqu'à ce qu'elle soit brûlante. Servez-la dans des bols ou des assiettes, garnie de persil haché.

# SOUPE AUX PETITS POIS ET AU BASILIC

Cette soupe rafraîchissante doit être servie avec du pain de campagne croustillant.

**Pour 4 personnes**

**INGRÉDIENTS**

400 g/14 oz/3½ tasses de petits pois surgelés
25 g/1 oz/1 tasse de feuilles de basilic frais grossièrement découpées, plus un peu pour garnir
75 ml/5 c. à soupe d'huile d'olive
2 gros oignons hachés
1 branche de céleri hachée
1 carotte hachée
1 gousse d'ail finement hachée
900 ml/1½ pintes/3¾ tasses de bouillon de légumes
sel et poivre du moulin
parmesan fraîchement râpé, pour servir

VARIANTE

À la place du basilic, utilisez de la menthe ou un mélange de persil, de menthe et de ciboulette.

**1** Chauffez l'huile dans une grande casserole et incorporez les oignons, le céleri, la carotte et l'ail. Couvrez et faites cuire 45 min à feu doux, afin que les légumes soient tendres, en tournant de temps en temps pour les empêcher d'attacher.

**2** Ajoutez les petits pois et le bouillon dans la casserole et portez à ébullition. Baissez le feu, incorporez le basilic, le sel et le poivre, et laissez mijoter 10 min.

**3** Passez la soupe au mixer jusqu'à ce qu'elle soit homogène. Répartissez dans des bols chauds, saupoudrez de parmesan râpé et garnissez de basilic.

BIENFAITS POUR LA SANTÉ

Le processus de congélation ayant généralement lieu immédiatement après la cueillette, les petits pois surgelés contiennent souvent plus de vitamine C que les frais.

# SOUPE AUX LENTILLES ET AU LAIT DE COCO

Épicée et très aromatisée, cette soupe consistante constitue presque un repas en soi. Pour rassasier vos convives, servez-la avec des morceaux de *naan* chaud ou d'épaisses tranches de pain grillé.

**Pour 4 personnes**

**INGRÉDIENTS**

200 g/7 oz/⅞ tasse de lentilles orange rincées
400 ml/14 fl oz/1⅔ tasses de lait de coco
30 ml/2 c. à soupe d'huile de tournesol
2 oignons rouges finement hachés
1 petit piment épépiné et coupé en fines rondelles
2 gousses d'ail hachées
1 morceau de 2,5 cm/1 in de citronnelle fraîche avec les pellicules extérieures enlevées et l'intérieur finement haché
5 ml/1 c. à thé de poudre de coriandre
5 ml/1 c. à thé de paprika
jus d' 1 citron vert
3 oignons de printemps hachés
20 g/¾ oz/⅞ tasse de coriandre fraîche finement hachée
sel et poivre du moulin

**1** Chauffez l'huile dans une grande casserole et ajoutez les oignons, le piment, l'ail et la citronnelle. Faites cuire 5 min jusqu'à ce que les oignons ramollissent mais sans caraméliser, en remuant de temps en temps.

BIENFAITS POUR LA SANTÉ

Les lentilles sont riches en minéraux, fer et calcium notamment, ainsi qu'en acide folique. Celui-ci est recommandé aux femmes enceintes car il diminue le risque de spina-bifida chez le fœtus.

**2** Ajoutez les lentilles et les épices. Versez le lait de coco et 900 ml/1½ pintes/3¾ tasses d'eau, et tournez. Portez à ébullition, remuez puis baissez le feu et laissez mijoter 40 à 45 min jusqu'à ce que les lentilles ramollissent.

**3** Versez le jus de citron vert, puis ajoutez les oignons de printemps et la coriandre fraîche en réservant un peu de chaque pour la garniture. Salez et poivrez, puis répartissez la soupe dans des bols. Décorez avec les oignons de printemps et la coriandre réservés.

# GUACAMOLE

Cette purée d'avocats est assez relevée, mais bien moins que celle que l'on vous servirait au Mexique, son pays d'origine !

**Pour 4 personnes**

**INGRÉDIENTS**

2 avocats mûrs, pelés et dénoyautés
2 tomates pelées, égrenées et finement hachées
6 oignons nouveaux finement hachés
1 ou 2 piments frais, égrenés et finement hachés
30 ml/2 c. à soupe de jus de citron jaune ou vert
15 ml/1 c. à soupe de coriandre fraîche hachée
sel et poivre du moulin
brins de coriandre, pour garnir

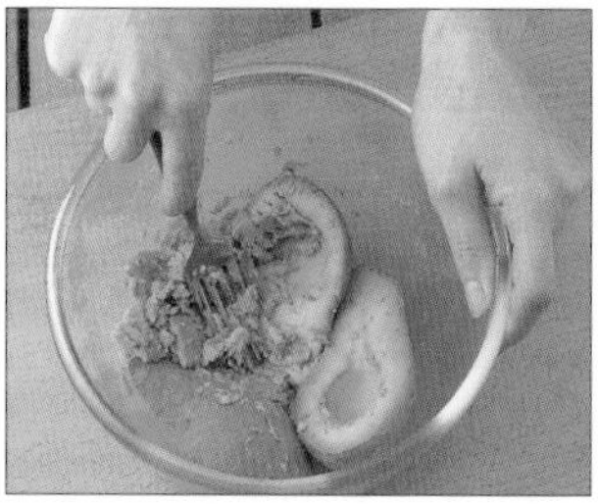

**1** Mettez les moitiés d'avocats dans un grand saladier et écrasez-les grossièrement à la fourchette.

**2** Ajoutez les autres ingrédients. Mélangez bien, salez et poivrez. Servez garni de coriandre fraîche.

# SAUCE AUX HARICOTS BLANCS ET AUX HERBES

Voici une sauce rafraîchissante, parfaite pour accompagner des crudités et des gressins.

**Pour 4 à 6 personnes**

**INGRÉDIENTS**

225 g/8 oz/1 tasse de fromage frais type « cottage cheese »
400 g/14 oz de haricots blancs en conserve, rincés et égouttés
1 bouquet d'oignons nouveaux hachés
50 g/2 oz de cresson haché
60 ml/4 c. à soupe de mayonnaise
45 ml/3 c. à soupe d'un mélange d'herbes fraîches hachées
sel et poivre du moulin
quelques feuilles de cresson, pour garnir
crudités et gressins, pour servir

**1** Mixez ensemble le fromage frais, les haricots blancs, les oignons nouveaux, la mayonnaise et les herbes, jusqu'à obtention d'un mélange assez homogène.

**2** Salez, poivrez et versez la sauce dans un plat.

**3** Couvrez et mettez la sauce au réfrigérateur pendant plusieurs heures avant de la servir.

**4** Transférez-la dans un plat de service (ou dans de petits bols individuels) et garnissez-la avec des feuilles de cresson. Servez cette sauce accompagnée de crudités et de gressins.

CONSEIL

Vous pouvez aussi remplacer les haricots blancs par d'autres légumes secs en conserve, des pois chiches par exemple.

# SAUCE AU SAFRAN

Servez cette sauce de saveur subtile avec des crudités. Elle accompagne particulièrement bien le chou-fleur.

**Pour 4 personnes**

**INGRÉDIENTS**

1 petite pincée de filaments de safran
200 g/7 oz/$^7/_8$ tasse de fromage blanc
10 brins de ciboulette fraîche
10 feuilles de basilic frais
sel et poivre du moulin
crudités variées, pour servir

**1** Versez 15 ml/1 c. à soupe d'eau bouillante dans un bol qui supporte la chaleur et ajoutez les filaments de safran. Laissez-les infuser 3 à 4 min en remuant de temps en temps.

**2** Battez le fromage blanc jusqu'à ce qu'il soit bien onctueux, et versez l'eau safranée.

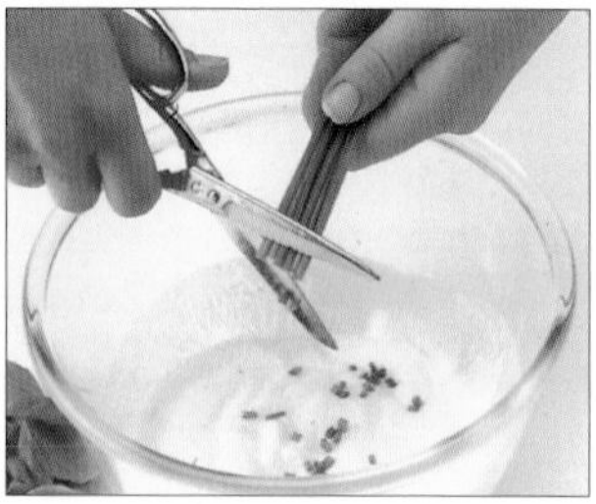

**3** Ajoutez la ciboulette ciselée, puis le basilic coupé en petits morceaux à la main, et mélangez le tout.

**4** Salez, poivrez et servez immédiatement cette sauce accompagnée de crudités.

VARIANTES

Vous pouvez remplacer les filaments de safran par du safran en poudre. Par ailleurs, pour préparer une sauce au citron, il suffit de remplacer le safran par quelques gouttes de jus de citron vert ou jaune.

# SAUCE ÉPICÉE AUX CAROTTES

Cette sauce délicieuse est à la fois sucrée et épicée. Servez-la avec des crackers de blé ou bien des chips de maïs pimentées.

**Pour 4 personnes**

**INGRÉDIENTS**

1 oignon
4 carottes dont 1 petite pour la garniture
15 ml/1 c. à soupe de pâte de curry forte
le zeste râpé et le jus de 2 oranges
150 ml/¼ pinte/⅔ tasse de yaourt nature
1 poignée de feuilles de basilic frais
15 à 30 ml/1 à 2 c. à soupe de jus de citron frais, selon votre goût
sauce Tabasco, selon votre goût
sel et poivre du moulin

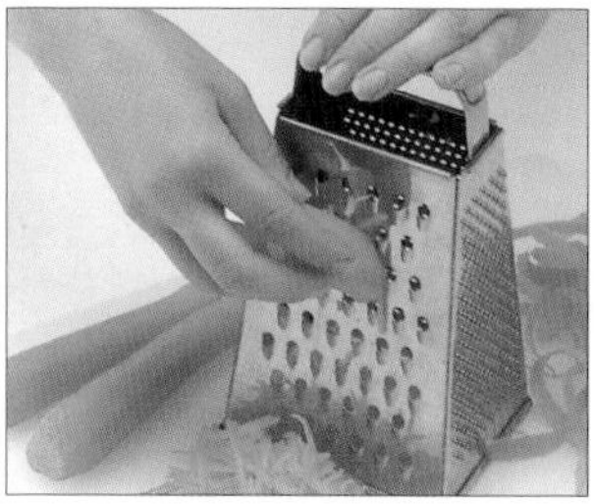

**1** Hachez finement l'oignon. Pelez et râpez les carottes. Mettez les carottes, l'oignon, la pâte de curry, le zeste et le jus d'orange dans une petite casserole. Portez à ébullition, puis couvrez et laissez frémir doucement pendant 10 min, jusqu'à ce que les légumes soient tendres.

**2** Passez le tout au mixer jusqu'à obtention d'un mélange homogène. Laissez refroidir complètement.

**3** Ajoutez le yaourt et les feuilles de basilic découpées grossièrement à la sauce.

**4** Mélangez enfin le jus de citron et le Tabasco, puis salez et poivrez. Servez cette sauce à température ambiante, garnie d'un peu de carottes râpées.

# CAVIAR D'AUBERGINES ET GALETTES LIBANAISES

Cette délicieuse spécialité du Moyen-Orient est parfumée au *tahini* (pâte de graines de sésame), ce qui lui donne une note subtilement épicée.

**Pour 6 personnes**

**INGRÉDIENTS**

2 petites aubergines
1 gousse d'ail écrasée
60 ml/4 c. à soupe de *tahini* (pâte de sésame)
25 g/1 oz/$^{1}/_{4}$ tasse d'amandes en poudre
le jus d'$^{1}/_{2}$ citron
2,5 ml/$^{1}/_{2}$ c. à thé de cumin en poudre
30 ml/2 c. à soupe de feuilles de menthe fraîche
30 ml/2 c. à soupe d'huile d'olive
sel et poivre du moulin

*Pour les galettes libanaises*
4 pitas
45 ml/3 c. à soupe de graines de sésame grillées
45 ml/3 c. à soupe de thym frais haché
45 ml/3 c. à soupe de graines de pavot
150 ml/$^{1}/_{4}$ pinte/$^{2}/_{3}$ tasse d'huile d'olive

**1** Commencez par préparer les galettes libanaises : coupez les pitas en deux et ouvrez-les délicatement. Mélangez les graines de sésame, le thym et les graines de pavot dans un mortier, puis écrasez-les au pilon pour en libérer l'arôme.

**2** Ajoutez l'huile d'olive et mélangez. Étalez cette préparation sur la face coupée des pitas, puis passez-les sous le gril jusqu'à ce qu'ils soient bien dorés et croustillants. Laissez-les refroidir, puis coupez-les en morceaux et réservez.

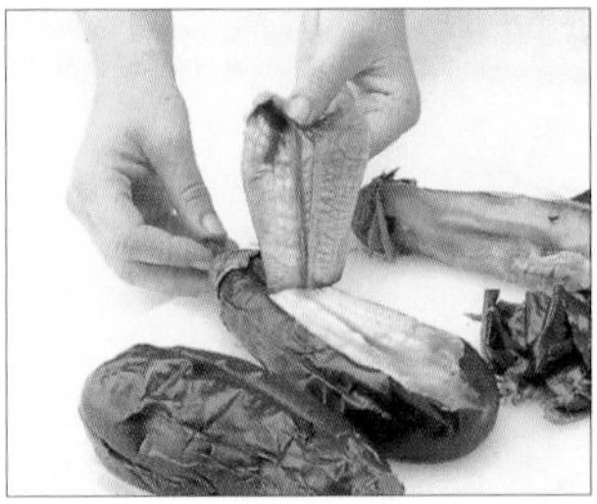

**3** Faites griller les aubergines en les retournant fréquemment, jusqu'à ce que la peau noircisse et boursoufle. Retirez ensuite la peau et hachez grossièrement la chair, puis laissez-la égoutter dans une passoire. Attendez 30 min, puis pressez les morceaux d'aubergines pour exprimer le plus de liquide possible.

**4** Mettez les morceaux d'aubergines dans le bol d'un mixer avec l'ail, les amandes en poudre, le *tahini*, le jus de citron et le cumin. Salez, poivrez et mixez en une pâte homogène. Hachez la moitié des feuilles de menthe et mélangez.

**5** Versez dans un plat, garnissez des feuilles de menthe restantes et arrosez d'un filet d'huile d'olive. Servez avec les galettes libanaises.

# FALAFELS ET SAUCE À LA CORIANDRE

On fait frire ces petites boulettes de purée de pois chiches jusqu'à ce qu'elles soient bien croustillantes, puis on les sert accompagnées d'une sauce parfumée à la coriandre fraîche.

**Pour 4 personnes**

**INGRÉDIENTS**

400 g/14oz de pois chiches en conserve égouttés
6 oignons nouveaux finement hachés
1 œuf
2,5 ml/½ c. à thé de curcuma en poudre
1 gousse d'ail pressée
5 ml/1 c. à thé de cumin en poudre
60 ml/4 c. à soupe de coriandre fraîche hachée
huile pour la friture
1 petit piment rouge frais, égrené et finement haché
45 ml/3 c. à soupe de mayonnaise
sel et poivre du moulin
1 brin de coriandre fraîche, pour garnir

**1** Mettez les pois chiches dans le bol d'un mixer. Ajoutez les oignons et mixez jusqu'à obtention d'une purée fine. Incorporez l'œuf, le curcuma, l'ail, le cumin et 15 ml/1 c. à soupe de coriandre hachée. Mixez brièvement pour bien mélanger le tout, puis salez et poivrez.

**2** Avec des mains humides, modelez la pâte de pois chiches de façon à obtenir à peu près 16 boulettes.

**3** Chauffez l'huile à 180 °C/350 °F, c'est-à-dire jusqu'à ce qu'un dé de pain plongé dans la friture dore en 30 à 45 s. Faites frire les falafels en plusieurs lots pendant 2 à 3 min, afin qu'ils soient bien dorés. Égouttez-les sur du papier essuie-tout, puis disposez-les dans un plat de service et maintenez-les au chaud.

**4** Ajoutez le reste de coriandre hachée et le piment à la mayonnaise et remuez bien. Décorez la sauce avec le brin de coriandre et servez en accompagnement des falafels.

# PÂTÉS IMPÉRIAUX, SAUCE AIGRE-DOUCE PIMENTÉE

Ces mini-pâtés impériaux font d'excellents amuse-gueule. Ils sont aussi parfaits pour garnir un buffet.

**Pour 20 à 24 pâtés impériaux**

**INGRÉDIENTS**

25 g/1 oz/¼ tasse de vermicelles de riz
huile d'arachide
5 ml/1 c. à thé de gingembre frais finement râpé
2 oignons nouveaux finement émincés
50 g/2oz de carottes finement émincées
50 g/2oz de pois gourmands émincés
25 g/1oz de feuilles d'épinards
50 g/2 oz/¼ tasse de germes de soja frais
15 ml/1 c. à soupe de menthe fraîche, finement hachée
15 ml/1 c. à soupe de coriandre fraîche finement hachée
30 ml/2 c. à soupe de sauce de soja claire
20 à 24 galettes de riz carrées de 13 cm/5 in de côté
1 blanc d'œuf légèrement battu

*Pour la sauce*
60 ml/4 c. à soupe de sucre
50 ml/2 fl oz/¼ tasse de vinaigre de riz
2 piments rouges frais égrenés et finement hachés

**1** Commencez par préparer la sauce : mettez le sucre et le vinaigre dans une petite casserole avec 30 ml/2 c. à soupe d'eau. Chauffez doucement en remuant jusqu'à ce que le sucre fonde, puis portez à ébullition et poursuivez la cuisson à gros bouillons jusqu'à obtention d'un sirop léger. Ajoutez les piments et laissez refroidir.

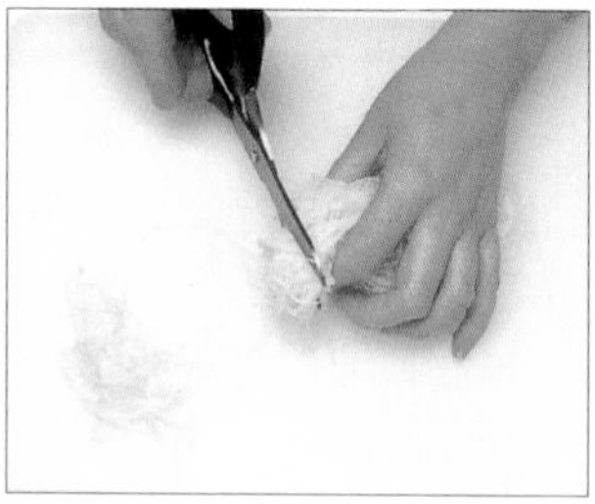

**2** Faites tremper les vermicelles selon les instructions de l'emballage. Rincez-les et égouttez-les bien. Coupez les vermicelles en petits morceaux.

**3** Chauffez un wok avec 15 ml/1 c. à soupe d'huile. Mettez le gingembre et les oignons nouveaux à sauter quelques secondes. Ajoutez les carottes et les pois gourmands et faites-les revenir 2 à 3 min. Incorporez les feuilles d'épinards, les germes de soja, la menthe, la coriandre, la sauce de soja et les vermicelles et faites sauter encore 1 min. Laissez refroidir.

**4** Déposez 1 cuillerée de farce au centre d'1 galette de riz, puis fermez en repliant des deux côtés. Enroulez la pâte en serrant bien.

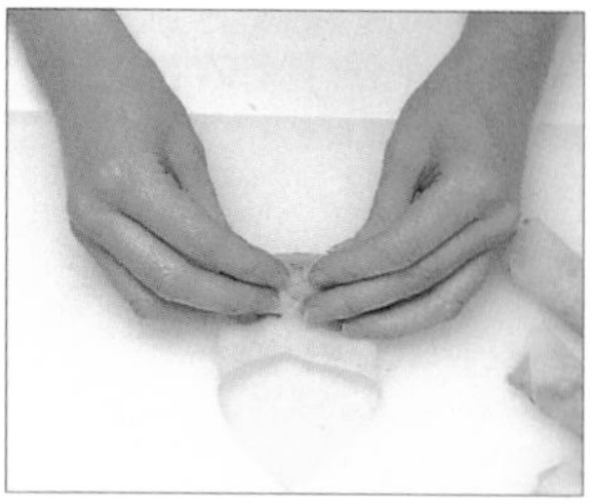

**5** Badigeonnez l'extrémité de blanc d'œuf battu. Renouvelez l'opération avec les autres carrés de pâte jusqu'à épuisement de la farce.

**6** Remplissez à moitié le wok d'huile et chauffez-la à 180 °C/350 °F. Faites cuire ensuite les mini-pâtés en procédant par lots : faites-les frire pendant 3 à 4 min, jusqu'à ce qu'ils soient bien dorés et croustillants. Égouttez-les sur de l'essuie-tout. Servez les pâtés chauds, accompagnés de sauce aigre-douce pimentée.

**CONSEIL**

Vous pouvez faire cuire les pâtés impériaux 2 à 3 heures à l'avance. Il ne vous reste plus alors qu'à les disposer sur une plaque à pâtisserie tapissée d'une feuille d'aluminium et à les faire réchauffer pendant une dizaine de minutes dans un four préchauffé à 200 °C/400 °F juste avant de les servir.

# LÉGUMES MARINÉS À L'ITALIENNE

Cet assortiment coloré de légumes frais et d'aromates fait une excellente entrée. Servez ces « antipasti » avec du pain frais bien croustillant.

**Pour 4 personnes**

**INGRÉDIENTS**

*Pour les poivrons*

3 poivrons rouges
3 poivrons jaunes
4 gousses d'ail émincées
1 poignée de basilic frais
120 ml/4 fl oz/½ tasse d'huile d'olive
sel et poivre du moulin

*Pour les champignons*

450 g/1 lb/6 tasses de champignons frais aux chapeaux bien étalés, coupés en tranches épaisses
60 ml/4 c. à soupe d'huile d'olive
1 grosse gousse d'ail pressée
15 ml/1 c. à soupe de romarin frais haché
250 ml/8 fl oz/1 tasse de vin blanc sec
brins de romarin frais, pour garnir

*Pour les olives*

1 piment rouge séché, écrasé
le zeste d' 1 citron
120 ml/4 fl oz/½ tasse d'huile d'olive
225 g/8 oz/1 ⅓ tasses d'olives noires italiennes
30 ml/2 c. à soupe de persil plat frais haché
feuilles de basilic, pour garnir
1 quartier de citron, pour servir

**1** Disposez les poivrons sous un gril préchauffé. Faites-les griller jusqu'à ce que la peau soit noire et boursouflée. Sortez-les du four et mettez-les dans un grand sac en plastique, puis laissez-les refroidir.

**2** Une fois les poivrons refroidis, pelez-les, coupez-les en deux et retirez les graines. Détaillez-les ensuite en bandelettes dans le sens de la longueur et mettez-les dans un saladier avec l'ail émincé et les feuilles de basilic. Salez, poivrez, puis recouvrez-les d'huile et laissez-les mariner pendant 3 à 4 h, en remuant de temps en temps. Décorez avec des feuilles de basilic frais.

**3** Mettez les champignons dans un grand saladier. Chauffez l'huile dans une casserole et ajoutez-y l'ail, le romarin et le vin. Portez à ébullition, puis laissez frémir pendant 3 min. Salez, poivrez et versez sur les champignons.

**4** Mélangez et laissez refroidir, en remuant de temps en temps. Couvrez et laissez mariner toute la nuit. Servez à température ambiante, garni de brins de romarin.

**5** Préparez maintenant les olives : mettez le piment et le zeste de citron dans une petite casserole avec l'huile. Chauffez doucement 3 min environ, puis ajoutez les olives et poursuivez la cuisson encore 1 min. Versez cette préparation dans un saladier et laissez refroidir. Laissez mariner les olives toute la nuit. Avant de servir, parsemez-les de persil haché et garnissez-les avec les feuilles de basilic. Servez accompagné du quartier de citron.

# POMMES DE TERRE ÉPICÉES, SAUCE AU PIMENT

Ces pommes de terre sont couvertes d'une croûte épicée qui les rend irrésistibles, surtout lorsqu'elles sont servies avec une sauce pimentée.

**Pour 2 personnes**

**INGRÉDIENTS**

2 grosses pommes de terre de 225 g/8 oz chacune environ
30 ml/2 c. à soupe d'huile d'olive
2 gousses d'ail pressées
5 ml/1 c. à thé de quatre-épices
5 ml/1 c. à thé de coriandre en poudre
15 ml/1 c. à soupe de paprika
sel et poivre du moulin

*Pour la sauce*

15 ml/1 c. à soupe d'huile d'olive
1 petit oignon finement haché
1 gousse d'ail pressée
200 g/7 oz de tomates concassées en conserve
1 piment rouge frais égrené et finement haché
15 ml/1 c. à soupe soupe de vinaigre balsamique
15 ml/1 c. à soupe de coriandre fraîche hachée plus de quoi garnir

**1** Préchauffez le four à 200 °C/400 °F. Lavez les pommes de terre, coupez-les en deux, puis recoupez chaque moitié en quatre.

**2** Mettez les morceaux de pommes de terre dans une casserole d'eau froide. Portez à ébullition, puis baissez le feu et laissez frémir doucement pendant 10 min, jusqu'à ce que les pommes de terre soient légèrement plus tendres. Égouttez-les bien et séchez-les sur de l'essuie-tout.

**3** Mélangez l'huile, l'ail, le quatre-épices, la coriandre et le paprika dans un plat à four. Salez et poivrez. Ajoutez les pommes de terre et roulez-les dans le mélange d'épices. Faites-les rôtir 20 min, en les retournant de temps en temps.

**4** Pendant ce temps, préparez la sauce au piment. Chauffez l'huile dans une casserole, ajoutez l'oignon et l'ail et faites-les revenir pendant 5 à 10 min, jusqu'à ce qu'ils soient tendres et bien dorés. Versez les tomates avec leur jus, puis le piment et le vinaigre. Remuez bien.

**5** Faites réduire la sauce à feu doux pendant 10 min, jusqu'à épaississement. Salez, poivrez. Ajoutez la coriandre fraîche et servez très chaud, avec les pommes de terre rôties. Rectifiez l'assaisonnement et garnissez de coriandre fraîche.

# HOUMMOS ET COURGETTES FRITES

Les courgettes frites accompagnent un hoummos maison servi avec des pitas et des olives. Ce délice vient de l'est du bassin méditerranéen.

**Pour 4 personnes**

**INGRÉDIENTS**

225 g/8 oz de pois chiches en conserve
2 gousses d'ail grossièrement écrasées
90 ml/6 c. à soupe de jus de citron
60 ml/4 c. à soupe de *tahini* (pâte de sésame)
75 ml/5 c. à soupe d'huile d'olive
5 ml/1 c. à thé de cumin en poudre
450 g/1 lb de petites courgettes
sel et poivre du moulin
paprika et olives noires, pour garnir
pitas, pour servir

**1** Égouttez les pois chiches en conservant le jus, puis mettez-les dans le bol d'un mixer. Mixez jusqu'à obtention d'une purée bien fine et homogène, en ajoutant un peu de jus si besoin est.

**2** Mélangez l'ail, le jus de citron et le *tahini*, puis ajoutez le tout à la purée de pois chiches. Mixez à nouveau jusqu'à obtention d'une pâte bien homogène. Sans arrêter le mixer, versez petit à petit 45 ml/3 c. à soupe d'huile d'olive.

**3** Ajoutez le cumin, salez et poivrez. Mixez encore un peu. Transférez l'hoummos dans un saladier, couvrez-le et mettez-le au réfrigérateur jusqu'au moment de servir.

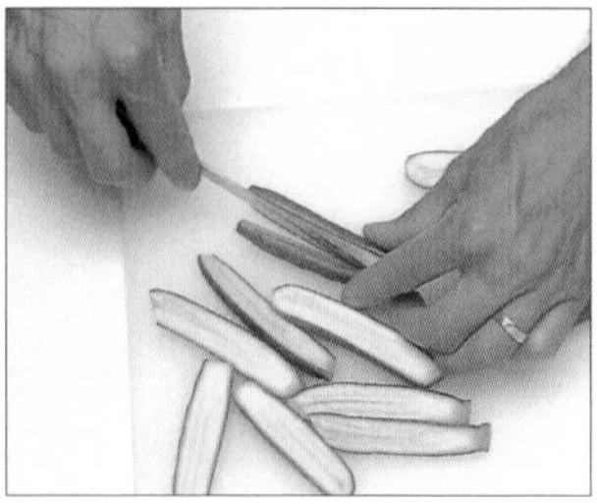

**4** Retirez l'extrémité des courgettes, puis coupez-les en deux dans le sens de la longueur. Recoupez-les si besoin est en morceaux de la même taille.

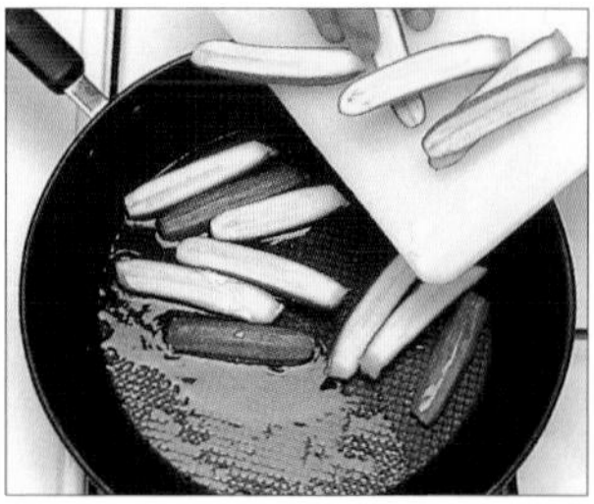

**5** Chauffez le reste d'huile dans une grande poêle. Salez et poivrez les courgettes, puis faites-les frire 2 à 3 min de chaque côté, afin qu'elles soient tendres mais ne s'écrasent pas.

**6** Répartissez les courgettes frites entre 4 assiettes. Ajoutez 1 portion d'hoummos et saupoudrez-la de paprika. Placez enfin 2 à 3 morceaux de pita et servez avec des olives noires.

**VARIANTES**

Pour que la sauce ait un goût de noisette plus prononcé, remplacez le *tahini* par du beurre de cacahuètes (ou pâte d'arachide) crémeux. L'hoummos est également délicieux servi avec des tranches d'aubergines ou des morceaux de poivrons rouges frits ou grillés.

# PÂTE AU BLEU ET AUX HERBES, TOASTS « MELBA »

Cette entrée est vite prête, d'autant que l'on peut préparer la pâte à tartiner la veille et que les toasts « Melba » se conservent un jour ou deux dans un récipient hermétique.

**Pour 8 personnes**

**INGRÉDIENTS**

225 g/8 oz de stilton (fromage anglais) ou autre fromage à pâte persillée

120 g/4 oz/½ tasse de « cream cheese » ou de fromage frais à tartiner

15 ml/1 c. à soupe de porto

15 ml/1 c. à soupe de persil frais haché

15 ml/1 c. à soupe de ciboulette fraîche ciselée, plus de quoi garnir

50 g/2 oz/½ tasse de noix hachées

sel et poivre du moulin

*Pour les toasts « Melba »*

12 tranches de pain de mie

**1** Mettez le bleu, le cream cheese et le porto dans le bol d'un mixer et mixez jusqu'à obtention d'une pâte homogène.

**2** Ajoutez les ingrédients restants, mixez de nouveau, puis salez et poivrez.

**3** Répartissez cette pâte à tartiner dans de petits ramequins individuels et lissez le dessus. Couvrez de film alimentaire et mettez au réfrigérateur jusqu'à ce que cette préparation soit bien ferme. Parsemez de ciboulette juste avant de servir.

**4** Préparez les toasts : préchauffez le four à 180 °C/350 °F, puis faites griller le pain des deux côtés.

**5** Pendant que les toasts sont encore chauds, enlevez la croûte et recoupez-les en deux dans l'épaisseur. Disposez les tranches en une seule couche sur des plaques à pâtisserie et enfournez-les 10 à 15 min, jusqu'à ce qu'elles soient bien dorées et croustillantes. C'est ce que l'on appelle des toasts « Melba ». Procédez ainsi avec les toasts restants. Servez chaud avec la pâte à tartiner au bleu.

# TERRINE DE CHAMPIGNONS ET DE HARICOTS

Cette terrine légère est délicieuse servie avec du pain complet, qu'il soit grillé ou non.

**Pour 12 personnes**

**INGRÉDIENTS**

450 g/1 lb/6 tasses de champignons émincés
1 oignon haché
2 gousses d'ail pressées
1 poivron rouge égrené et coupé en dés
30 ml/2 c. à soupe de bouillon de légumes
30 ml/2 c. à soupe de vin blanc sec
400 g/14oz de haricots rouges en conserve, rincés et égouttés
1 œuf battu
50 g/2 oz/1 tasse de miettes de pain complet frais
15 ml/1 c. à soupe de thym frais haché
15 ml/1 c. à soupe de romarin frais haché
sel et poivre du moulin
tomates cerises et salade verte, pour garnir

**1** Préchauffez le four à 180 °C/350 °F. Beurrez légèrement et tapissez un moule à cake antiadhésif de 900 g/2 lb de contenance. Mettez les champignons, l'oignon, l'ail, le poivron rouge, le bouillon et le vin dans une casserole. Couvrez et faites cuire pendant une dizaine de minutes, en remuant de temps en temps.

**2** Laissez refroidir légèrement, puis réduisez le tout en purée avec les haricots rouges à l'aide d'un mixer.

**3** Transvasez la préparation dans un saladier, puis ajoutez l'œuf, les miettes de pain et les herbes aromatiques, et mélangez bien. Salez et poivrez.

**4** Versez la préparation dans le moule à cake et lissez le dessus. Faites cuire 45 à 60 min, jusqu'à ce que la terrine soit dorée sur le dessus. Posez le moule sur une grille à pâtisserie et laissez refroidir complètement, puis couvrez-le et mettez-le au réfrigérateur plusieurs heures. Au moment de servir, démoulez la terrine et coupez-la en tranches. Garnissez des tomates cerises et de la salade verte.

# CANAPÉS AUX TOMATES ET AU BASILIC

Le parfum du basilic est si puissant qu'une toute petite quantité suffit souvent pour ensoleiller un plat.

**Pour 2 personnes**

**INGRÉDIENTS**

2 tranches de pain croustillant assez épaisses
45 ml/3 c. à soupe de fromage frais à tartiner
10 ml/2 c. à thé de *pesto* (sauce italienne au basilic) rouge ou vert
1 grosse tomate
1 oignon rouge
sel et poivre du moulin
basilic haché, pour garnir

**1** Faites griller les tranches de pain jusqu'à ce qu'elles soient bien dorées des deux côtés. Laissez refroidir.

**2** Mélangez bien le fromage frais et le *pesto* dans un bol, puis étalez-en une couche épaisse sur le pain grillé.

**3** Avec un couteau tranchant, coupez la tomate et l'oignon en rondelles fines.

**4** Faites chevaucher les rondelles d'oignon et de tomate en alternance sur les tartines, puis salez et poivrez. Réchauffez les canapés sous un gril bien chaud. Servez garni de basilic haché.

CONSEIL

Si vous pouvez utiliser quasiment n'importe quel pain pour préparer ces canapés, c'est néanmoins avec un bon pain de campagne bien levé et une huile d'olive italienne de qualité que vous obtiendrez les meilleurs résultats.

# CANAPÉS AUX CHAMPIGNONS

Le goût prononcé des champignons est rehaussé par la sauce tomate aux champignons.

**Pour 2 à 4 personnes**

**INGRÉDIENTS**

1 morceau de baguette de 25 cm/10 in de long
10 ml/2 c. à thé d'huile d'olive
250 g/9 oz/3 1/2 tasses de champignons aux chapeaux bien larges, coupés en quatre
10 ml/2 c. à thé de sauce tomate (ou ketchup) aux champignons
10 ml/2 c. à thé de jus de citron
30 ml/2 c. à soupe de lait écrémé
30 ml/2 c. à soupe de ciboulette fraîche ciselée
sel et poivre du moulin
ciboulette fraîche ciselée, pour garnir

**1** Préchauffez le four à 200 °C/400 °F. Coupez la baguette en deux dans le sens de la longueur et retirez la mie centrale.

**2** Badigeonnez le pain d'huile, puis placez-le sur une plaque à pâtisserie et enfournez-le 6 à 8 min, jusqu'à ce qu'il soit doré et croustillant.

**3** Faites revenir les champignons dans une petite casserole avec la sauce tomate ou le ketchup, le jus de citron et le lait, pendant 5 min environ, jusqu'à ce que la plus grande partie du liquide se soit évaporée.

**4** Retirez du feu, puis ajoutez la ciboulette. Salez, poivrez, puis répartissez les champignons sur les canapés et servez chaud, garni de ciboulette ciselée.

# MOZZARELLA PANÉE

Ces tranches de fromage dorées et croustillantes font une entrée originale qu'il faut faire frire au dernier moment.

**Pour 2 à 3 personnes**

**INGRÉDIENTS**

300 g/11 oz de mozzarella
huile de friture
2 œufs
farine assaisonnée de sel et de poivre du moulin
miettes de pain rassis
persil plat, pour garnir

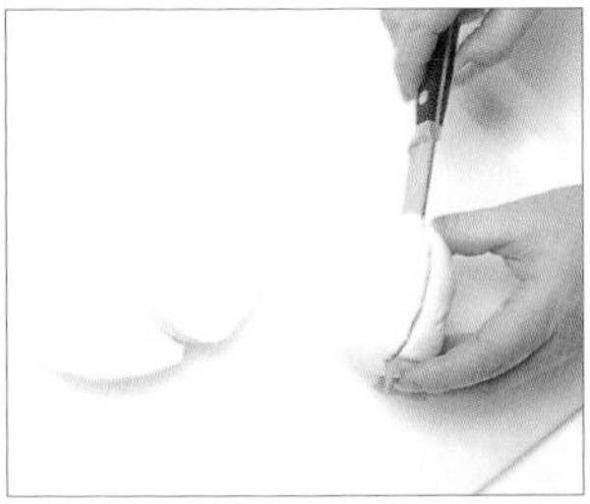

**1** Coupez la mozzarella en tranches d'1 cm/½ in d'épaisseur environ. Éliminez toute trace d'humidité en les tapotant délicatement avec de l'essuie-tout.

**2** Chauffez l'huile à 185 °C/360 °F, c'est-à-dire jusqu'à ce qu'un petit morceau de pain grésille dès qu'on l'y plonge. Pendant que l'huile chauffe, battez les œufs dans une assiette creuse. Étalez un peu de farine assaisonnée de sel et de poivre sur une autre assiette et les miettes de pain sur une troisième.

**3** Enrobez les tranches de fromage d'une fine couche de farine, puis éliminez le surplus. Plongez ensuite les tranches de mozzarella farinées dans les œufs et enrobez-les enfin de miettes de pain.

**4** Faites-les frire dans l'huile chaude jusqu'à ce qu'elles soient bien dorées. Peut-être devrez-vous procéder par lots, mais ne laissez pas la mozzarella panée attendre trop longtemps, car la panure risquerait alors de se séparer du fromage pendant la cuisson. Égouttez les tranches de mozzarella frites sur de l'essuie-tout et servez très chaud, garni de persil.

# CROQUETTES DE POMMES DE TERRE À LA FETA

Ces délicieuses croquettes grecques à la feta sont relevées avec de l'aneth et du jus de citron.

**Pour 4 personnes**

**INGRÉDIENTS**

500 g/1 ¼lb de pommes de terre
120 g/4oz de feta
4 oignons nouveaux hachés
45 ml/3 c. à soupe d'aneth frais haché
15 ml/1 c. à soupe de jus de citron
1 œuf battu
farine
45 ml/3 c. à soupe d'huile d'olive
sel et poivre du moulin

**1** Faites cuire les pommes de terre en robe des champs dans de l'eau légèrement salée jusqu'à ce qu'elles soient tendres. Égouttez-les, puis épluchez-les pendant qu'elles sont chaudes. Mettez-les dans un saladier et écrasez-les. Émiettez la feta dans les pommes de terre, puis ajoutez les oignons nouveaux, l'aneth, le jus de citron et l'œuf battu. Rectifiez l'assaisonnement et mélangez bien.

**2** Couvrez la préparation et mettez-la au réfrigérateur jusqu'à ce qu'elle soit ferme. Confectionnez ensuite des boulettes de purée de la taille d'une noix, puis aplatissez-les légèrement. Farinez-les. Chauffez l'huile dans une poêle et faites-les revenir jusqu'à ce qu'elles soient bien dorées des deux côtés. Égouttez-les sur de l'essuie-tout et servez immédiatement.

# POIRES FARCIES AU FROMAGE

Accompagnées d'une simple salade, ces poires font, avec leur farce crémeuse, une entrée originale.

**Pour 4 personnes**

**INGRÉDIENTS**

50 g/2 oz/¼ tasse de ricotta
50 g/2 oz/¼ tasse de dolcelatte
15 ml/1 c. à soupe de miel
½ branche de céleri finement émincée
8 olives vertes dénoyautées et grossièrement hachées
4 dattes dénoyautées et coupées en fines lamelles
1 pincée de paprika
4 poires mûres
150 ml/¼ pinte/⅔ tasse de jus de pommes

**1** Préchauffez le four à 200 °C/400 °F. Mettez la ricotta dans un saladier, ajoutez le dolcelatte et écrasez le tout à la fourchette. Versez les autres ingrédients hormis les poires et le jus de pommes et mélangez bien.

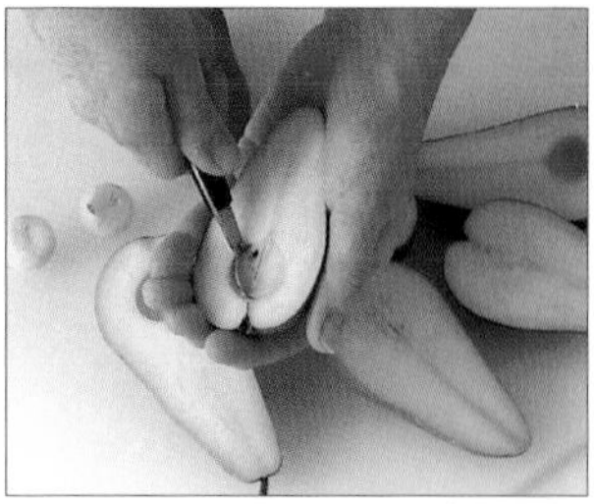

**2** Coupez les poires en deux dans le sens de la longueur et retirez le cœur. Posez-les dans un plat à four et répartissez la farce dans le cœur des 8 moitiés de poires.

**3** Versez le jus de pommes dans le plat et couvrez de papier d'aluminium. Faites cuire 20 min, jusqu'à ce que les poires soient tendres.

**4** Retirez le papier d'aluminium et glissez le plat sous un gril très chaud pendant 3 min. Servez immédiatement.

CONSEIL

Choisissez des poires de saison, des conférences, des Williams ou des comices par exemple.

# TARTELETTES AU ROQUEFORT

Si vous confectionnez ces tartelettes dans des moules à tartes individuels ou dans un moule à muffins, elles feront une entrée chaude. Vous pouvez aussi les cuire dans des caissettes à cocktail, et les servir tièdes à l'apéritif.

**Pour 12 tartelettes**

**INGRÉDIENTS**

175 g/6 oz/1 ½ tasses de farine
1 bonne pincée de sel
115 g/4 oz/½ tasse de beurre
1 jaune d'œuf
30 ml/2 c. à soupe d'eau froide

*Pour la garniture*

15 g/½ oz/1 c. à soupe de beurre
15 g/½ oz/2 c. à soupe de farine
150 ml/¼ pinte/⅔ tasse de lait
125 g/4 oz/1 tasse de roquefort écrasé
150 ml/¼ pinte/⅔ tasse de crème fraîche épaisse
2,5 ml/½ c. à thé d'herbes de Provence séchées
3 jaunes d'œufs
sel et poivre du moulin

**1** Préparez la pâte : mélangez la farine et le sel dans une jatte, puis incorporez le beurre jusqu'à ce que la pâte ait la consistance de miettes de pain. Mélangez le jaune d'œuf avec l'eau et ajoutez à la préparation précédente afin d'obtenir une pâte bien souple. Pétrissez-la jusqu'à ce qu'elle soit bien homogène, puis enveloppez-la dans du film plastique et mettez-la au réfrigérateur pendant 30 min. Vous pouvez aussi faire la pâte à l'aide d'un mixer.

**2** Faites fondre le beurre dans une casserole, puis ajoutez la farine et le lait. Portez le tout à ébullition en remuant constamment pour que la préparation épaississe. Retirez du feu, puis incorporez le fromage, salez et poivrez. Laissez refroidir. Dans une autre casserole, faites frémir la crème fraîche aromatisée avec les herbes, puis faites-la réduire jusqu'à ce qu'il n'en reste plus que 30 ml/2 c. à soupe. Ajoutez à la sauce au roquefort et battez le tout avec les jaunes d'œufs.

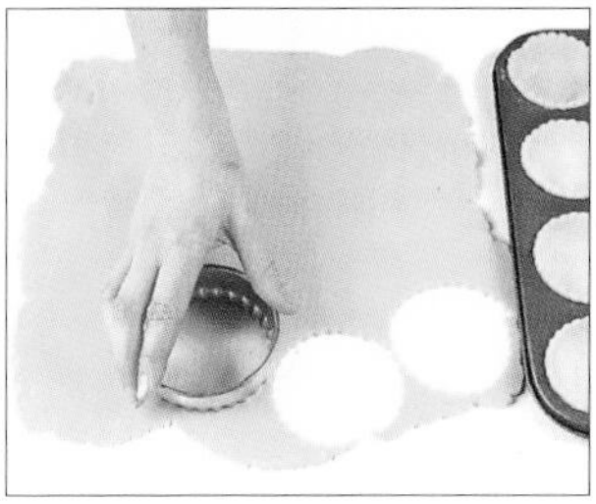

**3** Préchauffez le four à 190 °C/375 °F. Étalez la pâte au rouleau sur un plan de travail légèrement fariné jusqu'à obtention d'une épaisseur de 3 mm/⅛ in environ. Découpez des disques de pâte à l'aide d'un emporte-pièce cannelé et garnissez-en les moules à tartelettes.

**4** Répartissez la garniture sur ces fonds de tartes, en les remplissant au moins aux ⅔. Découpez des figures de pâte plus petites avec un emporte-pièce cannelé ou étoilé et posez-les sur la garniture. Enfournez 20 à 25 min, jusqu'à ce que les tartelettes soient bien dorées.

# BLINIS DE SARRASIN AU CAVIAR DE CHAMPIGNONS

On sert traditionnellement ces galettes russes avec du véritable caviar – c'est-à-dire des œufs de poisson – et de la crème fraîche. Cependant, le terme de caviar s'applique aussi à de fines préparations à base de légumes, le caviar d'aubergines par exemple. Nous vous proposons ici un caviar de champignons des bois, à la consistance riche et soyeuse.

**Pour 4 personnes**

**INGRÉDIENTS**

115 g/4 oz/1 tasse de farine à pain, à fort pouvoir d'absorption
50 g/2 oz/$^1/_4$ tasse de farine de sarrasin
2,5 ml/$^1/_2$ c. à thé de sel
300 ml/$^1/_2$ pinte/1 $^1/_4$ tasses de lait
5 ml/1 c. à thé de levure de boulangerie sèche
2 œufs, le blanc séparé du jaune
200 ml/7 fl oz/$^7/_8$ tasse de crème fraîche, pour servir

*Pour le caviar*

350 g/12 oz/6 tasses de champignons des bois variés (bolets, cèpes, chanterelles, pieds-de-mouton par exemple)
5 ml/1 c. à thé de sel parfumé au céleri
30 ml/2 c. à soupe d'huile de noix
15 ml/1 c. à soupe de jus de citron
45 ml/3 c. à soupe de persil frais haché
poivre du moulin

**1** Préparez le caviar : triez et hachez les champignons et mettez-les dans un saladier en verre. Ajoutez le sel parfumé au céleri, mélangez, puis couvrez avec une assiette sur laquelle vous posez un poids.

**2** Laissez dégorger les champignons pendant 2 h, jusqu'à ce que leur eau s'écoule au fond du saladier. Rincez-les bien pour éliminer le sel.

**3** Égouttez-les et exprimez le plus de liquide possible en appuyant avec le dos d'une cuillère. Remettez-les dans le saladier, arrosez-les avec l'huile de noix et le jus de citron, parsemez-les de persil haché et mélangez bien. Poivrez, puis mettez le caviar au réfrigérateur jusqu'au moment de servir.

**4** Mélangez les 2 sortes de farine avec le sel dans une grande jatte. Chauffez le lait à température modérée. Ajoutez la levure, en remuant jusqu'à ce qu'elle soit bien diluée, puis versez ce levain dans la farine. Ajoutez les jaunes d'œufs et mélangez jusqu'à obtention d'une pâte bien homogène. Couvrez avec un torchon humide et laissez-la lever au chaud pendant 30 min environ.

**5** Montez les blancs d'œufs en neige ferme dans un saladier, puis incorporez-les à la pâte levée.

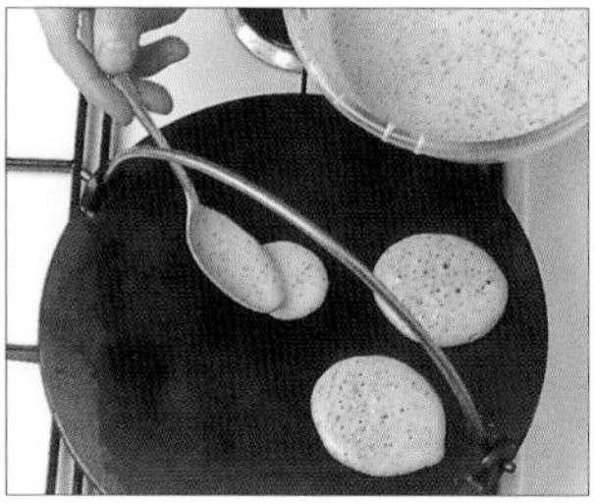

**6** Chauffez modérément une plaque de fonte. Huilez-la légèrement, puis déposez des cuillerées de pâte sur la surface chaude. Retournez-les et faites-les cuire brièvement de l'autre côté. Garnissez les blinis de caviar de champignons et servez avec la crème fraîche.

# TIMBALES DE BROCOLIS

Cette timbale raffinée mais facile à préparer peut être confectionnée avec pratiquement n'importe quel légume réduit en purée, des carottes ou du céleri-rave par exemple. Vous pouvez préparer les timbales quelques heures à l'avance et les faire cuire avant de commencer le repas. Vous pouvez aussi les servir en entrée accompagnées d'une sauce au beurre et au vin blanc.

**Pour 4 personnes**

**INGRÉDIENTS**

15 g/½ oz/1 c. à soupe de beurre
350 g/12 oz de fleurettes de brocolis
45 ml/3 c. à soupe de crème fraîche
1 œuf entier plus 1 jaune
15 ml/1 c. à soupe d'oignon nouveau haché
1 pincée de muscade fraîchement râpée
sel et poivre du moulin
ciboulette fraîche, pour garnir (facultatif)
sauce au beurre et au vin blanc, pour servir (facultatif)

**1** Préchauffez le four à 190 °C/375 °F. Beurrez légèrement 4 ramequins de 175 ml/6 fl oz/¾ tasse de contenance, puis tapissez-en le fond avec du papier sulfurisé et beurrez le papier.

**2** Faites cuire les brocolis à la vapeur pendant 8 à 10 min, jusqu'à ce qu'ils soient très tendres.

**3** Mettez les brocolis avec la crème fraîche, l'œuf entier et le jaune dans le bol d'un mixer équipé d'une lame métallique. Mixez jusqu'à obtention d'une purée bien homogène.

**4** Ajoutez l'oignon nouveau, salez, poivrez et assaisonnez avec la muscade. Mixez de nouveau pour bien mélanger le tout.

**5** Versez la purée dans les ramequins que vous placez dans un plat à four. Ajoutez de l'eau bouillante jusqu'à mi-hauteur, puis faites cuire les timbales au bain-marie 25 min. Démoulez-les sur des assiettes préchauffées et retirez le papier sulfurisé. Si vous les servez en entrée, versez un peu de sauce autour de chaque timbale et garnissez de ciboulette.

# CHAMPIGNONS À L'AIL À LA CROÛTE PERSILLÉE

**Les champignons farcis font une entrée parfaite, mais vous pouvez aussi les servir en plat unique, accompagnés d'une salade verte, pour un dîner léger.**

**Pour 4 personnes**

**INGRÉDIENTS**

350 g/12 oz/6 tasses de gros champignons de Paris débarrassés de leurs pieds
3 gousses d'ail pressées
175 g/6 oz/3/4 tasse de beurre ramolli
50 g/2 oz/1 tasse de miettes de pain blanc frais
50 g/2 oz/1 tasse de persil frais haché
1 œuf battu
sel et piment de Cayenne
8 tomates cerises, pour garnir

**1** Préchauffez le four à 190 °C/375 °F. Disposez les champignons sur une plaque à pâtisserie, côté bombé vers le bas. Mélangez l'ail et le beurre dans un bol et garnissez l'intérieur des chapeaux des champignons avec 120 g/4 oz/½ tasse de cette préparation.

**2** Chauffez le reste de beurre aillé dans une poêle et faites revenir les miettes de pain jusqu'à ce qu'elles soient bien dorées.

**3** Mettez le persil haché dans un saladier, incorporez les miettes de pain, du sel et du piment de Cayenne, et mélangez bien.

**4** Ajoutez l'œuf, mélangez le tout et répartissez cette préparation sur les chapeaux de champignons. Enfournez 10 à 15 min, jusqu'à ce qu'une croûte dorée se forme et que les champignons aient ramolli. Garnissez avec des tomates coupées en quatre.

CONSEIL

Vous pouvez préparer ces champignons farcis jusqu'à 12 heures à l'avance et les conserver au réfrigérateur avant de les passer au four.

# FEUILLETÉS AUX ASPERGES ET BEURRE D'HERBES

Ces tendres pointes d'asperges enveloppées dans une fine pâte croustillante, servies avec un beurre aux herbes, feront une entrée raffinée.

**Pour 2 personnes**

**INGRÉDIENTS**

4 feuilles de brik ou de pâte filo
50 g/2 oz/¼ tasse de beurre fondu
16 jeunes pointes d'asperges

*Pour le beurre d'herbes*

2 échalotes finement hachées
1 feuille de laurier
150 ml/¼ pinte/⅔ tasse de vin blanc sec
175 g/6 oz/¾ tasse de beurre ramolli
15 ml/1 c. à soupe d'herbes fraîches hachées
sel et poivre du moulin
ciboulette hachée, pour garnir

**1** Préchauffez le four à 200 °C/400 °F. Coupez les feuilles de pâte en deux, et badigeonnez-les de beurre fondu. Repliez un coin vers le bord inférieur de façon à obtenir un triangle.

**2** Posez 4 pointes d'asperges les unes à côté des autres sur le bord le plus long, et enroulez la pâte vers le bord le plus court. Confectionnez 3 autres rouleaux similaires avec les asperges et la pâte restantes.

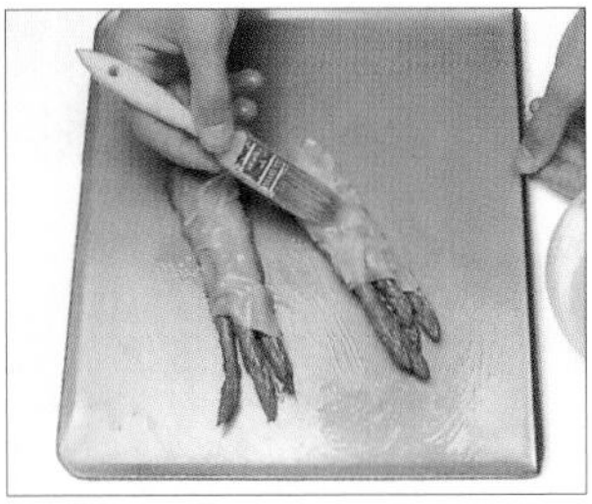

**3** Posez les feuilletés aux asperges sur une plaque à pâtisserie beurrée. Badigeonnez-les avec le reste de beurre fondu, puis faites-les cuire au four pendant 8 min, jusqu'à ce que la pâte soit bien dorée.

**4** Pendant ce temps, mettez les échalotes, la feuille de laurier et le vin dans une casserole. Couvrez et faites cuire à feu vif jusqu'à ce que le vin réduise d'un tiers.

**5** Versez la préparation à base de vin dans un bol. Incorporez le beurre petit à petit, en fouettant constamment, jusqu'à ce que la sauce soit homogène et brillante.

**6** Ajoutez les herbes, salez et poivrez. Remettez la sauce dans la casserole et maintenez-la au chaud. Disposez les feuilletés sur des assiettes et garnissez avec de la salade verte si vous le souhaitez. Servez le beurre d'herbes à part, parsemé de ciboulette hachée.

# ŒUFS AU CURRY

Ces œufs durs sont servis sur une sauce crémeuse et délicate relevée d'une pointe de curry.

**Pour 2 personnes**

**INGRÉDIENTS**

4 œufs
15 ml/1 c. à soupe d'huile de tournesol
1 petit oignon finement haché
1 morceau de gingembre frais de 2,5 cm/1 in de long, pelé et râpé
2,5 ml/½ c. à thé de cumin en poudre
2,5 ml/½ c. à thé de *garam masala*
7,5 ml/1½ c. à thé de concentré de tomates
10 ml/2 c. à thé de pâte tandoori
10 ml/2 c. à thé de jus de citron
250 ml/8 fl oz/1 tasse de crème fraîche liquide
15 ml/1 c. à soupe de coriandre fraîche hachée
sel et poivre du moulin
quelques brins de coriandre fraîche, pour garnir

**1** Mettez les œufs dans une casserole d'eau. Portez à ébullition, puis baissez le feu et laissez-les cuire 10 min.

**2** Pendant ce temps, dans une poêle huilée chaude, faites revenir l'oignon 2 à 3 min. Ajoutez le gingembre et cuisez encore 1 min.

**3** Incorporez le cumin en poudre, le *garam masala*, le concentré de tomates, la pâte tandoori, le jus de citron et la crème. Faites revenir le tout 1 à 2 min, puis ajoutez la coriandre. Salez et poivrez.

**4** Écalez les œufs et coupez-les en deux. Versez la sauce dans un plat creux, disposez dessus les moitiés d'œufs durs et garnissez avec les brins de coriandre fraîche. Servez immédiatement.

# ASPERGES AUX ŒUFS

Un œuf au plat et un peu de parmesan râpé transforment ces asperges en une entrée de fête.

**Pour 4 personnes**

**INGRÉDIENTS**

450 g/1 lb d'asperges fraîches
70 g/2½ oz/5 c. à soupe de beurre
4 œufs
4 c. à soupe de parmesan frais râpé
sel et poivre du moulin

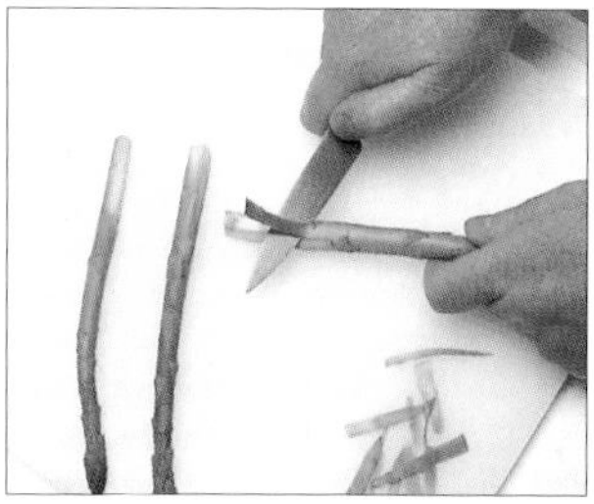

**1** Éliminez l'extrémité ligneuse des asperges en glissant la lame d'un couteau sous la peau épaisse à la base de la tige et en remontant vers la pointe. Lavez ensuite les asperges à l'eau froide.

**2** Portez une grande casserole d'eau à ébullition, et faites-y blanchir les asperges jusqu'à ce qu'elles soient tendres.

**3** Pendant que les asperges cuisent, faites fondre ⅓ du beurre dans une poêle. Lorsqu'il frissonne, cassez les œufs et faites-les cuire jusqu'à ce que le blanc ait pris mais en veillant à ce que le jaune ne se solidifie pas.

**4** Dès que les asperges sont cuites, sortez-les de l'eau avec une écumoire. Posez-les sur une grille métallique recouverte d'un torchon et laissez-les égoutter. Répartissez les asperges sur 4 assiettes. Posez 1 œuf au plat sur chaque bouquet d'asperges et saupoudrez de parmesan râpé.

**5** Faites fondre le reste de beurre dans la même poêle. Dès qu'il commence à mousser, mais avant qu'il ne brunisse, versez-le sur le fromage et les œufs disposés sur les asperges. Salez, poivrez et servez immédiatement.

# AUBERGINE PANÉE À LA VINAIGRETTE PIMENTÉE

Croustillantes à l'extérieur et merveilleusement fondantes à l'intérieur, ces rondelles d'aubergine sont délicieuses accompagnées d'une vinaigrette relevée parfumée aux piments et aux câpres.

**Pour 2 personnes**

**INGRÉDIENTS**

1 grosse aubergine
50 g/2 oz/½ tasse de farine
2 œufs battus
125 g/4 oz/2 tasses de miettes de pain frais
huile végétale pour la friture
1 trévise
sel et poivre du moulin

*Pour la vinaigrette*

30 ml/2 c. à soupe d'huile d'olive
1 gousse d'ail pressée
15 ml/1 c. à soupe de câpres égouttées
15 ml/1 c. à soupe de vinaigre de vin blanc
15 ml/1 c. à soupe d'huile pimentée

**1** Coupez les extrémités de l'aubergine, puis détaillez-les en rondelles de 1 cm/½ in d'épaisseur. Réservez.

CONSEIL

Il est conseillé de saler les rondelles d'aubergine avant de les faire frire, afin qu'elles dégorgent un peu. Cela réduira aussi la quantité d'huile qu'elles absorberont.

**2** Salez et poivrez généreusement la farine, puis étalez-la dans une assiette creuse. Versez les œufs battus dans une deuxième assiette creuse, et étalez les miettes de pain dans une troisième.

**3** Trempez les rondelles d'aubergine dans la farine, puis dans l'œuf battu et enfin dans les miettes de pain, en les tapotant pour qu'elles en soient recouvertes d'une couche régulière.

**4** Versez l'huile végétale dans une grande poêle sur une hauteur de 5 mm/¼ in environ. Chauffez l'huile, puis faites frire les rondelles d'aubergine pendant 3 à 4 min, en les retournant une fois. Égouttez-les bien sur de l'essuie-tout.

**5** Préparez la vinaigrette : chauffez l'huile d'olive dans une petite casserole. Mettez l'ail et les câpres à revenir à petit feu pendant 1 min. Augmentez le feu, ajoutez le vinaigre et poursuivez la cuisson 30 s. Versez enfin l'huile pimentée et retirez la casserole du feu.

**6** Disposez les feuilles de salade sur 2 assiettes, puis placez les rondelles d'aubergine panées dessus. Arrosez de vinaigrette chaude et servez.

# Les repas légers

Pour un dîner ou un déjeuner entre amis ou en famille, découvrez une sélection de recettes faciles à préparer, savoureuses et équilibrées. Manger léger devient de plus en plus synonyme de santé et de plaisir.

# PENNE AUX TOMATES FRAÎCHES

Voici un plat de pâtes léger aux saveurs très fraîches. Prenez de la mozzarella au lait de bufflonne si vous en trouvez, elle est nettement plus parfumée.

**Pour 4 personnes**

**INGRÉDIENTS**

300 g/10 oz/2 1/4 tasses de penne
450 g/1 lb de tomates olivettes ou Roma
275 g/10 oz de mozzarella égouttée
60 ml/4 c. à soupe d'huile d'olive
15 ml/1 c. à soupe soupe de vinaigre balsamique
le zeste râpé et le jus d'1 citron
15 feuilles de basilic frais ciselées
sel et poivre du moulin
quelques feuilles de basilic frais, pour garnir

**1** Faites cuire les pâtes à l'eau bouillante salée selon les instructions de l'emballage, jusqu'à ce qu'elles soient *al dente*.

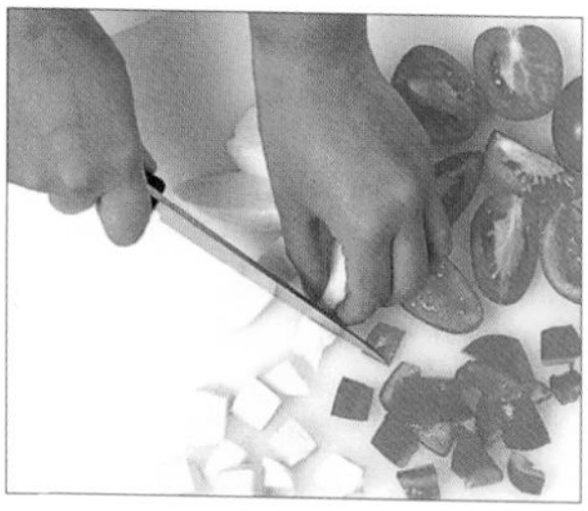

**2** Coupez les tomates en quatre, puis égrenez-les. Détaillez-les en petits dés. Coupez aussi la mozzarellade en dés.

**3** Mélangez l'huile d'olive, le vinaigre balsamique, le zeste de citron, 15 ml/1 c. à soupe de jus de citron et le basilic ciselé. Salez et poivrez. Ajoutez les tomates et la mozzarella et laissez mariner le tout jusqu'à la fin de la cuisson des pâtes.

**4** Égouttez les pâtes et mélangez-les aux dés de tomates et de mozzarella. Servez immédiatement les penne, garnies de feuilles de basilic frais.

# PAPPARDELLE À LA SAUCE PROVENÇALE

Cette sauce à base de tomates et de légumes frais colore et parfume délicieusement les pâtes.

**Pour 4 personnes**

**INGRÉDIENTS**

2 petits oignons violets épluchés (sans ôter la base)
150 ml/¼ pinte/⅔ tasse de bouillon de légumes
1 à 2 gousses d'ail pressées
60 ml/4 c. à soupe de vin rouge
2 courgettes coupées en bâtonnets
1 poivron jaune égrené et émincé
400 g/14 oz de tomates en conserve
10 ml/2 c. à thé de thym frais haché
5 ml/1 c. à thé de sucre en poudre
350 g/12 oz de pappardelle
sel et poivre du moulin
thym frais et 6 olives noires dénoyautées et grossièrement hachées, pour garnir

**1** Coupez chaque oignon en huit en tranchant jusqu'à la base, afin que les morceaux ne s'effeuillent pas en cours de cuisson. Mettez-les dans une casserole avec l'ail et le bouillon. Portez à ébullition, puis couvrez et laissez frémir 5 min, jusqu'à ce qu'ils soient tendres.

**2** Ajoutez le vin rouge, les courgettes, le poivron jaune, les tomates, le thym et le sucre. Salez et poivrez. Portez à ébullition, puis laissez mijoter doucement 5 à 7 min, en mélangeant de temps en temps. (Ne faites pas trop cuire les légumes, car ils sont bien meilleurs s'ils restent légèrement croquants.)

**3** Faites cuire les pâtes dans une grande casserole d'eau bouillante salée selon les instructions de l'emballage, jusqu'à ce qu'elles soient *al dente*. Égouttez-les bien.

**4** Transférez les pâtes dans un grand plat préchauffé, puis disposez les légumes par-dessus. Garnissez avec le thym frais et les olives noires hachées. Servez.

# FUSILLI AUX POIVRONS ET AUX OIGNONS

Le fait de faire griller les poivrons intensifie leur douceur naturelle et leur donne un délicieux goût fumé.

**Pour 4 personnes**

**INGRÉDIENTS**

450 g/1 lb de poivrons rouges et jaunes (soit 2 gros environ)
90 ml/6 c. à soupe d'huile d'olive
1 gros oignon rouge finement émincé
2 gousses d'ail pressées
400 g/14 oz/4 tasses (également appelés « torsades ») ou autres pâtes courtes
45 ml/3 c. à soupe persil frais finement haché
sel et poivre du moulin
parmesan frais râpé, pour servir

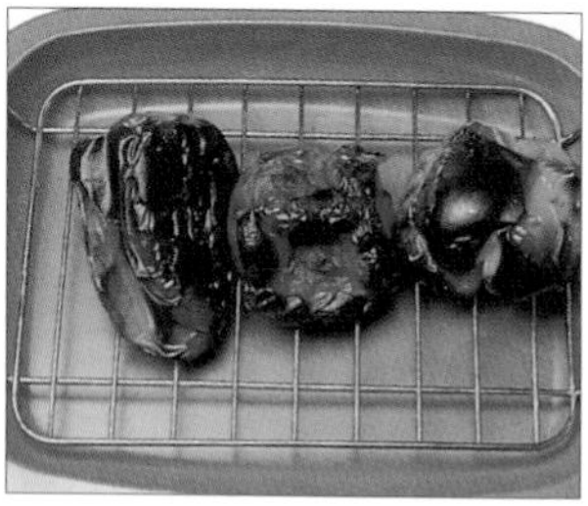

**1** Disposez les poivrons à griller sous un gril très chaud et retournez-les de temps en temps jusqu'à ce qu'ils soient noirs et boursouflés de tous côtés. Retirez-les, mettez-les dans un sachet en papier et laissez-les reposer 5 min.

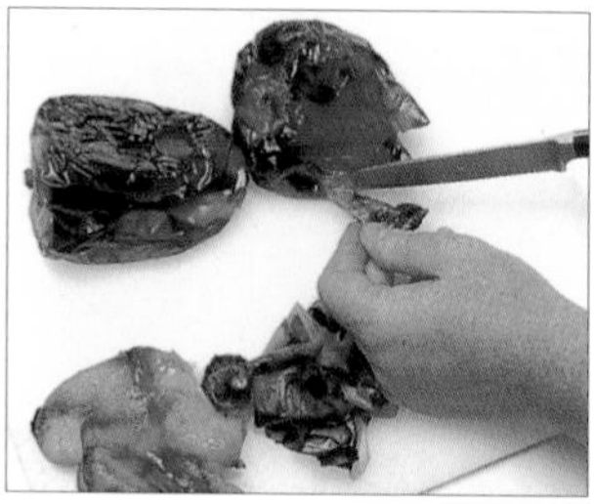

**2** Pelez les poivrons, puis coupez-les en quatre. Retirez les queues et les graines, et coupez la chair en fines lamelles.

**3** Chauffez l'huile d'olive dans une grande poêle. Ajoutez l'oignon et faites-le revenir à feu moyen jusqu'à ce qu'il soit translucide, soit 5 à 8 min. Incorporez l'ail, remuez et faites revenir le tout 2 min de plus.

**4** Portez une casserole d'eau à ébullition. Salez l'eau et faites cuire les pâtes *al dente*.

**5** Pendant ce temps, ajoutez les poivrons aux oignons et mélangez en remuant délicatement. Versez environ 45 ml/3 c. à soupe de l'eau de cuisson des pâtes. Salez et poivrez, puis incorporez le persil haché.

**6** Égouttez les pâtes. Versez-les dans la poêle contenant les légumes et faites-les revenir à feu moyen pendant 3 à 4 min, sans cesser de remuer pour bien mélanger les pâtes et la sauce. Servez ces pâtes accompagnées de parmesan râpé.

INFORMATION

C'est Christophe Colomb qui
a découvert les poivrons à Haïti,
et qui les a ensuite introduits en Europe.
Les gros poivrons rouges, orange ou jaunes
sont généralement plus doux
et plus parfumés que les verts.

# TORCHIETTI PRIMAVERA

Voici la meilleure façon de mettre en valeur les délicieux légumes nouveaux que l'on trouve au printemps.

**Pour 4 personnes**

**INGRÉDIENTS**

225 g/8oz de fines pointes d'asperges coupées en deux
125 g/4oz de pois gourmands équeutés
125 g/4oz de mini-épis de maïs entiers
225 g/8 oz/1 tasse de mini-carottes entières
1 petit poivron rouge égrené et haché
8 oignons nouveaux émincés
225 g/8 oz/2 tasses de torchietti
150 ml/¼ pinte/⅔ tasse de fromage frais type « cottage cheese »
150 ml/¼ pinte/⅔ tasse de yaourt nature maigre
15 ml/1 c. à soupe de jus de citron
15 ml/1 c. à soupe de persil frais haché
lait (facultatif)
15 ml/1 c. à soupe de ciboulette hachée
sel et poivre du moulin
pain frotté avec des tomates séchées, pour servir

**1** Faites blanchir les pointes d'asperges dans une casserole d'eau bouillante salée pendant 3 à 4 min. Ajoutez les pois gourmands à mi-cuisson. Égouttez et rincez les légumes à l'eau froide.

**2** Faites cuire le maïs, les carottes, le poivron rouge et les oignons nouveaux de la même façon jusqu'à ce qu'ils soient tendres. Égouttez-les et rincez-les.

**3** Faites cuire les pâtes dans une grande casserole d'eau bouillante salée. Égouttez-les bien.

**4** Mettez le fromage frais, le yaourt, le jus de citron et le persil dans un mixer. Salez, poivrez, puis mixez jusqu'à ce que le mélange soit bien homogène. Allongez la sauce avec un peu de lait, si besoin est.

**5** Mettez la sauce dans une grande casserole avec les pâtes et les légumes, chauffez doucement en remuant le tout délicatement. Transférez dans un plat préchauffé, parsemez de ciboulette hachée et servez accompagné de pain frotté avec des tomates séchées.

# PENNE AU FENOUIL ET AU BLEU

Le parfum anisé du fenouil se marie à merveille avec la tomate, surtout lorsque le tout est ensuite relevé avec du fromage à pâte persillée.

**Pour 2 personnes**

**INGRÉDIENTS**

1 bulbe de fenouil
250 g/8 oz/2 tasses de penne ou autres pâtes sèches
30 ml/2 c. à soupe d'huile d'olive
1 échalote finement hachée
300 ml/½ pinte/1 ¼ tasses de *passata* (ou de coulis de tomates)
1 pincée de sucre
5 ml/1 c. à thé d'origan frais haché
125 g/4oz de fromage à pâte persillée
sel et poivre du moulin

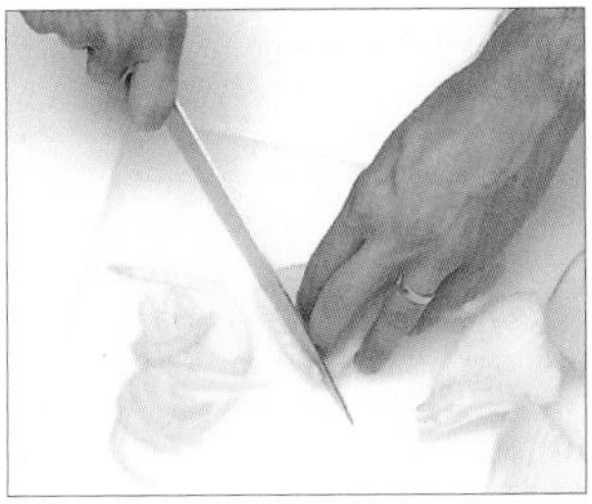

**1** Coupez le bulbe de fenouil en deux. Retirez les parties dures du centre et de la base, puis émincez le fenouil finement.

**2** Portez une grande casserole d'eau salée à ébullition. Ajoutez les pâtes et faites-les cuire 10 à 12 min, jusqu'à ce qu'elles soient *al dente*.

**3** Pendant ce temps, chauffez l'huile dans une petite casserole. Mettez le fenouil et l'échalote à revenir pendant 2 à 3 min à feu vif, en remuant de temps en temps.

**4** Incorporez le coulis de tomates, le sucre et l'origan. Couvrez et laissez cuire à petit feu 10 à 12 min, jusqu'à ce que le fenouil soit tendre. Salez et poivrez. Égouttez les pâtes et remettez-les dans la casserole. Mélangez-les à la sauce, puis servez les penne parsemées de petits morceaux de fromage.

# NOUILLES CHINOISES AUX CACAHUÈTES

Vous pouvez ajouter n'importe lequel de vos légumes préférés à cette recette vite prête. Quant à la quantité de piment, à vous de voir ce que vous pouvez tolérer.

**Pour 4 personnes**

**INGRÉDIENTS**

200 g/7 oz/1 3/4 tasses de nouilles chinoises aux œufs
30 ml/2 c. à soupe d'huile d'olive
2 gousses d'ail pressées
1 gros oignon grossièrement haché
1 poivron rouge égrené et grossièrement haché
1 poivron jaune égrené et grossièrement haché
350 g/12oz de courgettes grossièrement hachées
150 g/5 oz/7/8 tasse de cacahuètes non salées grillées, grossièrement hachées

*Pour la sauce*

50 ml/2 fl oz/1/4 tasse d'huile d'olive
le zeste râpé et le jus d'1 citron
1 piment rouge frais égrené et finement haché
45 ml/3 c. à soupe de ciboulette fraîche ciselée
15 à 30 ml/1 à 2 c. à soupe de vinaigre balsamique
sel et poivre du moulin
ciboulette fraîche ciselée, pour garnir

**1** Faites cuire les nouilles selon les instructions de l'emballage, puis égouttez-les bien.

**2** Pendant ce temps, chauffez l'huile dans une très grande poêle ou dans un wok et faites revenir l'ail et l'oignon pendant 3 min, jusqu'à ce qu'ils commencent à fondre. Ajoutez les poivrons et les courgettes, et faites sauter les légumes pendant 15 min à feu moyen, jusqu'à ce qu'ils deviennent tendres et commencent à roussir. Incorporez enfin les cacahuètes et faites sauter le tout encore 1 min.

**3** Fouettez l'huile d'olive, le zeste de citron et 45 ml/3 c. à soupe de jus de citron, le piment, les ciboulettes et le vinaigre balsamique. Salez et poivrez.

**4** Mélangez les nouilles avec les légumes et faites sauter le tout pour les réchauffer. Versez la sauce, remuez bien et servez immédiatement, garni de ciboulette fraîche.

# LÉGUMES SAUTÉS AUX NOIX DE CAJOU

Pour préparer rapidement un plat coloré et riche en saveurs, l'idéal est de faire sauter les ingrédients.

**Pour 4 personnes**

**INGRÉDIENTS**

900 g/2 lb de légumes variés (voir Conseils)
30 à 60 ml/2 à 4 c. à soupe d'huile de tournesol ou d'olive
2 gousses d'ail pressées
15 ml/1 c. à soupe de gingembre frais râpé
50 g/2 oz/½ tasse de noix de cajou ou 60 ml/4 c. à soupe de graines de tournesol, de potiron ou de sésame
sauce de soja
sel et poivre du moulin

**1** Préparez chaque type de légume de façon appropriée. Par exemple, coupez les concombres et les carottes en allumettes très fines.

**2** Chauffez une poêle, puis versez l'huile progressivement en filet. Lorsque l'huile est bien chaude, ajoutez l'ail et le gingembre, et faites-les revenir pendant 2 à 3 min sans cesser de remuer. Ajoutez ensuite les légumes les plus durs et faites-les sauter 5 min, en remuant constamment, jusqu'à ce qu'ils commencent à ramollir.

**3** Incorporez les légumes les plus tendres et faites-les sauter à feu vif 3 à 4 min.

**4** Versez enfin les noix de cajou ou les graines. Assaisonnez avec de la sauce de soja, du sel et du poivre. Servez aussitôt.

CONSEILS

Optez pour un assortiment tout prêt de légumes préparé en vue d'une poêlée, ou bien composez-le vous-même. Prenez par exemple des carottes, des pois gourmands, du mini-maïs, du chou chinois *(pak choi)*, des concombres, des germes de soja, des champignons, des poivrons et des oignons nouveaux. Vous pouvez également ajouter des pousses de bambou et des châtaignes d'eau en conserve après les avoir bien égouttées.

# TOFU SAUTÉ AUX NOUILLES CHINOISES

Les amateurs de cuisine chinoise apprécieront ce plat au parfum délicat.

**Pour 4 personnes**

**INGRÉDIENTS**

225 g/8oz de tofu fumé
45 ml/3 c. à soupe de sauce de soja foncée
30 ml/2 c. à soupe de porto ou de vermouth
3 poireaux finement émincés
1 morceau de gingembre frais de 2,5 cm/1 in de long, pelé et finement râpé
1 ou 2 piments rouges frais égrenés et coupés en fines rondelles
1 petit poivron rouge égrené et finement émincé
150 ml/1/4 pinte/2/3 tasse de bouillon de légumes
10 ml/2 c. à thé de miel liquide
10 ml/2 c. à thé de Maïzena
225 g/8 oz/2 tasses de nouilles chinoises aux œufs d'épaisseur moyenne
sel et poivre du moulin

**1** Coupez le tofu en dés de 2 cm/3/4 in de côté. Mettez-le dans un saladier avec la sauce de soja et le porto ou le vermouth. Mélangez pour bien enrober chaque dé de tofu, puis laissez mariner la pâte de soja pendant 30 min environ.

**2** Mettez les poireaux, le gingembre, les piments, le poivron rouge et le bouillon dans une poêle. Portez à ébullition et faites cuire à feu vif pendant 2 à 3 min, jusqu'à ce que tous les ingrédients soient juste tendres.

**3** Égouttez le tofu et réservez-le. Ajoutez le miel et la Maïzena à la marinade, et mélangez bien.

**4** Plongez les nouilles dans une grande casserole d'eau bouillante. Retirez du feu et laissez-les gonfler pendant 6 min environ, jusqu'à ce qu'elles soient cuites (reportez-vous aux instructions de l'emballage).

**5** Chauffez une poêle antiadhésive et faites dorer le tofu rapidement de toutes parts.

**6** Déposez les légumes et le tofu dans une casserole, puis versez la marinade et mélangez bien. Chauffez jusqu'à ce que la sauce épaississe et devienne brillante. Disposez cette garniture sur les nouilles et servez immédiatement.

VARIANTE

Le tofu s'imprègne bien des parfums lorsqu'on le fait mariner. Si vous n'êtes pas très amateur de cette pâte de soja, vous pouvez le remplacer ici par un fromage fumé assez ferme. Dans ce cas, passez l'étape 5.

# PÂTES AUX TOMATES SÉCHÉES ET AU PARMESAN

Dans cette sauce carbonara végétarienne, les tomates séchées remplacent les lardons. N'hésitez pas à doubler les proportions pour régaler quatre convives. Et si vous serviez ces pâtes accompagnées d'une salade verte et de pain aillé ?

**Pour 2 personnes**

**INGRÉDIENTS**

175 g/6oz de tagliatelles
50 g/2 oz/1 tasse de tomates séchées au soleil conservées dans l'huile, égouttées
2 œufs battus
150 ml/¼ pinte/⅔ tasse de crème fraîche épaisse
15 ml/1 c. à soupe de moutarde à l'ancienne
50 g/2 oz/⅔ tasse de parmesan frais râpé
12 feuilles de basilic frais ciselées
sel et poivre
feuilles de basilic frais, pour garnir

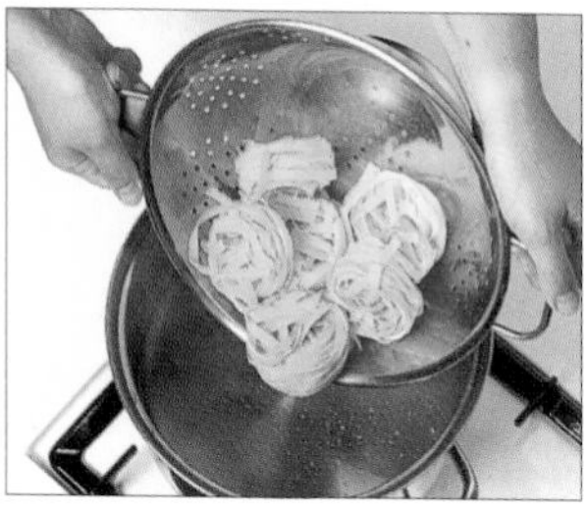

**1** Faites cuire les pâtes *al dente* dans de l'eau bouillante salée.

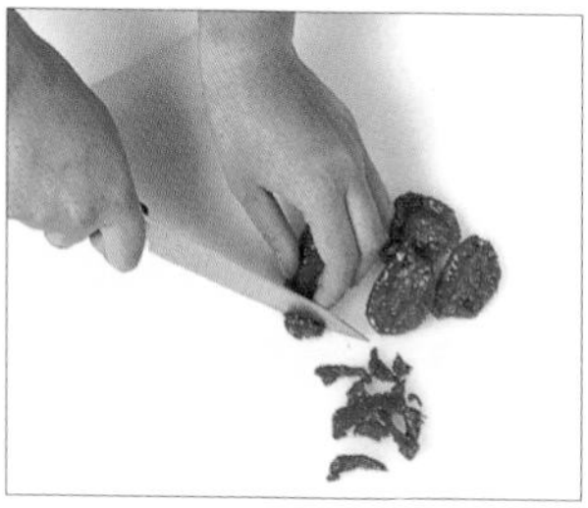

**2** Dans le même temps, détaillez les tomates séchées en petits morceaux.

**3** Battez les œufs avec la crème fraîche et la moutarde. Salez et poivrez abondamment, et fouettez jusqu'à ce que le mélange soit bien homogène, mais sans le faire mousser.

**4** Égouttez les pâtes et remettez-les immédiatement dans la casserole chaude. Versez dessus la sauce à la crème, puis les tomates, le parmesan et le basilic frais ciselé. Réchauffez le tout à feu très doux 1 min, en remuant délicatement jusqu'à ce que la sauce épaississe légèrement. Vérifiez l'assaisonnement et servez aussitôt, garni de quelques feuilles de basilic frais.

# SALADE DE FRITTATA À LA SAUCE TOMATE

Ce plat est parfait pour un déjeuner léger en plein été.

**Pour 3 à 4 personnes**

**INGRÉDIENTS**

6 œufs
30 ml/2 c. à soupe d'un mélange d'herbes fraîches hachées, basilic, persil, thym et estragon par exemple
40 g/1 1/2 oz/1/2 tasse de parmesan frais râpé
45 ml/3 c. à soupe d'huile d'olive
sel et poivre du moulin

*Pour la sauce tomate*

30 ml/2 c. à soupe d'huile d'olive
1 petit oignon finement haché
350 g/12 oz de tomates fraîches hachées, ou 400 g/14 oz de tomates concassées en conserve
1 gousse d'ail hachée
sel et poivre du moulin

**1** Préparez la frittata : cassez les œufs dans un saladier et battez-les légèrement avec une fourchette. Ajoutez les herbes et le parmesan, mélangez, puis salez et poivrez. Chauffez l'huile dans une grande poêle antiadhésive ou à fond épais jusqu'à ce qu'elle soit très chaude mais sans fumer.

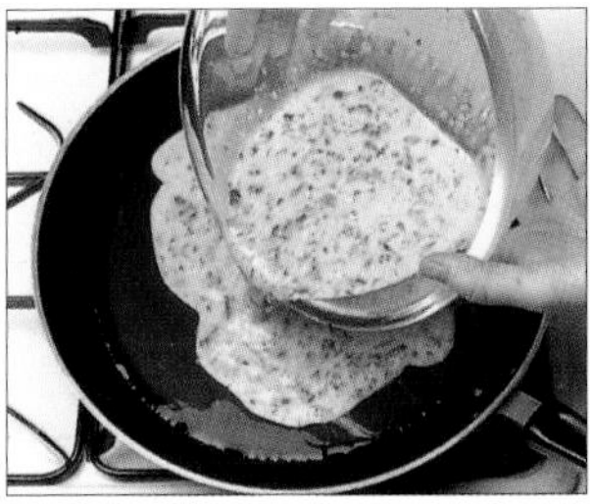

**2** Versez les œufs battus dans la poêle et faites-les cuire, sans remuer, jusqu'à ce que la frittata ait gonflé et qu'elle soit bien dorée dessous.

**3** Prenez une grande assiette, posez-la à l'envers sur la frittata puis, en la tenant fermement avec une manique, retournez la poêle sur l'assiette. Faites-la glisser dans la poêle de l'autre côté et poursuivez la cuisson pendant 3 à 4 min ou plus, jusqu'à ce qu'elle soit bien dorée. Retirez du feu et laissez refroidir complètement.

**4** Préparez la sauce tomate : chauffez l'huile dans une cocotte de taille moyenne. Ajoutez l'oignon et faites-le revenir à petit feu jusqu'à ce qu'il ramollisse. Versez les tomates, l'ail et 60 ml/4 cuillieres à soupe d'eau, puis salez et poivrez. Couvrez et laissez mijoter à feu moyen pendant 15 min environ.

**5** Retirez la sauce du feu et attendez qu'elle refroidisse un peu avant de la passer au presse-purée ou au chinois. Laissez-la refroidir complètement.

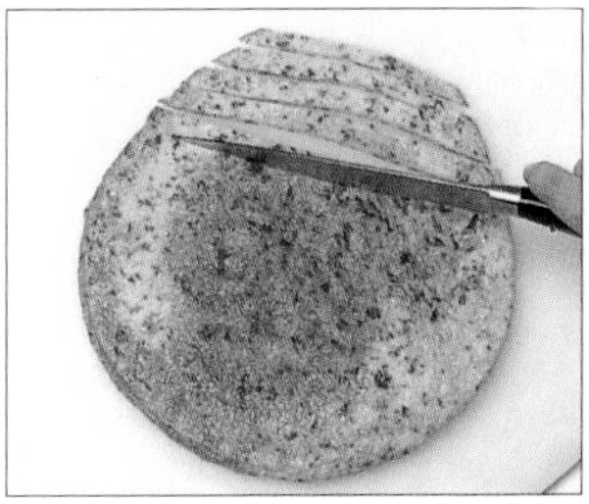

**6** Coupez la frittata en fines lamelles. Mettez-les dans un saladier, ajoutez la sauce tomate et mélangez délicatement. Servez la frittata à température ambiante ou bien froide.

# TERRINE DE LENTILLES ET DE HARICOTS ROUGES

Une terrine appétissante et riche en fibres, idéale pour un pique-nique.

**Pour 12 personnes**

**INGRÉDIENTS**

10 ml/2 c. à thé d'huile d'olive
1 oignon finement haché
1 gousse d'ail pressée
2 branches de céleri finement hachées
400 g/14 oz de haricots rouges en conserve
400 g/14 oz de lentilles en conserve
1 œuf
1 carotte grossièrement râpée
50 g/2 oz/½ tasse de cheddar vieux ou de gruyère, finement râpé
50 g/2 oz/½ tasse de miettes de pain complet frais
15 ml/1 c. à soupe de concentré de tomates
15 ml/1 c. à soupe de ketchup
5 ml/1 c. à thé de cumin, de coriandre et de piment fort en poudre
sel et poivre du moulin
salade, pour servir

**1** Préchauffez le four à 180 °C/350 °F. Beurrez légèrement un moule à cake de 900 g/2 lb de contenance.

**2** Chauffez l'huile dans une poêle, ajoutez l'ail, l'oignon, et le céleri et faites-les revenir tout doucement pendant 5 min, en remuant de temps en temps. Retirez du feu et laissez refroidir légèrement.

**3** Rincez les haricots et les lentilles et égouttez-les bien. Mixez-les avec le mélange à base d'oignon et l'œuf, jusqu'à obtention d'une préparation homogène.

**4** Versez cette préparation dans un saladier, ajoutez les autres ingrédients et mélangez. Salez et poivrez.

**5** Versez la préparation dans le moule et lissez le dessus. Faites cuire la terrine 1 h, puis démoulez-la et servez-la chaude ou froide, coupée en tranches et accompagnée d'une salade.

# TERRINE DE LÉGUMES AUX AMANDES

Cette délicieuse terrine est parfaite pour un pique-nique.

**Pour 4 personnes**

**INGRÉDIENTS**

15 ml/1 c. à soupe d'huile d'olive, plus de quoi graisser le moule
1 oignon haché
1 poireau haché
2 branches de céleri finement hachées
250 g/8 oz/3 tasses de champignons de Paris hachés
2 gousses d'ail pressées
450 g/15oz de lentilles en conserve rincées et égouttées
125 g/4 oz/1 tasse de fruits secs variés (noisettes, noix de cajou et amandes par exemple) finement hachés
50 g/2 oz/½ tasse de farine
50 g/2 oz/½ tasse de cheddar vieux ou de salers, râpé
1 œuf moyen battu
45 à 60 ml/3 à 4 c. à soupe d'herbes aromatiques fraîches hachées
sel et poivre du moulin
ciboulette et brins de persil plat frais, pour garnir

**1** Préchauffez le four à 190 °C/375 °F. Huilez légèrement le fond et les côtés d'un moule à cake de 900 g/2 lb de contenance et tapissez-le de papier sulfurisé.

**2** Chauffez l'huile dans une grande casserole. Ajoutez l'oignon, le poireau, les branches de céleri, les champignons hachés et l'ail pressé, et faites revenir le tout à petit feu pendant 10 min, jusqu'à ce que les légumes aient ramolli, en remuant de temps en temps.

**3** Ajoutez les lentilles, les fruits secs, la farine, le fromage râpé, l'œuf et les aromates. Salez, poivrez et mélangez bien.

**4** Versez cette préparation dans le moule, puis lissez le dessus. Faites cuire sans couvrir pendant 50 à 60 min, jusqu'à ce que la terrine soit légèrement dorée et ferme au toucher.

**5** Laissez refroidir légèrement la terrine avant de la démouler sur un plat. Servez-la chaude ou froide, coupée en tranches et garnie de ciboulette et de persil plat.

# OMELETTE AUX HARICOTS BLANCS

Voici une recette d'omelette originale, préparée avec des haricots blancs bien tendres et parsemée de graines de sésame grillées.

**Pour 4 personnes**

**INGRÉDIENTS**

30 ml/2 c. à soupe d'huile d'olive
5 ml/1 c. à thé d'huile de sésame
1 oignon d'Espagne haché
1 petit poivron rouge égrené et coupé en dés
2 branches de céleri hachées
400 g/14 oz de haricots blancs en conserve égouttés
8 œufs
45 ml/3 c. à soupe de graines de sésame
sel et poivre du moulin
salade verte, pour servir

**1** Chauffez les 2 huiles dans une poêle de 30 cm/12 in de diamètre qui supporte la chaleur d'un gril. Mettez à revenir l'oignon, le poivron et le céleri jusqu'à ce que les légumes ramollissent mais sans roussir.

**2** Ajoutez les haricots et poursuivez la cuisson pendant quelques minutes pour les réchauffer.

**3** Battez les œufs à la fourchette dans un saladier, salez et poivrez. Versez les œufs battus dans la poêle.

**4** Remuez avec une spatule en bois jusqu'à ce que les œufs commencent à prendre, puis laissez cuire l'omelette à feu doux 6 à 8 min, jusqu'à ce qu'elle soit ferme.

**5** Préchauffez modérément un gril. Saupoudrez l'omelette de graines de sésame et faites dorer uniformément sous le gril.

**6** Coupez l'omelette en parts comme une tarte et servez-la tiède accompagnée d'une salade verte.

### VARIANTES

Vous pouvez remplacer les haricots par des rondelles de pommes de terre sautées, des cœurs d'artichauts, des pois chiches ou n'importe quel légume de saison.

# ROULADES D'OMELETTE À LA CORIANDRE ET AUX LÉGUMES ORIENTAUX

Cette omelette, farcie avec des légumes sautés et une sauce aux haricots noirs, est non seulement délicieuse, mais rapide à préparer.

**Pour 4 personnes**

**INGRÉDIENTS**

4 œufs
4 oignons de printemps émincés
175 g/6 oz/3 tasses de *pak choi* émincé
50 g/2 oz/2 tasses de feuilles de coriandre fraîches, plus un peu pour garnir
125 g/4 oz/½ tasse de germes de soja
125 g/4½ oz de petits bouquets de brocolis
30 ml/2 c. à soupe d'huile d'arachide
1 morceau d' 1 cm/½in de racine de gingembre frais, finement râpé
1 grosse gousse d'ail écrasée
2 piments rouges épépinés et coupés en fines rondelles
45 ml/3 c. à soupe de sauce aux haricots noirs
sel et poivre du moulin

**1** Faites blanchir les brocolis 2 min dans de l'eau bouillante salée, puis passez-les sous le robinet d'eau froide.

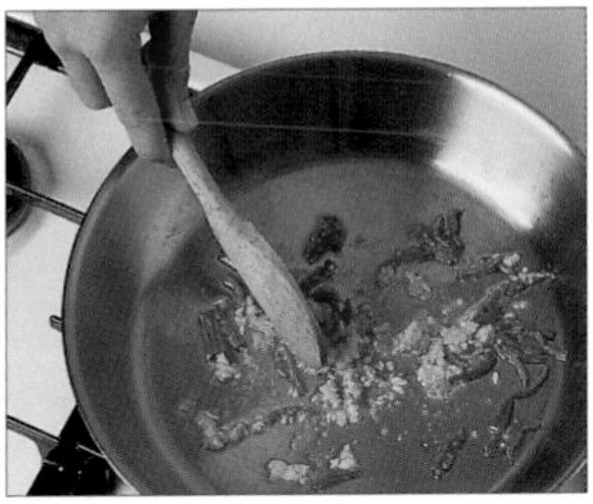

**2** Pendant ce temps, chauffez 15 ml/1 c. à soupe d'huile dans une poêle ou un wok. Mettez le gingembre, l'ail et la moitié des piments à revenir 1 min. Ajoutez les oignons de printemps, les brocolis et le *pak choi* et poursuivez la cuisson 2 min de plus, en tournant constamment les légumes pour les empêcher d'attacher et pour qu'ils cuisent de façon homogène.

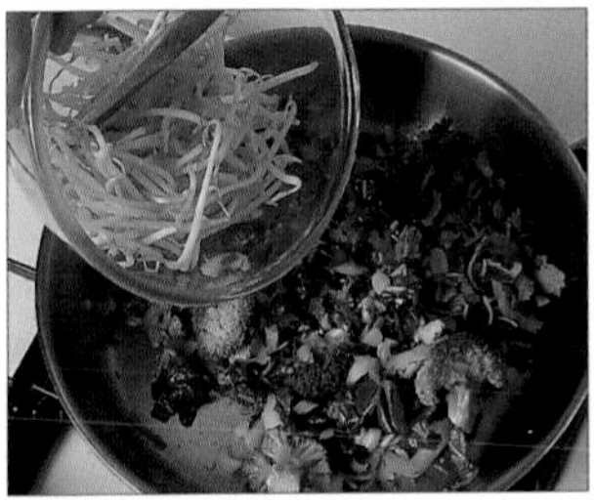

**3** Hachez ¾ de la coriandre et ajoutez-la aux légumes. Incorporez les germes de soja et faites revenir 1 min, puis versez la sauce aux haricots noirs et faites chauffer encore 1 min. Retirez la poêle du feu et réservez au chaud.

BIENFAITS POUR LA SANTÉ

Le *pak choi* fait partie de la famille des crucifères *brassica*. Les personnes qui mangent régulièrement ce genre de légumes à feuilles vertes tendent à mieux résister à certains cancers. Ces légumes soulagent aussi l'asthme, la goutte et la constipation.

**4** Battez légèrement les œufs à la fourchette, salez et poivrez bien. Chauffez un peu de l'huile restante et mettez 1/4 des œufs battus. Faites tourner les œufs jusqu'à ce qu'ils couvrent le fond de la poêle, puis parsemez d'1/4 des feuilles de coriandre réservées. Laissez les œufs prendre puis retournez l'omelette sur une assiette et tenez-la au chaud pendant que vous préparez 3 autres omelettes de la même façon, en ajoutant éventuellement de l'huile.

**5** Disposez les légumes sautés sur les omelettes et roulez celles-ci. Coupez-les en deux en diagonale et servez avec des feuilles de coriandre et du piment.

# POMMES DE TERRE ÉPICÉES EN ROBE DES CHAMPS

Quelques aromates et quelques épices réveillent les traditionnelles pommes de terre en robe des champs.

**Pour 2 à 4 personnes**

**INGRÉDIENTS**

2 grosses pommes de terre
5 ml/1 c. à thé d'huile de tournesol
1 petit oignon finement haché
1 morceau de gingembre frais de 2,5 cm/1 in de long, râpé
5 ml/1 c. à thé de cumin en poudre
5 ml/1 c. à thé de coriandre en poudre
2,5 ml/½ c. à thé de curcuma en poudre
sel parfumé à l'ail
yaourt nature et quelques brins de coriandre fraîche, pour servir

**1** Préchauffez le four à 190 °C/375 °F. Piquez les pommes de terre à la fourchette et faites-les cuire au four pendant 1 h, jusqu'à ce qu'elles soient tendres.

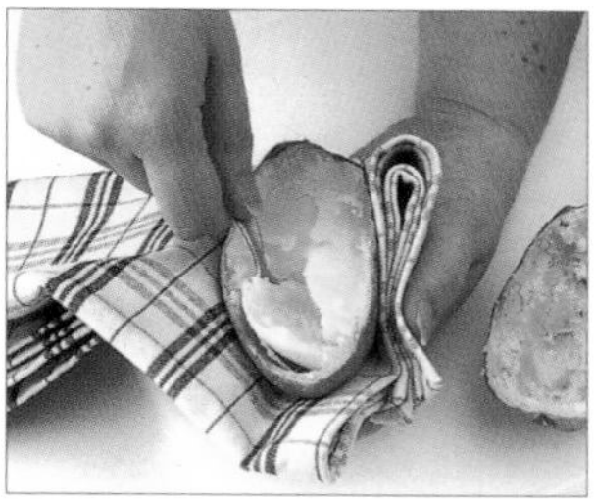

**2** Coupez les pommes de terre en deux et prélevez la chair avec une cuillère. Chauffez l'huile dans une poêle antiadhésive et faites fondre l'oignon quelques minutes. Ajoutez le gingembre, le cumin, la coriandre et le curcuma.

**3** Laissez revenir 2 min environ, puis ajoutez la chair des pommes de terre et le sel parfumé à l'ail.

**4** Poursuivez la cuisson encore 2 min, en remuant de temps en temps, puis répartissez cette préparation dans les « coquilles » en peau de pommes de terre. Garnissez avec 1 cuillerée de yaourt nature et 1 à 2 brins de coriandre fraîche. Servez bien chaud.

# GRATIN DE POIREAUX AU YAOURT ET AU FROMAGE

Comme pour tous les légumes, nous vous recommandons de choisir les poireaux les plus frais que vous trouverez pour préparer ce gratin, de préférence de petits poireaux nouveaux du début de saison.

**Pour 4 personnes**

**INGRÉDIENTS**

25 g/1 oz/2 c. à soupe de beurre
8 petits poireaux, soit 700 g/1 ½ lb environ au total
2 petits œufs ou 1 gros battu
150 g/5 oz/⅝ tasse de fromage de chèvre frais
85 ml/3 fl oz/⅓ tasse de yaourt nature
50 g/2 oz/⅔ tasse de parmesan râpé
25 g/1 oz/½ tasse de miettes de pain frais, blanc ou complet
sel et poivre du moulin

**1** Préchauffez le four à 180 °C/350 °F. Beurrez un plat à gratin. Triez les poireaux, coupez-les de haut en bas et rincez-les bien sous l'eau froide.

**2** Mettez les poireaux dans une casserole d'eau, portez à ébullition, puis faites-les cuire à petit feu 6 à 8 min, jusqu'à ce qu'ils soient tout juste tendres. Sortez-les de l'eau avec une écumoire et égouttez-les bien. Disposez-les dans le plat à gratin.

**3** Battez les œufs avec le fromage de chèvre, le yaourt et la moitié du parmesan. Salez et poivrez.

**4** Versez la sauce au yaourt et au fromage sur les poireaux. Mélangez les miettes de pain et le reste de parmesan râpé, puis parsemez-en le gratin. Faites-le cuire au four pendant 35 à 40 min, jusqu'à ce que le dessus soit doré et bien gratiné.

# FAJITAS AUX LÉGUMES

**Ces tortillas, fourrées d'un mélange coloré de champignons, de poivrons et de sauce pimentée, sont servies avec un guacamole crémeux.**

**Pour 2 personnes**

**INGRÉDIENTS**

1 oignon
1 poivron rouge
1 poivron vert
1 poivron jaune
1 gousse d'ail pressée
250 g/8 oz/3 tasses de champignons
90 ml/6 c. à soupe d'huile végétale
30 ml/2 c. à soupe de piment en poudre
sel et poivre du moulin

*Pour le guacamole*
1 avocat bien mûr
1 échalote grossièrement hachée
1 piment vert frais égrené et grossièrement haché
le jus d'1 citron vert

*Pour servir*
4 à 6 tortillas de blé préchauffées
1 citron vert coupé en quartiers
quelques brins de coriandre fraîche

**1** Émincez l'oignon. Coupez les poivrons en deux, retirez les graines et coupez-les en lamelles. Mélangez l'oignon et les poivrons dans un saladier. Ajoutez l'ail pressé et mélangez délicatement.

**2** Retirez les pieds des champignons. Gardez-les pour préparer un bouillon, ou bien jetez-les. Émincez les chapeaux et ajoutez-les aux autres légumes. Mélangez l'huile et le piment en poudre dans un bol, puis versez cette sauce sur les légumes et remuez bien. Réservez.

**3** Préparez le guacamole. Coupez l'avocat en deux, retirez le noyau, puis pelez-le. Mettez la chair dans un mixer avec l'échalote, le piment vert et le jus de citron vert.

**4** Mixez 1 min, jusqu'à obtenir un mélange lisse et homogène. Transférez dans un bol, couvrez hermétiquement et mettez au réfrigérateur jusqu'au moment de servir.

**5** Chauffez une poêle ou un wok. Ajoutez les légumes marinés et faites-les sauter à feu vif 5 à 6 min, jusqu'à ce que les champignons et les poivrons soient juste tendres. Salez et poivrez. Répartissez les légumes sur les tortillas et roulez-les. Garnissez avec la coriandre fraîche et servez accompagné de guacamole et de quartiers de citron vert.

# ŒUFS POCHÉS À LA CRÈME DE POIREAUX

**Il est très facile d'essayer d'autres variantes d'œufs cocotte. Il suffit pour cela de remplacer les poireaux par un autre légume, de la ratatouille ou des épinards hachés par exemple.**

**Pour 4 personnes**

**INGRÉDIENTS**

15 g/½ oz/1 c. à soupe de beurre, plus de quoi beurrer les ramequins
225 g/8 oz/2 tasses de petits poireaux émincés finement
65 à 85 ml/5 à 6 c. à soupe de crème fraîche liquide
noix de muscade fraîchement râpée
4 œufs
sel et poivre du moulin

**1** Préchauffez le four à 190 °C/375 °F. Beurrez généreusement le fond et les côtés de 4 ramequins.

**2** Faites fondre le beurre dans une petite poêle et faites revenir les poireaux à feu moyen, en remuant fréquemment, jusqu'à ce qu'ils ramollissent mais sans roussir.

**3** Ajoutez 45 ml/3 c. à soupe de crème fraîche et poursuivez la cuisson 5 min de plus, jusqu'à ce que les poireaux soient bien fondants et que la crème ait un peu épaissi. Assaisonnez avec le sel, le poivre et la muscade.

**4** Disposez les ramequins dans un petit plat à four et répartissez les poireaux dans les 4 ramequins. Cassez 1 œuf dans chaque récipient, puis nappez-le avec 5 à 10 ml/1 à 2 c. à thé de la crème restante et rectifiez l'assaisonnement.

**5** Versez de l'eau bouillante dans le plat à four, jusqu'à mi-hauteur des ramequins. Faites cuire au bain-marie au four pendant une dizaine de minutes, afin que les blancs soient pris mais les jaunes encore liquides, ou bien un peu plus longtemps si vous les préférez plus cuits.

VARIANTE

Mettez 15 ml/1 c. à soupe de crème fraîche dans chaque ramequin avec des herbes hachées. Cassez les œufs, ajoutez encore 1 cuillerée de crème fraîche et un peu de fromage râpé, puis faites cuire dans un bain-marie au four.

# OIGNONS FARCIS À LA FETA ET AUX PIGNONS

Servez ces oignons farcis avec du pain chaud huilé, vous aurez un encas délicieux.

**Pour 4 personnes**

**INGRÉDIENTS**

4 gros oignons rouges
15 ml/1 c. à soupe d'huile d'olive
25 g/1 oz/¼ tasse de pignons
125 g/4oz de feta émiettée
25 g/1 oz/½ tasse de miettes de pain blanc frais
15 ml/1 c. à soupe de coriandre fraîche hachée
sel et poivre du moulin

**1** Préchauffez le four à 180 °C/350 °F. Beurrez légèrement un plat à gratin. Épluchez les oignons et ôtez une fine tranche à la base et au sommet de chacun. Mettez ensuite les oignons dans une grande casserole d'eau bouillante et faites-les cuire pendant 10 à 12 min.

**2** Retirez les oignons de l'eau avec une écumoire, Posez-les sur de l'essuie-tout pour qu'ils s'égouttent et laissez-les refroidir légèrement.

**3** À l'aide d'un petit couteau ou avec les doigts, retirez l'intérieur des oignons en laissant deux à trois épaisseurs à l'extérieur, pour obtenir une sorte de coquille. Hachez finement l'intérieur des oignons et posez les coquilles dans le plat à gratin.

**4** Chauffez l'huile dans une poêle de taille moyenne. Mettez à revenir les oignons hachés pendant 4 à 5 min, jusqu'à ce qu'ils soient bien dorés, puis ajoutez les pignons et faites sauter le tout quelques minutes de plus.

**5** Mettez la feta dans un bol avec les oignons, les miettes de pain, les pignons et la coriandre. Mélangez bien, salez légèrement et poivrez.

**6** Répartissez la préparation dans les coquilles d'oignon. Couvrez avec du papier d'aluminium sans trop serrer et enfournez le tout pour une trentaine de minutes. Retirez le papier d'aluminium 10 min avant la fin de la cuisson pour que les oignons dorent légèrement. Servez très chaud.

# TARTELETTES AUX OIGNONS ET AU CHÈVRE

Une variante de la classique tarte à l'oignon, où le fromage de chèvre doux et crémeux, se marie parfaitement aux oignons.

**Pour 8 personnes**

**INGRÉDIENTS**

175 g/6 oz/1½ tasses de farine
65 g/2½ oz/5 c. à soupe de beurre
25 g/1 oz/¼ tasse de tomme de chèvre râpée

*Pour la garniture*

15 à 25 ml/1 à 1½ c. à soupe d'huile d'olive ou de tournesol
3 oignons finement émincés
175 g/6 oz/¾ tasse de fromage de chèvre frais
2 œufs battus
15 ml/1 c. à soupe de crème fraîche liquide
50 g/2 oz/½ tasse de tomme de chèvre râpée
15 ml/1 c. à soupe d'estragon frais haché
sel et poivre du moulin

**1** Préparez la pâte : versez la farine dans une jatte, et incorporez le beurre jusqu'à ce que le mélange s'émiette. Ajoutez le fromage râpé et assez d'eau pour obtenir une pâte souple. Pétrissez-la légèrement, glissez-la dans un sachet en plastique et mettez-la au réfrigérateur. Préchauffez le four à 190 °C/375 °F.

**2** Étalez la pâte au rouleau sur un plan de travail légèrement fariné. Découpez 8 disques de 12 cm/4½ in de diamètre à l'aide d'un emporte-pièce, puis garnissez-en 8 moules à tartelettes de 10 cm/4 in de diamètre. Piquez le fond avec une fourchette et faites cuire à vide 10 à 15 min. Baissez ensuite le four jusqu'à 180 °C/350 °F.

**3** Chauffez l'huile dans une grande poêle et faites revenir les oignons à feu doux pendant 20 à 25 min, jusqu'à ce qu'ils soient bien dorés. Remuez souvent pour éviter qu'ils ne brûlent.

**4** Battez le fromage de chèvre frais avec les œufs, la crème fraîche, la tomme de chèvre râpée et l'estragon. Salez et poivrez, puis incorporez les oignons revenus.

**5** Répartissez cette préparation sur les 8 fonds de tartelette précuits et enfournez 20 à 25 min jusqu'à ce que le dessus soit bien doré. Servez chaud ou froid accompagné d'une salade verte.

# ROULADES À L'AUBERGINE, À LA MOZZARELLA FUMÉE ET AU BASILIC

Ce superbe hors-d'œuvre consiste en des tranches d'aubergine grillées, farcies avec de la mozzarella fumée, des tomates et du basilic frais. Servi avec une salade verte, il peut constituer un déjeuner léger. Ces roulades sont également excellentes cuites au barbecue.

**Pour 4 personnes**

**INGRÉDIENTS**

1 grosse aubergine
175 g/5 1/2 oz de mozzarella fumée, coupée en 8 tranches
2 tomates ovales, chacune coupée en 4 tranches
8 grosses feuilles de basilic
45 ml/3 c. à soupe d'huile d'olive, et éventuellement un peu plus pour arroser
vinaigre balsamique, pour arroser (facultatif)
sel et poivre du moulin

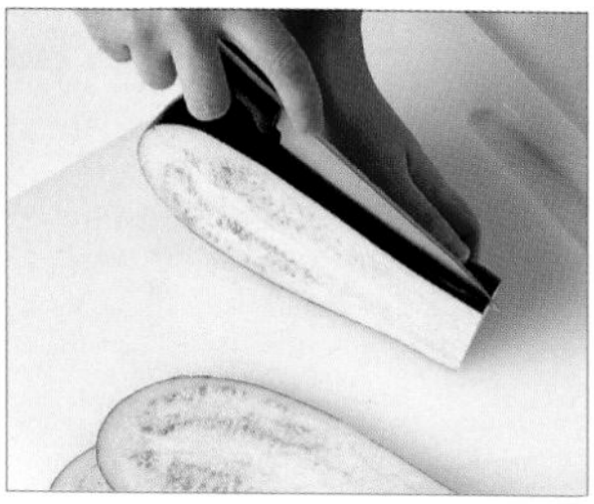

**1** Coupez l'aubergine dans le sens de la longueur en 10 tranches minces et jetez les 2 tranches extérieures. Saupoudrez les tranches de sel et laissez dégorger 20 min. Rincez et essuyez avec du papier absorbant.

**2** Préchauffez le gril et garnissez la grille de papier d'aluminium. Disposez les tranches d'aubergine séchées sur la grille du four et badigeonnez-les d'huile. Faites griller 8 à 10 min, afin qu'elles soient tendres et dorées, en les retournant une fois.

**3** Sortez les tranches d'aubergine du four, disposez 1 tranche de mozzarella, 1 rondelle de tomate et 1 feuille de basilic au centre de chaque tranche d'aubergine. Salez et poivrez selon votre goût. Repliez l'aubergine sur la farce et faites cuire sous le gril, avec la nervure vers le bas, jusqu'à ce qu'elle soit bien chaude et que la mozzarella commence à fondre. Servez ce plat arrosé d'huile d'olive et éventuellement d'un peu de vinaigre balsamique.

BIENFAITS POUR LA SANTÉ

Les aubergines sont hypocaloriques mais les faire frire accroît spectaculairement leur nombre de calories. Les saler au préalable en élimine l'amertume et rend la chair plus dense, si bien qu'elles absorbent moins de graisse durant la cuisson. Elles contiennent des bioflavonoïdes, qui aident à lutter contre les risques de congestion cérébrale et d'hémorragie.

# LENTILLES DU PUY À LA CRÈME ET AU CITRON

Les lentilles du Puy, petites et vertes, sont délicieuses. Préparées avec du jus de citron et de la crème fraîche, elles se marient très bien avec des œufs pochés.

**Pour 4 personnes**

**INGRÉDIENTS**

250 g/9 oz/1 1/8 tasse de lentilles du Puy
60 ml/4 c. à soupe de crème fraîche
zeste finement râpé et jus d' 1 gros citron
1 feuille de laurier
30 ml/2 c. à soupe d'huile d'olive
4 oignons de printemps coupés en rondelles
2 grosses gousses d'ail hachées
15 ml/1 c. à soupe de moutarde de Dijon
4 tomates ovales épépinées et coupées en dés
4 œufs
sel et poivre du moulin
30 ml/2 c. à soupe de persil plat haché, pour garnir

**1** Mettez les lentilles et la feuille de laurier dans une casserole, recouvrez d'eau froide et portez à ébullition. Baissez le feu et laissez mijoter 25 min partiellement couvert, jusqu'à ce que les lentilles soient tendres. Remuez de temps à autre et ajoutez éventuellement de l'eau. Égouttez.

**2** Chauffez l'huile et mettez à frire les oignons de printemps et l'ail 1 min pour qu'ils deviennent tendres.

**3** Ajoutez la moutarde de Dijon, le zeste de citron et le jus et mélangez bien. Incorporez les tomates, le sel et le poivre, et faites cuire doucement 1 à 2 min : les tomates doivent être bien chaudes mais conserver leur forme. Ajoutez un peu d'eau si le mélange devient trop sec.

**4** Pendant ce temps, faites pocher les œufs dans une casserole d'eau salée frémissante. Ajoutez les lentilles et la crème fraîche au mélange de tomates, enlevez la feuille de laurier et chauffez 1 min. Déposez 1 œuf poché sur chaque portion et saupoudrez de persil.

BIENFAITS POUR LA SANTÉ

Des recherches ont montré que les lentilles peuvent aider à prévenir les risques des maladies cardio-vasculaires et du cancer et qu'elles font baisser le taux de cholestérol.

# RATATOUILLE

Un grand classique de la cuisine provençale, délicieusement parfumé par les nombreux légumes frais et aromates qui entrent dans sa composition.

**Pour 4 personnes**

**INGRÉDIENTS**

2 grosses aubergines coupées en morceaux
4 courgettes coupées en morceaux
150 ml/¼ pinte/⅔ tasse d'huile d'olive
2 oignons émincés
2 gousses d'ail hachées
1 gros poivron rouge égrené et grossièrement haché
2 gros poivrons jaunes égrenés et grossièrement hachés
1 brin de romarin frais
1 brin de thym frais
5 ml/1 c. à thé de graines de coriandre pilées
3 tomates olivettes ou Roma, pelées, égrenées et hachées
8 feuilles de basilic ciselées
sel et poivre du moulin
quelques brins de persil ou de basilic frais, pour garnir

**1** Saupoudrez les morceaux d'aubergines et de courgettes de sel, puis mettez-les dans une passoire afin d'éliminer l'amertume. Laissez-les dégorger ainsi pendant une demi-heure environ.

**2** Chauffez l'huile d'olive dans une grande casserole. Mettez les oignons à revenir doucement pendant 6 à 7 min, jusqu'à ce qu'ils commencent à ramollir. Ajoutez l'ail et poursuivez la cuisson 2 min.

**3** Rincez les aubergines et les courgettes et essuyez-les. Ajoutez-les dans la casserole avec les poivrons, augmentez le feu et faites sauter les légumes jusqu'à ce que les poivrons commencent à roussir.

**4** Ajoutez les aromates et les graines de coriandre, puis couvrez et laissez mijoter à petit feu pendant 40 min environ.

**5** Ajoutez les tomates, salez et poivrez. Poursuivez la cuisson à feu doux pendant une dizaine de minutes, jusqu'à ce que les légumes soient tendres mais ne s'écrasent pas. Retirez les brins de thym et de romarin, puis ajoutez le basilic et vérifiez l'assaisonnement. Laissez refroidir légèrement et servez tiède ou froid, garni avec des brins de persil ou de basilic.

# CROQUETTES DE MAÏS À LA PROVENÇALE

Ces croquettes de maïs sont très faciles à faire et parfaites à déguster en encas.

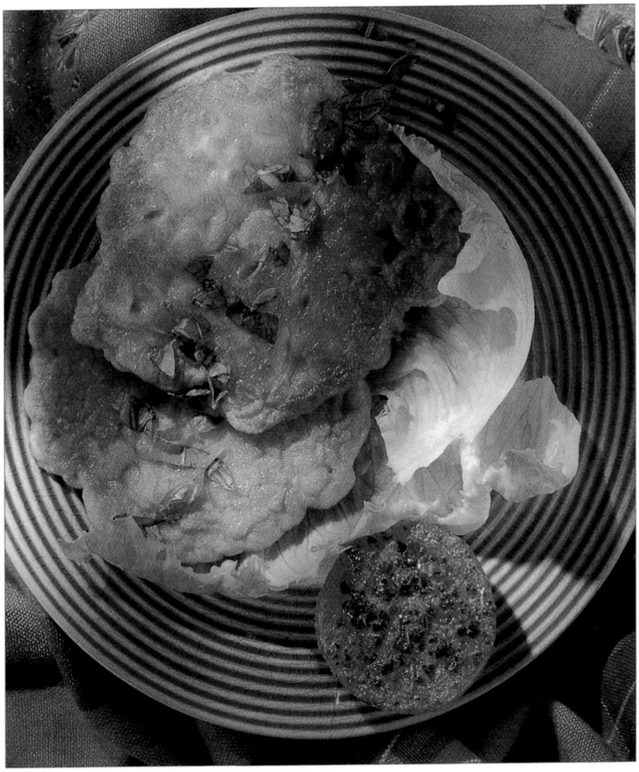

**Pour 4 personnes**

**INGRÉDIENTS**

1 gros épi de maïs doux
75 g/3 oz/⅔ tasse de farine
1 œuf
un peu de lait
2 grosses tomates bien fermes
1 gousse d'ail pressée
5 ml/1 c. à thé thé d'origan séché
30 à 45 ml/2 à 3 c. à soupe d'huile d'olive et un peu pour la friture
sel et poivre du moulin
basilic frais ciselé, pour garnir
8 grandes feuilles de laitue ou de scarole, pour servir

**1** Enlevez l'enveloppe soyeuse de l'épi de maïs, puis, en tenant l'épi dressé appuyé sur un plan de travail, retirez les grains avec un grand couteau que vous passez de haut en bas. Mettez les grains dans une casserole d'eau bouillante et faites-les cuire 3 min une fois que l'eau s'est remise à bouillir. Égouttez-les et rincez-les sous l'eau froide.

**2** Mettez la farine en puits dans un saladier et cassez l'œuf au milieu. Battez le tout à la fourchette, en ajoutant un peu de lait de façon à obtenir une pâte assez souple. Ajoutez le maïs égoutté, remuez, puis salez et poivrez.

**3** Préchauffez le gril. Coupez les tomates en deux dans le sens de la largeur et pratiquez deux à trois entailles croisées sur la face coupée. Frottez avec l'ail pressé, saupoudrez d'origan, salez et poivrez. Arrosez d'un filet d'huile d'olive et faites griller les tomates jusqu'à ce qu'elles aient légèrement doré.

**4** Pendant que les tomates sont sous le gril, chauffez un peu d'huile dans une grande poêle et laissez tomber 1 c. à soupe de pâte au maïs au centre. Faites cuire les croquettes une par une à feu doux, en les retournant dès que le dessus a pris. Laissez-les s'égoutter sur de l'essuie-tout et maintenez-les au chaud pendant que vous faites cuire les autres. Les proportions données ici doivent vous permettre de confectionner au moins 8 croquettes.

**5** Dressez 1 belle feuille de salade sur chaque assiette et posez dessus 2 croquettes de maïs. Garnissez de basilic frais et servez accompagné d'une demi-tomate à la provençale.

# CHAMPIGNONS FARCIS AUX PIGNONS

Ces champignons de Paris, riches en vitamine B, se marient délicieusement avec la farce aux pignons.

**Pour 4 personnes**

**INGRÉDIENTS**

30 ml/2 c. à soupe d'huile de tournesol
8 gros champignons de Paris nettoyés
1 oignon haché
1 gousse d'ail écrasée
25 g/1 oz/¼ tasse de flocons d'avoine
250 g/8 oz de tomates en conserve, hachées avec des herbes
2,5 ml/½ c. à thé de sauce au piment
25 g/1 oz/¼ tasse de pignons de pin
25 g/1 oz/⅓ tasse de parmesan fraîchement râpé
sel et poivre noir du moulin

**1** Préchauffez le four à 190 °C/375 °F. Graissez un plat à four peu profond. Le plat doit être assez grand pour contenir les chapeaux des champignons sur une seule couche. Retirez les pieds des champignons, hachez-les grossièrement. Réservez les chapeaux.

**2** Chauffez l'huile dans une petite casserole et faites revenir l'oignon, l'ail et les pieds des champignons. Ajoutez les flocons d'avoine et laissez cuire 1 min.

**3** Ajoutez les tomates et la sauce au piment, rectifiez l'assaisonnement. Placez les chapeaux des champignons dans le plat, côté bombé sur le dessous. Répartissez la farce dans les chapeaux.

**4** Parsemez de pignons et de parmesan. Laissez cuire 25 min, jusqu'à ce que les champignons soient tendres et la farce dorée.

CONSEIL

Achetez un morceau de parmesan et râpez-le selon vos besoins. Ce fromage peut paraître cher, mais son arôme est si fruité et si fort qu'il suffit d'une petite quantité pour parfumer un plat.

# CHAMPIGNONS AU FENOUIL

Ces légumes, à consommer en plat principal ou en accompagnement, dégagent un délicieux parfum. Les champignons apportent de nombreuses vitamines, sels minéraux et fibres : ici, il en suffit d'une petite quantité car les champignons séchés gonflent considérablement après trempage.

**Pour 4 personnes**

**INGRÉDIENTS**

25 g/1 oz de champignons *shiitaké* séchés
1 petit bulbe de fenouil ou 4 branches de céleri
30 ml/2 c. à soupe d'huile d'olive
12 échalotes épluchées
250 g/8 oz/2 tasses de champignons de Paris, épluchés et coupés en deux
300 ml/½ pinte/1 ¼ tasses de cidre brut
25 g/1 oz de tomates séchées au soleil
30 ml/2 c. à soupe/½ tasse de concentré de tomates
1 feuille de laurier
persil frais haché, pour garnir

**1** Mettez les champignons dans une jatte et recouvrez-les d'eau bouillante. Laissez reposer 10 min.

**2** Hachez grossièrement le fenouil ou le céleri et chauffez l'huile dans une cocotte. Ajoutez échalotes et fenouil (ou céleri) et faites sauter 10 min environ à feu doux jusqu'à ce qu'ils soient tendres et dorés. Versez les champignons de Paris et laissez cuire 2 à 3 min.

**3** Égouttez les *shiitaké* en réservant le liquide. Coupez les gros morceaux et déposez dans la cocotte.

CONSEIL

Le fenouil est très utile en cuisine. Finement émincé, il donne croquant et parfum aux salades. En petites quantités, il peut être cuit avec du poulet ou du poisson, ou incorporé à du risotto.

**4** Versez le cidre, incorporez les tomates séchées et le concentré de tomates. Ajoutez la feuille de laurier. Portez à ébullition puis baissez le feu, couvrez et laissez frémir environ 30 min.

**5** Si le mélange est trop sec, versez du liquide de trempage réservé. Réchauffez rapidement puis retirez la feuille de laurier et servez parsemé de persil haché.

# NOUILLES DE RIZ AUX LÉGUMES PIMENTÉS

Piment et coriandre s'associent pour relever ce plat de nouilles de riz aux légumes.

**Pour 4 personnes**

**INGRÉDIENTS**

15 ml/1 c. à soupe d'huile de tournesol
1 oignon haché
2 gousses d'ail pressées
1 piment rouge frais égrené et finement haché
1 poivron rouge égrené et coupé en dés
2 carottes finement hachées
175 g/6oz de mini-épis de maïs coupés en deux
225 g/8 oz de pousses de bambou émincées en conserve, rincées et égouttées
400 g/14 oz de haricots rouges en conserve, rincés et égouttés
300 ml/½ pinte/1 ¼ tasses de *passata* (ou de coulis de tomates)
15 ml/1 c. à soupe de sauce de soja
5 ml/1 c. à thé de coriandre en poudre
250 g/9 oz/2¼ tasses de nouilles de riz
30 ml/2 c. à soupe de coriandre fraîche hachée
sel et poivre du moulin
brins de persil frais, pour garnir

**1** Chauffez l'huile dans une poêle. Faites revenir doucement l'oignon, l'ail, le piment et le poivron rouge pendant 5 min, en remuant constamment. Ajoutez les carottes, le maïs, les pousses de bambou, les haricots rouges, la *passata*, la sauce de soja et la coriandre en poudre, et mélangez bien.

**2** Portez à ébullition, puis couvrez et laissez mijoter à feu doux 30 min, en remuant de temps en temps, jusqu'à ce que les légumes soient bien tendres. Salez et poivrez.

**3** Pendant ce temps, mettez les nouilles dans un saladier et couvrez-les d'eau bouillante. Remuez avec une fourchette, puis laissez reposer 3 à 4 min, conformément aux instructions de l'emballage. Rincez et égouttez.

**4** Ajoutez la coriandre fraîche à la sauce. Répartissez les nouilles sur des assiettes préchauffées, puis couvrez-les de sauce, garnissez de persil haché et servez.

# FRITTATA AUX TOMATES SÉCHÉES

Quelques tomates séchées au soleil donnent à cette omelette une saveur vraiment méditerranéenne.

**Pour 3 à 4 personnes**

**INGRÉDIENTS**

6 tomates séchées au soleil, déshydratées ou bien à l'huile et égouttées
60 ml/4 c. à soupe d'huile d'olive
1 petit oignon finement haché
1 pincée de feuilles de thym frais
6 œufs
50 g/2 oz/⅔ tasse de parmesan frais râpé
sel et poivre du moulin

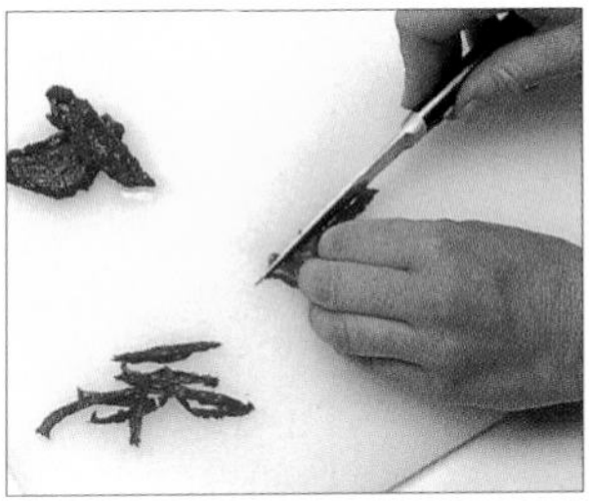

**1** Mettez les tomates dans un bol, puis versez de l'eau bouillante de façon à juste les recouvrir. Laissez-les tremper 15 min, puis retirez-les de l'eau et coupez-les en fines lamelles. Réservez l'eau de trempage.

**2** Chauffez l'huile dans une grande poêle antiadhésive ou à fond épais. Faites-y revenir l'oignon pendant 5 à 6 min, jusqu'à ce qu'il soit fondant et doré. Ajoutez les tomates et le thym et poursuivez la cuisson à feu moyen 2 à 3 min, tout en remuant. Salez et poivrez.

**3** Cassez les œufs dans un saladier et battez légèrement à la fourchette. Ajoutez 45 à 60 ml/3 à 4 c. à soupe de l'eau de trempage des tomates et le parmesan râpé.

**4** Augmentez le feu sous la poêle. Lorsque l'huile grésille, versez les œufs. Mélangez-les rapidement aux autres ingrédients, puis cessez de remuer. Baissez le feu et poursuivez la cuisson à feu modéré pendant 4 à 5 min, jusqu'à ce que la frittata soit bien gonflée, et que le dessous ait doré.

**5** Prenez une grande assiette, posez-la à l'envers sur la poêle et, en la tenant fermement avec une manique, retournez la poêle sur l'assiette. Faites alors glisser la frittata dans la poêle et poursuivez la cuisson jusqu'à ce que le deuxième côté soit lui aussi bien doré, soit 3 à 4 min de plus. Retirez du feu. Vous pouvez servir cette omelette chaude, à température ambiante ou bien froide. Coupez-la en parts comme une tarte.

# GALETTES THAÏLANDAISES AU TEMPEH ET SAUCE SUCRÉE

Le *tempeh*, fait avec des graines de soja, ressemble au tofu mais avec un goût de noix plus prononcé. Il est ici combiné avec un mélange parfumé de citronnelle, de coriandre et de gingembre, et façonné en petites boulettes.

**Pour 8 galettes**

**INGRÉDIENTS**

250 g/9 oz/2 1/4 tasses de *tempeh*, décongelé si nécessaire, puis coupé en tranches
1 tige de citronnelle sans les pellicules extérieures et avec l'intérieur finement haché
2 gousses d'ail hachées
2 oignons de printemps finement hachés
2 échalotes finement hachées
2 piments épépinés et finement hachés
1 morceau de 2,5 cm/1 in de racine de gingembre frais finement haché
60 ml/4 c. à soupe de coriandre fraîche hachée, plus un peu pour garnir
15 ml/1 c. à soupe de jus de citron vert
5 ml/1 c. à thé de sucre en poudre
45 ml/3 c. à soupe de farine
1 gros œuf légèrement battu
huile végétale, pour frire
sel et poivre du moulin

*Pour la sauce*

45 ml/3 c. à soupe de *mirin*
45 ml/3 c. à soupe de vinaigre de vin blanc
2 oignons de printemps finement hachés
15 ml/1 c. à soupe de sucre
2 piments finement hachés
30 ml/2 c. à soupe de coriandre fraîche hachée
1 grosse pincée de sel

**1** Pour la sauce, mélangez le *mirin*, le vinaigre, les oignons de printemps, le sucre, les piments, la coriandre et le sel dans une petite jatte et réservez.

**2** Passez au mixer la citronnelle, l'ail, les oignons de printemps, les échalotes, les piments, le gingembre et la coriandre jusqu'à obtention d'une pâte épaisse. Ajoutez le *tempeh*, le jus de citron vert et le sucre puis mélangez bien en un tout homogène. Incorporez le sel, le poivre, la farine et l'œuf. Mixez de nouveau jusqu'à obtenir une pâte épaisse et collante.

**3** Formez des petites galettes avec vos mains en prenant 1 bonne cuillerée de préparation au *tempeh* à chaque fois. Le mélange sera relativement collant.

**4** Chauffez assez d'huile pour recouvrir le fond d'une grande poêle. Faites frire les galettes 5 à 6 min en les retournant une fois jusqu'à ce qu'elles soient dorées. Égouttez sur du papier absorbant. Servez les galettes chaudes avec la sauce sucrée et garnies de la coriandre réservée.

**BIENFAITS POUR LA SANTÉ**

Bien que le *tempeh* ne contienne pas tout à fait autant de calcium, de fer et de vitamines du groupe B que le tofu, il est à bien des égards meilleur pour la santé. Il est préparé avec des graines de soja bio fermentées et la moisissure utilisée pour le processus de fermentation renforce le système immunitaire et détoxifie l'organisme.

# FALAFELS AUX GRAINES DE SÉSAME AVEC SAUCE AU YAOURT ET AU TAHINI

Ces galettes épicées aux haricots, enrobées de croustillantes graines de sésame, constituent un déjeuner ou un dîner léger. Servez-les avec une sauce au yaourt et au *tahini* et des pitas chaudes.

**Pour 4 personnes**

**INGRÉDIENTS**

250 g/9 oz/1 1/3 tasses de pois chiches secs
2 gousses d'ail écrasées
1 piment rouge épépiné et coupé en fines rondelles
5 ml/1 c. à thé de poudre de coriandre
5 ml/1 c. à thé de poudre de cumin
15 ml/1 c. à soupe de menthe fraîche hachée
15 ml/1 c. à soupe de persil frais haché
2 oignons de printemps finement hachés
1 gros œuf battu
graines de sésame, pour enrober
huile de tournesol, pour frire
sel et poivre du moulin

*Pour la sauce au yaourt et au tahini*
30 ml/2 c. à soupe de *tahini* léger
200 g/7 oz/7/8 tasse de yaourt nature
5 ml/1 c. à thé tasse de poivre de Cayenne, plus un peu pour saupoudrer
15 ml/1 c. à soupe de menthe fraîche hachée
1 oignon de printemps finement haché

**1** Mettez les pois chiches dans un bol, recouvrez d'eau froide et laissez tremper toute la nuit. Égouttez et rincez les pois chiches, puis mettez-les dans une casserole et couvrez-les d'eau froide. Portez à ébullition et faites bouillir 10 min à feu vif, puis baissez le feu et laissez mijoter 1 h 30 à 2 h, jusqu'à ce qu'ils soient tendres.

**2** Pendant ce temps, préparez la sauce. Mélangez le *tahini*, le yaourt, le poivre de Cayenne et la menthe dans une petite jatte. Saupoudrez d'oignon de printemps et du poivre de Cayenne restant. Gardez au réfrigérateur jusqu'au moment de servir.

**3** Mélangez les pois chiches, l'ail, le piment, les épices en poudre, les herbes, les oignons de printemps, le sel et le poivre, puis incorporez l'œuf en remuant. Passez au mixer jusqu'à ce que le mélange forme une pâte épaisse. Si la pâte semble trop molle, mettez-la 30 min au réfrigérateur.

**4** Avec la pâte aux pois chiches réfrigérée, façonnez à la main 12 petites galettes, puis roulez chacune d'entre elles dans les graines de sésame pour bien les enrober.

**5** Chauffez assez d'huile pour couvrir le fond d'une grande poêle. Faites frire les falefels 6 min, en plusieurs fois si nécessaire, en les retournant une fois.

BIENFAITS POUR LA SANTÉ

Les pois chiches sont une bonne source de fer, de manganèse, d'acide folique, de zinc et de vitamine E.

# TORTILLAS FOURRÉES AU TABOULÉ ET AU GUACAMOLE

Pour être réussi, le taboulé, très populaire au Moyen-Orient, doit comporter des oignons de printemps, du jus de citron et beaucoup d'herbes fraîches et de poivre frais moulu ; il sera servi à température ambiante. Ici, l'association originale avec le guacamole fonctionne parfaitement.

**Pour 4 à 6 personnes**

**INGRÉDIENTS**

4 tortillas de blé
175 g/6 oz/1 tasse de boulgour
30 ml/2 c. à soupe de menthe fraîche hachée
30 ml/2 c. à soupe de persil plat frais haché
1 bouquet d'oignons de printemps (6 environ) coupés en rondelles
½ concombre débité en dés
50 ml/2 fl oz/¼ tasse d'huile d'olive extra vierge
jus d'1 gros citron
sel et poivre du moulin
persil plat, pour garnir (facultatif)

*Pour le guacamole*

1 avocat mûr dénoyauté, pelé et coupé en dés
jus d'½ citron
½ piment rouge épépiné et émincé
1 gousse d'ail écrasée
½ poivron rouge épépiné et détaillé en petits morceaux

**1** Pour le taboulé, mettez le boulgour dans un grand plat allant au four et versez assez d'eau bouillante pour le recouvrir. Laissez gonfler 30 min jusqu'à ce que les grains soient tendres mais encore un peu fermes sous la dent. Égouttez bien dans une passoire puis reversez dans le plat.

**2** Ajoutez au boulgour la menthe, le persil, les oignons de printemps et le concombre, et remuez bien. Mélangez l'huile d'olive et le jus de citron et versez sur le taboulé. Salez et poivrez selon votre goût et tournez. Laissez 30 min au réfrigérateur pour permettre aux saveurs de se mélanger.

CONSEIL

Le temps de trempage du boulgour peut varier. Pour obtenir des résultats optimaux, suivez les instructions du paquet et goûtez les grains de temps en temps pour voir s'ils sont assez tendres.

**3** Pour le guacamole, mettez l'avocat dans une jatte avec le jus de citron, le piment et l'ail. Salez et poivrez selon votre goût et écrasez à la fourchette en une purée homogène. Incorporez le poivron rouge.

**4** Chauffez les tortillas à sec dans une poêle et servez-les à plat, repliées ou roulées, fourrées de taboulé et de guacamole. Garnissez éventuellement de persil.

BIENFAITS POUR LA SANTÉ

- Le boulgour fournit des fibres alimentaires et des vitamines du groupe B.
- Le persil et la menthe sont excellents pour la digestion.

# DAHL AUX TOMATES, AUX LENTILLES ET AUX ÉPICES

Richement aromatisé avec des épices, du lait de coco et des tomates, ce plat de lentilles constitue un dîner nourrissant. Il est excellent avec du *naan* chaud et du yaourt nature. Les lentilles orange lui donnent une couleur magnifique, mais vous pouvez aussi utiliser des pois cassés jaunes, qui sont légèrement plus gros.

**Pour 4 personnes**

**INGRÉDIENTS**

5 tomates pelées, épépinées et hachées
225 g/8 oz/1 tasse de lentilles orange
30 ml/2 c. à soupe d'huile végétale
1 gros oignon finement haché
3 gousses d'ail hachées
1 carotte détaillée en dés
10 ml/2 c. à thé de graines de cumin
10 ml/2 c. à thé de graines de moutarde jaune
1 morceau de 2,5 cm/1 in de racine de gingembre frais, râpé
10 ml/2 c. à thé de curcuma
5 ml/1 c. à thé de poudre de piment doux
5 ml/1 c. à thé de *garam masala*
400 ml/14 fl oz/1 2/3 tasses d'eau
400 ml/14 fl oz/1 2/3 tasses de lait de coco
jus de 2 citrons verts
60 ml/4 c. à soupe de coriandre fraîche hachée
sel et poivre du moulin
25 g/1 oz/1/4 tasse d'amandes effilées et grillées, pour servir

BIENFAITS POUR LA SANTÉ

• Les propriétés médicinales des épices sont connues depuis longtemps. Les épices soulagent notamment les flatulences (et sont donc utiles avec des plats de légumineuses) et préviennent le rhume et la grippe.

• Les lentilles sont riches en protéines et pauvres en graisses. Elles ont une teneur élevée en vitamines B, en zinc et en fer.

• Pour améliorer l'absorption du fer, vous devez, au cours du même repas, manger des aliments riches en vitamine C. Le citron vert en constitue une excellente source, mais un dessert de fruits frais aux pommes, aux kiwis et aux oranges convient également.

**1** Chauffez l'huile dans une casserole à fond épais. Faites fondre l'oignon pendant 5 min en remuant de temps à autre. Ajoutez l'ail, la carotte, les graines de cumin et de moutarde et le gingembre. Faites cuire 5 min en remuant jusqu'à ce que les graines commencent à éclater et que la carotte ramollisse légèrement.

**2** Incorporez les poudres de curcuma et de piment et le *garam masala*, et faites cuire 1 min afin que les différentes saveurs se mélangent, en remuant pour empêcher les épices de brûler.

**3** Ajoutez les lentilles, l'eau, le lait de coco et les tomates. Salez et poivrez bien. Portez à ébullition, puis baissez le feu et laissez mijoter en couvrant 45 min environ, en remuant de temps en temps pour empêcher les lentilles d'attacher.

**4** Incorporez les jus de citron et 45 ml/3 c. à soupe de coriandre fraîche, puis vérifiez l'assaisonnement. Faites cuire encore 15 min jusqu'à ce que les lentilles ramollissent. Pour servir, parsemez du reste de coriandre et des amandes effilées.

# Les plats principaux

Inspirez-vous de ces recettes pour offrir tout au long de l'année à vos proches une cuisine variée et délicieuse : régalez-vous de cassolettes de légumes, ragoûts, risottos et currys, ou encore de lasagnes, moussaka ou cannellonis.

# LÉGUMES ET TRIANGLES AU FROMAGE

Choisissez un assortiment de vos légumes préférés, en vous arrangeant pour que le poids total reste identique. Peut-être devrez-vous augmenter le temps de cuisson si vous utilisez des légumes plus fermes.

**Pour 6 personnes**

**INGRÉDIENTS**

30 ml/2 c. à soupe d'huile
2 gousses d'ail pressées
1 oignon grossièrement haché
5 ml/1 c. à thé de piment en poudre doux
450 g/1 lb de pommes de terre pelées et coupées en petits morceaux
450 g/1 lb de céleri-rave épluché et coupé en petits morceaux
350 g/12 oz/1 3/4 tasses de carottes coupées en morceaux
350 g/12 oz de poireaux triés et grossièrement hachés
225 g/8 oz/3 tasses de rosés des prés coupés en deux
20 ml/4 c. à thé de farine
600 ml/1 pinte/2 1/2 tasses de bouillon de légumes
400 g/14 oz de tomates concassées en conserve
15 ml/1 c. à soupe de concentré de tomates
30 ml/2 c. à soupe de thym frais haché
400 g/14 oz de haricots rouges en conserve, rincés et égouttés
sel et poivre du moulin
quelques brins de thym frais, pour garnir (facultatif)

*Pour les triangles au fromage*
115 g/4 oz/8 c. à soupe de beurre
225 g/8 oz/2 tasses de farine à gâteaux
115 g/4 oz/1 tasse de gruyère râpé
30 ml/2 c. à soupe de ciboulette fraîche ciselée
75 ml/5 c. à soupe de lait environ

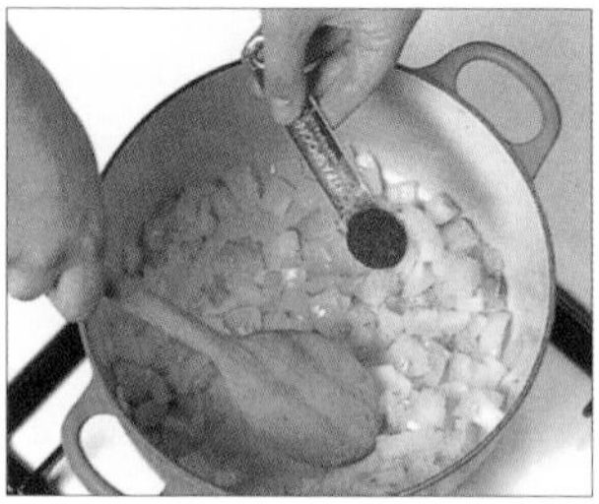

**1** Préchauffez le four à 180 °C/350 °F. Chauffez l'huile dans une grande cocotte allant au four et faites revenir l'ail et l'oignon 5 min, jusqu'à ce qu'ils commencent à dorer. Versez le piment en poudre et poursuivez la cuisson 1 min.

**2** Mettez les pommes de terre, le céleri-rave, les carottes, les poireaux et les champignons à sauter 3 à 4 min. Incorporez la farine et poursuivez la cuisson 1 min.

**3** Versez peu à peu le bouillon de légumes. Ajoutez les tomates concassées, le concentré de tomates et le thym. Salez et poivrez abondamment. Portez à ébullition en remuant sans cesse, puis couvrez et enfournez la cocotte 30 min.

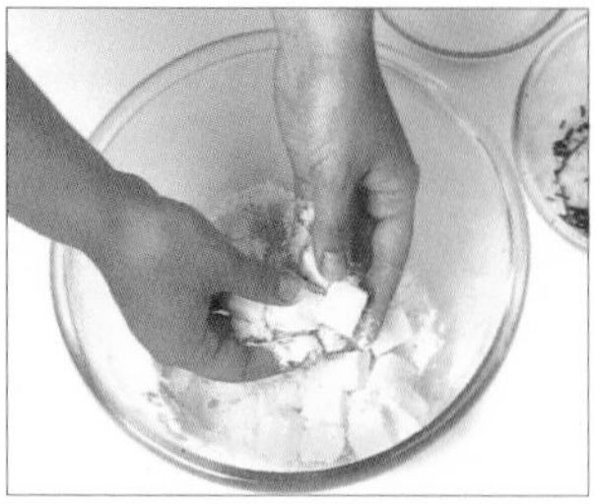

**4** Pendant ce temps, préparez les triangles au fromage. Travaillez le beurre et la farine du bout des doigts, puis ajoutez la moitié du fromage et la ciboulette. Salez, poivrez et ajoutez suffisamment de lait pour obtenir une pâte souple et homogène.

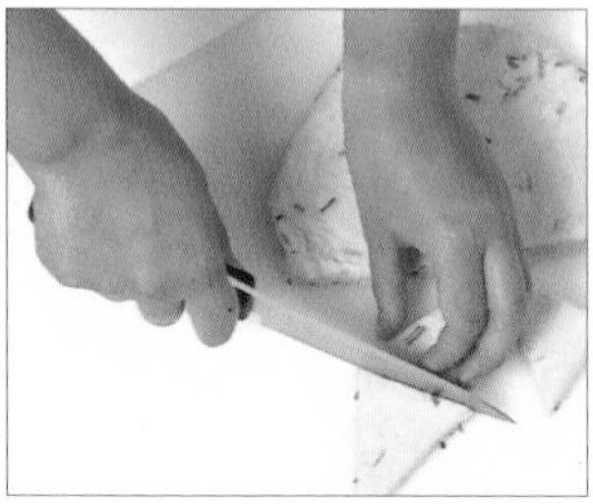

**5** Étalez cette pâte au rouleau sur 2,5 cm/1 in d'épaisseur. Découpez 12 triangles, puis badigeonnez-les de lait.

**6** Sortez la cocotte du four. Ajoutez les haricots et mélangez bien. Posez les triangles au fromage dessus et parsemez avec le reste de fromage râpé. Remettez la cocotte dans le four et poursuivez la cuisson à découvert pendant 20 à 25 min. Servez éventuellement garni de brins de thym frais.

# COURGE D'HIVER AU PARMESAN

La courge d'hiver est un curieux légume dont la chair se sépare à la cuisson en longs filaments. Une seule courge constitue un plat délicieux pour deux personnes.

**Pour 2 personnes**

**INGRÉDIENTS**

1 courge d'hiver moyenne
90 g/4 oz/½ tasse de beurre
3 c. à soupe de fines herbes hachées en mélange, telles que persil, ciboulette et origan
1 gousse d'ail écrasée
1 échalote hachée
1 c. à thé de jus de citron
40 g/1 ½ oz/½ tasse de parmesan fraîchement râpé
sel et poivre noir du moulin

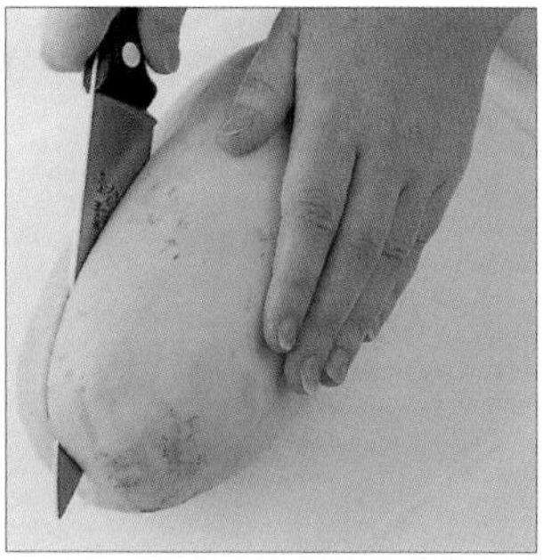

**1** Préchauffez le four à 180 °C/350 °F. Coupez la courge en deux dans la longueur. Posez-la, côté coupé vers le bas, dans un plat à four. Versez un peu d'eau froide dans le plat et faites cuire environ 40 min au four, jusqu'à ce qu'elle soit tendre.

**2** Mettez le beurre, les herbes, l'ail, l'échalote et le jus de citron dans le bol d'un mixer et actionnez pour obtenir un mélange onctueux. Assaisonnez à votre goût.

**3** Quand la courge est cuite, retirez les graines et coupez une mince tranche à la base de chaque moitié, pour qu'elle soit stable. Posez chaque moitié sur une assiette chaude.

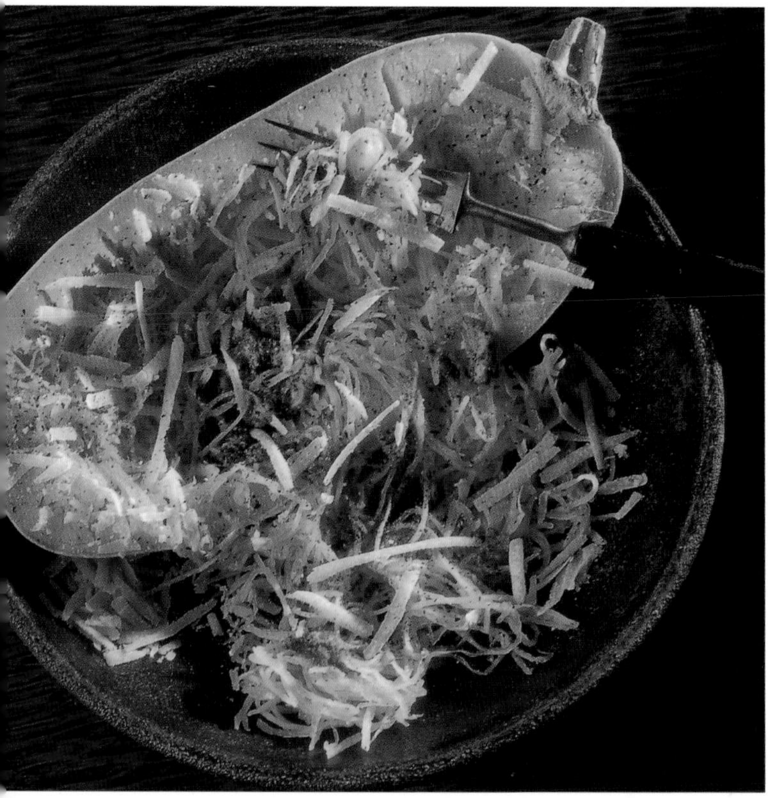

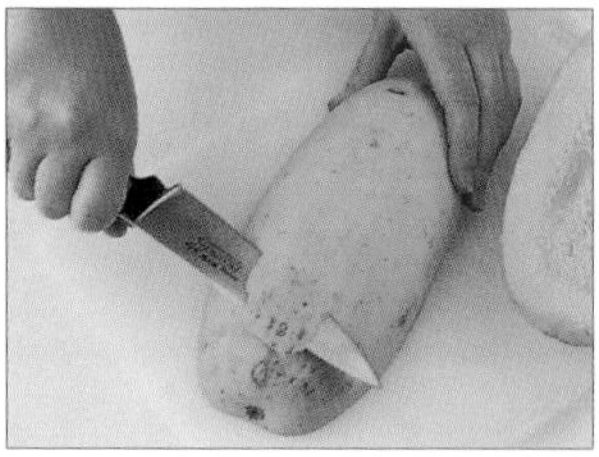

**4** Avec une fourchette, retirez quelques filaments du cœur de la courge. Versez un peu de beurre d'herbes et saupoudrez de parmesan râpé. Servez à part le reste du beurre d'herbes et de parmesan, chaque convive les ajoutant à mesure qu'il dégage les filaments.

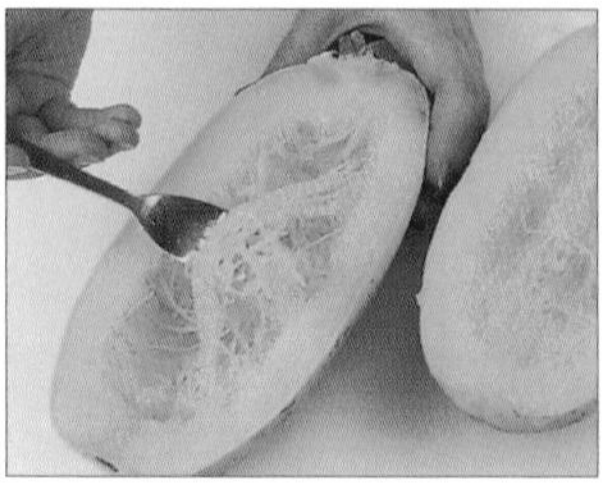

# HARICOTS AUX CHAMPIGNONS

Les champignons donnent à ce plat un délicieux parfum de noisette.

**Pour 4 personnes**

**INGRÉDIENTS**

30 ml/2 c. à soupe d'huile d'olive
50 g/2 oz/4 c. à soupe de beurre
2 échalotes hachées
2 ou 3 gousses d'ail écrasées
750 g/1 ½ lb/9 tasses de champignons mélangés, émincés en tranches épaisses
4 morceaux de tomates séchées à l'huile, égouttés et hachés
90 ml/6 c. à soupe de vin blanc sec
400 g/14 oz de haricots rouges en conserve (ou cocos blancs, ou rosés), égouttés
3 c. à soupe de parmesan fraîchement râpé
2 c. à soupe de persil frais haché
sel et poivre noir du moulin
pâtes pappardelle cuites *al dente*, en accompagnement

**1** Chauffez l'huile et le beurre dans une poêle et faites revenir les échalotes.

**2** Ajoutez l'ail et les champignons et laissez cuire 3 à 4 min. Incorporez les tomates et le vin, puis assaisonnez à votre goût.

**3** Versez les haricots et laissez mijoter 5 à 6 min, jusqu'à ce que le liquide soit presque évaporé et les haricots bien chauds.

**4** Saupoudrez le plat de parmesan râpé. Parsemez de persil et servez aussitôt avec les pappardelle.

# GRATIN DE POMMES DE TERRE À LA BETTERAVE

Ce plat économique est proche de certaines recettes polonaises traditionnelles d'automne.

**Pour 4 personnes**

**INGRÉDIENTS**

30 ml/2 c. à soupe d'huile végétale
1 oignon de taille moyenne haché
20 g/¾ oz/3 c. à soupe de farine
300 ml/½ pinte/1 ¼ tasses de bouillon de légumes
700 g/1 ½ lb de betterave rouge cuite, pelée et coupée en morceaux
75 ml/5 c. à soupe de crème fraîche liquide
30 ml/2 c. à soupe de sauce au raifort
5 ml/1 c. à thé de moutarde forte
15 ml/1 c. à soupe de vinaigre de vin
5 ml/1 c. à thé de graines de carvi
25 g/1 oz/2 c. à soupe de beurre
1 échalote hachée
225 g/8 oz/3 tasses d'un mélange de champignons des bois et de couche émincés
45 ml/3 c. à soupe de persil frais haché

*Pour la couronne de purée de pommes de terre*

1 kg/2 lb de pommes de terre farineuses pelées
150 ml/¼ pinte/⅔ tasse de lait
15 ml/1 c. à soupe d'aneth frais haché (facultatif)
sel et poivre du moulin

**1** Préchauffez le four à 190 °C/375 °F. Huilez légèrement un plat à four. Chauffez l'huile dans une grande casserole. Ajoutez l'oignon et faites-le revenir jusqu'à ce qu'il soit fondant sans dorer pour autant. Incorporez la farine, retirez la casserole du feu et versez le bouillon petit à petit tout en remuant jusqu'à ce que le tout soit bien mélangé.

**2** Remettez à cuire à petit feu en remuant pour que le fond épaississe. Ajoutez la betterave, la crème fraîche, la sauce au raifort, la moutarde, le vinaigre et les graines de carvi.

**3** Préparez la couronne de purée de pommes de terre : mettez les pommes de terre dans de l'eau salée, portez à ébullition et faites-les cuire 20 min. Égouttez-les bien, puis écrasez-les avec le lait. Ajoutez l'aneth si vous le souhaitez, salez et poivrez.

**4** Transférez la purée de pommes de terre dans le plat à gratin huilé en laissant un creux au milieu. Garnissez ce « nid » avec la préparation à base de betterave et réservez.

**5** Faites fondre le beurre dans une grande poêle et mettez à revenir l'échalote jusqu'à ce qu'elle soit fondante mais non dorée. Ajoutez les champignons et faites-les sauter à feu moyen jusqu'à ce qu'ils commencent à rendre leur eau. Augmentez le feu pour que ce liquide s'évapore. Une fois l'essentiel du jus évaporé, salez, poivrez et incorporez presque tout le persil haché.

**6** Répartissez les champignons sur les betteraves, couvrez avec du papier d'aluminium et enfournez pour une demi-heure environ. Servez immédiatement, garni du reste de persil haché.

### CONSEIL

Vous pouvez préparer ce plat à l'avance. Il vous suffira alors de le réchauffer au four avant de le servir. Prévoyez 50 min de cuisson au four si le plat est à température ambiante.

# GNOCCHIS DE POMMES DE TERRE

On peut préparer les gnocchis soit avec de la purée de pommes de terre et de la farine, comme ici, soit avec de la semoule. Ils doivent être de consistance très légère, aussi veillez à ne pas trop travailler la pâte en les confectionnant.

**Pour 4 à 6 personnes**

**INGRÉDIENTS**

- 1 kg/2¼ lb de pommes de terre non farineuses, des charlottes par exemple, grattées
- 15 ml/1 c. à soupe de sel
- 250 à 300 g/9 à 11 oz/2 à 2½ tasses de farine
- 1 œuf
- 1 pincée de noix de muscade râpée
- 25 g/1 oz/2 c. à soupe de beurre
- parmesan fraîchement râpé, pour servir

**1** Mettez les pommes de terre avec leur peau dans une grande casserole d'eau salée. Portez à ébullition et faites cuire les pommes de terre jusqu'à ce qu'elles soient tendres mais ne s'écrasent pas. Égouttez-les, puis pelez-les dès que vous pouvez les manipuler.

**2** Couvrez le plan de travail de farine. Écrasez les pommes de terre chaudes au presse-purée et faites les tomber directement sur la farine. Saupoudrez-les avec environ la moitié de la farine restante et incorporez-la très légèrement aux pommes de terre.

**3** Cassez l'œuf dans le mélange, puis ajoutez la muscade et pétrissez la pâte légèrement. Lorsque la pâte est souple au toucher et qu'elle n'est plus humide ni collante, elle est prête à être étalée. Ne travaillez pas trop la pâte, sinon les gnocchis seront lourds.

**4** Divisez la pâte en quatre. Avec chaque part de pâte, façonnez un boudin de 2 cm/¾ in de diamètre environ, sur un plan de travail légèrement fariné. Veillez à nouveau à ne pas trop manipuler la pâte. Coupez ensuite les boudins transversalement en morceaux de 2 cm/¾ in de long environ.

**5** Prenez une fourchette dans une main et un gnocchi dans l'autre. Pressez légèrement le gnocchi contre les dents de la fourchette, puis faites-le rouler vers la pointe des dents, de façon qu'un côté soit cannelé et que l'autre garde la marque de votre pouce en creux. Procédez de même pour tous les gnocchis.

**6** Portez une grande casserole d'eau salée à ébullition. Lorsqu'elle bout à gros bouillons, plongez-y la moitié des gnocchis.

**7** Les gnocchis sont cuits lorsqu'ils remontent à la surface, soit au bout de 3 à 4 min environ. Retirez-les de l'eau, égouttez-les bien puis mettez-les dans un plat préchauffé. Parsemez-les de noisettes de beurre. Gardez la première fournée au chaud pendant que vous faites cuire les autres gnocchis. Une fois tous les gnocchis cuits, mélangez-les avec le beurre ou une sauce que vous aurez fait chauffer, parsemez de parmesan râpé et servez.

### VARIANTES

Les gnocchis verts sont des gnocchis de pommes de terre auxquels on ajoute des épinards. Prenez 700 g/1½ lb d'épinards frais ou 400 g/14 oz d'épinards en branches surgelés, et mélangez-les aux pommes de terre au cours de l'étape 2. Vous pouvez accommoder les gnocchis avec pratiquement n'importe quelle sauce. Une sauce crémeuse au gorgonzola, ou bien un simple filet d'huile d'olive les mettront particulièrement en valeur. Vous pouvez également les servir dans un potage léger.

# CHOU ROUGE AUX POMMES

Ce plat coloré et un peu piquant est parfait en hiver. Servez-le accompagné de pain de seigle.

**Pour 6 personnes**

**INGRÉDIENTS**

700 g/1 ½ lb de chou rouge
3 oignons hachés
2 cœurs de fenouil grossièrement hachés
30 ml/2 c. à soupe de graines de carvi
3 grosses pommes de table acidulées ou bien 1 grosse pomme à cuire
300 ml/½ pinte/1 ¼ tasses de yaourt nature
15 ml/1 c. à soupe de sauce crémeuse au raifort
sel et poivre du moulin
pain de seigle croustillant, pour servir

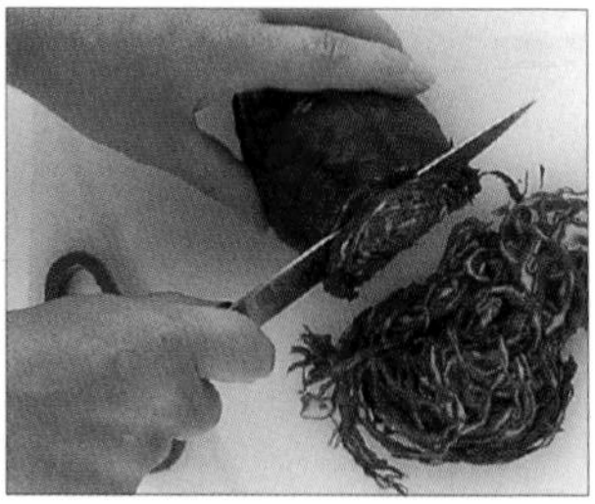

**1** Préchauffez le four à 150 °C/300 °F. Émincez finement le chou rouge et jetez les côtes dures. Mélangez-le aux oignons, au fenouil et aux graines de carvi dans une grande jatte. Pelez et évidez les pommes, coupez-les en morceaux et ajoutez-les aux légumes, puis transférez le tout dans une cocotte.

**2** Mélangez le yaourt et la sauce au raifort, puis versez cette sauce dans la cocotte. Salez, poivrez, mélangez bien et couvrez hermétiquement.

**3** Enfournez la cocotte et laissez cuire 1 h 30, en remuant une fois ou deux au cours de la cuisson. Servez bien chaud, accompagné de pain de seigle.

# CŒURS D'ARTICHAUTS AUX LÉGUMES VARIÉS

Un plat de légumes variés cuit au four est une manière simple et rapide de préparer en semaine un plat unique sain et savoureux.

**Pour 4 personnes**

**INGRÉDIENTS**

30 ml/2 c. à soupe d'huile d'olive
700 g/1 ½ lb de fèves surgelées
4 navets pelés et émincés
4 poireaux émincés
1 poivron rouge égrené et émincé
200 g/7 oz de feuilles d'épinards fraîches ou 125 g/4 oz d'épinards surgelés
800 g/1 lb 12 oz de cœurs d'artichauts en conserve égouttés
60 ml/4 c. à soupe de graines de potiron
sauce de soja
sel et poivre du moulin

**1** Préchauffez le four à 180 °C/350 °F. Versez l'huile d'olive dans une cocotte. Faites cuire les fèves pendant une dizaine de minutes dans une casserole d'eau bouillante légèrement salée. Égouttez les fèves et mettez-les dans la cocotte avec les navets, les poireaux, le poivron rouge, les épinards et les cœurs d'artichauts.

**2** Couvrez la cocotte et enfournez-la. Faites cuire les légumes pendant 30 à 40 min, jusqu'à ce que les navets soient fondants.

**3** Ajoutez les graines de potiron et assaisonnez avec de la sauce de soja selon votre goût. Salez, poivrez et servez aussitôt.

# GRATIN DE POMMES DE TERRE ET DE HARICOTS

**Pour 6 personnes**

**INGRÉDIENTS**

450 g/1 lb de pommes de terre en robe des champs
15 ml/1 c. à soupe d'huile d'olive
40 g/1 1/2 oz/3 c. à soupe de beurre
40 g/1 1/2 oz/1/3 tasse de farine complète
300 ml/1/2 pinte/1 1/4 tasses de *passata* (coulis de tomates)
150 ml/1/4 pinte/2/3 tasse de jus de pommes sans sucre ajouté
60 ml/4 c. à soupe de sucre blond
60 ml/4 c. à soupe de ketchup
60 ml/4 c. à soupe de porto sec
60 ml/4 c. à soupe de vinaigre de cidre
60 ml/4 c. à soupe de sauce de soja claire
400 g/14 oz de haricots blancs en conserve
400 g/14 oz de flageolets en conserve
400 g/14 oz de pois chiches en conserve
175 g/6 oz/1 tasse de haricots verts coupés en morceaux et blanchis
225 g/8 oz/1 tasse d'échalotes émincées et blanchies
225 g/8 oz/3 tasses de champignons émincés
15 ml/1 c. à soupe de thym frais haché
15 ml/1 c. à soupe de marjolaine fraîche hachée
sel et poivre du moulin
quelques brins d'aromates, pour garnir

**1** Préchauffez le four à 200 °C/400 °F. Coupez les pommes de terre en fines lamelles et faites-les blanchir pendant 4 min. Égouttez-les bien, mettez-les dans un saladier, arrosez-les d'huile d'olive et mélangez bien de façon à les enduire légèrement d'huile de toutes parts.

**2** Mettez le beurre, la farine, la *passata*, le jus de pommes, le sucre, le ketchup, le porto, le vinaigre et la sauce de soja dans une cocotte. Chauffez doucement en fouettant, jusqu'à ce que la sauce se mette à bouillir et qu'elle épaississe. Laissez-la ensuite cuire à petit feu pendant 3 min, sans cesser de remuer.

**3** Rincez et égouttez les haricots et les pois chiches. Ajoutez-les à la sauce avec les ingrédients restants, les brins d'aromates exceptés. Mélangez bien.

**4** Versez les haricots dans un plat à gratin.

**5** Recouvrez-les complètement des rondelles de pommes de terre, en faisant se chevaucher légèrement ces dernières.

**6** Couvrez avec du papier d'aluminium et faites cuire au four pendant 1 h environ, jusqu'à ce que les pommes de terre soient cuites et tendres. Retirez le papier d'aluminium 20 min avant la fin de la cuisson, pour que les pommes de terre gratinent et dorent légèrement. Servez garni d'herbes fraîches.

CONSEIL

Vous pouvez varier les proportions de haricots utilisées dans cette recette en fonction de ce dont vous disposez.

# HARICOTS NOIRS À LA JAMAÏCAINE

La mélasse confère une saveur sucrée à la sauce épicée, préparée avec un étonnant mélange de haricots noirs, de poivrons rouge et jaune et de potiron. Ce plat est délicieux servi avec du pain de maïs ou du riz nature.

**Pour 4 personnes**

**INGRÉDIENTS**

225 g/8 oz/1 1/4 tasses de haricots noirs secs
1 feuille de laurier
30 ml/2 c. à soupe d'huile végétale
1 gros oignon haché
1 gousse d'ail hachée
5 ml/1 c. à thé de poudre de moutarde anglaise
15 ml/1 c. à soupe de mélasse
30 ml/2 c. à soupe de sucre roux en poudre
5 ml/1 c. à thé de thym séché
2,5 ml/1/2 c. à thé de flocons de piment séchés
5 ml/1 c. à thé de bouillon de légumes concentré
1 poivron rouge épépiné et détaillé en dés
1 poivron jaune épépiné et détaillé en dés
700 g/1 1/2 lb/5 1/4 tasses de potiron épépiné et détaillé en dés de 1 cm/1/2 in
sel et poivre du moulin
branches de thym, pour garnir

**1** Faites tremper les haricots toute la nuit dans beaucoup d'eau, puis égouttez et rincez bien. Mettez dans une grande casserole, recouvrez d'eau fraîche et ajoutez la feuille de laurier. Portez à ébullition puis faites bouillir 10 min à feu vif. Baissez le feu, couvrez et laissez mijoter 30 min jusqu'à ce que les haricots soient tendres. Égouttez, en réservant l'eau de cuisson. Préchauffez le four à 180 °C/350 °F.

**2** Chauffez l'huile dans la casserole et faites revenir l'oignon et l'ail 5 min jusqu'à ce qu'ils fondent, en remuant de temps en temps. Ajoutez la poudre de moutarde, la mélasse, le sucre, le thym et les flocons de piment et faites cuire 1 min en remuant. Incorporez les haricots noirs et transférez le mélange dans une cocotte.

**3** Ajoutez assez d'eau au liquide de cuisson réservé pour obtenir 400 ml/14 fl oz/1 2/3 tasses puis incorporez le bouillon de légumes concentré et versez dans la cocotte. Faites cuire 25 min.

**4** Incorporez les poivrons, le potiron et mélangez bien. Couvrez, puis faites cuire 45 min jusqu'à ce que les légumes soient tendres. Garnissez de thym et servez.

BIENFAITS POUR LA SANTÉ

Sous-produit du sucre, la mélasse est bien meilleure pour la santé : c'est une excellente source de fer, de calcium, de zinc, de cuivre et de chrome, et elle aide à combattre l'acné, l'arthrite, l'angine, la constipation et l'anémie.

# TAGINE À L'AUBERGINE ET AUX POIS CHICHES

Parfumé avec de la coriandre, du cumin, de la cannelle, du curcuma et un peu de sauce au piment, ce plat marocain nourrissant est parfait pour le dîner.

**Pour 4 personnes**

**INGRÉDIENTS**

1 petite aubergine détaillée en dés de 1 cm/½ in
400 g/14 oz/3 tasses de pois chiches en conserve, rincés et égouttés
2 courgettes coupées en rondelles épaisses
60 ml/4 c. à soupe d'huile d'olive
1 gros oignon coupé en rondelles
2 gousses d'ail hachées
150 g/5 oz/2 tasses de girolles coupées en deux
15 ml/1 c. à soupe de poudre de coriandre
10 ml/2 c. à thé de graines de cumin
15 ml/1 c. à soupe de poudre de cannelle
10 ml/2 c. à thé de poudre de curcuma
225 g/8 oz de pommes de terre nouvelles coupées en quatre
600 ml/1 pinte/2½ tasses de sauce tomate liquide
15 ml/1 c. à soupe de purée de tomates
15 ml/1 c. à soupe de sauce au piment
75 g/3 oz/⅓ tasse d'abricots secs bio prêts à consommer
sel et poivre du moulin
15 ml/1 c. à soupe de coriandre fraîche hachée, pour garnir

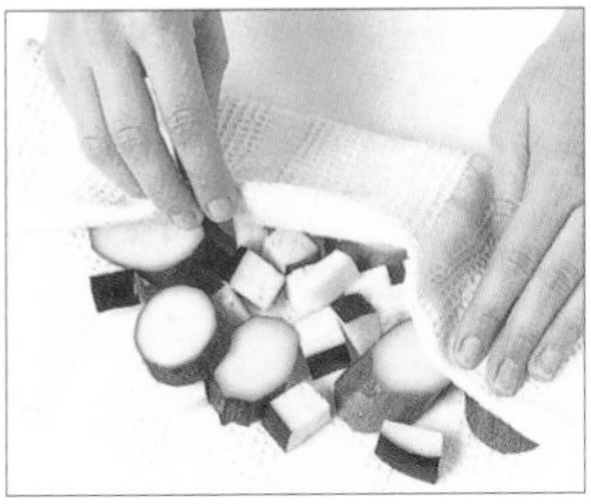

**1** Saupoudrez l'aubergine et les courgettes de sel et laissez dégorger 30 min. Rincez et essuyez avec un linge. Préchauffez le gril du four. Disposez les courgettes et l'aubergine sur une plaque et arrosez de 30 ml/2 c. à soupe d'huile d'olive. Faites griller 20 min en remuant de temps à autre.

**2** Pendant ce temps, chauffez le reste d'huile dans une grande poêle à fond épais et faites blondir l'oignon et l'ail 5 min, en remuant de temps en temps. Mettez les champignons à revenir 3 min, afin qu'ils soient tendres. Ajoutez les épices et faites cuire 1 min de plus en remuant pour permettre le mélange des différentes saveurs.

**3** Incorporez les pommes de terre et poursuivez la cuisson environ 3 min en remuant. Versez la sauce tomate, la purée de tomates et 150 ml/¼ pint/⅔ cup d'eau. Couvrez, puis laissez mijoter 10 min jusqu'à ce que la sauce commence à épaissir.

**4** Ajoutez l'aubergine, les courgettes, la sauce au piment, les abricots et les pois chiches. Salez et poivrez et faites cuire partiellement couvert 10 à 15 min jusqu'à ce que les pommes de terre soient tendres. Ajoutez un peu d'eau si le tagine devient trop sec. Parsemez de coriandre fraîche hachée et servez.

**BIENFAITS POUR LA SANTÉ**

Riches en fibres et pauvres en graisses, les pois chiches, comme les autres légumineuses, peuvent faire baisser le taux de cholestérol, réguler la glycémie et prévenir la constipation.

# KASHMIRI DE LÉGUMES

Pour ce délicieux curry végétarien, on fait mijoter un assortiment de légumes frais dans une sauce au yaourt épicée et très parfumée.

**Pour 4 personnes**

**INGRÉDIENTS**

10 ml/2 c. à thé de graines de cumin
8 grains de poivre noir
2 gousses de cardamome verte (les graines uniquement)
1 bâton de cannelle de 5 cm/2 in de long
2,5 ml/½ c. à thé de noix de muscade râpée
45 ml/3 c. à soupe d'huile
1 piment vert frais haché
1 morceau de gingembre frais de 2,5 cm/1 in de long, râpé
5 ml/1 c. à thé de piment en poudre
2,5 ml/½ c. à thé de sel
2 grosses pommes de terre coupées en morceaux de 2,5 cm/1 in
225 g/8 oz/2 tasses de chou-fleur en fleurettes
225 g/8 oz de gombos coupés en tranches épaisses
150 ml/¼ pinte/⅔ tasse de yaourt nature
150 ml/¼ pinte/⅔ tasse de bouillon de légumes
quelques amandes effilées grillées et quelques brins de coriandre fraîche, pour garnir

**1** Réduisez les graines de cumin, de poivre, de cardamome, ainsi que le bâton de cannelle et la muscade en une poudre fine à l'aide d'un mixer ou d'un pilon et d'un mortier.

**2** Dans une grande casserole avec l'huile, faites revenir le piment et le gingembre 2 min, en remuant.

**3** Ajoutez le piment en poudre, le sel et les épices pilées, et faites revenir pendant 2 à 3 min, en remuant constamment pour éviter que les épices attachent.

**4** Ajoutez les pommes de terre, couvrez et laissez-les cuire 10 min à feu doux, en remuant de temps en temps.

**5** Incorporez le chou-fleur et les gombos.

**6** Poursuivez la cuisson 5 min avant de verser le yaourt et le bouillon. Portez ensuite à ébullition, puis baissez le feu. Couvrez et laissez mijoter 20 min, jusqu'à ce que tous les légumes soient tendres. Garnissez avec des amandes effilées grillées et des brins de coriandre fraîche.

CONSEIL

Ce curry se marie bien avec la plupart des légumes. Vous pouvez choisir des légumes dont la couleur et la consistance sont contrastées.

# BIRYANI AUX NAVETS ET AUX NOIX DE CAJOU

Voici un plat rempli des saveurs de l'Inde et qui convient bien pour les froides soirées d'hiver.

**Pour 4 à 6 personnes**

**INGRÉDIENTS**

1 petite aubergine émincée
275 g/10 oz/1 1/2 tasses de riz basmati
3 navets
3 oignons
2 gousses d'ail
1 morceau de gingembre frais de 2,5 cm/1 in de long environ, pelé
60 ml/4 c. à soupe environ d'huile végétale
175 g/6 oz/1 tasse de noix de cajou non salées
40 g/1 1/2 oz/1/4 tasse de raisins secs
1 poivron rouge égrené et émincé
5 ml/1 c. à thé de cumin en poudre
5 ml/1 c. à thé de coriandre en poudre
2,5 ml/1/2 c. à thé de piment en poudre
120 ml/4 fl oz/1/2 tasse de yaourt nature
300 ml/1/2 pinte/1 1/4 tasses de bouillon de légumes
25 g/1 oz/2 c. à soupe de beurre
sel et poivre du moulin
2 œufs durs coupés en quatre et quelques brins de coriandre fraîche, pour garnir

**1** Saupoudrez les rondelles d'aubergine de sel et laissez-les dégorger 30 min. Rincez-les, essuyez-les et recoupez-les en petits morceaux.

**2** Faites tremper le riz dans un saladier d'eau froide 40 min. Pelez les navets, puis coupez-les en morceaux d'1 cm/1/2 in de côté. Mélangez l'ail, 1 oignon et le gingembre dans un mixer. Ajoutez 30 à 45 ml/2 à 3 c. à soupe d'eau et mixez à nouveau, de façon à obtenir une pâte.

**3** Émincez finement les oignons restants. Chauffez 45 ml/3 c. à soupe d'huile dans une grande cocotte et faites revenir les oignons à petit feu pendant 10 à 15 min, jusqu'à ce qu'ils soient fondants et bien dorés. Retirez-les et égouttez-les.

**4** Ajoutez 40 g/1 1/2 oz/1/4 tasse de noix de cajou dans la cocotte et faites-les sauter pendant 2 min, en veillant à ne pas les faire brûler. Mettez les raisins secs à rissoler jusqu'à ce qu'ils gonflent. Retirez-les et égouttez-les sur de l'essuie-tout.

**5** Incorporez les morceaux d'aubergine et de poivron et faites-les sauter pendant 4 à 5 min. Égouttez-les ensuite sur de l'essuie-tout. Mettez enfin à revenir les navets pendant 4 à 5 min, puis ajoutez le reste des noix de cajou et poursuivez la cuisson 1 min supplémentaire. Transférez les navets sur l'assiette contenant l'aubergine et réservez.

**6** Versez la dernière cuillerée à soupe d'huile dans la cocotte, puis ajoutez l'oignon, l'ail et le gingembre mixés. Faites revenir à feu moyen pendant 4 à 5 min tout en remuant jusqu'à ce que la pâte soit bien dorée. Incorporez le cumin, la coriandre et le piment en poudre, et poursuivez la cuisson 1 min en remuant constamment. Baissez ensuite le feu et ajoutez le yaourt.

**7** Portez lentement le mélange à ébullition, puis ajoutez le bouillon, les navets l'aubergine et le poivron. Salez, poivrez, puis couvrez et laissez mijoter pendant 30 à 40 min, jusqu'à ce que les navets, soient tendres, puis transférez le tout dans une cocotte allant au four.

**8** Préchauffez le four à 150 °C/300 °F. Égouttez le riz et mettez-le dans une casserole contenant 300 ml/1/2 pinte/1 1/4 tasses d'eau bouillante salée. Faites-le cuire à petit feu pendant 5 à 6 min, jusqu'à ce qu'il soit tendre.

**9** Égouttez le riz et versez-le sur les légumes. Faites une cheminée dans le riz en y plantant le manche d'une cuillère en bois. Ajoutez les oignons, les noix de cajou et les raisins secs que vous aviez fait sauter et réservés, puis parsemez le tout de quelques noisettes de beurre. Couvrez d'une double épaisseur de papier d'aluminium que vous maintenez en place avec le couvercle de la cocotte.

**10** Terminez la cuisson au four pendant 35 à 40 min. Servez le biryani dans un plat préchauffé, garni de quartiers d'œufs durs et de brins de coriandre fraîche.

# LASAGNES AUX CHAMPIGNONS SAUVAGES ET AU VIN BLANC

Ces lasagnes végétariennes, simples à préparer et vite faites, n'ont pas besoin de cuire au four et n'exigent pas non plus de sauce ni de farce compliquées. Elles n'en sont pas moins délicieuses.

**Pour 4 personnes**

**INGRÉDIENTS**

8 feuilles de lasagnes fraîches
40 g/1 1/2 oz/2/3 tasse de cèpes séchés
400 g/13 oz/5 tasses de champignons mélangés dont des girolles, des morilles, des *shiitaké* et autres variétés sauvages, grossièrement coupés en rondelles
175 ml/6 fl oz/3/4 tasse de vin blanc sec
50 ml/2 fl oz/1/4 tasse d'huile d'olive
1 grosse gousse d'ail hachée
90 ml/6 c. à soupe de tomates en conserve, grossièrement hachées
2,5 ml/1/2 c. à thé de sucre
40 g/1 1/2 oz/1/2 tasse de parmesan frais râpé
sel et poivre du moulin
feuilles de basilic frais, pour garnir

**1** Mettez les cèpes séchés dans une jatte et recouvrez-les d'eau bouillante. Laissez tremper 15 min, puis égouttez et rincez.

**2** Chauffez l'huile d'olive dans une grande poêle à fond épais et faites sauter les cèpes 5 min à feu vif, jusqu'à ce que les bords soient légèrement croquants. Baissez le feu, puis ajoutez l'ail et les champignons frais et faites revenir 5 min de plus jusqu'à ce qu'ils soient tendres, en remuant de temps en temps.

**3** Versez le vin et faites réduire 5 à 7 min. Incorporez les tomates, le sucre, le sel et le poivre et poursuivez la cuisson environ 5 min à feu moyen, jusqu'à ce que la préparation épaississe.

**4** Pendant ce temps, faites cuire les lasagnes *al dente* selon les instructions du paquet. Égouttez légèrement – la pâte doit rester humide.

**5** Faites chauffer 4 assiettes puis versez un peu de sauce dans chacune d'elles. Disposez 1 feuille de lasagne par-dessus et étalez 1/4 de la sauce aux champignons sur chaque portion. Parsemez d'un peu de parmesan et recouvrez d'1 autre feuille de pâte. Saupoudrez de poivre et à nouveau de parmesan, et garnissez avec des feuilles de basilic frais.

BIENFAITS POUR LA SANTÉ

Le *shiitaké*, champignon riche en zinc, fer et potassium, a la réputation d'aider à fluidifier le sang, réduisant ainsi les risques de maladies cardio-vasculaires.

# BEIGNETS DE COURGETTES PIMENTÉS

Épicée, sucrée et pâteuse, la confiture de piments ressemble un peu à du chutney épais. Elle ajoute ici du piquant à ces légers beignets de courgettes mais elle est également délicieuse avec des tourtes ou un morceau de fromage.

**Pour 12 beignets**

**INGRÉDIENTS**

500 g/1 lb/3 1/2 tasses de courgettes grossièrement râpées
50 g/2 oz/2/3 tasse de parmesan frais râpé
2 œufs battus
60 ml/4 c. à soupe de farine complète
huile végétale, pour frire
sel et poivre du moulin

*Pour la confiture de piments*

1 à 2 piments épépiné(s) et émincé(s)
75 ml/3 fl oz/4 c. à soupe d'huile d'olive
4 gros oignons débités en dés
4 gousses d'ail hachées
25 g/1 oz/2 c. à soupe de sucre roux en poudre

**1** Préparez d'abord la confiture de piments. Faites bien chauffer l'huile dans une poêle puis ajoutez les oignons et l'ail. Baissez le feu et faites cuire 20 min en remuant souvent, jusqu'à ce que les oignons aient fondu.

**2** Laissez refroidir le mélange d'oignons puis mettez-le dans un mixer. Ajoutez les piments et le sucre, et mixez jusqu'à obtention d'un mélange homogène, puis reversez le mélange dans la casserole. Faites cuire 10 min en remuant souvent jusqu'à ce que le liquide s'évapore et que le mélange ait la consistance d'une confiture. Laissez légèrement refroidir.

**3** Pour les beignets, pressez les courgettes dans un linge pour éliminer l'éventuel excédent d'eau, puis mélangez le parmesan, les œufs, la farine, le sel et le poivre.

**4** Chauffez assez d'huile pour couvrir le fond d'une grande poêle. Mettez 30 ml/2 c. à soupe du mélange pour chaque beignet et faites cuire 3 beignets à la fois. Faites dorer 2 à 3 min de chaque côté, puis tenez-les au chaud pendant que vous préparez les autres beignets. Égouttez sur du papier absorbant et servez chaud avec 1 cuillerée de confiture de piments.

CONSEIL

Placée au réfrigérateur dans un bocal hermétique, la confiture de piments se garde jusqu'à 1 semaine.

BIENFAITS POUR LA SANTÉ

- Le parmesan fournit des quantités appréciables de vitamine B12, de protéines et de calcium, mais étant riche en graisses saturées, il doit être consommé avec modération.
- Les courgettes contiennent de la vitamine C et du bêta-carotène.

# MOUSSAKA VÉGÉTARIENNE

Un plat unique très savoureux
à déguster avec du bon pain frais.

**Pour 6 personnes**

**INGRÉDIENTS**

450 g/1 lb d'aubergines coupées en rondelles
125 g/4 oz/½ tasse de lentilles vertes
600 ml/1 pinte/2½ tasses de bouillon de légumes
1 feuille de laurier
45 ml/3 c. à soupe d'huile d'olive
1 oignon émincé
1 gousse d'ail pressée
225 g/8 oz/3 tasses de champignons émincés
400 g/14 oz de pois chiches en conserve, rincés et égouttés
400 g/14 oz de tomates concassées en conserve
30 ml/2 c. à soupe de concentré de tomates
10 ml/2 c. à thé d'herbes de Provence séchées
300 ml/½ pinte/1¼ tasses de yaourt nature
3 œufs
50 g/2 oz de cantal vieux ou de salers, râpé
sel et poivre du moulin
quelques brins de persil plat frais, pour garnir

**1** Saupoudrez les rondelles d'aubergines de sel et mettez-les dans une passoire. Couvrez et posez un poids dessus. Laissez-les dégorger pendant au moins 30 min, pour éliminer l'amertume.

**2** Pendant ce temps, mettez les lentilles, le bouillon et la feuille de laurier dans une casserole, couvrez, portez à ébullition puis laissez cuire à petit feu 20 min, jusqu'à ce que les lentilles soient tendres mais ne s'écrasent pas. Égouttez-les bien et gardez-les au chaud.

**3** Chauffez 15 ml/1 c. à soupe d'huile dans une grande sauteuse. Faites revenir l'oignon et l'ail 5 min, en remuant. Ajoutez les lentilles, les champignons, les pois chiches, le concentré de tomates, les tomates concas-sées, les herbes de Provence et 45 ml/3 c. à soupe d'eau. Portez à ébullition, puis couvrez et poursuivez la cuisson à petit feu 10 min en remuant de temps en temps.

**4** Préchauffez le four à 180 °C/350 °F. Rincez les rondelles d'aubergine, égouttez-les et séchez-les. Chauffez le reste d'huile dans une poêle et faites frire les aubergines en plusieurs fois pendant 3 à 4 min, en les retournant une fois pour que les deux côtés soient bien dorés.

**5** Salez et poivrez la préparation à base de lentilles. Disposez une couche d'aubergines au fond d'un grand plat à gratin, puis nappez-la d'une couche de préparation aux lentilles. Alternez les couches ainsi jusqu'à épuisement des ingrédients.

**6** Battez le yaourt avec les œufs, le sel et le poivre, et versez le mélange sur les légumes. Parsemez généreusement de fromage râpé et faites cuire au four pendant 45 min environ, jusqu'à ce que le dessus soit bien doré et bouillonnant. Servez aussitôt, garni avec du persil plat.

VARIANTE

Vous pouvez remplacer les aubergines par des rondelles de courgettes ou de pommes de terre sautées.

# CANNELLONIS AUX BROCOLIS ET À LA RICOTTA

Une recette délicieuse qui impressionnera vos convives, mais qui est en fait assez simple et rapide à préparer.

**Pour 4 personnes**

**INGRÉDIENTS**

10 ml/2 c. à thé d'huile d'olive
12 cannellonis séchés à farcir de 7,5 cm/3 in de long
450 g/1 lb/4 tasses de fleurettes de brocolis
75 g/3 oz/1 1/2 tasses de miettes de pain frais
150 ml/1/4 pinte/2/3 tasse de lait
60 ml/4 c. à soupe d'huile, plus de quoi badigeonner les cannellonis
225 g/8 oz/1 tasse de ricotta
1 pincée de noix de muscade râpée
90 ml/6 c. à soupe de parmesan ou de *pecorino*, râpé
30 ml/2 c. à soupe de pignons
sel et poivre du moulin

*Pour la sauce tomate*

30 ml/2 c. à soupe d'huile d'olive
1 oignon finement haché
1 gousse d'ail pressée
800 g/1 lb 12 oz de tomates concassées en conserve
15 ml/1 c. à soupe de concentré de tomates
4 olives noires dénoyautées et hachées
5 ml/1 c. à thé de thym séché

**1** Préchauffez le four à 190 °C/375 °F. Graissez légèrement 4 petits plats à four avec de l'huile d'olive.

**2** Portez une grande casserole d'eau à ébullition, ajoutez un peu d'huile d'olive pour éviter que les pâtes collent, puis mettez à cuire les cannellonis, sans couvrir, pendant 6 à 7 min, jusqu'à ce qu'ils soient presque cuits.

**3** Dans le même temps, faites cuire les brocolis à la vapeur ou faites-les blanchir jusqu'à ce qu'ils soient tendres. Égouttez les pâtes, rincez-les à l'eau froide et réservez. Égouttez les brocolis, puis laissez-les refroidir. Mettez-les ensuite dans le bol d'un mixer et réduisez-les en purée. Réservez.

**4** Mettez les miettes de pain dans un saladier, puis versez le lait et l'huile et mélangez le tout. Ajoutez ensuite la ricotta, la purée de brocolis, la muscade et 60 ml/4 c. à soupe de parmesan ou de *pecorino* râpé. Salez poivrez, puis réservez.

**5** Préparez la sauce : chauffez l'huile dans une poêle et mettez à revenir l'ail et l'oignon pendant 5 à 6 min, jusqu'à ce qu'ils soient fondants. Ajoutez ensuite les tomates concassées, le concentré de tomates, les olives noires et le thym. Salez et poivrez. Portez à ébullition, laissez bouillir rapidement pendant 2 à 3 min, puis répartissez la sauce dans les 4 plats à four.

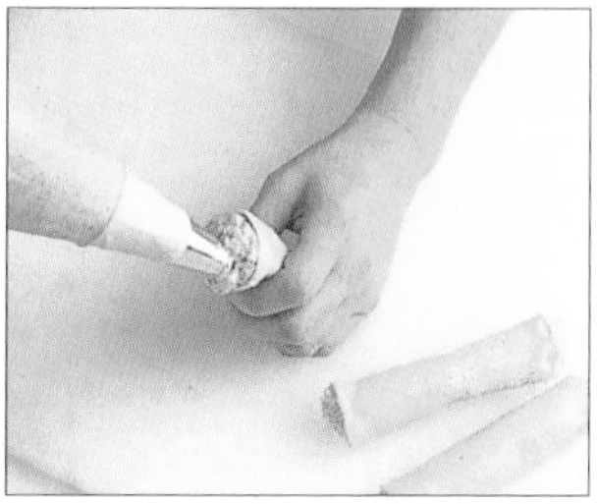

**6** Versez la farce au fromage et aux brocolis dans une poche équipée d'une douille simple d'1 cm/1/2 in de diamètre. Ouvrez délicatement les cannellonis. En les posant verticalement sur un plan de travail, remplissez-les de farce à l'aide de la poche à douille. Répartissez les cannellonis dans les 4 plats à four en les posant en biais sur le lit de sauce tomate.

**7** Badigeonnez les cannellonis d'un peu d'huile d'olive et parsemez-les de pignons. Terminez par le reste de parmesan ou de *pecorino* râpé, puis faites-les cuire au four 25 à 30 min, jusqu'à ce qu'ils soient bien dorés.

CONSEIL

Si vous ne trouvez pas de cannellonis à farcir, vous pouvez les remplacer par des lasagnes. Faites cuire des plaques de lasagnes *al dente*. Étalez ensuite la farce le long de l'un des petits côtés de chaque plaque de lasagne, puis enroulez-les autour de la farce.

# PÂTES COMPLÈTES AU CHOU

Parfumés au carvi, un chou blanc et des choux de Bruxelles bien croquants se marient parfaitement avec des pâtes.

**Pour 6 personnes**

**INGRÉDIENTS**

90 ml/6 c. à soupe d'huile d'olive ou de tournesol
3 oignons grossièrement hachés
350 g/12 oz de chou blanc grossièrement haché
350 g/12 oz de choux de Bruxelles triés et coupés en deux
10 ml/2 c. à thé de graines de carvi
15 ml/1 c. à soupe d'aneth frais haché
400 ml/14 fl oz/1⅔ tasses de bouillon de légumes
200 g/7 oz/1¾ tasses de torsades complètes, fraîches ou sèches
sel et poivre du moulin
quelques brins d'aneth frais, pour garnir

**1** Chauffez l'huile dans une grande casserole et faites revenir les oignons à feu doux 10 min, jusqu'à ce qu'ils soient fondants.

**2** Faites sauter le chou blanc et les choux de Bruxelles 2 à 3 min, puis ajoutez les graines de carvi et l'aneth. Versez le bouillon, salez et poivrez, puis couvrez et laissez mijoter les tout pendant 5 à 10 min, jusqu'à ce que les choux soient tendres mais encore croquants.

**3** Pendant ce temps, faites cuire les pâtes dans une casserole d'eau bouillante légèrement salée, en suivant les instructions de l'emballage.

**4** Égouttez les pâtes, versez-les dans un plat et ajoutez le chou. Mélangez délicatement le tout, rectifiez l'assaisonnement, garnissez d'aneth et servez aussitôt.

# CHOU-FLEUR ET BROCOLIS À LA SAUCE TOMATE

Voici une recette colorée et parfumée qui vous changera du traditionnel gratin de chou-fleur.

**Pour 6 personnes**

**INGRÉDIENTS**

1 oignon finement haché
400 g/14 oz de tomates concassées en conserve
45 ml/3 c. à soupe de concentré de tomates
20 g/¾ oz/3 c. à soupe de farine complète
300 ml/½ pinte/1¼ tasses de lait écrémé
300 ml/½ pinte/1¼ tasses d'eau
1 kg/2¼ lb/8 tasses de chou-fleur et de brocolis mélangés
sel et poivre du moulin

**1** Mélangez l'oignon, les tomates concassées et le concentré de tomates dans une petite casserole. Portez à ébullition, puis baissez le feu et laissez mijoter doucement pendant 15 à 20 min.

**2** Diluez la farine dans un peu de lait de façon à obtenir une pâte. Ajoutez cette pâte à la sauce tomate, puis versez petit à petit le reste de lait et l'eau.

**3** Remuez constamment la sauce jusqu'à ce qu'elle bout et qu'elle épaississe. Salez et poivrez. Maintenez la sauce au chaud.

**4** Faites cuire le chou-fleur et les brocolis à la vapeur pendant 5 à 7 min, jusqu'à ce que les fleurettes soient juste tendres. Disposez-les dans un plat, nappez de sauce tomate et servez saupoudré d'un peu plus de poivre, si vous le souhaitez.

# RAVIOLIS AUX ÉPINARDS ET À LA RICOTTA

Pour confectionner des raviolis, on peut imaginer toutes sortes de farces à base de légumes ou de fromage. En voici une particulièrement facile à préparer.

**Pour 4 personnes**

**INGRÉDIENTS**

400 g/14 oz d'épinards frais ou 175 g/6 oz d'épinards surgelés
175 g/6 oz/¾ tasse de ricotta
1 œuf
50 g/2 oz/⅔ tasse de parmesan râpé
1 pincée de noix de muscade râpée
sel et poivre du moulin

*Pour la pâte*

210 g/7½ oz/scant 2 tasses de farine
3 œufs

*Pour la sauce*

75 g/3 oz/6 c. à soupe de beurre
5 à 6 brins de sauge fraîche

**1** Lavez les épinards frais en changeant l'eau plusieurs fois. Mettez-les ensuite dans une casserole et faites-les cuire à couvert pendant 5 min environ, jusqu'à ce qu'ils soient tendres. Égouttez-les. Pour la cuisson des épinards surgelés, suivez les instructions de l'emballage. Lorsqu'ils sont froids, pressez-les épinards pour en exprimer le plus de liquide possible, puis hachez-les finement.

**2** Mélangez les épinards hachés avec la ricotta, l'œuf, le parmesan et la muscade. Salez, poivrez, puis couvrez et réservez.

**3** Préparez la pâte : versez la farine au centre du plan de travail en formant un puits. Cassez-les œufs à l'intérieur et ajoutez 1 pincée de sel.

**4** Commencez à battre les œufs à la fourchette, en incorporant peu à peu la farine des parois intérieures du puits. Lorsque la pâte épaissit, commencez à la mélanger avec les mains.

**5** Incorporez le plus de farine possible jusqu'à obtention d'une pâte encore grumeleuse. Si elle colle aux doigts, rajoutez un peu de farine. Réservez la pâte et raclez le plan de travail pour éliminer les restes de pâte.

**6** Farinez ensuite légèrement le plan de travail et pétrissez la pâte. Travaillez-la pendant une dizaine de minutes, jusqu'à ce qu'elle soit bien souple et homogène.

**7** Divisez la pâte en 2 parts égales. Farinez le rouleau à pâtisserie et le plan de travail. Aplatissez la pâte à la main en une sorte de galette, puis étalez-la au rouleau en un disque plat de 3 mm/⅛ in d'épaisseur environ. Procédez de même avec la seconde part de pâte. Découpez chaque pâte en bandes.

**8** Déposez de petites cuillerées de farce tous les 5 cm/2 in le long de chaque bande de pâte. Recouvrez le tout d'une deuxième bande de pâte, en appuyant délicatement pour chasser les éventuelles bulles d'air.

**9** À l'aide d'une roulette cannelée, découpez la pâte en petites poches carrées contenant chacune un peu de farce. Si les bords ne collent pas bien, mouillez-les avec un peu d'eau ou de lait et appuyez fermement.

**10** Mettez les raviolis sur le plan de travail légèrement fariné et laissez-les sécher au moins une demi-heure. Retournez-les de temps en temps pour qu'ils sèchent bien des deux côtés. Portez une grande casserole d'eau salée à ébullition.

**11** Chauffez le beurre avec les feuilles de sauge à feu très doux, en veillant à ce que le beurre fonde mais ne roussisse pas.

**12** Plongez les raviolis dans l'eau bouillante. Remuez délicatement pour qu'ils ne collent pas les uns aux autres. Ils cuisent en très peu de temps, 4 à 5 min. Égouttez-les ensuite délicatement et disposez-les sur les assiettes des convives. Versez un peu de beurre à la sauge dessus et servez immédiatement.

# PÂTES ET SAUCE BOLOGNAISE AUX CHAMPIGNONS

Voici une variante végétarienne très parfumée et vite faite de la sauce bolognaise classique.

**Pour 4 personnes**

**INGRÉDIENTS**

450 g/1 lb de champignons de Paris
15 ml/1 c. à soupe d'huile d'olive
1 oignon haché
1 gousse d'ail pressée
15 ml/1 c. à soupe de concentré de tomates
400 g/14 oz de tomates concassées en conserve
45 ml/3 c. à soupe d'origan frais haché
450 g/1 lb de pâtes fraîches
sel et poivre du moulin
parmesan, pour servir

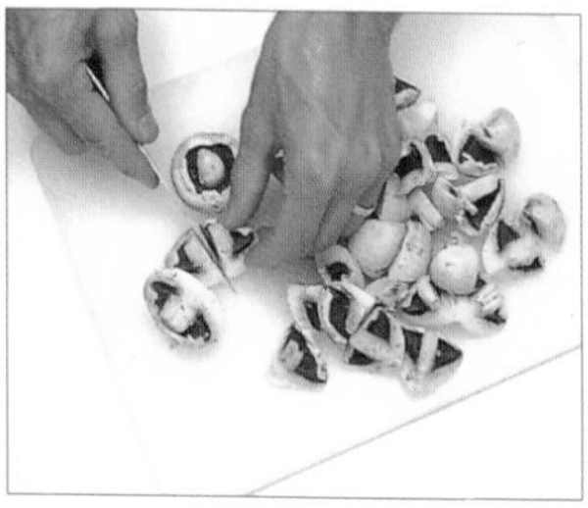

**1** Triez bien les champignons, puis coupez-les en quatre.

**2** Chauffez l'huile dans une grande casserole. Mettez l'oignon haché à revenir 2 à 3 min.

**3** Ajoutez les champignons et faites-les sauter à feu vif pendant 3 à 4 min, en remuant de temps en temps.

**4** Incorporez le concentré de tomates, les tomates concassées et 15 ml/1 c. à soupe d'origan. Baissez le feu, couvrez puis laissez mijoter pendant 5 min environ.

**5** Pendant ce temps, faites cuire les pâtes dans une grande casserole d'eau salée bouillante, 2 à 3 min, jusqu'à ce qu'elles soient *al dente*.

**6** Salez et poivrez la sauce bolognaise. Égouttez les pâtes, versez-les dans un plat et ajoutez la sauce. Mélangez bien, puis servez directement dans les assiettes, parsemé de copeaux de parmesan frais et du reste d'origan frais haché.

CONSEIL

Si vous préférez utiliser des pâtes sèches, il vous en faudra 350 g/12 oz. Commencez par les faire cuire. En effet, leur temps de cuisson est de 10 à 12 min, ce qui vous laisse le temps de préparer la sauce aux champignons.

# PÂTES AUX ÉPINARDS ET À LA RICOTTA

Ces grosses pâtes en forme de coquilles sont conçues pour être farcies de différentes façons. Nous vous proposons ici une délicieuse farce aux épinards et à la ricotta.

**Pour 4 personnes**

**INGRÉDIENTS**

350 g/12 oz de conchigliettes (pâtes en forme de coquilles)
450 ml/3/4 pinte/scant 2 tasses de *passata* ou de coulis de tomates
275 g/10 oz d'épinards hachés surgelés, décongelés
50 g/2 oz de pain de mie débarrassé de sa croûte et émietté
120 ml/4 fl oz/1/2 tasse de lait
60 ml/4 c. à soupe d'huile d'olive
250 g/9 oz/1 1/8 tasse de ricotta
1 pincée de noix de muscade râpée
1 gousse d'ail pressée
2,5 ml/1/2 c. à thé de tapenade (facultatif)
25 g/1 oz/1/3 tasse de parmesan fraîchement râpé
25 g/1 oz/2 c. à soupe de pignons
sel et poivre du moulin

**1** Préchauffez le four à 180 °C/350 °F. Portez une grande casserole d'eau salée à ébullition. Mettez les pâtes à cuire selon les instructions de l'emballage. Passez-les sous l'eau froide, égouttez-les et réservez-les.

**2** Versez la *passata* dans un chinois en nylon et recueillez-la dans un saladier. Mettez-les épinards dans un autre tamis et appuyez avec le dos d'une cuillère pour exprimer tout excédent de liquide.

**3** Mixez ensemble le pain, le lait et 45 ml/3 c. à soupe d'huile. Ajoutez ensuite les épinards et la ricotta, puis salez, poivrez et assaisonnez avec la muscade. Mixez brièvement pour bien mélanger le tout.

**4** Mélangez la *passata*, l'ail, le reste d'huile et éventuellement la tapenade. Étalez cette sauce en une couche régulière au fond d'un plat à four.

**5** Mettez la préparation aux épinards dans une poche équipée d'une grosse douille et garnissez-en les pâtes (si vous n'avez pas de poche à douille, vous pouvez garnir les conchigliettes à la cuillère). Disposez les pâtes farcies sur la sauce tomate.

**6** Réchauffez les pâtes en les passant au four pendant 15 min. Parsemez enfin de parmesan râpé et de pignons, et glissez le plat sous le gril pour faire gratiner le dessus.

**CONSEIL**

Faites cuire les pâtes dans une grande marmite et remuez de temps en temps pour éviter qu'elles ne collent entre elles.

# RISOTTO À LA MILANAISE

Ce risotto italien traditionnel est délicieusement parfumé avec l'ail, le parmesan et le persil frais.

**Pour 4 personnes**

**INGRÉDIENTS**

2 gousses d'ail pressées
60 ml/4 c. à soupe de persil frais haché
le zeste finement râpé d' 1 citron

*Pour le risotto*

5 ml/1 c. à thé de filaments de safran
25 g/1 oz/2 c. à soupe de beurre
1 gros oignon finement haché
275 g/10 oz/1 ½ tasses de riz arborio ou de riz complet
150 ml/¼ pinte/⅔ tasse de vin blanc sec
1 l/1¾ pintes/4 tasses de bouillon de légumes
sel et poivre du moulin
copeaux de parmesan, pour servir

**1** Mélangez l'ail, le persil et le zeste de citron dans un bol et réservez.

**2** Préparez le risotto : mettez le safran dans un bol avec 15 ml/1 c. à soupe d'eau bouillante et laissez infuser. Faites fondre le beurre dans une sauteuse à fond épais et faites revenir l'oignon à petit feu 5 min, jusqu'à ce qu'il soit fondant et doré.

**3** Ajoutez le riz et faites-le revenir pendant 2 min, jusqu'à ce qu'il soit translucide. Versez le vin et l'eau safranée, puis poursuivez la cuisson jusqu'à totale absorption du vin.

**4** Versez 600 ml/1 pinte/2½ tasses de bouillon et faites mijoter le tout à petit feu, en remuant fré-quemment, jusqu'à ce que le bouillon soit entièrement absorbé.

**5** Rajoutez du bouillon ainsi petit à petit, jusqu'à ce que le riz soit tendre (le riz sera peut-être tendre avant que vous ayez utilisé tout votre bouillon, aussi est-il préférable d'en verser peu à la fois en fin de cuisson).

**6** Salez et poivrez le risotto, puis transférez-le dans un plat. Garnissez-le abondamment de copeaux de parmesan, puis couronnez-le avec la préparation à base d'ail et de persil réservée à cet effet.

# CHILI VÉGÉTARIEN

**Pour 4 personnes**

**INGRÉDIENTS**

2 oignons hachés
1 gousse d'ail pressée
3 branches de céleri hachées
1 poivron vert égrené et coupé en dés
225 g/8 oz/3 tasses de champignons frais émincés
2 courgettes émincées
400 g/14 oz de haricots rouges en conserve, rincés et égouttés
400 g/14 oz de tomates concassées en conserve
150 ml/¼ pinte/⅔ tasse de *passata* (coulis de tomates)
30 ml/2 c. à soupe de concentré de tomates
15 ml/1 c. à soupe de ketchup
1 c. à thé de piment fort, de cumin et de coriandre en poudre
sel et poivre du moulin
quelques brins de coriandre fraîche, pour garnir
yaourt nature et piment de Cayenne, pour servir

**1** Mettez les oignons, l'ail, le céleri, le poivron vert, les champignons et les courgettes dans une grande casserole et mélangez.

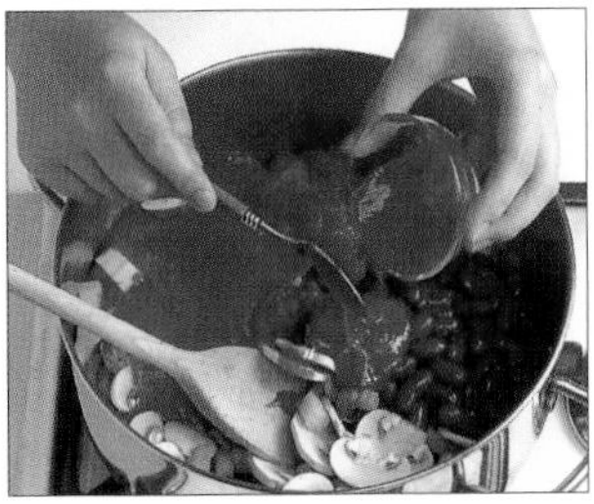

**2** Ajoutez les haricots rouges, les tomates, la *passata*, le concentré de tomates et le ketchup.

**3** Incorporez les épices, puis salez, poivrez et mélangez bien.

**4** Couvrez, portez à ébullition, puis laissez mijoter pendant 20 à 30 min en remuant de temps en temps, jusqu'à ce que les légumes soient tendres. Servez saupoudré de piment de Cayenne, garni de coriandre fraîche et accompagné de yaourt nature.

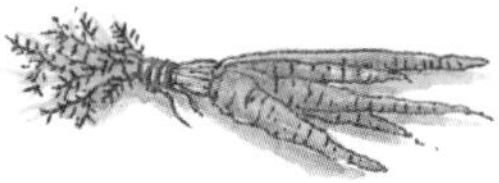

# RISOTTO AUX POIREAUX ET AUX CHAMPIGNONS

Un risotto très parfumé,
idéal pour un dîner entre amis.

**Pour 4 personnes**

**INGRÉDIENTS**

225 g/8 oz de poireaux
225 g/8 oz/3 1/8 tasses de champignons (des rosés des prés si possible)
30 ml/2 c. à soupe d'huile d'olive
3 gousses d'ail pressées
75 g/3 oz/6 c. à soupe de beurre
1 gros oignon grossièrement haché
350 g/12 oz/1 5/8 tasses de riz arborio ou de riz complet
1,2 l/2 pintes/5 tasses de bouillon de légumes très chaud
le zeste râpé et le jus d' 1 citron
50 g/2 oz/2/3 tasse de parmesan fraîchement râpé
60 ml/4 c. à soupe d'un mélange de ciboulette et de persil plat frais hachés
sel et poivre du moulin
quelques quartiers de citron et quelques brins de persil plat frais, pour garnir

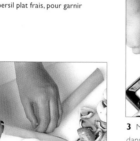

**1** Lavez bien les poireaux, puis coupez-les en deux dans le sens de la longueur et hachez-les grossièrement. Essuyez ensuite les champignons avec de l'essuie-tout et hachez-les grossièrement.

VARIANTE

Pour un goût plus acidulé, vous pouvez remplacer le citron jaune par un citron vert.

**2** Chauffez l'huile dans une grande casserole et faites revenir l'ail pendant une minute. Ajoutez les poireaux et les champignons, puis salez et poivrez abondamment et faites sauter le tout à feu moyen pendant une dizaine de minutes, jusqu'à ce que les légumes soient tendres et dorés. Retirez de la casserole et réservez.

**3** Mettez 25 g/1 oz/2 c. à soupe de beurre dans la casserole et faites revenir l'oignon à feu moyen pendant 5 min.

**4** Ajoutez le riz et faites-le revenir 1 min en remuant bien. Ajoutez 1 louche de bouillon et poursuivez la cuisson à feu doux, en remuant de temps en temps, jusqu'à ce que tout le liquide soit absorbé.

**5** Rajoutez du bouillon à chaque fois que la louche précédente a été entièrement absorbée. Cette opération doit durer en tout 20 à 25 min. Le risotto va épaissir et devenir crémeux, et le riz doit être tendre sans être collant pour autant.

**6** Juste avant de servir, ajoutez les poireaux, les champignons, le reste de beurre, le zeste de citron et 45 ml/3 c. à soupe de jus de citron, ainsi que la moitié du parmesan et des aromates. Vérifiez l'assai-sonnement et servez, parsemé du reste de parmesan et des aromates. Garnissez avec des quartiers de citron et quelques brins de persil plat.

# PILAU VÉGÉTARIEN

Un plat de riz aux légumes parfait pour un dîner léger et gourmand.

**Pour 4 à 6 personnes**

**INGRÉDIENTS**

225 g/8 oz/1 tasse de riz basmati
30 ml/2 c. à soupe d'huile
2,5 ml/½ c. à thé de graines de cumin
2 feuilles de laurier
4 gousses de cardamome verte
4 clous de girofle
1 oignon finement haché
1 carotte coupée en petits dés
50 g/2 oz/⅓ tasse de petits pois surgelés, décongelés
50 g/2 oz/⅓ tasse de maïs doux surgelé, décongelé
25 g/1 oz/¼ tasse de noix de cajou légèrement sautées
1,5 ml/¼ c. à thé pincée de cumin en poudre
sel

**1** Lavez plusieurs fois le riz basmati à l'eau froide, puis mettez-le dans un saladier et recouvrez-le d'eau. Laissez-le tremper ainsi une demi-heure environ.

**2** Chauffez l'huile dans une grande poêle et faites revenir les graines de cumin pendant 2 min. Ajoutez les feuilles de laurier, la cardamome et les clous de girofle, et faites sauter le tout 2 min de plus.

**3** Incorporez l'oignon et faites-le revenir pendant 5 min, jusqu'à ce qu'il soit fondant et légèrement doré.

**4** Ajoutez la carotte et faites-la sauter 3 à 4 min.

**5** Égouttez le riz et versez-le dans la poêle avec les petits pois, le maïs et les noix de cajou. Faites sauter le tout pendant 4 à 5 min.

**6** Versez enfin 475 ml/16 fl oz/2 tasses d'eau, le cumin en poudre et salez. Portez à ébullition, puis couvrez et laissez cuire à feu doux pendant 15 min, jusqu'à ce que toute l'eau ait été absorbée. Laissez reposer le pilau, couvert, pendant 10 min avant de le servir.

# RISOTTO AUX POIVRONS ROUGES

La consistance de ce délicieux risotto dépend du type de riz que vous choisirez. Avec du riz arborio, le risotto sera crémeux. Avec du riz complet, diminuez la quantité de liquide utilisée et le plat sera plus sec, avec un léger goût de noisette.

**Pour 6 personnes**

**INGRÉDIENTS**

3 gros poivrons rouges
30 ml/2 c. à soupe d'huile d'olive
3 grosses gousses d'ail finement émincées
600 g/1 lb 5 oz de tomates concassées en conserve
2 feuilles de laurier
1,2 à 1,5 l/2 à $2^{1}/_{2}$ pintes/5 à $6^{1}/_{4}$ tasses de bouillon de légumes
450 g/1 lb/$2^{1}/_{2}$ tasses de riz arborio ou de riz complet
6 feuilles de basilic frais ciselées
sel et poivre du moulin

**1** Préchauffez le gril. Disposez les poivrons dans une lèchefrite et faites-les griller jusqu'à ce que leur peau ait noirci et soit entièrement boursouflée. Mettez ensuite les poivrons dans un saladier, couvrez-les avec plusieurs épaisseurs de papier absorbant humide et laissez-les reposer pendant 10 min. Pelez les poivrons, émincez-les et jetez les graines et les queues.

**2** Chauffez l'huile dans une grande sauteuse. Mettez l'ail et les tomates à revenir à feu doux 5 min. Ajoutez les morceaux de poivrons et les feuilles de laurier. Remuez bien et faites mijoter le tout 15 min de plus, toujours à petit feu.

**3** Versez le bouillon dans une grande casserole à fond épais et portez-le à ébullition. Ajoutez le riz aux légumes, remuez et faites-le revenir ainsi pendant 2 min environ. Versez ensuite 2 à 3 louches de bouillon frémissant. Laissez mijoter le riz en remuant de temps en temps jusqu'à ce qu'il ait entièrement absorbé le bouillon.

**4** Continuez à ajouter du bouillon ainsi, en veillant à ce qu'il soit entièrement absorbé par le riz avant d'en rajouter. Lorsque le riz est tendre, salez et poivrez. Retirez la sauteuse du feu, couvrez et laissez reposer une dizaine de minutes avant d'ajouter le basilic et de servir.

# RISOTTO AUX CHAMPIGNONS

Les champignons des bois donnent à ce risotto une saveur boisée délicieuse.

**Pour 3 à 4 personnes**

**INGRÉDIENTS**

25 g/1 oz/⅓ tasse de champignons des bois séchés, des cèpes de préférence
175 g/6 oz/2¼ tasses de champignons de couche frais
le jus d' ½ citron
75 g/3 oz/6 c. à soupe de beurre
30 ml/2 c. à soupe de persil finement haché
900 ml/1½ pintes/3¾ tasses de bouillon de légumes
30 ml/2 c. à soupe d'huile d'olive
1 petit oignon finement haché
275 g/10 oz/1½ tasses de riz spécial risotto à grain moyen, de l'*arborio* par exemple
120 ml/4 fl oz/½ tasse de vin blanc sec
45 ml/3 c. à soupe de parmesan fraîchement râpé
sel et poivre du moulin
1 brin de persil plat, pour garnir

**1** Mettez les champignons séchés dans un bol contenant environ 350 ml/12 fl oz/1½ tasses d'eau tiède. Laissez-les tremper pendant au moins 40 min, puis rincez-les bien. Filtrez l'eau de trempage dans un chinois tapissé de papier absorbant et réservez-la.

**2** Essuyez les champignons frais avec un torchon humide et émincez-les finement. Mettez-les dans un saladier, arrosez-les de jus de citron et mélangez.

**3** Dans une grande sauteuse ou cocotte à fond épais, faites fondre ⅓ du beurre. Ajoutez les champignons frais et faites-les sauter à feu moyen jusqu'à ce qu'ils rendent leur jus et commencent à dorer. Incorporez le persil, poursuivez la cuisson 30 s de plus, puis transférez le tout dans un plat.

**4** Versez le bouillon dans une casserole. Ajoutez l'eau de trempage des champignons séchés et laissez frémir ce bouillon jusqu'au moment de l'utiliser.

**5** Chauffez le deuxième tiers du beurre avec l'huile d'olive dans la sauteuse ou la cocotte où vous aviez fait sauter les champignons frais. Ajoutez l'oignon et faites-le revenir jusqu'à ce qu'il soit fondant et doré. Incorporez le riz, et faites-le revenir en remuant constamment pendant 1 à 2 min pour que les grains soient bien enrobés de matière grasse. Incorporez les champignons séchés que vous avez fait tremper et les champignons frais sautés, et mélangez bien.

**6** Versez le vin dans la sauteuse, puis augmentez légèrement le feu et faites cuire à feu moyen jusqu'à ce qu'il s'évapore.

**7** Ajoutez 1 louche de bouillon frémissant. Poursuivez la cuisson du riz à feu moyen jusqu'à ce que tout le bouillon soit absorbé, en remuant le riz avec une cuillère en bois pour éviter qu'il ne colle à la cocotte. Versez encore un peu de bouillon, et remuez à nouveau jusqu'à sa complète absorption. Répétez l'opération plusieurs fois. Au bout d'une vingtaine de minutes, goûtez le riz. Salez et poivrez.

**8** Le temps de cuisson total du risotto se situe entre 20 et 35 min. Si vous avez épuisé tout votre bouillon, continuez avec de l'eau bouillante jusqu'à ce que le riz soit *al dente*, c'est-à-dire tendre, mais encore ferme.

**9** Retirez le risotto du feu. Ajoutez le reste de beurre et le parmesan et mélangez bien. Parsemez d'un peu de poivre du moulin et vérifiez que le plat est assez salé. Laissez reposer le risotto 3 à 4 min avant de le servir, garni d' 1 brin de persil plat.

# POIVRONS FARCIS À LA PROVENÇALE

Les poivrons farcis aux légumes font un excellent dîner léger.

**Pour 4 personnes**

**INGRÉDIENTS**

15 ml/1 c. à soupe d'huile d'olive
1 oignon rouge émincé
1 courgette coupée en dés
125 g/4 oz/1 3/4 tasses de champignons émincés
1 gousse d'ail pressée
400 g/14 oz de tomates concassées en conserve
15 ml/1 c. à soupe de concentré de tomates
40 g/1 1/2 oz/1/3 tasse de pignons
30 ml/2 c. à soupe de basilic frais haché
4 gros poivrons jaunes
50 g/2 oz/1/2 tasse de fromage râpé
sel et poivre du moulin
feuilles de basilic frais, pour garnir

**1** Préchauffez le four à 180 °C/350 °F. Chauffez l'huile dans une casserole, ajoutez l'oignon, la courgette, les champignons et l'ail et faites cuire le tout à petit feu 3 min, en remuant de temps en temps.

**2** Ajoutez les tomates concassées et le concentré de tomates, puis portez à ébullition et laissez frémir à découvert 10 à 15 min, en remuant de temps en temps, afin que la farce aux légumes épaississe un peu. Hors du feu, incorporez les pignons et le basilic. Salez et poivrez.

**3** Coupez les poivrons en deux dans le sens de la longueur et égrenez-les. Faites-les blanchir dans une casserole d'eau bouillante pendant 3 min environ.

**4** Mettez les poivrons dans un plat à gratin et garnissez-les avec la farce aux légumes.

**5** Recouvrez le plat de papier d'aluminium et faites cuire au four 20 min. Retirez le papier d'aluminium, saupoudrez chaque demi-poivron de fromage râpé et enfournez à nouveau. Poursuivez la cuisson 5 à 10 min, jusqu'à ce que le fromage soit fondu et qu'il bouillonne. Garnissez de basilic frais et servez.

VARIANTE

Vous pouvez utiliser cette garniture pour farcir d'autres légumes, des courgettes ou des aubergines par exemple.

# LENTILLES AUX LÉGUMES D'AUTOMNE

Profitez de la saison des légumes-racines pour préparer ce plat aussi diététique que savoureux.

**Pour 6 personnes**

**INGRÉDIENTS**

15 ml/1 c. à soupe d'huile de tournesol
2 poireaux émincés
1 gousse d'ail pressée
4 branches de céleri hachées
2 carottes émincées
2 navets coupés en dés
1 patate douce coupée en dés
225 g/8 oz de rutabagas coupés en dés
175 g/6 oz/3/4 tasse de lentilles blondes ou vertes
450 g/1 lb de tomates pelées, égrenées et hachées
15 ml/1 c. à soupe de thym frais haché
15 ml/1 c. à soupe de marjolaine fraîche hachée
900 ml/1 1/2 pintes/3 3/4 tasses de bouillon de légumes
15 ml/1 c. à soupe de Maïzena
sel et poivre du moulin
quelques brins de thym frais, pour garnir

**1** Préchauffez le four à 180 °C/350 °F. Chauffez l'huile à feu moyen dans une cocotte allant au four. Mettez les poireaux, l'ail et le céleri à revenir à petit feu pendant 3 min.

**2** Ajoutez les carottes, les navets, la patate douce, les rutabagas, les lentilles, les tomates, les aromates et le bouillon. Salez et poivrez, puis mélangez bien. Portez à ébullition, en remuant de temps en temps.

**3** Couvrez et faites cuire au four pendant 50 min environ, jusqu'à ce que les légumes et les lentilles soient cuits et bien tendres. Sortez la cocotte du four et mélangez bien les ingrédients une ou deux fois pendant la cuisson, pour que tous les légumes cuisent uniformément.

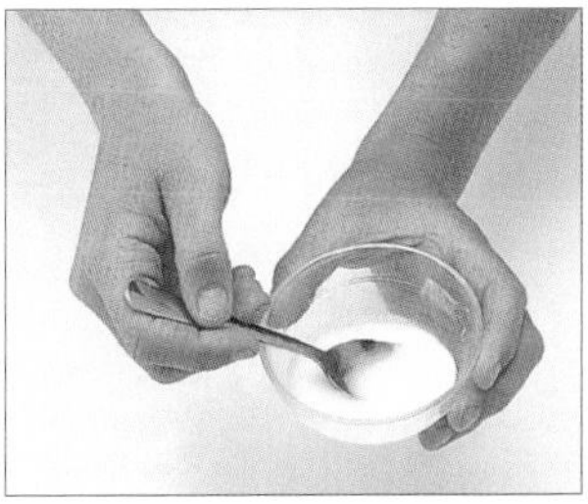

**4** Sortez la cocotte du four. Diluez la Maïzena dans 45 ml/3 c. à soupe d'eau. Ajoutez cette préparation dans la cocotte et chauffez en remuant constamment, jusqu'à ce que le mélange se mette à bouillir et qu'il épaississe. Laissez cuire encore 2 min à petit feu.

**5** Servez ce plat de lentilles et de légumes dans des bols ou des assiettes creuses, garni avec des brins de thym frais.

# LÉGUMES AU FOUR AVEC UNE SAUCE VERTE

Il existe d'infinies variantes de la *salsa verde*. Il s'agit ici d'une version simplifiée de cette sauce d'origine italienne, généralement préparée avec des herbes fraîches hachées, de l'ail, de l'huile d'olive, des anchois et des câpres. Elle est servie avec des légumes au four et un plat chypriote traditionnel à base de riz et de vermicelles.

**Pour 4 personnes**

**INGRÉDIENTS**

3 courgettes coupées dans le sens de la longueur
1 gros bulbe de fenouil coupé en quartiers
450 g/1 lb de potiron détaillé en morceaux de 2 cm/¾ in
12 échalotes
2 poivrons rouges épépinés et coupés en tranches épaisses dans le sens de la longueur
4 tomates roma coupées en deux et épépinées
45 ml/3 c. à soupe d'huile d'olive
2 gousses d'ail écrasées
5 ml/1 c. à thé de vinaigre balsamique
sel et poivre du moulin

*Pour la sauce verte*

45 ml/3 c. à soupe de menthe fraîche hachée
90 ml/6 c. à soupe de persil plat haché
15 ml/1 c. à soupe de moutarde de Dijon
jus d'½ citron
30 ml/2 c. à soupe d'huile d'olive

*Pour le riz*

225 g/8 oz/1 ⅛ tasse de riz à longs grains
15 ml/1 c. à soupe d'huile végétale ou d'huile d'olive
75 g/3 oz/¾ tasse de vermicelles cassés en petits morceaux
900 ml/1 ½ pintes/3¾ tasses de bouillon de légumes

CONSEIL

Cette sauce verte se garde une semaine au réfrigérateur dans un récipient hermétique.

**1** Préchauffez le four à 220 °C/425 °F. Pour la sauce verte, mettez tous les ingrédients sauf l'huile d'olive dans un mixer. Actionnez jusqu'à obtention d'une pâte épaisse, puis ajoutez de l'huile en filet pour parvenir à une purée homogène. Salez et poivrez selon votre goût.

**2** Pour les légumes au four, disposez les courgettes, le fenouil, le potiron, les échalotes, les poivrons et les tomates dans l'huile d'olive, l'ail et le vinaigre balsamique. Laissez macérer 10 min pour permettre aux saveurs de se mélanger.

**3** Disposez tous les légumes sauf le potiron et les tomates sur une plaque, badigeonnez avec la moitié du mélange d'huile et de vinaigre. Salez et poivrez.

**4** Faites cuire au four 25 min, puis sortez la plaque du four. Retournez les légumes et badigeonnez-les avec le reste du mélange d'huile et de vinaigre. Ajoutez le potiron et les tomates, et poursuivez la cuisson 20 à 25 min de plus, jusqu'à ce que les légumes soient tendres et légèrement noircis sur les bords.

**5** Pendant ce temps, préparez le riz. Faites chauffer l'huile dans une casserole à fond épais. Mettez les vermicelles à frire environ 3 min, afin qu'ils soient dorés et croquants. Salez et poivrez selon votre goût.

**6** Rincez le riz sous l'eau froide, égouttez-le bien, puis ajoutez-le aux vermicelles. Faites cuire 1 min en remuant pour bien enrober le tout d'huile.

**7** Ajoutez le bouillon de légumes, puis couvrez et faites cuire environ 12 min, jusqu'à ce que l'eau soit absorbée. Remuez le riz puis couvrez et laissez reposer 10 min. Servez le riz chaud avec les légumes cuits au four et la sauce verte.

BIENFAITS POUR LA SANTÉ

• Les légumes très colorés tels que les poivrons, les tomates et les courgettes sont très riches en vitamines C et E – qui sont des antioxydants –, et en bêta-carotène, qui réduit les risques de cancers.
• La menthe favorise la digestion et soulage les troubles intestinaux.

# SOUFFLÉ AUX ÉPINARDS ET AUX CHAMPIGNONS

Les champignons des bois se marient à merveille avec les œufs et les épinards dans ce soufflé. Si vous pouvez utiliser pratiquement n'importe quel assortiment de champignons, c'est avec les variétés les plus fermes que votre soufflé aura la meilleure consistance.

**Pour 4 personnes**

**INGRÉDIENTS**

225 g/8 oz d'epinards frais lavés, ou 125 g/4 oz d'épinards hachés surgelés
50 g/2 oz/4 c. à soupe de beurre, plus de quoi beurrer le moule
1 gousse d'ail pressée
175 g/6 oz/2 1/4 tasses de champignons des bois variés (cèpes, bolets, lactaires délicieux et chanterelles par exemple)
200 ml/7 fl oz/7/8 tasse de lait
20 g/3/4 oz/3 c. à soupe de farine
6 œufs, le blanc séparé du jaune
1 pincée de noix de muscade râpée
25 g/1 oz/1/3 tasse de parmesan râpé
sel et poivre du moulin

**1** Préchauffez le four à 190 °C/375 °F. Faites cuire les épinards à la vapeur à feu moyen pendant 3 à 4 min. Passez-les ensuite sous l'eau froide, puis égouttez-les. Exprimez le plus de liquide possible en appuyant avec le dos d'une grande cuillère, puis hachez-les finement. Si vous utilisez des épinards surgelés, décongelez-les et préparez-les en suivant les instructions de l'emballage. Éliminez le plus de jus possible de la même façon qu'avec des épinards frais.

**2** Faites fondre le beurre dans une casserole, puis mettez à revenir l'ail et les champignons à feu doux jusqu'à ce qu'ils soient fondants. Augmentez le feu pour que le jus s'évapore. Ajoutez les épinards, puis transférez le tout dans un saladier. Couvrez et maintenez au chaud.

**3** Versez 45 ml/3 c. à soupe de lait dans un saladier. Portez le reste de lait à ébullition. Incorporez la farine et les jaunes d'œufs dans le lait froid et mélangez bien. Versez ensuite le lait bouillant sur ce mélange œufs-farine, puis reversez le tout dans la casserole et poursuivez la cuisson à feu doux afin que le mélange épaississe. Ajoutez enfin les épinards. Salez, poivrez et assaisonnez avec la muscade.

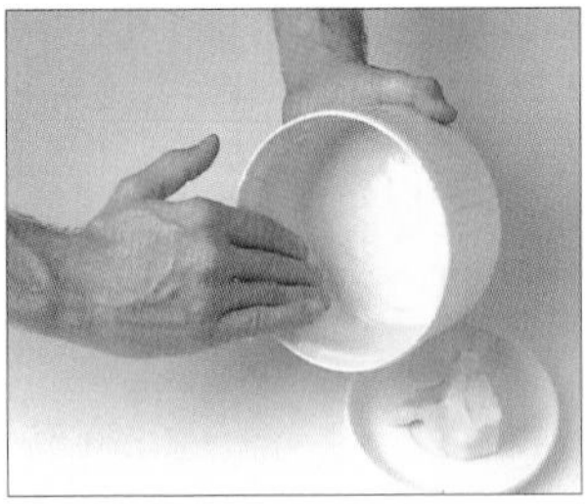

**4** Beurrez un moule à soufflé de 900 ml/1 1/2 pinte/3 3/4 tasses de contenance, en graissant bien les côtés. Parsemez d'un peu de parmesan râpé, puis réservez.

**5** Montez les blancs d'œufs en neige ferme. Portez à nouveau la préparation à base d'épinards à ébullition. Ajoutez-y 1 cuillerée de blancs en neige, puis incorporez délicatement le reste des blancs.

**6** Versez la préparation dans le moule à soufflé, parsemez avec le reste de parmesan râpé et enfournez pour 25 min environ, jusqu'à ce que le soufflé soit bien gonflé et bien doré. Servez aussitôt, avant que le soufflé n'ait eu le temps de dégonfler.

CONSEIL

Vous pouvez préparer la préparation de base du soufflé jusqu'à 12 h à l'avance. Il suffit ensuite de la réchauffer avant d'y incorporer les blancs d'œufs montés en neige.

# FRITTATA À L'OIGNON ROUGE ET À LA FETA

Cette omelette italienne aux légumes et au fromage est servie à plat. Coupez-la en parts et présentez-la avec du pain croustillant et une salade de tomates.

**Pour 2 à 4 personnes**

**INGRÉDIENTS**

6 œufs légèrement battus
1 oignon rouge coupé en rondelles
350 g/12 oz de pommes de terre nouvelles cuites, coupées en deux ou en quatre si elles sont grosses
125 g/4 oz/1 tasse de feta coupée en dés
25 ml/2 c. à soupe d'huile d'olive
sel et poivre du moulin

**1** Chauffez l'huile dans une grande poêle à fond épais. Mettez l'oignon à blondir 5 min en remuant de temps en temps.

**2** Ajoutez les pommes de terre et faites cuire 5 min de plus jusqu'à ce qu'elles soient dorées, tout en remuant pour les empêcher d'attacher. Étalez bien le mélange sur tout le fond de la poêle.

**3** Préchauffez le gril du four. Salez et poivrez les œufs battus puis versez le mélange sur les oignons et les pommes de terre. Parsemez le dessus de fromage et faites cuire 5 à 6 min à feu moyen, afin que les œufs prennent légèrement et que la base de la *frittata* soit à peine dorée.

**4** Mettez la poêle sous le gril préchauffé (protégez le manche d'une double couche de papier d'aluminium s'il n'est pas ignifugé) et faites cuire le dessus de l'omelette environ 3 min, jusqu'à ce qu'il prenne et soit légèrement doré. Servez la *frittata* chaude ou froide, coupée en parts.

BIENFAITS POUR LA SANTÉ

Les œufs sont une importante source de vitamine B12, qui est essentielle pour le système nerveux et le développement des globules rouges. Ils contiennent aussi d'autres vitamines du groupe B, du zinc, du sélénium et une quantité appréciable de fer. Il est recommandé de manger des aliments riches en vitamine C en même temps, de façon à faciliter l'absorption du fer. Ne consommez cependant pas trop d'œufs – pas plus de 4 par semaine.

# GÂTEAU DE POLENTA

Ce gâteau de polenta aux tomates, aux épinards et aux haricots constitue un plat savoureux et nourrissant pour le dîner.

**Pour 6 personnes**

**INGRÉDIENTS**

375 g/13 oz/3 tasses de polenta fine
5 ml/1 c. à thé de sel
huile d'olive, pour graisser et badigeonner
25 g/1 oz/1/3 tasse de parmesan fraîchement râpé
sel et poivre du moulin

*Pour la sauce tomate*

400 g/14 oz/3 tasses de tomates hachées
15 ml/1 c. à soupe d'huile d'olive
2 gousses d'ail hachées
15 ml/1 c. à soupe de sauge fraîche hachée
2,5 ml/1/2 c. à thé de sucre roux en poudre
200 g/7 oz/1 1/2 tasses de *cannellini* en conserve, rincés et égouttés

*Pour la sauce aux épinards*

250 g/9 oz d'épinards équeutés
150 ml/1/4 pinte/2/3 tasse de crème fleurette
125 g/4 oz/1 tasse de gorgonzola détaillé en dés
1 grosse pincée de poudre de noix de muscade

**1** Pour préparer la polenta, portez 2 l/3½ pintes/8 tasses d'eau à ébullition dans une grande casserole à fond épais et salez. Retirez la casserole du feu. Incorporez peu à peu la polenta en fouettant continuellement.

**2** Remettez la casserole sur le feu et remuez constamment 15 à 20 min, jusqu'à ce que la polenta épaississe et se détache des côtés de la casserole. Retirez la casserole du feu.

**3** Poivrez bien puis mettez la polenta sur une surface de travail humide ou sur du marbre. Avec une spatule passée sous l'eau, étalez-la sur une épaisseur de 1 cm/½ in. Laissez-la refroidir environ 1 h.

**4** Préchauffez le four à 190 °C/375 °F. Pour la sauce tomate, chauffes l'huile dans une casserole et faites revenir l'ail 1 min. Mettez les tomates et la sauge et portez à ébullition. Baissez le feu, ajoutez le sucre, le sel et le poivre et laissez mijoter 10 min en remuant de temps en temps, jusqu'à ce que le tout réduise. Incorporez les haricots et poursuivez la cuisson 2 min de plus.

**5** Pendant ce temps, lavez soigneusement les épinards et mettez-les dans une grande casserole sans les égoutter. Couvrez hermétiquement et faites cuire environ 3 min à feu moyen en remuant de temps en temps, jusqu'à ce que les épinards soient tendres. Transférez les épinards dans une passoire, égouttez, puis pressez avec le dos d'une cuillère en bois pour en éliminer un maximum d'eau.

**6** Faites chauffer la crème, le fromage et la noix de muscade dans une petite casserole à fond épais. Portez à ébullition puis baissez le feu. Incorporez les épinards, le sel et le poivre, et laissez épaissir à feu doux, en tournant fréquemment.

**7** Coupez la polenta en triangles, puis déposez une couche de polenta dans un plat à four profond, préalablement huilé. Versez la sauce tomate puis ajoutez une autre couche de polenta dessus. Recouvrez de sauce aux épinards et disposez les triangles de polenta restants. Badigeonnez d'huile d'olive, saupoudrez de parmesan et faites cuire au four 35 à 40 min. Chauffez le gril et faites gratiner le gâteau. Servez chaud.

# Les plats de fête

Pour vos menus de fête, pensez à de délicieux feuilletés, soufflés et terrines, ou currys et raviolis aux herbes qui feront grande impression sur vos invités.

# ROULÉ AUX PATATES DOUCES

La patate douce est l'ingrédient de base parfait pour ce roulé. Servez-le coupé en tranches fines et vos invités se régaleront.

**Pour 6 personnes**

**INGRÉDIENTS**

225 g/8 oz/1 tasse de fromage blanc allégé
75 ml/5 c. à soupe de yaourt nature
6 à 8 oignons nouveaux finement hachés
30 ml/2 c. à soupe de noix du Brésil grillées, hachées
450 g/1 lb de patates douces pelées et coupées en dés
12 grains de poivre de la Jamaïque pilés
4 œufs, le blanc séparé du jaune
50 g/2 oz/½ tasse d'édam finement râpé
15 ml/1 c. à soupe de graines de sésame
sel et poivre noir du moulin
salade verte, pour servir

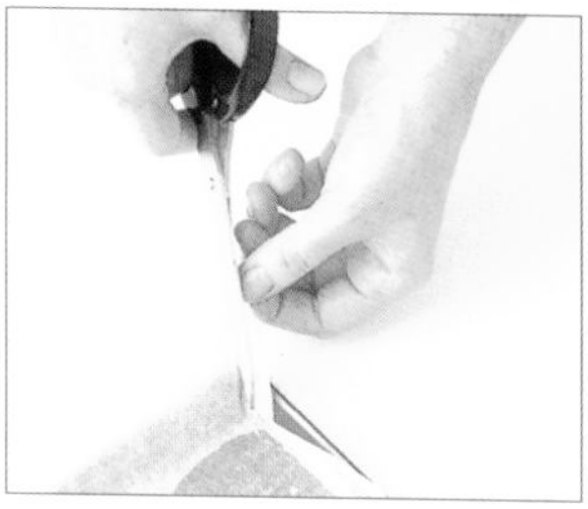

**1** Préchauffez le four à 200 °C/400 °F. Beurrez un moule à gâteau roulé (ou une lèchefrite) de 33 × 25 cm/13 × 10 in et tapissez-le de papier sulfurisé antiadhésif, en le recoupant dans les angles pour qu'il s'encastre bien. Cuisez les patates douces à la vapeur ou à l'eau bouillante jusqu'à ce qu'elles soient tendres.

**2** Dans un bol, mélangez le fromage blanc, le yaourt, les oignons nouveaux et les noix. Réservez.

**3** Égouttez bien les patates douces. Mettez-les dans le bol d'un mixer avec les grains de poivre pilés et mixez jusqu'à obtention d'une purée homogène. Versez dans un saladier, puis incorporez les jaunes d'œufs et l'édam. Salez, poivrez et remuez bien.

**4** Montez les blancs d'œufs en neige ferme sans qu'ils se dessèchent. Versez 1/3 des blancs dans la purée de patates douces pour l'alléger, puis incorporez délicatement le reste.

**5** Versez cette préparation dans le moule et lissez délicatement le dessus avec une palette. Enfournez pour 10 à 15 min.

**6** Pendant ce temps, étalez une grande feuille de papier sulfurisé sur un torchon et parsemez-la de graines de sésame. Démoulez la préparation à base de patates douces sur le papier, recoupez les bords et roulez-la. Laissez refroidir avant de la dérouler délicatement. Tartinez-la de fromage blanc aux oignons et aux noix et enroulez de nouveau. Coupez le roulé en tranches fines et servez avec de la salade verte.

**CONSEIL**

Choisissez des patates douces à chair orangée pour obtenir un plus bel effet de couleur.

# SOUFFLÉ AU FROMAGE DE CHÈVRE

Sortez le soufflé du four au moment précis de le servir, parce qu'il va dégonfler presque immédiatement. Vous pouvez aussi utiliser pour cette recette un fromage à pâte persillée, du roquefort par exemple.

**Pour 4 à 6 personnes**

**INGRÉDIENTS**

40 g/1 1/2 oz/3 c. à soupe de beurre
25 g/1 oz/1/4 tasse de farine
175 ml/6 fl oz/3/4 tasse de lait
1 feuille de laurier
muscade fraîchement râpée
parmesan râpé
40 g/1 1/2 oz de fromage frais à l'ail et aux fines herbes
150 g/5 oz/1 1/4 tasses de fromage de chèvre ferme coupé en dés
6 blancs d'œufs à température ambiante
sel et poivre noir du moulin

**1** Commencez par préparer un roux : faites fondre 25 g/1 oz/2 c. à soupe de beurre à feu moyen dans une casserole à fond épais. Ajoutez la farine et poursuivez la cuisson en remuant de temps en temps, jusqu'à ce que le mélange soit doré.

**2** Mouillez avec la moitié du lait, en tournant vigoureusement afin que le mélange soit homogène. Incorporez le reste de lait, puis la feuille de laurier. Ajoutez 1 pincée de sel et beaucoup de poivre et de muscade. Diminuez le feu, puis couvrez et poursuivez la cuisson à feu doux 5 min environ, en remuant de temps en temps.

**3** Préchauffez le four à 190 °C/375 °F. Beurrez généreusement un moule à soufflé de 1,5 l/2 1/2 pintes/6 1/4 tasses de contenance et tapissez-le de parmesan râpé.

**4** Retirez la sauce du feu et jetez la feuille de laurier. Incorporez les deux types de fromage.

**5** Montez ensuite les blancs en neige ferme dans un saladier avec un batteur électrique ou un fouet. Incorporez 1 cuillerée de blancs en neige dans la préparation au fromage pour l'aérer.

**6** Incorporez délicatement le reste des blancs dans la préparation au fromage, à l'aide d'une grande cuillère métallique, sans trop les mélanger.

**7** Versez la préparation dans le plat et enfournez-le 25 à 30 min, jusqu'à ce que le soufflé soit gonflé et bien doré. Servez immédiatement.

# ROULÉ AU BLEU ET AU CÉLERI-RAVE

La « crème » de céleri-rave ajoute une note subtile et délicate à la saveur de ce plat.

**Pour 6 personnes**

**INGRÉDIENTS**

15 g/½ oz/1 c. à soupe de beurre
225 g/8 oz d'épinards cuits égouttés et hachés
150 ml/¼ pinte/⅔ tasse de crème fraîche liquide
4 gros œufs, le blanc séparé du jaune
15 g/½ oz/½ tasse de parmesan râpé
1 pincée de muscade
sel et poivre du moulin

*Pour la « crème » de céleri-rave*

225 g/8 oz de céleri-rave
jus de citron
75 g/3 oz de saint-agur
125 g/4 oz/½ tasse de fromage frais

**1** Préchauffez le four à 200 °C/400 °F. Tapissez un moule à gâteau roulé (ou une lèchefrite) de 33 x 23 cm/13 x 9 in de papier cuisson antiadhésif.

**2** Faites fondre le beurre dans une casserole et mettez les épinards à cuire jusqu'à ce que tout le liquide se soit évaporé. Retirez du feu, puis incorporez la crème fraîche, les jaunes d'œufs, le parmesan et la muscade.

**3** Montez les blancs d'œufs en neige ferme, puis incorporez-les délicatement dans les épinards et versez le tout dans le moule. Étalez la préparation en une couche régulière et lissez le dessus avec une palette.

**4** Faites cuire au four 10 à 15 min, jusqu'à ce que la préparation soit ferme au toucher. Démoulez-la sur une feuille de papier sulfurisé et retirez le papier de cuisson. Enroulez l'omelette en laissant le papier sulfurisé à l'intérieur et laissez-la refroidir légèrement.

**5** Préparez la « crème » de céleri-rave : pelez le céleri et râpez-le. Mettez-le dans un saladier, puis arrosez-le de jus de citron selon votre goût. Mélangez le saint-agur et le fromage frais, puis incorporez le tout au céleri-rave. Poivrez légèrement.

**6** Déroulez l'omelette, tartinez-la de « crème » de céleri-rave, puis enroulez-la à nouveau, cette fois en retirant le papier sulfurisé. Servez le roulé immédiatement, ou bien enveloppez-le sans trop le serrer et conservez-le au réfrigérateur.

# PURÉE DE LENTILLES AUX ŒUFS

Ce plat original fait un excellent dîner. Pour un goût plus fruité, ajoutez 400 g/14 oz de crème de marrons non sucrée à la purée de lentilles.

**Pour 4 personnes**

**INGRÉDIENTS**

450 g/1 lb/2 tasses de lentilles brunes lavées
3 poireaux finement émincés
10 ml/2 c. à thé de graines de coriandre pilées
15 ml/1 c. à soupe de coriandre fraîche hachée
30 ml/2 c. à soupe de menthe fraîche hachée
15 ml/1 c. à soupe de vinaigre de vin rouge
1 l/1 3/4 pintes/4 tasses de bouillon de légumes
4 œufs
sel et poivre du moulin
1 bonne poignée de persil frais haché, pour garnir

**1** Mettez les lentilles dans une casserole. Ajoutez les poireaux, les graines de coriandre, la coriandre fraîche, la menthe, le vinaigre et le bouillon, puis portez le tout à ébullition. Baissez ensuite le feu et laissez mijoter pendant 30 à 40 min, jusqu'à ce que les lentilles soient cuites et qu'elles aient absorbé tout le liquide.

**2** Préchauffez le four à 180 °C/350 °F.

**3** Salez et poivrez la purée de lentilles et mélangez bien. Répartissez la purée dans 4 petits plats à four légèrement graissés.

**4** Avec le dos d'une cuillère, creusez un trou dans chaque portion de purée de lentilles. Cassez ensuite 1 œuf dans chacun des trous. Couvrez les plats de papier d'aluminium et faites cuire au four 15 à 20 min, jusqu'à ce que le blanc des œufs ait pris, le jaune étant encore liquide. Parsemez abondamment de persil haché et servez immédiatement.

# SOUFFLÉ AUX POIREAUX

Rien de tel qu'un soufflé pour impressionner ses convives. En dépit de sa belle apparence, celui-ci est très simple à préparer.

**Pour 2 à 3 personnes**

**INGRÉDIENTS**

15 ml/1 c. à soupe d'huile de tournesol
55 g/1 1/2 oz/3 c. à soupe de beurre
2 poireaux finement émincés
300 ml/1/2 pinte/1 1/4 tasses de lait environ
25 g/1 oz/1/4 tasse de farine
4 œufs, le blanc séparé du jaune
75 g/3 oz/3/4 tasse de gruyère ou d'emmental, râpé
sel et poivre du moulin

**1** Préchauffez le four à 180 °C/350 °F. Beurrez un grand plat à soufflé.

**2** Chauffez l'huile de tournesol et 15 g/1/2 oz/1 c. à soupe de beurre dans une petite casserole, et faites revenir les poireaux à petit feu pendant 4 à 5 min, jusqu'à ce qu'ils soient fondants mais non roussis.

**3** Incorporez le lait et portez à ébullition. Couvrez et laissez frémir pendant 4 à 5 min. Passez ensuite les poireaux au chinois et recueillez le jus de cuisson dans un verre gradué.

**4** Préparez ensuite un roux : faites fondre le reste de beurre, incorporez la farine et chauffez pendant 1 min. Retirez du feu.

**5** Rajoutez du lait au jus de cuisson recueilli dans le verre gradué de façon à obtenir 300 ml/1/2 pinte/1 1/4 tasses de liquide. Incorporez ce liquide au mélange beurre et farine jusqu'à obtention d'une sauce bien homogène. Remettez sur le feu et portez à ébullition sans cesser de remuer. Une fois que le roux a épaissi, retirez-le du feu. Laissez-le refroidir légèrement, puis ajoutez les jaunes d'œufs, le fromage et les poireaux. Mélangez bien.

**6** Montez les blancs d'œufs en neige ferme, puis incorporez-les dans la préparation précédente à l'aide d'une grande cuillère métallique. Versez dans le moule à soufflé beurré et enfournez 30 min environ, jusqu'à ce que le soufflé ait gonflé et qu'il soit bien doré. Servez aussitôt.

# TERRINE DE BROCOLIS AUX CHÂTAIGNES

Servie chaude ou froide, cette terrine convient aussi bien pour un pique-nique que pour un dîner de fête. Une salade verte est l'accompagnement idéal.

**Pour 4 à 6 personnes**

**INGRÉDIENTS**

450 g/1 lb/4 tasses de brocolis coupés en petites fleurettes
225 g/8 oz/2 tasses de châtaignes cuites grossièrement hachées
50 g/2 oz/1 tasse de miettes de pain complet frais
60 ml/4 c. à soupe de yaourt nature
30 ml/2 c. à soupe de parmesan finement râpé
2 œufs battus
1 pincée de noix de muscade râpée
sel et poivre du moulin
pommes de terre nouvelles, pour servir

*Pour la salade et son assaisonnement (facultatif)*
60 ml/4 c. à soupe d'huile d'olive
15 ml/1 c. à soupe de jus de citron
2,5 ml/½ c. à thé de sucre en poudre
sel et poivre du moulin
15 ml/1 c. à soupe de thym ou d'aneth frais, haché
250 g/9 oz de mesclun

**1** Préchauffez le four à 180 °C/350 °F. Tapissez un moule à cake de 900 g/2 lb de contenance de papier sulfurisé antiadhésif.

**2** Faites blanchir les brocolis ou bien cuisez-les à la vapeur jusqu'à ce qu'ils soient juste tendres. Égouttez-les bien. Réservez ¼ des fleurettes les plus petites et hachez le reste finement.

**3** Mélangez les châtaignes, les miettes de pain, le yaourt et le parmesan. Salez, poivrez et assaisonnez avec la muscade.

**4** Incorporez petit à petit les brocolis hachés, les fleurettes de brocolis entières et les œufs battus.

**5** Versez la préparation dans le moule.

**6** Placez le moule dans un plat à four et versez de l'eau bouillante jusqu'à mi-hauteur du moule. Enfournez pour 20 à 25 min.

**7** Pendant ce temps, si vous avez prévu une salade, préparez son assaisonnement. Mélangez l'huile d'olive, le jus de citron et le sucre. Salez, poivrez, puis incorporez le thym ou l'aneth. Disposez les feuilles de salade verte sur les assiettes et arrosez-les avec l'assaisonnement.

**8** Sortez le plat du four, puis démoulez la terrine sur un plat ou un plateau. Découpez-la en tranches régulières et servez-la accompagnée de pommes de terre nouvelles.

# TERRINE DE LÉGUMES GRILLÉS

Impressionnez vos invités avec cette terrine aux saveurs méditerranéennes haute en couleur.

**Pour 6 personnes**

**INGRÉDIENTS**

2 gros poivrons rouges coupés en quatre, équeutés et égrenés
2 gros poivrons jaunes coupés en quatre, équeutés et égrenés
1 grosse aubergine coupée en tranches dans le sens de la longueur
2 grosses courgettes coupées en tranches dans le sens de la longueur
90 ml/6 c. à soupe d'huile d'olive
1 gros oignon rouge finement émincé
75 g/3 oz/½ tasse de raisins secs
15 ml/1 c. à soupe de concentré de tomates
15 ml/1 c. à soupe de vinaigre de vin rouge
400 ml/14 fl oz/1⅔ tasses de jus de tomates
15 g/½ oz/2 c. à soupe de gélatine végétarienne
feuilles de basilic frais, pour garnir

*Pour la vinaigrette*
90 ml/6 c. à soupe d'huile d'olive
30 ml/2 c. à soupe de vinaigre de vin rouge
sel et poivre du moulin

**1** Glissez les poivrons sous un gril très chaud, la peau tournée vers le haut, et laissez-les jusqu'à ce que la peau noircisse. Mettez-les dans un saladier et couvrez.

**2** Disposez les tranches d'aubergine et de courgettes sur des plaques à pâtisserie séparées. Badigeonnez-les d'huile et passez-les sous le gril.

**3** Dans une poêle avec le reste d'huile, faites cuire l'oignon, les raisins secs, le concentré de tomates et le vinaigre de vin rouge.

**4** Tapissez une terrine de 1,75 l/3 pintes/7½ tasses de contenance avec du film alimentaire. Versez la moitié du jus de tomates avec la gélatine dans une casserole. Faites dissoudre la gélatine à feu doux.

**5** Couvrez le fond de la terrine de poivron rouge, arrosez d'un peu de jus de tomates à la gélatine. Ajoutez successivement des couches d'aubergine, de courgettes, de poivrons jaunes et de préparation à l'oignon.

**6** Versez un peu de jus de tomates à la gélatine sur chaque couche de légumes et terminez par une couche de poivron rouge.

**7** Mettez le reste du jus de tomates dans la casserole, mélangez bien et versez sur la terrine. Tapez assez vivement la terrine sur la table pour bien répartir le jus. Couvrez et mettez au réfrigérateur jusqu'à ce qu'elle ait pris.

**8** Préparez la vinaigrette en fouettant l'huile avec le vinaigre. Salez et poivrez.

**9** Démoulez la terrine et retirez le film transparent. Servez en tranches épaisses, arrosé d'un filet de vinaigrette. Garnissez avec des feuilles de basilic.

# FONDUTA AUX LÉGUMES CUITS À LA VAPEUR

La fonduta est une sauce au fromage très crémeuse qui nous vient d'Italie. Elle est traditionnellement garnie de lamelles de truffe blanche et dégustée avec des tartines de pain grillé.

**Pour 4 personnes**

**INGRÉDIENTS**

assortiment de légumes comportant du fenouil, des brocolis, des carottes, du chou-fleur et des courgettes par exemple
115 g/4 oz/8 c. à soupe de beurre
12 à 16 tranches de baguette

*Pour la fonduta*
300 g/11 oz de fontina
15 ml/1 c. à soupe de farine
lait
50 g/2 oz/4 c. à soupe de beurre
50 g/2 oz/⅔ de parmesan fraîchement râpé
1 pincée de noix de muscade râpée
2 jaunes d'œufs à température ambiante
quelques lamelles de truffe blanche (facultatif)
sel et poivre du moulin

**1** Environ 6 h avant de servir la fonduta, coupez la fontina en morceaux et mettez-la dans un saladier. Saupoudrez-la de farine. Versez suffisamment de lait pour juste couvrir le fromage, puis laissez reposer dans un endroit frais. Le fromage doit être à température ambiante avant de cuire.

**2** Peu avant de préparer la fonduta, faites cuire les légumes à la vapeur jusqu'à ce qu'ils soient tendres. Coupez-les en morceaux, puis disposez-les sur un plat. Parsemez-les de noisettes de beurre et gardez-les au chaud.

**3** Beurrez le pain et faites-le légèrement griller au four ou bien sous le gril.

**4** Préparez maintenant la fonduta. Commencez par faire fondre le beurre au bain-marie. Égouttez la fontina et ajoutez-la au beurre fondu avec 45 à 60 ml/3 à 4 c. à soupe du lait de trempage. Poursuivez la cuisson au bain-marie en remuant jusqu'à ce que le fromage fonde. Lorsqu'il est chaud et qu'il forme une masse homogène, ajoutez le parmesan et remuez jusqu'à ce qu'il ait fondu. Incorporez la muscade râpée, salez et poivrez.

**5** Passez les jaunes d'œufs au chinois. Retirez la fonduta du feu et incorporez aussitôt les jaunes d'œufs. Versez la fonduta dans des ramequins, et garnissez éventuellement d'un peu de truffe blanche. Servez avec les légumes et le pain grillé.

# FEUILLETÉS DE LÉGUMES, SAUCE AU PASTIS

Le pastis est le compagnon idéal de ces légumes nouveaux à la saveur délicate. Voici encore une recette qui impressionnera grandement vos invités.

**Pour 4 personnes**

**INGRÉDIENTS**

225 g/8 oz de pâte feuilletée, décongelée si vous utilisez de la pâte surgelée
15 ml/1 c. à soupe de parmesan fraîchement râpé
15 ml/1 c. à soupe de persil frais haché
œuf battu pour dorer la pâte
175 g/6 oz de fèves écossées
125 g/4 oz/1/2 tasse de mini-carottes grattées
4 mini-poireaux lavés
75 g/3 oz/5/8 tasse de petits pois, décongelés si vous utilisez des petits pois surgelés
50 g/2 oz de pois gourmands équeutés
sel et poivre du moulin
quelques brins d'aneth frais, pour garnir

*Pour la sauce*

200 g/7 oz de tomates concassées en conserve
25 g/1 oz/2 c. à soupe de beurre
25 g/1 oz/1/4 tasse de farine
1 pincée de sucre
45 ml/3 c. à soupe d'aneth frais haché
300 ml/1/2 pinte/1 1/4 tasses d'eau
15 ml/1 c. à soupe de pastis

**1** Préchauffez le four à 220 °C/425 °F. Beurrez légèrement une plaque à pâtisserie.

**2** Étalez très finement la pâte feuilletée au rouleau. Parsemez-la de persil haché et de parmesan râpé, repliez-la et étalez-la une nouvelle fois au rouleau de sorte que le persil et le fromage soient incorporés à la pâte. Découpez 4 rectangles de pâte de 7,5 x 10 cm/3 x 4 in. Posez les rectangles de pâte sur la plaque à pâtisserie.

**3** Avec un couteau tranchant, entaillez sur la moitié de l'épaisseur de chaque morceau de pâte un second rectangle à environ 1 cm/1/2 in du bord. Vous retirerez ces « couvercles » une fois la pâte cuite. Avec la pointe du couteau, faites des entailles croisées sur le dessus du petit rectangle, puis badigeonnez la pâte d'œuf battu. Faites cuire les feuilletés au four 12 à 15 min, afin qu'ils soient dorés.

**4** Pendant ce temps, préparez la sauce. Passez les tomates au chinois, versez cette purée dans une casserole, puis ajoutez les autres ingrédients. Portez à ébullition sans cesser de remuer. Baissez le feu et laissez mijoter jusqu'au moment de servir.

**5** Faites cuire les fèves pendant 8 min dans une casserole d'eau bouillante légèrement salée. Ajoutez ensuite les carottes, les poireaux et les petits pois, et poursuivez la cuisson 5 min. Incorporez enfin les pois gourmands et laissez cuire 1 min de plus. Égouttez bien tous les légumes.

**6** À l'aide d'un couteau, retirez les petits rectangles de pâte sur le dessus des feuilletés. Réservez-les. Garnissez les feuilletés de légumes, nappez-les de sauce, puis couvrez avec les « couvercles » de pâte. Servez garni d'aneth.

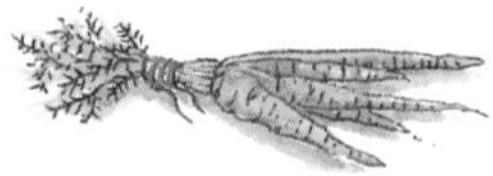

CONSEIL

Si vous avez le temps, mettez les feuilletés au réfrigérateur pendant 20 min avant de les faire cuire.

# RÖSTIS DE POMMES DE TERRE AU TOFU ET AU GINGEMBRE, SAUCE TOMATE

Bien que ce plat comporte un certain nombre d'ingrédients, il n'est pas difficile à préparer et le résultat final en vaut largement la peine. Veillez à faire mariner le tofu au moins une heure pour lui permettre d'absorber les saveurs du gingembre, de l'ail et du *tamari*. Servez avec diverses feuilles de salade assaisonnées avec un peu d'huile de sésame grillé et de jus de citron vert.

**Pour 4 personnes**

**INGRÉDIENTS**

425 g/15 oz/3¾ tasses de tofu coupé en dés de 1 cm
4 grosses pommes de terre pelées, d'un poids total de 900 g/2 lb
huile de tournesol, pour frire
sel et poivre du moulin
30 ml/2 c. à soupe de graines de sésame grillées

*Pour la marinade*

30 ml/2 c. à soupe de *tamari* ou de sauce de soja sombre
15 ml/1 c. à soupe de miel liquide
2 gousses d'ail écrasées
1 morceau de 4 cm/1½ in de racine fraîche de gingembre, râpé
5 ml/1 c. à thé d'huile de sésame grillé

*Pour la sauce*

15 ml/1 c. à soupe d'huile d'olive
8 tomates coupées en deux, épépinées et hachées

**1** Mélangez tous les ingrédients de la marinade dans un plat peu profond et ajoutez le tofu. Enrobez les dés de tofu de marinade et laissez mariner au moins 1 h au réfrigérateur. Retournez plusieurs fois le tofu dans la marinade pour permettre aux saveurs d'infuser.

BIENFAITS POUR LA SANTÉ

Préparé avec des graines de soja traitées, le tofu est un aliment protéiné extrêmement nutritif et c'est le plus riche en calcium en dehors des laitages. Il contient aussi du fer et de précieues vitamines du groupe B.

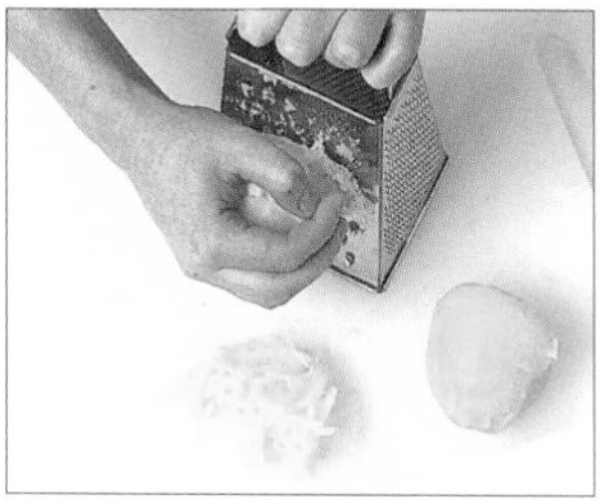

**2** Pour les röstis, faites bouillir les pommes de terre 10 à 15 min jusqu'à ce qu'elles soient tendres. Laissez-les refroidir puis râpez-les grossièrement. Salez et poivrez bien. Préchauffez le four à 200 °C/400 °F.

**3** À l'aide d'une écumoire, retirez le tofu de la marinade et réservez celle-ci. Étalez les dés de tofu sur une plaque et faites-les cuire au four 20 min en les retournant de temps en temps pour qu'ils soient bien dorés et croustillants.

**4** Façonnez de petites boulettes avec vos mains en prenant à chaque fois 1/4 du mélange de pommes de terre.

**5** Chauffez une poêle avec juste assez d'huile pour recouvrir le fond. Mettez les boulettes de pommes de terre dans la poêle et aplatissez le mélange avec vos mains ou une spatule pour former des galettes d'environ 1 cm/½ in d'épaisseur.

**6** Faites cuire environ 6 min jusqu'à ce qu'elles soient dorées et croustillantes dessous. Retournez soigneusement les röstis et faites cuire 6 min de l'autre côté.

**7** Pendant ce temps, préparez la sauce. Chauffez l'huile dans une casserole, ajoutez la marinade réservée et les tomates et faites-les cuire 2 min en remuant. Baissez le feu et laissez mijoter 10 min en couvrant, en remuant de temps en temps jusqu'à ce que les tomates se défassent. Filtrez dans une passoire pour obtenir une sauce épaisse et onctueuse.

**8** Faites chauffer 4 assiettes, puis mettez 1 rösti sur chacune d'elles. Disposez des dés de tofu sur le dessus, arrosez de sauce tomate et parsemez de graines de sésame.

CONSEIL

Le *tamari*, d'origine japonaise, est une sauce de soja épaisse et douce. À l'inverse de la sauce de soja chinoise, il ne contient pas de blé et convient donc aux personnes devant éviter le gluten. Il est disponible dans les boutiques d'alimentation japonaises et dans quelques grands magasins diététiques.

# GOUGÈRE DE CHAMPIGNONS ET CHOU-FLEUR

Cette couronne de gougère garnie de délicieux légumes frais est idéale pour un dîner entre amis.

**Pour 4 à 6 personnes**

**INGRÉDIENTS**

115 g/4 oz/8 c. à soupe de beurre
150 g/5 oz/1 1/4 tasses de farine
4 œufs
120 g/4 oz/1 tasse de gruyère coupé en petits dés
5 ml/1 c. à thé de moutarde de Dijon
sel et poivre du moulin

*Pour la garniture*

1 petit chou-fleur
200 g/7 oz de tomates concassées en conserve
15 ml/1 c. à soupe d'huile de tournesol
15 g/1/2 oz/1 c. à soupe de beurre
1 oignon haché
125 g/4 oz/1 1/2 tasse de champignons de Paris bien fermés, coupés en deux s'ils sont gros
1 brin de thym frais

**1** Préchauffez le four à 200 °C/400 °F et beurrez un grand plat à four. Mettez ensuite 300 ml/1/2 pinte/1 1/4 tasses d'eau avec le beurre dans une grande casserole et chauffez jusqu'à ce que le beurre ait fondu. Retirez du feu puis ajoutez toute la farine d'un coup. Mélangez bien avec une cuillère en bois pendant 30 s environ, jusqu'à obtention d'une pâte homogène. Laissez-la refroidir légèrement.

**2** Incorporez ensuite les œufs, l'un après l'autre, et continuez à battre jusqu'à ce que la pâte soit épaisse et brillante. Incorporez enfin le fromage et la moutarde, salez et poivrez. Étalez la pâte tout autour du plat, en laissant un espace vide au centre pour la garniture.

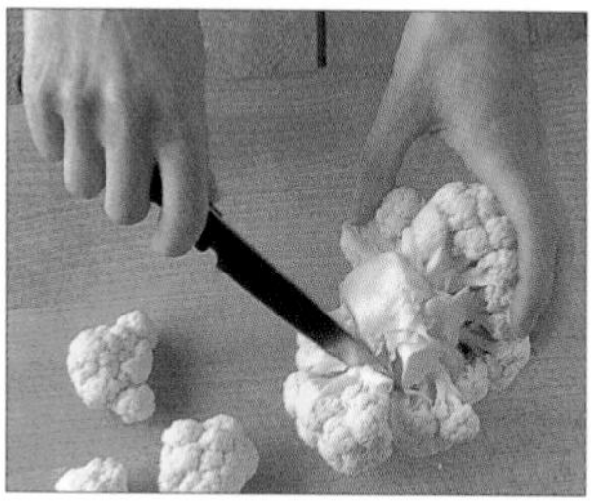

**3** Coupez le chou-fleur en fleurettes et jetez le cœur dur et ligneux.

**4** Préparez la garniture : réduisez les tomates concassées en purée à l'aide d'un mixer, puis versez dans un verre gradué. Complétez avec de l'eau de façon à obtenir 300 ml/1/2 pinte/1 1/4 tasses de liquide.

**5** Chauffez l'huile et le beurre dans une cocotte. Mettez à revenir l'oignon 3 à 4 min, puis les champignons 2 à 3 min. Incorporez le chou-fleur et faites-le sauter 1 min. Versez enfin la purée de tomates et ajoutez le brin de thym. Salez et poivrez. Laissez cuire à feu doux 5 min.

**6** Versez la préparation aux légumes au centre du plat, et faites cuire la gougère pendant 40 min, jusqu'à ce que la pâte ait bien gonflé.

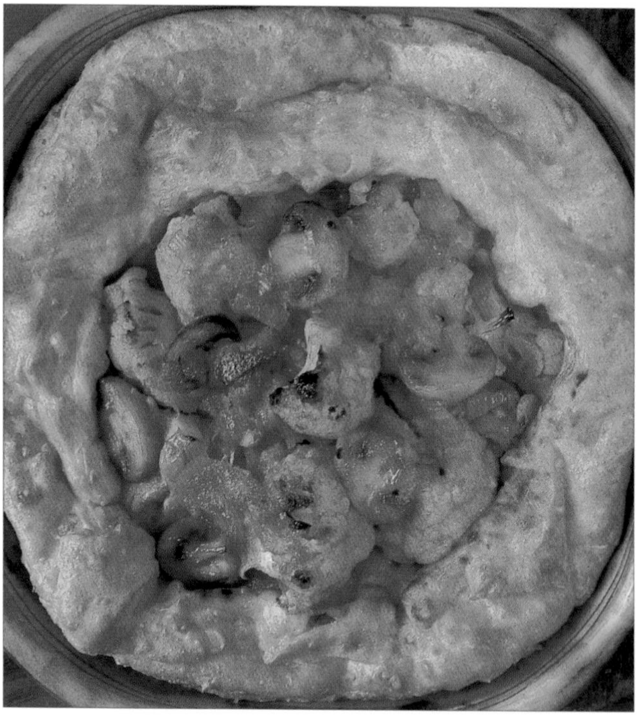

# GRATIN DE POMMES DE TERRE ET D'ÉPINARDS

Les pignons ajoutent une note croquante à ce gratin de fines rondelles de pommes de terre et d'épinards nappés de sauce crémeuse au fromage. Servez-le avec une simple salade de laitue et de tomates.

**Pour 2 personnes**

**INGRÉDIENTS**

450 g/1 lb de pommes de terre
1 gousse d'ail pressée
3 oignons nouveaux finement émincés
150 ml/¼ pinte/⅔ tasse de crème fraîche liquide
250 ml/8 fl oz/1 tasse de lait
225 g/8 oz d'épinards hachés surgelés, décongelés
120 g/4 oz/1 tasse de gruyère râpé
40 g/1 ½ oz/⅛ tasse de pignons
sel et poivre du moulin
laitue et salade de tomates, pour servir

**1** Épluchez les pommes de terre et coupez-les en rondelles très fines. Étalez-les dans une grande poêle à fond épais et antiadhésif.

**2** Parsemez régulièrement les rondelles de pommes de terre d'ail pressé et d'oignon haché. Arrosez de la crème fraîche et du lait.

**3** Chauffez la poêle à feu doux et faites cuire les pommes de terre pendant 8 min environ, jusqu'à ce qu'elles soient tendres.

**4** Essorez bien les épinards pour en exprimer le plus de liquide possible. Mélangez délicatement les épinards aux pommes de terre. Couvrez et poursuivez la cuisson pendant 2 min.

**5** Salez et poivrez, puis versez la préparation dans un plat à gratin. Préchauffez le gril.

**6** Parsemez de fromage râpé et des pignons. Faites gratiner sous le gril pendant 2 à 3 min jusqu'à ce que le dessus commence à dorer. Servez avec une salade de laitue et de tomates.

# FEUILLETÉS AUX POIVRONS ET AU CRESSON

La saveur poivrée du cresson se marie bien avec la douceur du poivron rouge dans ces feuilletés croustillants.

**Pour 8 feuilletés**

**INGRÉDIENTS**

3 poivrons rouges
175 g/6 oz de cresson
225 g/8 oz/1 tasse de ricotta
50 g/2 oz/$1/4$ tasse d'amandes mondées, grillées et hachées
8 feuilles de pâte filo ou de brik
30 ml/2 c. à soupe d'huile d'olive
sel et poivre du moulin
salade verte, pour servir

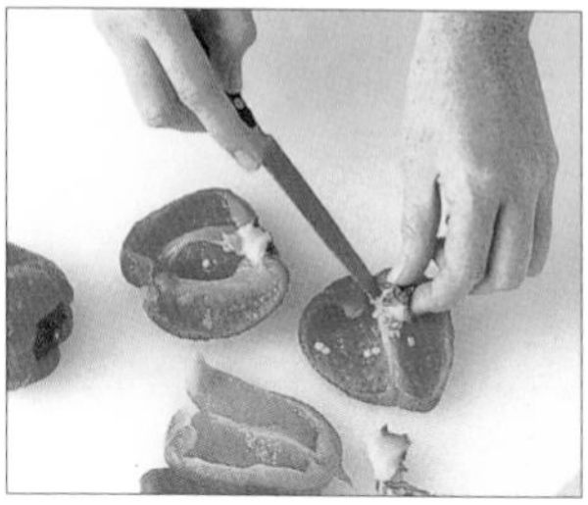

**1** Préchauffez le four à 190 °C/375 °F. Placez les poivrons sous le gril très chaud jusqu'à ce qu'ils boursouflent et noircissent. Mettez-les ensuite dans un sachet en papier. Lorsqu'ils ont suffisamment refroidi pour être manipulés, pelez-les, égrenez-les et séchez-les sur de l'essuie-tout.

**2** Mettez les poivrons et le cresson dans le bol d'un mixer et hachez-les grossièrement. Transférez la préparation dans un saladier.

**3** Incorporez petit à petit la ricotta et les amandes, puis salez et poivrez.

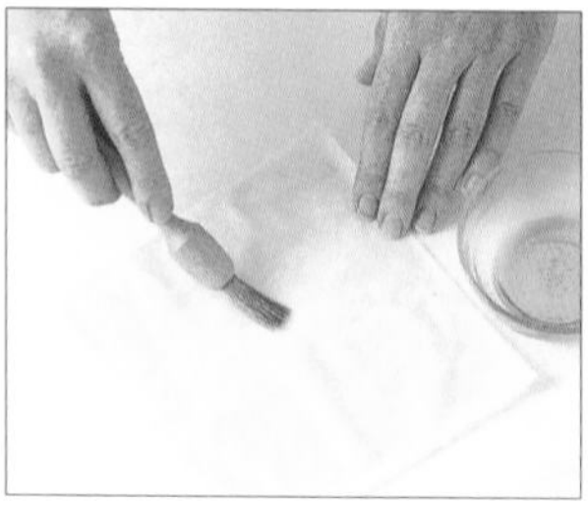

**4** Dans une feuille de pâte filo, découpez 2 carrés de 18 cm/7 in de côté et 2 carrés de 5 cm/2 in de côté. Badigeonnez l'un des grands carrés avec un peu d'huile d'olive et posez le second grand carré à 90° sur le premier, de façon à obtenir une étoile. Procédez de même pour toutes les feuilles de pâte filo.

CONSEIL

Conservez la pâte filo au réfrigérateur jusqu'au moment de vous en servir. Lorsque vous l'utilisez, installez-vous dans un endroit frais et essayez de la manipuler le moins possible.

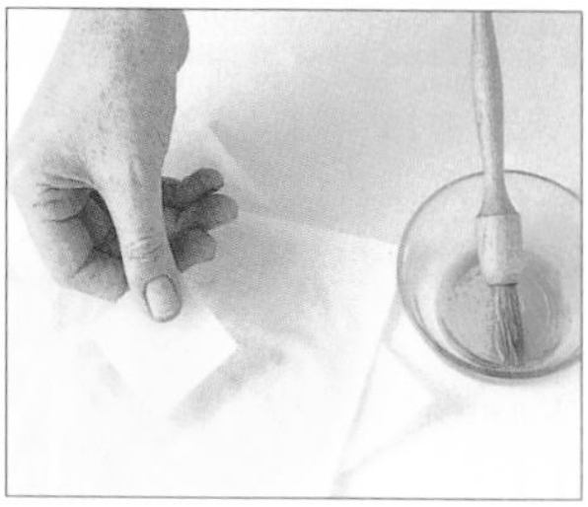

**5** Posez ensuite délicatement l'un des petits carrés de pâte au centre de l'étoile. Badigeonnez-le légèrement d'huile d'olive, puis superposez le second petit carré de pâte.

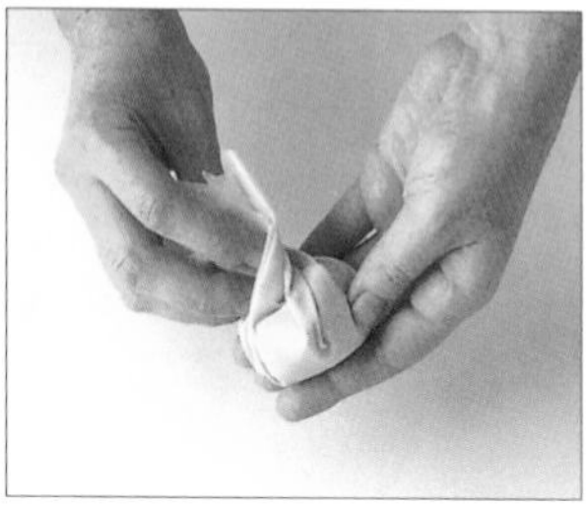

**6** Répartissez la préparation à base de cresson et de poivrons au centre des 8 étoiles. Pour chaque étoile, ramenez les bords de la pâte vers le centre de façon à former une sorte de bourse que vous fermez en faisant tourner la pâte. Posez les feuilletés sur une plaque à pâtisserie légèrement beurrée et faites-les cuire au four pendant 25 à 30 min, jusqu'à ce que les petites bourses soient dorées et croustillantes. Servez accompagné de salade verte.

# TARTE AUX ASPERGES ET À LA RICOTTA

Une tarte délicieuse où la saveur délicate des asperges se mêle à celle de plusieurs fromages.

**Pour 4 personnes**

**INGRÉDIENTS**

75 g/3 oz/6 c. à soupe de beurre
175 g/6 oz/1 1/2 tasses de farine
1 pincée de sel

*Pour la garniture*

225 g/8 oz d'asperges
2 œufs
225 g/8 oz/1 tasse de ricotta
30 ml/2 c. à soupe de yaourt à la grecque
40 g/1 1/2 oz/1/2 tasse de parmesan râpé
sel et poivre du moulin

**1** Préchauffez le four à 200 °C/400 °F. Travaillez le beurre et la farine additionnée de sel du bout des doigts, puis ajoutez suffisamment d'eau froide pour obtenir une pâte homogène. Pétrissez légèrement sur un plan de travail fariné.

**2** Étalez la pâte au rouleau et tapissez-en un moule à tarte de 23 cm/9 in de diamètre. Appuyez bien pour qu'elle adhère au moule et piquez-la avec une fourchette. Faites-la cuire à vide 10 min, jusqu'à ce qu'elle soit ferme mais encore blanche.

**3** Recoupez les asperges si besoin est. Coupez les pointes à 5 cm/2 in de l'extrémité, puis détaillez le reste en morceaux de 2,5 cm/1 in de long. Plongez les morceaux d'asperges, puis les pointes dans l'eau bouillante et faites-les cuire à petit bouillon 4 à 5 min. Égouttez-les.

**4** Battez les œufs, la ricotta, le yaourt et le parmesan. Salez, poivrez et incorporez les morceaux d'asperges.

**5** Versez cette garniture sur le fond de tarte et disposez les pointes d'asperges sur le dessus. Faites cuire 35 à 40 min, jusqu'à ce que la tarte soit bien dorée. Servez-la tiède ou froide.

# ASPERGES ET SAUCE HOLLANDAISE À L'ESTRAGON

Voici une entrée idéale pour un repas de la fin du printemps ou du début de l'été, lorsque c'est la pleine saison des asperges. Ne vous inquiétez pas pour la sauce : elle est très simple à préparer à l'aide d'un mixer.

**Pour 4 personnes**

**INGRÉDIENTS**

500 g/1 1/4 lb d'asperges fraîches

*Pour la sauce hollandaise*

2 jaunes d'œufs
15 ml/1 c. à soupe de jus de citron
115 g/4 oz/8 c. à soupe de beurre
10 ml/2 c. à thé d'estragon frais finement haché
sel et poivre du moulin

**1** Préparez les asperges : faites-les cuire à la vapeur dans une cocotte minute pendant 6 à 10 min, jusqu'à ce qu'elles soient tendres (le temps de cuisson dépend de la grosseur des asperges).

**2** Préparez la sauce hollandaise : mettez les jaunes d'œufs et le jus de citron dans le bol d'un mixer. Salez, poivrez, puis mixez brièvement. Faites fondre le beurre dans une petite casserole jusqu'à ce qu'il mousse. Mettez le mixer en marche, puis versez le beurre fondu en un filet lent et régulier sur les œufs battus au citron.

**3** Incorporez l'estragon à la cuillère ou bien mixez-le avec la préparation précédente. Dans le premier cas, vous obtiendrez une sauce parsemée de points verts, dans le second une sauce vert pâle.

**4** Disposez les asperges sur des assiettes individuelles, versez un peu de sauce hollandaise dessus et saupoudrez de poivre. Versez le reste de sauce dans une saucière et proposez-la à part.

# PÂTES AUX BROCOLIS ET AUX ARTICHAUTS

Les flocons de piment ajoutent du piquant à ce plat italien, simple mais savoureux.

**Pour 4 à 6 personnes**

**INGRÉDIENTS**

350 g/12 oz/3 tasses de pâtes telles que des *gnocchi*
300 g/11 oz de bouquets de brocolis
200 g/6½ oz/1½ tasses de cœurs d'artichauts à l'huile, égouttés
90 ml/6 c. à soupe d'huile d'olive
1 grosse gousse d'ail écrasée
2,5 à 5 ml/½ à 1 c. à thé de flocons de piment sec
sel et poivre du moulin
15 ml/1 c. à soupe de persil plat frais, pour garnir
*pecorino* râpé, pour saupoudrer (facultatif)

**1** Faites cuire les pâtes *al dente* dans une grande casserole d'eau bouillante salée selon les instructions du paquet. Ajoutez les brocolis 3 min avant la fin de la cuisson des pâtes. Égouttez en réservant un peu de l'eau de cuisson.

**2** Pendant ce temps, chauffez l'huile d'olive dans une grande casserole à fond épais et faites sauter l'ail et les flocons de piment pendant 1 min.

BIENFAITS POUR LA SANTÉ

L'ail, le piment et les brocolis sont bénéfiques pour le cœur, la circulation et le système immunitaire.

**3** Incorporez les pâtes, les brocolis et les cœurs d'artichauts et faites chauffer 2 min. Ajoutez un peu d'eau de cuisson si le mélange vous paraît trop sec. Salez et poivrez. Saupoudrez éventuellement de persil et de *pecorino*.

# PÂTES DE SARRASIN AUX LÉGUMES ET À LA FONTINA

Ce plat épicé, caractéristique des montagnes du nord de l'Italie, se compose de pâtes de sarrasin, au savoureux goût de noix, de légumes et de *fontina*.

**Pour 6 personnes**

**INGRÉDIENTS**

225 g/8 oz/2 tasses de pâtes de sarrasin telles que des *fusilli*
2 pommes de terre débitées en dés
275 g/10 oz/2½ tasses de chou frisé émincé
1 oignon haché
2 poireaux coupés en rondelles
2 gousses d'ail hachées
175 g/6 oz/2½ tasses de girolles coupées en rondelles
150 g/5 oz/1¼ tasses de *fontina* coupée en dés
45 ml/3 c. à soupe d'huile d'olive, plus un peu pour huiler la plaque
5 ml/1 c. à thé de graines de carvi
5 ml/1 c. à thé de graines de cumin
150 ml/¼ pinte/⅔ tasse de bouillion de légumes
25 g/1 oz/¼ tasse de noix grossièrement hachées
sel et poivre du moulin

**1** Préchauffez le four à 200 °C/400 °F et huilez une plaque. Faites cuire les pommes de terre 8 à 10 min dans de l'eau bouillante salée jusqu'à ce qu'elles soient tendres, puis égouttez et réservez.

**2** Pendant ce temps, faites cuire les pâtes *al dente* dans de l'eau bouillante salée. Ajoutez le chou à la dernière minute du temps de cuisson. Égouttez et rincez sous le robinet d'eau froide.

**3** Chauffez l'huile d'olive dans une grande casserole à fond épais et faites frire les oignons et les poireaux 5 min, afin qu'ils ramollissent. Ajoutez l'ail et les champignons et laissez cuire 3 min, en tournant de temps en temps. Incorporez les épices et poursuivez la cuisson 1 min en remuant.

**4** Ajoutez les pommes de terre cuites, les pâtes et le chou, mélangez et assaisonnez bien. Transférez le mélange sur la plaque huilée. Versez le bouillon sur les légumes, puis éparpillez la *fontina* et les noix dessus. Faites cuire environ 15 min au four jusqu'à ce que le fromage fonde et devienne mousseux.

BIENFAITS POUR LA SANTÉ

De nombreuses recherches ont montré que la consommation de chou une fois par semaine peut réduire les risques de cancers et de maladies cardio-vasculaires. L'idéal serait de le manger cru ou à peine cuit. Le chou est également dépuratif et soulage les problèmes rénaux et vésicaux.

# RAVIOLIS À LA CORIANDRE ET AU POTIRON

Des raviolis très originaux qui allient une pâte aux aromates frais et une farce crémeuse au potiron et à l'ail.

**Pour 4 à 6 personnes**

**INGRÉDIENTS**

200 g/7 oz/⅞ tasse de farine bise
2 œufs
1 pincée de sel
45 ml/3 c. à soupe de coriandre fraîche hachée
quelques brins de coriandre fraîche, pour garnir

*Pour la farce*

4 gousses d'ail en chemise
450 g/1 lb de potiron pelé et égrené
120 g/4 oz/½ tasse de ricotta
4 moitiés de tomates séchées au soleil conservées dans l'huile, égouttées et finement hachées (réservez 30 ml/2 c. à soupe de cette huile)
poivre du moulin

**1** Mixez ensemble la farine, les œufs, le sel et la coriandre, jusqu'à ce que tous les ingrédients soient bien mélangés.

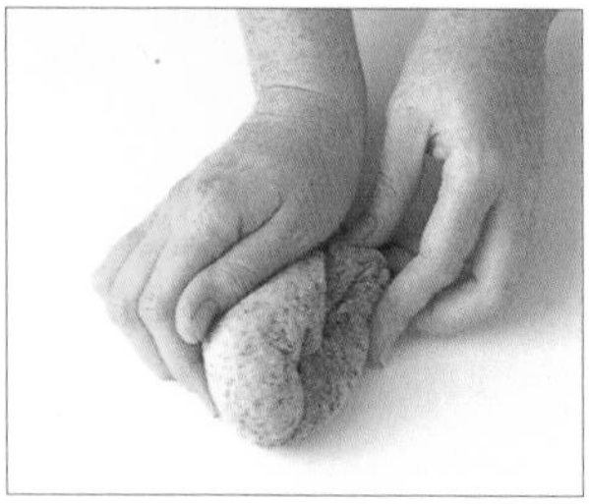

**2** Pétrissez la pâte à la main sur un plan de travail légèrement fariné.

**3** Enveloppez la pâte dans un morceau de film alimentaire et laissez-la reposer au réfrigérateur pendant 20 à 30 min.

**4** Préchauffez le four à 200 °C/400 °F. Mettez les gousses d'ail sur une plaque à pâtisserie et faites-les cuire au four 10 min, jusqu'à ce qu'elles soient fondantes. Faites cuire le potiron à la vapeur pendant 5 à 8 min, afin qu'il soit tendre, puis égouttez-le.

**5** Pelez les gousses d'ail et écrasez-les avec le potiron. Ajoutez la ricotta et les tomates séchées égouttées, puis passez le tout au presse-purée. Poivrez abondamment.

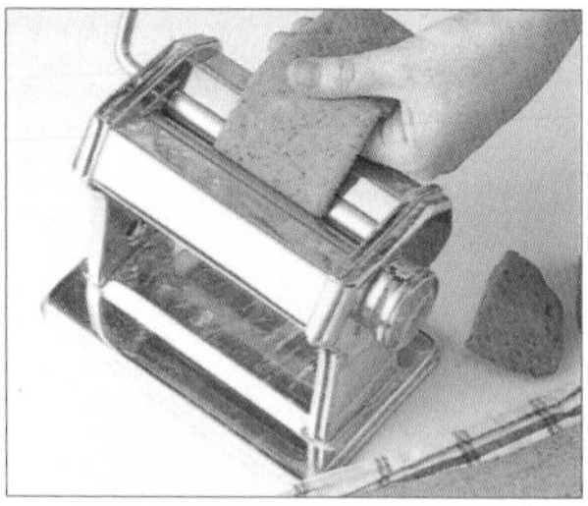

**6** Divisez la pâte en 4 parts égales et aplatissez-les légèrement à la main. À l'aide d'une machine à pâtes réglée sur l'épaisseur de pâte la plus fine, étalez chaque part de pâte. Posez les plaques de pâte sur un torchon et laissez-les sécher légèrement.

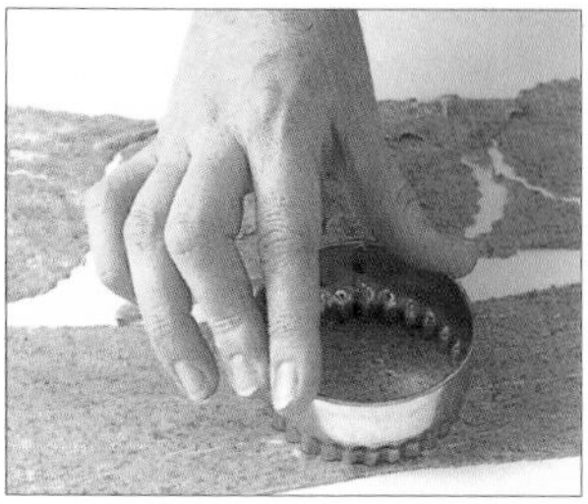

**7** Avec un emporte-pièce cannelé de 7,5 cm/3 in de diamètre, découpez 36 disques de pâte.

**8** Déposez 1 cuillerée à café de farce au potiron sur 18 disques de pâte, badigeonnez les bords d'un peu d'eau et couvrez chacun d'un autre disque de pâte. Appuyez fermement pour sceller les bords et fermer les raviolis. Portez une grande casserole d'eau salée à ébullition et mettez les raviolis à cuire 3 à 4 min. Égouttez-les bien et arrosez-les de l'huile de trempage des tomates séchées. Mélangez, poivrez et servez garni de brins de coriandre fraîche.

VARIANTE

Voici une autre farce au fromage dont vous pouvez garnir ces raviolis à la coriandre : remplacez la ricotta par 25 g/1 oz/⅓ tasse de parmesan râpé mélangés à 125 g/4 oz/½ tasse de fromage frais, type « cottage cheese ». Servez alors les raviolis garnis de copeaux de parmesan.

# RIZ AUX LÉGUMES AVEC SALADE D'AVOCAT

Le riz et les haricots à la mexicaine constituent un délicieux dîner. Disposez ce mélange sur des tortillas et servez avec une salade relevée ou comme accompagnement d'un plat épicé.

**Pour 4 personnes**

**INGRÉDIENTS**

225 g/8 oz/1 1/8 tasse de riz à longs grains rincé
40 g/1 1/2 oz/1/4 tasse de haricots rouges secs ou 75 g/3 oz/1/2 tasse de haricots rouges en conserve, rincés et égouttés
4 tomates coupées en deux et épépinées
2 gousses d'ail hachées
1 oignon coupé en rondelles
2 carottes débitées en dés
80 g/3 oz/3/4 tasse de haricots verts
45 ml/3 c. à soupe d'huile d'olive
600 ml/1 pinte/2 1/2 tasses de bouillon de légumes
sel et poivre du moulin
4 tortillas de blé et crème aigre, pour servir

*Pour la salade d'avocat*

1 avocat
jus d' 1 citron vert
1 petit oignon rouge débité en dés
1 petit piment rouge épépiné et haché
15 ml/1 c. à soupe de coriandre fraîche hachée

**1** Si vous utilisez des haricots secs, mettez-les dans une jatte, couvrez d'eau froide et laissez tremper toute la nuit, puis égouttez et rincez. Mettez-les dans une casserole, couvrez d'eau et portez à ébullition. Faites bouillir 10 min à feu vif, puis baissez le feu. Laissez mijoter 40 à 50 min afin qu'ils soient tendres. Égouttez et réservez.

**2** Préchauffez le gril du four. Disposez les tomates, l'ail et l'oignon sur une plaque. Arrosez d' 15 ml/1 c. à soupe d'huile d'olive et secouez-les pour bien les enrober. Faites griller 10 min, afin que les tomates et les oignons ramollissent, en les retournant une fois. Réservez et laissez refroidir.

**3** Chauffez le reste d'huile dans une casserole. Faites cuire le riz 2 min en remuant, jusqu'à ce qu'il soit légèrement doré.

BIENFAITS POUR LA SANTÉ

Le riz complet contient de nombreux nutriments excellents pour la santé, notamment de la vitamine E, des minéraux et des fibres.

**4** Réduisez les tomates et l'oignon refroidis en purée dans un mixer puis ajoutez le mélange au riz et faites cuire 2 min de plus en tournant souvent. Versez le bouillon, couvrez et faites cuire 20 min à feu doux en remuant de temps en temps.

**5** Réservez 30 ml/2 c. à soupe des haricots rouges pour la salade. Incorporez le reste au mélange de bouillon avec les carottes et les haricots verts, et faites cuire 10 min jusqu'à ce que les légumes soient tendres. Salez et poivrez bien. Retirez la casserole du feu, couvrez et laissez reposer pendant 15 min.

**6** Pour la salade d'avocat, coupez celui-ci en deux et enlevez le noyau. Pelez et débitez la chair en dés puis arrosez de jus de citron, Ajoutez l'oignon, le piment et la coriandre, ainsi que les haricots rouges réservés. Salez.

**7** Pour servir, déposez le riz et les haricots sur les tortillas chaudes. Présentez la sauce et la crème fraîche séparément.

# NOUILLES SOBA AU TOFU ET AUX ASPERGES AVEC SAUCE TERIYAKI

Vous pouvez, bien sûr, acheter de la sauce *teriyaki* toute prête, mais il est facile de la préparer chez soi en utilisant des ingrédients en vente dans les supermarchés et les épiceries asiatiques. Les nouilles *soba* japonaises sont faites avec de la farine de sarrasin, ce qui leur confère une texture et une couleur particulières.

**Pour 4 personnes**

**INGRÉDIENTS**

350 g/12 oz de nouilles *soba*
225 g/8 oz de tofu en bloc
200 g/7 oz de pointes d'asperges
30 ml/2 c. à soupe d'huile de sésame grillé
30 ml/2 c. à soupe d'huile d'arachide ou d'huile végétale
2 oignons de printemps émincés
1 carotte coupée en fines lanières
2,5 ml/½ c. à thé de flocons de piment
15 ml/1 c. à soupe de graines de sésame
sel et poivre du moulin

*Pour la sauce* teriyaki
60 ml/4 c. à soupe de sauce de soja sombre
60 ml/4 c. à soupe de saké japonais ou de xérès sec
60 ml/4 c. à soupe de *mirin*
5 ml/1 c. à thé de sucre en poudre

**1** Faites cuire les nouilles selon les instructions du paquet, puis égouttez-les et rincez-les sous l'eau froide. Réservez.

**2** Chauffez l'huile de sésame sur un gril ou sur une plaque placée sous le gril du four jusqu'à ce qu'elle soit très chaude. Baissez le feu à température moyenne puis faites cuire les asperges 8 à 10 min en les retournant souvent, jusqu'à ce qu'elles soient tendres et bien saisies. Réservez.

BIENFAITS POUR LA SANTÉ

Les graines de sésame sont une excellente source de vitamine E, qui protège contre les effets nocifs des radicaux libres et fortifie le cœur et le système nerveux.

**3** Pendant ce temps, chauffez l'huile d'arachide ou l'huile végétale dans un wok ou une grande poêle. Ajoutez le tofu et faites-le revenir 8 à 10 min en le retournant de temps en temps, de façon qu'il soit partout bien doré et croustillant. Sortez-le délicatement du wok ou de la poêle et égouttez-le sur du papier absorbant. Coupez le tofu en tranches de 1 cm/½ in.

VARIANTE

Remplacez les nouilles *soba* par des nouilles sèches aux œufs ou des nouilles de riz.

**4** Pour préparer la sauce *teriyaki*, mélangez la sauce de soja, le saké ou le xérès sec, le *mirin* et le sucre, et faites chauffer dans le wok ou la poêle.

**5** Incorporez les nouilles et remuez pour les enrober de sauce. Faites-les chauffer 1 à 2 min, puis mettez-les dans de petites assiettes creuses chaudes avec le tofu et les asperges. Répartissez les oignons de printemps et les carottes sur le dessus, et parsemez de flocons de piment et de graines de sésame. Servez immédiatement.

# CÈPES FARCIS AUX HARICOTS ET AU CHÈVRE AVEC TARATOUR AUX PIGNONS

Les cèpes ont un goût prononcé et une texture charnue qui se marient bien avec cette farce aromatique aux herbes et au citron. Traditionnel au Moyen-Orient, l'accompagnement composé de pignons à l'ail a une consistance onctueuse semblable à celle de l'hoummos. Ce plat est excellent avec des légumes à feuilles vertes tels que des épinards ou des bettes, ou avec des pommes de terre bouillies ou cuites au four.

**Pour 4 à 6 personnes**

**INGRÉDIENTS**

8 gros cèpes avec les pieds finement hachés
200 g/7 oz/1 tasse de haricots *aduki* secs ou 400 g/14 oz/2 tasses d'*aduki* en conserve et égouttés
200 g/6½ oz/¾ tasse de fromage de chèvre émietté
45 ml/3 c. à soupe d'huile d'olive, plus un peu pour badigeonner
1 oignon finement haché
2 gousses d'ail écrasées
30 ml/2 c. à soupe de thym frais haché ou 5 ml/1 c. à thé de thym sec
50 g/2 oz/1 tasse de chapelure de pain complet
jus d'1 citron
sel et poivre du moulin

*Pour le* taratour *aux pignons*
50 g/2 oz/½ tasse de pignons grillés
50 g/2 oz/1 tasse de pain blanc coupé en dés
2 gousses d'ail hachées
200 ml/7 fl oz/1 tasse de lait
45 ml/3 c. à soupe d'huile d'olive
15 ml/1 c. à soupe de persil frais haché, pour garnir (facultatif)

**1** Si vous utilisez des haricots secs, faites-les tremper toute la nuit, puis égouttez-les et rincez-les bien. Mettez-les dans une casserole, recouvrez d'eau et portez à ébullition. Faites bouillir 10 min à feu vif, puis baissez le feu et faites cuire 30 min, jusqu'à ce qu'ils soient tendres. Dans le cas de haricots en conserve, rincez-les, égouttez-les bien puis réservez.

**2** Préchauffez le four à 200 °C/400 °F. Chauffez l'huile dans une grande poêle à fond épais, ajoutez l'oignon et l'ail et faites sauter 5 min jusqu'à ce qu'ils ramollissent. Incorporez le thym et les pieds de champignons et faites cuire 3 min de plus en remuant de temps en temps, jusqu'à ce qu'ils soient tendres.

**3** Incorporez les haricots, la chapelure et le jus de citron, salez et poivrez bien, puis faites chauffer 2 min. Écrasez 2/3 des haricots avec une fourchette ou un pilon en laissant le reste des haricots entiers.

**4** Badigeonnez d'huile un plat à four ainsi que les chapeaux des champignons, puis déposez 1 cuillerée du mélange de haricots sur chaque champignon. Mettez les cèpes dans le plat, recouvrez-les de papier d'aluminium et faites cuire 20 min. Retirez le papier d'aluminium. Déposez un peu de fromage de chèvre sur chaque champignon et enfournez de nouveau pour 15 min, jusqu'à ce que le fromage fonde et que les cèpes soient tendres.

**5** Pour le *taratour* aux pignons, passez tous les ingrédients au mixer jusqu'à ce que le mélange soit homogène et crémeux. Ajoutez un peu de lait si la consistance semble trop épaisse. Saupoudrez éventuellement de persil et servez avec les champignons farcis.

BIENFAITS POUR LA SANTÉ

Les haricots *aduki* sont riches en protéines et en fibres, et pauvres en graisses. Ils contiennent aussi quelques vitamines du groupe B et du fer.

# COUSCOUS ÉPICÉ AU HALLOUMI AVEC LAMELLES DE COURGETTES

Aliment primordial au Maghreb, le couscous est généralement servi avec de la viande ou des légumes bouillis. Ici, il constitue la base du plat et est accompagné de lamelles de courgettes grillées et de *halloumi*, fromage de brebis chypriote.

**Pour 4 personnes**

**INGRÉDIENTS**

275 g/10 oz/1⅔ tasse de couscous
225 g/8 oz de *halloumi* coupé en tranches
3 courgettes coupées en lamelles dans le sens de la longueur
1 feuille de laurier
1 bâton de cannelle
30 ml/2 c. à soupe d'huile d'olive, plus un peu pour badigeonner
1 gros oignon rouge haché
2 gousses d'ail hachées
5 ml/1 c. à thé de poudre de piment doux
5 ml/1 c. à thé de poudre de cumin
5 ml/1 c. à thé de poudre de coriandre
5 capsules de cardamome écrasées
50 g/2 oz/¼ tasse d'amandes entières, grillées
1 pêche dénoyautée et coupée en dés
25 g/1 oz/2 c. à soupe de beurre
sel et poivre du moulin
persil plat frais haché, pour garnir

**1** Mettez le couscous dans une jatte et versez 500 ml/17 fl oz/2¼ tasses d'eau bouillante. Ajoutez la feuille de laurier et le bâton de cannelle et salez. Laissez le couscous 10 min jusqu'à ce que l'eau soit absorbée, puis soulevez les grains avec une fourchette.

**2** Pendant ce temps, chauffez l'huile dans une grande casserole à fond épais, ajoutez l'oignon et l'ail, et faites sauter environ 7 min en remuant de temps en temps, jusqu'à ce que l'oignon ramollisse.

**3** Incorporez les poudres de piment, de cumin et de coriandre et les capsules de cardamome, et laissez cuire 3 min pour que les saveurs se mélangent. Ajoutez le couscous, les amandes, les dés de pêche et le beurre et poursuivez la cuisson 2 min.

**4** Badigeonnez un gril avec de l'huile d'olive et faites chauffer à feu vif. Baissez à feu moyen, puis disposez les courgettes sur le gril et faites cuire 5 min jusqu'à ce qu'elles soient tendres et légèrement brûlées. Retournez-les, ajoutez le *halloumi* et faites cuire 5 min de plus en retournant le *halloumi* à mi-cuisson.

**5** Retirez le bâton de cannelle, la feuille de laurier et les capsules de cardamome du couscous, mettez celui-ci dans un plat, salez et poivrez. Disposez le *halloumi* et les courgettes sur le dessus. Saupoudrez de persil et servez.

BIENFAITS POUR LA SANTÉ

On a toujours attribué aux amandes des vertus thérapeutiques particulières. Bien qu'elles soient riches en graisses, celles-ci sont mono-insaturées et elles peuvent aider à faire baisser le cholestérol. Mangées entières, elles constituent une source appréciable de calcium et de vitamine E.

CONSEIL

Si vous ne possédez pas de gril, faites cuire les courgettes sous le gril du four, ce qui leur donnera le même goût fumé.

# CURRY DE CHAMPIGNONS ET DE GOMBOS

Ce délicieux curry est accompagné d'une sauce fraîche et relevée à la mangue et au gingembre. L'idéal est de le servir avec du riz basmati nature.

**Pour 4 personnes**

**INGRÉDIENTS**

4 gousses d'ail grossièrement hachées
1 morceau de gingembre frais de 2,5 cm/1 in de long, pelé et grossièrement haché
1 ou 2 piments rouges frais égrenés et hachés
175 ml/6 fl oz/3/4 tasse d'eau froide
15 ml/1 c. à soupe d'huile de tournesol
5 ml/1 c. à thé de graines de coriandre
5 ml/1 c. à thé de graines de cumin
2 gousses de cardamome verte, ouvertes, les graines pilées
1 pincée de curcuma en poudre
400 g/14 oz de tomates concassées en conserve
450 g/1 lb/6 tasses de champignons coupés en quatre s'ils sont gros
225 g/8 oz de gombos triés et coupés en morceaux de 1 cm/½ in
30 ml/2 c. à soupe de coriandre fraîche hachée

*Pour la sauce à la mangue*

1 grosse mangue mûre de 500 g/1 1/4 lb environ
1 petite gousse d'ail pressée
1 oignon finement haché
10 ml/2 c. à thé de gingembre frais râpé
1 piment rouge frais égrené et finement haché
1 pincée de sel et de sucre

**1** Préparez la sauce à la mangue. Pour ce faire, commencez par peler la mangue et retirer le noyau.

**2** Dans un saladier, écrasez la chair de la mangue à la fourchette (vous pouvez aussi la passer au mixer). Mélangez-la ensuite avec les autres ingrédients de la sauce et réservez.

**3** Mixez ensemble l'ail, le gingembre, les piments et 45 ml/3 c. à soupe d'eau froide jusqu'à obtention d'une pâte homogène.

**4** Chauffez l'huile de tournesol dans une grosse cocotte, puis ajoutez toutes les graines de coriandre et de cumin. Faites-les revenir quelques secondes avant d'ajouter le cumin en poudre, la cardamome pilée et le curcuma en poudre. Faites revenir ces épices 1 min de plus.

**5** Incorporez la pâte à base d'ail, de gingembre et de piment, les tomates et le reste d'eau. Mélangez bien, puis ajoutez les champignons et les gombos. Remuez à nouveau, puis portez à ébullition. Baissez le feu, couvrez et laissez mijoter 5 min.

**6** Retirez le couvercle, remontez légèrement le feu et poursuivez la cuisson 5 à 10 min, afin que les gombos soient tendres sans s'écraser.

**7** Ajoutez la coriandre fraîche et servez accompagné de la sauce à la mangue et de riz blanc.

CONSEIL

Lorsque vous achetez des gombos frais, choisissez des gousses fermes et de couleur vive de moins de 10 cm/4 in de long.

# CURRY THAÏLANDAIS AUX LÉGUMES ET RIZ À LA CITRONNELLE

Du riz au jasmin, délicat et subtilement parfumé à la citronnelle et à la cardamome, accompagne parfaitement ce curry aux légumes très épicé. Ne soyez pas découragé par la longue liste d'ingrédients, ce plat est en fait très simple à préparer.

**Pour 4 personnes**

**INGRÉDIENTS**

225 g/8 oz de pommes de terre nouvelles coupées en deux, ou en quatre si elles sont grosses
125 g/4½ oz de maïs nain
200 g/6½ oz de bouquets de brocolis
1 poivron rouge épépiné et coupé en deux dans le sens de la longueur
125 g/4 oz d'épinards équeutés et émincés
10 ml/2 c. à thé d'huile végétale
400 ml/14 fl oz/1⅔ tasses de lait de coco
300 ml/½ pinte/1¼ tasses de bouillon de légumes
5 ml/1 c. à thé de sucre roux en poudre
30 ml/2 c. à soupe de coriandre fraîche hachée
sel et poivre du moulin

*Pour la pâte d'épices*

1 piment rouge épépiné et haché
3 piments verts épépinés et hachés
1 tige de citronnelle sans les pellicules extérieures, avec les 5 cm inférieurs finement hachés
2 échalotes hachées
1 zeste de citron vert finement râpé
2 gousses d'ail hachées
5 ml/1 c. à thé de poudre de coriandre
2,5 ml/½ c. à thé de poudre de cumin
1 cm/½ in de *galanga* frais finement haché ou 2,5 ml/½ c. à thé de poudre de *galanga* (facultatif)
30 ml/2 c. à soupe de coriandre fraîche hachée
15 ml/1 c. à soupe de racines et de tiges de coriandre fraîche hachées (facultatif)

*Pour le riz*

225 g/8 oz/1⅛ tasse de riz au jasmin rincé
1 tige de citronnelle sans les pellicules extérieures, coupée en 3 morceaux
6 capsules de cardamome écrasées

**1** Préparez la pâte d'épices. Passez tous les ingrédients au mixer jusqu'à obtention d'une pâte épaisse.

**2** Chauffez l'huile dans une grande casserole à fond épais et faites frire la pâte d'épices 1 à 2 min en remuant constamment. Ajoutez le lait de coco et le bouillon, et portez à ébullition.

**3** Baissez le feu, incorporez les pommes de terre et laissez mijoter 15 min. Ajoutez le maïs nain, le sel et le poivre, puis faites cuire 2 min. Incorporez le sucre, les brocolis et le poivron rouge, et poursuivez la cuisson 2 min de plus jusqu'à ce que les légumes soient tendres. Ajoutez les épinards émincés et la moitié de la coriandre fraîche. Faites cuire encore 2 min.

BIENFAITS POUR LA SANTÉ

Le brocoli contient des quantités appréciables de calcium, de vitamine C, d'acide folique, de zinc et de fer. La teneur en vitamines et en minéraux de ce plat est accrue par la présence de tous les autres légumes.

**4** Pendant ce temps, préparez le riz. Mettez le riz rincé dans une grande casserole et ajoutez la citronnelle et les capsules de cardamome. Versez 475 ml/16 fl oz/2 tasses d'eau dessus.

**5** Portez à ébullition puis baissez le feu, couvrez et faites cuire 10 à 15 min jusqu'à ce que l'eau soit absorbée et que le riz soit tendre et légèrement collant. Salez, laissez reposer 10 min puis soulevez le riz avec une fourchette.

**6** Enlevez les épices et servez le riz avec le curry, saupoudré avec le reste de la coriandre fraîche.

# CURRY D'AUBERGINES

Une façon simple et rapide de préparer des aubergines qui conservent ainsi toute leur saveur.

**Pour 4 personnes**

**INGRÉDIENTS**

2 grosses aubergines, de 450 g/1 lb chacune environ
45 ml/3 c. à soupe d'huile
2,5 ml/½ c. à thé de graines de moutarde noires
1 bouquet d'oignons nouveaux hachés
125 g/4 oz/1 ½ tasses de petits champignons de Paris coupés en deux
2 gousses d'ail pressées
1 piment rouge frais finement haché
2,5 ml/½ c. à thé de piment en poudre
2,5 ml/½ c. à thé de cumin en poudre
2,5 ml/½ c. à thé de coriandre en poudre
1 bonne pincée de curcuma en poudre
5 ml/1 c. à thé de sel
400 g/14 oz de tomates concassées en conserve
15 ml/1 c. à soupe de coriandre fraîche hachée
brins de coriandre fraîche, pour garnir

**1** Préchauffez le four sur 200 °C/400 °F Badigeonnez les 2 aubergines d' 15 ml/1 c. à soupe d'huile et piquez-les à la fourchette. Faites-les cuire au four 30 à 35 min, jusqu'à ce qu'elles aient ramolli.

**2** Pendant ce temps, chauffez le reste d'huile dans une casserole et faites sauter les graines de moutarde pendant 2 min, jusqu'à ce qu'elles commencent à éclater.

**3** Ajoutez les oignons, les champignons, l'ail et le piment frais, et faites revenir 5 min. Incorporez le piment, le cumin, la coriandre et le curcuma en poudre, salez et poursuivez la cuisson 3 à 4 min. Mettez enfin les tomates et laissez cuire à petit feu 5 min.

**4** Coupez chaque aubergine en deux dans le sens de la longueur et retirez la chair à l'aide d'une cuillère. Mettez-la dans un saladier et écrasez-la rapidement.

**5** Ajoutez la purée d'aubergines et la coriandre fraîche dans la casserole. Portez à ébullition, puis laissez cuire à petit feu 5 min, jusqu'à ce que la sauce épaississe. Servez garni de brins de coriandre fraîche.

CONSEIL

Si vous voulez réduire la quantité d'huile utilisée, enveloppez les aubergines dans du papier d'aluminium et faites-les cuire au four pendant 1 h.

# KORMA VÉGÉTARIEN

Le mélange des épices donne un curry subtil, très aromatique.

**Pour 4 personnes**

**INGRÉDIENTS**

50 g/2 oz/4 c. à soupe de beurre
2 oignons émincés
2 gousses d'ail pressées
1 morceau de gingembre frais de 2,5 cm/1 in de long, râpé
5 ml/1 c. à thé de cumin en poudre
15 ml/1 c. à soupe de coriandre en poudre
6 gousses de cardamome
1 bâton de cannelle de 5 cm/2 in de long
5 ml/1 c. à thé de curcuma en poudre
1 piment rouge frais égrené et finement haché
1 pomme de terre pelée et coupée en dés de 2,5 cm/1 in de côté
1 petite aubergine hachée
125 g/4 oz/2 1/2 tasse de champignons coupés en lamelles épaisses
125 g/4 oz de haricots verts coupés en morceaux de 2,5 cm/1 in de long
60 ml/4 c. à soupe de yaourt nature
150 ml/1/4 pinte/2/3 tasse de crème fraîche épaisse
5 ml/1 c. à thé de *garam masala*
sel et poivre du moulin
quelques brins de coriandre fraîche, pour garnir
*poppadums* (pains indiens non levés), pour servir

**1** Faites fondre le beurre dans une casserole à fond épais. Mettez les oignons à cuire 5 min, jusqu'à ce qu'ils aient ramolli. Ajoutez l'ail et le gingembre, et faites-les revenir 2 min, puis incorporez le cumin, la coriandre, la cardamome, le bâton de cannelle, le curcuma et le piment. Poursuivez la cuisson en remuant pendant 30 s.

**2** Ajoutez la pomme de terre, l'aubergine et les champignons et environ 175 ml/6 fl oz/3/4 tasse d'eau. Couvrez, portez à ébullition, puis baissez le feu et laissez mijoter 15 min. Incorporez les haricots verts et faites-les cuire à découvert pendant 5 min.

VARIANTE

Vous pouvez utiliser n'importe quel assortiment de légumes pour préparer ce korma, notamment des carottes, du chou-fleur, des brocolis, des petits pois et des pois chiches.

**3** Retirez les légumes à l'aide d'une écumoire et transférez-les dans un plat préchauffé. Maintenez-les au chaud. Laissez ensuite frémir le jus de cuisson pour qu'il réduise un peu. Salez, poivrez, puis incorporez le yaourt, la crème fraîche et le *garam masala*. Versez la sauce sur les légumes et garnissez avec les brins de coriandre fraîche. Servez accompagné de *poppadums*.

# Les tartes, tourtes et pizzas

Cette sélection de tartes, tourtes et pizzas est idéale pour une cuisine de tous les jours. Vous apprécierez aussi bien les plats d'hiver, chaleureux et reconstituants, que les recettes estivales, légères et très parfumées.

# QUICHE AUX CHAMPIGNONS ET AUX BROCOLIS

La pâte aux pommes de terre et au fromage se marie bien avec la garniture de champignons et de brocolis. Vous pouvez remplacer les brocolis par des poireaux émincés et tout juste cuits.

**Pour 8 personnes**

**INGRÉDIENTS**

125 g/4 oz/1 tasse de petits bouquets de brocolis
15 ml/1 c. à soupe d'huile d'olive
3 échalotes finement hachées
200 g/6 oz/2½ tasses de champignons sauvages mélangés, tels que cèpes, *shiitaké* et pleurotes, émincés ou hachés
2 œufs
200 ml/7 fl oz/⅞ tasse de lait demi-écrémé
15 ml/1 c. à soupe d'estragon frais haché
50 g/2 oz/½ tasse de fromage de cheddar râpé
sel et poivre noir du moulin
brins de fines herbes fraîches, pour garnir

*Pour la pâte*
80 g de/3 oz/¾ tasse farine de riz brun
80 g de/3 oz/¾ tasse semoule de maïs
1 pincée de sel
70 g/3 oz/6 c. à soupe de margarine
120 g/4 oz de pommes de terre cuites, écrasées et froides
50 g/2 oz/½ tasse de fromage de cheddar râpé

**1** Commencez par la pâte. Mélangez la farine de riz, la semoule de maïs et le sel dans une jatte. Incorporez la margarine du bout des doigts afin d'obtenir une pâte granuleuse.

**2** Ajoutez les pommes de terre et le fromage et pétrissez pour former une pâte lisse et souple. Enveloppez dans un film plastique et placez au frais 30 min.

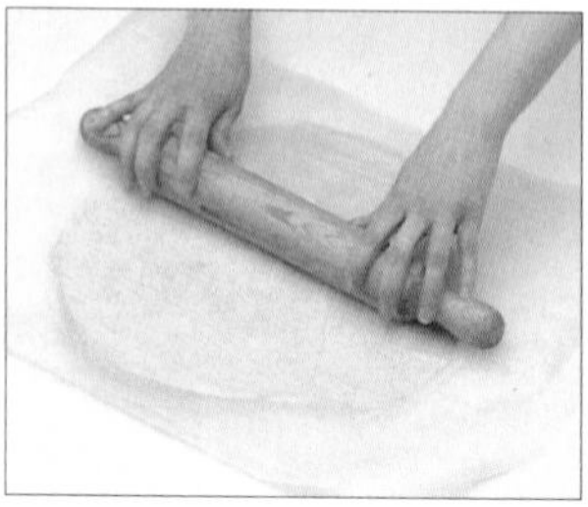

**3** Étalez la pâte entre 2 feuilles de papier sulfurisé. Tapissez un moule à tarte de 24 cm/9½ in de diamètre, à fond amovible, en appuyant légèrement la pâte sur les côtés du moule et coupez ce qui dépasse. Couvrez et mettez au frais pendant que vous préparez la garniture.

**4** Préchauffez le four à 200 °C/400 °F. Faites blanchir les brocolis 3 min à l'eau bouillante légèrement salée. Égouttez soigneusement et réservez.

**5** Chauffez l'huile dans une poêle et faites revenir les échalotes 3 min à feu doux. Ajoutez les champignons et laissez cuire encore 2 min.

**6** Répartissez le mélange champignons et échalotes sur le fond de tarte et disposez les bouquets de brocolis. Battez les œufs avec le lait et l'estragon, et rectifiez l'assaisonnement. Versez le tout sur les légumes et saupoudrez de fromage râpé. Faites cuire 10 min au four à 200 °C/400 °F, puis diminuez la température à 180 °C/350 °F et laissez cuire encore 30 min (la pointe d'un couteau doit ressortir propre). Servez chaud ou froid, décoré de fines herbes fraîches.

# TOURTE AUX LÉGUMES

**Pour 6 à 8 personnes**

**INGRÉDIENTS**

225 g/8 oz de poireaux
165 g/5½ oz/11 c. à soupe de beurre
225 g/8 oz/1¼ tasses coupées en dés
225 g/8 oz/3 tasses de champignons émincés
225 g/8 oz de choux de Bruxelles coupés en quatre
2 gousses d'ail pressées
120 g/4 oz/½ tasse de cream cheese ou de fromage frais à tartiner
120 g/4 oz de roquefort
150 ml/¼ pinte/⅔ tasse de crème fraîche épaisse
2 œufs battus
225 g/8 oz de pommes à cuire
225 g/8 oz/1 tasse de noix de cajou ou de pignons grillés
350 g/12 oz de pâte filo ou de brik surgelées, décongelées
sel et poivre du moulin

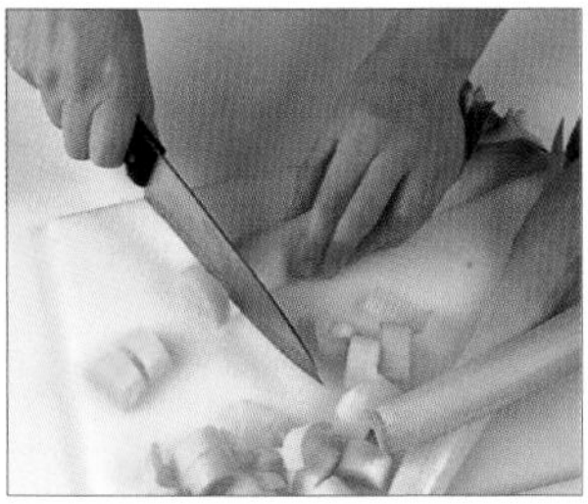

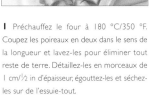

**1** Préchauffez le four à 180 °C/350 °F. Coupez les poireaux en deux dans le sens de la longueur et lavez-les pour éliminer tout reste de terre. Détaillez-les en morceaux de 1 cm/½ in d'épaisseur, égouttez-les et séchez-les sur de l'essuie-tout.

**2** Chauffez 40 g/1½ oz/3 c. à soupe de beurre dans une grande sauteuse, puis faites cuire les poireaux et les carottes à feu moyen pendant 5 min. Ajoutez ensuite les champignons, les choux de Bruxelles et l'ail, et poursuivez la cuisson pendant 2 min. Versez les légumes dans un saladier et laissez-les refroidir.

**3** Fouettez le fromage frais avec le roquefort, la crème fraîche et les œufs. Salez et poivrez, puis versez ce mélange sur les légumes.

**4** Pelez et évidez les pommes, puis coupez-les en dés de 1 cm/½ in de côté. Ajoutez-les aux légumes avec les noix grillées.

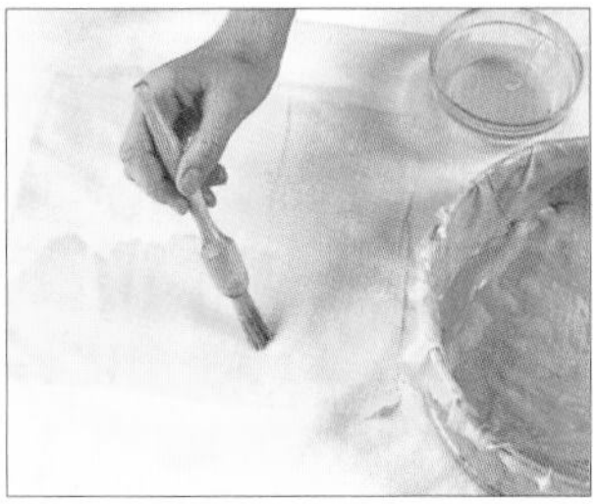

**5** Faites fondre le reste de beurre. Badigeonnez de beurre fondu l'intérieur d'un moule démontable de 23 cm/9 in de diamètre. Enduisez ensuite ⅔ des feuilles de pâte filo de beurre fondu, l'une après l'autre, puis tapissez-en le fond et les côtés du moule, en les faisant se chevaucher pour qu'il n'y ait pas de trous.

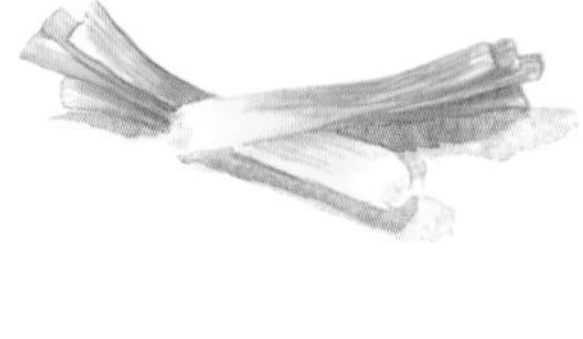

**6** Versez la préparation à base de légumes sur ce fond de tourte et repliez les bords de pâte filo vers le centre de façon à couvrir la garniture.

**7** Badigeonnez de beurre fondu le reste des feuilles de pâte filo, puis coupez-les en bandelettes de 2,5 cm/1 in de largeur. Recouvrez le dessus de la tourte de ces bandelettes de pâte, en les disposant de façon décorative.

**8** Faites cuire cette tourte pendant 35 à 40 min, jusqu'à ce qu'elle soit bien dorée et croustillante. Laissez-la refroidir 5 min avant de démonter le moule et de la transférer sur un plat.

CONSEIL

Si vous préférez que la croûte de la tourte soit plus ferme, badigeonnez la pâte d'œuf battu juste avant de l'enfourner.

# TOURTE AU MAÏS ET AUX HARICOTS ROUGES

**Pour 4 personnses**

**INGRÉDIENTS**

2 épis de maïs frais
30 ml/2 c. à soupe d'huile végétale
1 oignon haché
2 gousses d'ail écrasées
1 poivron rouge, épépiné et haché
2 piments verts épépinés et hachés
10 ml/2 c. à thé de cumin en poudre
500 g/1 lb de tomates mûres, pelées, épépinées et hachées
15 ml/1 c. à soupe de concentré de tomates
400 g/14 oz de haricots rouges en conserve, égouttés et rincés
15 ml/1 c. à soupe d'origan frais haché
feuilles d'origan, pour garnir

*Pour la pâte*

120 g/4 oz/1 tasse de semoule à polenta
15 ml/1 c. à soupe de farine
1 pincée de sel
10 ml/2 c. à thé de levure chimique
1 œuf légèrement battu
120 ml/4 fl oz/½ tasse de lait
15 ml/1 c. à soupe de beurre fondu
50 g/2 oz/½ tasse de fromage de cheddar fumé, râpé

**1** Préchauffez le four à 220 °C/425 °F. Retirez les feuilles et les fils des épis de maïs puis faites-les cuire à l'eau bouillante non salée pendant 8 min. Égouttez et laissez tiédir puis égrenez en glissant un couteau tout du long de l'épi.

**2** Chauffez l'huile dans une grande casserole et faites revenir 5 min l'oignon, l'ail et le poivron. Ajoutez piments et cumin et laissez cuire 1 min.

**3** Incorporez les tomates, le concentré de tomates, les haricots, le maïs et l'origan. Assaisonnez. Portez à ébullition et laissez frémir 10 min à découvert.

**4** Pour la pâte, mélangez la semoule avec la farine, le sel, la levure, l'œuf, le lait et le beurre afin d'obtenir une pâte lisse assez épaisse.

**5** Versez le mélange maïs et légumes dans un plat à four, étalez la pâte uniformément sur le dessus. Enfournez et laissez cuire 30 min, puis parsemez de fromage et remettez 5 à 10 min au four pour dorer le dessus.

# TARTE À L'OIGNON ET AU THYM

**Pour 6 personnes**

**INGRÉDIENTS**

30 ml/2 c. à soupe de beurre fondu ou d'huile d'olive
2 oignons finement émincés
2,5 ml/½ c. à thé de thym frais ou séché
1 œuf
120 ml/4 fl oz/½ tasse de yaourt nature
10 ml/2 c. à thé de graines de pavot
1,5 ml/¼ c. à thé de macis ou de muscade en poudre
sel et poivre noir du moulin

*Pour le fond de tarte*

120 g/4 oz/1 tasse de farine
11,5 ml/2 c. à thé de levure chimique
2,5 ml/½ c. à thé de sel
45 ml/3 c. à soupe de beurre froid
90 ml/6 c. à soupe de lait

**1** Chauffez le beurre ou l'huile dans une poêle. Ajoutez les oignons et faites revenir 10 à 12 min à feu doux, jusqu'à ce qu'ils soient dorés. Assaisonnez de thym, sel et poivre. Retirez du feu et laissez refroidir. Préchauffez le four à 220 °C/425 °F.

**2** Pour le fond de tarte, mélangez farine, levure et sel dans une jatte. Incorporez le beurre du bout des doigts afin d'obtenir une pâte granuleuse. Ajoutez le lait et travaillez la pâte délicatement à l'aide d'une cuillère en bois.

**3** Déposez la pâte sur une surface farinée et pétrissez-la légèrement.

**4** Aplatissez la pâte en un cercle de 20 cm/8 in de diamètre. Transférez dans un moule à tarte à bords hauts et étalez uniformément. Recouvrez avec les oignons.

**5** Battez l'œuf avec le yaourt et versez le tout sur les oignons. Parsemez de graines de pavot et de macis ou de muscade. Enfournez 35 à 40 min, jusqu'à ce que le dessus soit gonflé et doré.

**6** Laissez tiédir 10 min dans le moule. Glissez un couteau entre la tarte et le moule puis démoulez sur un plat. Coupez en tranches et servez tiède.

# BOUCHÉES AU MAÏS ET À LA FETA

Ces délicieuses bouchées sont très faciles à faire : alors, pourquoi ne pas en préparer le double, puisqu'elles partiront comme des petits pains ?

**Pour 18 à 20 bouchées**

**INGRÉDIENTS**

250 g/9 oz de maïs doux
125 g/4 oz de feta
1 œuf battu
30 ml/2 c. à soupe de crème fraîche liquide
15 g/½ oz de parmesan frais râpé
3 oignons nouveaux hachés
8 à 10 petites feuilles de pâte filo ou de brik
115 g/4 oz/8 c. à soupe de beurre fondu
poivre du moulin

**1** Préchauffez le four à 190 °C/375 °F. Beurrez 2 moules à muffins.

**2** Si vous utilisez du maïs frais, retirez les grains des épis à l'aide d'un grand couteau tranchant, que vous passez dans un mouvement descendant du sommet de l'épi jusqu'à la pointe. Faites-les blanchir à petit feu dans de l'eau bouillante salée pendant 3 à 5 min, jusqu'à ce qu'ils soient tendres. Si vous utilisez du maïs en conserve, égouttez-le, puis rincez-le bien sous l'eau froide et égouttez de nouveau.

**3** Émiettez la feta dans un saladier et incorporez le maïs. Ajoutez ensuite l'œuf, la crème fraîche, le parmesan râpé, les oignons nouveaux et le poivre noir moulu et mélangez bien.

**4** Coupez 1 feuille de pâte en deux de façon à obtenir un carré (couvrez le reste de pâte d'un torchon humide pour éviter qu'elle ne sèche). Badigeonnez de beurre fondu, puis pliez le carré en quatre de façon à obtenir un carré plus petit (7,5 cm/3 in de côté environ).

**5** Déposez 1 cuillerée à café bombée de farce au centre du carré de pâte, puis resserrez la pâte autour de la farce de façon à obtenir une petite bourse.

**6** Procédez ainsi jusqu'à épuisement de la farce. Badigeonnez l'extérieur de chaque « bourse » avec le reste de beurre et mettez-les au four. Faites-les cuire 15 min environ, jusqu'à ce qu'elles soient dorées. Servez bien chaud.

# TOURTE AUX ÉPINARDS ET AU FROMAGE

Cette tourte se congèle bien et peut en outre être réchauffée. Elle sera idéale pour un buffet de fête.

**Pour 8 personnes**

**INGRÉDIENTS**

115 g/4 oz/8 c. à soupe de beurre
225 g/8 oz/2 tasses de farine
2,5 ml/½ c. à thé de moutarde en poudre
2,5 ml/½ c. à thé de paprika
1 bonne pincée de sel
125 g/4 oz/1 tasse de cheddar ou de gruyère, finement râpé
1 œuf battu pour dorer

*Pour la garniture*

450 g/1 lb d'épinards surgelés
1 oignon haché
1 pincée de muscade râpée
225 g/8 oz/1 tasse de fromage frais type « cottage cheese »
2 gros œufs battus
50 g/2 oz/⅔ tasse de parmesan frais râpé
150 ml/¼ pinte/⅔ tasse de crème fraîche liquide
sel et poivre du moulin

**1** Travaillez le beurre et la farine ensemble jusqu'à ce que le mélange s'émiette. Ajoutez la moutarde en poudre, le paprika, le sel et le fromage, puis environ 45 à 60 ml/3 à 4 c. à soupe d'eau froide pour lier la pâte. Pétrissez jusqu'à ce que la pâte soit bien homogène, enve-loppez-la et mettez-la au réfrigérateur pendant 20 min.

**2** Faites cuire les épinards et l'oignon dans une casserole avec un peu d'eau à petit feu. Assaisonnez de muscade, salez et poivrez. Versez ensuite les épinards dans une jatte et laissez-les refroidir légèrement. Ajoutez les ingrédients restants.

**3** Étalez les ⅔ de la pâte sur un plan de travail légèrement fariné et garnissez-en un moule à tarte à fond détachable de 23 cm/9 in de diamètre. Appuyez bien sur les bords et retirez le surplus de pâte. Versez la garniture sur le fond de tarte.

**4** Préchauffez le four à 200 °C/400 °F et glissez une grille dans le four pour la faire chauffer.

**5** Étalez le reste de pâte et confectionnez des croisillons à l'aide d'un emporte-pièce ou en découpant des lanières de pâte et en les assemblant. Posez les croisillons sur la garniture, puis badigeonnez les bords avec de l'œuf battu. Soudez les croisillons au fond de tarte en appuyant sur la pâte et retirez l'excédent. Enduisez l'ensemble des croisillons d'œuf battu et glissez le moule sur la grille du four. Faites cuire la tourte 35 à 40 min, jusqu'à ce que le dessus soit bien doré. Servez chaud ou froid.

# TARTE AUX OIGNONS CARAMÉLISÉS

Servi chaud avec une salade mixte, ce grand classique de la cuisine française constitue un déjeuner léger parfait pour l'été.

**Pour 6 personnes**

**INGRÉDIENTS**

500 g/1 ¹/₄ lb d'oignons coupés en rondelles
15 ml/1 c. à soupe de beurre
15 ml/1 c. à soupe d'huile d'olive
1 grosse pincée de poudre de noix de muscade
5 ml/1 c. à thé de sucre roux en poudre
2 œufs
150 ml/¹/₄ pinte/²/₃ tasse de crème fraîche allégée
50 g/2 oz/¹/₂ tasse de gruyère râpé
sel et poivre du moulin

*Pour la pâte*

75 g/3 oz/²/₃ tasse de farine blanche non raffinée
75 g/3 oz/²/₃ tasse de farine complète
75 g/3 oz/6 c. à soupe de beurre
1 jaune d'œuf

**1** Pour la pâte, pétrissez les 2 farines et le beurre jusqu'à ce que le mélange ressemble à une semoule à gros grains. Incorporez le jaune d'œuf et assez d'eau froide pour obtenir une pâte.

**2** Mettez la pâte sur une surface de travail légèrement farinée et façonnez une boule lisse, puis enveloppez-la dans du film alimentaire et laissez-la reposer environ 30 min au réfrigérateur.

**3** Pendant ce temps, préparez la farce. Chauffez le beurre et l'huile dans une grande poêle à fond épais. Faites cuire les oignons 30 min à petit feu, en remuant souvent, jusqu'à ce qu'ils soient tendres et translucides. Incorporez la noix de muscade, le sucre, le sel et le poivre, et faites cuire 5 min de plus, afin que les oignons dorent et caramélisent. Réservez.

**4** Préchauffez le four à 220 °C/425 °F. Graissez légèrement un moule cannelé à fond amovible de 53 x 12 cm/14 x 4¹/₂ in. Étendez la pâte au rouleau et tapissez-en le moule préparé. Coupez ce qui dépasse et réservez au frais 20 min.

**5** Piquez le fond de tarte avec une fourchette, puis tapissez-le avec du papier sulfurisé et des haricots secs. Faites cuire au four 10 min, jusqu'à ce qu'il soit légèrement doré. Enlevez le papier et les haricots, puis disposez les oignons sur la pâte.

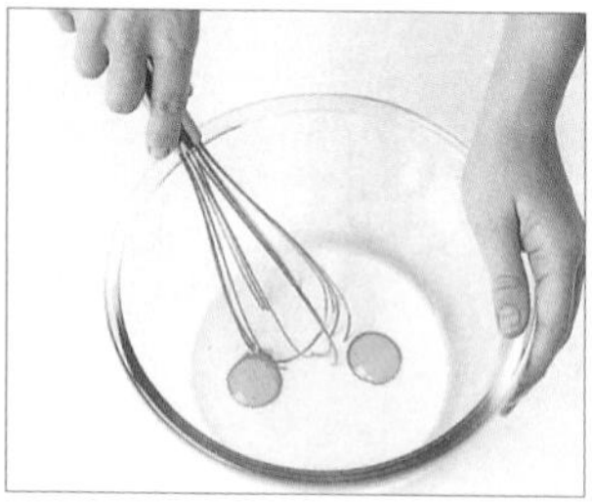

**6** Battez les œufs avec la crème, ajoutez le fromage, salez et poivrez selon votre goût. Versez le mélange sur les oignons et faites cuire au four 30 min, jusqu'à ce que la tarte soit gonflée et dorée.

# LÉGUMES MÉDITERRANÉENS EN CROÛTE

Cette tourte contient un savoureux mélange d'olives, d'aubergines et de haricots rouges. Si la pâte se fendille, recollez-la : cela accentue le caractère rustique de cette recette.

**Pour 4 personnes**

**INGRÉDIENTS**

500 g/1 ¼ lb d'aubergines détaillées en dés
1 poivron rouge
1 gros oignon finement haché
1 courgette coupée en rondelles
2 gousses d'ail écrasées
200 g/7 oz/1 ½ tasses de haricots rouges en conserve, rincés et égouttés
125 g/4 oz/1 tasse d'olives noires dénoyautées et rincées
30 ml/2 c. à soupe d'huile d'olive
15 ml/1 c. à soupe d'origan frais ou 5 ml/1 c. à thé d'origan séché plus un peu d'origan frais, pour garnir
375 g/13 oz/⅔ tasse de coulis de tomates
1 œuf battu ou un peu de lait
30 ml/2 c. à soupe de semoule
sel et poivre du moulin

*Pour la pâte*

75 g/3 oz/⅔ tasse de farine blanche non raffinée
75 g/3 oz/⅔ tasse de farine complète
75 g/3 oz/6 c. à soupe de margarine végétale
50 g/2 oz/⅔ tasse de parmesan fraîchement râpé

**1** Préchauffez le four à 220 °C/425 °F. Pour la pâte, mélangez la farine blanche et la farine complète dans une grande jatte. Pétrissez avec la margarine végétale jusqu'à ce que le mélange prenne l'aspect d'une semoule à gros grains, puis incorporez le parmesan râpé. Ajoutez assez d'eau froide pour obtenir une pâte ferme.

**2** Pétrissez la pâte sur une surface de travail légèrement farinée pour former une boule lisse, puis enveloppez-la de film alimentaire et mettez-la environ 30 min au réfrigérateur.

**3** Pour la farce, placez l'aubergine dans une passoire, saupoudrez de sel puis laissez dégorger environ 30 min. Rincez et séchez avec du papier absorbant. Pendant ce temps, disposez le poivron sur une plaque de four et enfournez pour 20 min. Mettez le poivron dans un sac en plastique et laissez-le suffisamment refroidir pour pouvoir le tenir. Pelez et épépinez-le et détaillez la chair en dés. Réservez.

**4** Chauffez l'huile dans une grande poêle à fond épais. Faites fondre les oignons 5 min, en remuant de temps à autre. Mettez les aubergines à revenir 5 min jusqu'à ce qu'elles soient tendres. Ajoutez la courgette, l'ail et l'origan, et faites cuire 5 min de plus en tournant souvent. Incorporez les haricots rouges et les olives, puis le coulis de tomates et le poivre. Remuez et poursuivez la cuisson jusqu'à ce que le mélange soit bien chaud. Laissez refroidir.

**5** Étendez la pâte sur une planche ou une surface de travail légèrement farinée pour former une galette d'environ 30 cm/12 in. Placez cette galette sur une plaque huilée. Badigeonnez d'œuf battu ou de lait, éparpillez la semoule sur le dessus en laissant une bordure de 4 cm/1 ½ in, puis déposez la farce.

**6** Relevez les coins de la pâte pour recouvrir partiellement la farce – la tourte doit rester ouverte au milieu. Badigeonnez avec le reste de l'œuf ou du lait et faites cuire au four 30 à 35 min jusqu'à ce que la pâte soit dorée. Garnissez d'origan.

# GÂTEAU À LA RICOTTA ET AUX HERBES D'ÉTÉ

Simple à préparer et parfumé aux herbes aromatiques, ce gâteau délicat constitue un plat savoureux pour le déjeuner.

**Pour 4 personnes**

**INGRÉDIENTS**

800 g/1 lb 11 oz/3½ tasses de ricotta
60 ml/4 c. à soupe de feuilles de basilic frais, déchirées
60 ml/4 c. à soupe de ciboulette fraîche ciselée
45 ml/3 c. à soupe de feuilles d'origan frais
huile d'olive, pour graisser et badigeonner
75 g/3 oz/1 tasse de parmesan finement râpé
3 œufs, le blanc et le jaune séparés
2,5 ml/½ c. à thé de sel
2,5 ml/½ c. à thé de paprika
poivre du moulin
feuilles d'herbes fraîches, pour garnir

*Pour la tapenade*

400 g/14 oz/3½ tasses d'olives noires dénoyautées, rincées et coupées en deux, dont quelques-unes pour garnir (facultatif)
5 gousses d'ail écrasées
75 ml/5 c. à soupe/⅓ tasse d'huile d'olive

**1** Préchauffez le four à 180 °C/350 °F et enduisez légèrement d'huile d'olive un moule à gâteau à fond amovible. Mettez la ricotta, le parmesan et les jaunes d'œufs dans un mixer. Ajoutez les herbes, le sel et le poivre, et mixez jusqu'à ce que le mélange soit homogène et onctueux.

**2** Dans une grande jatte, montez les blancs d'œufs en neige ferme. Incorporez délicatement ces blancs au mélange à base de ricotta, en veillant à ne pas les faire retomber. Tapissez le fond du moule de cette préparation et lissez la surface.

**3** Faites cuire au four environ 1 h 20 jusqu'à ce que le gâteau ait levé et que le dessus soit doré. Sortez du four et badigeonnez légèrement d'huile d'olive, puis saupoudrez de paprika. Laissez refroidir avant de retirer du moule.

**4** Préparez la tapenade. Passez les olives et l'ail au mixer jusqu'à ce que le tout soit finement haché. Ajoutez graduellement l'huile d'olive, mixez jusqu'à obtention d'une pâte épaisse et transférez dans un bol de service. Garnissez le gâteau d'herbes fraîches et servez avec la tapenade.

# BOUCHÉES AUX OIGNONS ET AU CHÈVRE

Ces jolies petites bouchées sont très faciles à préparer. Tapissez le fond de *pesto* ou de tapenade avant d'ajouter les divers ingrédients.

**Pour 4 personnes**

**INGRÉDIENTS**

425 g/15 oz de pâte feuilletée toute prête
125 g/4 oz/½ tasse de fromage de chèvre détaillé en dés
450 g/1 lb/1½ tasses d'oignons rouges coupés en rondelles
15 ml/1 c. à soupe d'huile d'olive
30 ml/2 c. à soupe de thym frais ou 10 ml/2 c. à thé de thym sec
15 ml/1 c. à soupe de vinaigre balsamique
1 œuf battu
sel et poivre du moulin
branches de thym frais, pour garnir (facultatif)
feuilles mélangées de salade verte, pour servir

**1** Chauffez l'huile dans une grande poêle à fond épais, ajoutez les oignons et faites-les fondre 10 min à feu doux, en remuant de temps en temps pour les empêcher d'attacher. Incorporez le thym, le sel, le poivre et le vinaigre balsamique et faites cuire 5 min de plus. Retirez la poêle du feu et laissez refroidir.

**2** Préchauffez le four à 220 °C/425 °F. Déroulez la pâte et découpez 4 ronds. Disposez les ronds de pâte sur une plaque humidifiée et, avec la pointe d'un couteau, tracez une bordure à 2 cm/¾ in à l'intérieur du pourtour de chaque rond.

**3** Répartissez les oignons sur les ronds de pâte et ajoutez les dés de fromage de chèvre. Badigeonnez les bords de chaque rond d'œuf battu et faites cuire au four 25 à 30 min, jusqu'à ce que les bouchées soient dorées. Garnissez éventuellement de thym et servez avec un mélange de feuilles de salade.

# TARTELETTES AUX CHAMPIGNONS ET AUX NOIX

La *fontina*, fromage d'origine italienne, confère à ces tartelettes un goût crémeux. Servez-les chaudes accompagnées de feuilles de roquette.

**Pour 4 personnes**

**INGRÉDIENTS**

25 g/1 oz/½ tasse de champignons sauvages séchés
30 ml/2 c. à soupe d'huile d'olive
1 oignon rouge haché
2 gousses d'ail hachées
30 ml/2 c. à soupe de xérès demi-sec
1 œuf
120 ml/4 fl oz/½ tasse de crème fraîche allégée
25 g/1 oz de *fontina* coupée en fines tranches
sel et poivre du moulin
feuilles de roquette, pour servir

*Pour la pâte*

120 g/4 oz/1 tasse de farine complète
50 g/2 oz/4 c. à soupe de beurre
25 g/1 oz/¼ tasse de noix grillées et moulues
1 œuf légèrement battu

**1** Pour la pâte, pétrissez ensemble la farine et le beurre jusqu'à ce que le mélange ressemble à une semoule à gros grains, puis incorporez les noix. Ajoutez les œufs et mélangez pour former une pâte molle. Enveloppez la pâte dans du film alimentaire et mettez 30 min au réfrigérateur.

CONSEIL

Vous pouvez préparer les fonds de tarte à l'avance : faites-les cuire 10 min au four, puis mettez-les dans un récipient hermétique. Ils se gardent 2 jours ainsi.

**2** Pendant ce temps, faites tremper les champignons séchés 30 min dans 300 ml/½ pinte/1 ¼ tasses d'eau bouillante. Égouttez et réservez le liquide. Chauffez l'huile dans une poêle. Mettez l'oignon à fondre 5 min, puis ajoutez l'ail et faites blondir 2 min en remuant.

**3** Incorporez les champignons et faites cuire 7 min à température élevée, jusqu'à ce que les bords deviennent croquants. Versez le xérès et le liquide de trempage réservé. Faites cuire environ 10 min à feu vif, jusqu'à ce que le liquide s'évapore. Salez et poivrez, puis laissez refroidir.

**4** Préchauffez le four à 200 °C/400 °F. Graissez légèrement 4 moules à tartelettes de 10 cm/4 in de diamètre. Roulez la pâte sur une surface de travail légèrement farinée et garnissez-en les moules.

**5** Piquez les fonds de tartelettes avec une fourchette, garnissez de papier sulfurisé et de haricots secs, et mettez à cuire au four 10 min. Retirez le papier et les haricots.

**6** Fouettez l'œuf et la crème ensemble, incorporez le mélange de champignons, salez et poivrez selon votre goût. Versez sur les fonds de tartelettes, ajoutez des tranches de *fontina* et faites cuire au four 20 min. Servez chaud avec de la roquette.

# JALOUSIE AUX CHAMPIGNONS ET AUX PRUNEAUX

Le mot jalousie provient des stries qui ornent le dessus de cette tourte et qui rappellent les lames du volet de même nom. Accompagnez cette tourte, à la riche farce au goût de noix, de pommes de terre au four et de légumes à la vapeur.

**Pour 6 personnes**

**INGRÉDIENTS**

200 g/7 oz/3 tasses de champignons rosés des prés finement hachés
75 g/3 oz/⅓ tasse de pruneaux dénoyautés
75 g/3 oz/⅓ tasse de lentilles vertes, rincées
5 ml/1 c. à thé de bouillon de légumes concentré
15 ml/1 c. à soupe d'huile de tournesol
2 gros poireaux coupés en rondelles
2 gousses d'ail hachées
10 ml/2 c. à thé d'un mélange d'herbes sèches
75 g/3 oz/¾ tasse g d'un mélange de noix hachées
15 ml/1 c. à soupe de pignons (facultatif)
25 g/1 oz/½ tasse de chapelure fraîche
2 œufs battus
2 feuilles de pâte feuilletée toute prête, d'un poids total de 425 g/15 oz
farine, pour saupoudrer
sel et poivre du moulin

**1** Mettez les lentilles dans une casserole et couvrez-les d'eau froide. Portez à ébullition, puis baissez le feu et ajoutez le bouillon de légumes concentré. Couvrez partiellement la casserole et laisser mijoter 20 min, afin que les lentilles soient tendres. Réservez.

**2** Chauffez l'huile dans une grande poêle à fond épais, mettez les poireaux et l'ail à revenir 5 min, jusqu'à ce que le tout ait fondu. Ajoutez les champignons et les herbes et faites cuire 5 min de plus. Transférez la préparation dans une jatte à l'aide d'une écumoire. Incorporez les lentilles, les noix, les pruneaux, la chapelure et éventuellement les pignons.

CONSEIL

Essayez d'autres combinaisons de légumes, de noix et de fruits secs.

**3** Préchauffez le four à 220 °C/425 °F. Ajoutez les ⅔ des œufs battus au mélange de champignons, salez et poivrez. Réservez.

**4** Pendant ce temps, déroulez l'une des feuilles de pâte. Découpez 2,5 cm/1 in de sa largeur et de sa longueur, puis placez cette base sur une plaque humidifiée. Déroulez la seconde feuille de pâte, saupoudrez légèrement de farine, puis pliez en deux dans le sens de la longueur. Faites une série d'entailles espacées de 1 cm/½ in les unes des autres en travers de la pliure, en laissant 2,5 cm/1 in de bordure sur le pourtour de la pâte.

**5** Étalez régulièrement le mélange de champignons sur la feuille de base en laissant une bordure de 2,5 cm/1 in. Humectez les bords de la pâte avec de l'eau. Ouvrez le rectangle plié et déposez-le soigneusement sur le dessus de la farce. Recoupez les bords si nécessaire, puis rabattez les bords de la pâte ensemble pour fermer. Gaufrez les bords.

**6** Badigeonnez le dessus de la pâte avec le reste des œufs battus et faites cuire au four 25 à 30 min, jusqu'à ce que la jalousie soit dorée. Laissez légèrement refroidir avant de servir.

# TARTE AUX POMMES, À L'OIGNON ET AU GRUYÈRE

**Pour 4 à 6 personnes**

**INGRÉDIENTS**

**Pour la pâte**

200 g/8 oz/2 tasses de farine
1 pincée de sel
1.5 ml/¼ c. à thé de moutarde
60 g/3 oz/6 c. à soupe de beurre
70 g/3 oz/6 c. à soupe/¾ tasse de gruyère finement râpé

*Pour la garniture*

30 g/1 oz/2 c. à soupe de beurre
1 gros oignon finement haché
1 grosse pomme à couteau ou 2 petites, pelées et râpées
2 œufs
150 ml/¼ pinte/⅔ tasse de crème fraîche
1,5 ml/¼ c. à thé d'herbes séchées en mélange
2,5 ml/½ c. à thé de moutarde
120 g/4 oz de gruyère
sel et poivre noir du moulin

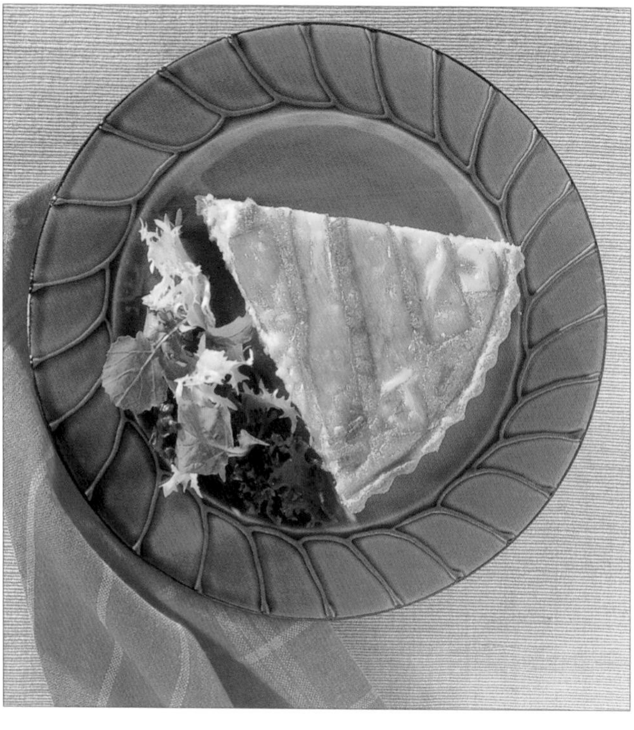

**1** Pour la pâte, mélangez la farine avec le sel et la moutarde dans une jatte. Incorporez le beurre et le fromage, et travaillez de sorte à obtenir une pâte granuleuse. Ajoutez 2 cuillerées à soupe d'eau et roulez en boule. Enveloppez et mettez au frais 30 min.

**2** Faites fondre le beurre dans une poêle et mettez à revenir l'oignon 10 min à feu doux, en remuant de temps à autre – il doit être cuit mais non doré. Ajoutez la pomme et faites-la fondre 2 ou 3 min. Laissez refroidir.

**3** Étalez la pâte et tapissez-en un moule beurré de 20 cm/8 in de diamètre à bords cannelés. Placez au frais 20 min. Préchauffez le four à 200 °C/400 °F.

**4** Posez un rond de papier sulfurisé sur le fond de tarte et garnissez de haricots. Faites cuire 20 min au four.

**5** Battez les œufs avec la crème, les herbes séchées et la moutarde. Râpez les trois quarts du gruyère et incorporez-le au mélange d'œufs battus puis tranchez en fines lamelles le reste et réservez. Rectifiez l'assaisonnement. Quand la pâte est cuite, retirez le papier et les haricots et étalez la garniture.

**6** Disposez les lamelles de fromage sur le dessus. Baissez la température du four à 190 °C/375 °F. Remettez la tarte au four et laissez cuire 20 min, jusqu'à ce que la garniture soit cuite et dorée. Servez chaud ou froid.

CONSEIL

Vous pouvez remplacer le gruyère par tout autre fromage à pâte dure : cheddar, provolone ou emmenthal.

# TOURTE AUX MARRONS ET À LA BIÈRE BLONDE

Ce plat nourrissant, parfait pour l'hiver, est confectionné avec une sauce à la bière et garni d'une fine feuille de pâte au thym. Le fromage bleu rend cette tourte particulièrement onctueuse et goûteuse, mais on peut l'omettre pour une préparation plus légère.

**Pour 4 personnes**

**INGRÉDIENTS**

- 350 g/12 oz/3 tasses de marrons en conserve, coupés en deux
- 250 ml/8 fl oz/1 tasse de bière blonde
- 30 ml/2 c. à soupe d'huile de tournesol
- 2 gros oignons hachés
- 500 g/1 1/4 lb/8 tasses de girolles coupées en deux
- 3 carottes coupées en rondelles
- 1 panais coupé en rondelles épaisses
- 15 ml/1 c. à soupe de thym frais ou 5 ml/1 c. à thé de thym sec
- 2 feuilles de laurier
- 120 ml/4 fl oz/1/2 tasse de bouillon de légumes
- 5 ml/1 c. à thé de sucre roux en poudre
- 30 ml/2 c. à soupe de farine blanche non raffinée
- 150 g/5 oz/1 1/4 tasses de fromage bleu détaillé en dés
- 1 œuf battu ou du lait, pour glacer
- sel et poivre du moulin

*Pour la pâte*

- 120 g/4 oz/1 tasse de farine complète
- 1 pincée de sel
- 50 g/2 oz/4 c. à soupe de beurre ou de margarine végétale
- 15 ml/1 c. à soupe de thym frais ou 5 ml/1 c. à thé de thym sec

**1** Pour la pâte, malaxez ensemble la farine, le sel et le beurre ou la margarine jusqu'à ce que le mélange ait l'aspect d'une semoule à gros grains. Ajoutez le thym et assez d'eau pour obtenir une pâte fine.

**BIENFAITS POUR LA SANTÉ**

Les marrons contiennent des quantités importantes de vitamines du groupe B, du potassium et du calcium ; contrairement aux fruits oléagineux, ils sont très pauvres en graisses.

**2** Mettez la pâte sur une planche ou une surface de travail farinée et pétrissez-la 1 min pour former une boule homogène. Enveloppez-la dans du film alimentaire et laissez-la reposer 30 min au réfrigérateur.

**3** Pour la farce, chauffez l'huile dans une casserole à fond épais et faites fondre les oignons 5 min en remuant de temps à autre. Ajoutez les champignons et faites cuire 3 min de plus, jusqu'à ce qu'ils soient tendres. Incorporez les carottes, le panais et les herbes, remuez et couvrez. Poursuivez la cuisson 3 min, jusqu'à ce que les légumes soient légèrement tendres.

**4** Versez la bière et le bouillon de légumes puis ajoutez le sucre, le sel et le poivre. Laissez mijoter 5 min en couvrant et en remuant de temps en temps. Incorporez les marrons.

**5** Préparez une pâte avec la farine et 30 ml/2 c. à soupe d'eau. Ajoutez au mélange de bière et faites cuire 5 min à découvert, en remuant, jusqu'à ce que la sauce épaississe. Incorporez le fromage et faites chauffer jusqu'à ce qu'il fonde.

**6** Préchauffez le four à 220 °C/425 °F. Étalez la pâte en un disque de la taille d'un plat à tourte de 1,5 litre/2 1/2 pintes/6 1/4 tasses. Transférez la préparation aux marrons dans le plat. Humectez les bords du plat et recouvrez avec la pâte. Fermez, coupez et gaufrez les bords. Pratiquez une petite fente sur le dessus de la tourte et utilisez l'éventuel surplus de pâte pour confectionner d'autres feuilles de pâte. Badigeonnez d'œuf ou de lait et faites cuire au four 30 min jusqu'à ce que la tourte soit dorée.

# PIZZAS AU POTIRON ET À LA SAUGE

L'association du potiron, de la sauge et du fromage de chèvre est un véritable régal.

**Pour 4 personnes**

**INGRÉDIENTS**

2,5 ml/½ c. à thé de levure de boulangerie sèche
1 pincée de sucre cristallisé
450 g/1 lb/4 tasses de farine
5 ml/1 c. à thé de sel
15 g/½ oz/1 c. à soupe de beurre
60 ml/4 c. à soupe d'huile d'olive
2 échalotes finement hachées
450 g/1 lb environ de potiron pelé, égrené et coupé en dés
16 feuilles de sauge
sauce tomate toute prête
120 g/4 oz de mozzarella coupée en tranches
120 g/4 oz/½ tasse de fromage de chèvre ferme
sel et poivre du moulin

**1** Mettez 300 ml/½ pinte/1 ¼ tasses d'eau tiède dans un verre gradué. Ajoutez la levure et le sucre et laissez reposer pendant 5 à 10 min, jusqu'à ce que le mélange se mette à mousser.

**2** Mélangez la farine et le sel dans une jatte et faites un puits. Versez-y petit à petit le levain et l'huile d'olive, et mélangez le tout de façon à obtenir une pâte homogène. Pétrissez ensuite la pâte sur un plan de travail légèrement fariné pendant une dizaine de minutes, de façon qu'elle soit souple et élastique. Mettez-la enfin dans un saladier fariné, couvrez et laissez-la lever au chaud pendant 1 h 30.

**3** Préchauffez le four à 200 °C/400 °F. Huilez 4 plaques à pâtisserie. Versez le beurre et l'huile dans un plat à four et enfournez pendant quelques minutes. Ajoutez les échalotes, le potiron et la moitié des feuilles de sauge. Mélangez le tout pour bien enrober les légumes de matière grasse, puis faites-les cuire au four pendant 15 à 20 min, jusqu'à ce qu'ils soient tendres.

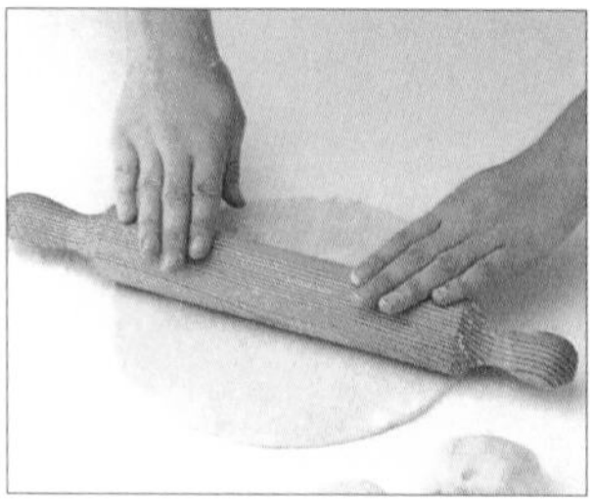

**4** Augmentez la température du four à 220 °C/425 °F. Divisez la pâte en 4 parts égales, puis étalez chacune au rouleau sur un plan de travail légèrement fariné, pour obtenir 4 disques de 25 cm/10 in de diamètre.

**5** Faites glisser chaque disque de pâte sur une plaque à pâtisserie et tartinez-le de sauce tomate, en laissant nue une bordure de 1 cm/½ in tout autour. Disposez ensuite le mélange potiron-échalotes sur la sauce tomate.

**6** Placez les tranches de mozzarella sur le potiron, puis émiettez le fromage de chèvre dessus. Éparpillez les feuilles de sauge restantes, puis salez et poivrez généreusement. Faites cuire au four 15 à 20 min, jusqu'à ce que le fromage ait fondu et que la croûte soit bien dorée.

# PIZZA AUX LÉGUMES FRAIS

Vous pouvez préparer cette pizza avec n'importe quel assortiment de légumes frais. Il est préférable dans la plupart des cas de les faire blanchir ou sauter avant de passer la pizza au four.

**Pour 4 personnes**

**INGRÉDIENTS**

400 g/14 oz de tomates olivettes ou Roma pelées, fraîches ou en conserve (pesées entières, mais sans le jus de la boîte)
2 têtes moyennes de brocolis
225 g/8 oz d'asperges fraîches
2 petites courgettes
75 ml/5 c. à soupe d'huile d'olive
50 g/2 oz/⅓ tasse de petits pois écossés, frais ou surgelés
4 oignons nouveaux émincés
1 pâte à pizza de 25 à 30 cm/10 à 12 in de diamètre
75 g/3 oz de mozzarella coupée en petits dés
10 feuilles de basilic frais ciselées
2 gousses d'ail finement hachées
sel et poivre du moulin

**1** Préchauffez le four à 240 °C/475 °F au moins 20 min avant de faire cuire la pizza.

**2** Passez les tomates au presse-purée équipé de la grille intermédiaire, en raclant bien toute la pulpe.

**3** Pelez les tiges des brocolis et des asperges, puis faites-les blanchir avec les courgettes. Égouttez-les. Coupez les brocolis et les asperges en morceaux de la taille d'une bouchée. Émincez les courgettes dans le sens de la longueur.

**4** Chauffez 30 ml/2 c. à soupe d'huile d'olive dans une petite poêle. Ajoutez les petits pois et les oignons et faites-les sauter pendant 5 à 6 min, en remuant souvent. Retirez du feu.

**5** Étalez la pulpe de tomates sur la pâte à pizza, en laissant une bordure de pâte nue. Disposez ensuite les autres légumes en les répartissant bien sur ce lit de tomates.

**6** Parsemez de dés de mozzarella, de basilic, d'ail, puis salez et poivrez. Arrosez avec un filet d'huile d'olive, puis enfournez immédiatement la pizza. Faites-la cuire pendant une vingtaine de minutes, jusqu'à ce que la pâte soit bien dorée et que le fromage ait fondu.

# PIZZA POÊLÉE À LA POLENTA, AUX CHAMPIGNONS ET À LA MOZZARELLA

Cette pizza est cuite à la poêle et non au four. La pâte a un peu la consistance d'un gâteau et elle est garnie d'oignon rouge, de mozzarella et de champignons à l'ail. Servez la pizza avec une simple salade de tomates au basilic.

**Pour 2 personnes**

**INGRÉDIENTS**

125 g/4 oz/1 1/2 tasses de girolles coupées en rondelles
125 g/4 oz de mozzarella émiettée
30 ml/2 c. à soupe d'huile d'olive
1 gros oignon rouge coupé en rondelles
3 gousses d'ail écrasées
5 ml/1 c. à thé d'origan sec
15 ml/1 c. à soupe de pignons (facultatif)

*Pour la pâte*

50 g/2 oz/1/2 tasse de farine blanche non raffinée
2,5 ml/1/2 c. à thé de sel
120 g/4 oz/1 tasse de polenta fine
5 ml/1 c. à thé de levure de boulanger
1 œuf battu
150 ml/1/4 pinte/2/3 tasse de lait
25 g/1 oz/1/3 tasse de parmesan fraîchement râpé
2,5 ml/1/2 c. à thé de flocons de piment
15 ml/1 c. à soupe d'huile d'olive

**1** Pour la garniture, chauffez la moitié de l'huile d'olive dans une poêle à fond épais, ajoutez l'oignon et faites-le revenir 10 min jusqu'à ce qu'il soit tendre, tout en remuant de temps en temps. Enlevez l'oignon de la poêle et réservez.

**2** Mettez le reste de l'huile dans la poêle et faites blondir l'ail 1 min. Incorporez les rondelles de champignons et l'origan, et faites cuire 5 min de plus, jusqu'à ce que les champignons soient tendres.

**3** Pour la pâte de la pizza, mélangez la farine, le sel, la polenta et la levure de boulanger dans une jatte. Creusez un puits au centre et incorporez l'œuf. Versez progressivement le lait et mélangez avec une fourchette pour obtenir une pâte épaisse et homogène. Ajoutez le parmesan et les flocons de piment.

**4** Faites chauffer l'huile d'olive dans une poêle de 25 cm/10 in à fond épais. Versez la pâte et étalez-la de façon régulière. Faites cuire environ 3 min à feu moyen jusqu'à ce que la pâte prenne. Retirez la poêle du feu et passez un couteau sous les bords pour les décoller.

**5** Posez une assiette sur la poêle et, en la pressant fermement, retournez le tout. Faites glisser de nouveau la pâte de la pizza sur la poêle, sur son côté non cuit, et laissez dorer 2 min.

**6** Chauffez le gril du four. Déposez les oignons sur le fond de pizza, puis recouvrez avec le mélange de champignons. Éparpillez la mozzarella sur le dessus et faites griller environ 6 min jusqu'à ce que celle-ci fonde. Parsemez éventuellement de pignons et faites dorer. Servez la pizza coupée en parts.

# PIZZA AUX TOMATES ET À LA ROQUETTE

La roquette, au goût poivré, et le basilic frais, très parfumé et couleur.

**Pour 2 personnes**

**INGRÉDIENTS**

150 g/5 oz/1 tasse de tomates concassées en conserve
2 tomates épépinées et hachées
25 g/¾ oz/1 tasse de feuilles de roquette
10 ml/2 c. à thé d'huile d'olive, plus un peu pour arroser
1 gousse d'ail écrasée
2,5 ml/½ c. à thé de sucre
30 ml/2 c. à soupe de feuilles de basilic frais déchiquetées
150 g/5 oz/⅔ tasse de mozzarella coupée en tranches
sel et poivre du moulin

*Pour la pâte*

225 g/8 oz/2 tasses de farine blanche de blé dur
5 ml/1 c. à thé de sel
2.5 ml/½ c. à thé de levure sèche
15 ml/1 c. à soupe d'huile d'olive

**1** Pour la pâte de la pizza, mettez la farine, le sel et la levure dans une jatte. Creusez un puits au centre et ajoutez l'huile et 150 ml/¼ pinte/⅔ tasse d'eau chaude. Mélangez avec un couteau à lame ronde pour former une pâte malléable.

**2** Déposez la pâte sur une surface de travail légèrement farinée et pétrissez pendant 5 min. Couvrez d'un linge ou avec la jatte retournée et laissez reposer environ 5 min, puis pétrissez encore 5 min, afin que la pâte soit homogène et élastique. Mettez-la dans une jatte légèrement huilée et recouvrez de film alimentaire. Laissez environ 45 min dans un endroit chaud jusqu'à ce qu'elle double de volume.

**3** Préchauffez le four à 220 °C/425 °F. Préparez la garniture. Chauffez l'huile dans une poêle et faites revenir l'ail 1 min. Ajoutez les tomates concassées et le sucre, et faites cuire 5 à 7 min jusqu'à ce que le mélange ait réduit et épaissi. Incorporez le basilic et l'assaisonnement et réservez.

VARIANTE

Pour une pizza au roquefort et aux noix, remplacez la moitié de la farine blanche par de la farine complète. À la place de la mozzarella, utilisez 75 g/3 oz/¾ tasse de roquefort émietté. Omettez la roquette et utilisez 30 ml/2 c. à soupe de noix hachées.

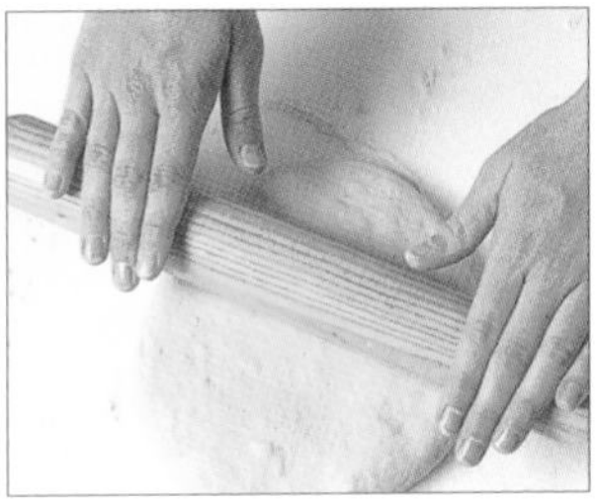

**4** Pétrissez légèrement la pâte levée, puis abaissez-la au rouleau pour former un disque d'environ 30 cm/12 in. Mettez-le sur une plaque légèrement huilée et soulevez les bords de la pâte pour former une bordure régulière et légèrement creuse.

**5** Disposez le mélange de tomates sur le fond de la pizza, recouvrez des tomates fraîches hachées et ajoutez la mozzarella sur le dessus. Assaisonnez de sel et de poivre, et arrosez d'un peu d'huile d'olive. Faites cuire 10 à 12 min dans le haut du four jusqu'à ce que la pizza soit croustillante et dorée. Éparpillez la roquette sur la pizza juste avant de servir.

# PIZZA À LA RICOTTA ET À LA FONTINA

La saveur rustique et boisée des champignons complète à merveille les deux fromages crémeux sur cette succulente pizza.

**Pour 4 personnes**

**INGRÉDIENTS**

*Pour la pâte*

2,5 ml/½ c. à thé de levure de boulangerie sèche
1 pincée de sucre cristallisé
450 g/1 lb/4 tasses de farine
5 ml/1 c. à thé de sel
30 ml/2 c. à soupe d'huile d'olive

*Pour la sauce tomate*

400 g/14 oz de tomates concassées en conserve
150 ml/¼ pinte/⅔ tasse de *passata* (coulis de tomates)
1 grosse gousse d'ail finement hachée
5 ml/1 c. à thé d'origan séché
1 feuille de laurier
10 ml/2 c. à thé de vinaigre de malt
sel et poivre du moulin

*Pour la garniture*

30 ml/2 c. à soupe d'huile d'olive
1 gousse d'ail finement hachée
350 g/12 oz/4½ tasses de champignons de Paris émincés
30 ml/2 c. à soupe d'origan frais haché, plus quelques feuilles entières, pour garnir
250 g/9 oz/1⅛ tasse de ricotta
225 g/8 oz de fontina coupé en lamelles

**1** Préparez la pâte : mettez 300 ml/½ pinte/1½ tasses d'eau tiède dans un verre gradué, ajoutez la levure et le sucre, et laissez reposer pendant 5 à 10 min, jusqu'à ce que le mélange commence à mousser.

**2** Mélangez la farine et le sel dans une grande jatte et formez un puits. Versez-y petit à petit le levain et l'huile d'olive, et mélangez de façon à obtenir une pâte homogène. Pétrissez la pâte environ 10 min sur un plan de travail légèrement fariné, jusqu'à ce qu'elle soit souple et élastique. Laissez-la lever dans un saladier fariné couvert, au chaud pendant 1 h 30.

**3** Pendant ce temps, préparez la sauce tomate. Mettez tous les ingrédients dans une casserole, couvrez et portez à ébullition. Baissez ensuite le feu, retirez le couvercle et laissez mijoter pendant une vingtaine de minutes, en remuant de temps en temps, jusqu'à ce que la sauce ait bien réduit.

**4** Préparez maintenant la garniture : chauffez l'huile dans une poêle, ajoutez-y l'ail et les champignons, salez et poivrez. Faites sauter le tout en remuant pendant 5 min, jusqu'à ce que les champignons soient tendres et dorés. Réservez. Préchauffez le four à 220 °C/425 °F.

**5** Badigeonnez d'huile 4 plaques à pâtisserie. Pétrissez la pâte pendant 2 min, puis divisez-la en 4 parts égales. Étalez chaque part au rouleau en un disque de 25 cm/10 in de diamètre que vous glissez sur une plaque à pâtisserie.

**6** Étalez la sauce tomate sur chaque disque de pâte. Badigeonnez la bordure avec un peu d'huile d'olive. Ajoutez les champignons, l'origan et le fromage. Salez, poivrez, puis faites cuire les pizzas pendant 15 min environ, jusqu'à ce que la pâte soit dorée et croustillante. Garnissez avec des feuilles d'origan.

CONSEIL

Pour congeler ces pizzas, laissez-les refroidir après la cuisson. Une fois à température ambiante, enveloppez-les dans du papier d'aluminium et mettez-les au congélateur. Laissez-les décongeler complètement et passez-les au four avant de les servir.

# PIZZA PIMENTÉE AUX ÉPINARDS

Cette garniture très parfumée
et un peu relevée donne
une pizza vivement colorée.

**Pour 3 personnes**

**INGRÉDIENTS**

1 ou 2 piments rouges frais
45 ml/3 c. à soupe d'huile à la tomate (provenant d'un bocal de tomates séchées)
1 oignon haché
2 gousses d'ail hachées
50 g/2 oz/1 tasse (poids égoutté) de tomates séchées au soleil et conservées dans de l'huile
400 g/14 oz de tomates concassées en conserve
15 ml/1 c. à soupe de concentré de tomates
175 g/6 oz d'épinards frais
1 pâte à pizza de 25 à 30 cm/10 à 12 in de diamètre
75 g/3 oz/¾ tasse de fromage fumé (fromage de Bavière fumé par exemple) râpé
75 g/3 oz/¾ tasse de cantal vieux ou de salers, râpé
sel et poivre du moulin

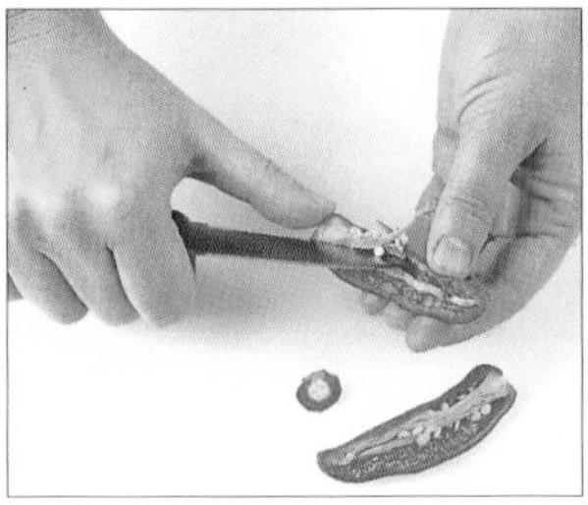

**1** Égrenez les piments, puis hachez-les finement.

**2** Chauffez 30 ml/2 c. à soupe d'huile à la tomate dans une casserole. Mettez l'oignon, l'ail et les piments à revenir environ 5 min, jusqu'à ce qu'ils soient fondants.

**3** Hachez grossièrement les tomates séchées. Mettez-les dans la casserole avec les tomates concassées et le concentré de tomates. Salez, poivrez, puis laissez cuire à découvert à petit feu pendant 15 min, en remuant de temps en temps.

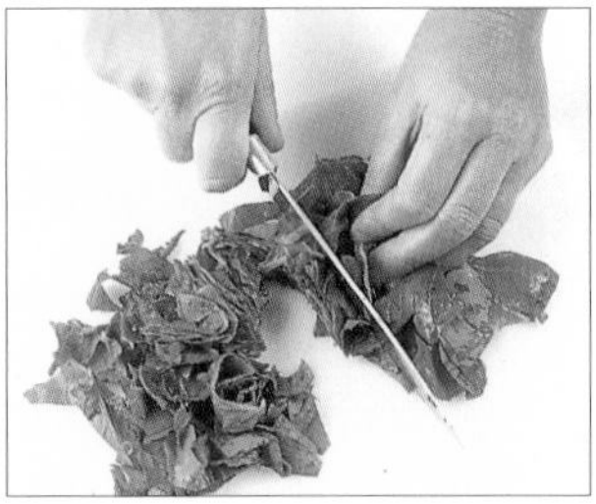

**4** Retirez les côtes des épinards et lavez les feuilles abondamment à l'eau froide. Égouttez-les bien, puis séchez-les avec de l'essuie-tout. Hachez ensuite les épinards grossièrement.

**5** Ajoutez les épinards à la sauce tomate. Poursuivez la cuisson 5 à 10 min en remuant, jusqu'à ce que les feuilles d'épinards se flétrissent et que le surplus de liquide se soit évaporé. Laissez refroidir.

**6** Dans le même temps, préchauffez le four à 220 °C/425 °F. Badigeonnez la pâte à pizza avec le reste d'huile à la tomate, puis étalez la garniture. Parsemez ensuite de fromage râpé et faites cuire au four pendant 15 à 20 min, jusqu'à ce que la pâte soit dorée et croustillante. Servez aussitôt.

CONSEIL

Le fromage fumé utilisé dans cette recette donne un parfum inhabituel à la pizza, qui complète bien la saveur piquante et épicée des piments. Si vous souhaitez renforcer ce goût, rajoutez 75 g/3 oz de fromage fumé à la place du cantal.

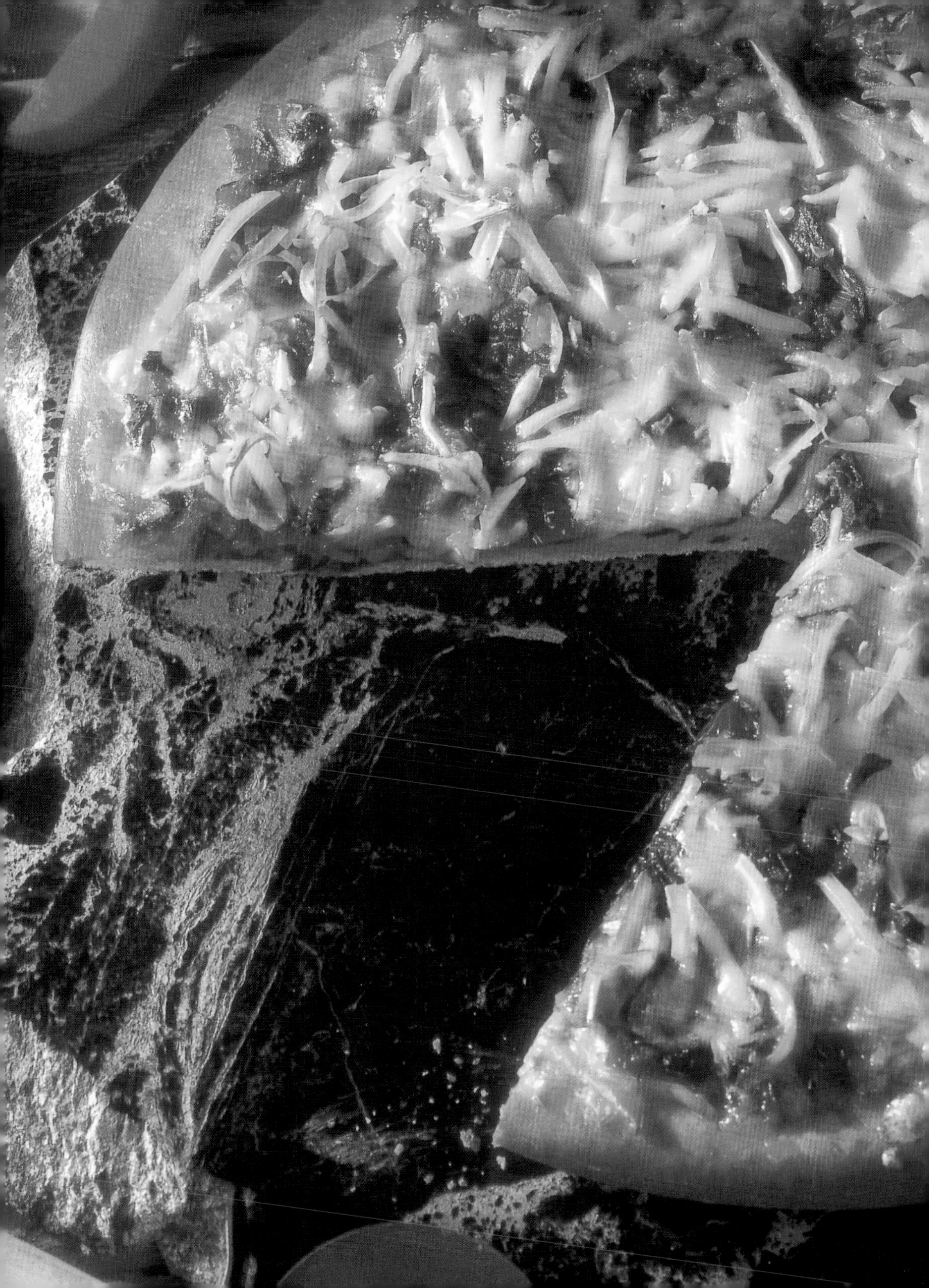

# CALZONE AUX AUBERGINES ET AUX ÉCHALOTES

Voici une garniture originale pour une pizza calzone. Ajoutez plus ou moins de piment rouge selon votre goût.

**Pour 2 personnes**

**INGRÉDIENTS**

1 bonne pincée de levure de boulangerie sèche
1 pincée de sucre cristallisé
225 g/8 oz/2 tasses de farine
1 c. à thé de sel
60 ml/4 c. à soupe d'huile d'olive
4 mini-aubergines
3 échalotes hachées
1 gousse d'ail hachée
50 g/2 oz/1 tasse de tomates séchées au soleil conservées dans l'huile, hachées
1 bonne pincée de piment rouge
10 ml/2 c. à thé de thym frais haché
75 g/3 oz de mozzarella coupée en dés
sel et poivre du moulin
15 à 30 ml/1 à 2 c. à soupe de parmesan fraîchement râpé, pour servir

**1** Préparez la pâte : mettez 150 ml/¼ pinte/⅔ tasse d'eau tiède dans un verre gradué, puis ajoutez la levure et le sucre et laissez reposer pendant 5 à 10 min, jusqu'à ce que le mélange commence à mousser.

**2** Mélangez la farine et le sel dans une jatte et formez un puits. Versez petit à petit le levain et 15 ml/1 c. à soupe d'huile, puis mélangez le tout de façon à obtenir une pâte homogène. Pétrissez la pâte sur un plan de travail légèrement fariné pendant 10 min jusqu'à ce qu'elle soit bien souple et élastique.

**3** Mettez la pâte dans un bol fariné, couvrez et laissez-la lever au chaud pendant 1 h 30. Préchauffez le four à 220 °C. Retirez les extrémités des aubergines et coupez-les en dés.

**4** Chauffez 15 ml/1 c. à soupe d'huile dans une poêle et faites revenir les échalotes jusqu'à ce qu'elles soient fondantes. Ajoutez les aubergines, l'ail, les tomates séchées, le piment et le thym. Salez et poivrez, puis faites sauter le tout 4 à 5 min en remuant fréquemment, jusqu'à ce que les aubergines commencent à ramollir.

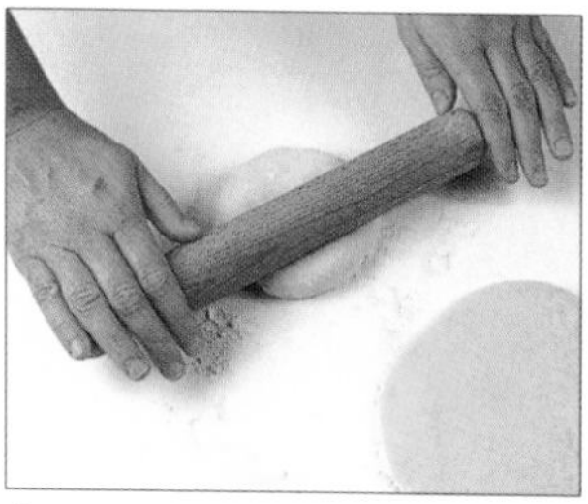

**5** Divisez la pâte à pizza en deux, puis étalez chaque moitié au rouleau sur un plan de travail légèrement fariné, pour obtenir 2 disques de 18 cm/7 in de diamètre.

**6** Étalez la préparation à base d'aubergines sur la moitié de chaque disque de pâte, en laissant nu un bord de 2,5 cm/1 in. Parsemez de mozzarella.

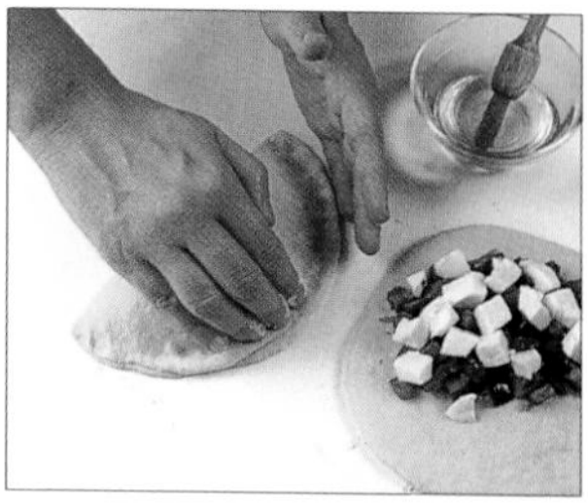

**7** Mouillez les bords du disque de pâte avec de l'eau, puis repliez la seconde moitié de pâte sur la garniture. Appuyez fermement sur les bords pour bien refermer le chausson. Mettez ensuite les calzone sur deux plaques à pâtisserie graissées.

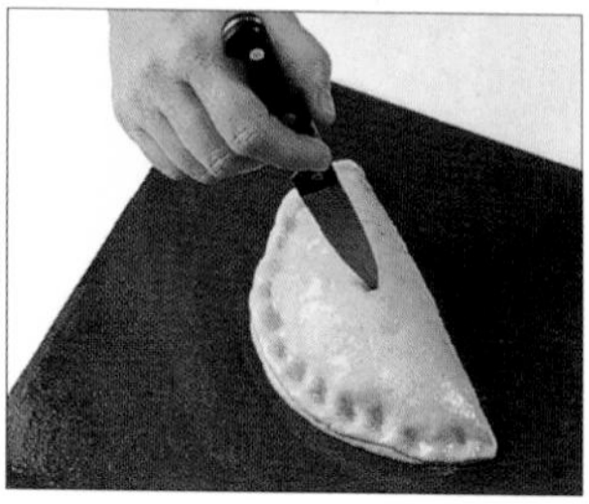

**8** Badigeonnez le dessus des pizzas avec la moitié de l'huile restante, puis faites un petit trou au milieu de chaque chausson pour laisser s'échapper la vapeur. Faites-les cuire au four pendant 15 à 20 min, jusqu'à ce qu'ils soient bien dorés. Sortez-les du four, puis enduisez-les du reste d'huile. Parsemez de parmesan râpé et servez immédiatement.

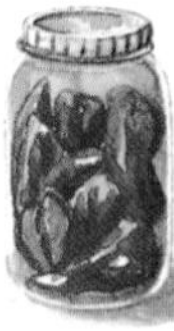

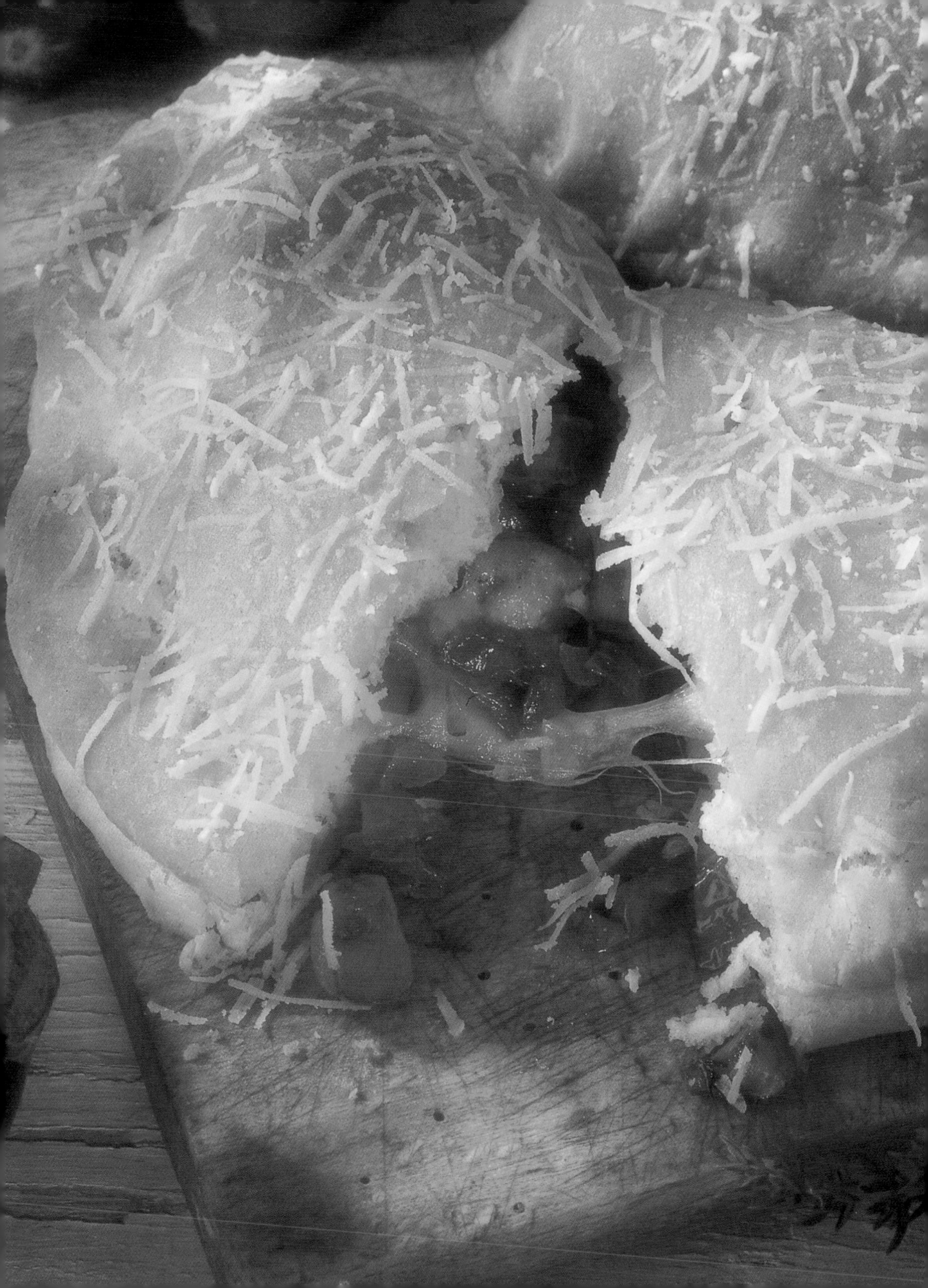

# Les salades

Les salades regorgeant de saveurs, de textures et de couleurs, évoquent l'été et constituent généralement un repas léger durant cette saison. Cependant de nombreuses salades chaudes conviennent particulièrement pour le printemps et l'automne.

# SALADE GRECQUE

Accompagnée de pain frais, cette salade traditionnelle fait un excellent repas.

**Pour 4 personnes**

**INGRÉDIENTS**

1 romaine
½ concombre coupé en deux dans la longueur
4 tomates
8 oignons nouveaux
50 g/2 oz/⅓ tasse noires à la grecque
125 g/4 oz de feta
90 ml/6 c. à soupe de vinaigre de vin blanc
120 ml/4 fl oz/½ tasse d'huile d'olive
sel et poivre du moulin
olives noires et pain, pour servir (facultatif)

**1** Lavez et essorez la salade, puis mettez-la dans un grand saladier. Coupez le concombre en demi-rondelles que vous ajoutez dans le saladier.

**2** Coupez les tomates en quartiers et ajoutez-les au concombre.

**3** Émincez les oignons nouveaux. Mélangez-les avec les olives aux autres ingrédients.

**4** Coupez la feta en dés, puis ajoutez-la à la salade.

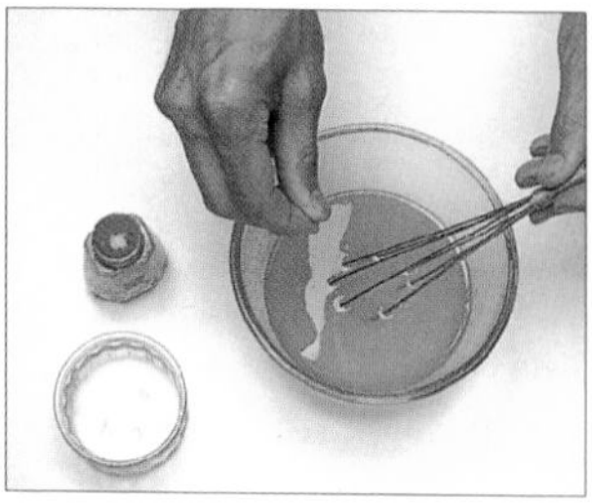

**5** Versez le vinaigre, l'huile d'olive, le sel et le poivre dans un bol et fouettez bien. Versez cette vinaigrette sur la salade et mélangez bien. Servez immédiatement, accompagné si vous le souhaitez d'olives et de pain frais.

CONSEIL

Vous pouvez préparer cette salade à l'avance et la mettre au réfrigérateur. Attendez toutefois le dernier moment pour ajouter les feuilles de salade verte et la vinaigrette. Conservez cette dernière à température ambiante, car le froid atténue son parfum.

# SALADE D'ÉPINARDS ET D'AVOCAT

Les jeunes feuilles tendres des épinards changent agréablement de la laitue. Elles sont délicieuses servies avec de l'avocat, des tomates cerises, des radis et accompagnées d'une sauce au tofu.

**Pour 2 à 3 personnes**

**INGRÉDIENTS**

1 gros avocat
le jus d' 1 citron vert
225 g/8 oz de petites feuilles d'épinards tendres
125 g/4 oz de tomates cerises
4 oignons nouveaux émincés
½ concombre
50 g/2 oz de radis émincés

*Pour la sauce*

125 g/4 oz de tofu crémeux
45 ml/3 c. à soupe de lait
10 ml/2 c. à thé de moutarde
2,5 ml/½ c. à thé de vinaigre de vin blanc
1 pincée de piment de Cayenne, plus un peu pour servir
sel et poivre du moulin

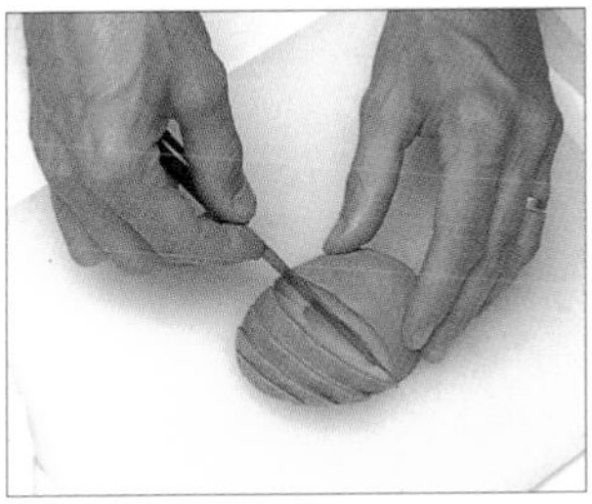

**1** Coupez l'avocat en deux, retirez le noyau et la peau. Débitez la chair en tranches fines et posez-les sur une assiette. Arrosez-les avec le jus de citron vert et réservez.

**2** Lavez et séchez les feuilles d'épinards, puis mettez-les dans un saladier.

**3** Coupez les plus grosses tomates cerises en deux, puis ajoutez-les aux épinards avec les oignons nouveaux. Débitez le concombre en petits morceaux, et mélangez-les à la salade avec les radis émincés.

**4** Pour la sauce, mettez le tofu, le lait, la moutarde, le vinaigre de vin et le piment de Cayenne dans le bol d'un mixer. Salez et poivrez selon votre goût, puis mixez 30 s, jusqu'à ce que la sauce soit bien homogène. Versez-la dans un bol, et allongez-la éventuellement d'un peu de lait. Saupoudrez de piment de Cayenne, puis garnissez avec des radis sculptés en forme de fleurs et des brins d'aromates.

CONSEIL

Plutôt que du tofu en bloc assez ferme, utilisez pour préparer cette sauce de la pâte de soja crémeuse longue conservation.

# SALADE TIÈDE DE FARFALLE AUX POIVRONS

Cette salade de pâtes toute simple doit son originalité à son assaisonnement un peu acidulé.

**Pour 4 à 6 personnes**

**INGRÉDIENTS**

1 poivron rouge, 1 jaune et 1 orange
1 gousse d'ail pressée
30 ml/2 c. à soupe de câpres
30 ml/2 c. à soupe de raisins secs
5 ml/1 c. à thé de moutarde à l'ancienne
le zeste râpé et le jus d' 1 citron vert
5 ml/1 c. à thé de miel liquide
30 ml/2 c. à soupe de coriandre fraîche hachée
225 g/8 oz/2 tasses de farfalle (pâtes que l'on appelle aussi « papillons »)
sel et poivre du moulin
parmesan, pour servir (facultatif)

**1** Coupez les poivrons en quatre, égrenez-les et retirez les fibres blanches. Cuisez-les 10 à 15 min dans de l'eau bouillante, jusqu'à ce qu'ils soient bien tendres. Égouttez-les et rincez-les sous l'eau froide. Pelez-les et coupez-les en fines lamelles dans le sens de la longueur.

**2** Mettez l'ail, les câpres, les raisins secs, la moutarde, le zeste et le jus de citron vert, le miel et la coriandre dans un bol. Salez, poivrez et fouettez le tout.

**3** Faites cuire les pâtes dans une grande casserole d'eau bouillante salée pendant 10 à 12 min, jusqu'à ce qu'elles soient tendres. Égouttez-les bien.

**4** Remettez les pâtes dans la casserole, ajoutez les poivrons et la sauce. Chauffez doucement et mélangez bien le tout. Transférez la salade dans un saladier préchauffé. Servez éventuellement avec du parmesan.

# SALADE DE BOULGOUR AUX FÈVES

L'idéal est de servir cette salade appétissante avec du pain complet bien croustillant et un chutney ou des condiments maison.

**Pour 6 personnes**

**INGRÉDIENTS**

350 g/12 oz/2 tasses de boulgour
225 g/8 oz/1 1/3 tasses de fèves surgelées
125 g/4 oz/1 tasse de petits pois surgelés
225 g/8 oz de tomates cerises coupées en deux
1 oignon d'Espagne haché
1 poivron rouge égrené et haché
50 g/2 oz de pois gourmands hachés
50 g/2 oz de cresson
15 ml/1 c. à soupe de persil frais haché
15 ml/1 c. à soupe de basilic frais haché
15 ml/1 c. à soupe de thym frais haché
vinaigrette
sel et poivre du moulin

**1** Faites tremper le boulgour, puis cuisez-le selon les instructions portées sur l'emballage. Égouttez-le bien et versez-le dans un saladier.

**2** Pendant ce temps, faites cuire les fèves et les petits pois 3 min dans de l'eau bouillante. Égouttez-les et ajoutez-les au boulgour.

**3** Incorporez les tomates cerises, l'oignon, le poivron, les pois gourmands et le cresson au boulgour, puis mélangez tous les ingrédients.

**4** Versez les aromates hachés et la vinaigrette. Salez, poivrez et servez aussitôt ou bien couvrez et mettez la salade au réfrigérateur jusqu'au moment de passer à table.

VARIANTES

Vous pouvez remplacer le boulgour par du couscous, du riz complet ou des pâtes à la farine complète.

# SALADE D'ARTICHAUTS À LA SAUCE AIGRE-DOUCE

**La sauce aigre-douce assaisonne à merveille cette salade de légumes.**

**Pour 4 personnes**

**INGRÉDIENTS**

6 petits artichauts violets (également appelés poivrades)
le jus d' 1 citron
30 ml/2 c. à soupe d'huile d'olive
2 oignons de taille moyenne, grossièrement hachés
200 g/6 oz/1 tasse de fèves fraîches ou 175 g/6 oz/1 1/2 tasses de surgelées
175 g/6 oz/1 1/2 tasses de petits pois frais ou 175 g/6 oz/1 1/2 tasses de surgelés
sel et poivre du moulin
feuilles de menthe fraîche, pour garnir

*Pour la sauce aigre-douce*
120 ml/4 fl oz/1/2 tasse de vinaigre blanc
15 ml/1 c. à soupe de sucre en poudre
1 poignée de feuilles de menthe fraîche grossièrement déchirées

**1** Retirez les feuilles extérieures des artichauts, puis coupez ces derniers en quatre. Mettez-les dans un saladier rempli d'eau additionnée du jus de citron.

**2** Dans une grande casserole huilée chaude, faites dorer les oignons. Ajoutez les fèves et remuez.

**3** Égouttez les artichauts et mettez-les dans la casserole. Versez environ 300 ml/1/2 pinte/1 1/4 tasses d'eau et couvrez. Laissez frémir doucement 10 à 15 min.

**4** Ajoutez les petits pois, salez, poivrez et faites cuire le tout 5 min de plus, en remuant de temps en temps, jusqu'à ce que les légumes soient tendres.

**5** Égouttez les légumes dans une passoire, puis mettez-les dans un saladier. Laissez refroidir avant de couvrir et de mettre au réfrigérateur.

**6** Préparez la sauce aigre-douce : chauffez doucement tous les ingrédients dans une casserole jusqu'à ce que le sucre ait fondu, puis laissez frémir 5 min. Lorsque la sauce a refroidi, arrosez-en la salade. Garnissez avec les feuilles de menthe.

# SALADE AUX ASPERGES ET AUX ORANGES

En Espagne, les assaisonnements de salade compliqués sont rares. On se contente plutôt du parfum d'une huile d'olive de bonne qualité.

**Pour 4 personnes**

**INGRÉDIENTS**

225 g/8 oz d'asperges débitées en morceaux de 5 cm/2 in de long
2 grosses oranges
2 tomates coupées en huit
50 g/2 oz/1 tasse de feuilles de romaine recoupées
30 ml/2 c. à soupe d'huile d'olive
2,5 ml/½ c. à thé de vinaigre de Xérès
sel et poivre du moulin

**1** Faites cuire les asperges dans de l'eau bouillante salée pendant 3 à 4 min, jusqu'à ce qu'elles soient tendres. Égouttez-les, puis passez-les sous l'eau froide.

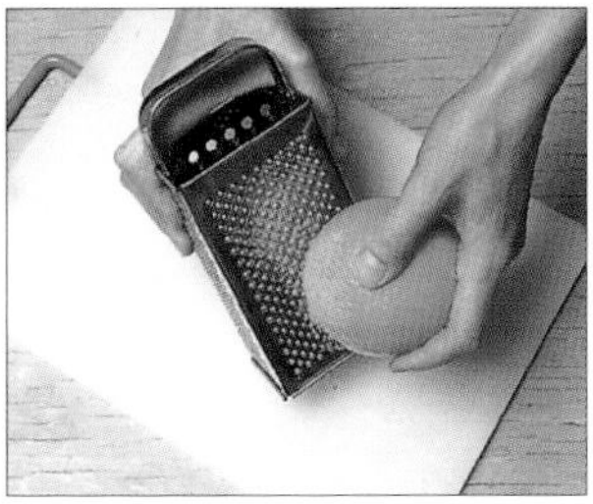

**2** Râpez le zeste d' ½ orange et réservez-le. Pelez les 2 oranges et coupez-les en tranches. Pressez le jus resté dans la peau et réservez-le.

**3** Mettez les asperges, les tranches d'oranges, les tomates et les feuilles de salade dans un saladier. Mélangez l'huile et le vinaigre, puis ajoutez 15 ml/1 c. à soupe du jus d'orange recueilli précédemment et 2.5 ml/½ c. à thé de zeste. Salez et poivrez la vinaigrette. Juste avant de servir, versez-la sur la salade et mélangez le tout délicatement.

VARIANTES

Vous pouvez remplacer la romaine par de la scarole ou de la rougette.

# SALADE AU CHÈVRE CHAUD

La salade verte et le fromage sont ici préparés pour une entrée rapide, ou bien pour un déjeuner léger. Le goût frais et relevé du fromage de chèvre contraste avec la saveur douce des feuilles de salade.

**Pour 4 personnes**

**INGRÉDIENTS**

2 petits fromages de chèvre ronds, des crottins de Chavignol par exemple (de 65 à 115 g/2½ à 4oz chacun)
4 tranches de pain
huile d'olive
175 g/6 oz de mesclun comprenant à la fois des variétés de salades douces et d'autres plus amères
ciboulette fraîche ciselée, pour garnir

*Pour l'assaisonnement*

½ gousse d'ail
5 ml/1 c. à thé de moutarde de Dijon
5 ml/1 c. à thé de vinaigre de vin blanc
5 ml/1 c. à thé de vin blanc sec
45 ml/3 c. à soupe d'huile d'olive
sel et poivre du moulin

**1** Préparez la vinaigrette : frottez un grand saladier avec la face coupée de la gousse d'ail. Mélangez la moutarde, le vinaigre, le vin, le sel et le poivre dans un bol. Ajoutez l'huile cuillerée par cuillerée en fouettant bien le tout, de façon à obtenir une vinaigrette épaisse.

**2** Coupez les crottins en deux dans le sens de la largeur avec un couteau bien tranchant. Préchauffez le gril.

**3** Lorsque le gril est chaud, disposez les tranches de pain sur une plaque tapissée de papier d'aluminium et faites-les griller. Retournez-les et posez un demi-fromage sur chacune. Arrosez d'un filet d'huile d'olive et grillez jusqu'à ce que le fromage soit légèrement doré.

**4** Mettez le mesclun dans le saladier, versez la vinaigrette et remuez les feuilles de salade. Répartissez la salade entre 4 assiettes, déposez sur chacune un canapé au fromage de chèvre et servez immédiatement, garni de ciboulette.

# SALADE DE TOMATES À LA FETA

Accompagnées de feta et d'huile d'olive, les tomates mûries au soleil sont généralement meilleures. Servie avec un pain bien croustillant, cette salade, très populaire en Grèce et en Turquie, peut constituer un repas léger.

**Pour 4 personnes**

**INGRÉDIENTS**

1 kg/2 lb de tomates
200 g/7 oz de feta
120 ml/4 fl oz/½ tasse d'huile d'olive
12 olives noires
4 brins de basilic frais
poivre du moulin

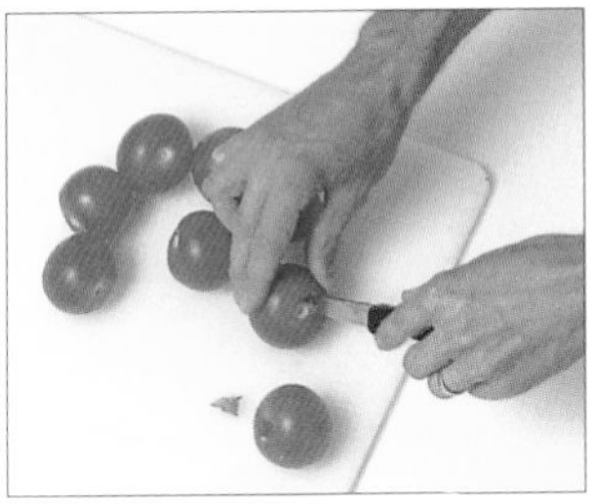

**1** Retirez le cœur dur des tomates avec un petit couteau tranchant.

**2** Coupez les tomates en rondelles épaisses et disposez-les dans un plat creux.

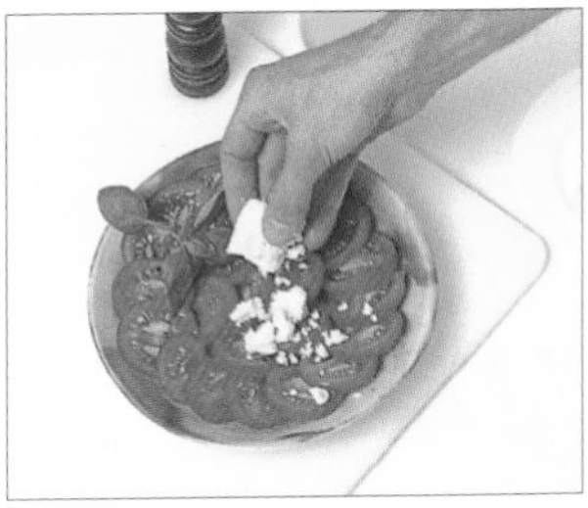

**3** Émiettez la feta sur les tomates et arrosez le tout d'huile d'olive. Répartissez ensuite les olives noires et le basilic frais. Poivrez et servez à température ambiante.

CONSEIL

La feta est un fromage assez fort, parfois très salé. La variété la moins salée est importée de Grèce et de Turquie. On la trouve dans les épiceries orientales et chez les traiteurs spécialisés.

# SALADE AU PARMESAN ET AUX ŒUFS POCHÉS

L'association des œufs pochés, des croûtons aillés et de la salade procure un plaisir inoubliable.

**Pour 2 personnes**

**INGRÉDIENTS**

quelques tranches de pain de mie
75 ml/5 c. à soupe d'huile d'olive
2 œufs
125 g/4 oz de mesclun
2 gousses d'ail pressées
7 ml/½ c. à soupe de vinaigre de vin blanc
25 g/1 oz/⅓ tasse de parmesan
poivre du moulin (facultatif)

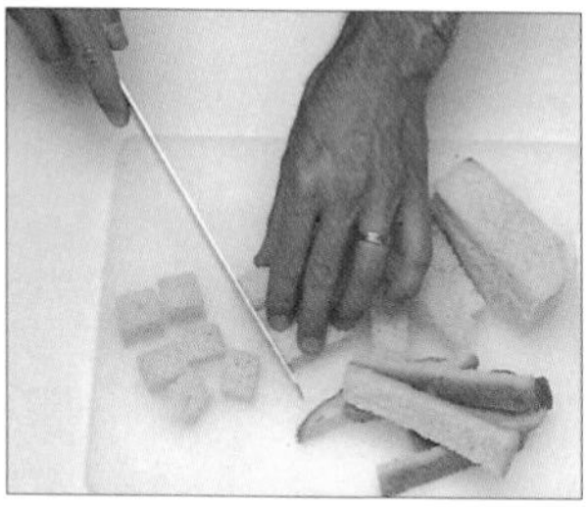

**1** Retirez la croûte du pain de mie, puis coupez les tranches en carrés de 2,5 cm/1 in de côté.

**2** Chauffez 30 ml/2 c. à soupe d'huile d'olive dans une poêle et faites frire le pain 5 min environ, en retournant les croûtons de temps en temps, afin qu'ils soient bien dorés.

**3** Portez une casserole d'eau à ébullition. Glissez-y délicatement les œufs cassés, l'un après l'autre. Pochez-les à feu doux pendant 4 min, afin qu'ils soient légèrement cuits.

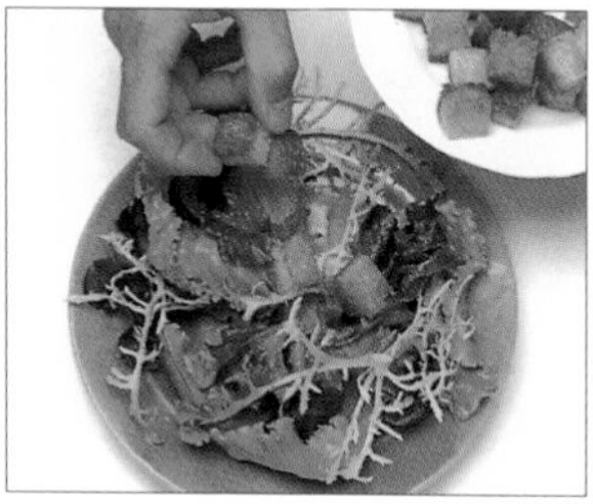

**4** Répartissez les feuilles de salade sur 2 assiettes. Retirez les croûtons de la poêle et disposez-les sur la salade. Essuyez la poêle avec de l'essuie-tout.

**5** Chauffez le reste d'huile dans la poêle, ajoutez l'ail et le vinaigre, puis faites-les chauffer à feu vif 1 min. Versez la vinaigrette chaude sur les assiettes de salade.

**6** Faites glisser un œuf poché sur chaque assiette, puis garnissez avec des copeaux de parmesan et assaisonnez éventuellement avec du poivre noir.

VARIANTE

Vous pouvez remplacer les œufs pochés par 40 g/1½ oz/¾ tasse d'olives noires à la grecque.

CONSEIL

Ajoutez quelques gouttes de vinaigre à l'eau avant d'y faire pocher les œufs : le blanc coagulera plus facilement. Pour que l'œuf poché ait une jolie forme, remuez l'eau avec une cuillère dans un mouvement de tourbillon avant d'y glisser les œufs.

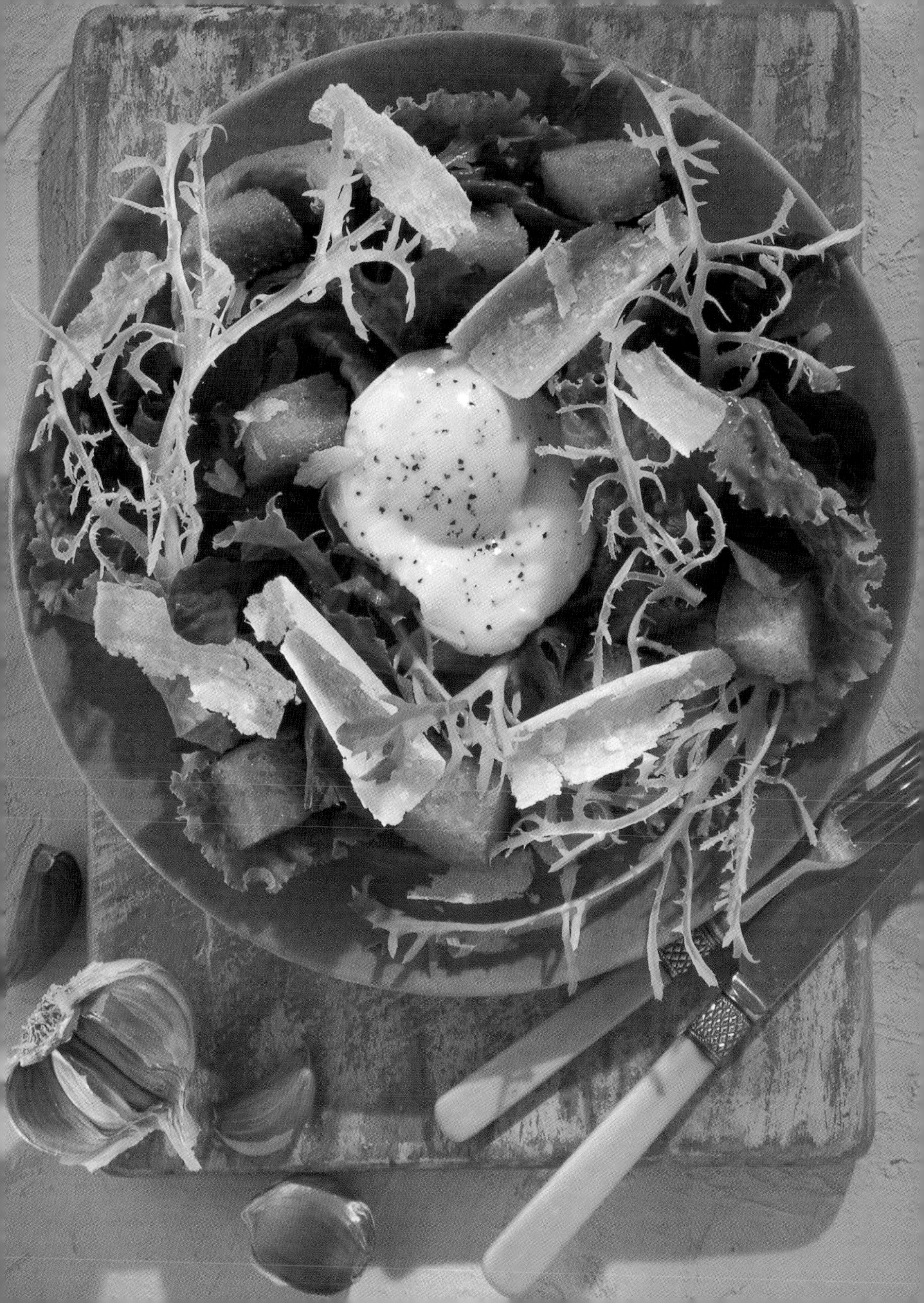

# SALADE DE TOMATES CUITES AU FOUR ET DE MOZZARELLA AVEC SAUCE AU BASILIC

Les tomates cuites au four confèrent une saveur inattendue à cette salade. Préparez la sauce au basilic juste avant de servir pour qu'elle garde sa saveur fraîche et sa belle couleur.

**Pour 4 personnes**

**INGRÉDIENTS**

6 grosses tomates roma
2 boules de mozzarella fraîche coupées en 8 à 12 tranches
huile d'olive, pour badigeonner
sel et poivre du moulin
feuilles de basilic, pour garnir

*Pour la sauce au basilic*

25 feuilles de basilic
60 ml/4 c. à soupe d'huile d'olive extra vierge
1 gousse d'ail écrasée

**1** Préchauffez le four à 200 °C/400 °F et huilez une plaque. Coupez les tomates en deux dans le sens de la longueur et épépinez-les. Placez-les avec la peau vers le bas sur la plaque et faites cuire au four 20 min jusqu'à ce qu'elles ramollissent, mais sans perdre leur forme.

**2** Pendant ce temps, préparez la sauce au basilic. Passez au mixer les feuilles de basilic, l'huile d'olive et l'ail jusqu'à ce que le tout soit homogène. Transférez dans un bol et mettez au réfrigérateur jusqu'au moment de servir.

**3** Pour chaque convive, disposez les moitiés de tomates sur 2 ou 3 tranches de mozzarella et arrosez d'huile. Salez et poivrez bien. Garnissez avec les feuilles de basilic et servez immédiatement.

BIENFAITS POUR LA SANTÉ

Le basilic est un tranquillisant naturel qui apaise le système nerveux. Il peut aussi stimuler l'appétit, faciliter la digestion et soulager les crampes et la nausée.

# SALADE MIXTE AUX HERBES AROMATIQUES ET AUX GRAINES GRILLÉES

Cette salade simple accompagne très bien un repas un peu lourd, car les herbes fraîches qu'elle contient facilitent la digestion. Elle est parfumée au vinaigre balsamique, riche et légèrement sucré, mais vous pouvez aussi utiliser du vinaigre de vin rouge ou de vin blanc.

**Pour 4 personnes**

**INGRÉDIENTS**

100 g/3 1/2 oz/4 tasses d'un mélange de feuilles de salades
50 g/2 oz/2 tasses d'un mélange d'herbes telles que coriandre, persil, basilic et roquette
25 g/1 oz/3 c. à soupe de graines de courge
25 g/1 oz/3 c. à soupe de graines de tournesol

*Pour l'assaisonnement*

60 ml/4 c. à soupe d'huile d'olive extra vierge
15 ml/1 c. à soupe de vinaigre balsamique
2,5 ml/1/2 c. à thé de moutarde de Dijon
sel et poivre du moulin

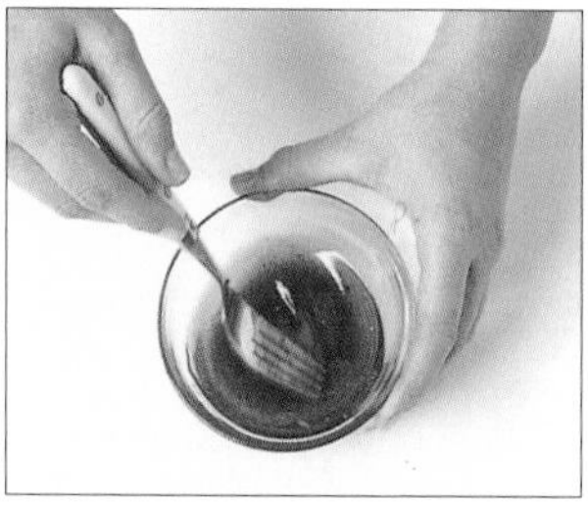

**1** Pour l'assaisonnement, mettez les ingrédients dans un bol ou un bocal dont le couvercle se visse et fouettez à l'aide d'une fourchette ou secouez jusqu'à ce que le tout soit bien mélangé.

BIENFAITS POUR LA SANTÉ

• Le persil contient des quantités appréciables de vitamine C et de fer.
• Bien que très caloriques, les graines de courge et de tournesol sont riches en fibres, en minéraux tels que le fer et le zinc, ainsi qu'en vitamines – vitamine E en particulier.

**2** Disposez la salade et les herbes dans un grand saladier.

**3** Faites dorer les graines de courge et de tournesol 2 min dans une poêle sur feu moyen, en remuant souvent pour les empêcher de brûler. Laissez les graines refroidir légèrement avant de les éparpiller sur la salade.

**4** Versez l'assaisonnement sur la salade, mélangez jusqu'à ce que les feuilles soient bien enrobées et servez.

# SALADE AUX POIRES, NOIX DE PÉCAN ET BLEU

Les noix de pécan grillées s'harmonisent particulièrement bien avec les poires fermes et peu juteuses. De plus, leur parfum corsé se marie bien avec une sauce de salade crémeuse parfumée au bleu.

**Pour 4 personnes**

**INGRÉDIENTS**

75 g/3 oz/½ tasse de noix de pécan décortiquées, grossièrement hachées
3 poires bien fermes
200 g/6 oz de feuilles d'épinards équeutées
1 scarole ou 1 laitue
1 trévise
30 ml/2 c. à soupe de sauce à salade toute prête au bleu
sel et poivre du moulin
pain croustillant, pour servir

**1** Mettez à griller les noix de pécan sous un gril modéré, pour faire ressortir leur parfum.

**2** Coupez les poires en tranches régulières, sans les peler, mais en ôtant le cœur et les pépins.

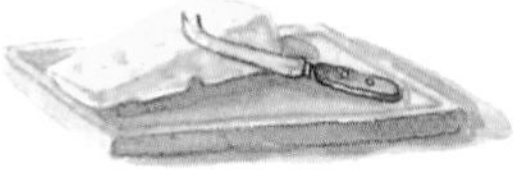

**3** Lavez les épinards et la salade et essorez-les. Ajoutez les morceaux de poires et les noix grillées, puis la sauce et mélangez le tout. Répartissez la salade sur 4 grandes assiettes, salez et poivrez. Servez accompagné de pain croustillant encore tiède.

VARIANTE

Si vous préférez une sauce plus légère, sans fromage, mélangez 5 ml/1 c. à thé de moutarde à l'ancienne, 2,5 ml/½ c. à thé de sucre cristallisé, 1 pincée d'estragon séché, 10 ml/2 c. à thé de jus de citron et 60 ml/4 c. à soupe d'huile d'olive dans un bocal, refermez-le puis secouez vigoureusement.

# SALADE PRINTANIÈRE

Cette salade croquante constitue un plat unique. Vous pouvez utiliser d'autres légumes nouveaux si vous le souhaitez.

**Pour 4 personnes**

**INGRÉDIENTS**

700 g/1 ½lb de petites pommes de terre nouvelles coupées en deux
400 g/14 oz de fèves en conserve égouttées
125 g/4 oz de tomates cerises
75 g/3 oz/½ tasse de cerneaux de noix
30 ml/2 c. à soupe de vinaigre de vin blanc
15 ml/1 c. à soupe de moutarde à l'ancienne
60 ml/4 c. à soupe d'huile d'olive
1 pincée de sucre
225 g/8 oz de pointes d'asperges
6 oignons nouveaux triés
sel et poivre du moulin
petites feuilles d'épinards, pour servir

**1** Mettez les pommes de terre dans une casserole, couvrez-les d'eau froide et portez à ébullition. Faites-les cuire 10 à 12 min, jusqu'à ce qu'elles soient tendres. Pendant ce temps, disposez les fèves dans un saladier. Coupez les tomates en deux et ajoutez-les aux fèves avec les noix.

**2** Versez le vinaigre de vin blanc, la moutarde, l'huile d'olive et le sucre dans un bocal. Salez et poivrez, puis refermez hermétiquement le bocal et secouez-le bien.

**3** Ajoutez les asperges aux pommes de terre et poursuivez la cuisson 3 min. Égouttez les légumes cuits, passez-les sous l'eau froide et égouttez-les de nouveau. Coupez les pommes de terre en rondelles assez épaisses et les oignons nouveaux en deux dans le sens de la longueur.

**4** Mettez les asperges, les pommes de terre et les oignons nouveaux dans le saladier contenant les fèves et les noix. Versez la vinaigrette sur la salade et mélangez bien. Servez sur un lit de petites feuilles d'épinards.

# SALADE DE COUSCOUS

Cette salade est une variante épicée du taboulé libanais au citron, traditionnellement préparé avec du boulgour et non de la semoule.

**Pour 4 personnes**

**INGRÉDIENTS**

45 ml/3 c. à soupe d'huile d'olive
5 oignons nouveaux hachés
1 gousse d'ail pressée
1 c. à thé de cumin en poudre
350 ml/12 fl oz/1 ½ tasses de bouillon de légumes
175 g/6 oz/1 tasse de graine de couscous
2 tomates pelées et coupées en morceaux
60 ml/4 c. à soupe de persil frais haché
60 ml/4 c. à soupe de menthe fraîche hachée
1 piment vert frais égrené et finement haché
30 ml/2 c. à soupe de jus de citron
sel et poivre du moulin
pignons grillés et zeste de citron râpé, pour garnir
feuilles de salade verte bien craquantes, pour servir

**1** Chauffez l'huile dans une casserole. Ajoutez les oignons nouveaux et l'ail, puis le cumin et faites revenir le tout 1 min. Versez le bouillon et portez à ébullition.

**2** Retirez la casserole du feu, ajoutez le couscous, couvrez et laissez gonfler la graine pendant 10 min, jusqu'à ce que tout le liquide ait été absorbé. Si vous utilisez de la semoule précuite, suivez les instructions portées sur l'emballage.

**3** Versez le couscous dans un saladier. Ajoutez les tomates, le persil, la menthe, le piment et le jus de citron. Salez et poivrez. Laissez si possible reposer la salade 1 h, pour que tous les parfums aient le temps de se développer complètement.

**4** Pour servir, tapissez un plat creux de feuilles de salade et disposez le couscous dessus. Garnissez enfin avec les pignons grillés et le zeste de citron râpé.

# SALADE DE GROSSES FÈVES BRUNES

On trouve parfois dans les magasins diététiques ces grosses fèves brunes qui sont largement utilisées dans la cuisine égyptienne. On peut les remplacer sans problème par des fèves classiques, des haricots noirs ou bien des haricots rouges séchés.

**Pour 6 personnes**

**INGRÉDIENTS**

350 g/12 oz/1 1/2 tasses de grosses fèves brunes séchées
2 brins de thym frais
2 feuilles de laurier
1 oignon coupé en deux
4 gousses d'ail pressées
2,5 ml/1/2 c. à thé de cumin en poudre
3 oignons nouveaux finement hachés
90 ml/6 c. à soupe de persil frais haché
20 ml/4 c. à thé de jus de citron
90 ml/6 c. à soupe d'huile d'olive
3 œufs durs écalés et grossièrement hachés
1 gros cornichon grossièrement haché
sel et poivre du moulin

**1** Mettez les fèves ou les haricots dans un saladier d'eau froide et laissez-les tremper toute la nuit. Le lendemain, égouttez-les, plongez-les dans une casserole et recouvrez-les d'eau. Portez à ébullition et faites cuire à gros bouillons 10 min.

**2** Baissez le feu et ajoutez le thym, les feuilles de laurier et l'oignon. Laissez frémir très doucement pendant 1 h environ, jusqu'à ce que les fèves soient bien tendres. Ensuite, égouttez et jetez les aromates et l'oignon.

**3** Mélangez les oignons nouveaux, l'ail, le cumin, le persil, le jus de citron et l'huile. Salez et poivrez, puis versez la sauce sur les fèves et mélangez doucement le tout. Incorporez délicatement les œufs et le cornichon et servez immédiatement.

CONSEIL

Le temps de cuisson des haricots secs peut varier considérablement. Certains seront prêts en 45 min, d'autres devront cuire bien plus longtemps.

# SALADE DE PÂTES AUX CHAMPIGNONS

L'association de poivrons grillés et de champignons des bois donne à cette salade de pâtes une belle touche colorée.

**Pour 6 personnes**

**INGRÉDIENTS**

1 poivron rouge coupé en deux
1 poivron jaune coupé en deux
1 poivron vert coupé en deux
350 g/12 oz/3 tasses (gnocchis ou torsades) à la farine complète
30 ml/2 c. à soupe d'huile d'olive
45 ml/3 c. à soupe de vinaigre balsamique
75 ml/5 c. à soupe de jus de tomates
30 ml/2 c. à soupe de basilic frais haché
15 ml/1 c. à soupe de thym frais haché
175 g/6 oz/2 tasses de champignons parfumés ou *shiitaké* émincés
175 g/6 oz/2 tasses de champignons de paille ou volvaires émincés
400 g/14 oz de cornilles ou autres haricots secs en conserve, rincés et égouttés
125 g/4 oz/⅔ tasse de raisins de Smyrne
2 bouquets d'oignons nouveaux hachés
sel et poivre du moulin

**1** Préchauffez le gril. Posez les poivrons, la face coupée tournée vers le bas, sur la grille d'une lèchefrite et passez-les sous le gril pendant 10 à 15 min, jusqu'à ce que la peau soit noire. Couvrez ensuite les poivrons avec un torchon humide et laissez-les refroidir.

**2** Pendant ce temps, faites cuire les pâtes dans une eau bouillante légèrement salée 10 à 12 min, jusqu'à ce qu'elles soient tendres, puis égouttez-les bien.

**3** Mélangez l'huile, le vinaigre, le jus de tomates, le basilic et le thym frais. Ajoutez cette sauce aux pâtes chaudes et remuez bien le tout.

**4** Retirez la peau des poivrons, puis égrenez-les et coupez-les en fines lamelles. Ajoutez les poivrons, les champignons, les cornilles, les raisins secs et les oignons nouveaux aux pâtes. Salez et poivrez, puis mélangez bien. Servez immédiatement, ou couvrez la salade et mettez-la au réfrigérateur jusqu'au moment de passer à table.

# SALADE DE PÂTES AUX PETITS LÉGUMES

Cette salade nourrissante se compose avec un large assortiment de légumes verts de saison.

**Pour 8 personnes**

**INGRÉDIENTS**

450 g/1 lb/4 tasses de pâtes courtes à la farine complète, des fusilli ou des penne par exemple
45 ml/3 c. à soupe d'huile d'olive
2 carottes de taille moyenne
1 petite tête de brocoli
175 g/6 oz/1 tasse de petits pois écossés, frais ou surgelés
1 poivron rouge ou jaune égrené
2 branches de céleri
4 oignons nouveaux
1 grosse tomate
75 g/3 oz/½ tasse d'olives dénoyautées

*Pour l'assaisonnement*

45 ml/3 c. à soupe de vinaigre de vin ou de vinaigre balsamique
60 ml/4 c. à soupe d'huile d'olive
15 ml/1 c. à soupe de moutarde de Dijon
15 ml/1 c. à soupe de graines de sésame
10 ml/2 c. à thé d'un mélange d'aromates frais hachés, du persil, du thym et du basilic par exemple
125 g/4 oz/1 tasse de cheddar ou de mozzarella, ou un mélange des deux, coupés en dés
sel et poivre du moulin
coriandre, pour garnir

**1** Faites cuire les pâtes dans une grande casserole d'eau bouillante salée, jusqu'à ce qu'elles soient tendres. Égouttez-les et rincez-les à l'eau froide pour arrêter la cuisson.

**2** Égouttez-les bien à nouveau et versez-les dans un grand saladier. Ajoutez 3 cuillerées à soupe d'huile d'olive, mélangez bien et réservez. Laissez refroidir complètement avant d'ajouter les autres ingrédients.

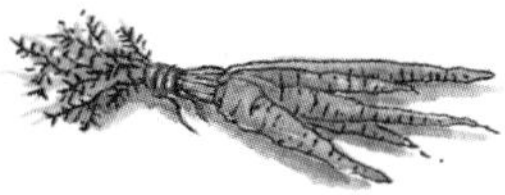

**3** Faites légèrement blanchir successivement les carottes, le brocoli et les petits pois dans une grande casserole d'eau bouillante. Passez-les ensuite sous l'eau froide et égouttez-les.

**4** Coupez les carottes et le brocoli en petits morceaux et ajoutez-les aux pâtes avec les petits pois. Émincez le poivron, le céleri, les oignons nouveaux et coupez la tomate en dés. Mélangez-les à la salade avec les olives.

**5** Préparez la vinaigrette dans un bol : mélangez le vinaigre avec l'huile et la moutarde. Incorporez les graines de sésame et les aromates. Versez la vinaigrette sur la salade et mélangez bien le tout. Rectifiez l'assaisonnement si besoin est. Ajoutez enfin le fromage et laissez reposer la salade 15 min avant de la servir. Garnissez de coriandre fraîche.

# ROQUETTE ET POIRES AU PARMESAN

Cette salade composée de poires, de parmesan frais et de feuilles de roquette très aromatiques fera une entrée originale et sophistiquée, idéale pour un repas élaboré.

**Pour 4 personnes**

**INGRÉDIENTS**

3 poires Williams ou packham mûres
10 ml/2 c. à thé de jus de citron
45 ml/3 c. à soupe d'huile de noix ou de noisette
125 g/4 oz de roquette
75 g/3 oz de parmesan frais
poivre du moulin
pain croustillant, pour servir

**1** Pelez les poires et ôtez le cœur, puis coupez-les en tranches épaisses. Arrosez-les de jus de citron pour que la chair ne brunisse pas.

**2** Versez l'huile de noix sur les poires, ajoutez la roquette et mélangez.

**3** Répartissez la salade sur 4 petites assiettes et garnissez de copeaux de parmesan. Assaisonnez de poivre noir et servez avec le pain.

CONSEIL

Si vous avez du mal à trouver de la roquette sur le marché, vous pouvez en cultiver du début du printemps jusqu'à la fin de l'été.

# SALADE DE TOMATES ET D'OIGNONS

Cette salade connue sous le nom de « Cachumbar » accompagne très souvent les currys indiens. Il en existe de nombreuses variantes. Celle-ci vous laissera une sensation de fraîcheur après un repas épicé.

**Pour 4 personnes**

**INGRÉDIENTS**

3 tomates mûres
2 oignons nouveaux hachés
1,5 ml/¼ c. à thé de sucre en poudre
45 ml/3 c. à soupe de coriandre fraîche hachée

**1** Retirez le cœur dur des tomates avec un petit couteau tranchant.

**2** Coupez les tomates en deux, ôtez les graines, puis détaillez la chair en dés.

**3** Mélangez les tomates avec les oignons nouveaux hachés, le sucre, la coriandre et le sel. Servez à température ambiante.

CONSEIL

Cette salade rafraîchissante est également parfaite pour compléter la garniture d'une pita fourrée à l'hoummos.

# SALADE DE CÈPES FRAIS AUX NOIX

Pour donner toute leur saveur à ces champignons fraîchement cueillis, cette salade est assaisonnée d'une sauce au jaune d'œuf et à l'huile de noix. Choisissez de petits cèpes, ils seront plus fermes et plus parfumés.

**Pour 4 personnes**

**INGRÉDIENTS**

350 g/12 oz/5 tasses de cèpes frais
175 g/6 oz de mesclun, composé par exemple de batavia, de frisée et de feuilles d'épinards
50 g/2 oz/½ tasse de cerneaux de noix grillés
50 g/2 oz de parmesan
sel et poivre du moulin

*Pour l'assaisonnement*

2 jaunes d'œufs
2,5 ml/½ c. à thé de moutarde de Dijon
75 ml/5 c. à soupe d'huile d'arachide
45 ml/3 c. à soupe d'huile de noix
30 ml/2 c. à soupe de jus de citron
30 ml/2 c. à soupe de persil frais haché
1 pincée de sucre en poudre

**1** Préparez l'assaisonnement : mettez les jaunes d'œufs dans un bocal à couvercle vissé avec la moutarde, l'huile d'arachide, l'huile de noix, le jus de citron, le persil et le sucre. Fermez le bocal et secouez bien.

**2** Émincez finement les cèpes avec un couteau bien tranchant.

**3** Mettez les champignons dans un grand saladier, versez l'assaisonnement et mélangez bien le tout. Laissez reposer 10 à 15 min pour que les saveurs se mêlent.

**4** Lavez la salade, essorez-la, puis ajoutez-la aux champignons.

**5** Répartissez la salade sur 4 assiettes, salez, poivrez, puis parsemez de cerneaux de noix grillés et de copeaux de parmesan.

CONSEIL

La sauce de cette salade contient des jaunes d'œufs crus. Aussi veillez à n'utiliser que des œufs très frais. Il est par ailleurs déconseillé aux femmes enceintes, aux jeunes enfants et aux personnes âgées de consommer des œufs crus. En cas de doute, vous pouvez supprimer les jaunes d'œufs dans l'assaisonnement de cette salade.

# GADO GADO

C'est au galanga (un rhizome aromatique proche du gingembre) que la sauce aux cacahuètes de ce plat de légumes indonésien doit son parfum particulier.

**Pour 4 personnes**

**INGRÉDIENTS**

250 g/9 oz/2 1/4 tasses de chou blanc coupé en fines lamelles
4 carottes coupées en allumettes
4 branches de céleri coupées en allumettes
250 g/9 oz/generous 1 tasse de germes de soja
1/2 concombre coupé en allumettes
oignon frit, cacahuètes salées et piment frais émincé, pour garnir

*Pour la sauce aux cacahuètes*
15 ml/1 c. à soupe d'huile
1 petit oignon finement haché
1 gousse d'ail pressée
1 petit morceau de galanga pelé et râpé
5 ml/1 c. à thé de cumin en poudre
1,5 ml/1/4 c. à thé de piment en poudre
5 ml/1 c. à thé de pâte de tamarin ou de jus de citron vert
60 ml/4 c. à soupe de beurre de cacahuètes (ou pâte d'arachide) croquant
5 ml/1 c. à thé de sucre roux

**1** Faites cuire à la vapeur le chou, les carottes et le céleri 3 à 4 min, jusqu'à ce qu'ils soient juste tendres. Laissez refroidir. Répartissez les germes de soja sur un grand plat, puis disposez dessus le chou, les carottes, le céleri et le concombre.

**2** Préparez la sauce : faites chauffer l'huile dans une casserole, puis mettez à revenir l'oignon et l'ail à petit feu pendant 5 min, jusqu'à ce qu'ils soient fondants.

**3** Ajoutez les épices et poursuivez la cuisson 1 minute. Incorporez la pâte de tamarin ou le jus de citron vert, le beurre de cacahuètes et le sucre.

**4** Mélangez bien et chauffez doucement cette sauce, en remuant de temps en temps et en rajoutant un peu d'eau si besoin est, de façon à obtenir une préparation assez liquide pour bien enrober les légumes.

**5** Versez un peu de sauce sur les légumes et mélangez délicatement. Garnissez avec des oignons frits, des cacahuètes salées et du piment haché. Servez le reste de sauce séparément.

CONSEIL

Dans la mesure où la sauce reste inchangée, vous pouvez varier les légumes selon votre humeur, mais aussi en fonction de la saison ou de ce que vous avez trouvé sur le marché.

# SALADE DE RIZ AUX FRUITS

Cette salade de riz très appétissante est idéale pour un pique-nique.

**Pour 4 à 6 personnes**

**INGRÉDIENTS**

225 g/8 oz/1 tasse de mélange de riz complet et de riz sauvage
1 poivron jaune égrené et coupé en dés
1 bouquet d'oignons nouveaux hachés
3 branches de céleri hachées
1 grosse tomate coupée en morceaux
2 pommes granny smith coupées en petits morceaux
225 g/8 oz/1 tasse d'abricots secs hachés
125 g/4 oz/⅔ tasse de raisins secs
30 ml/2 c. à soupe de jus de pommes sans sucre ajouté
30 ml/2 c. à soupe de porto sec
30 ml/2 c. à soupe de sauce de soja claire
quelques gouttes de Tabasco
30 ml/2 c. à soupe de persil frais haché
15 ml/1 c. à soupe de romarin frais haché
sel et poivre du moulin

**1** Faites cuire le riz dans une grande casserole d'eau bouillante légèrement salée pendant 30 min environ (conformez-vous au temps de cuisson indiqué sur l'emballage), jusqu'à ce qu'il soit tendre. Rincez-le pour le refroidir rapidement, et égouttez-le bien.

**2** Mettez les poivrons, les oignons nouveaux, le céleri, la tomate, les pommes, les abricots, les raisins secs et le riz cuit dans un saladier de service et mélangez bien.

**3** Dans un bol, versez le jus de pommes, le porto, la sauce de soja, le Tabasco et les aromates. Salez et poivrez.

**4** Mélangez la sauce à la salade de riz. Servez immédiatement, ou bien couvrez la salade et mettez-la au réfrigérateur jusqu'au moment de passer à table.

# SALADE DE CONCOMBRES MARINÉS

Faites dégorger vos concombres avec du sel : ils seront encore plus croquants.

**Pour 4 à 6 personnes**

**INGRÉDIENTS**

2 concombres de taille moyenne
1 c. à soupe de sel
90 g/3½ oz/½ tasse de sucre en poudre
175 ml/6 fl oz/¾ tasse de cidre brut
15 ml/1 c. à soupe de vinaigre de cidre
45 ml/3 c. à soupe d'aneth frais haché
1 pincée de poivre du moulin
1 brin d'aneth, pour garnir

**1** Coupez les concombres en fines rondelles et mettez-les dans une passoire, en saupoudrant de sel entre chaque couche. Posez la passoire sur un saladier et laissez dégorger les concombres pendant 1 h.

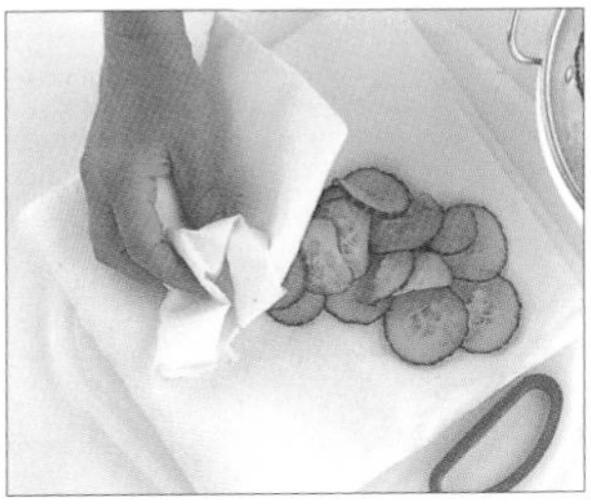

**2** Rincez bien le concombre sous l'eau froide pour éliminer l'excédent de sel, puis séchez-le avec de l'essuie-tout.

**3** Chauffez doucement le sucre, le cidre et le vinaigre dans une casserole jusqu'à ce que le sucre ait fondu. Retirez du feu et laissez refroidir. Mettez les rondelles de concombre dans un saladier, versez la sauce au cidre dessus et laissez-les mariner pendant 2 h.

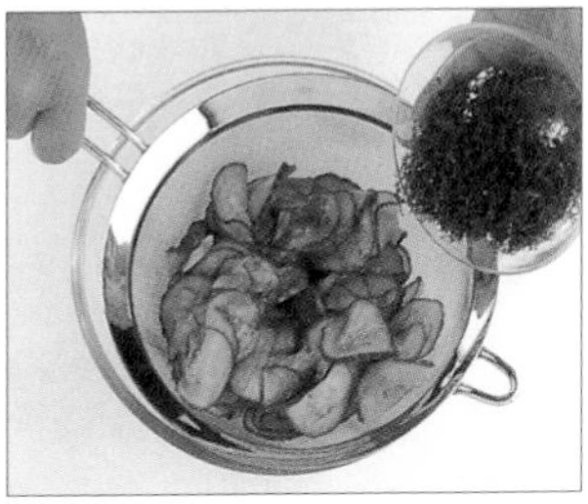

**4** Égouttez les rondelles de concombre, puis parsemez-les d'aneth et de poivre selon votre goût. Mélangez bien et transférez dans un plat de service. Garnissez la salade avec un brin d'aneth et mettez-la au réfrigérateur jusqu'au moment de la servir.

# FENOUIL ET ROQUETTE À L'ORANGE

Cette salade légère et rafraîchissante accompagne parfaitement les plats riches ou épicés.

**Pour 4 personnes**

**INGRÉDIENTS**

2 oranges
1 cœur de fenouil
125 g/4 oz de roquette
50 g/2 oz/1/3 tasse d'olives noires

*Pour l'assaisonnement*

30 ml/2 c. à soupe d'huile d'olive
15 ml/1 c. à soupe de vinaigre balsamique
1 petite gousse d'ail pressée
sel et poivre du moulin

**1** Découpez de fines écorces de peau d'orange avec un économe, sans prélever la peau blanche.

**2** Détaillez-les en julienne, puis faites-les blanchir quelques minutes dans de l'eau bouillante. Égouttez-les bien.

**3** Pelez les oranges en retirant toute la peau blanche. Coupez ensuite les oranges transversalement en fines rondelles et retirez les éventuels pépins.

**4** Coupez le fenouil en deux dans le sens de la longueur, puis émincez-le le plus finement possible dans le sens de la largeur. Cette opération est plus facile avec un mixer équipé d'un disque à émincer, ou bien avec une mandoline.

**5** Mettez les rondelles d'oranges et le fenouil dans un saladier, puis incorporez les feuilles de roquette.

**6** Mélangez l'huile, le vinaigre, l'ail, le sel et le poivre et versez cet assaisonnement sur la salade. Remuez bien, puis laissez reposer quelques minutes. Garnissez d'olives noires et de lamelles d'écorce d'orange.

# SALADE D'AUBERGINE AU CITRON ET AUX CÂPRES

Cette salade de légumes cuits est délicieuse servie avec des pâtes, ou bien accompagnée d'un bon pain bien croustillant.

**Pour 4 personnes**

**INGRÉDIENTS**

1 grosse aubergine de 700 g/1 1/2lb environ
5 ml/1 c. à thé de sel
60 ml/4 c. à soupe d'huile d'olive
le zeste et le jus d' 1 citron
30 ml/2 c. à soupe de câpres rincées
12 olives vertes dénoyautées
1 petite gousse d'ail hachée
30 ml/2 c. à soupe de persil plat frais haché
sel et poivre du moulin

**1** Coupez l'aubergine en dés de 2,5 cm/1 in de côté. Mettez les morceaux d'aubergine dans une passoire et saupoudrez-les de sel. Laissez-les dégorger 30 min, puis rincez-les bien sous l'eau froide et séchez-les avec de l'essuie-tout.

**2** Chauffez l'huile d'olive dans une grande poêle. Faites revenir les dés d'aubergine à feu moyen pendant une dizaine de minutes, en remuant régulièrement, jusqu'à ce qu'ils aient doré et ramolli. Peut-être serez-vous obligé de procéder en deux fois pour que tous les morceaux d'aubergine dorent bien. Égouttez-les sur de l'essuie-tout et salez légèrement.

**3** Mettez les dés d'aubergine dans un grand saladier, ajoutez le zeste et le jus de citron, les câpres, les olives, l'ail et le persil hachés et mélangez bien.

**4** Salez, poivrez et servez à température ambiante.

**CONSEILS**

Cette salade sera encore meilleure si vous la préparez la veille. Si vous la couvrez, elle se garde jusqu'à 4 jours au réfrigérateur. Si vous souhaitez la proposer en plat unique, ajoutez-y des pignons grillés et des copeaux de parmesan et servez-la avec du pain bien croustillant.

# SALADE CHAUDE DE LÉGUMES, SAUCE ÉPICÉE AUX CACAHUÈTES

Cette salade, variante du *gado-gado* indonésien, comprend des poivrons rouges crus et des germes de soja, dont la texture croquante contraste avec celle des brocolis, des haricots verts et des carottes cuits à la vapeur. Garnie de tranches d'œufs durs, elle est assez nourrissante pour constituer un plat principal.

**Pour 2 à 4 personnes**

**INGRÉDIENTS**

8 pommes de terre nouvelles
225 g/ 8oz de brocolis coupés en petits bouquets
200 g/7 oz/1 ½ tasses de haricots verts fins
2 carottes détaillées en fines lanières avec un économe
1 poivron rouge épépiné et coupé en lanières
50 g/2 oz/½ tasse de germes de soja
quelques brins de cresson, pour garnir

*Pour la sauce aux cacahuètes*

60 ml/4 c. à soupe de beurre de cacahuètes croquant
15 ml/1 c. à soupe d'huile de tournesol
1 piment oiseau, épépiné et émincé
1 gousse d'ail écrasée
5 ml/1 c. à thé de poudre de coriandre
5 ml/1 c. à thé de poudre de cumin
75 ml/5 c. à soupe d'eau
15 ml/1 c. à soupe de sauce de soja sombre
1 morceau de 1 cm/½ in de racine de gingembre frais, finement râpé
5 ml/1 c. à thé de sucre roux en poudre
15 ml/1 c. à soupe de jus de citron vert
60 ml/4 c. à soupe de lait de coco

**1** Préparez d'abord la sauce aux cacahuètes. Chauffez l'huile dans une casserole, mettez le piment et l'ail à revenir 1 min jusquà ce que le tout soit tendre. Ajoutez les épices, puis le beurre de cacahuètes et l'eau et faites cuire 2 min en remuant constamment, jusqu'à obtention d'une préparation homogène.

**2** Incorporez la sauce de soja, le gingembre, le sucre, le jus de citron vert et le lait de coco, puis faites cuire à feu doux en remuant fréquemment jusqu'à ce que la préparation soit homogène et bien chaude. Transférez dans une jatte.

**3** Portez une casserole d'eau légèrement salée à ébullition. Mettez les pommes de terre à cuire 10 à 15 min, jusqu'à ce qu'elles soient tendres. Égouttez, coupez en deux ou en tranches épaisses, selon leur taille.

**4** Pendant ce temps, faites cuire les brocolis et les haricots verts 4 à 5 min à la vapeur, jusqu'à ce qu'ils soient tendres et croquants. Ajoutez les carottes 2 min avant la fin du temps de cuisson.

**5** Disposez les légumes cuits sur un plat de service avec le poivron rouge et les germes de soja. Garnissez de cresson et servez avec la sauce aux cacahuètes.

BIENFAITS POUR LA SANTÉ

Les germes de soja, disponibles dans les magasins diététiques et quelques supermarchés, sont faciles à digérer et très riches en nutriments. C'est frais qu'ils contiennent le plus de vitamines et d'enzymes. Le soja est dépuratif et fournit des quantités appréciables de vitamine E, qui a la réputation d'accroître la fertilité.

# SALADE D'AVOCAT, D'OIGNON ET DE POUSSES D'ÉPINARDS AUX CROÛTONS DE POLENTA

L'avocat, l'oignon rouge, au goût légèrement sucré, et les pousses d'épinards sont simplement assaisonnés avec un peu de citron et d'huile d'olive extra vierge. Cette salade est agrémentée de délicieux croûtons de polenta croustillants à l'extérieur et tendres à l'intérieur.

**Pour 4 personnes**

**INGRÉDIENTS**

1 avocat pelé, dénoyauté et coupé en tranches
225 g/8 oz de jeunes pousses d'épinards
1 gros oignon rouge coupé en quartiers
300 g/11 oz de polenta déjà prête, coupée en dés de 1 cm/½in
huile d'olive, pour badigeonner
5 ml/1 c. à thé de jus de citron

*Pour l'assaisonnement*

60 ml/4 c. à soupe d'huile d'olive extra vierge
jus d' ½ citron
sel et poivre du moulin

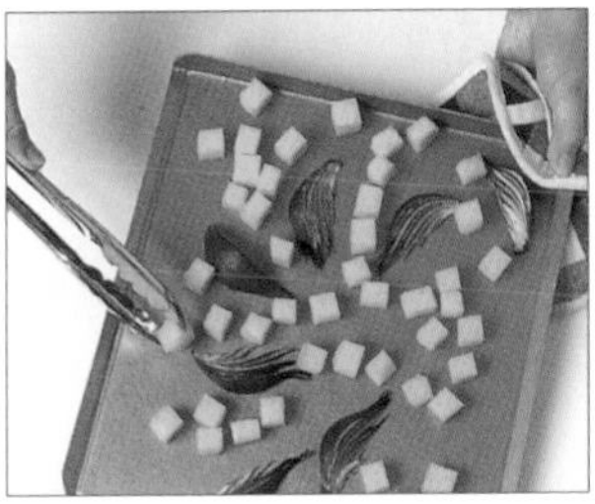

**1** Préchauffez le four à 200 °C/400 °F. Disposez les quartiers d'oignon et les dés de polenta sur une plaque légèrement huilée et faites cuire au four 25 min jusqu'à ce que les oignons soient tendres et la polenta ferme et dorée. Retournez-les régulièrement pour les empêcher d'attacher. Laissez légèrement refroidir.

**2** Pendant ce temps, préparez l'assaisonnement. Réunissez l'huile d'olive, le jus de citron, le sel et le poivre dans un bol ou un bocal dont le couvercle se visse. Remuez ou secouez bien pour mélanger.

**3** Mettez les pousses d'épinards dans un saladier de service. Plongez les tranches d'avocat dans le jus de citron pour les empêcher de s'oxyder, puis ajoutez-les aux épinards avec les oignons cuits.

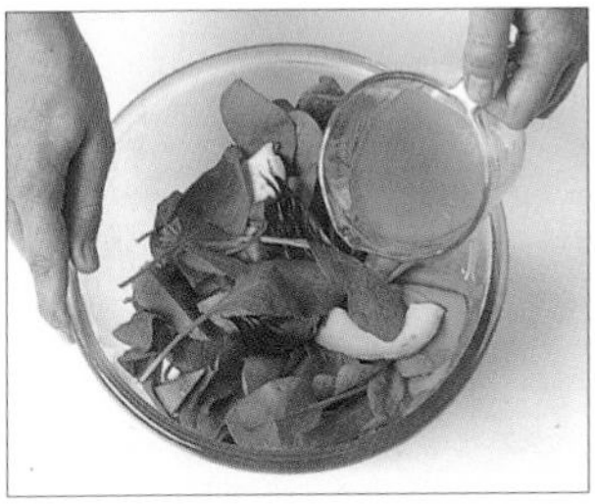

**4** Versez l'assaisonnement sur la salade et mélangez délicatement. Déposez les croûtons de polenta sur le dessus ou bien proposez-les séparément et servez immédiatement.

BIENFAITS POUR LA SANTÉ

Les avocats ont été longtemps considérés comme des aliments riches en graisses et devant être évités. Mais bien qu'ils aient effectivement une forte teneur en lipides, il s'agit de graisses mono-insaturées, qui sont bonnes pour la santé. Des recherches récentes ont montré que manger régulièrement des avocats peut abaisser le taux de cholestérol. Les avocats contiennent aussi des quantités appréciables de minéraux et exercent une action bénéfique sur la peau et les cheveux.

CONSEIL

Si vous ne trouvez pas de polenta toute prête, vous pouvez la préparer vous-même avec de la semoule de polenta instantanée. Faites-la cuire selon les instructions du paquet, puis versez-la sur un plateau et laissez-la refroidir et durcir.

# SALADE DE POMMES DE TERRE À LA FETA

Cette salade comporte un agréable mélange de feta, de yaourt, de menthe fraîche et de pommes de terre nouvelles chaudes.

**Pour 4 personnes**

**INGRÉDIENTS**

500 g/1 1/4 lb de pommes de terre nouvelles
100 g/3 1/2 oz de feta émiettée

*Pour l'assaisonnement*

225 g/8 oz/1 tasse de yaourt nature
15 g/1/2 oz/1/2 tasse de feuilles de menthe fraîche
30 ml/2 c. à soupe de mayonnaise
sel et poivre du moulin

CONSEIL

La ratte du Touquet ou la belle de Fontenay possèdent une texture lisse et cireuse et conservent leur forme une fois cuites, ce qui les rend idéales pour des salades. Vous pouvez les remplacer par la roseval ou d'autres variétés ayant les mêmes propriétés.

**1** Faites cuire les pommes de terre à la vapeur 20 min, jusqu'à ce qu'elles soient tendres, puis égouttez-les bien et transférez-les dans une grande jatte.

BIENFAITS POUR LA SANTÉ

On pense souvent que les pommes de terre font grossir, mais les coupables sont plus souvent le beurre, la crème ou le fromage qui les accompagnent. La cuisson à la vapeur n'ajoute pas de calories et préserve la teneur en vitamine C.

**2** Pendant ce temps, préparez l'assaisonnement. Mettez le yaourt et la menthe quelques secondes dans un mixer, jusqu'à ce que les feuilles de menthe soient finement hachées. Versez dans un bol.

**3** Incorporez la mayonnaise et salez et poivrez selon votre goût. Versez l'assaisonnement sur les pommes de terre chaudes, puis éparpillez la feta. Servez immédiatement.

# SALADE DE POMMES ET DE BETTERAVE AUX FEUILLES ROUGES

Cette salade estivale est composée d'un intéressant mélange de feuilles amères, de pommes et de betterave.

**Pour 4 personnes**

**INGRÉDIENTS**

2 pommes rouges évidées et détaillées en dés
200 g/7 oz de betterave cuite dans du jus naturel, coupée en tranches
125 g/4 oz/4 tasse de feuilles de salades rouges telles que de la petite frisée, de la feuille de chêne et de la trévise
50 g/2 oz/1/3 tasse d'amandes entières non émondées
jus d' 1/2 citron

*Pour l'assaisonnement*

30 ml/2 c. à soupe d'huile d'olive
15 ml/1 c. à soupe d'huile de noix
15 ml/1 c. à soupe de vinaigre de vin rouge ou blanc
sel et poivre du moulin

**1** Faites griller les amandes 2 à 3 min dans une poêle sèche jusqu'à ce qu'elles soient dorées ; remuez fréquemment pour les empêcher de brûler.

**2** Pendant ce temps, préparez l'assaisonnement. Mettez les huiles d'olive et de noix, le vinaigre, le sel et le poivre dans un bol ou un bocal dont le couvercle se visse. Fouettez ou secouez bien pour mélanger.

**3** Plongez les pommes dans le jus de citron pour les empêcher de s'oxyder. Disposez-les dans une grande jatte avec les feuilles de salades, la betterave et les amandes. Versez l'assaisonnement et remuez délicatement.

BIENFAITS POUR LA SANTÉ

Les fruits et les légumes rouges possèdent une teneur élevée en vitamines C et E et en bêta-carotène.

# SALADE DE NOUILLES AU SÉSAME

L'huile de sésame grillé ajoute une saveur de noix à cette salade asiatique, servie de préférence chaude et assez nourrissante pour constituer le plat principal.

**Pour 2 à 4 personnes**

**INGRÉDIENTS**

250 g/9 oz de nouilles moyennes aux œufs
225 g/7 oz/1 tasse de cocos ou de mange-tout coupés en diagonale
2 carottes détaillées en julienne
2 tomates épépinées et coupées en dés
30 ml/2 c. à soupe de coriandre fraîche hachée
15 ml/1 c. à soupe de graines de sésame
3 oignons de printemps émincés
coriandre fraîche, pour garnir

*Pour l'assaisonnement*

10 ml/2 c. à thé de sauce de soja légère
30 ml/2 c. à soupe d'huile de sésame grillé
15 ml/1 c. à soupe d'huile de tournesol
1 morceau de 4 cm/1 ½in de racine de gingembre frais, finement râpé
1 gousse d'ail écrasée

**1** Mettez les nouilles dans une casserole d'eau légèrement salée et portez à ébullition. Faites bouillir 2 min, puis ajoutez les cocos ou les mange-tout et laissez cuire 2 min de plus. Égouttez et rincez sous le robinet d'eau froide.

BIENFAITS POUR LA SANTÉ

L'ail est très antiseptique, surtout cru, et, comme le gingembre, il peut aider à prévenir le rhume et la grippe et améliorer la circulation sanguine.

**2** Pendant ce temps, préparez l'assaisonnement. Mettez la sauce de soja, les 2 huiles, le gingembre et l'ail dans un bocal dont le couvercle se visse ou dans un bol. Secouez ou fouettez pour bien mélanger.

**3** Transférez les nouilles et les cocos ou les mange-tout dans un saladier et ajoutez les carottes, les tomates et la coriandre. Versez l'assaisonnement dessus, puis mélangez. Saupoudrez avec les graines de sésame et répartissez les oignons de printemps et la coriandre sur le dessus.

# SALADE JAPONAISE

Le *hijiki* est une algue au goût subtil. Combiné avec des radis, du concombre et des germes de soja, il constitue une salade délicate et rafraîchissante.

**Pour 4 personnes**

**INGRÉDIENTS**

15 g/½ oz/½ tasse de *hijiki*
250 g/9 oz/1 ¼ tasses de radis débités en très fines rondelles
1 petit concombre coupé en fines lanières
75 g/3 oz/½ tasse de germes de soja

*Pour l'assaisonnement*

15 ml/1 c. à soupe d'huile de tournesol
15 ml/1 c. à soupe d'huile de sésame grillé
5 ml/1 c. à thé de sauce de soja légère
30 ml/2 c. à soupe de vinaigre de riz ou 15 ml/1 c. à soupe de vinaigre de vin
15 ml/1 c. à soupe de *mirin*

**1** Faites tremper le *hijiki* 10 à 15 min dans une jatte d'eau froide jusqu'à ce qu'il soit réhydraté. Égouttez-le, rincez-le sous l'eau froide et égouttez-le de nouveau. Il devrait presque tripler de volume.

**2** Mettez le *hijiki* dans une casserole d'eau. Portez à ébullition, puis baissez le feu et laissez mijoter environ 30 min jusqu'à ce qu'il soit tendre. Égouttez-le.

**3** Pendant ce temps, préparez l'assaisonnement. Versez les huiles de tournesol et de sésame, la sauce de soja, le vinaigre et le *mirin* dans un bol ou un bocal dont le couvercle se visse. Fouettez ou secouez bien pour mélanger.

**4** Disposez le *hijiki* dans une jatte ou une petite assiette peu profonde avec les radis, le concombre et les germes de soja. Versez l'assaisonnement et tournez légèrement.

BIENFAITS POUR LA SANTÉ

Le *hijiki* est considéré comme l'un des produits naturels les plus riches en minéraux, et donc comme un remède contre l'hypertension. Au Japon, les algues ont la réputation d'embellir le teint et de rendre les cheveux plus brillants.

# SALADE DE CRESSON AUX POIRES, AUX NOIX ET AU ROQUEFORT

Le roquefort, au goût prononcé, et le cresson, à la saveur poivrée, sont ici équilibrés par la douceur des poires et des noix.

**Pour 4 personnes**

**INGRÉDIENTS**

150 g/5 oz de cresson équeuté
2 poires williams rouges évidées et coupées en tranches
75 g/3 oz/½ tasse de cerneaux de noix coupés en deux
200 g/7 oz/1⅞ tasses de roquefort débité en morceaux
15 ml/1 c. à soupe de jus de citron

*Pour l'assaisonnement*

45 ml/3 c. à soupe d'huile d'olive extra vierge
30 ml/2 c. à soupe de jus de citron
2,5 ml/½ c. à thé de miel liquide
5 ml/1 c. à thé de moutarde de Dijon
sel et poivre du moulin

**1** Faites griller les noix 2 min dans une poêle sèche jusqu'à ce qu'elles soient dorées, en remuant fréquemment pour les empêcher de brûler.

BIENFAITS POUR LA SANTÉ

Le cresson tonifie le foie, les reins et la vessie. Il fournit des vitamines A et C, qui aident à lutter contre les risques de cancers. Il contient aussi des antibiotiques naturels.

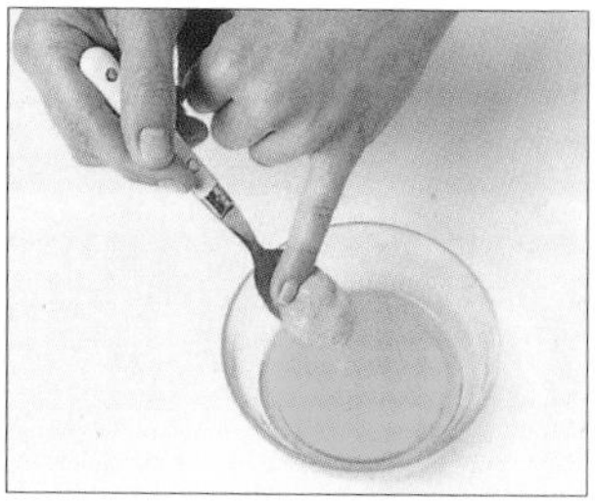

**2** Pendant ce temps, préparez l'assaisonnement. Mettez l'huile d'olive, le jus de citron, le miel, la moutarde et l'assaisonnement dans un bol ou un bocal dont le couvercle se visse. Fouettez ou secouez bien pour mélanger.

**3** Plongez les tranches de poires dans le jus de citron, puis mettez-les dans une jatte avec le cresson, les noix et le roquefort. Versez l'assaisonnement sur la salade, mélangez bien et servez immédiatement.

# PANZANELLA

Cette salade toscane, très colorée, nécessite un type de pain italien assez moelleux.

**Pour 6 personnes**

**INGRÉDIENTS**

275 g/10 oz/ de pain italien de la veille, coupé en tranches épaisses
1 concombre pelé et débité en morceaux
5 tomates épépinées et coupées en dés
1 gros oignon rouge haché
200 g/7 oz/1⅓ tasses d'olives de bonne qualité
20 feuilles de basilic déchiquetées

*Pour l'assaisonnement*

60 ml/4 c. à soupe d'huile d'olive extra vierge
15 ml/1 c. à soupe de vinaigre de vin rouge ou blanc
sel et poivre du moulin

**1** Faites tremper le pain 2 min environ dans de l'eau, puis retirez-le et pressez-le doucement, d'abord avec les mains puis avec un linge pour éliminer l'excédent d'eau. Réservez 1 h au réfrigérateur.

BIENFAITS POUR LA SANTÉ

Riches en graisses mono-insaturées, qui sont bonnes pour la santé, les olives ont un léger effet laxatif et apaisent le système digestif.

**2** Préparez l'assaisonnement. Mettez l'huile, le vinaigre, le sel et le poivre dans un bol ou un bocal dont le couvercle se visse. Fouettez ou secouez bien pour mélanger. Disposez le concombre, les tomates, l'oignon et les olives dans une jatte.

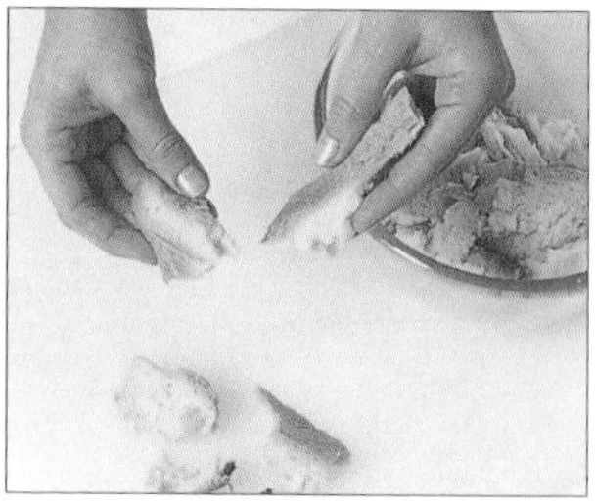

**3** Coupez le pain en morceaux et mettez-le dans la jatte avec le basilic. Versez l'assaisonnement sur la salade et mélangez bien avant de servir.

# SALADE DE HARICOTS BLANCS AU POIVRON ROUGE GRILLÉ

Cette salade, servie chaude, comporte un assaisonnement merveilleusement coloré aux herbes et au poivron rouge. Les haricots en conserve ont un intérêt pratique mais, si vous préférez, vous pouvez faire cuire des haricots secs.

**Pour 4 personnes**

**INGRÉDIENTS**

200 g/7 oz/1 ½ tasses de *cannellini* en conserve, rincés et égouttés
400 g/14 oz/3 tasses de flageolets en conserve, rincés et égouttés
1 gros poivron rouge
60 ml/4 c. à soupe d'huile d'olive
1 grosse gousse d'ail écrasée
25 g/1 oz/1 tasse de feuilles d'origan ou de persil plat frais
15 ml/1 c. à soupe de vinaigre balsamique
sel et poivre du moulin

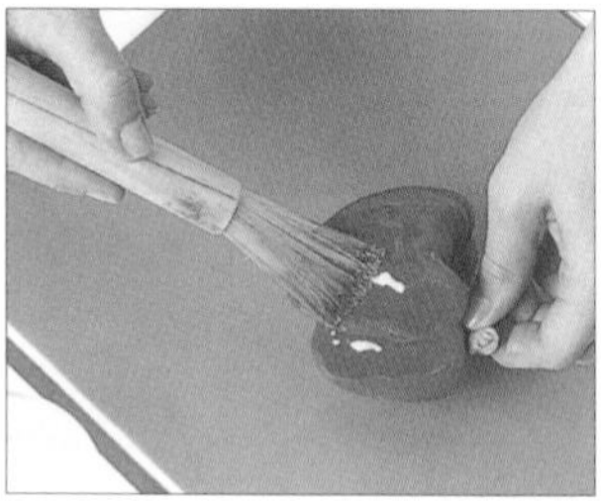

**1** Préchauffez le four à 200 °C/400 °F. Disposez le poivron rouge sur une plaque, badigeonnez-le d'huile et faites cuire au four 30 min, jusqu'à ce que la peau se fendille et que la chair soit tendre.

**2** Retirez le poivron du four et mettez-le dans un sac en plastique. Fermez et laissez refroidir : la peau sera ainsi plus facile à enlever.

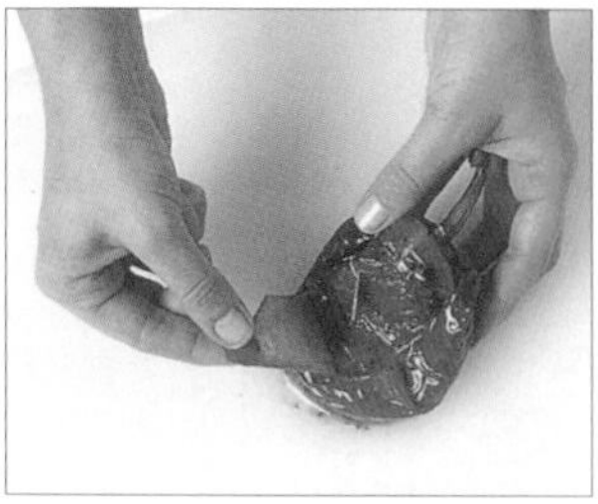

**3** Quand le poivron est suffisamment froid pour pouvoir être tenu, sortez-le du sac et pelez-le. Rincez-le sous le robinet d'eau froide. Coupez-le en deux, épépinez-le et détaillez-le en dés. Réservez.

**4** Chauffez le reste d'huile dans une casserole et faites cuire l'ail 1 min afin qu'il ramollisse. Hors du feu, ajoutez l'origan ou le persil, le poivron rouge, ainsi que le vinaigre balsamique.

**5** Mettez les haricots dans une grande jatte et versez l'assaisonnement dessus. Salez et poivrez selon votre goût puis remuez doucement jusqu'à ce que tout soit mélangé. Servez chaud.

BIENFAITS POUR LA SANTÉ

Pauvres en graisses et riches en fibres et en protéines, les haricots tels que les *cannellini* doivent faire partie d'une alimentation saine et équilibrée. Ils constituent aussi une excellente source de minéraux tels que le fer, le potassium, le phosphore et le magnésium, et ont une haute teneur en vitamines du groupe B.

# BETTERAVES AU FOUR AVEC SAUCE AU RAIFORT

La betterave fraîche revient à la mode et elle le mérite. La cuisson au four lui confère un goût légèrement sucré qui contraste merveilleusement avec celui, plus tonique, de l'assaisonnement.

**Pour 4 personnes**

**INGRÉDIENTS**

450 g/1 lb de betteraves naines, de préférence avec leurs feuilles
15 ml/1 c. à soupe d'huile d'olive

*Pour l'assaisonnement*

30 ml/2 c. à soupe de jus de citron
30 ml/2 c. à soupe de *mirin*
120 ml/8 c. à soupe d'huile d'olive
30 ml/2 c. à soupe de crème de raifort
sel et poivre du moulin

**1** Faites cuire les betteraves 30 min dans de l'eau bouillante salée. Égouttez-les, ajoutez l'huile d'olive et remuez délicatement. Préchauffez le four à 200 °C/400 °F.

**2** Disposez les betteraves sur une plaque et faites cuire au four 40 min, jusqu'à ce qu'elles soient tendres.

**3** Pendant ce temps, préparez l'assaisonnement. Fouettez le jus de citron, le *mirin*, l'huile d'olive et le raifort en un mélange homogène et crémeux. Salez et poivrez.

**4** Coupez les betteraves en deux, mettez-les dans une jatte et versez l'assaisonnement. Remuez doucement et servez.

BIENFAITS POUR LA SANTÉ

La betterave contient des substances permettant de prévenir les risques de certains cancers et renforce le système immunitaire. C'est un dépuratif puissant et elle est riche en fer, en vitamines C et A et en acide folique, éléments essentiels pour les cellules.

CONSEIL

Cette salade est probablement meilleure chaude mais, si vous le souhaitez, vous pouvez la préparer à l'avance et la servir à température ambiante. Assaisonnez la betterave juste avant de servir.

# Les accompagnements

Découvrez l'art d'accommoder toutes sortes de légumes en gratins, purées, sautés aux herbes ou relevés d'épices et de condiments.

# POMMES DE TERRE SAUTÉES AU ROMARIN

Ce grand classique de la cuisine est ici parfumé au romarin.

**Pour 6 personnes**

**INGRÉDIENTS**

1,3 kg/3 lb de pommes de terre, des charlottes par exemple

60 à 90 ml/4 à 6 c. à soupe d'huile ou de beurre clarifié

2 ou 3 brins de romarin frais sur lesquels on prélève les feuilles pour les hacher

sel et poivre du moulin

**1** Épluchez les pommes de terre et coupez-les en morceaux de 2,5 cm/1 in de côté. Mettez-les dans un saladier, recouvrez-les d'eau froide et laissez-les tremper 10 à 15 min. Égouttez-les, puis rincez-les et égouttez-les de nouveau avant de les sécher dans un torchon.

**2** Chauffez 60 ml/4 c. à soupe d'huile ou de beurre à feu moyen jusqu'à ce que la matière grasse soit très chaude mais ne fume pas. Mettez les pommes de terre à cuire pendant 2 min environ sans les remuer, pour qu'une croûte dorée se forme sur un côté.

**3** Secouez la poêle et remuez les pommes de terre pour les faire dorer d'un autre côté. Salez, poivrez.

**4** Rajoutez un peu de beurre ou d'huile et poursuivez la cuisson à feu modéré pendant 20 à 25 min en secouant la poêle fréquemment, jusqu'à ce que les pommes de terre soient tendres. Environ 5 min avant la fin de la cuisson, parsemez les pommes de terre de romarin haché.

# GALETTE DE POMMES DE TERRE

Vous pouvez aussi confectionner plusieurs galettes individuelles au lieu d'une grande. Pensez simplement à réduire le temps de cuisson dans ce cas.

**Pour 4 personnes**

**INGRÉDIENTS**

450 g/1 lb de pommes de terre, des charlottes par exemple

25 ml/1 ½ c. à soupe de beurre fondu

15 ml/1 c. à soupe d'huile végétale

sel et poivre du moulin

**1** Épluchez les pommes de terre et râpez-les grossièrement, puis arrosez-les immédiatement avec le beurre fondu et remuez bien. Salez et poivrez.

**2** Chauffez l'huile dans une grande poêle. Ajoutez les pommes de terre râpées et tassez-les avec une spatule en bois de façon à couvrir le fond de la poêle d'une couche régulière. Faites cuire la galette à feu moyen pendant 7 à 10 min, jusqu'à ce que le dessous soit bien doré.

**3** Détachez la galette en secouant la poêle ou bien en glissant une palette dessous.

**4** Pour retourner la galette, renversez une grande plaque à pâtisserie au-dessus de la poêle, puis, en la tenant fermement contre celle-ci, retournez-les simultanément. Soulevez ensuite la poêle, remettez-la sur le feu et rajoutez un peu d'huile si elle a l'air sèche. Faites enfin glisser la galette dans la poêle et poursuivez la cuisson jusqu'à ce qu'elle soit croustillante et bien dorée des deux côtés. Servez chaud.

Salines de Guérande
LE SEL DE LA VIE

# CHOUX À LA CRÈME DE POMMES DE TERRE

Il ne s'agit pas de vrais choux, mais de mini-puddings fourrés d'une purée de pommes de terre très crémeuse. Parfaits pour accompagner un gratin de légumes, ils peuvent aussi constituer un plat unique, accompagné de salades.

**Pour 6 choux**

**INGRÉDIENTS**

300 g/10 oz de pommes de terre
lait crémeux et beurre pour la purée
5 ml/1 c. à thé de persil frais haché
5 ml/1 c. à thé d'estragon frais haché
75 g/3 oz/$^2/_3$ tasse de farine
1 œuf
environ 120 ml/4 fl oz/$^1/_2$ tasse de lait
huile ou margarine de tournesol, pour graisser les ramequins
sel et poivre du moulin

**1** Faites bouillir les pommes de terre jusqu'à ce qu'elles soient tendres, puis écrasez-les en purée avec un peu de beurre et de lait. Ajoutez le persil et l'estragon hachés, salez et poivrez. Préchauffez le four à 200 °C/400 °F.

**2** Mettez la farine, l'œuf, le lait et 1 pincée de sel dans le bol d'un mixer et mixez jusqu'à obtention d'une pâte bien homogène.

**3** Déposez environ 2,5 ml/$^1/_2$ cuillerée à thé d'huile ou une petite noisette de margarine dans 6 ramequins et enfournez-les sur une plaque à pâtisserie pendant 2 à 3 min, jusqu'à ce que la matière grasse soit très chaude.

**4** En la travaillant rapidement, versez une petite quantité de pâte (20 ml/4 c. à café environ) dans chaque ramequin. Ajoutez 1 cuillerée à soupe bombée de purée de pommes de terre, puis répartissez le reste de pâte dans les ramequins. Enfournez et faites cuire les choux 15 à 20 min, jusqu'à ce qu'ils soient bien gonflés et dorés.

**5** Avec une palette, démoulez délicatement les choux et disposez-les sur un grand plat préchauffé. Servez aussitôt.

# GRATIN DAUPHINOIS

Riche et crémeux, ce plat est parfait pour se revigorer lorsqu'il fait bien froid dehors.

**Pour 4 personnes**

**INGRÉDIENTS**

700 g/1 ½lb de pommes de terre pelées et coupées en fines rondelles
1 gousse d'ail
25 g/1 oz/2 c. à soupe de beurre
300 ml/½ pinte/1 ¼ tasses de crème fraîche liquide
50 ml/2 fl oz/¼ tasse de lait
sel et poivre blanc

**1** Préchauffez le four à 150 °C/300 °F. Mettez les rondelles de pommes de terre dans un saladier d'eau froide pour éliminer le surplus d'amidon. Égouttez-les et séchez-les avec de l'essuie-tout.

**2** Coupez la gousse d'ail en deux et frottez l'intérieur d'un plat à gratin avec la face coupée de la gousse. Beurrez ensuite le plat généreusement. Mélangez la crème fraîche et le lait dans une jatte.

**3** Couvrez le fond du plat d'une couche de pommes de terre. Parsemez les pommes de terre de quelques noisettes de beurre, salez et poivrez, puis versez un peu de mélange crème et lait par-dessus. Continuez à remplir le plat, en procédant par couches et terminez par de la crème.

**4** Enfournez le plat et faites cuire le gratin 1 h 15 environ. S'il a tendance à dorer trop rapidement, couvrez le plat d'un couvercle ou d'un morceau de papier d'aluminium. Le gratin est prêt lorsque les pommes de terre sont très fondantes et que le dessus est bien doré.

# SAUTÉ DE POMMES DE TERRE ET CHOU-FLEUR

Cette recette très simple à préparer peut faire office de plat principal, accompagnée de riz ou d'un pain indien, d'une salade indienne, une raïta au concombre et au yaourt par exemple, et d'une sauce à la menthe fraîche.

**Pour 2 personnes**

**INGRÉDIENTS**

250 g/8 oz de pommes de terre
75 ml/5 c. à soupe d'huile d'arachide
5 ml/1 c. à thé de cumin en poudre
5 ml/1 c. à thé de coriandre en poudre
1,5 ml/¼ c. à thé de curcuma en poudre
1,5 ml/¼ c. à thé de piment de Cayenne
1 piment vert frais, égrené et finement haché
1 chou-fleur de taille moyenne en fleurettes
5 ml/1 c. à thé de graines de cumin
2 gousses d'ail finement émincées
15 à 30 ml/1 à 2 c. à soupe de coriandre fraîche finement hachée
sel

**1** Faites cuire les pommes de terre non épluchées dans de l'eau bouillante salée pendant 20 min, jusqu'à ce qu'elles soient tendres. Égouttez-les et laissez-les refroidir. Lorsqu'elles sont assez froides pour être manipulées, pelez-les et coupez-les en dés de 2,5 cm/1 in de côté.

**2** Chauffez 45 ml/3 c. à soupe d'huile dans une poêle ou un wok. Lorsqu'elle est chaude, ajoutez le cumin, la coriandre, le curcuma, le piment de Cayenne et le piment frais, et faites revenir les épices pendant quelques secondes.

**3** Mettez le chou-fleur et 60 ml/4 c. à soupe d'eau environ. Laissez cuire le tout à feu moyen pendant 6 à 8 min, en remuant constamment. Ajoutez les pommes de terre et faites-les sauter pendant 2 à 3 min. Salez, puis retirez du feu.

**4** Chauffez le reste d'huile dans une petite poêle. Une fois chaude, mettez les graines de cumin et l'ail émincé à dorer légèrement. Versez sur les légumes, parsemez le plat de coriandre fraîche hachée et servez immédiatement.

# PURÉE DE POMMES DE TERRE À L'AIL

Cette purée crémeuse est délicieusement parfumée. Bien que deux têtes d'ail semblent beaucoup, la saveur du plat reste douce lorsqu'on le fait cuire ainsi.

**Pour 6 à 8 personnes**

**INGRÉDIENTS**

2 têtes d'ail, les gousses détachées mais non pelées
115 g/4 oz/½ tasse de beurre
1,3 kg/3 lb de pommes de terre, des charlottes par exemple
120 à 175 ml/4 à 6 fl oz/½ à ¾ tasse de lait
sel et poivre blanc

**1** Portez une petite quantité d'eau à ébullition. Faites blanchir les gousses d'ail 2 min, puis égouttez-les et pelez-les.

**2** Dans une poêle à fond épais, faites fondre la moitié du beurre à feu doux. Ajoutez les gousses d'ail blanchies, puis couvrez et faites-les cuire doucement 20 à 25 min, jusqu'à ce qu'elles soient très tendres et dorées, en secouant la poêle et en remuant de temps en temps. Ne laissez pas l'ail attacher ni roussir.

**3** Retirez la poêle du feu et laissez refroidir légèrement. Mettez l'ail et le beurre restant dans le bol d'un mixer et mixez jusqu'à obtention d'une pâte homogène. Versez-la dans un bol et protégez-la d'un morceau de film alimentaire pour éviter la formation d'une peau. Réservez.

**4** Épluchez les pommes de terre et coupez-les en quatre, puis mettez-les dans une grande casserole et recouvrez-les d'eau froide. Salez et portez à ébullition.

**5** Laissez cuire les pommes de terre jusqu'à ce qu'elles soient tendres, puis égouttez-les et passez-les au presse-purée. Mettez la purée dans la casserole, réchauffez-la à feu moyen en remuant avec une spatule en bois pendant 1 à 2 min.

**6** Chauffez le lait à feu moyen jusqu'à frémissement. Incorporez petit à petit le lait, le reste de beurre et la purée d'ail dans la purée de pommes de terre, puis assaisonnez avec du poivre blanc et du sel, si besoin est.

# POMMES DE TERRE AUX POIVRONS ET ÉCHALOTES

Ce plat populaire originaire du sud des États-Unis est souvent servi dans les restaurants élégants de La Nouvelle-Orléans.

**Pour 4 personnes**

**INGRÉDIENTS**

500 g/1 1/4 lb de pommes de terre bien fermes
12 échalotes
2 poivrons jaunes doux
huile d'olive
2 brins de romarin frais
sel et poivre du moulin

**1** Préchauffez le four à 200 °C/400 °F. Lavez les pommes de terre et faites-les blanchir 5 min dans de l'eau bouillante. Égouttez-les.

**2** Lorsque les pommes de terre sont froides, pelez-les et coupez-les en deux dans le sens de la longueur. Épluchez les échalotes, et coupez-les en deux ou quatre selon leur grosseur.

**3** Détaillez chaque poivron longitudinalement en 8 bandes, retirez les graines et les fibres blanches.

**4** Graissez généreusement un plat à gratin avec de l'huile d'olive.

**5** Disposez les pommes de terre et les poivrons dans le plat en les intercalant, puis comblez les vides avec les échalotes.

**6** Coupez les brins de romarin en morceaux de 5 cm/2 in de long et glissez-les entre les légumes. Arrosez abondamment le plat d'huile d'olive, salez, poivrez et enfournez sans couvrir. Faites cuire 30 à 40 min, jusqu'à ce que tous les légumes soient bien tendres.

# PATATES DOUCES AU FOUR

Donnez une note *cajun* à ces patates douces en les préparant avec du sel, trois variétés de poivre et une bonne quantité de beurre. Servez une demi-patate douce par personne en accompagnement, une entière pour un dîner léger ; dans ce dernier cas, accompagnez le plat d'une salade verte avec du cresson.

**Pour 3 à 6 personnes**

**INGRÉDIENTS**

3 patates douces à peau rose de 450 g/1 lb chacune environ
75 g/3 oz/6 c. à soupe de beurre
poivres blanc, noir et piment de Cayenne
sel

**1** Lavez les patates douces et ne séchez pas la peau, mais frottez-la de sel. Piquez-les partout à l'aide d'une fourchette et posez-les sur une lèchefrite placée à mi-hauteur dans votre four. Faites-les cuire 1 h à 200 °C/400 °F, jusqu'à ce que la chair cède et soit molle au toucher.

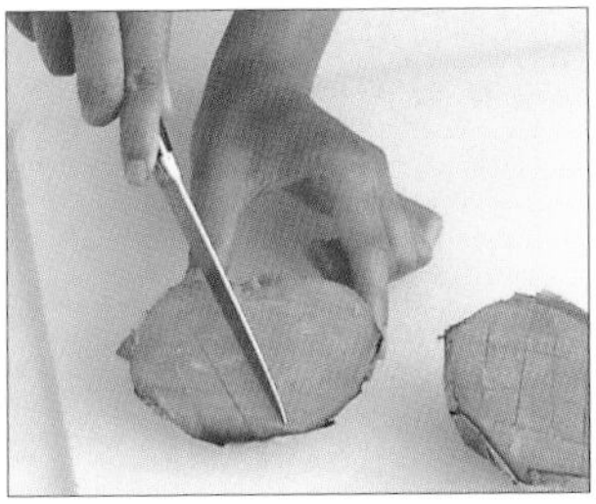

**2** Vous pouvez servir ces patates douces entières ou coupées en deux. Dans ce dernier cas, coupez-les dans la longueur et pratiquez des entailles en croisillons dans la chair de chaque moitié. Tartinez ensuite de beurre, en le faisant pénétrer dans les entailles en même temps que les 3 sortes de poivre et le sel.

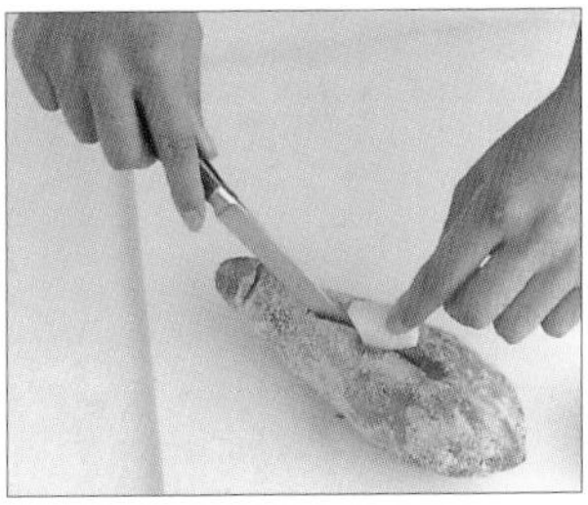

**3** Vous pouvez aussi pratiquer une incision sur toute la longueur de chacune des patates douces que vous servirez ensuite entières. Ouvrez-les légèrement et glissez de petits morceaux de beurre à l'intérieur sur toute leur longueur, puis assaisonnez-les avec les 3 variétés de poivre et 1 pincée de sel.

CONSEIL

Les patates douces cuisent plus vite que les pommes de terre. Par ailleurs, il n'est pas nécessaire de préchauffer le four.

# RIZ PARFUMÉ À LA THAÏLANDAISE

Ce riz tendre et léger, parfumé à la citronnelle, accompagne souvent les currys verts et rouges de la cuisine thaïlandaise.

**Pour 4 personnes**

**INGRÉDIENTS**

1 brin de citronnelle
2 citrons verts
225 g/8 oz/1 tasse de riz basmati complet
15 ml/1 c. à soupe d'huile d'olive
1 oignon haché
1 morceau de gingembre frais de 2,5 cm/1 in de long, pelé et finement haché
7.5 ml/1 ½ c. à thé de graines de coriandre
7.5 ml/1 ½ c. à thé de graines de cumin
750 ml/1 ¼ pintes/3 tasses de bouillon de légumes
60 ml/4 c. à soupe de coriandre fraîche hachée
quartiers de citron vert pour servir

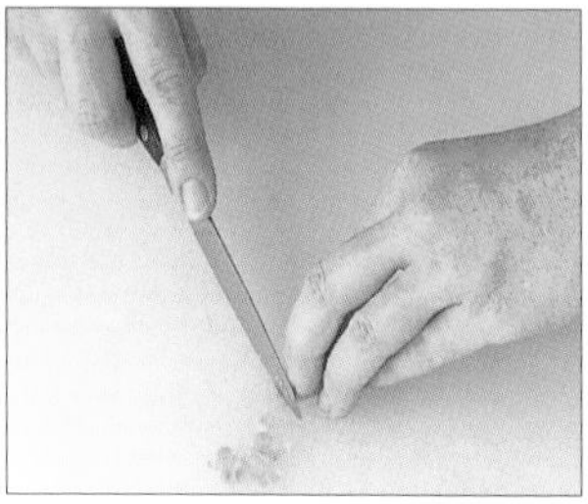

**1** Hachez finement la citronnelle avec un couteau bien tranchant.

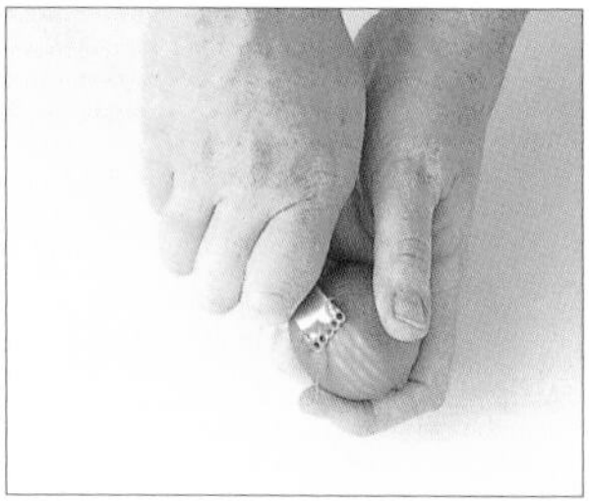

**2** Retirez le zeste des citrons verts avec un économe ou une râpe fine. Évitez de prélever la peau blanche.

**3** Rincez le riz abondamment à l'eau froide et égouttez-le.

**4** Chauffez l'huile dans une grosse cocotte et ajoutez l'oignon, les épices, la citronnelle et le zeste des citrons verts. Faites rissoler le tout 2 à 3 min.

CONSEIL

Vous pouvez aussi préparer ce plat avec d'autres variétés de riz, du basmati blanc ou du riz long grain par exemple. Prévoyez d'ajuster les temps de cuisson en conséquence.

**5** Ajoutez le riz et faites-le revenir 1 min avant de verser le bouillon. Portez ensuite à ébullition, puis baissez le feu, couvrez et laissez cuire à feu très doux pendant 30 min environ. Vérifiez alors la cuisson du riz. S'il est encore craquant, couvrez à nouveau la cocotte et laissez-le cuire 3 à 5 min supplémentaires. Retirez ensuite du feu.

**6** Ajoutez la coriandre fraîche hachée, aérez le riz à la fourchette, couvrez et laissez reposer 10 min. Servez avec des quartiers de citron vert.

# RIZ AUX GRAINES ET AUX ÉPICES

Vous obtiendrez un meilleur résultat avec du riz basmati, mais vous pouvez néanmoins utiliser du riz long grain ordinaire.

**Pour 4 personnes**

**INGRÉDIENTS**

5 ml/1 c. à thé d'huile de tournesol
2,5 ml/½ c. à thé de curcuma en poudre
6 gousses de cardamome légèrement pilées
5 ml/1 c. à thé de graines de coriandre légèrement pilées
1 gousse d'ail pressée
200 g/7 oz/⅞ tasse de riz basmati
400 ml/14 fl oz/1⅔ tasses de bouillon de légumes
125 g/4 oz/½ tasse de yaourt nature
15 ml/1 c. à soupe de graines de tournesol grillées
15 ml/1 c. à soupe de graines de sésame grillées
sel et poivre du moulin
quelques feuilles de coriandre, pour garnir

**1** Chauffez l'huile dans une poêle à fond antiadhésif et faites revenir les épices et l'ail environ 1 min, sans cesser de remuer.

**2** Ajoutez le riz et le bouillon, portez à ébullition, puis couvrez et laissez frémir 15 min, jusqu'à ce que le riz soit tendre.

**3** Incorporez le yaourt et les graines de tournesol et de sésame grillées. Salez, poivrez et servez très chaud, garni avec des feuilles de coriandre.

CONSEIL

Les graines étant particulièrement riches en sels minéraux, il est intéressant d'en ajouter dans toutes sortes de plats. Faites-les griller légèrement, elles n'en seront que plus parfumées.

# RIZ ROUGE SAUTÉ

Ce plat de riz doit autant son attrait aux couleurs vives de ses ingrédients qu'à sa saveur exquise.

**Pour 2 personnes**

**INGRÉDIENTS**

150 g/4½ oz/¾ tasse de riz basmati
30 ml/2 c. à soupe d'huile d'arachide
1 petit oignon rouge haché
1 poivron rouge égrené et haché
225 g/8 oz de tomates cerises coupées en deux
2 œufs battus
sel et poivre du moulin

**1** Lavez le riz à plusieurs reprises sous l'eau froide, puis égouttez-le bien. Portez une grande casserole d'eau à ébullition, versez le riz et faites-le cuire 10 à 12 min.

**2** Pendant ce temps, chauffez l'huile dans un wok jusqu'à ce qu'elle soit très chaude. Ajoutez l'oignon et le poivron et faites-les revenir pendant 2 à 3 min. Incorporez les tomates cerises et faites sauter le tout encore 2 min.

**3** Versez les œufs battus d'un coup. Faites-les cuire 30 s sans remuer, puis mélangez pour émietter les œufs qui se figent en omelette.

**4** Égouttez le riz cuit, puis faites-le revenir dans le wok 3 min en le mélangeant bien aux légumes et aux œufs. Salez, poivrez et servez immédiatement.

# RIZ PILAF AUX HERBES

Une recette rapide et simple à préparer. Ce pilaf est délicieux servi avec un assortiment de légumes de saison, des fleurettes de brocolis, des mini-épis de maïs et des carottes nouvelles par exemple.

**Pour 4 personnes**

**INGRÉDIENTS**

225 g/8 oz/1 tasse d'un mélange de riz basmati complet et de riz sauvage
15 ml/1 c. à soupe d'huile d'olive
1 oignon haché
1 gousse d'ail pressée
5 ml/1 c. à thé de cumin en poudre
5 ml/1 c. à thé de curcuma en poudre
50 g/2 oz/½ tasse de raisins secs
750 ml/1¼ pintes/3 tasses de bouillon de légumes
30 à 45 ml/2 à 3 c. à soupe d'un mélange d'herbes aromatiques fraîches hachées
sel et poivre du moulin
quelques brins d'herbes aromatiques fraîches et 25 g/1 oz/¼ tasse de pistaches hachées, pour garnir

**1** Lavez le riz à l'eau froide, puis égouttez-le bien. Chauffez l'huile et mettez l'ail et l'oignon à revenir doucement 5 min, en remuant de temps en temps.

**2** Incorporez les épices, le riz et faites sauter à feu doux pendant 1 min, en remuant sans cesse. Ajoutez les raisins secs et le bouillon, portez à ébullition, puis couvrez et laissez frémir doucement 20 à 25 min, en remuant de temps en temps.

**3** Parsemez d'herbes hachées, salez et poivrez. Transférez le pilaf dans un plat préchauffé, puis garnissez-le de pistaches hachées et de quelques brins d'aromates. Servez immédiatement.

# GRATIN DE MINI-LÉGUMES AU FROMAGE

Voici une façon très simple de faire ressortir la saveur des mini-légumes.

**Pour 6 personnes**

**INGRÉDIENTS**

1 kg/2¼lb de mini-légumes divers, aubergines, oignons ou échalotes, courgettes, maïs doux et champignons de Paris par exemple
1 poivron rouge égrené et coupé en gros morceaux
1 à 2 gousses d'ail finement hachées
15 à 30 ml/1 à 2 c. à soupe d'huile d'olive
30 ml/2 c. à soupe d'un mélange d'herbes aromatiques fraîches hachées
225 g/8 oz de tomates cerises
125 g/4 oz/1 tasse de mozzarella grossièrement râpée
sel et poivre du moulin
olives noires, pour garnir (facultatif)

**1** Préchauffez le four à 220 °C/425 °F. Coupez les aubergines et les oignons ou échalotes en deux dans le sens de la longueur.

**2** Mettez les mini-légumes, le poivron rouge et l'ail dans un plat à gratin. Salez, poivrez, arrosez d'un filet d'huile d'olive. Mélangez pour que tous les légumes soient bien assaisonnés. Faites cuire au four 20 min, jusqu'à ce que les bords commencent à dorer, en remuant une fois.

**3** Incorporez les herbes, les tomates et couvrez le tout de mozzarella. Remettez au four 5 à 10 min de plus, jusqu'à ce que le fromage ait fondu et qu'il commence à bouillonner. Servez immédiatement, éventuellement garni d'olives noires.

# CHOUX DE BRUXELLES SAUTÉS À LA CHINOISE

Pour changer des choux de Bruxelles cuits à la vapeur et servis avec une noisette de beurre, essayez cette délicieuse recette chinoise.

**Pour 4 personnes**

**INGRÉDIENTS**

450 g/1 lb de choux de Bruxelles
5 ml/1 c. à thé d'huile de sésame ou de tournesol
2 oignons nouveaux émincés
2,5 ml/½ c. à thé de poudre cinq-épices
15 ml/1 c. à soupe de sauce de soja claire

**1** Triez les choux de Bruxelles, puis émincez-les finement avec un couteau tranchant ou dans un mixer.

**2** Chauffez l'huile et ajoutez les choux et les oignons nouveaux. Faites sauter le tout 2 min, sans laisser roussir les légumes.

**3** Incorporez la poudre cinq-épices et la sauce de soja, puis poursuivez la cuisson sans cesser de remuer pendant 2 à 3 min, jusqu'à ce que les légumes soient tendres. Servez chaud, en accompagnement d'autres mets chinois.

# CHOUX DE BRUXELLES AUX CHÂTAIGNES

Voici un plat de légumes idéal pour un repas de fête, que vous pourrez servir à Noël par exemple.

**Pour 4 à 6 personnes**

**INGRÉDIENTS**

225 g/8 oz de châtaignes
120 ml/4 fl oz/½ tasse de lait
500 g/1 ¼ lb de petits choux de Bruxelles bien tendres
25 g/1 oz/2 c. à soupe de beurre
1 échalote finement hachée
30 à 45 ml/2 à 3 c. à soupe de vin blanc sec ou d'eau

**1** Avec un petit couteau, faites une entaille en forme de croix à la base de chaque châtaigne.

**2** Portez une casserole d'eau à ébullition, puis mettez les châtaignes à blanchir 6 à 8 min. Retirez du feu.

**3** Sortez quelques châtaignes de la casserole avec une écumoire, et laissez les autres dans l'eau jusqu'à ce que vous soyez prêt à les peler. Avant que les châtaignes refroidissent, épluchez-les avec un couteau pour éliminer leur enveloppe extérieure, puis retirez la peau. Procédez ainsi avec les châtaignes restantes.

**4** Rincez la casserole, puis remettez-y les châtaignes pelées et versez le lait. Recouvrez complètement d'eau les châtaignes. Faites frémir à feu moyen 12 à 15 min, jusqu'à ce que les châtaignes soient tendres mais ne s'écrasent pas. Égouttez-les et réservez.

**5** Retirez toute feuille flétrie ou jaunie des choux de Bruxelles, puis coupez la base en veillant à laisser un petit bout pour éviter que les feuilles ne se détachent.

**6** Dans une grande poêle à fond épais, faites fondre le beurre à feu moyen. Ajoutez l'échalote hachée et faites-la revenir 1 à 2 min, jusqu'à ce qu'elle ramollisse, puis mettez les choux de Bruxelles ainsi que le vin ou l'eau. Couvrez et faites cuire le tout à feu moyen pendant 6 à 8 min, en secouant la poêle et en remuant de temps en temps. Rajoutez un peu d'eau en cours de cuisson si besoin est.

**7** Incorporez les châtaignes pochées en mélangeant délicatement le tout, puis couvrez et poursuivez la cuisson 2 à 3 min de plus, jusqu'à ce que les choux et les châtaignes soient bien tendres.

# AUBERGINES SAUTÉES À LA MODE DU SICHUAN

Ce plat assez relevé porte aussi en Chine le nom d'« aubergines parfumées au poisson », parce que ce légume y est cuisiné avec des arômes souvent employés dans les préparations à base de poisson.

**Pour 4 personnes**

**INGRÉDIENTS**

2 petites aubergines
5 ml/1 c. à thé de sel
3 piments rouges séchés
huile d'arachide pour la friture
3 à 4 gousses d'ail finement hachées
1 morceau de gingembre frais d' 1 cm/½ in de long finement haché
4 oignons nouveaux coupés en morceaux de 2,5cm/1 in de long (le blanc et le vert séparés)
15 ml/1 c. à soupe d'alcool de riz chinois ou de porto sec
15 ml/1 c. à soupe de sauce de soja claire
5 ml/1 c. à thé de sucre
1,5 ml/¼ c. à thé de grains de poivre du Sichuan grillés et pilés
15 ml/1 c. à soupe de vinaigre de riz chinois
5 ml/1 c. à thé d'huile de sésame

**1** Coupez les aubergines en morceaux de 4 cm/1 ½ in de large et de 8 cm/3 in de long environ. Mettez-les dans une passoire et saupoudrez-les de sel. Laissez-les dégorger ainsi 30 min, puis rincez-les abondamment sous l'eau froide. Séchez-les enfin avec de l'essuie-tout.

**2** Pendant ce temps, faites tremper les piments dans de l'eau tiède 15 min. Égouttez-les, puis coupez chaque piment en quatre et jetez les graines.

**3** Chauffez à 180 °C/350 °F un wok à moitié rempli d'huile. Faites frire les aubergines jusqu'à ce qu'elles soient bien dorées, puis égouttez-les sur de l'essuie-tout. Gardez un peu d'huile dans le wok, réchauffez-la et faites-y revenir l'ail, le gingembre et le blanc des oignons nouveaux.

**4** Faites-les sauter 30 s, puis ajoutez les aubergines et remuez. Versez ensuite l'alcool de riz ou le porto, la sauce de soja, le sucre, les grains de poivre pilés et le vinaigre de riz. Faites revenir le tout pendant 1 à 2 min. Arrosez enfin d'un filet d'huile de sésame et garnissez avec le vert des oignons nouveaux. Servez aussitôt.

# ÉPINARDS CHINOIS SAUTÉS À LA SAUCE DE SOJA

Ici, les légumes sont sautés et servis avec de la sauce de soja. Voici une recette simple et très rapide qui fera un accompagnement original.

**Pour 3 à 4 personnes**

**INGRÉDIENTS**

450 g/1 lb d'épinards chinois
30 ml/2 c. à soupe d'huile d'arachide
15 à 30 ml/1 à 2 c. à soupe de sauce à la prune

**1** Jetez toutes les feuilles jaunies et les côtes abîmées des épinards. Coupez-les en morceaux.

**2** Chauffez un wok, puis répartissez l'huile sur le fond du wok en inclinant celui-ci de tous les côtés.

**3** Mettez les légumes à sauter 2 à 3 min, jusqu'à ce qu'ils aient légèrement doré.

**4** Versez la sauce à la prune et poursuivez la cuisson encore quelques secondes, jusqu'à ce que les légumes soient cuits mais encore croquants. Servez aussitôt.

VARIANTE

Vous pouvez remplacer les épinards chinois par du brocoli chinois, également connu sous le nom cantonais de « choi sam ». Ce légume a des feuilles vertes et de minuscules fleurs jaunes, que l'on mange avec les feuilles et les côtes. On le trouve dans les magasins d'alimentation asiatiques.

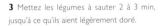

# POÊLÉE DE LÉGUMES PRINTANIERS

Vite préparée et conservant le maximum de vitamines, cette poêlée de légumes est délicieuse avec du tofu mariné et du riz ou des nouilles.

**Pour 4 personnes**

**INGRÉDIENTS**

15 ml/1 c. à soupe d'huile d'arachide
5 ml/1 c. à thé d'huile de sésame
1 gousse d'ail hachée
1 morceau de 2,5 cm/1 in de gingembre frais, finement haché
250 g/8 oz de carottes miniatures
350 g/12 oz/3 tasses de bouquets de brocolis
200 g/6 oz/⅓ tasse de pointes d'asperges
2 ciboules émincées en biais
200 g/6 oz/1 ½ tasses de blettes ou d'épinards sans les côtes, finement découpés
30 ml/2 c. à soupe de sauce de soja claire
15 ml/1 c. à soupe de jus de pommes
15 ml/1 c. à soupe de graines de sésame grillées

**1** Chauffez une poêle ou un wok à feu vif. Versez l'huile d'arachide et l'huile de sésame et baissez le feu. Ajoutez l'ail et faites sauter 2 min.

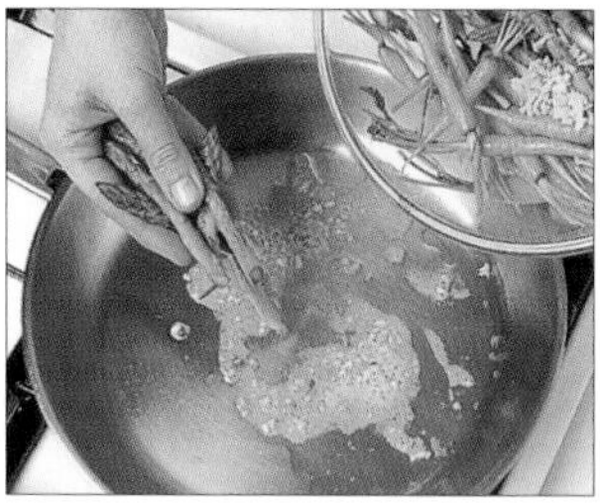

**2** Incorporez le gingembre haché, les carottes, brocolis et asperges et faites revenir 5 min. Ajoutez ciboules et blettes ou épinards et laissez cuire encore 2 min en remuant.

**3** Versez la sauce de soja et le jus de pommes et mélangez bien le tout. Stoppez la cuisson lorsque les légumes sont tendres – ajoutez un peu d'eau s'ils sont trop secs. Parsemez de graines de sésame et servez.

BIENFAITS POUR LA SANTÉ

Les légumes orange et verts constituent une excellente source de bêta-carotène et de vitamines C et E.

# HARICOTS VERTS À L'ORIENTALE

Voici une façon simple et savoureuse d'accommoder des haricots verts. Ce plat peut être servi chaud ou froid. Accompagnés d'une omelette et de pain croustillant, ces légumes constituent un repas léger.

**Pour 4 personnes**

**INGRÉDIENTS**

500 g/1 lb/3 tasses de haricots verts
15 ml/1 c. à soupe d'huile d'olive
5 ml/1 c. à thé d'huile de sésame
2 gousses d'ail écrasées
1 morceau de 2,5 cm/1 in de racine de gingembre frais, finement haché
30 ml/2 c. à soupe de sauce de soja noir

VARIANTE

Remplacez les haricots verts par des mange-tout ou d'autres variétés. Les gros haricots plats seront coupés en biais avant leur cuisson.

**1** Faites cuire les haricots environ 5 min à la vapeur afin d'obtenir une cuisson *al dente*.

BIENFAITS POUR LA SANTÉ

• L'ail et le gingembre frais aident à renforcer le système immunitaire.
• D'après des études récentes, le gingembre serait très efficace pour prévenir les nausées.

**2** Pendant ce temps, chauffez les huiles d'olive et de sésame dans une casserole à fond épais, ajoutez l'ail et faites revenir 2 min.

**3** Incorporez le gingembre et la sauce de soja et laissez cuire 2 à 3 min, en remuant constamment jusqu'à ce que le liquide ait réduit, puis versez ce mélange sur les haricots chauds. Laissez s'imprégner les différentes saveurs avant de servir.

# PETITS OIGNONS À L'AIGRE-DOUCE

Préparés selon cette recette, les petits oignons doux ou grelots constituent un accompagnement original et très parfumé.

**Pour 6 personnes**

**INGRÉDIENTS**

450 g/1 lb de petits oignons épluchés
50 ml/2 fl oz/¼ tasse de vinaigre de vin
45 ml/3 c. à soupe d'huile d'olive
40 g/1½ oz/3 c. à soupe de sucre en poudre
45 ml/3 c. à soupe de concentré de tomates
1 feuille de laurier
2 brins de persil frais
65 g/2½ oz/½ tasse de raisins secs
sel et poivre du moulin

**1** Mettez tous les ingrédients dans une casserole avec 300 ml/½ pinte/1¼ tasses d'eau. Portez à ébullition, puis laissez frémir doucement, sans couvrir, pendant 45 min, jusqu'à ce que les oignons soient bien tendres et que la plus grande partie du liquide se soit évaporée.

**2** Retirez la feuille de laurier et le persil, vérifiez l'assaisonnement, puis transférez les oignons dans un plat. Servez à température ambiante.

# ÉPINARDS AUX RAISINS SECS ET AUX PIGNONS

Les raisins secs se marient bien avec les pignons. Ils sont ici mélangés à des feuilles d'épinards et des croûtons, et le contraste de consistance des différents ingrédients en fait un accompagnement délicieux.

**Pour 4 personnes**

**INGRÉDIENTS**

50 g/2 oz/1/3 tasse de raisins secs
1 tranche épaisse de pain bien croustillant
45 ml/3 c. à soupe d'huile d'olive
25 g/1 oz/1/3 tasse de pignons
500 g/1 1/4 lb de petites feuilles d'épinards bien tendres
2 gousses d'ail pressées
sel et poivre du moulin

**1** Mettez les raisins secs dans un bol et couvrez-les d'eau bouillante. Laissez-les gonfler 10 min, puis égouttez-les.

**2** Coupez le pain en dés et retirez la croûte. Chauffez 30 ml/2 c. à soupe d'huile et faites dorer les morceaux de pain. Égouttez-les.

**3** Faites chauffer le reste d'huile dans la poêle et mettez à revenir les pignons jusqu'à ce qu'ils commencent à dorer. Ajoutez les épinards et l'ail, puis faites sauter le tout rapidement, en remuant jusqu'à ce que les épinards soient fondants.

**4** Incorporez les raisins en mélangeant le tout, puis salez et poivrez. Transférez dans un plat préchauffé, parsemez de croûtons dorés et servez bien chaud.

VARIANTES

Vous pouvez remplacer les épinards par de la carde ou des blettes. Dans ce cas, prolongez un peu la cuisson.

# BEIGNETS DE NAVETS SUR LIT D'ÉPINARDS

La friture fait ressortir la saveur douce et subtile des navets, que complète à merveille l'assaisonnement aux noix de la salade d'épinards.

**Pour 4 personnes**

**INGRÉDIENTS**

2 gros navets
115 g/4 oz/1 tasse de farine
1 œuf, le blanc séparé du jaune
120 ml/4 fl oz/½ tasse de lait
125 g/4 oz de petites feuilles d'épinards lavées et séchées
30 ml/2 c. à soupe d'huile d'olive
15 ml/1 c. à soupe d'huile de noix
15 ml/1 c. à soupe de vinaigre de xérès
huile pour la friture
15 ml/1 c. à soupe de noix grossièrement hachées
sel, poivre du moulin et piment de Cayenne

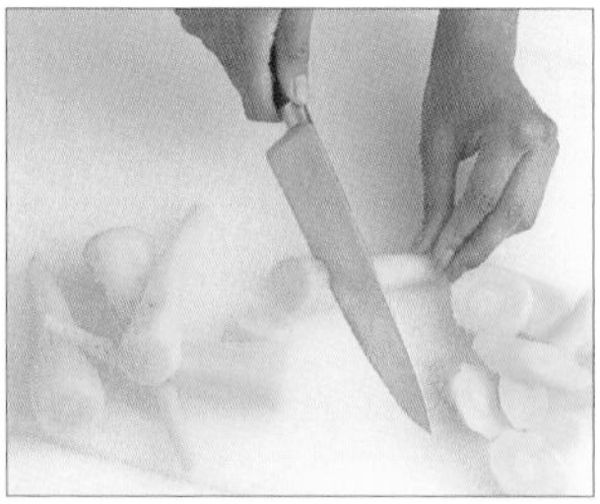

**1** Épluchez les navets, portez à ébullition une casserole d'eau salée et faites-les blanchir pendant 10 à 15 min, jusqu'à ce qu'ils soient tendres mais ne s'écrasent absolument pas. Égouttez-les, laissez-les refroidir puis coupez-les, en biais en morceaux de 5 cm/2 in de long sur 5 mm à 1 cm/¼ à ½ in de large.

**2** Versez la farine en fontaine dans une jatte. Ajoutez-y le jaune d'œuf et mélangez à la fourchette. Versez le lait en l'incorporant au mélange farine-œuf. Assaisonnez avec le sel, le poivre et le piment de Cayenne, puis fouettez jusqu'à ce que la pâte soit bien homogène.

**3** Mettez les feuilles d'épinards dans un saladier. Mélangez les 2 sortes d'huile et le vinaigre, salez et poivrez.

**4** Au moment de servir, montez le blanc d'œuf en neige pas très ferme, puis incorporez-le à la pâte préparée plus tôt. Chauffez l'huile pour la friture.

**5** Fouettez vigoureusement la vinaigrette, puis ajoutez-la à la salade d'épinards et mélangez bien. Disposez les feuilles sur 4 assiettes et éparpillez dessus les noix hachées.

**6** Plongez les morceaux de navets dans la pâte, puis faites frire ces beignets afin qu'ils soient dorés. Égouttez-les sur de l'essuie-tout et gardez-les au chaud. Disposez les beignets sur le lit d'épinards et servez.

# CROQUETTES DE NAVETS ET DE CHÂTAIGNES

Le parfum doux et fruité des châtaignes se marie à merveille avec la saveur sucrée mais plus rustique des navets. Les châtaignes fraîches devront être épluchées, tandis que les châtaignes surgelées, presque aussi bonnes, sont prêtes à l'emploi.

**Pour 10 à 12 croquettes**

**INGRÉDIENTS**

450 g/1 lb de navets coupés en petits morceaux
125 g/4 oz de châtaignes surgelées
25 g/1 oz/2 c. à soupe de beurre
1 gousse d'ail pressée
15 ml/1 c. à soupe de coriandre fraîche hachée
1 œuf battu
40 à 50 g/1 ½ à 2 oz de miettes de pain frais
huile végétale pour la friture
sel et poivre du moulin
quelques brins de coriandre fraîche, pour garnir

**1** Mettez les navets dans une casserole d'eau. Portez à ébullition, couvrez et laissez frémir pendant 15 à 20 min.

**2** Faites bouillir les châtaignes surgelées dans une casserole d'eau, puis laissez frémir 8 à 10 min. Égouttez-les, mettez-les dans une jatte et écrasez-les grossièrement.

**3** Faites fondre le beurre dans une casserole et mettez à revenir l'ail 30 s. Égouttez les navets et écrasez-les avec le beurre d'ail. Ajoutez la purée de châtaignes et la coriandre hachée, salez et poivrez.

**4** Prenez 15 ml/1 c. à soupe de cette pâte, puis confectionnez une petite croquette de 7,5 cm/3 in de long environ. Plongez-la dans l'œuf battu et roulez-la dans les miettes de pain. Procédez ainsi jusqu'à épuisement de la pâte.

**5** Chauffez un peu d'huile dans une poêle et faites frire les croquettes 3 à 4 min, jusqu'à ce qu'elles soient bien croustillantes, en les retournant fréquemment pour qu'elles dorent uniformément.

**6** Égouttez les croquettes sur de l'essuie-tout, pour éliminer l'excédent d'huile, et servez-les immédiatement, garnies avec quelques brins de coriandre fraîche.

# MINI-LÉGUMES SAUTÉS AU PIMENT ET AU SÉSAME

On trouve aujourd'hui une grande variété de mini-légumes dans le commerce. Cette recette simple fait honneur à leur saveur délicate. Servez-les en accompagnement d'un plat principal ou en entrée légère.

**Pour 4 à 6 personnes**

**INGRÉDIENTS**

10 pommes de terre nouvelles coupées en deux
12 à 14 mini-carottes
12 à 14 mini-courgettes
30 ml/2 c. à soupe d'huile de maïs
15 petits oignons
30 ml/2 c. à soupe de sauce pimentée
5 ml/1 c. à thé de pulpe d'ail
5 ml/1 c. à thé de pulpe de gingembre
5 ml/1 c. à thé de sel
400 g/14 oz de pois chiches en conserve égouttés
10 tomates cerises
5 ml/1 c. à thé de piments rouges séchés écrasés et 30 ml/2 c. à soupe de graines de sésame, pour garnir

**1** Portez une casserole d'eau salée à ébullition et mettez à cuire les pommes de terre nouvelles et les mini-carottes. Au bout de 12 à 15 min, ajoutez les mini-courgettes et faites blanchir encore 5 min, jusqu'à ce que tous les légumes soient tendres.

**2** Égouttez bien les légumes, puis réservez-les.

**3** Chauffez l'huile dans une poêle profonde à fond arrondi ou dans un wok et faites revenir les petits oignons jusqu'à ce qu'ils soient bien dorés. Baissez le feu, puis ajoutez la sauce pimentée, l'ail, le gingembre et le sel en veillant à ne pas faire brûler le mélange.

**4** Incorporez les pois chiches et faites-les sauter à feu moyen jusqu'à ce que le liquide ait été absorbé.

**5** Ajoutez les légumes blanchis et les tomates cerises, et laissez rissoler le tout à feu moyen, en remuant, pendant 2 min environ.

**6** Garnissez avec les piments rouges écrasés et les graines de sésame. Servez.

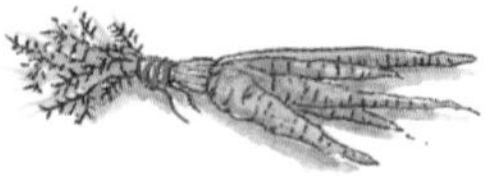

VARIANTES

En variant l'assortiment de légumes, cette recette permet de préparer de délicieux accompagnements. Essayez des mini-épis de maïs, des haricots verts, des pois gourmands, des gombos ou des choux-fleurs.

# NOUILLES AUX GERMES DE SOJA ET AUX ASPERGES

Dans cette recette très vite préparée, le moelleux des nouilles sautées contraste à merveille avec le croquant des germes de soja et des asperges.

**Pour 2 personnes**

**INGRÉDIENTS**

125 g/4 oz/1 tasse de nouilles chinoises aux œufs
60 ml/4 c. à soupe d'huile végétale
1 petit oignon haché
1 morceau de gingembre frais de 2,5 cm/1 in de long pelé et râpé
2 gousses d'ail pressées
175 g/6 oz de pointes d'asperges
125 g/4 oz de germes de soja
4 oignons nouveaux émincés
45 ml/3 c. à soupe de sauce de soja
sel et poivre du moulin

**1** Portez une casserole d'eau salée à ébullition. Plongez-y les nouilles et faites-les cuire 2 à 3 min, jusqu'à ce qu'elles soient bien tendres. Égouttez-les, puis ajoutez 30 ml/2 c. à soupe d'huile et mélangez bien.

**2** Chauffez le reste d'huile dans un wok ou une poêle jusqu'à ce qu'elle soit très chaude. Mettez l'oignon, le gingembre et l'ail, et faites-les revenir pendant 2 à 3 min.

**3** Ajoutez les nouilles et les germes de soja, et faites sauter le tout pendant 2 min.

**4** Incorporez les oignons nouveaux et la sauce de soja. Salez, poivrez, en veillant à ne pas mettre trop de sel car la sauce de soja en contient déjà beaucoup. Faites sauter 1 min de plus et servez aussitôt.

# CHIPS DE LÉGUMES AU SEL PIMENTÉ

On peut couper toutes sortes de légumes-racines en fines rondelles et les faire frire. Ces « chips » sont parfaites pour accompagner un repas oriental ou bien servies en amuse-gueules.

**Pour 4 à 6 personnes**

**INGRÉDIENTS**

1 carotte
2 navets
2 betteraves crues
1 patate douce
huile d'arachide pour la friture
1,5 ml/¼ c. à thé de piment de Cayenne
1 c. à thé de fleur de sel

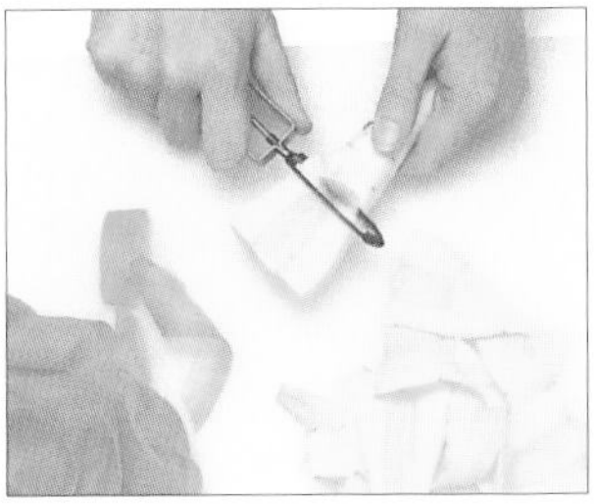

**1** Épluchez tous les légumes, puis coupez la carotte et les navets en longs rubans fins, et la betterave et la patate douce en rondelles très fines. Séchez-les sur de l'essuie-tout.

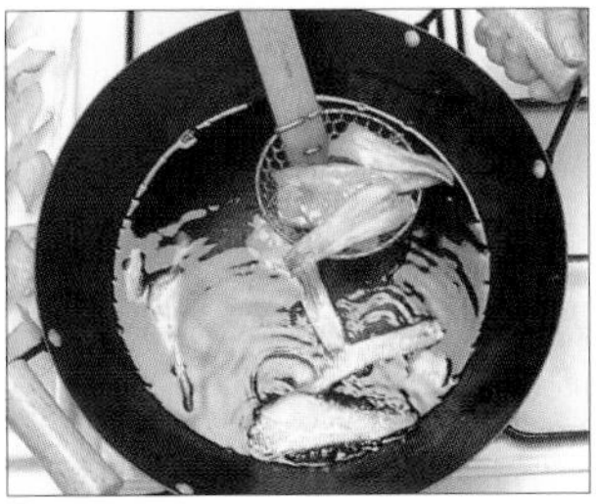

**2** Remplissez à demi un wok avec de l'huile et chauffez-la à 180 °C/350 °F. En procédant par lots, faites frire les légumes pendant 2 à 3 min, jusqu'à ce qu'ils soient dorés et bien croustillants. Retirez-les de l'huile et égouttez-les sur de l'essuie-tout.

**3** Mettez le piment de Cayenne et la fleur de sel dans un mortier et pilez-les ensemble grossièrement.

**4** Empilez les « chips » de légumes sur un plat et saupoudrez-les de sel pimenté.

CONSEIL

Pour gagner du temps, vous pouvez couper les légumes à l'aide d'un mixer muni d'un disque à émincer ou bien avec une mandoline.

# PURÉE DE POIS CASSÉS AUX ÉCHALOTES

**Les pois cassés, très sous-estimés, sont exquis en purée avec des échalotes ou relevés avec des graines de cumin et des herbes fraîches. Cette purée remplace avantageusement celle de pommes de terre et est excellente avec des tourtes et des marrons. Elle peut aussi être servie avec de la pita chaude, des rondelles de tomates et un peu d'huile d'olive.**

**Pour 4 à 6 personnes**

**INGRÉDIENTS**

225 g/8 oz/1 tasse de pois cassés jaunes
3 échalotes finement hachées
1 feuille de laurier
8 feuilles de sauge grossièrement hachées
15 ml/1 c. à soupe d'huile d'olive
8 ml/1 1/8 c. à thé de graines de cumin
1 grosse gousse d'ail hachée
50 g/2 oz/4 c. à soupe de beurre ramolli
sel et poivre noir du moulin

**1** Mettez les pois cassés dans une jatte et recouvrez-les d'eau froide. Laissez tremper toute la nuit, puis rincez et égouttez.

**2** Transférez les pois cassés dans une casserole, recouvrez d'eau fraîche et portez à ébullition. Écumez éventuellement la surface, puis baissez le feu. Incorporez les feuilles de laurier et de sauge, et laissez mijoter 30 à 40 min, jusqu'à ce que les pois cassés soient tendres. Ajoutez éventuellement de l'eau pendant la cuisson.

**3** Pendant ce temps, chauffez l'huile dans une poêle et faites revenir 3 min les échalotes, les graines de cumin et l'ail, afin que les échalotes ramollissent, en remuant de temps en temps. Ajoutez le mélange aux pois cassés pendant qu'ils cuisent encore.

**4** Égouttez les pois cassés en réservant l'eau de cuisson. Retirez la feuille de laurier puis mettez les pois cassés dans un mixer avec le beurre et mélangez bien.

**5** Ajoutez 105 ml/7 c. à soupe de l'eau de cuisson réservée jusqu'à ce que le mélange constitue une purée épaisse. Remettez de l'eau si cette purée vous paraît trop sèche. Ajustez l'assaisonnement et servez chaud.

BIENFAITS POUR LA SANTÉ

Comme les autres légumineuses, les pois cassés sont une excellente source de protéines, de fibres, de minéraux et de vitamines du groupe B. Ils sont particulièrement recommandés pour les diabétiques, car ils aident à équilibrer le taux de sucre dans le sang.

# GRATIN DE LÉGUMES AUX ÉPICES INDIENNES

Subtilement parfumé aux poudres de curry, de curcuma, de coriandre et de piment doux, ce merveilleux gratin est assez nourrissant pour constituer un déjeuner ou un dîner à lui tout seul. C'est aussi un excellent accompagnement pour un curry aux légumes ou aux haricots.

**Pour 4 personnes**

**INGRÉDIENTS**

2 grosses pommes de terre, d'un poids total de 450 g/1 lb
2 patates douces, d'un poids total de 275 g/10 oz
175 g/6 oz de céleri-rave
15 ml/1 c. à soupe de beurre
5 ml/1 c. à thé de poudre de curry
5 ml/1 c. à thé de poudre de curcuma
2,5 ml/½ c. à thé de poudre de coriandre
5 ml/1 c. à thé de poudre de piment doux
3 échalotes hachées
sel et poivre noir du moulin
150 ml/¼ pinte/⅔ tasse de crème fleurette
150 ml/¼ pinte/⅔ tasse de lait demi-écrémé
persil plat frais haché, pour garnir

**1** Coupez les pommes de terre, les patates douces et le céleri-rave en fines rondelles. Mettez aussitôt les légumes dans un bol d'eau froide pour les empêcher de s'oxyder.

**2** Préchauffez le four à 180 °C/350 °F. Chauffez la moitié du beurre dans une casserole à fond épais, ajoutez les poudres de curry, de curcuma et de coriandre et la moitié de la poudre de piment. Faites cuire 2 min puis laissez légèrement refroidir. Égouttez les légumes et essuyez-les avec du papier absorbant. Transférez-les dans une jatte, incorporez le mélange d'épices et les échalotes et remuez bien.

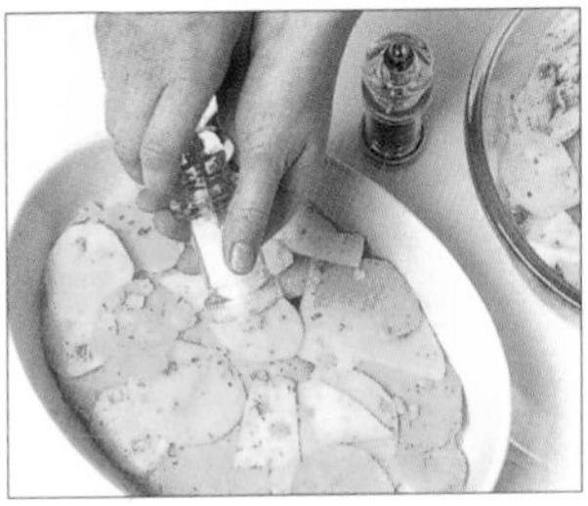

**3** Disposez les légumes dans un plat à gratin en salant et poivrant entre chaque couche. Mélangez la crème fleurette et le lait, versez le mélange sur les légumes, puis saupoudrez le dessus avec le reste de la poudre de piment.

**4** Couvrez de papier sulfurisé et faites cuire au four environ 45 min. Retirez le papier sulfurisé, répartissez le reste du beurre sur le gratin et remettez 50 min au four jusqu'à ce que le dessus soit doré. Servez garni avec du persil frais haché.

CONSEIL

La crème fleurette donne du moelleux à ce gratin mais, si vous préférez, vous pouvez la remplacer par du lait demi-écrémé.

BIENFAITS POUR LA SANTÉ

Ce gratin contient des épices moulues, qui facilitent la digestion et ont des effets bénéfiques sur la circulation.

# LÉGUMES À LA PROVENÇALE

Tous les parfums de la Méditerranée ensoleillent ce délicieux plat de légumes.

**Pour 6 personnes**

**INGRÉDIENTS**

1 oignon émincé
2 poireaux émincés
2 gousses d'ail pressées
1 poivron rouge égrené et émincé
1 poivron vert égrené et émincé
1 poivron jaune égrené et émincé
350 g/12 oz/3 tasses de courgettes coupées en rondelles
225 g/8 oz/3 tasses de champignons de Paris émincés
400 g/14 oz de tomates concassées en conserve
30 ml/2 c. à soupe de porto rouge
30 ml/2 c. à soupe de concentré de tomates
15 ml/1 c. à soupe de ketchup
400 g/14 oz de pois chiches en conserve
125 g/4 oz/2/3 tasse d'olives noires
45 ml/3 c. à soupe d'herbes de Provence fraîches hachées
sel et poivre du moulin
herbes de Provence fraîches hachées, pour garnir

**1** Mettez l'oignon, les poireaux, l'ail, les poivrons, les courgettes et les champignons dans une grande casserole.

**2** Versez les tomates, le porto, le concentré de tomates et le ketchup, puis mélangez bien.

**3** Rincez les pois chiches, égouttez-les et ajoutez-les dans la casserole.

**4** Couvrez, portez à ébullition, puis laissez frémir doucement pendant 20 à 30 min, en remuant de temps en temps, jusqu'à ce que les légumes soient cuits et tendres, mais qu'ils ne s'écrasent pas.

**5** Retirez le couvercle et augmentez légèrement le feu 10 min avant la fin de la cuisson si vous souhaitez épaissir la sauce.

**6** Ajoutez les olives et les herbes, salez et poivrez. Servez aussitôt, garni d'herbes fraîches hachées.

CONSEIL

Ce plat est tout aussi délicieux froid que chaud. Vous pouvez donc le préparer à l'avance pour un pique-nique par exemple, et le conserver au réfrigérateur. Servez-le alors avec du yaourt nature ou un *tzatziki* (salade grecque au concombre et au fromage blanc) bien rafraîchissant.

HABITAT
JAPAN

# POÊLÉE DE LÉGUMES AUX GRAINES AROMATIQUES

Une alimentation équilibrée doit comprendre des légumes variés qui apportent des fibres, des vitamines et des sels minéraux. Ici, les épices relèvent de façon délicieuse une poêlée de légumes.

**Pour 4 à 6 personnes**

**INGRÉDIENTS**

700 g/1 ½lb de petites pommes de terre nouvelles
1 petit chou-fleur
200 g/6 oz de haricots verts extra-fins
115 g/4 oz/1 tasse de petits pois surgelés
1 petit morceau de gingembre frais
30 ml/2 c. à soupe d'huile de tournesol
10 ml/2 c. à thé de graines de cumin
10 ml/2 c. à thé de graines de moutarde
30 ml/2 c. à soupe de graines de sésame
le jus d' 1 citron
poivre noir du moulin
coriandre fraîche, pour décorer (facultatif)

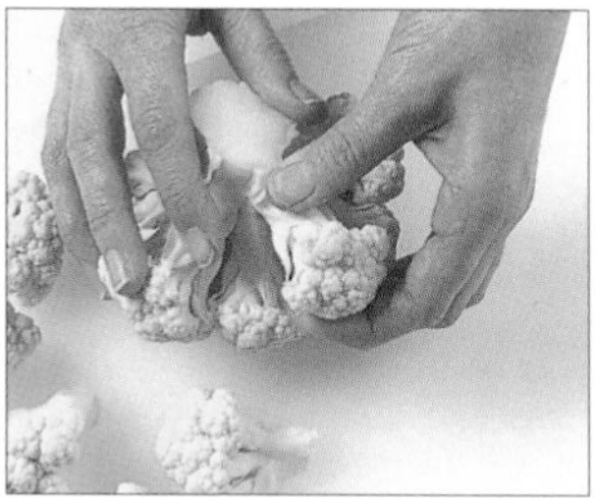

**1** Grattez les pommes de terre, séparez le chou-fleur en petits bouquets et équeutez les haricots.

**2** Faites cuire les légumes séparément à l'eau bouillante salée jusqu'à ce qu'ils soient tendres – 15 à 20 min pour les pommes de terre, 8 à 10 min pour le chou-fleur et 4 à 5 min pour les haricots et les petits pois. Égouttez soigneusement.

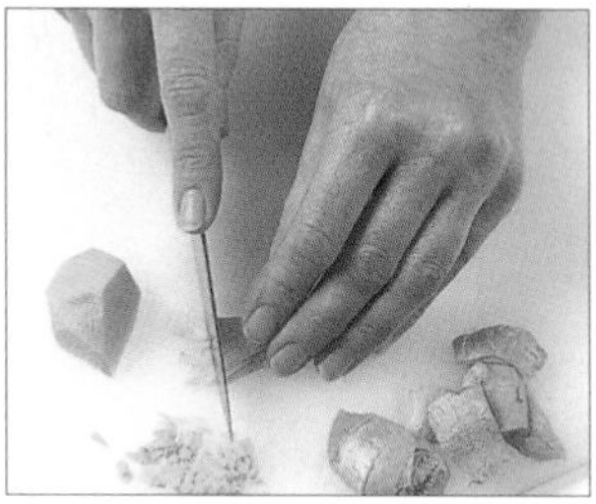

**3** Pelez et hachez finement le gingembre.

**4** Chauffez l'huile. Ajoutez le gingembre et les différentes graines. Laissez cuire jusqu'à ce qu'elles sautent.

**5** Déposez tous les légumes et faites revenir 2 ou 3 min en remuant. Arrosez de jus de citron et poivrez. Décorez éventuellement de coriandre.

CONSEIL

Vous pouvez utiliser d'autres légumes, tels que courgettes, poireaux ou brocolis. Achetez toujours des légumes très frais et consommez-les aussitôt afin de conserver leurs vitamines.

# POTÉE DE LÉGUMES D'HIVER

Pommes de terre, carottes et panais apportent des hydrates de carbone complexes et forment un plat nourrissant, riche en fibres et en vitamine C. Les carottes constituent une excellente source de bêta-carotène que le corps transforme en vitamine A.

**Pour 4 à 6 personnes**

**INGRÉDIENTS**

250 g/8 oz de carottes
250 g/8 oz de panais (ou navets)
15 ml/1 c. à soupe d'huile de tournesol
1 noix de beurre
15 ml/1 c. à soupe de sucre roux
500 g/1 lb de petites pommes de terre nouvelles grattées
250 g/8 oz de petits oignons épluchés
400 ml/14 fl oz/1 2/3 tasses de bouillon de légumes
15 ml/1 c. à soupe de sauce Worcester végétarienne
15 ml/1 c. à soupe de purée de tomates
5 ml/1 c. à thé de moutarde à l'ancienne
2 feuilles de laurier
sel et poivre noir du moulin
persil haché, pour garnir

VARIANTES

Vous pouvez ajouter d'autres légumes, poireaux, champignons, patates douces ou céleri. Les marrons frais épluchés sont délicieux mais les marrons en conserve ou congelés conviennent aussi.

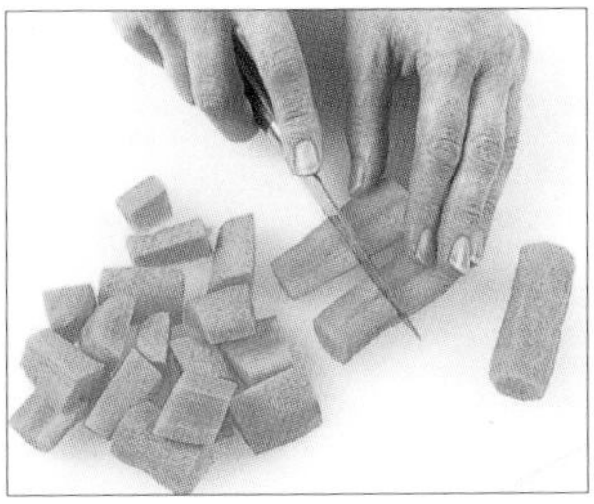

**1** Épluchez les carottes et les panais (ou les navets) et coupez en gros morceaux.

**2** Chauffez l'huile et le beurre dans une cocotte et faites-y dissoudre le sucre.

**3** Ajoutez les pommes de terre, les oignons, les carottes et les panais, et laissez-les mijoter jusqu'à ce qu'ils soient brillants.

**4** Mélangez dans une jatte le bouillon de légumes, la sauce Worcester, la purée de tomates et la moutarde. Versez sur les légumes. Ajoutez les feuilles de laurier. Portez à ébullition, baissez le feu, couvrez et laissez cuire à feu doux environ 30 min, jusqu'à ce que les légumes soient tendres.

**5** Retirez les feuilles de laurier, rectifiez l'assaisonnement, puis servez la potée saupoudrée de persil.

# POIS CHICHES ÉPICÉS

En Inde, il existe de multiples façons d'accommoder les pois chiches. Ici, le tamarin donne à ce plat épicé un parfum délicieusement piquant.

**Pour 4 personnes**

**INGRÉDIENTS**

225 g/8 oz/1 1/4 tasses de pois chiches secs
50 g/2 oz de pulpe de tamarin
120 ml/4 fl oz/1/2 tasse d'eau bouillante
45 ml/3 c. à soupe d'huile de maïs
2.5 ml/1/2 c. à thé de graines de cumin
1 oignon finement haché
2 gousses d'ail pressées
1 morceau de gingembre frais de 2,5 cm/1 in de long pelé et râpé
1 piment vert frais finement haché
5 ml/1 c. à thé de cumin en poudre
5 ml/1 c. à thé de coriandre en poudre
1,5 ml/1/4 c. à thé de curcuma en poudre
2,5 ml/1/2 c. à thé de sel
225 g/8 oz de tomates pelées et finement hachées
2,5 ml/1/2 c. à thé de *garam masala*
piments frais hachés et oignon haché, pour garnir

**1** Mettez les pois chiches dans un saladier et couvrez-les abondamment d'eau froide. Laissez-les tremper toute la nuit.

**2** Égouttez les pois chiches et mettez-les dans une grande casserole avec deux fois leur volume d'eau froide. Portez à ébullition, puis laissez bouillir à gros bouillons 10 min. Retirez l'écume qui se forme, puis couvrez et laissez cuire à feu doux 1 h 30 à 2 h, jusqu'à ce que les pois chiches soient tendres.

**3** Pendant ce temps, écrasez le tamarin et faites-le tremper dans de l'eau bouillante 15 min environ. Passez ensuite le tamarin au chinois afin de retirer les cailloux et fibres éventuels.

CONSEIL

Pour gagner du temps, préparez le double de pulpe de tamarin et congelez-la dans un bac à glaçons. Vous pourrez la conserver ainsi pendant 2 mois.

**4** Chauffez l'huile dans une grande casserole et faites sauter les graines de cumin 2 min, jusqu'à ce qu'elles éclatent. Ajoutez l'oignon, l'ail, le gingembre et le piment, et laissez revenir 5 min.

**5** Incorporez le cumin, la coriandre, le curcuma et le sel, et faites rissoler le tout encore 3 à 4 min. Ajoutez les tomates et la pulpe de tamarin, portez à ébullition, puis laissez frémir pendant 5 min.

**6** Versez les pois chiches et le *garam masala*. Couvrez et laissez cuire à feu doux pendant 45 min. Garnissez de piments et d'oignon hachés.

# FRIJOLES

Servi avec des tortillas et un chili végétarien, ce plat traditionnel mexicain est un vrai régal.

**Pour 6 à 8 personnes**

**INGRÉDIENTS**

350 g/12 oz/1 3/4 tasses de haricots rouges ou noirs séchés, triés et rincés
2 oignons finement hachés
2 gousses d'ail hachées
1 feuille de laurier
1 petit piment vert frais (ou plus)
30 ml/2 c. à soupe d'huile de maïs
2 tomates pelées, égrenées et hachées
sel
quelques feuilles de laurier frais, pour garnir

**1** Mettez les haricots dans une casserole et recouvrez-les de 2,5 cm/1 in d'eau froide.

**2** Ajoutez une moitié d'oignon et d'ail, la feuille de laurier et le ou les piments. Portez à ébullition et faites cuire à gros bouillons 10 min. Mettez ensuite les haricots et l'eau de cuisson dans une cocotte en terre ou une grande casserole, couvrez et poursuivez la cuisson à feu doux pendant 30 min. Ajoutez de l'eau bouillante si le mélange commence à sécher.

**3** Lorsque les haricots commencent à se rider, mettez 15 ml/1 c. à soupe d'huile de maïs et poursuivez la cuisson pendant une demi-heure, jusqu'à ce qu'ils soient tendres. Salez à votre goût, puis laissez cuire encore 30 min, en évitant de rajouter de l'eau.

**4** Retirez les haricots du feu. Chauffez le reste d'huile dans une petite poêle, et faites sauter l'oignon et l'ail restants jusqu'à ce que l'oignon ait ramolli. Incorporez les tomates et poursuivez la cuisson pendant encore quelques minutes.

**5** Prélevez 45 ml/3 c. à soupe de haricots de la cocotte et ajoutez-les aux tomates. Écrasez le tout, puis versez cette pâte dans les haricots pour épaissir le jus. Remettez la cocotte sur le feu pour réchauffer le plat si besoin est. Servez les frijoles dans des bols individuels et garnissez avec des feuilles de laurier frais.

# PETITS POIS AUX OIGNONS GRELOTS

Si vous pouvez prendre des petits pois surgelés, évitez les oignons surgelés car ils sont généralement insipides. Vous pouvez aussi remplacer les grelots par des oignons nouveaux dont vous n'utiliserez que le blanc.

**Pour 4 personnes**

**INGRÉDIENTS**

175 g/6 oz d'oignons grelots
15 g/½ oz/1 c. à soupe de beurre
1 kg/2 lb de petits pois frais (ou environ 400 g/12 oz de pois écossés ou surgelés)
12 cl d'eau
150 ml/¼ pinte/⅔ tasse de crème fraîche épaisse
15 g/½ oz/2 c. à soupe de farine
10 ml/2 c. à thé de persil frais haché
15 à 30 ml/1 à 2 c. à soupe de jus de citron (facultatif)
sel et poivre du moulin

**1** Épluchez les grelots et coupez-les en deux si besoin est. Faites fondre le beurre dans une cocotte et mettez à revenir les oignons pendant 5 à 6 min à feu moyen, jusqu'à ce qu'ils commencent à brunir.

**2** Ajoutez les petits pois et faites sauter le tout pendant quelques minutes. Versez l'eau et portez à ébullition. Couvrez ensuite à demi et laissez cuire à petit feu pendant une dizaine de minutes, jusqu'à ce que les petits pois et les oignons soient tendres. Il doit rester un fond d'eau dans la casserole : rajoutez-en si besoin est, ou bien, s'il y en a trop, enlevez le couvercle et augmentez le feu pour que le liquide s'évapore.

**3** Avec un petit fouet, mélangez la crème et la farine. Retirez la cocotte du feu et incorporez le mélange crème-farine ainsi que le persil haché. Salez et poivrez.

**4** Poursuivez la cuisson pendant 3 à 4 min à feu doux, jusqu'à ce que la sauce épaississe. Vérifiez l'assaisonnement et ajoutez si vous le souhaitez un peu de jus de citron pour relever le tout.

# CHOU ROUGE AU PORTO ET AU VIN ROUGE

Un plat épicé et aigre-doux à base de chou rouge dans lequel on apprécie le croquant des poires et des noix.

**Pour 6 personnes**

**INGRÉDIENTS**

15 ml/1 c. à soupe d'huile de noix
1 oignon émincé
2 étoiles de badiane entières
5 ml/1 c. à thé de cannelle en poudre
1 pincée de clous de girofle pilés
450 g/1 lb/5 tasses de chou rouge finement râpé
25 g/1 oz/2 c. à soupe de sucre roux
45 ml/3 c. à soupe de vinaigre de vin rouge
300 ml/½ pinte/1 ¼ tasses de vin rouge
150 ml/¼ pinte/⅔ tasse de porto
2 poires coupées en dés d'1 cm de côté
125 g/4 oz/¾ tasse de raisins secs
125 g/4 oz/½ tasse de cerneaux de noix
sel et poivre du moulin

1 Chauffez l'huile dans une grosse cocotte. Mettez l'oignon à revenir doucement 5 min, jusqu'à ce qu'il ait ramolli.

2 Ajoutez la badiane, la cannelle, les clous de girofle et le chou, et faites cuire le tout pendant 3 min de plus environ.

CONSEIL

Vous pouvez également faire braiser ce plat à four doux pendant 1 h 30.

3 Incorporez le sucre, le vinaigre, le vin rouge et le porto. Couvrez et laissez cuire à feu doux 10 min, en remuant de temps en temps.

4 Ajoutez les dés de poires et les raisins secs, et poursuivez la cuisson encore une dizaine de minutes, jusqu'à ce que le chou soit tendre. Salez, poivrez, incorporez les cerneaux de noix et servez.

# GRATIN DE BETTERAVE ET DE CÉLERI-RAVE

Les belles rondelles rubis de la betterave et l'ivoire du céleri-rave s'harmonisent parfaitement dans ce gratin léger qui accompagne toutes sortes de plats principaux.

**Pour 6 personnes**

**INGRÉDIENTS**

350 g/12 oz de betterave rouge crue
350 g/12 oz de céleri-rave cru
4 brins de thym frais hachés
6 baies de genièvre écrasées
120 ml/4 fl oz/½ tasse de jus d'orange frais
120 ml/4 fl oz/½ tasse de bouillon de légumes
sel et poivre du moulin

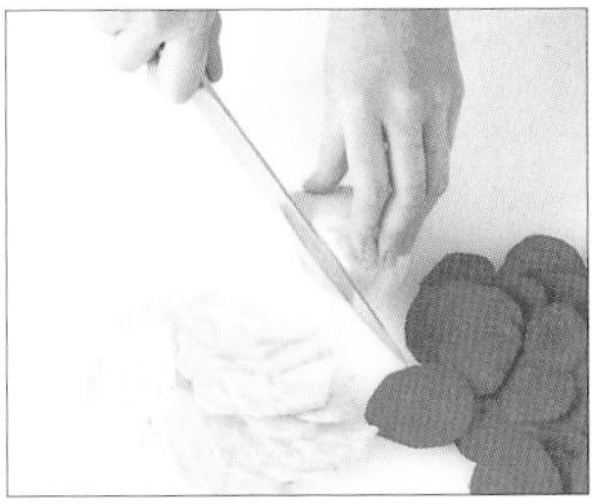

**1** Préchauffez le four à 190 °C/375 °F. Pelez la betterave et détaillez-la en très fines rondelles. Coupez le céleri-rave en quatre, pelez-le, puis émincez-le très finement.

**2** Remplissez un plat à gratin ou une poêle en fonte de 25 cm/10 in de diamètre en alternant les couches de betterave rouge et de céleri-rave, que vous parsemez de thym et de baies de genièvre. Salez et poivrez entre chaque couche.

**3** Mélangez le jus d'orange avec le bouillon de légumes et versez le liquide sur les légumes. Mettez le plat sur une plaque de cuisson et portez à ébullition. Laissez bouillir pendant 2 min.

**4** Couvrez le plat de papier d'aluminium et enfournez-le 15 à 20 min. Retirez ensuite le papier d'aluminium et augmentez le four jusqu'à 200 °C/400 °F. Poursuivez la cuisson pendant 10 min de plus.

# HARICOTS VERTS ET FLAGEOLETS À L'AIL

La saveur délicate des flageolets se joint à celle de l'ail pour parfumer cet accompagnement très simple.

**Pour 4 personnes**

**INGRÉDIENTS**

225 g/8 oz/1 1/4 tasses de flageolets frais
15 ml/1 c. à soupe d'huile d'olive
25 g/1 oz/2 c. à soupe de beurre
1 oignon finement haché
1 à 2 gousses d'ail pressées
3 à 4 tomates pelées et hachées
350 g/12 oz de haricots verts équeutés et coupés en morceaux
150 ml/1/4 pinte/2/3 tasse de vin blanc
150 ml/1/4 pinte/2/3 tasse de bouillon de légumes
30 ml/2 c. à soupe de persil frais haché
sel et poivre du moulin

**1** Mettez les flageolets dans une grande casserole d'eau, portez à ébullition, puis faites-les cuire doucement pendant 45 min à 1 h, jusqu'à ce qu'ils soient tendres.

**2** Chauffez l'huile et le beurre dans une grande poêle et faites revenir l'ail et l'oignon 3 à 4 min, jusqu'à ce qu'ils aient ramolli.

**3** Ajoutez les tomates et poursuivez la cuisson à feu doux, afin qu'elles fondent.

**4** Incorporez les flageolets, puis les haricots verts, le vin et le bouillon de légumes. Salez légèrement. Remuez, couvrez et laissez cuire à petit feu 5 à 10 min.

**5** Augmentez le feu pour que le liquide s'évapore, puis parsemez de persil. Rajoutez éventuellement du sel et poivrez.

# HARICOTS DE LIMA À LA SAUCE PIMENTÉE

Ce plat est tout à fait adapté pour réchauffer vos convives les soirs d'hiver.

**Pour 4 personnes**

**INGRÉDIENTS**

450 g/1 lb de haricots de Lima verts ou de fèves, décongelés si vous les avez choisis surgelés
30 ml/2 c. à soupe d'huile d'olive
1 oignon finement haché
2 gousses d'ail hachées
350 g/12 oz de tomates pelées, égrenées et hachées
1 ou 2 piments *jalapeño* en conserve, égouttés, égrenés et hachés
sel
coriandre fraîche hachée, pour garnir

**1** Faites cuire les haricots ou les fèves dans une casserole d'eau bouillante 15 à 20 min, jusqu'à ce qu'ils soient tendres. Égouttez-les et réservez-les dans la casserole à couvert.

**2** Chauffez l'huile d'olive dans une poêle et faites revenir l'oignon et l'ail jusqu'à ce que l'oignon soit ramolli mais non doré. Ajoutez les tomates et faites cuire le tout jusqu'à ce que la sauce épaississe.

**3** Incorporez les piments et poursuivez la cuisson 1 à 2 min. Salez.

**4** Versez la sauce sur les haricots et vérifiez qu'ils sont encore chauds. Sinon, remettez le tout dans la poêle et réchauffez à feu doux. Transférez dans un plat préchauffé, garnissez avec la coriandre fraîche et servez.

# CAROTTES GLACÉES AU CIDRE

Cette recette est extrêmement simple à réaliser : il suffit de faire cuire les carottes à l'étuvée pour faire ressortir leur parfum, tandis que le cidre relève agréablement le tout.

**Pour 4 personnes**

**INGRÉDIENTS**

450 g/1 lb de carottes nouvelles
25 g/1 oz/2 c. à soupe de beurre
15 ml/1 c. à soupe de sucre roux
120 ml/4 fl oz/½ tasse de cidre
60 ml/4 c. à soupe de bouillon de légumes ou d'eau
1 c. à thé de moutarde de Dijon
15 ml/1 c. à soupe de persil frais haché

**1** Pelez et grattez les carottes. Avec un couteau bien tranchant, détaillez-les ensuite en julienne.

**2** Faites fondre le beurre dans une poêle, ajoutez les carottes et faites-les sauter 4 à 5 min en remuant fréquemment. Saupoudrez-les de sucre, puis poursuivez la cuisson sans cesser de remuer pendant 1 min environ, jusqu'à dissolution du sucre.

**3** Ajoutez le cidre et le bouillon ou l'eau, puis portez le tout à ébullition. Incorporez la moutarde, puis couvrez partiellement et laissez mijoter 10 à 12 min, jusqu'à ce que les carottes soient tendres. Découvrez et poursuivez la cuisson de façon à faire épaissir le jus.

**4** Retirez du feu, incorporez le persil frais haché et transférez les carottes dans un plat préchauffé.

CONSEIL

Si les carottes sont cuites avant que le jus ait réduit, transférez-les dans le plat, puis portez rapidement le jus à ébullition et faites-le réduire à gros bouillons de façon à obtenir une sauce épaisse. Versez-la ensuite sur les carottes et parsemez de persil haché.

# GRATIN DE CHOU-FLEUR ET DE BROCOLIS

Une sauce au yaourt et au fromage relève agréablement cette association bicolore.

**Pour 4 personnes**

**INGRÉDIENTS**

1 petit chou-fleur (250 g/9 oz environ)
1 petit bouquet de brocolis (250 g/9 oz environ)
150 g/5 oz/1/2 tasse de yaourt nature
75 g/3 oz/3/4 tasse de cheddar ou de gruyère, râpé
5 ml/1 c. à thé de moutarde à l'ancienne
30 ml/2 c. à soupe de miettes de pain complet
sel et poivre du moulin

**1** Détachez les fleurettes de chou-fleur et de brocolis, et faites-les cuire dans de l'eau bouillante légèrement salée pendant 8 à 10 min, jusqu'à ce qu'elles soient tendres mais encore fermes. Égouttez-les bien, puis répartissez-les dans un plat à gratin.

**2** Mélangez le yaourt, le fromage râpé et la moutarde, puis salez et poivrez cette sauce et étalez-la sur le chou-fleur et les brocolis.

**3** Préchauffez le gril modérément. Parsemez le gratin de miettes de pain complet, puis passez-le sous le gril jusqu'à ce qu'il soit bien doré. Servez très chaud.

CONSEIL

Lorsque vous préparez le chou-fleur et les brocolis, retirez les parties dures de la tige, puis recoupez les fleurettes en morceaux de taille régulière pour que la cuisson soit homogène.

# COURGETTES À LA SAUCE TOMATE

Ce plat méditerranéen, très savoureux, peut être servi chaud ou froid, soit en accompagnement soit en entrée. Détaillez les courgettes en rondelles assez épaisses de façon qu'elles restent légèrement croquantes.

**Pour 4 personnes**

**INGRÉDIENTS**

4 courgettes coupées en rondelles
400 g/14 oz/3 tasses de tomates en conserve, égouttées
2 tomates pelées, épépinées et hachées
15 ml/1 c. à soupe de purée de tomates
15 ml/1 c. à soupe d'huile d'olive
1 oignon haché
1 gousse d'ail hachée
5 ml/1 c. à thé de bouillon de légumes concentré
sel et poivre noir du moulin

**1** Chauffez l'huile dans une casserole à fond épais, mettez l'oignon et l'ail à revenir 5 min, jusqu'à ce que l'oignon ait fondu, en remuant de temps à autre. Ajoutez les courgettes et prolongez la cuisson de 5 min.

**2** Incorporez les tomates en conserve et fraîches, le bouillon concentré et la purée de tomates. Remuez bien puis laissez mijoter 10 à 15 min, jusqu'à ce que la sauce épaississe et que les courgettes soient *al dente*. Salez et poivrez selon votre goût et servez.

VARIANTE

À l'étape 1, ajoutez aux courgettes 1 ou 2 poivron(s) rouge(s) coupé(s) en lamelles et épépinés.

BIENFAITS POUR LA SANTÉ

Comme les carottes, les courgettes sont une bonne source de bêta-carotène et de vitamine C.

# FENOUIL AU FOUR À LA CHAPELURE

Avec son délicat parfum anisé, le fenouil cuit au four constitue un excellent accompagnement pour toutes sortes de plats de pâtes et de risottos.

**Pour 4 personnes**

**INGRÉDIENTS**

3 bulbes de fenouil coupés en quartiers dans le sens de la longueur
50 g/2 oz/1 tasse de chapelure de pain complet
30 ml/2 c. à soupe d'huile d'olive
1 gousse d'ail hachée
30 ml/2 c. à soupe de persil plat haché
sel et poivre du moulin
feuilles de fenouil, pour garnir (facultatif)

**1** Faites cuire le fenouil 10 min dans une casserole d'eau bouillante salée jusqu'à ce qu'il soit tendre.

**2** Égouttez le fenouil et mettez-le dans un plat allant au four ou sur une plaque et badigeonnez-le avec la moitié de l'huile d'olive. Préchauffez le four à 190 °C/375 °F.

**3** Dans un petit bol, mélangez l'ail, la chapelure, le persil et le reste de l'huile. Répartissez bien le mélange sur le fenouil, salez et poivrez.

**4** Faites cuire au four 30 min jusqu'à ce que le fenouil soit tendre et la chapelure croustillante et dorée. Servez ce plat chaud, garni éventuellement de quelques feuilles de fenouil.

VARIANTE

Pour une version au fromage de ce plat, lors de l'étape 3, ajoutez au mélange de chapelure 4 c. à soupe de fromage corsé finement râpé tel que du cheddar vieux, du bleu d'Auvergne ou du parmesan.

BIENFAITS POUR LA SANTÉ

Diurétique naturel, le fenouil combat également les flatulences.

# Les desserts et les pains

Ne vous privez surtout pas d'excellents desserts, à base de fruits, de graines ou de fruits secs, qui, avec les recettes proposées, sont conçus pour vous offrir fraîcheur et légèreté.

# FROMAGE BLANC AUX FRAMBOISES ET AUX CROQUANTS AMARETTI

Ce dessert a l'air sophistiqué mais il est en réalité très facile à préparer. Les framboises ajoutent une jolie note de couleur et la texture croquante des biscuits *amaretti* contraste avec celle du fromage blanc ou du yaourt.

**Pour 4 à 6 personnes**

**INGRÉDIENTS**

500 g/1 ¼ lb/2½ tasses de fromage blanc ou de yaourt nature de consistance épaisse
250 g/9 oz/1 ½ tasses de framboises surgelées ou fraîches
75 g/3 oz/1 ½ tasses de biscuits *amaretti* émiettés
30 ml/2 c. à soupe de miel liquide
zeste finement râpé d' 1 petit citron
pétales de rose cristallisés, pour décorer (facultatif)

**1** Si vous utilisez des framboises surgelées, laissez-les partiellement dégeler. Si vous prenez des fraîches, congelez-les à moitié.

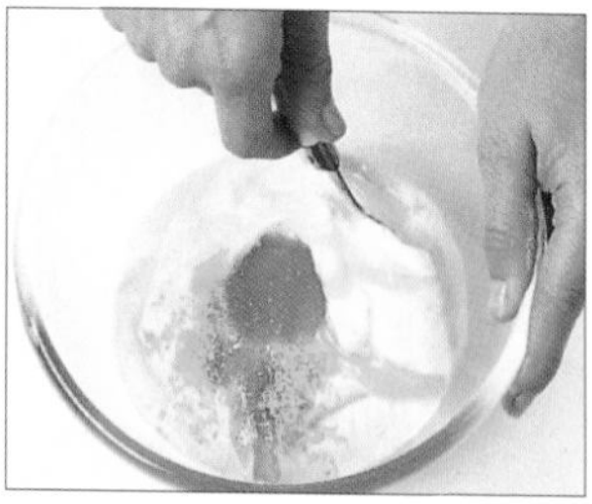

**2** Mettez le fromage blanc ou le yaourt dans une grande jatte et incorporez le miel et le zeste de citron. Ajoutez les framboises et mélangez délicatement. Laissez 1 h au réfrigérateur.

**3** Incorporez les biscuits *amaretti* juste avant de servir. Décorez éventuellement avec des pétales de rose cristallisés.

BIENFAITS POUR LA SANTÉ

Les framboises nettoient l'organisme et soulagent les douleurs menstruelles et la cystite.

# FRUITS TROPICAUX AVEC SAUCE À LA CANNELLE ET AU RHUM

Le rhum brun et la cannelle confèrent une touche antillaise à des fruits chauds. Mieux vaut savourer ce dessert dès qu'il est prêt. Préparez les fruits à l'avance, puis faites-les cuire rapidement entre deux plats.

**Pour 4 personnes**

**INGRÉDIENTS**

25 g/1 oz/2 c. à soupe de beurre
1 ananas moyen pelé, évidé et coupé en petites tranches
1 mangue pelée, dénoyautée et coupée en dès d' 1 cm/½ in
1 papaye pelée, coupée en deux, sans les graines et débitée en tranches
2 bananes coupées en rondelles épaisses
30 ml/2 c. à soupe de miel liquide ou de sirop d'érable
5 ml/1 c. à thé de poudre de cannelle
60 ml/4 c. à soupe de rhum brun
yaourt nature ou yaourt glacé, pour servir

**1** Faites fondre le beurre dans une grande poêle à fond épais. Mettez les tranches d'ananas à cuire 3 min jusqu'à ce qu'elles commencent à dorer, en les retournant régulièrement.

BIENFAITS POUR LA SANTÉ

La papaye contient de la papaïne, enzyme qui facilite la digestion. Comme l'ananas et la mangue, elle est riche en vitamine C et en bêta-carotène.

**2** Ajoutez la mangue, la papaye et les bananes préparées à la poêle et faites cuire 1 min en les retournant de temps en temps.

**3** Incorporez le miel ou le sirop d'érable, la cannelle et le rhum, et faites cuire 2 min de plus jusqu'à ce que la sauce épaississe et que les fruits soient tendres. Servez immédiatement avec du yaourt nature ou du yaourt glacé.

# POMMES À LA POÊLE ET BISCUITS AUX NOIX

Des pommes tendres et caramélisées sont accompagnées de savoureux biscuits aux noix. Servez-les chaudes avec une cuillerée de yaourt ou de fromage blanc.

**Pour 4 personnes**

**INGRÉDIENTS**

4 pommes à couteau, évidées et coupées en fines tranches
25 g/1 oz/2 c. à soupe de beurre
30 ml/2 c. à soupe de sucre roux en poudre
10 ml/2 c. à thé de poudre de gingembre
5 ml/1 c. à thé de poudre de cannelle
2,5 ml/½ c. à thé de poudre de noix de muscade

*Pour les biscuits aux noix*
75 g/3 oz/⅔ tasse de farine complète
75 g/3 oz/⅔ tasse de farine blanche non raffinée
25 g/1 oz/¼ tasse de flocons d'avoine
5 ml/1 c. à thé de levure de boulanger
1,5 ml/¼ c. à thé de sel
50 g/2 oz/¼ tasse de sucre roux en poudre
120 g/4 oz/8 c. à soupe de beurre
40 g/1½ oz/¼ tasse de noix finement hachées
15 ml/1 c. à soupe de lait, plus un peu pour badigeonner
cassonade, pour saupoudrer

**1** Préchauffez le four à 180 °C/350 °F et graissez 1 ou 2 plaques à four. Pour les biscuits aux noix, mélangez les 2 farines avec les flocons d'avoine, la levure, le sel et le sucre. Incorporez le beurre et pétrissez avec vos doigts jusqu'à obtention d'une semoule à gros grains.

**2** Ajoutez les noix hachées, puis versez suffisamment de lait pour former une pâte souple.

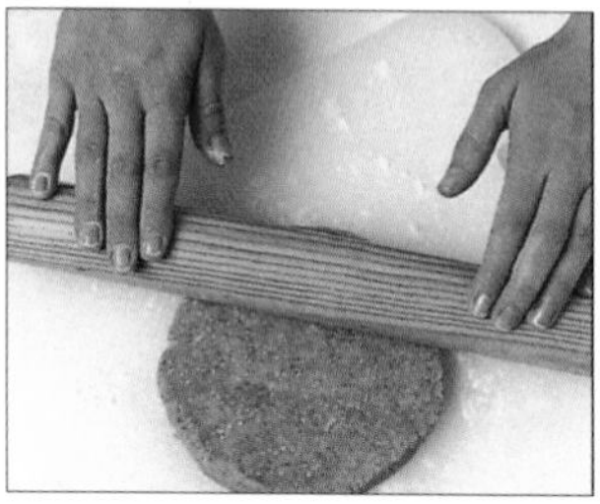

**3** Pétrissez délicatement la pâte sur une surface farinée. Formez un disque et abaissez-le à une épaisseur de 5 mm/¼ in. À l'aide d'un emporte-pièce cannelé, découpez 8 ronds – vous aurez peut-être un surplus de pâte.

**4** Placez les ronds de pâte sur les plaques préparées. Badigeonnez la surface de lait et saupoudrez de cassonade. Faites cuire au four 12 à 15 min, jusqu'à ce que les ronds de pâte soient dorés. Transférez-les sur une grille et laissez refroidir.

**5** Pour les pommes, faites fondre le sucre dans une poêle à fond épais. Mettez les pommes à cuire 3 à 4 min à feu doux, jusqu'à ce qu'elles ramollissent. Portez à feu moyen, incorporez le sucre et les épices et mélangez bien. Faites cuire quelques minutes en remuant souvent, jusqu'à ce que la sauce prenne une couleur dorée et caramélise.

**6** Préparez 4 assiettes, disposez 2 biscuits sur chacune d'elles et répartissez dessus les pommes chaudes et la sauce. Servez immédiatement.

BIENFAITS POUR LA SANTÉ

- Des recherches récentes ont montré que manger régulièrement des noix peut considérablement réduire le risque de maladies cardio-vasculaires et faire baisser le taux de cholestérol.
- Manger une pomme chaque jour est excellent pour la santé. Les pommes ont en effet de nombreuses vertus curatives : elles purifient le sang, éliminent les toxines du foie, inhibent le développement de bactéries nocives dans le système digestif, soignent les maladies de peau et soulagent l'arthrite.

CONSEIL

Pour empêcher les pommes de s'oxyder une fois qu'elles sont coupées en tranches, plongez-les dans une grande jatte d'eau froide additionnée d'15 ml/1 c. à soupe de jus de citron.

# PUDDINGS AU RIZ, À LA NOIX DE COCO ET AUX ORANGES GRILLÉES

Le pudding au riz gluant est une spécialité de nombreux pays de l'Asie du Sud-Est. Ces petits desserts crémeux et savoureux sont faits de riz au jasmin thaïlandais cuit dans du lait de coco.

**Pour 4 personnes**

**INGRÉDIENTS**

175 g/6 oz/7/8 tasse de riz au jasmin
400 ml/14 fl oz/1 2/3 tasse de lait de coco
2 oranges épluchées, sans la membrane blanche et coupées en fines rondelles
2 pincées de poudre de noix de muscade, plus un peu pour saupoudrer
1 bonne pincée de sel
60 ml/4 c. à soupe de sucre roux en poudre
huile, pour graisser
zeste d'orange, pour décorer

**1** Rincez et égouttez le riz. Mettez-le dans une casserole, recouvrez d'eau et portez à ébullition. Faites cuire 5 min, jusqu'à ce que les grains commencent à ramollir. Égouttez-le bien.

**2** Mettez le riz dans un cuit-vapeur garni de mousseline et percez quelques trous dans la mousseline pour permettre à la vapeur de passer. Faites cuire le riz 15 min, afin qu'il soit tendre.

BIENFAITS POUR LA SANTÉ

Le riz ne contient pas de gluten et peut donc être consommé par les personnes souffrant de la maladie cœliaque. Bien que plus raffiné que le riz complet, le riz au jasmin est néanmoins très énergétique.

**3** Transférez le riz cuit à la vapeur dans une casserole à fond épais avec le lait de coco, la poudre de muscade, le sel et le sucre, et faites cuire à feu doux jusqu'à ce que le mélange commence à frémir. Laissez mijoter environ 5 min jusqu'à ce qu'il soit épais et crémeux, en remuant fréquemment afin d'éviter que le riz attache.

**4** Déposez le mélange de riz dans des moules ou des ramequins de 175 ml/6 fl oz/ 3/4 tasse légère-ment huilés et laissez refroidir.

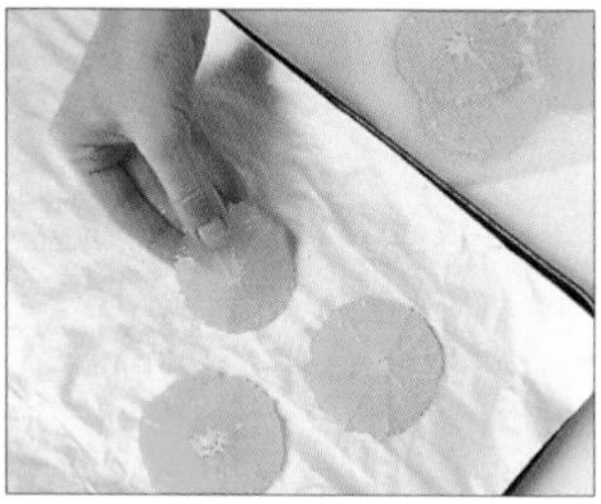

**5** Au moment de servir, chauffez le gril à température élevée. Garnissez une plaque ou le gril de papier d'aluminium et déposez les rondelles d'orange dessus. Saupoudrez les oranges avec un peu de muscade râpée puis faites griller 6 min jusqu'à ce qu'elles soient légèrement dorées en les retournant à mi-cuisson.

**6** Une fois le mélange de riz complètement refroidi, passez un couteau sur le bord des moules ou des ramequins et démoulez les puddings. Décorez avec le zeste d'orange et servez avec les tranches d'orange chaudes.

# PUDDING AUX DATTES ET AUX FIGUES

Ce pudding léger est cuit à la vapeur. L'ajout de jus d'orange frais, de zeste d'orange et de liqueur à l'orange lui confère une note tonique.

**Pour 6 personnes**

**INGRÉDIENTS**

125 g/4 oz/⅔ tasse de dattes sèches, dénoyautées et hachées
125 g/4 oz/⅔ tasse de figues sèches hachées
jus et zeste de 2 oranges
30 ml/2 c. à soupe de liqueur d'orange (facultatif)
175 g/6 oz/¾ tasse de beurre, plus un peu pour graisser
175 g/6 oz/¾ tasse de sucre roux en poudre
3 œufs
75 g/3 oz/⅔ tasse de farine complète avec levain
120 g/4 oz/1 tasse de farine non raffinée avec levain
30 ml/2 c. à soupe de miel liquide (facultatif)

**1** Réservez quelques filaments de zeste d'orange pour la décoration et mettez le reste dans une casserole avec le jus d'orange. Ajoutez les dattes et les figues hachées et la liqueur d'orange. Faites cuire 8 à 10 min à feu doux en couvrant jusqu'à ce que les fruits ramollissent.

**2** Laissez le mélange de fruits refroidir, puis passez au mixer jusqu'à ce qu'il soit homogène. Filtrez éventuellement dans une passoire afin de pouvoir retirer les pépins des figues.

**3** Fouettez le beurre et le sucre jusqu'à ce que le mélange pâlisse et devienne mousseux, puis incorporez la purée de figues. Ajoutez les œufs en continuant de fouetter, puis la farine, et malaxez bien pour obtenir une consistance homogène.

BIENFAITS POUR LA SANTÉ

Les vertus curatives des figues sont connues depuis des millénaires et ces fruits ont été utilisés pour traiter pratiquement toutes les maladies. Laxatifs doux, les figues contiennent aussi des vitamines B6 et C, du calcium et du fer. Les dattes fournissent également une quantité appréciable de vitamine B6, de fer et de potassium.

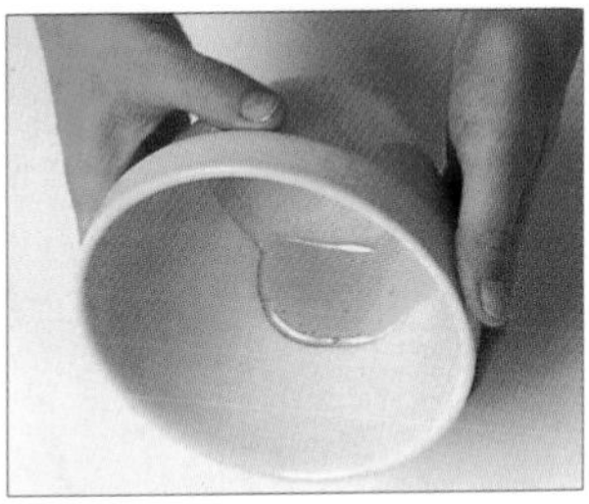

**4** Graissez une jatte à pudding d' 1,5 l/ 2 pintes/5 tasses. Versez éventuellement le miel liquide dedans en inclinant la jatte pour recouvrir l'intérieur d'une couche de miel. Transférez la préparation de pudding à l'intérieur. Couvrez de papier sulfurisé en faisant un pli au milieu, puis de papier d'aluminium plissé et attachez avec une ficelle.

**5** Mettez la jatte dans une grande casserole et versez de l'eau jusqu'à mi-hauteur de la paroi de la jatte. Couvrez hermétiquement et faites cuire 2 h au bain-marie. Vérifiez le niveau d'eau de temps en temps et ajoutez-en si nécessaire. Démoulez le pudding et décorez de zeste d'orange.

# TARTE AU CITRON ET AUX AMANDES

Cette tarte, rafraîchissante et légèrement acidulée, est fourrée avec une riche crème au citron et recouverte d'une couche de sucre caramélisé. Servez-la chaude ou froide avec un peu de crème fraîche ou de yaourt nature.

**Pour 8 à 10 personnes**

**INGRÉDIENTS**

zeste finement râpé et jus de 4 citrons non traités
50 g/2 oz/1/2 tasse d'amandes écrasées
2 œufs
50 g/2 oz/1/4 tasse de sucre roux en poudre
2,5 ml/1/2 c. à thé d'extrait de vanille
120 ml/4 fl oz/1/2 tasse de crème fleurette

*Pour la pâte*

225 g/8 oz/2 tasses de farine d'épeautre non raffinée
75 g/3 oz/3/4 tasse de sucre glace, plus un peu pour saupoudrer
125 g/4 1/2 oz/9 c. à soupe de beurre
1 œuf battu
1 pincée de sel

**1** Préchauffez le four à 180 °C/350 °F. Pour la pâte, mélangez la farine et le sucre dans une jatte. Incorporez le beurre en malaxant avec vos doigts jusqu'à ce que le mélange ait l'aspect d'une semoule à gros grains. Ajoutez l'œuf et le sel, puis remuez jusqu'à obtention d'une pâte homogène.

**2** Pétrissez légèrement la pâte sur une surface de travail farinée et formez une boule lisse. Enveloppez dans du film alimentaire et placez 15 min au réfrigérateur.

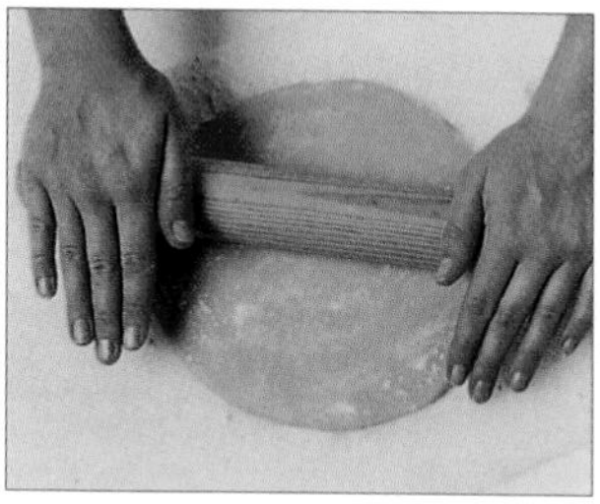

**3** Étendez la pâte au rouleau sur une surface farinée et foncez un moule à tarte de 23 cm/9 in à fond amovible. Piquez la pâte et mettez 15 min au réfrigérateur.

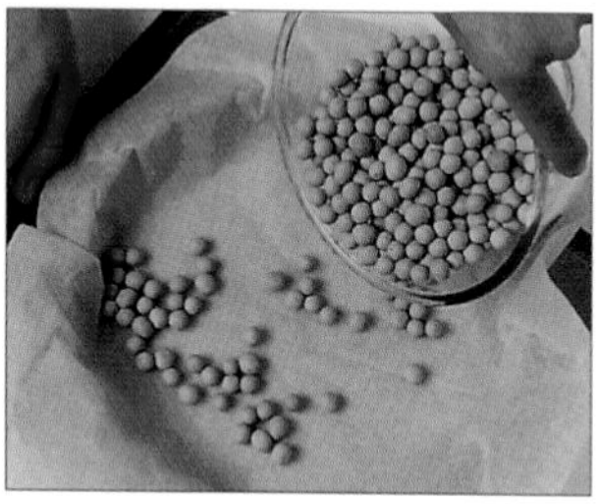

**4** Recouvrez le fond de tarte avec du papier cuisson. Garnissez de haricots secs et faites cuire au four 10 min environ. Enlevez le papier et remettez le fond de tarte au four 10 min de plus, jusqu'à ce qu'il soit légèrement doré.

**5** Pendant ce temps, préparez la crème. Fouettez les œufs et le sucre en un mélange très fluide. Incorporez délicatement le zeste et le jus de citron, l'extrait de vanille, les amandes et la crème.

**6** Versez soigneusement la crème sur le fond de tarte et égalisez la surface. Faites cuire au four environ 25 min ou jusqu'à ce que la crème prenne.

**7** Préchauffez le gril du four. En tamisant, saupoudrez la tarte d'une épaisse couche de sucre glace et faites griller jusqu'à ce que le sucre caramélise. Décorez la tarte d'un peu de sucre glace tamisé et servez-la chaude ou froide avec de la crème fraîche.

BIENFAITS POUR LA SANTÉ

Le citron est connu pour sa teneur élevée en vitamine C, mais il contient aussi des quantités appréciables de calcium, de fer et de potassium. C'est un antiseptique naturel et il est utilisé depuis des siècles pour traiter les problèmes de peau. Il détoxifie également l'organisme.

CONSEIL

La farine d'épeautre est une variété de farine de blé disponible dans certains grands supermarchés et dans les magasins diététiques. Si vous n'en trouvez pas, remplacez-la par de la farine blanche non raffinée.

# GÂTEAUX DE RICOTTA À LA SAUCE ROUGE

Ces petits gâteaux au miel et à la vanille se préparent rapidement. La sauce aux fruits offre un contraste de couleurs et de saveurs.

**Pour 4 personnes**

**INGRÉDIENTS**

250 g/9 oz/1 1/8 tasse de ricotta
450 g/1 lb/4 tasses de fruits rouges frais ou surgelés – fraises, framboises, myrtilles et cerises
2 blancs d'œufs montés en neige
60 ml/4 c. à soupe de miel liquide, plus un peu pour sucrer les fruits
5 ml/1 c. à thé d'extrait de vanille
feuilles de menthe fraîche, pour décorer (facultatif)

**1** Préchauffez le four à 180 °C/350 °F. Mettez la ricotta dans une jatte et émiettez-la avec une cuillère en bois. Ajoutez les blancs d'œufs montés en neige, le miel et l'extrait de vanille et mélangez bien jusqu'à ce que le tout soit homogène.

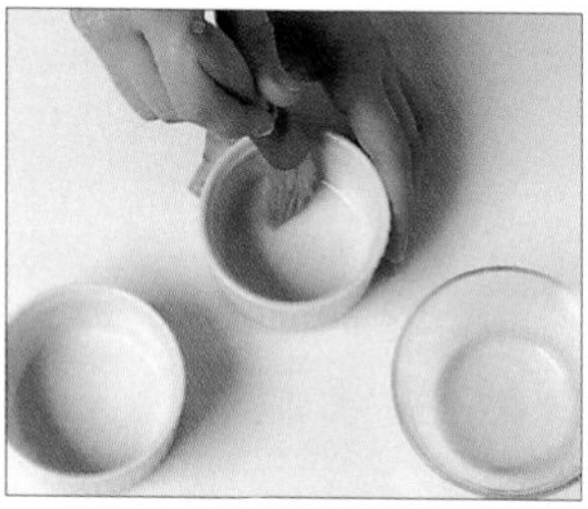

**2** Graissez légèrement 4 ramequins. Répartissez le mélange de ricotta dans les ramequins préparés et égalisez la surface. Faites cuire au four 20 min jusqu'à ce que les gâteaux de ricotta lèvent et dorent.

**3** Pendant ce temps, préparez la sauce aux fruits. Réservez environ 1/4 des fruits pour la décoration. Mettez le reste des fruits dans une casserole avec un peud'eau si les fruits sont frais et faites chauffer à feu doux jusqu'à ce qu'ils ramollissent. Laissez légèrement refroidir et dénoyautez les cerises si vous en utilisez.

**4** Filtrez les fruits dans une passoire, puis goûtez et sucrez avec du miel s'ils sont trop acides. Servez la sauce chaude ou froide avec les gâteaux de ricotta. Décorez avec les fruits réservés et éventuellement les feuilles de menthe.

### CONSEIL

La sauce aux fruits rouges peut être préparée la veille. Gardez-la au réfrigérateur jusqu'au moment de l'utiliser. Il n'est pas nécessaire d'ajouter de l'eau pour des fruits congelés, car ils sont généralement pleins de cristaux de glace.

### BIENFAITS POUR LA SANTÉ

- La ricotta ne contient qu'environ 4% de matières grasses. C'est aussi une excellente source de vitamine B12, de calcium et de protéines.
- Toutes les baies sont riches en acide ellagique, un antioxydant qui aide à prévenir les risques de certains cancers.

# PUDDING AU PANETTONE ET AUX ABRICOTS

Le *panettone* confère un goût exquis à ce pudding, pratiquement exempt de beurre.

**Pour 6 personnes**

**INGRÉDIENTS**

350 g/12 oz de *panettone* coupé en triangles
75 g/3 oz/1/3 tasse d'abricots bio secs, hachés
beurre, pour graisser
25 g/1 oz/1/4 tasse de noix de pécan
500 ml/17 fl oz/2 1/4 tasses de lait
5 ml/1 c. à thé d'extrait de vanille
1 gros œuf battu
30 ml/2 c. à soupe de sirop d'érable
1/2 c. à thé de noix de muscade râpée, plus un peu pour saupoudrer
cassonade, pour servir

**1** Beurrez 1 plat à four d'une contenance d' 1 l/1 3/4 pinte/4 tasses. Disposez la moitié du *panettone* sur le plat, éparpillez dessus la moitié des noix de pécan et tous les abricots, puis couvrez d'une autre couche de *panettone*.

**2** Chauffez le lait et l'extrait de vanille dans une petite casserole jusqu'à frémissement. Mettez l'œuf et le sirop d'érable dans une grande jatte, ajoutez la noix de muscade puis le lait chaud en fouettant.

**3** Préchauffez le four à 200 °C/400 °F. Versez le mélange à l'œuf sur le *panettone* en appuyant légèrement sur celui-ci pour qu'il soit complètement immergé. Laissez le pudding reposer 10 min.

**4** Éparpillez les noix de pécan réservées sur le pudding et saupoudrez de cassonade et de noix de muscade. Faites cuire au four 40 à 45 min, jusqu'à ce que le pudding lève et dore.

BIENFAITS POUR LA SANTÉ

Les abricots secs contiennent encore plus de bêta-carotène que les abricots frais. Cet antioxydant puissant prévient la cataracte, les maladies cardio-vasculaires et certaines pathologies cancéreuses.

# RIZ INDIEN AUX PISTACHES

Ce dessert crémeux est parfumé au safran, à la cardamome et à la noix de muscade fraîchement râpée. Les pistaches offrent un subtil contraste de couleurs et ajoutent une note croquante.

**Pour 4 personnes**

**INGRÉDIENTS**

125 g/4 oz/3/4 tasse de riz complet à grains courts
50 g/2 oz/1/2 tasse de pistaches hachées
350 ml/12 fl oz/1 1/2 tasses d'eau bouillante
600 ml/1 pinte/2 1/2 tasses de lait
6 capsules de cardamome écrasées
50 g/2 oz/1/2 tasse de noix de muscade fraîchement râpée
quelques filaments de safran
60 ml/4 c. à soupe de sirop de malt de maïs
15 ml/1 c. à soupe de miel liquide

1 Lavez le riz à l'eau froide et mettez-le dans une casserole avec l'eau bouillante. Portez à ébullition et faites bouillir 15 min sans couvrir.

2 Versez le lait sur le riz puis baissez le feu et laissez mijoter, partiellement couvert, pendant 15 min.

CONSEIL

Le sirop de malt de maïs remplace avantageusement le sucre raffiné. On peut s'en procurer dans les magasins diététiques.

3 Ajoutez les capsules de cardamome, la noix de muscade râpée, le sirop de malt de maïs et le miel, puis faites cuire 15 min de plus jusqu'à ce que le riz soit tendre, en remuant de temps en temps.

4 Répartissez le riz dans des petits bols de service, parsemez de pistaches et servez chaud ou froid.

BIENFAITS POUR LA SANTÉ

• Le riz complet n'est pas raffiné et donc, à l'inverse du riz blanc, il conserve la majeure partie de ses fibres et de ses éléments nutritifs. Il constitue une bonne source de vitamines du groupe B et de vitamine E.

• Les pistaches sont extrêmement nutritives : elles sont riches en protéines, en vitamines et en minéraux. Cependant, comme elles sont aussi très grasses, elles rancissent rapidement. Achetez-les dans des magasins ayant beaucoup de débit, conservez-les dans un endroit frais et sec, et consommez-les avec modération.

# FRUITS D'HIVER AU VIN CUIT

Des pommes et des poires fraîches, ainsi que des figues et des abricots secs, sont pochés dans du vin épicé jusqu'à ce qu'ils deviennent tendres et parfumés.

**Pour 4 personnes**

**INGRÉDIENTS**

2 poires – comice ou williams – pelées, évidées et coupées en deux
8 figues sèches
12 abricots secs bio
2 pommes à couteau pelées, évidées et coupées en rondelles épaisses
300 ml/½ pinte/1 ¼ tasses de vin rouge
300 ml/½ pinte/1 ¼ tasses de jus d'orange frais
zeste fraîchement râpé et jus d' 1 orange
45 ml/3 c. à soupe de miel liquide ou de sirop de malt d'orge
1 bâton de cannelle cassé en deux
4 clous de girofle
4 capsules de cardamome fendues

**1** Mettez le vin, le jus d'orange frais et la moitié du zeste d'orange dans une casserole avec le miel ou le sirop et les épices. Portez à ébullition, puis baissez le feu et laissez mijoter 2 min en remuant de temps à autre.

**2** Ajoutez les poires, les figues et les abricots dans la casserole et laissez mijoter à couvert 25 min, en remuant de temps en temps. Incorporez les tranches de pommes et faites cuire 12 à 15 min, jusqu'à ce que les fruits soient tendres.

**3** Retirez les fruits de la casserole et jetez les épices. Faites cuire le mélange de vin à feu vif jusqu'à ce qu'il réduise et devienne sirupeux, puis versez-le sur les fruits. Décorez éventuellement avec les filaments réservés de zeste d'orange.

BIENFAITS POUR LA SANTÉ

• Les fruits frais et secs fournissent une quantité appréciable de vitamines et de minéraux, surtout de vitamine C, de bêta-carotène, de potassium et de fer. Ils sont également riches en fibres.
• La cardamome et la cannelle calment les troubles digestifs et, avec les clous de girofle, elles décongestionnent les voies respiratoires.

# TARTE AUX ABRICOTS ET AUX AMANDES

Ce dessert allie les délicieuses saveurs des abricots et des amandes. Servez avec du yaourt grec ou de la crème fraîche.

**Pour 6 personnes**

**INGRÉDIENTS**

100 g/4 oz/½ tasse de beurre mou
100 g/4 oz/½ tasse de sucre en poudre
1 œuf battu
50 g/2 oz/⅓ tasse de farine de riz
50 g/2 oz/½ tasse d'amandes en poudre
quelques gouttes d'extrait d'amandes
500 g/1 lb d'abricots frais, partagés en deux et dénoyautés
sucre glace tamisé, pour saupoudrer la tarte (facultatif)
oreillons d'abricots et brins de menthe fraîche, pour décorer (facultatif)

*Pour la pâte*

100 g/4 oz/1 tasse de farine de riz brun
100 g/4 oz/1 tasse de semoule de maïs
1 pincée de sel
100 g/4 oz/½ tasse de beurre mou
25 g/1 oz/2 c. à soupe de sucre en poudre
1 jaune d'œuf

**1** Pour confectionner la pâte, mélangez dans une jatte la farine de riz brun, la semoule et le sel. Incorporez et travaillez le beurre du bout des doigts afin d'obtenir une pâte granuleuse.

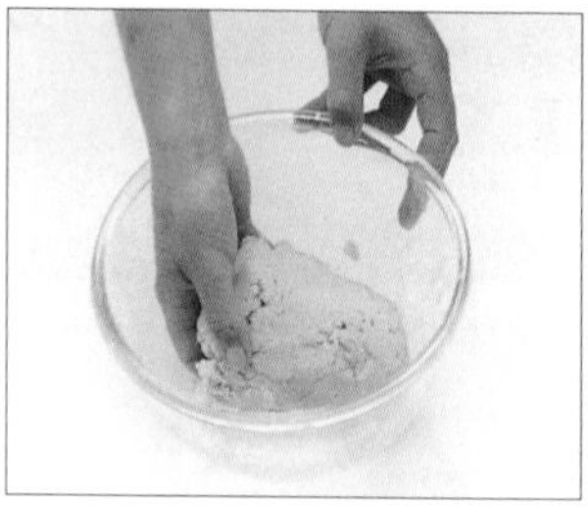

**2** Ajoutez le sucre et le jaune d'œuf et versez un peu d'eau froide pour obtenir une pâte lisse et souple, qui ne soit pas collante. Enveloppez et mettez au frais 30 min.

**3** Préchauffez le four à 180 °C/350 °F. Tapissez le fond d'un moule à tarte avec la pâte, en l'étalant avec les doigts et en la faisant remonter sur les côtés. Coupez la pâte qui dépasse. Enfournez pour 15 min.

**4** Pour la garniture, mettez le beurre et le sucre dans une jatte et remuez vigoureusement à la cuillère en bois, jusqu'à obtenir un mélange mousseux et léger.

**5** Incorporez progressivement l'œuf battu. Ajoutez la farine de riz, les amandes en poudre et l'extrait d'amandes, puis mélangez bien.

**6** Répartissez de façon homogène l'appareil sur le fond de tarte et disposez les oreillons d'abricots sur le dessus, côté bombé vers le haut.

**7** Enfournez et laissez cuire environ 40 min, jusqu'à ce que la garniture soit cuite et légèrement dorée. Servez chaud ou froid, saupoudré de sucre glace et décoré d'oreillons d'abricots et de brins de menthe.

VARIANTE

Vous pouvez remplacer la poudre et l'extrait d'amandes par des noisettes en poudre et de la vanille liquide.

# COMPOTE DE FRUITS SECS

**Pour 6 personnes**

**INGRÉDIENTS**

100 g/4 oz/2/3 tasse de figues sèches moelleuses
100 g/4 oz/1/2 tasse d'abricots secs moelleux
50 g/2 oz/1/2 tasse de rondelles de pommes séchées moelleuses
50 g/2 oz/1/4 tasse de pruneaux moelleux, dénoyautés
50 g/2 oz/1/2 tasse de poires séchées moelleuses
50 g/2 oz/1/2 tasse de pêches séchées moelleuses
300 ml/1/2 pinte/1 1/4 tasses de jus de pommes sans sucre ajouté
300 ml/1/2 pinte/1 1/4 tasses de jus d'oranges sans sucre ajouté
6 clous de girofle
1 bâton de cannelle
amandes effilées grillées, pour garnir

**1** Préchauffez le four à 180 °C/350 °F. Répartissez les figues, abricots, rondelles de pommes, pruneaux, poires et pêches dans un plat à four peu profond.

**2** Mélangez les jus de pommes et d'oranges, puis versez sur les fruits. Ajoutez les clous de girofle et la cannelle.

**3** Faites cuire 30 min au four jusqu'à ce que les jus de fruits bouillonnent, en remuant une ou deux fois en cours de cuisson. Réservez et laissez macérer 20 min, puis retirez les clous de girofle et la cannelle.

**4** Transférez dans des coupes individuelles et servez chaud ou froid, décoré d'amandes effilées grillées.

CONSEIL

Vous pouvez utiliser d'autres mélanges de jus de fruits, sans sucre ajouté, tels qu'ananas et orange, ou raisin et pomme.

# YAOURT GLACÉ À LA MANGUE

**Pour 6 personnes**

**INGRÉDIENTS**

500 g/1 lb de chair de mangue hachée
300 ml/1/2 pinte/1 1/4 tasses de yaourt maigre à la pêche ou à l'abricot
150 ml/1/4 pinte/2/3 tasse de yaourt grec
150 ml/1/4 pinte/2/3 tasse de yaourt nature maigre
25 à 50 g/1 à 2 oz/2 à 4 c. à soupe de sucre en poudre
feuilles de menthe fraîche ciselées, pour garnir

**1** Réduisez au mixer la chair de mangue en purée lisse. Transférez dans une coupe.

**2** Ajoutez les trois sortes de yaourts et mélangez bien.

**3** Sucrez à votre goût et fouettez le tout.

**4** Versez le mélange dans un récipient en plastique, couvrez et mettez au congélateur 1 h à 1 h 30, jusqu'à ce qu'il prenne. Transférez dans une coupe froide et battez jusqu'à ce qu'il soit lisse.

**5** Remettez le mélange dans le récipient en plastique, couvrez et placez au congélateur – le mélange doit être pris. Sortez la glace du congélateur et mettez au réfrigérateur 30 min avant de servir, afin qu'elle se ramollisse légèrement. Faites des boules et servez-les décorées de feuilles de menthe ciselées.

CONSEIL

Vous ne pouvez juger de la maturité d'une mangue à sa couleur ; elle doit cependant être brillante, lisse et sans tâche. La chair cède légèrement sous la pression de la main.

# GÂTEAU DE RIZ AU CITRON

**Ce gâteau de riz est subtilement parfumé au citron. Il est délicieux servi chaud ou froid avec des fraises fraîches.**

**Pour 4 personnes**

**INGRÉDIENTS**

50 g/2 oz/¼ tasse de riz blanc à grains ronds
600 ml/1 pinte/2½ tasses de lait
25 g/1 oz/2 c. à soupe de sucre en poudre
le zeste finement râpé d' 1 citron
15 g/½ oz/1 c. à soupe de beurre coupée en petits morceaux
zestes d'orange et de citron, pour garnir

*Pour servir*

250 g/8 oz de fruits frais, tels que fraises ou ananas
90 ml/6 c. à soupe de crème allégée (facultatif)

**1** Beurrez légèrement un plat à four de 900ml/1½ pintes/3¾ tasses de contenance. Éparpillez le riz et versez le lait puis laissez reposer environ 30 min pour permettre au riz de ramollir un peu. Préchauffez le four à 150 °C/300 °F.

**2** Ajoutez à ce mélange le sucre en poudre, le zeste de citron et le beurre et remuez. Faites cuire 2 h à 2 h 30 jusqu'à ce que le dessus du gâteau soit doré.

**3** Décorez de zestes d'orange et de citron et servez chaud ou froid avec les fruits frais.

**4** Si vous souhaitez consommer ce gâteau de riz froid, laissez-le refroidir, retirez et jetez la peau formée sur le dessus, puis placez-le au frais. Nappez de crème au moment de servir (facultatif).

CONSEIL

Le riz à grains ronds est la seule sorte qui convienne pour ce gâteau de riz : les grains gonflent, absorbent une grande quantité de liquide et constituent ainsi un entremet onctueux et savoureux.

# CRUMBLE À LA PÊCHE ET AUX FRAMBOISES

**Pour 4 personnes**

**INGRÉDIENTS**

80 g/3 oz/¾ tasse de farine de riz brun
50 g/2 oz/4 c. à soupe de beurre mou
30 g/1 oz/¼ tasse de flocons de seigle
30 g/1 oz/¼ tasse de flocons de millet
30 g/1 oz/¼ tasse de noisettes grossièrement hachées
80 g/3 oz/⅓ tasse de sucre roux
5 ml/1 c. à thé de gingembre en poudre
3 pêches fraîches, dénoyautées et coupées en quartiers
250 g/8 oz/1⅓ tasses de framboises
60 ml/4 c. à soupe de jus d'oranges frais

**1** Préchauffez le four à 180 °C/350 °F. Graissez un moule à gratin de 1,2 l/2 pintes/5 tasses de contenance. Mettez la farine de riz dans une jatte et incorporez le beurre du bout des doigts.

**2** Ajoutez les flocons de seigle et de millet, les noisettes, 50 g/2 oz/¼ tasse de sucre et le gingembre. Remuez le tout.

**3** Mélangez pêches, framboises, jus d'oranges et le reste du sucre et transférez dans le moule. Versez le mélange précédent sur le dessus, en l'appuyant légèrement sur les fruits. Faites cuire 30 à 45 min au four, le crumble doit être doré. Servez chaud ou froid.

VARIANTES

Remplacez les noisettes par des noix et le gingembre par de la cannelle en poudre. Vous pouvez aussi remplacer les pêches par des nectarines ou des pommes à couteau finement émincées.

# FONDUE DE FRUITS À LA CRÈME DE NOISETTES

**Pour 2 personnes**

**INGRÉDIENTS**

assortiment de fruits frais tels que mandarines, kiwis, raisin et fraises entières
50 g/2 oz/¼ tasse de fromage blanc allégé
150 ml/¼ pinte/⅔ tasse de yaourt maigre à la noisette
5 ml/1 c. à thé d'extrait de vanille
5 ml/1 c. à thé de sucre en poudre
3 c. à soupe de noisettes hachées

CONSEIL

Pour retirer la peau des noisettes, faites-les griller 10 min dans le four préchauffé à 190 °C/375 °F. Enlevez la peau en les frottant avec un torchon propre.

**1** Commencez par préparer les fruits. Épluchez et partagez les mandarines en quartiers. Pelez les kiwis et coupez en quartiers. Lavez le raisin et coupez les fraises.

**2** Battez le fromage blanc avec le yaourt, la vanille et le sucre. Incorporez les trois quarts des noisettes. Versez dans une jatte posée sur un plat ou dans des petits pots sur des assiettes individuelles. Parsemez du reste des noisettes. Disposez les fruits autour de la crème de noisette et servez aussitôt.

# YAOURT GLACÉ AUX FRUITS DE LA PASSION

Ce dessert ne mettra pas votre ligne en péril! Le yaourt glacé contient moins de matières grasses et de calories que la glace traditionnelle et les fruits apportent des vitamines A et C.

**Pour 4 personnes**

**INGRÉDIENTS**

350 g/12 oz/2½ tasses de fraises équeutées et coupées en deux
2 fruits de la passion partagés en deux
10 ml/2 c. à thé de sucre glace (facultatif)
2 pêches mûres, dénoyautées et hachées
8 boules (environ 350 g/12 oz) de yaourt glacé à la vanille ou à la fraise

CONSEIL

La peau du fruit de la passion mûr est lisse, jaune pâle ou pourpre. Elle se flétrit en vieillissant, mais son goût n'en est pas meilleur pour autant. Pour utiliser la pulpe, faites-la passer à travers un chinois avec 1 cuillerée d'eau bouillante.

**1** Réduisez la moitié des fraises en coulis à l'aide d'un mixer et réservez l'autre moitié. Extrayez la pulpe des fruits de la passion et ajoutez-la au coulis de fraise. Sucrez si nécessaire.

**2** Répartissez l'autre moitié des fraises et la moitié des pêches hachées dans 4 grandes coupes à glace. Déposez 1 boule de yaourt glacé dans chaque coupe. Réservez quelques morceaux de fruits pour décorer et répartissez le reste dans chaque coupe. Couronnez avec une dernière boule de yaourt glacé.

**3** Nappez avec le coulis de fruits de la passion et parsemez le tout avec les fraises et les morceaux de pêches réservés. Servez aussitôt.

# SORBET AUX MANGUES ET À L'ORANGE

**Frais, tonique et merveilleusement coloré, ce sorbet est une parfaite façon de conclure un repas épicé.**

**Pour 2 à 4 personnes**

**INGRÉDIENTS**

2 grosses mangues
jus d' 1 orange
115 g/4 oz/½ tasse de sucre
1 blanc d'œuf (facultatif)
filaments de zeste d'orange fraîche non traitée, pour décorer

**1** Faites chauffer le sucre à feu doux et 300 ml/½ pinte/1 ¼ tasses d'eau dans une casserole jusqu'à ce que le sucre fonde. Portez à ébullition, puis baissez le feu et laissez mijoter 5 min. Laissez refroidir.

**2** Coupez les 2 moitiés de la mangue de chaque côté du noyau. Pelez puis, avec un couteau, détachez la chair du noyau. Détaillez le fruit en dés et jetez le noyau.

**3** Passez au mixer la chair de la mangue, le jus d'orange et le sirop de sucre jusqu'à obtention d'un mélange homogène.

**4** Versez le mélange dans un récipient allant au congélateur et congelez 2 h, jusqu'à ce qu'il soit à moitié pris. Montez éventuellement le blanc d'œuf en neige ferme, puis incorporez-le au sorbet. Fouettez bien pour éliminer les éventuels cristaux de glace et congelez jusqu'à ce que le sorbet devienne solide.

**5** Mettez le sorbet au réfrigérateur 10 min avant de le servir. Décorez avec les filaments de zeste d'orange.

BIENFAITS POUR LA SANTÉ

La mangue et l'orange facilitent la digestion, renforcent le système immunitaire et sont dépuratives. Elles contiennent aussi des vitamines A et C.

# YAOURT GLACÉ À LA RHUBARBE

**Ce délicieux yaourt glacé, d'une jolie couleur rose, est parfumé au miel et au gingembre.**

**Pour 6 personnes**

**INGRÉDIENTS**

300 g/11 oz/ 1⅜ tasses de yaourt nature entier
1 tasse de mascarpone
300 g/13 oz/3 tasses de rhubarbe équeutée et hachée
45 ml/3 c. à soupe de sirop de gingembre
30 ml/2 c. à soupe de miel liquide
3 morceaux de gingembre confit, finement hachés

**1** Dans une jatte, fouettez le yaourt et le mascarpone.

**2** Versez le mélange de yaourt dans un récipient peu profond allant au congélateur et congelez 1 h.

**3** Pendant ce temps, mettez la rhubarbe, le sirop de gingembre et le miel dans une grande casserole et faites chauffer 15 min à feu doux jusqu'à ce que la rhubarbe ramollisse. Laissez refroidir puis réduisez en purée dans un mixer.

**4** Retirez le mélange de yaourt à demi congelé du congélateur et incorporez-le à la purée de rhubarbe et de gingembre. Mélangez pour former un tout homogène, puis ajoutez le gingembre confit haché.

**5** Remettez le yaourt glacé au congélateur et congelez-le 2 h de plus. Sortez-le du congélateur et battez-le de nouveau, puis congelez-le jusqu'à ce qu'il soit solide. Servez des boules de yaourt glacé sur des assiettes individuelles ou dans des coupes.

BIENFAITS POUR LA SANTÉ

• La rhubarbe est riche en potassium et a un effet laxatif. Cependant, elle est également riche en acide oxalique, qui inhibe l'absorption du fer et du calcium et peut aggraver les problèmes articulaires tels que l'arthrite. Les feuilles sont toxiques et ne doivent jamais être consommées.
• Le gingembre confit a pratiquement les mêmes vertus diététiques que le gingembre frais. Il facilite la digestion et soulage les problèmes gastro-intestinaux.

CONSEIL

Sortez le yaourt glacé du congélateur et mettez-le au réfrigérateur 15 min avant de servir pour le laisser ramollir.

# CRUMBLE ÉPICÉ AUX POMMES

Tous les fruits conviennent pour ce dessert mais le mélange des mûres et des pommes est l'un des plus appréciés. Ici, les noisettes et la cardamome ajoutent une note parfumée à ce délicieux crumble.

**Pour 4 à 6 personnes**

**INGRÉDIENTS**

beurre pour graisser le moule
500 g/1 lb de pommes cox orange
150 g/4 oz/1 tasse de mûres
le zeste râpé et le jus d' 1 orange
50 g/2 oz/$^{1}/_{3}$ tasse de sucre roux
crème anglaise, en accompagnement

*Pour la pâte du dessus*

150 g/6 oz/1 $^{1}/_{2}$ tasses de farine
80 g/3 oz/$^{1}/_{3}$ tasse de beurre
80 g/3 oz/$^{1}/_{3}$ tasse de sucre en poudre
25 g/1 oz/$^{1}/_{4}$ tasse de noisettes hachées
2,5 ml/$^{1}/_{2}$ c. à thé de graines de cardamome écrasées

**1** Préchauffez le four à 200 °C/400 °F. Beurrez un plat à four de 1,20 litre/2 pinte/5 tasse de contenance. Pelez les pommes, retirez le cœur, puis émincez-les et répartissez-les dans le plat. Parsemez de mûres et de zestes d'orange. Saupoudrez le sucre roux et arrosez de jus d'orange. Réservez pendant que vous faites la pâte.

**2** Pour la pâte, mettez la farine dans une jatte et incorporez le beurre du bout des doigts pour obtenir un mélange granuleux. Incorporez le sucre en poudre, les noisettes et la cardamome. Étalez la pâte sur les fruits.

**3** Veillez à ce que la pâte recouvre bien tous les fruits. Faites cuire 30 à 35 min, le crumble doit être doré. Servez chaud avec de la crème anglaise.

# POMMES AU FOUR

Ce dessert traditionnel est remarquablement simple et vite fait. Faites cuire les pommes au four avec le poulet rôti du dimanche qu'elles compléteront délicieusement.

**Pour 4 personnes**

**INGRÉDIENTS**

4 grosses pommes
80 g/3 oz/$^{1}/_{2}$ tasse de sucre roux
80 g/3 oz/$^{1}/_{3}$ tasse de beurre mou
le zeste râpé et le jus d' $^{1}/_{2}$ orange
1,5 ml/$^{1}/_{4}$ c. à thé de cannelle en poudre
30 ml/2 c. à soupe de macarons aux amandes écrasés
50 g/2 oz/$^{1}/_{2}$ tasse de noisettes hachées
50 g/2 oz/$^{1}/_{2}$ tasse de fruits confits hachés, en mélange

**1** Préchauffez le four à 180 °C/350 °F. Lavez et séchez les pommes. Retirez le cœur avec un vide-pomme et élargissez la cavité en creusant délicatement la chair. Beurrez un plat à four et déposez-les à l'intérieur.

**2** Mélangez sucre, beurre, zestes et jus d'orange, cannelle et macarons. Incorporez les noisettes et les fruits confits. Répartissez cette farce dans la cavité des pommes. Protégez le dessus avec un petit morceau de papier d'aluminium. Mettez 30 à 45 min au four – les pommes doivent être tendres.

# BROCHETTES DE FRUITS EXOTIQUES

**Les fruits grillés – presque tous les fruits tendres conviennent – terminent en douceur un barbecue. Ici, la citronnelle ajoute aux brochettes de fruits une note piquante.**

**Pour 4 personnes**

**INGRÉDIENTS**

4 longues tiges de citronnelle fraîche
1 mangue pelée, dénoyautée et coupée en gros morceaux
1 papaye pelée, épépinée et coupée en gros morceaux
1 carambole coupée en tranches épaisses partagées en deux
8 feuilles de laurier frais
1 noix de muscade
60 ml/4 c. à soupe de sirop d'érable
50 g/2 oz/1/3 tasse de sucre roux

*Pour la crème au citron vert*

150 g/5 oz/2/3 tasse de faisselle ou de crème aigre
120 ml/4 fl oz/1/2 tasse de crème fraîche épaisse
le zeste râpé et le jus d' ½ citron vert
30 ml/2 c. à soupe de sucre glace

**1** Préparez le barbecue ou préchauffez le gril. Coupez en pointe le haut de chaque tige de citronnelle avec un couteau bien aiguisé. Jetez les feuilles extérieures, puis faites glisser une lame de couteau tout du long de la tige en appuyant, pour dégager son arôme. Piquez les morceaux de fruits et les feuilles de laurier sur les brochettes.

**2** Déposez une feuille de papier d'aluminium graissé sur une plaque et remontez chaque côté. Placez les brochettes à l'intérieur et râpez un peu de muscade sur chacune d'elles. Arrosez de sirop d'érable et saupoudrez généreusement de sucre roux. Faites griller 5 min.

**3** Pendant ce temps, préparez la crème au citron. Battez dans une coupe la faisselle, la crème fraîche, le zeste et le jus de citron vert, et le sucre glace. Servez aussitôt avec les brochettes.

CONSEIL

Utilisez uniquement de la citronnelle fraîche pour ces brochettes. Vous la trouverez dans les boutiques de produits chinois ou exotiques.

# GELÉE DE COCO À LA BADIANE

**Pour 4 personnes**

**INGRÉDIENTS**

250 ml/8 fl oz/1 tasse d'eau froide
75 g/3 oz/1/3 tasse de sucre en poudre
15 ml/1 c. à soupe de gélatine végétarienne en poudre
400 ml/14 fl oz/1 2/3 tasses de lait de coco

*Pour le sirop et les fruits*

250 ml/8 fl oz/1 tasse d'eau
3 étoiles de badiane
50 g/2 oz/1/4 tasse de sucre en poudre
1 carambole émincée
12 lychees pelés et dénoyautés
150 g/4 oz/1 tasse de mûres

**1** Versez l'eau dans une casserole, ajoutez le sucre, faites-le fondre à feu doux. Saupoudrez de gélatine et dissolvez-la. Incorporez le lait de coco, retirez du feu et laissez refroidir.

**2** Graissez un moule carré de 18 cm/7 in de côté. Tapissez d'un film transparent. Versez le mélange et laissez prendre au frais.

**3** Pour le sirop, mettez l'eau, la badiane et le sucre dans une casserole. Portez à ébullition en remuant, baissez le feu, laissez frémir 10 à 12 min. Déposez les fruits dans une jatte et arrosez avec le sirop brûlant. Laissez refroidir et placez au frais.

**4** Pour servir, découpez des losanges dans la gelée de coco et démoulez. Disposez la gelée sur des assiettes individuelles et garnissez de quelques fruits nappés de sirop.

# GRATINS DE FRUITS EXOTIQUES

Ces gratins originaux associent des fruits colorés et sont nappés d'un sabayon, puis passés rapidement sous le gril.

**Pour 4 personnes**

**INGRÉDIENTS**

2 tamarillos
½ ananas bien sucré
1 mangue mûre
200 g/6 oz/1 ½ tasses de mûres
120 ml/4 fl oz/½ tasse de vin blanc pétillant
100 g/4 oz/½ tasse de sucre
6 jaunes d'œufs

**1** Coupez chaque tamarillo en deux dans la longueur puis en tranches épaisses. Épluchez l'ananas, retirez le cœur et les «yeux». Détaillez la pulpe en gros morceaux. Ôtez la peau de la mangue, partagez-la en deux et coupez la chair en tranches.

**2** Répartissez tous les fruits, y compris les mûres, dans quatre plats à gratin de 14 cm/5½ in de diamètre. Posez sur la plaque du four. Mettez le vin et le sucre dans une casserole et faites dissoudre le sucre à feu doux. Portez à ébullition et laissez cuire 5 min.

**3** Fouettez les jaunes d'œufs dans un grand saladier au bain-marie jusqu'à ce qu'ils blanchissent. Incorporez peu à peu le sirop de vin brûlant, en fouettant constamment, jusqu'à épaississement du mélange. Préchauffez le gril.

**4** Versez le mélange sur les fruits. Glissez la plaque du four avec les plats sous le gril et retirez-la lorsque le dessus est doré. Servez sans attendre.

# ANANAS GRILLÉ, COULIS À LA PAPAYE

**Pour 6 personnes**

**INGRÉDIENTS**

1 ananas bien mûr
beurre fondu pour beurrer le papier d'aluminium et napper l'ananas
2 morceaux de gingembre au sirop, égouttés et coupés en fine julienne plus 30 ml/2 c. à soupe du sirop
30 ml/2 c. à soupe de sucre roux
1 pincée de cannelle en poudre
feuilles de menthe fraîche, pour garnir

*Pour la sauce*

1 papaye mûre, pelée et épépinée
175 ml/6 fl oz/¾ tasse de jus de pommes

**1** Épluchez l'ananas et retirez les « yeux ». Coupez-le horizontalement en 6 rondelles de 3 cm/1 in d'épaisseur. Tapissez une plaque de papier d'aluminium, en remontant les côtés afin de former un bord, et beurrez le tout. Préchauffez le gril.

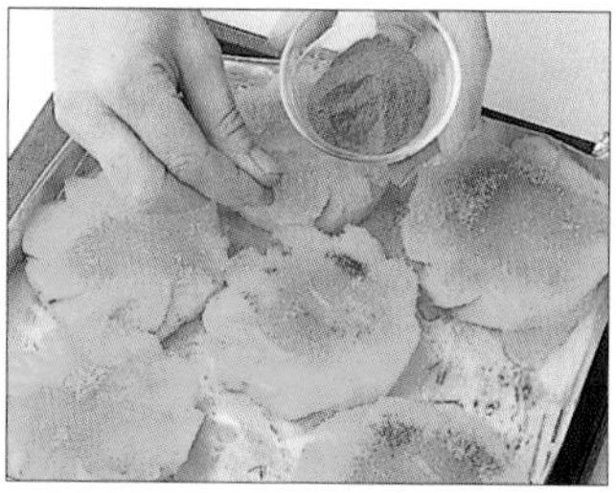

**2** Disposez les rondelles d'ananas sur la plaque. Nappez de beurre et parsemez de gingembre, de sucre et de cannelle. Arrosez de sirop de gingembre. Faites griller 5 à 7 min, jusqu'à ce que les rondelles soient dorées et légèrement caramélisées.

**3** Pour la sauce, coupez quelques tranches de papaye et réservez. Réduisez le reste avec le jus de pommes en coulis, à l'aide d'un mixer.

**4** Filtrez le coulis à travers un chinois et incorporez-y le jus de cuisson de l'ananas. Servez les rondelles d'ananas sur un nappage de coulis. Décorez avec les tranches de papaye réservées et les feuilles de menthe.

**CONSEIL**

Le coulis à la papaye accompagne également, de façon délicieuse, des plats salés : poulet grillé et gibier à plumes, porc et agneau.

# PAIN À LA BANANE ET AUX NOIX DE PÉCAN

Banane et noix de pécan se marient à merveille. Servez ce pain moelleux pour le goûter, avec du fromage blanc ou de la confiture, ou encore en dessert avec de la crème fouettée.

**Pour 1 pain d'environ 1 kg**

**INGRÉDIENTS**

100 g/4 oz/½ tasse de beurre
150 g/6 oz/1 tasse de sucre roux
2 gros œufs battus
3 bananes mûres
60 g/3 oz/¾ tasse de noix de pécan grossièrement hachées
200 g/8 oz/2 tasses de farine avec levure incorporée
2,5 ml/½ c. à thé de cannelle en poudre

**1** Préchauffez le four à 180 °C/350 °F. Beurrez généreusement un moule à cake et tapissez-le de papier sulfurisé. Battez le beurre et le sucre en crème dans une grande jatte jusqu'à obtention d'un mélange léger et mousseux. Ajoutez les œufs un à un et fouettez.

**2** Pelez et écrasez les bananes avec une fourchette. Incorporez-les avec les noix de pécan hachées au mélange précédent. Remuez bien.

CONSEIL

Si le mélange tourne légèrement quand vous incorporez les œufs, ajoutez un peu de farine.

**3** Mélangez la farine et la cannelle, puis ajoutez-les à la préparation précédente. Versez dans le moule et faites cuire environ 45 min – la lame d'un couteau enfoncée au centre du pain doit ressortir propre. Laissez tiédir le pain 10 min dans le moule puis retournez-le sur une grille. Retirez le moule et le papier sulfurisé et laissez refroidir complètement.

# BROWNIE AUX DATTES ET AUX NOIX

Ce gâteau se déguste aussi bien à l'heure du thé qu'en dessert. Tiédissez-le au four micro-ondes et servez-le avec de la crème fraîche.

**Pour 12 personnes**

**INGRÉDIENTS**

350 g/12 oz de chocolat à pâtisserie, cassé en morceaux
200 g/8 oz/1 tasse de beurre coupé en dés
3 gros œufs
100 g/4 oz/½ tasse de sucre
5 ml/1 c. à thé d'extrait de vanille
80 g/3 oz/⅔ tasse de farine
200 g/8 oz/1½ tasses de dattes fraîches, pelées, dénoyautées et hachées
200 g/7 oz/1¾ tasses de cerneaux de noix
sucre glace, pour la décoration

**1** Préchauffez le four à 190 °C/375 °F. Tapissez de papier sulfurisé une plaque à pâtisserie de 30 × 20 cm/12 × 8 in et beurrez-la généreusement.

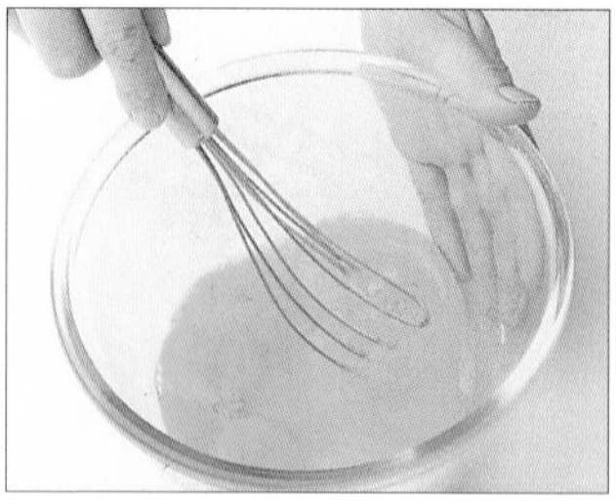

**2** Mettez le chocolat et le beurre dans une jatte et faites fondre au bain-marie. Remuez pour obtenir un mélange lisse, retirez la jatte et laissez tiédir.

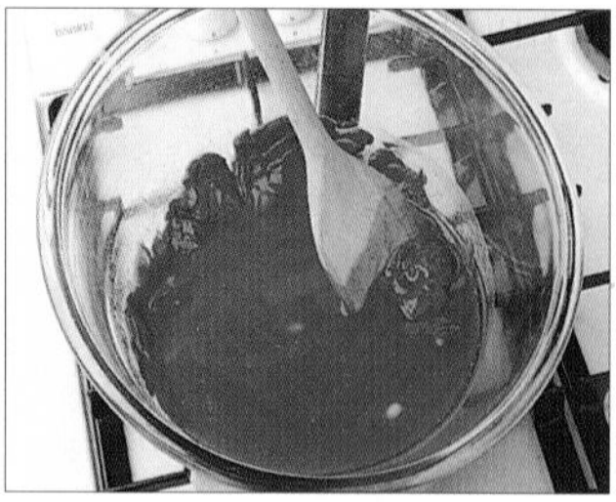

**3** Battez les œufs avec le sucre et la vanille. Incorporez au chocolat puis ajoutez la farine, les dattes et les noix et battez le tout. Versez sur la plaque.

**4** Faites cuire 30 à 40 min, la pâte doit être ferme et se détacher des côtés de la plaque. Laissez refroidir, démoulez, retirez le papier sulfurisé et saupoudrez de sucre glace.

# GÂTEAU AUX POMMES HOLLANDAIS

Ce gâteau aux pommes, très moelleux, se déguste aussi bien chaud que froid.

**Pour 8 à 10 tranches**

**INGRÉDIENTS**

250 g/9 oz/2 1/4 tasses de farine avec levure incorporée
10 ml/2 c. à thé de levure chimique
5 ml/1 c. à thé de cannelle en poudre
110 g/4 1/2 oz/generous 1/2 tasse de sucre
50 g/2 oz/1/4 tasse de beurre fondu
2 œufs battus
150 ml/1/4 pinte/2/3 tasse de lait

*Pour le dessus*

2 pommes à couteau à chair ferme et juteuse (cox orange, par exemple)
15 g/1/2 oz/1 c. à soupe de beurre fondu
60 ml/4 c. à soupe de sucre roux
1,5 ml/1/4 c. à thé de cannelle en poudre

**1** Préchauffez le four à 200 °C/400 °F. Tapissez de papier sulfurisé et beurrez un moule à gâteau rond de 20 cm/8 in de diamètre. Mélangez la farine, la levure chimique et la cannelle dans une grande jatte. Incorporez le sucre. Dans une autre jatte, mélangez au fouet le beurre, les œufs et le lait puis ajoutez ce mélange au précédent.

**2** Versez le tout dans le moule, puis faites un cercle en creux tout autour de la pâte.

**3** Pour le dessus du gâteau : pelez et évidez les pommes, coupez-les en quartiers puis en tranches fines. Disposez les tranches dans le cercle en creux en les enfonçant dans la pâte. Nappez-les de beurre fondu puis saupoudrez-les de sucre roux et de cannelle.

**4** Faites cuire 45 à 50 min, jusqu'à ce que le gâteau soit doré et bien gonflé et qu'une lame de couteau enfoncée en son centre ressorte propre. Servez aussitôt ou démoulez, retirez le papier sulfurisé et laissez refroidir sur une grille avant de le couper.

# GÂTEAU AUX POIRES ET À LA POLENTA

La polenta donne au biscuit qui enrobe les poires un parfum de noisette se mariant parfaitement avec les fruits. Servez avec de la crème anglaise ou de la crème fouettée.

**Pour 10 tranches**

**INGRÉDIENTS**

150 g/6 oz/3/4 tasse de sucre roux
4 poires mûres
le jus d' 1/2 citron
30 ml/2 c. à soupe de miel
3 œufs
les graines d' 1 gousse de vanille
120 ml/4 fl oz/1/2 tasse d'huile de tournesol
110 g/4 oz/1 tasse de farine avec levure incorporée
50 g/2 oz/1/3 tasse de polenta instantanée

**1** Préchauffez le four à 180 °C/350 °F. Tapissez de papier sulfurisé et beurrez généreusement un moule à gâteau rond de 21 cm/8 1/2 in de diamètre. Saupoudrez le fond de 30 ml/2 c. à soupe de sucre roux.

**2** Épluchez les poires et retirez le cœur. Coupez-les en grosses tranches et passez-les dans le jus de citron. Disposez-les sur le fond du moule. Arrosez de miel et réservez.

**3** Battez les œufs avec les graines de la gousse de vanille et le reste du sucre.

**CONSEIL**

Détachez les graines de la gousse de vanille avec la pointe d'un petit couteau, ou remplacez-les par 5 ml/1 c. à thé d'extrait de vanille.

**4** Fouettez pour obtenir un mélange épais et crémeux. Incorporez peu à peu l'huile. Mélangez farine et polenta et versez dans le mélange précédent.

**5** Versez le tout sur les poires. Faites cuire environ 50 min au four, jusqu'à ce qu'une lame de couteau enfoncée au centre du gâteau ressorte propre. Laissez refroidir 10 min dans le moule, puis démoulez sur un plat. Retirez le papier sulfurisé, retournez le gâteau et servez.

# GÂTEAU ÉPICÉ AUX DATTES ET AUX NOIX

Ce gâteau, moelleux et très parfumé, est nappé de miel et de jus d'orange. Servez-le en dessert avec une généreuse cuillerée de yaourt nature ou de crème fraîche et garni de zeste d'orange râpé.

**Pour 8 personnes**

**INGRÉDIENTS**

50 g/2 oz/⅓ tasse de dattes dénoyautées et hachées
25 g/1 oz/¼ tasse de noix hachées
120 g/4 oz/½ tasse de beurre, plus un peu pour graisser
175 g/6 oz/¾ tasse de sucre brun en poudre
2 œufs
175 g/6 oz/1 ½ tasses de farine non raffinée au levain, plus un peu pour saupoudrer
5 ml/1 c. à thé de bicarbonate de soude
2,5 ml/½ c. à thé de noix de muscade fraîchement râpée
5 ml/1 c. à thé de mélange d'épices
1 pincée de sel
175 ml/6 fl oz/¾ tasse de babeurre

*Pour le nappage*
60 ml/4 c. à soupe de miel liquide
45 ml/3 c. à soupe de jus d'orange frais
15 ml/1 c. à soupe de zeste d'orange grossièrement râpé, plus un peu pour décorer

**1** Graissez et farinez légèrement un moule à gâteau à fond amovible de 23 cm/9 in. Préchauffez le four à 180 °C/350 °F.

BIENFAITS POUR LA SANTÉ

• Les dattes sèches sont plus nutritives que les dattes fraîches. Elles contiennent du fer, du potassium, de la niacine et du magnésium et, en raison de leurs fibres solubles, elles sont légèrement laxatives.
• Selon des recherches récentes effectuées aux États-Unis, manger quelques noix chaque jour abaisse le taux de cholestérol, réduisant ainsi le risque de maladies cardio-vasculaires.

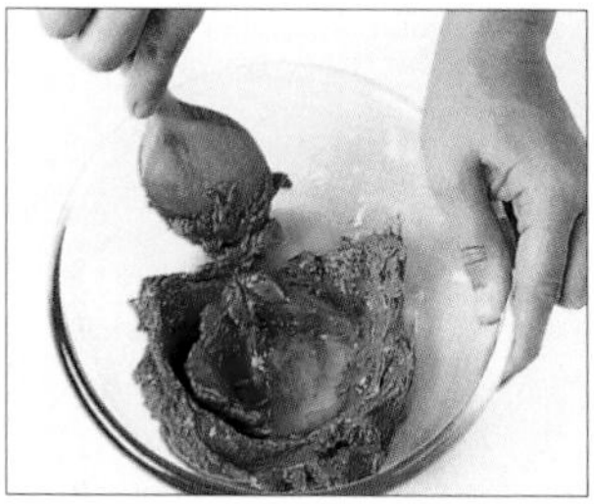

**2** Mélangez le beurre et le sucre avec une cuillère en bois jusqu'à ce que le tout soit mousseux et homogène. Incorporez les œufs un par un en continuant à malaxer.

**3** Dans une autre jatte, mélangez la farine, le bicarbonate de soude, les épices et le sel. Ajoutez peu à peu au mélange crémeux en alternant avec le babeurre. Incorporez les dattes et les noix en remuant bien.

CONSEIL

Vous pouvez remplacer le babeurre par un mélange d' 15 ml/1 c. à soupe de jus de citron et de 250 ml/8 fl oz/1 tasse de lait demi-écrémé.

**4** Versez la préparation dans le moule à gâteau préparé et égalisez la surface. Faites cuire au four 50 min et testez la cuisson en enfonçant une petite pique au milieu : elle devrait ressortir sèche. Laissez reposer 5 min, puis démoulez sur une grille et laissez légèrement refroidir.

**5** Pour le nappage, chauffez le miel, le jus et le zeste d'orange dans une petite casserole à fond épais. Faites bouillir à feu vif 3 min sans remuer, jusqu'à obtention d'un sirop. Percez de petits trous le dessus du gâteau tiède avec la pique et versez le sirop chaud dedans. Décorez avec le zeste d'orange.

# GÂTEAU AU CITRON ET AUX GRAINES DE PAVOT

Ce gâteau léger, aux graines de pavot et au citron, est fourré avec une crème au citron et du fromage blanc.

**Pour 8 personnes**

**INGRÉDIENTS**

350 g/12 oz/1 1/2 tasses de beurre, plus un peu pour graisser
350 g/12 oz/1 3/4 tasses de sucre roux en poudre
45 ml/3 c. à soupe de graines de pavot
20 ml/4 c. à thé de zeste de citron finement râpé
70 ml/4 bonne c. à soupe de *lemon curd* (mélange d'œufs, de beurre et de jus de citron)
6 œufs, le blanc séparé du jaune
120 ml/4 fl oz/1/2 tasse de lait demi-écrémé
350 g/12 oz/3 tasses de farine non raffinée au levain, plus un peu pour saupoudrer
cassonade, pour décorer

*Pour la garniture*

150 g/5 oz/1/2 tasse de *lemon curd* (mélange d'œufs, de beurre et de jus de citron)
150 ml/5 fl oz/2/3 tasse de fromage blanc

**1** Beurrez et farinez légèrement 2 moules à gâteau à fonds amovibles de 23 cm/9 in. Préchauffez le four à 180 °C/350 °F.

VARIANTE

Remplacez la garniture de *lemon curd* et de fromage blanc par un sirop acidulé au citron. Faites bouillir 45 ml/3 c. à soupe de jus de citron, 15 ml/1 c. à soupe de zeste de citron et 30 ml/2 c. à soupe de sucre 3 min, jusqu'à ce que le mélange devienne sirupeux et brillant.

Confectionnez un gâteau en utilisant la moitié des ingrédients. Versez le sirop sur le gâteau chaud, laissez refroidir puis coupez en parts et servez.

**2** Malaxez le beurre et le sucre avec une cuillère en bois jusqu'à ce que le mélange soit léger et mousseux. Ajoutez les graines de pavot, le zeste de citron, le *lemon curd* et les jaunes d'œufs et remuez bien, puis versez le lait et mélangez. Incorporez délicatement la farine jusqu'à ce que le tout soit homogène.

**3** Montez les blancs d'œufs en neige au batteur électrique. Incorporez délicatement ces blancs à la pâte à gâteau jusqu'à ce que le tout soit bien mélangé. Répartissez cette pâte dans les moules préparés.

**4** Faites cuire au four 40 à 45 min, jusqu'à ce que le dessus soit doré et qu'une petite pique enfoncée au centre en ressorte propre.

**5** Laissez refroidir les gâteaux 5 min dans leurs moules, puis démoulez-les et laissez-les refroidir complètement sur une grille. Pour terminer, nappez un gâteau de *lemon curd*, puis de fromage blanc. Disposez le second gâteau dessus, pressez légèrement sur l'ensemble, saupoudrez de sucre glace et servez.

# GÂTEAU VICTORIA

Voici une autre version du traditionnel quatre-quarts. Pour les occasions particulières, garnissez le gâteau de fruits frais, tels que framboises ou pêches émincées, posés sur une couche de confiture et de crème fouettée ou de fromage blanc.

**Pour 1 gâteau de 18 cm de diamètre**

**INGRÉDIENTS**

150 g/6 oz/¾ tasse de beurre
150 g/6 oz/¾ tasse de sucre en poudre
3 œufs battus
150 g/6 oz/1 ½ tasses de farine avec levure incorporée
60 ml/4 c. à soupe de confiture
150 ml/¼ pinte/⅔ tasse de crème fouettée ou de fromage blanc
30 ml/2 c. à soupe de sucre glace, pour décorer

**1** Préchauffez le four à 180 °C/350 °F. Graissez légèrement et tapissez le fond de 2 moules ronds de 18 cm/7 in de diamètre.

**2** Battez vigoureusement le beurre et le sucre dans une jatte, jusqu'à ce que le mélange devienne mousseux.

**3** Ajoutez un à un les œufs, en battant bien. Incorporez la moitié de la farine avec une cuillère en métal puis versez le reste.

**4** Répartissez le mélange entre les 2 moules et égalisez la surface avec le dos d'une cuillère.

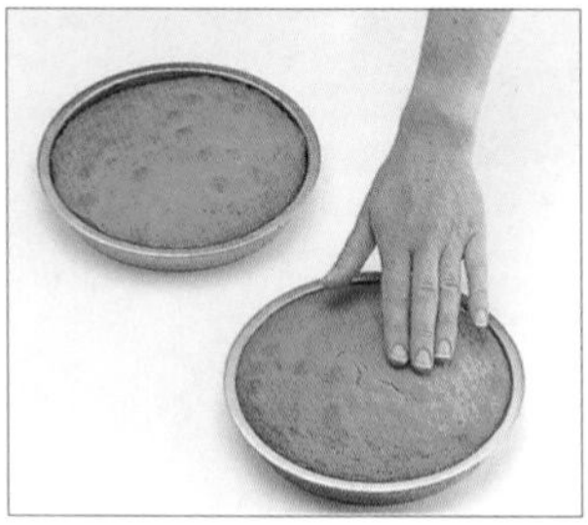

**5** Faites cuire 25 à 30 min, jusqu'à ce que les gâteaux soient gonflés, fermes au toucher et dorés. Démoulez et laissez refroidir sur une grille.

**6** Étalez sur l'un d'entre eux une couche de confiture et de crème fouettée ou de fromage blanc et posez le second gâteau par-dessus. Saupoudrez de sucre glace et servez. Conservez au réfrigérateur dans un récipient hermétique ou enveloppé dans du papier d'aluminium.

VARIANTE

Remplacez 30 ml/2 c. à soupe de farine par du cacao en poudre tamisé et étalez une couche de crème au beurre au chocolat entre les deux gâteaux.

# MUFFINS AU CHOCOLAT ET AUX BANANES

Succulents et peu sucrés, ces muffins sont faciles et rapides à préparer. Servez-les chauds pendant que le chocolat est encore onctueux.

**Pour 12 muffins**

**INGRÉDIENTS**

150 g/5 oz de chocolat noir de pâtisserie, cassé en gros morceaux
2 petites bananes écrasées
90 ml/6 c. à soupe de lait demi-écrémé
2 œufs
150 g/5 oz/10 c. à soupe de beurre fondu
225 g/8 oz/2 tasses de farine blanche non raffinée
1 pincée de sel
5 ml/1 c. à thé de levure de boulanger
150 g/5 oz/$^{3}/_{4}$ tasse de sucre roux en poudre

**1** Disposez 12 petites barquettes en papier rondes dans un moule à muffins profond. Préchauffez le four à 200 °C/400 °F. Mettez le lait, les œufs et le beurre dans une jatte et fouettez jusqu'à obtention d'un mélange homogène.

BIENFAITS POUR LA SANTÉ

Les bananes sont très énergétiques et riches en potassium, élément essentiel au bon fonctionnement des muscles et du système nerveux.

**2** Mélangez la farine, le sel et la levure dans une autre jatte. Ajoutez le sucre et le chocolat à ce mélange et malaxez bien. Versez lentement la préparation au lait sans remuer et incorporez les bananes.

**3** Déposez le mélange dans les petites barquettes en papier. Faites cuire 20 min au four jusqu'à ce que la pâte soit dorée. Laissez refroidir sur une grille.

# COOKIES AUX ABRICOTS ET AUX NOISETTES

Ces cookies à l'avoine, aux abricots et aux noisettes grillées sont à la fois tendres et friables. On peut, en fait, pour les confectionner, utiliser n'importe quelle combinaison de fruits secs et de noix.

**Pour 9 cookies**

**INGRÉDIENTS**

75 g/3 oz/scant $^{1}/_{2}$ tasse d'abricots secs bio, hachés
115 g/4 oz/$^{1}/_{2}$ tasse de beurre, plus un peu pour graisser
75 g/3 oz/$^{3}/_{8}$ tasse de sucre roux en poudre
15 ml/1 c. à soupe de miel liquide
115 g/4 oz/1 tasse de farine au levain
115 g/4 oz/1 tasse d'avoine pour porridge

*Pour la garniture*

25 g/1 oz/2 c. à soupe d'abricots secs bio, hachés
25 g/1 oz/$^{1}/_{4}$ tasse de noisettes grillées et hachées

**1** Préchauffez le four à 170 °C/325 °F. Graissez légèrement une grande plaque. Mettez le beurre, le sucre et le miel dans une petite casserole à fond épais et faites cuire à feu doux jusqu'à ce que le beurre et le sucre fondent, en remuant de temps en temps. Retirez la casserole du feu.

BIENFAITS POUR LA SANTÉ

L'avoine contient des fibres qui ont la réputation de faire baisser le taux de cholestérol.

**2** Mettez la farine, l'avoine et les abricots dans une jatte. Ajoutez le mélange de miel et tournez avec une cuillère en bois pour former une pâte collante. Divisez la pâte en 9 portions que vous disposez sur la plaque. Aplatissez-les en ronds d' 1 cm/$^{1}/_{2}$ in d'épaisseur. Éparpillez les abricots et les noisettes dessus et enfoncez-les dans la pâte.

**3** Faites cuire 15 min jusqu'à ce que la pâte soit dorée et légèrement croquante. Laissez refroidir 5 min sur la plaque, puis transférez les cookies sur une grille.

# COOKIES AU CHOCOLAT

**Pour 16 cookies**

**INGRÉDIENTS**

80 g/3 oz/6 c. à soupe de beurre mou
50 g/2 oz/¼ tasse de sucre roux
50 g/2 oz/¼ tasse de sucre en poudre
1 œuf battu
quelques gouttes d'extrait de vanille
80 g/3 oz/¾ tasse de farine de riz
80 g/3 oz/¾ tasse de semoule de maïs
5 ml/1 c. à thé de levure chimique
1 pincée de sel
125 g/4 oz/⅔ tasse de pépites de chocolat noir ou un mélange de pépites de chocolat au lait et de chocolat blanc

**1** Préchauffez le four à 190 °C/375 °F. Graissez légèrement 2 plaques à pâtisserie. Battez le beurre et les deux sortes de sucre en un mélange mousseux.

**2** Ajoutez l'œuf et la vanille. Incorporez la farine de riz, la semoule de maïs, la levure chimique et le sel puis ajoutez les pépites de chocolat.

**3** Posez des cuillerées du melange sur les plaques, en les espaçant pour que la pâte puisse s'étaler. Faites cuire 10 à 15 min : les cookies doivent être légèrement dorés.

**4** Retirez les cookies du four et laissez refroidir quelques minutes, puis transférez sur une grille en vous aidant d'une spatule, et laissez refroidir complètement. Quand ils sont froids conservez les cookies dans un récipient hermétique et consommez dans la semaine, ou mettez au congélateur, dans des sachets en plastique.

CONSEIL

Le sucre vanillé est toujours utile pour parfumer la pâtisserie, les gâteaux et biscuits. Coupez 1 gousse de vanille en deux ou en quatre et mettez les morceaux dans un bocal de sucre en poudre auquel ils donneront leur arôme en quelques jours.

# ROCHERS À LA NOIX DE COCO

Difficile de ne pas céder à la tentation devant ces délicieux rochers à la noix de coco! Si vous aimez, versez un peu de chocolat fondu sur les petits gâteaux froids et laissez-le durcir avant de servir.

**Pour 20 rochers**

**INGRÉDIENTS**

2 blancs d'œufs
120 g/4 oz/1 tasse de sucre glace tamisé
120 g/4 oz/1 tasse de poudre d'amandes
120 g/4 oz/1 ⅛ tasses de noix de coco en poudre
quelques gouttes d'extrait d'amandes amères
100 g/3 oz/⅓ tasse de cerises confites finement hachées

**1** Préchauffez le four à 150 °C/300 °F. Tapissez 2 plaques à pâtisserie avec du papier sulfurisé. Battez les blancs d'œufs en neige à l'aide d'un mixer.

**2** Incorporez le sucre glace aux blancs en neige, puis la poudre d'amandes et de noix de coco et enfin l'extrait d'amandes. Ajoutez les cerises hachées.

CONSEIL

L'extrait d'amandes provient d'amandes amères qui sont toxiques et ne peuvent être consommées crues. Elles sont cependant sans danger après cuisson et permettent de renforcer l'arôme des amandes douces.

**3** Posez des cuillerées du mélange sur les plaques. Faites cuire 25 min jusqu'à ce qu'ils soient dorés. Laissez tiédir quelques minutes puis transférez sur une grille et laissez refroidir. Conservez dans un récipient hermétique et consommez dans la semaine.

VARIANTE

Remplacez les amandes par des noisettes et supprimez l'extrait d'amandes.

# BARRES AUX RAISINS SECS ET À LA CANNELLE

Ces barres à la cannelle plaisent particulièrement aux enfants mais les adultes ont du mal à résister !

**Pour 16 barres**

**INGRÉDIENTS**

100 g/4 oz/$\frac{1}{2}$ tasse de beurre mou
25 g/1 oz/2 c. à soupe de sucre roux
25 g/1 oz de caramels mous
50 g/2 oz/$\frac{1}{4}$ tasse de miel liquide
175 g/6 oz/1 $\frac{1}{2}$ tasses de raisins secs blonds
10 ml/2c. à thé de cannelle
175 g/6 oz de *rice crispies*

**1** Graissez un moule à gâteau peu profond de 23 x 28 cm/9 x 11 in. Mettez le beurre, le sucre, les caramels et le miel dans une cas-serole et chauffez à feu doux, en remuant pour faire fondre le tout. Portez à ébullition puis retirez du feu.

**2** Incorporez les raisins secs, la cannelle et les *rice crispies* et remuez bien. Versez le mélange dans le moule et étalez uniformément, en pressant bien.

**3** Laissez refroidir puis mettez au frais. Quand la pâte est ferme, coupez en barres, démoulez et servez. Conservez au réfrigérateur dans un récipient hermétique.

VARIANTE

Pour une occasion spéciale, faites fondre 80 g/3 oz de chocolat noir ou au lait et étalez-le à la cuillère sur le mélange de *rice crispies*. Laissez-le durcir avant de couper les barres.

# MUFFINS À L'ABRICOT ET À L'ORANGE

Servez ces muffins aux fruits tout juste sortis du four.

**Pour 8 gros muffins ou 12 moyens**

**INGRÉDIENTS**

20 g/4 oz/1 tasse de semoule de maïs
80 g/3 oz/$\frac{3}{4}$ tasse de farine de riz
15 ml/1 c. à soupe de levure chimique
1 pincée de sel
50 g/2 oz/4 c. à soupe de beurre fondu
50 g/2 oz/$\frac{1}{4}$ tasse de sucre roux
1 œuf battu
200 ml/7 fl oz/$\frac{7}{8}$ tasse de lait
le zeste finement râpé d' 1 orange
125 g/4 oz/$\frac{2}{3}$ tasse d'abricots secs hachés

**1** Préchauffez le four à 200 °C/400 °F. Graissez légèrement ou tapissez de papier sulfurisé 8 ou 12 moules à muffins. Mélangez dans une jatte la semoule de maïs, la farine de riz, la levure chimique et le sel.

**2** Battez le beurre fondu avec le sucre, l'œuf, le lait et le zeste d'orange, puis versez ce mélange sur les ingrédients secs. Remuez délicatement le tout – si vous travaillez trop la pâte, les muffins seront lourds et compacts.

**3** Incorporez les abricots hachés, puis versez le tout dans les moules en répartissant de façon homogène.

**4** Faites cuire 15 à 20 min au four, jusqu'à ce que les muffins aient gonflé, soient brun doré et souples sous le doigt. Démoulez-les et laissez-les refroidir sur une grille.

**5** Servez les muffins chauds ou froids, tels quels ou coupés en deux et tartinés de beurre. Conservez dans un récipient hermétique et consommez dans la semaine, ou mettez à congeler dans des sachets en plastique et mangez dans les 3 mois.

# BARRES À L'AVOINE ET AUX AIRELLES

Ces délicieuses barres sont idéales pour le goûter.

**Pour 14 barres**

**INGRÉDIENTS**

150 g/5 oz/1 1/2 tasses de flocons d'avoine
100 g/4 oz/2/3 tasse de sucre roux
80 g/3 oz/1/2 tasse d'airelles séchées
100 g/4 oz/1/2 tasse de beurre fondu
huile pour graisser le moule

**1** Préchauffez le four à 190 °C/375 °F. Graissez un moule peu profond de 28 x 18 cm/11 x 7 in.

**2** Mélangez les flocons d'avoine dans une jatte avec le sucre et les airelles. Versez le beurre fondu et travaillez intimement.

**3** Tassez le mélange précédent dans le moule. Faites cuire 15 à 20 min au four jusqu'à ce que le dessus soit doré.

**4** Retirez du four et tracez 14 barres, puis laissez refroidir 5 min dans le moule. Démoulez les barres et placez-les sur une grille pour qu'elles refroidissent complètement. Conservez dans un récipient hermétique et consommez dans la semaine.

CONSEIL

Les airelles séchées se trouvent plus facilement dans les boutiques diététiques. À la fois sucrées et légèrement acides, leur couleur rouge vif les rend appétissantes. Vous pouvez les remplacer par des fruits secs plus traditionnels, comme les raisins secs.

# CRUMBLE À LA RHUBARBE ET AUX FRAMBOISES

**Pour 4 personnes**

**INGRÉDIENTS**

400 g/12 oz de rhubarbe
30 ml/2 c. à soupe de jus d'oranges non sucré
200 g/6 oz/1 tasse de framboises
30 ml/2 c. à soupe de confiture de framboises
25 g/1 oz/1/3 tasse de flocons d'avoine
25 g/1 oz/1/4 tasse de fruits secs hachés, en mélange (noix, noisettes et amandes)
200 ml/7 fl oz/7/8 tasse de yaourt à la vanille

**1** Coupez la rhubarbe en morceaux. Chauffez le jus d'oranges dans une casserole et faites pocher la rhubarbe à feu doux 8 à 10 min, jusqu'à ce qu'elle soit cuite. Retirez aussitôt du feu. Laissez refroidir puis incorporez les framboises et la confiture.

**2** Étalez les flocons d'avoine et les fruits secs sur une tôle et faites-les dorer rapidement sous le gril.

**3** Versez les fruits cuits dans 4 coupes. Ajoutez du yaourt et parsemez du mélange de flocons d'avoine et de fruits secs grillés.

CONSEIL

La rhubarbe précoce, qui est forcée, offre de minces tiges rouges et roses et une saveur délicate. La rhubarbe de saison, aux grosses tiges rouges, est plus forte en goût.

# PAIN COMPLET AUX POMMES, ABRICOTS ET NOIX

**Pour 10 à 12 tranches**

**INGRÉDIENTS**

250 g/8 oz/2 tasses de farine complète
5 ml/1 c. à thé de levure chimique
1 pincée de sel
125 g/4 oz/½ tasse de margarine au tournesol
150 g/6 oz/1 tasse de sucre roux
2 gros œufs légèrement battus
le zeste râpé et le jus d' 1 orange
50 g/2 oz/½ tasse de noix hachées
50 g/2 oz/⅓ tasse d'abricots secs moelleux, dénoyautés et hachés
1 grosse pomme à cuire
huile pour graisser le moule

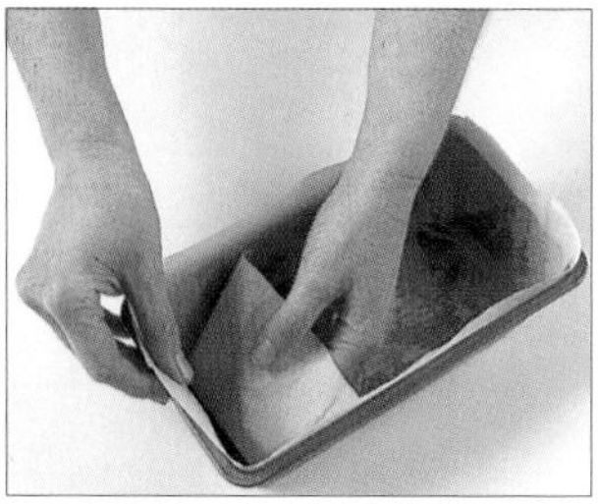

**1** Préchauffez le four à 180 °C/350 °F. Tapissez de papier sulfurisé un moule à pain de 900 g/2 lb de contenance.

**2** Mélangez la farine avec la levure et le sel dans une grande jatte. Ajoutez la margarine, le sucre, les œufs, le zeste et le jus d'orange. Mélangez puis fouettez au batteur électrique pour obtenir une pâte lisse.

**3** Incorporez les noix et les abricots. Pelez la pomme et retirez le cœur, hachez-la grossièrement et ajoutez-la au mélange. Versez dans le moule.

**4** Faites cuire environ 1 h – une lame de couteau enfoncée au centre doit ressortir propre. Laissez tiédir dans le moule puis démoulez sur une grille et retirez le papier. Quand il est froid, enveloppez le pain dans du papier d'aluminium et conservez-le dans un récipient hermétique.

CONSEIL

Lavez toujours l'orange en la brossant et séchez-la – à moins qu'il ne s'agisse d'une orange non traitée : vous éliminerez ainsi toute trace de produits de traitement.

# MUFFINS ÉPICÉS À LA BANANE

Les muffins à la farine complète, auxquels les bananes ajoutent encore des fibres, sont délicieux à tout moment de la journée. Vous pouvez les tartiner d'une cuillerée à thé de confiture à teneur en sucre réduite.

**Pour 12 muffins**

**INGRÉDIENTS**

75 g/3 oz/2/3 tasse de farine complète
50 g/2 oz/1/2 tasse de farine blanche
10 ml/2 c. à thé de levure chimique
1 pincée de sel
5 ml/1 c. à thé de quatre-épices
40 g/1 1/2 oz de sucre roux
50 g/2 oz/1/4 tasse de beurre
1 œuf battu
150 ml/1/4 pinte/2/3 tasse de lait
le zeste râpé d' 1 orange
1 banane mûre
20 g/3/4 oz/1/4 tasse de flocons d'avoine
20 g/3/4 oz/1/8 tasse de noisettes hachées

**1** Préchauffez le four à 200 °C/400 °F. Déposez 12 collerettes en papier sur une plaque à muffins. Mélangez les 2 farines, la levure, le sel et le quatre-épices dans une jatte. Incorporez le sucre.

**2** Faites fondre le beurre et versez-le dans une jatte. Laissez tiédir puis incorporez l'œuf au fouet, ainsi que le lait et le zeste d'orange.

**3** Incorporez délicatement aux ingrédients secs. Écrasez la banane avec une fourchette puis ajoutez-la au mélange, en le travaillant à peine.

**4** Versez le tout dans les collerettes. Mélangez les flocons d'avoine avec les noisettes et répartissez sur chaque muffin.

**5** Faites cuire 20 min au four jusqu'à ce que les muffins soient dorés et bien gonflés, et qu'une lame de couteau enfoncée au centre ressorte propre. Transférez sur une grille et servez chaud ou froid.

# PAIN AUX FRUITS, AUX NOIX ET AUX CÉRÉALES

**Ce pain est excellent avec du beurre allégé, de la confiture ou du miel.**

**Pour 1 pain d'1 kg**

**INGRÉDIENTS**

100 g/4 oz/⅔ tasse de dattes sèches, dénoyautées et hachées
100 g/4 oz/½ tasse d'abricots moelleux, dénoyautés et hachés
100 g/4 oz/1 tasse de raisins secs blonds
100 g/4 oz/½ tasse de sucre roux
200 g/8 oz/2 tasses de farine avec levure incorporée
5 ml/1 c. à thé de levure chimique
10 ml/2 c. à thé de quatre-épices
75 g/3 oz/¾ tasse d'un mélange de noix et noisettes hachées
75 g/3 oz/¾ tasse de graines en mélange, telles que millet, tournesol et sésame
2 œufs battus
150 ml/¼ pinte/⅔ tasse de lait

**1** Préchauffez le four à 180 °C/350 °F. Graissez légèrement un moule à pain de 900 g/2 lb. Déposez dans une jatte les dattes, les abricots et les raisins secs et remuez avec le sucre.

**2** Mélangez la farine dans une autre jatte, avec la levure, les épices, les noix et noisettes et les graines.

**3** Incorporez les œufs et le lait aux fruits, puis versez le mélange précédent et battez vigoureusement.

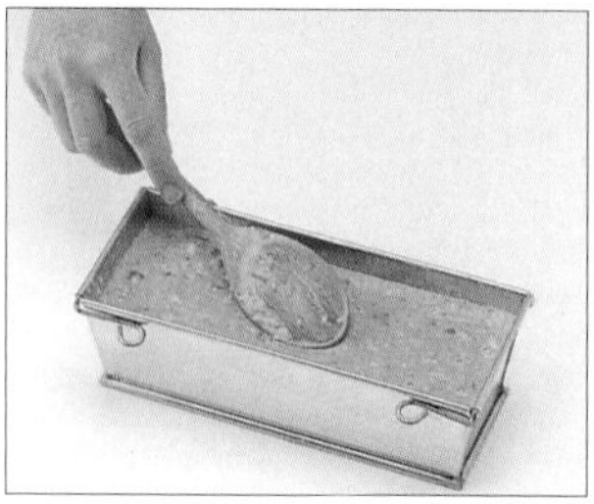

**4** Versez dans le moule et égalisez la surface. Faites cuire environ 1 h jusqu'à ce que le pain soit ferme au toucher et légèrement doré.

**5** Laissez tiédir dans le moule puis démoulez sur une grille et laissez refroidir. Servez tiède ou chaud, nature ou avec du beurre allégé et de la confiture. Conservez le pain enveloppé dans du papier d'aluminium.

VARIANTE

D'autres fruits séchés tels que mangues, papayes, airelles et cerises aigres donneront une note exotique à ce pain. Faites vous-même votre propre mélange et conservez-le dans un bocal, prêt à l'usage.

# PAIN D'ÉPICES

**Pour 1 pain d'1 kg**

**INGRÉDIENTS**

100 g/4 oz/½ tasse de sucre roux
75 g/3 oz/6 c. à soupe de beurre
75 g/3 oz/¼ tasse de sirop de sucre de canne
75 g/3 oz/¼ tasse de mélasse noire
105 ml/7 c. à soupe de lait
1 œuf battu
200 g/6 oz/1 ½ tasses de farine
50 g/2 oz/½ tasse de farine *gram* (ingrédient indien)
1 pincée de sel
10 ml/2 c. à thé de gingembre en poudre
5 ml/1 c. à thé de cannelle en poudre
7,5 ml/1 ½ c. à thé de levure chimique

**1** Préchauffez le four à 160 °C/325 °F. Tapissez de papier sulfurisé un moule à pain de 900 g/2 lb de contenance. Mettez le sucre, le beurre, le sirop et la mélasse dans une casserole et chauffez à feu doux pour faire fondre le tout, en remuant doucement.

**2** Retirez du feu, laissez tiédir, puis incorporez le lait et l'œuf.

CONSEIL

Si vous ne trouvez pas de farine *gram*, très utilisée dans la cuisine indienne et à base de légumineuses, vous pouvez la remplacer par de la semoule de maïs.

**3** Mélangez les farines, le sel, les épices et la levure dans une jatte.

**4** Faites un puits au centre, versez le mélange de la casserole et remuez bien.

**5** Versez dans le moule et faites cuire 1 h à 1 h 30 jusqu'à ce que le pain soit doré et ferme au toucher.

**6** Laissez tiédir puis démoulez sur une grille et laissez refroidir. Conservez dans un récipient hermétique ou enveloppé de papier d'aluminium.

VARIANTE

Pour une saveur plus prononcée, ajoutez, en plus du gingembre en poudre, 50 g/2 oz de gingembre au sirop finement haché.

# SCONES AU FROMAGE ET AUX POMMES DE TERRE

L'emploi inattendu d'une purée de pommes de terre confère à ces scones une texture à la fois légèrement moelleux et ferme. Le cheddar vieux et les graines de sésame apportent la touche finale.

**Pour 9 scones**

**INGRÉDIENTS**

125 g/4 oz/1 1/3 tasses de purée de pommes de terre cuite
50 g/2 oz/1/2 tasse de cheddar végétarien vieux, râpé
120 g/4 oz/1 tasse de farine complète
2,5 ml/1/2 c. à thé de sel
20 ml/4 c. à thé de poudre au levain
40 g/1 1/2 oz/3 c. à soupe de beurre, plus un peu pour graisser
2 œufs bio, battus
50 ml/2 fl oz/1/4 tasse de lait demi-écrémé ou de babeurre
45 ml/3 c. à soupe de sauge fraîche hachée
graines de sésame, pour décorer

**1** Préchauffez le four à 220 °C/425 °F. Graissez une plaque à four.

**2** Mélangez la farine, le sel et la poudre au levain dans une jatte. Ajoutez le beurre et malaxez avec vos doigts jusqu'à ce que le mélange ait l'aspect d'une semoule à gros grains, puis incorporez la moitié des œufs battus et tout le lait ou le babeurre. Ajoutez la purée de pommes de terre, la sauge et la moitié du cheddar et pétrissez avec les mains pour former une pâte souple.

**3** Mettez la pâte sur une surface farinée et pétrissez-la délicatement jusqu'à ce qu'elle soit homogène. Abaissez-la au rouleau à 2 cm/3/4 in d'épaisseur, puis découpez 9 scones à l'aide d'un emporte-pièce cannelé de 6 cm/2 1/2 in.

VARIANTES

- Si vous le désirez, remplacez la farine complète par de la farine au levain non raffinée.
- La sauge peut être remplacée par du romarin, du basilic ou du thym frais.

**4** Disposez les scones sur la plaque préparée et badigeonnez le dessus avec le reste d'œuf battu. Saupoudrez du fromage restant et de graines de sésame. Faites cuire au four 15 min, jusqu'à ce que les scones soient dorés. Transférez sur une grille et laissez refroidir.

BIENFAITS POUR LA SANTÉ

La sauge facilite la digestion et stimule le système nerveux central.

# PAIN COMPLET AUX GRAINES DE TOURNESOL

Les graines de tournesol donnent un goût de noix et une texture croquante à ce pain complet. Servez-le avec du de fromage et du chutney.

**Pour 1 pain**

**INGRÉDIENTS**

450 g/1 lb/4 tasses de farine complète de blé dur
2.5 ml/½ c. à thé de levure sèche
2.5 ml/½ c. à thé de sel
50 g/2 oz/½ tasse de graines de tournesol, plus un peu pour garnir

**1** Graissez et farinez légèrement un moule à pain de 450 g/1 lb. Mélangez la farine, la levure, le sel et les graines de tournesol dans une grande jatte. Creusez un puits au centre et ajoutez peu à peu 300 ml/½ pinte/1 ¼ tasses d'eau chaude en tournant. Mélangez vigoureu-sement avec une cuillère en bois pour former une pâte souple. La pâte doit être relativement humide et collante : n'ajoutez pas de farine supplémentaire.

**2** Couvrez la jatte avec un linge humide et laissez la pâte lever 45 à 50 min dans un endroit chaud jusqu'à ce qu'elle ait doublé de volume.

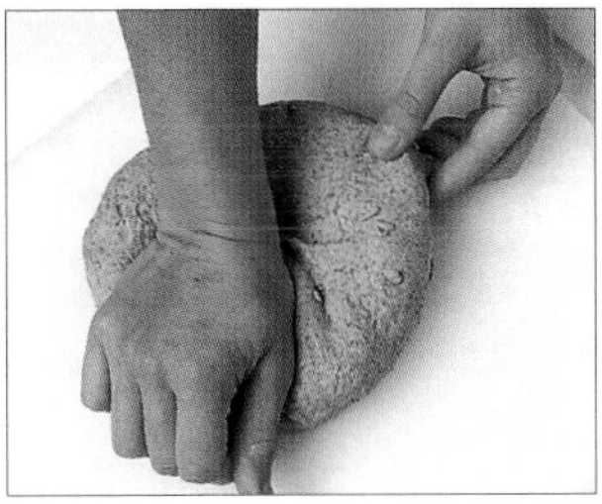

**3** Préchauffez le four à 200 °C/400 °F. Placez la pâte sur une surface de travail farinée et pétrissez 10 min – la pâte sera encore assez collante.

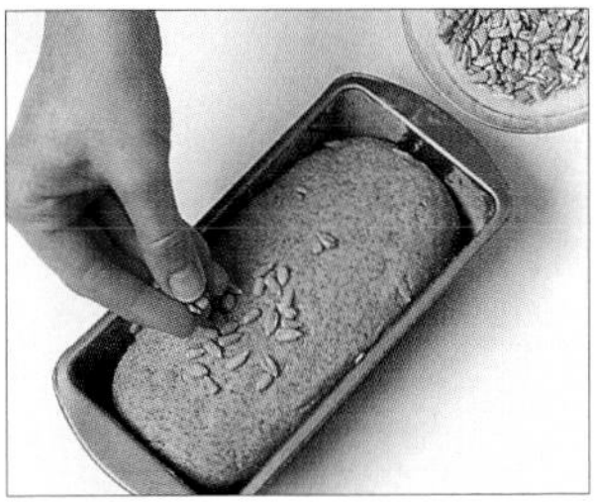

**4** Donnez à la pâte la forme d'un rectangle et déposez-la dans le moule à pain. Saupoudrez le dessus de graines de tournesol. Couvrez avec un linge humide et laissez lever de nouveau 15 min de plus.

**5** Faites cuire au four 40 à 45 min jusqu'à ce que le pain soit doré. Il doit sonner creux lorsqu'on tapote le dessous. Attendez 5 min, puis démoulez-le et laissez-le reposer sur une grille.

BIENFAITS POUR LA SANTÉ

Riches en protéines, les graines de sésame fournissent aussi du calcium, de la vitamine E et des vitamines du groupe B.

# PAIN ÉPICÉ AU MILLET

Ce pain épicé, à la croûte dorée, est particulièrement savoureux. Coupez-le en tranches comme un gâteau et servez-le chaud avec une épaisse soupe de légumes.

**Pour 1 pain**

**INGRÉDIENTS**

90 g/3½ oz/½ tasse de millet
550 g/1 lb 6 oz/5½ tasses de farine de blé dur blanche non raffinée
10 ml/2 c. à thé de sel
5 ml/1 c. à thé de sucre
5 ml/1 c. à thé de flocons de piment sec (facultatif)
7 g/¼ oz de levure sèche en sachet
25 g/1 oz/2 c. à soupe de beurre
1 oignon grossièrement haché
15 ml/1 c. à soupe de graines de cumin
5 ml/1 c. à thé de poudre de curcuma

**1** Portez 200 ml/7 fl oz/⅞ tasse d'eau à ébullition, ajoutez le millet, couvrez et laissez mijoter 20 min jusqu'à ce que les grains ramollissent et que l'eau soit absorbée. Retirez du feu et laissez tiédir.

**2** Mélangez la farine, le sel, le sucre, éventuellement les flocons de piment et la levure dans une grande jatte. Incorporez le millet, puis ajoutez 350 ml/12 fl oz/1½ tasses d'eau chaude et malaxez pour former une pâte molle.

BIENFAITS POUR LA SANTÉ

Le millet peut être accommodé de diverses façons. Consommé régulièrement, avec une alimentation saine et variée, il réduit les risques de maladies cardio-vasculaires et de certains cancers.

**3** Posez la pâte sur une surface de travail farinée et pétrissez 10 min. Si la pâte semble un peu sèche, malaxez-la bien jusqu'à ce qu'elle soit lisse et élastique.

**4** Mettez la pâte dans une jatte huilée et couvrez avec du film alimentaire ou un torchon propre. Laissez-la lever 1 h dans un endroit chaud jusqu'à ce qu'elle ait doublé de volume.

**5** Pendant ce temps, faites fondre le beurre dans une poêle à fond épais, ajoutez l'oignon et faites-le blondir 10 min en remuant de temps en temps. Incorporez les graines de cumin et de curcuma, et faites revenir 5 à 8 min de plus en remuant constamment, jusqu'à ce que les graines de cumin commencent à éclater. Réservez.

CONSEIL

Pour tester si une pâte a suffisamment levé, faites une empreinte au sommet avec votre index. Si la marque reste apparente, c'est que la pâte a fini de lever ; si elle disparaît immédiatement, c'est que la pâte n'est pas prête : attendez 15 min de plus et testez de nouveau.

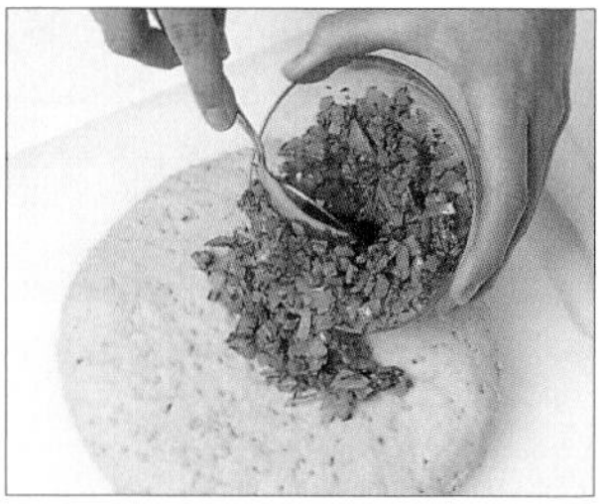

**6** Enfoncez votre poing dans la pâte pour la dégonfler et l'aplatir, puis donnez-lui une forme ronde. Déposez le mélange d'oignon au milieu de la pâte et rabattez les côtés par-dessus la garniture pour former un paquet puis fermez bien.

**7** Mettez la pâte sur une plaque huilée, avec le rabat vers le bas, couvrez-la avec du film alimentaire et laissez 45 min dans un endroit chaud jusqu'à ce qu'elle ait doublé de volume. Préchauffez le four à 220 °C/425 °F.

**8** Faites cuire 30 min jusqu'à ce que le pain soit doré. Il doit sonner creux quand vous tapotez le dessous. Laissez-le refroidir sur une grille.

# PAINS À LA POLENTA ET AU POIVRON

Ce pain délicieux, doré comme le soleil et évoquant la Méditerranée, doit être dégusté chaud, arrosé d'un filet d'huile d'olive et servi avec de la soupe.

**Pour 2 pains**

**INGRÉDIENTS**

175 g/6 oz/1 ½ tasses de polenta
1 poivron rouge grillé, pelé et coupé en dés
5 ml/1 c. à thé de sel
350 g/12 oz/3 tasses de farine de blé dur blanche non raffinée, plus un peu pour saupoudrer
5 ml/1 c. à thé de sucre
7 g/¼ oz de levure sèche en sachet
15 ml/1 c. à soupe d'huile d'olive

**1** Mélangez la polenta, le sel, la farine, le sucre et la levure dans une grande jatte. Incorporez les dés de poivron rouge en remuant jusqu'à ce qu'ils soient bien répartis puis creusez un puits au centre du mélange. Graissez 2 moules à pain.

**2** Ajoutez 300 ml/1/2 pinte/1 ¼ tasses d'eau chaude et l'huile et mélangez pour former une pâte molle. Pétrissez 10 min jusqu'à ce que la pâte soit lisse et élastique. Mettez-la dans une jatte huilée, enveloppez-la de film alimentaire et laissez-la lever 1 h dans un endroit chaud, afin qu'elle double de volume.

BIENFAITS POUR LA SANTÉ

À poids égal, le poivron rouge contient environ trois fois plus de vitamine C que l'orange fraîche.

CONSEIL

Faites cuire le poivron au four ou sous le gril jusqu'à ce qu'il noircisse, puis laissez-le refroidir dans un sac en plastique avant de le peler.

**3** Enfoncez votre poing dans la pâte, pétrissez légèrement puis divisez-la en deux morceaux de forme oblongue. Déposez dans des moules à pain. Enveloppez de film alimentaire et laissez lever 45 min. Préchauffez le four à 220 °C/425 °F.

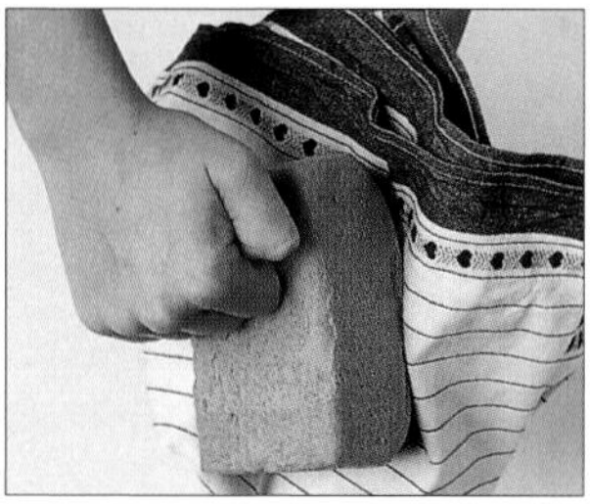

**4** Faites cuire 30 min jusqu'à ce que les pains soient dorés – ils doivent sonner creux lorsqu'on tapote le dessous. Laissez 5 min puis faites refroidir sur une grille.

# PAIN AUX FRUITS

Ce pain irlandais est simple à préparer, et il se pétrit et lève rapidement. Il est meilleur chaud, dégusté le jour même.

**Pour 4 personnes**

**INGRÉDIENTS**

75 g/3 oz/3/4 tasse de raisins secs
50 g/2 oz/1/4 tasse de pruneaux prêts à consommer, dénoyautés et hachés
225 g/8 oz/2 tasses de farine blanche non raffinée
225 g/8 oz/2 tasses de farine complète
5 ml/1 c. à thé de sel
5 ml/1 c. à thé de bicarbonate de soude
20 ml/1 1/8 c. à soupe de sucre
1 œuf légèrement battu
300 ml/1/2 pinte/1 1/4 tasses de babeurre

**1** Préchauffez le four à 200 °C/400 °F. Mélangez les 2 farines, le sel et le bicarbonate de soude dans une grande jatte, en ajoutant éventuellement le son resté dans la passoire. Incorporez le sucre et les fruits secs et mélangez bien.

**2** Creusez un puits au centre et versez l'œuf et le babeurre. Mélangez d'abord avec une cuillère en bois puis avec vos mains jusqu'à obtention d'une pâte molle et légèrement collante. Si elle est trop sèche, ajoutez un peu plus de babeurre.

BIENFAITS POUR LA SANTÉ

Les fruits secs constituent une excellente source de fibres et de minéraux tels que le potassium et le fer.

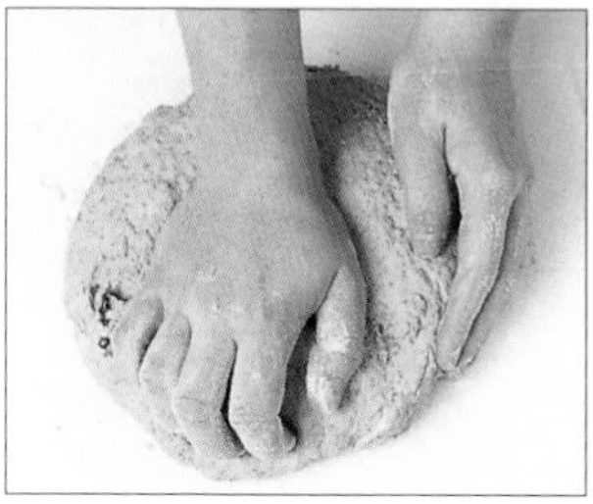

**3** Mettez la pâte sur une surface de travail légèrement farinée et pétrissez-la jusqu'à ce qu'elle soit lisse. Donnez-lui la forme d'une galette d'environ 4 cm/1 1/2 in d'épaisseur.

**4** Posez-la sur une tôle graissée et saupoudrez-la de farine blanche.

**5** Faites une profonde entaille en forme de croix, sur presque toute l'épaisseur de la galette. Faites cuire au four 30 à 35 min jusqu'à ce que la pâte lève et dore. Le pain doit sonner creux lorsqu'on tapote le dessous. Transférez-le sur une grille et laissez-le refroidir.

# FOCACCIA AU ROMARIN ET AU SEL GEMME

Enrichi avec de l'huile d'olive et parfumé au romarin, à l'ail et aux olives noires, ce pain, populaire en Italie, tire son nom du mot *focaccia*, signifiant foyer – lieu où il était traditionnellement cuit.

**Pour 1 pain**

**INGRÉDIENTS**

225 g/8 oz/2 tasses de farine blanche non raffinée
2,5 ml/½ c. à thé de sel
7 g/¼ oz de levure sèche en sachet
4 gousses d'ail finement hachées
2 branches de romarin sans leurs feuilles et hachées
10 olives noires dénoyautées et grossièrement hachées (facultatif)
15 ml/1 c. à soupe d'huile d'olive

*Pour la garniture*
90 ml/6 c. à soupe d'huile d'olive
10 ml/2 c. à thé de sel gemme
1 branche de romarin sans ses feuilles

**1** Dans une grande jatte, mélangez la farine, le sel, la levure, l'ail, le romarin et éventuellement les olives. Creusez un puits au centre et ajoutez l'huile d'olive et 150 ml/¼ pinte/⅔ tasse d'eau chaude. Mélangez bien pour former une pâte molle.

BIENFAITS POUR LA SANTÉ

L'huile contenue dans les olives est une graisse mono-insaturée, qui fait baisser le taux de cholestérol. Les olives fournissent aussi des quantités appréciables de fer et de vitamine E, laquelle a un rôle d'antioxydant.

**2** Placez la pâte sur une surface de travail farinée et pétrissez-la 10 à 15 min. Mettez-la dans une jatte huilée et couvrez avec du film alimentaire huilé ou un torchon propre. Laissez lever 45 min dans un endroit chaud jusqu'à ce qu'elle ait doublé de volume.

**3** Pétrissez de nouveau légèrement la pâte. Avec un rouleau, donnez-lui une forme ovale d'environ 1 cm/½ in d'épaisseur.

**4** Mettez la pâte sur une tôle graissée, enveloppez-la sans serrer avec du film alimentaire ou le torchon et laissez-la lever de nouveau 25 à 30 min dans un endroit chaud.

**5** Préchauffez le four à 200 °C/400 °F. Creusez des empreintes avec le bout de vos doigts sur toute la surface du pain. Arrosez le dessus avec les ⅔ de l'huile d'olive puis saupoudrez de sel gemme et de romarin.

**6** Faites cuire au four 25 min jusqu'à ce que le pain soit doré. Lorsque la *focaccia* est cuite, elle doit sonner creux quand on tapote le dessous. Transférez-la sur une grille et badigeonnez le dessus avec le reste d'huile.

VARIANTES

• Vous pouvez aussi préparer la *focaccia* avec des tomates séchées au soleil : remplacez les feuilles de romarin et les olives par 75 g/3 oz/1½ tasses de tomates séchées au soleil, conservées dans de l'huile, et que vous aurez préalablement égouttées et hachées. Au moment d'ajouter l'huile et l'eau, incorporez à la pâte 15 ml/1 c. à soupe de purée de tomates séchées au soleil et 15 ml/1 c. à soupe de l'huile des tomates séchées au soleil. Mélangez bien.
• Pour la *focaccia* au safran, ajoutez quelques filaments de safran à l'eau chaude et laissez reposer 5 min avant d'incorporer la farine.

# Index

## D



## E



## F

## G



## H

## Q



## R

## S

## T



## V-W



## Y